신약의 심포니

A SYMPHONY OF THE NEW TESTAMENT

김 동 수 지음

신약의 심포니

지은이 김동수
초판발행 2010. 6. 15
펴낸이 배용하
책임편집 한상미
등록 제258호
펴낸곳 엘도론 www.eldoron.com
대전광역시 동구 대동천좌안 8길 49 T. 042.673.7424
ISBN 978-89-92257-43-5

책값은 뒤 표지에 있습니다.

차례

추천의 글 Ⅰ

금번에 미국 뉴욕에 소재한 나약대학Nyack College의 교수로 계신 김동수 박사께서 “신약의 심포니”라는 제목으로 신약성경 전반을 심도 있게 소개하는 책을 출판하게된 것을 기쁘게 생각한다. 한권의 책이 독자의 손에 들려지면 다른 책들도 많은데 왜 이 책을 또 썼을까 라는 질문을 하게 된다. 그런데 김동수박사가 펴낸 『신약의 심포니』는 독자들이 읽기에 편할 뿐만 아니라 그 내용이 신약을 바로 이해하는데 꼭 필요한 것들이어서 성도들의 서재에 한 권씩 두고 참조해야할 책이다.

김동수 박사는 신약의 내용이 예수 그리스도의 구속과 구속받은 성도들의 삶을 기록한 것이라는 전망으로 신약의 내용을 접근한다. 김 박사는 신약이 성령의 영감으로 기록된 정확 무오한 하나님의 말씀임을 전제하고 신약의 내용을 해석한다. 그리고 김 박사는 성경의 각 책이 다양한 내용과 방법으로 성경의 중심 내용을 설명하되 결국 모든 다양한 내용이 하나로 통일된다고 설명한다. 그것은 그리스도 안에서의 구속과 그리스도인의 삶이다. 책의 제목이 『신약의 심포니』라고 명명된 것도 신약성경에 대한 본서의 전망과 일치하고 있다.

『신약의 심포니』는 하나님이 그리스도 안에서 성취하신 구속이 어떤 것인지를 바로 이해하게 하며 구속 받은 성도들이 어떻게 살아야할 것을 잘 설명해 주는 책이다. 그러므로 성경을 사랑하는 성도들은 성경을 읽고 묵상하면서 『신약의 심포니』를 참조하면 크게 유익이 되리라 확신한다. 『신약의 심포니』를 통해 한국교회 성도들이 성경말씀을 더 깊이 깨닫고 삶의 변화를 통한 봉사와 헌신이 있을 것을 확신하면서 본서를 적극 추천한다.

박 형 용

전 합동신학대학원대학교 총장

현재 서울성경신학대학원대학교 총장

추천의 글 Ⅱ

금번에 김동수 박사께서 출간하는 『신약의 심포니』란 책은 성경을 사랑하는 평신도들을 위해 저술한 책입니다. 기존에 나와 있는 책들이 때로 너무 두껍고 어려워서 평신도들의 신약 강좌에 사용하기가 불편했는데, 오랜동안 신약을 연구해온 전문가이면서도 평신도들의 눈높이에 맞춘 이번 저술은 신약성경을 보다 잘 이해하고자 원하는 평신도들에게 큰 도움이 될 것으로 확신합니다.

이 한 수 교수
신약신학, 총신대학교 목회신학전문대학원장

추천의 글 Ⅲ

김동수 목사께서 이번에 쓰신 『신약의 심포니』는 성경을 개혁주의 관점에서 읽고 이해하고 싶은 독자들에게 귀한 지침서가 될 것입니다. 이 책은 신약 성경 27권 전체를 간단하면서도, 신학적으로 일관성 있는 입장에서 해설하고 있습니다. 배경이나 저작권에 대한 불필요해 보일 만큼 복잡하고 긴 논쟁은 저술에서 빼고, 성경 본문의 주해를 문맥에 충실하게 했다는 장점이 있습니다. 그러면서도 중간 중간에 삽입된 '해석학적 방법론'과 '신약 신학의 주요 주제'들을 일목요연하게 다룬 부분은 독자들에게 큰도움이 될 것이라고 생각합니다.

한국과 해외 교회의 독자들에게 미국에서 신약 신학을 십 수년동안 정진하며 연구한 신실한 교수님의 학문과 영적인 세계가 책으로 소개되어 참으로 기쁩니다. 이 책이 한국 신약학계와 성경을 연구하는 지적인 평신도들에게 꼭 필요한 도움이 되리라 확신합니다.

한 규 삼 목사
뉴저지 초대 교회

서 문

지금까지 많은 신약 개론서들이 서점가에 출판되었습니다. 하지만 성경을 체계적으로 배우고 싶어하는 평신도들을 위해 출판된 신약개론서는 많지 않습니다. 성경의 맥을 잡아주려고 집필된 책들이 있지만, 신약의 각 책의 중심구절에 대한 깊이 있는 설명을 해 놓기보다는 각 책의 개략적 설명을 다는 정도의 책이 많습니다. 그리고 주경적으로 책임있는 해석을 제시하기보다 이중적 해석이나 독자반응의 시각에서 무책임한 주관적인 해석을 해 놓는 경우가 있습니다. 이러한 책들은 저자 자신의 신학적 입장을 객관적 주석적 증명 없이 쏟아 놓고 있기 때문에 독자들을 잘못 인도할 수 있습니다. 이러한 많은 신앙 서적의 홍수 속에서 신학적 깊이가 있으면서 구속사의 관점에서 성경을 해석하는 평신도용 개론은 서점가에 찾아보기 어려운 것이 현실입니다.

이러한 때 출판되는 신약의 심포니는 평신도로서 전문 신학서적을 읽고 이해하기에는 신학적 기초가 부족하지만, 주일에 듣는 설교보다 좀 더 깊이 있는 성경의 이해를 갈망하는 분들을 위해서 집필되었습니다.

본서의 제목을 신약개론이나 신약개관 등이 아닌 신약의 심포니라고 한 것은 무엇 때문인가 묻는 분도 있을 것입니다. 심포니는 교향곡을 의미하는데 신약이 한 교향곡에 비유될 수 있는 것인가. 저는 그렇다고 생각합니다. 첫째, 교향곡의 작곡가는 한 사람입니다. 이와 마찬가지로 성경의 인간 저자는 많지만, 그 뒤에서 이들에게 영감을 불어 넣으신 분은 하나님이십니다. 따라서 신약에 27권의 책이 있지만, 이들은 서로 중구난방의 신학을 가진 것이 아니라 하나의 통일된 신학을 내포하고 있습니다.

즉 신약은 통일된 가르침을 제공하는데 그것은 그 저자가 궁극적으로 한 하나님이시기 때문입니다.

둘째로, 교향곡은 하나의 주제를 그 음악에 표현하고 있습니다. 이와 마찬가지로 신약은 하나의 주제를 내포하고 있는데 그것은 우리를 죄에서 구원하신 하나님의 아들 예수 그리스도의 예언의 성취, 가르침, 그리고 성도들의 윤리적 삶입니다.

셋째, 교향곡을 많은 연주자가 함께 연주하는 것처럼 신약의 27권의 책은 마태, 마가, 누가, 요한, 바울, 베드로 등 많은 다른 저자들의 기록을 함께 묶어 하나님의 계시를 전달하고 있습니다. 바이올린, 첼로, 베이스, 프렌치혼, 바순 등 현악기, 금관악기, 목관악기 등의 악기들이 저마다 음악의 노트를 연주할 때 이들이 모여 한 음률의 이야기를 만들고 이 소리의 이야기는 발단 전개 절정 파국을 통해서 전개됩니다. 신약도 마찬가지로 사 복음서에서 예수님의 생애와 가르침을 통해서 사람들에게 구원의 길을 제시하고 있습니다. 그리고 사도행전은 복음이 예루살렘과 유대와 사마리아와 땅끝까지 전파되는 하나님나라 이야기의 전개에 해당합니다. 그리고 바울서신은 교리와 윤리를 다루고 있는데 하나님나라 이야기의 심층구조를 내보입니다. 이를 통해 성도는 배교해서는 안 된다는 경고를 반복적으로 하게 되는데 이는 일반서신들에 잘 표현되어 있습니다. 이 서신들은 하나님나라 이야기의 절정에 이르기 전의 위기에 해당하는 내용을 담고 있습니다. 그리고 마지막으로 하나님나라는 앞으로 임하게 될 새 하늘과 새 땅에서 실현될 것인데 이는 요한 계시록에서 종말론과 함께 다뤄지고 있습니다. 이 마지막 책에서 재림하실 예수님은 위기를 해결하시고 악한 자들을 심판하심으로써 하나님나라를 절정에 이르게 하십니다.

넷째, 교향곡의 특징은 다양성과 통일성에 있습니다. 마찬가지로 신약의 27권은 각 저자의 신학과 강조점에 다양성이 있습니다. 하지만, 그들 사이에 모순은 존재하지 않습니다. 예를 들어 바울의 이신칭의 가르침과 야고보의 행위에 대한 강조가 모순되어 보이지만, 사실은 그들은 서로 보완관계나 통일관계에 있습니다. 독일의 스트라우스라는 학자는 마가복음과 요한복음의 내용이 서로 모순관계에 있다고 주장하면서 요한복음의 가르침의 역사적 실제성을 부정했지만, 그는 이 두 복음서 간의 통일성을 간과했습니다. 칼슨교수가 지적한 것처럼 공관복음과 요한복음은 상호 모순관계에 있는 것이 아니라 상호 보충적 관계에 있는 것입니다. 이것이 신약성경의 통일성의 한 예입니다. 이는 신약성경의 본질적인 저자는 하나님 자신이시기 때문에 가능한 현상입니다. 서로 다른 저자들이 서로 다른 지역에서 서로 다른 시대에 예수님에 대해서 전한 말씀이 서로 모순되지 않고 상호 보완적으로 하나님의 통일된 메시지를 우리에게 전달하는 것은 신약의 27권의 책이 한 성령님의 감동으로 된 기록이기 때문입니다. 하나님은 교향곡을 연주하는 지휘자와 같습니다. 하나님께서는 성경의 각 저자를 감동하셔서 성경을 기록하게 하셨을 뿐 아니라 각 저자의 지성과 인성을 미리 계획하시고 준비하셔서 하나님께서 계시하시고자 했던 그 메시지를 정확히 헬라어로 옮길 수 있도록 역사 하신 것입니다.

신약성경은 하나의 교향곡과 같습니다. 그 종결은 예수님의 재림이 될 것입니다. 독자인 우리는 하나님 계시의 교향곡을 들을 때 예수님의 구속 사역을 발견합니다. 그리고 그 교향곡이 살아서 전달되는 과정 속에 우리도 성화를 이루며 인내하며 환란 속에 믿음을 버리지 않고 우리 몸의 부활을 기다리며 나아갑니다. 따라서 신약의 심포니는 하나의 교향곡에 그치지 않고 독자인 우리를 책망하며 권능을 입히며 감동을 주어서 하나님의 주권에 순종하게 하는 힘이 있습니다. 신약의 심포니의 저자이시며 지휘자이신 하나님께서는 이 교향곡의 주인공이신 예수님을 우리가 성령의 감동으로 바라보게 합니다. 따라서 예수님은 이 교향곡의 주제이며 이 음악의 선율과 같습니다. 신약의 각 저자는 예수님에 대해서 입체적으로 상호보완적으로 통일된 증거를 하고 있습니다.

마지막으로, 교향곡의 한 음표 한 음표가 오류가 없이 정확히 작곡자의 의도를 전달하듯이 성경은 정확 무오한 하나님의 말씀입니다. 바로 이 점은 본서가 채택한 성경해석관을 말해 줍니다. 필자는 신구약 성경이 하나님의 정확 무오한 영감 된 말씀임을 믿습니다. 그리고 성경 해석 방법으로, 성경이 성경을 해석한다는 종교개혁자들의 성경해석 원리를 따라 성경을 해석하고 있습니다. 성경 해석을 성경 구절로서 제어하지 않으면 주관적 해석으로 흐르기 쉽습니다. 본서는 성경의 원어의 뜻을 중시하며 신약과 함께 구약도 신약의 뜻을 밝혀 주는 큰 문맥을 제공하고 있다고 믿습니다. 왜냐하면, 신약은 예수님께서 구약의 예언을 성취하신 구주이심을 성령의 감동으로 가르치는 하나님의 계시이기 때문입니다. 따라서 신약은 구약에 첨가된 부록이 아니라 구약과 함께 하나님께서 교회에 주신 구약과 통일관계에 있는 계시라는 점을 믿고 있습니다.

01
신약의 배경

1. 신약성경의 배경

팔레스타인은 예수님께서 이 땅에 오시기 전부터 많은 강대국의 말발굽 아래 짓밟혔습니다. 앗시리아, 바빌론, 페르시아, 그리스, 로마 등 강대국의 침략을 받았습니다. 그래서 신약성경을 이해하려면 서아시아 지역의 고대 역사를 아는 것이 매우 도움됩니다. 하지만, 신약성경을 이해하기 위해서 알아야 할 더 본질적인 배경은 구약성경과 유대인들의 종교, 그리고 문화입니다.

(1) 유대인의 네 가지 종파

첫째, 바리새인Pharisees: 바리새인들은 유대의 구전법을 철저하게 지켰고 십일조 생활을 철저하게 했다고 합니다. 그뿐만 아니라, 그들은 기도에 힘쓰고 금식을 자주 했으며 주일을 엄격히 성수했습니다. 이들의 기원은 '바빌론 유수' 때에 성전이 없음에도, 바빌론에서 구약의 가르침을 지키고 전수하고 하나님께 예배를 드리는 방법을 개발한 학자들에게서 찾을 수 있습니다. 이들은 성경을 연구하다가 바빌론 유수 후에 유대로 돌아왔습니다. 이들이 지배적인 종교분파로 성장한 것은 하스모니아 왕가 시대에 알렉산더 얀네우스에 의해서 핍박을 받던 시기를 통과하면서입니다. 이 핍박의 시기에 살아남은 바리새인들은 유대에서 가장 강력한 종파로 성장했습니다. 바리새인들은 부활과 천사의 존재를 믿었습니다. 그들은 성경을 이중적으로 해석하는데 능했습니다. 그리고 모세오경 뿐 아니라 선지서의 정경성도 인정했습니다. 사도바울은 바리새인이었는데, 그의 스승 가말리엘은 바빌론에서 돌아온 힐렐의 제자였습니다. 하나님께서 성경을 열심히 연구한 바리새학파의 제자인 사울을 다메섹 도상에서 부르신 것은 특별하신 주권적 섭리였습니다. 하나님께서는 구약에 대한 방대한 지식을 가지고 있었던 사울을 변화시킴으로써 구약의 모든 예언이 예수님을 통해 이루어졌다는 것을 영감으로 깨닫게 하셨고, 그를 통해서 신약의 가르침을 집대성하게 하셨던 것입니다.

예수님 당시, 바리새인들은 유대 정치 종교의 중심세력은 아니었습니다. 그러나 산헤드린 공회에 그들의 대표가 있었습니다. 그들 중에는 예수님의 복음을 듣고 이를 믿는 사람들도 많이 있었습니다. 이들은 예루살렘 성전을 중심으로 종교세력을 구축하지 않았기 때문에 주후 70년에 성전이 파괴된 뒤 사두개인들의 영향력이 없어지자 유대인들의 중심세력으로 떠올랐습니다. 주후 2세기부터 집필된 이들의 종교서적은 랍비 문헌으로 집대성되었습니다. 이 랍비 문헌은 신약성경 해석에 간접적 단서를 제공하기도 하기 때문에 신약학의 중요한 주제 중의 하나입니다.

둘째, 사두개인Sadducees: 이들은 자신들이 다윗왕 때 대제사장이었던 사독의 후예들이라고 자처하면서 종교적 권위를 확보했습니다. 이들은 성경을 문자적으로 해석했습니다. 이들은 구약의 '모세오경'만 정경으로 인정했습니다. 그리고 성전에서의 제사 관행을 중심으로 자신들의 기득권을 보호하고 유지했습니다. 이들은 로마의 집정관과 유착을 통해 정치 권력의 핵심을 차지하고 있었습니다. 그만큼 부패한 종파였다는 것은 예수님을 재판한 안나 대제사장이나 가야바 대제사장을 봐서도 알 수 있습니다. 이들의 기득권은 그 중심이 성전에 있었고, 모세의 법을 문자적으로 실천하며, 성전중심의 예배관을 가지고 있었습니다. 이러한 귀족주의적 성향 때문에 예루살렘이 로마에 의해 함락했을 때 이들도 역사에서 자취를 감추게 되었습니다. 이들은 부활을 믿지 않았고 천사의 존재도 부정했습니다. 또한, 선지서의 정경성을 부정했기 때문에 선지서에 나타난 메시아에 대한 예언에 대해 무지했습니다. 하나님께서 사울을 바리새파 전통에서 훈련하시고 그를 다메섹에서 부르셔서 구약의 선지서를 통해서 예수님의 돌아가심과 부활을 새롭게 이해하게 하신 것은 그를 이방인의 사도로 쓰고자 하셨기 때문입니다.

셋째, 에세네파Essenes: 이들은 예루살렘이 시리아의 지배를 받을 때, 시리아를 몰아내려고 결성한 '하시딤 동맹'에 참여하고 있었습니다. 맛다디아의 리더십으로 시리아인들이 물러가고 맛다디아 형제들이 정권의 핵으로 떠오르면서 그 형제 중에 시몬이 자신을 대제사장으로 등극시키자 에세네파들은 이에 항거했습니다. 이들은 예루살렘의 대제사장은 사독계열의 후손이 되어야 한다고 생각했습니다. 이들은 하스모니아 왕가에 대항해서 예루살렘을 떠났고 사막으로 들어가서 살았습니다. 이들은 자신들의 정한 규율에 따라서 금욕적 생활을 했는데, 이들은 예루살렘의 시몬 대제사장을 하박국서에 기록된 "악한 자"로 규정했습니다. 그리고 자신 중에는 "의의 선생"이 있어 하나님의 말씀을 진리대로 가르친다고 믿었습니다. 이들은 자신들의 공동체를 통해서 구약의 예언이 이루어졌다고 믿었습니다. 에세네파들 중에는 쿰란 지역에 공동체를 형성한 그룹이 있었는데 이 조그마한 사막 속의 공동체는 예루살렘의 동쪽에 있었습니다. 쿰란공동체는 결혼을 허용했고 식사 때에는 서열에 따라 자리에 앉아 함께 식사를 했다고 합니다. 이들은 모든 소유를 공유하면서 수도사와 같은 생활을 했으며 세례와 유대의 정결의식을 실천했습니다. 이들은 구약의 모든 책을 두루마리에 적어 보관했는데, 1948년에 발견된 쿰란 사본들은 히브리어로 쓰인 가장 오래된 구약성경으로써 에스더서만 제외하고 38권의 모든 구약성경을 다 포함하고 있었습니다.

브루스와 같은 학자들은 세례요한이 쿰란공동체와 관계가 있을 것으로 추측합니다. 그것은 세례요한이 세례를 베풀었고 그 삶의 방식이 검소해서 메뚜기와 석청을 주식으로 했다든지 짐승의 가죽 옷을 입었다든지 하는 점들이 쿰란 구성원들의 삶의 양식을 생각나게 하기 때문이었습니다. 예수님의 제자 사도 요한과 안드레는 원래 세례요한의 제자들이었습니다. 예수님께서 바리새인들을 질책하셨던 것과는 달리 쿰란 멤버들에 대해서 그러신 적은 없었습니다. 아마도 그들 중의 많은 무리가 그리스도인들이 되었을 수도 있습니다.

넷째, 젤롯당Zealots: 열심당으로 불린 이 파는 유대가 로마로부터의 독립을 위해서는 무력도 불사했습니다. 이들은 민족주의자들이지 종교지파는 아니었습니다. 사도행전 21:38에 "암살자"라는 단어는 이들을 지칭한 단어인 것 같습니다. 예수님의 제자 중 시몬이라 이름한 자가 있는데 이 사람은 바로 열심당의 일원이었던 것 같습니다.눅6:15; 행1:13 가룟 유다도 열심당과 관계가 있었을 것으로 추측하기도 합니다. 그 이유는 그의 가룟, 즉 이스카리옷Iscariot이 자카리 즉 Zealot열심당이란 단어에서 왔기 때문입니다.

2. 헬라적 유대주의

(1) 디아스포라Diaspora: 디아스포라는 흩어져 살던 유대인들의 공동체(거주지)를 말합니다. 디아스포라 유대인들은 헬라어를 사용했습니다. 이들의 성경은 헬라어 구약성경이었고 정치 지도자는 없었습니다. 디아스포라는 크게 애굽의 디아스포라, 바빌론의 디아스포라, 시리아의 디아스포라가 대표적인 디아스포라였습니다. 바울도 시리아의 디아스포라에서 태어나 헬라어를 사용하다가 12살에 예루살렘에 유학 와서 가말리엘의 제자가 된 사람입니다. 그는 헬라어와 아람어를 사용하며 이중 언어를 구사하던 사람이었습니다. 시리아의 다소에서 태어난 유대인 2세였지만 유대문화를 신봉했던 바리새인으로서 그 시대의 문화를 간직하며 살았습니다. 바울은 로마시민으로서 출세하기보다 예루살렘 산헤드린 공회의 공회원이 되었던 자였습니다. 반면 스테판은 헬라 파 유대인이었기 때문에 아람어를 사용하지도 유대문화를 따르지도 않았습니다. 사도행전 7장의 스테판이 한 설교에서 구약의 아브라함 이야기를 길게 인용한 대목은 사마리아지방에서 전승되던 모세오경의 내용과 닮았습니다. 따라서 우리는 스테판이 사마리아에서 온 헬라 파 유대인이었을 것이라고 짐작할 수 있습니다. 스테판은 예수님께서 모세의 법을 다 이루셨고 성전의 제사도 폐했다고 설교했는데 이 가르침은 나중에 바울의 신학 정립에 기초가 되었

습니다.

(2) **회당**Synagogue: 디아스포라의 회당은 유대인들의 사회적 활동과 교육의 중심으로 모세의 법을 공부하던 장소였습니다. 그 중에서 예배 장소로서의 기능이 대표적인 종교적 기능이었습니다. 여자들은 예배에 참여하지 못했고 발코니에 앉아 예배를 지켜보았습니다. 성전이 없는 상황에서 예배의 요소는 성경 봉독, 설교, 기도, 예물봉헌, 축도 등이었습니다. 예수님 승천 후 제자들은 회당에서 유대인들과 함께 예배를 드렸습니다. 초대교회는 회당에서 시작되었다고 볼 수 있습니다. 그래서 초대교회 예배의 형식은 회당의 예배를 모방했다고 볼 수 있습니다. 회당의 대표는 하잔hazzan 이라고 했는데 이 사람은 목사의 기능과 구청장이나 시장의 기능도 동시 수행했던 디아스포라 공동체의 영향력 있는 유대 지도자였습니다. 하잔 끼리는 서로 책임과 권한을 가지는 관계가 아니라 독립적인 관계였습니다.

따라서 유대인들의 공동체로부터 초대교회의 예배형식이 태동했다고 볼 수 있습니다. 하나님께서는 교회를 생성하기 위해서 유대인들을 흩으시고 회당을 중심으로 믿음의 공동체를 일으키심으로써 자연스럽게 예수님을 믿는 그리스도인들의 기반을 구축하셨습니다. 그리고 예수님께서는 공생애 기간 중 갈릴리 지역의 회당을 거점으로 복음을 전하셨습니다. 바울도 전도여행 중 가장 먼저 찾은 곳이 바로 그 지역의 회당이었습니다. 회당에서는 유대교로 개종한 이방인들을 만날 수 있었기 때문에 그들을 복음전도의 효과적인 대상으로 삼았던 것입니다. 이렇게 유대 문화전통은 초기 기독교 태동과 뗄 수 없는 관계에 있었습니다. 이를 통해 하나님께서 유대인들을 제사장의 나라로 부르신 뜻이 이루어지게 된 것이라고 볼 수 있습니다.창12:1~3; 출19:5~6

(3) **칠십인역**Septuagint: 알렉산드리아에 살던 유대인들은 아람어를 하지 못했기 때문에 헬라어 성경이 필요했습니다. 이집트의 프톨레미 필라델푸스라는 왕은 예루살렘에서 70명의 학자를 초대했습니다. 그리고 그들을 알렉산드리아 북쪽의 한 섬에 묵게 하면서 성경을 번역하게 했는데 나

중에 그들이 번역한 성경을 서로 대조했을 때 구절이 전부 일치했다고 합니다. 이들은 모세오경을 번역했습니다. 그래서 이 헬라어로 번역된 모세오경은 칠십인역LXX으로 불리게 되었지만, 그 후에 번역된 구약의 다른 책들도 일괄적으로 칠십인역이라고 불리게 되었습니다. 칠십인역은 구약신학의 새 지평을 연 책이 되었습니다. 구약의 신학적 용어들이 헬라어로 번역되면서 구약의 히브리어로 표현된 구절들은 새로운 의미 확장을 경험하게 되었습니다. 이 확장된 의미는 구약을 왜곡시킨 것이 아니라 메시아에 대한 예언의 이해를 더 확실하게 해 주었습니다. 이사야 7:14의 '동정녀' 라는 명사도 구약의 한 여자라는 히브리어 명사를 헬라어로 번역한 결과 개념이 더 분명해졌고, 이 예언은 예수님께서 동정녀 마리아로부터 탄생하심으로써 정확히 성취되게 된 것입니다. 따라서 초대 기독교인들에 의해 변증학적으로 쓰이게 된 칠십인역에 혐오를 느낀 유대의 학자들은 칠십인역을 대체할 수 있는 다른 헬라어 구약본을 번역했습니다. 이 칠십인역은 신약의 저자들이 구약을 읽을 때 사용되던 성경이었고 회당에서 주로 사용되던 구약성경이었습니다. 신약의 저자들이 구약을 인용할 때 칠십인역을 사용했는데 이때 사용된 헬라 단어들은 신약의 저자들이 가지고 있던 신학을 이해하는 기초적 단서를 제공합니다. 따라서 어떤 칠십인역의 전문가는 우리가 수십 권의 주석을 읽기보다 칠십인역을 읽는 것이 신약의 이해에 더 도움이 된다고 말했습니다.

3. 종교와 철학

(1) 그리스-로마시대의 판테온Pantheon: 로마는 공화정 초기에는 애니미즘을, 후에는 그리스의 다신교를 채택했습니다. 로마인들은 헬라의 신 개념을 그대로 수용했는데 이 신들은 인간의 품성을 그대로 지닌 존재들이었습니다. 쥬피터는 그리스 신화의 제우스에 대한 별칭입니다. 예수님의 초림에 즈음해서는 이 헬라의 판테온에 대한 숭상이 한풀 꺾이게 됩니다. 바울이 아테네에 방문했을 때 아레오바고에서 설교를 했는데 이 때 헬라 사람들이 이름도 모르는 많은 신을 섬기는 모습을 보았습니다. 바울은 이

다신교 문화에 젖어 있던 사람들에게 유일신인 창조주 참 하나님을 소개했고 예수 그리스도를 믿을 것을 설교했습니다.

(2) **황제숭배**Emperor Worship: 로마 황제들은 자신들을 신으로 섬기게 했습니다. 쥴리어스 시저도 자신을 신으로 믿었지만, 사람들이 자신을 신으로 예배할 것을 강요하진 않았습니다. 황제숭배를 공식적으로 강요한 것은 네로 황제였고 이때 순교한 사도들이 베드로와 바울이었습니다. 황제숭배정책을 더 적극적이고 조직적으로 정책화하고 황제숭배정책에 따르지 않는 자들을 핍박한 황제는 도미시안 황제81–95 A.D.였습니다. 바로 이 시기에 요한복음과 요한 서신들, 그리고 요한 계시록이 기록되었습니다.

(3) **신비주의 종교**Mystical Religions: 신비주의 종교는 신과의 직접적 접촉을 믿었습니다. 이들은 접신 때문에 신을 부르는 방법을 알아야 했고 이와 관련된 제사법을 중시했습니다. 이들은 사회적 평등을 믿었고 사회적으로 신분이 다른 사람끼리도 형제관계에 있다고 가르쳤습니다. 이들은 영혼 불멸을 믿었습니다.

(4) **미신**Occultism: 온 세상은 귀신들과 마귀들의 처소인데 사람이 올바른 의식을 통하여 이들과 교통할 수 있다고 믿었습니다. 그 방법은 마술, 점, 예언, 강신술, 축귀, 점성술 등이었습니다. 바리새인들 중에서도 마술로 귀신을 내쫓는 자들이 있었다고 합니다.행8:9~24

(5) **영지주의**Gnosticism: 영지주의자들은 지식을 통해서 구원을 받을 수 있다고 믿었습니다. 신은 너무 거룩하고 위대해서 물질세계를 창조하지 않았고 물질세계에 인간의 모습으로 오실 이유도 없다고 보았습니다. 세상의 기원은 신이 끊임없는 타락의 발전과정을 통해서 그 타락의 최후의 상태에 이른 신이 물질적 존재로 변했는데 이 신이 세상을 창조했다고 봅니다. 이들은 물질은 악하고 영적인 것이 선하다고 생각합니다. 만일 사람이 구원을 얻으려면 물질 세상을 포기하고 영계를 구해야 한다고 생각했습니다. 따라서 이 철학은 두 결과를 파생시켰습니다. 하나는 금욕주의인데 물질은 악하므로 육체의 욕구를 억제하고 절제하는 것을 촉구했습니다. 다른 한 분파는 타락주의인데 육체의 욕구에 만족하려고 그 욕구를

충족시키는 행위에 삶을 맡기며 살도록 가르친 것입니다. 이들은 어떤 죄를 짓더라도 그것이 영의 구원에 아무 영향을 주지 않는다고 생각했기 때문에 쾌락을 추구했습니다. 골로새서 2:8에서 바울은 이 철학의 존재를 언급하고 있고, 골로새서 2:21의 "곧 붙잡지도 말고 맛보지도 말고 만지지도 말라 하는 것이니"라는 구절은 바로 이들의 가르침에 대한 인용구로써 바울은 이들의 사상을 경계하라고 말합니다.

문제

1. 유대인의 네 종파를 설명해 보세요.
2. 헬라적 유대주의의 대표적인 것들을 설명해 보세요.
3. 1세기 종교와 철학들의 예를 들고 이들을 설명해 보세요.

참고도서

노재관, 신약배경, 기독교문서선교회, 2005.
김희성, 신약배경사, 대한기독교서회, 2006.
월터 엘웰 & 로버트 야브루, 최신신약통론 - 역사적 신학적 연구. 김광모, 류근상역. 크리스챤출판사, 2006.
클라우스 베르거, 신약 신학의 역사1 . 박두환역. 민들레책방, 2005.
클라우스 베르거, 신약 신학의 역사2 . 박두환역. 민들레책방, 2005.
최정만, 신약 배경으로 본 세계 선교 역사 2 . 쿰란출판사, 2008.
크레이그 키너, IVP 성경배경주석: 신약. 정옥배역. IVP, 1998.
E. M. 블랙록, 신약의 배경 - 성경의 맥 24. 성서유니온선교회, 1997.
헬무트 쾨스터, 신약 성서 배경 연구(개정판). 이억부역. 은성, 1996.
에두아르트 로제, 신약성서 배경사. 박창건역. 대한기독교출판사, 1995.
Richard L. Niswonger, *New Testament History* Grand Rapids: Zondervan, 1992.
F.F. Bruce, *New Testament History* Galilee / Doubleday, 1983.
_________, *The New Testament Documents: Are They Reliable?* Grand Rapids: Eerdmans, 2003.
Ben III Witherington, *New Testament History: A Narrative Account*. Baker Academic, 2001.
Paul Barnett, *Jesus & the Rise of Early Christianity: A History of New Testament Times*. InterVarsity Press, 2002.
C. K. Barrett, *New Testament Background: Selected Documents*. Revised and Expanded. HarperOne, 1995.
Bart D. Ehrman, *The New Testament: A Historical Introduction to the Early Christian Writings*. 4th Ed.

Oxford University Press, 2007.
Everett Ferguson, *Backgrounds of Early Christianity*. 3rd Ed. Grand Rapids: Eerdmans, 2003.
James S. Jeffers, *The Greco-Roman World of the New Testament Era: Exploring the Background of Early Christianity*. InterVarsity Press, 1999.
Herman N. Ridderbos, Richard B. Gaffin, Jr. and H. De Jongste, *Redemptive History and the New Testament Scriptures*. Biblical and Theological Studies. P & R Publishing, 1988.
Paul Barnett, *Is The New Testament Reliable?* 2nd ed. InterVarsity Press, 2005.
Merrill Tenney, *New Testament Times: Understanding the World of the First Century*. Baker Books, 2004.
Walter A. Elwell and Robert W. Yarbrough, *Encountering the New Testament: A Historical and Theological Survey*. 2nd ed. Encountering Biblical Studies. Baker Academic, 2005.
Hans-Josef Klauck & Daniel P. Bailey, *Ancient Letters and the New Testament: A Guide to Context and Exegesis*. Kindle Book. Baylor University Press, 2006.
John J. Kilgallen, *A New Testament Guide to the Holy Land*. 2nd ed. Loyola Press, 1998.

02

공관복음이란 무엇인가

마태, 마가, 누가복음이 공통의 구조로 되어 있기 때문에 공관복음이라고 합니다. 영어로 공관복음을 'Synoptic Gospels' 라고 부르는데 Syn은 '함께' 라는 뜻이고 optics 는 '본다' 는 뜻이 있는 헬라어 옵타노마이라는 동사에서 파생한 말입니다. 즉 위의 두 뜻을 합성하면 함께 본다는 뜻이 됩니다. 공관복음은 예수님의 생애와 가르침을 기술하는 방식이 공통의 구조로 되어 있습니다. 그러나 요한복음은 공관복음과는 확실히 다른 문학구조를 가지고 있습니다. 그래서 공관복음에 포함되지 않습니다.

예를 들면, 공관복음은 각 복음서의 구조가 두 부문으로 나누어집니다. 전반부는 예수님의 갈릴리 사역을 기술하고, 후반부는 예수님의 유대 지방에서의 사역에 초점을 두고 있습니다. 공관복음에 있어서 예수님의 유대 지역 사역은 예수님의 예루살렘 입성에 대한 이야기로 시작합니다.마21장, 막11장, 눅19:28 그런데 우리가 가지는 의문은 왜 예수님께서 3년 반의 공생애 기간에 예루살렘을 방문하신 때가 3년 차가 되던 마지막 해였는가 하는 것입니다. 예수님께서 공생애를 시작하시면서 그 첫 해에 예루살렘을 방문했을 가능성이 큽니다. 요한복음에 예수님의 사역 장소는 갈릴리와 유대 두 곳이 반복적으로 교차한 것을 알 수 있습니다.

요한복음에 따르면, 예수님께서는 유대에서 그 공생애를 시작하셨습니다.요1장 예수님께서는 그 후에 갈릴리 지역에 있는 가나의 혼인 잔치에 참석하셔서 물로 포도주를 만드는 기적을 행하셨습니다.요2장 그 후에 니고데모를 만나신 것은 예루살렘에서 있었던 일입니다.요3장 그리고 다시 예수님께서는 갈릴리로 돌아가시면서 사마리아 땅을 통과해 가셨는데 이때 야곱의 우물가에서 만난 사마리아 여인에게 자신을 전하셨습니다.[요4장] 그 후 예수님께서는 38년 된 한 병자를 고쳐 주신 것은 예루살렘에 다시 오셔서 행하신 기적이었습니다.[요5장] 또 예수님께서 오병이어의 기적을 베푸셨는데 이는 갈릴리에서 행하신 기적이었습니다.[요6장]

이처럼 예수님께서는 공생애 기간에 갈릴리와 유대 땅을 번갈아 다니시면서 사역하셨습니다. 그런데 공관복음을 읽다 보면 예수님께서는 갈릴리에서만 3년 동안 계시다가 마지막 해에 처음으로 유대 땅으로 오셔서 고난을 당하시고 십자가에서 돌아가셨다는 인상을 줍니다. 마태, 마가, 누가는 왜 이러한 사건 전개 구조를 가지고 기록했을까요. 그것은 두 가지 측면에서 대답할 수 있습니다. 첫째, 신약성경에서 가장 먼저 등장하는 마태복음이 이 구조를 채택하고 있다는 점입니다. 마태는 예수님의 생애를 기록하면서 연대기 방식을 따르지 않고 주제별, 지역별로 각 사건들을 정리했습니다. 마태는 역사가들처럼 사료를 일지를 기록하듯이 연대기적으로 기록하지 않았습니다. 예수님의 생애를 기록할 때 가장 중요한 핵심은 예수님께서 하나님의 아들이시라는 사실을 증거하고 사람들로 하여금 이를 믿도록 하는 데 있었습니다. 둘째, 마가복음과 누가복음이 이 이야기 구조를 그대로 따른 것은 그들도 복음서를 기록하는 데 있어서 일지를 쓰듯이 기록하지 않고 예수님의 가르침과 그 권능을 주제별로 증거하는 문학구조를 택했기 때문이었습니다.

반면에 요한복음은 공관복음의 구조를 따르지 않기 때문에 공관복음으로 분류되지 않습니다. 요한복음은 예수님의 생애와 사역을 시대 순서로 기록하고 있습니다. 그리고 예수님의 족보나 산상수훈 그리고 감람산 비유 등이 없습니다. 그 이유에 대해서는 다음 장에서 살펴보도록 하겠습니다.

문제

1. 공관복음이란 무엇을 말합니까?
2. 공관복음에 포함되는 복음서는 무엇입니까?
3. 공관복음에 나타나는 공통의 특징은 무엇입니까?
4. 공관복음과 요한복음을 비교해서 그 특징들의 유사점과 상이점은 무엇입니까?

참고도서

정훈택, 새로 번역한 공관복음 대조성경, 민영사, 2008.

신현우, 공관복음으로의 여행: 최초의 복음서를 찾아서, 도서출판 이레서원, 2005

성종현, 공관복음: 성종현 해설대조 연구, 장로회신학대학교출판부, 2002

도날드 것드리, 공관복음 문제, 이문장역, 한국로고스연구원, 1989

Bauckham, Richard, ed. *The Gospels for All Christians: Rethinking the Gospel Audiences.* Grand Rapids: Eerdmans, 1998

Blomberg, Craig L. *The Historical Reliability of John' s Gospel.* Downers Grove: InterVarsity, 2001.

____________. *The Historical Reliability of the Gospels.* Downers Grove: InterVarsity, 1987.

03
공관복음의 문제

1. 공관복음의 문제란 무엇인가?

공관복음의 문제란 마태, 마가, 누가복음의 구절들을 비교해 보면, 이 세 복음서가 공통으로 담고 있는 이야기들에서 같은 언어가 사용되거나 동의어가 사용될 때도 있기 때문에 세 복음서의 기록 유래에서 문서적인 상호 의존관계가 있을 것이라는 가설입니다. 즉 마태, 마가, 누가가 각 복음서를 기록할 때 다른 저자의 기록을 참고해서 수정 가감했을 것으로 보는 것입니다. 이 세 복음서의 유래에서 문서적 상호관계를 전제하고, 같은 이야기를 기술할 때에 표현된 말들의 유사성과 차이점들의 기원에 관한 질문을 공관복음의 문제Synoptic Problem라고 부릅니다.

예를 들어, 예수님께서 한 문둥병자를 고치신 이야기가 마태복음 8:1~4, 마가복음 1:40~45, 누가복음 5:12~16에 나옵니다. 이 이야기를 자세히 관찰 비교해 보면 우리는 세 저자가 사용하는 언어의 차이점과 동일성을 발견할 수 있습니다. 마태는 이 문둥병자가 예수님께 나아와 절을 했다프로세쿠네이고 기록합니다. 마가는 이 문둥병자가 예수님께 꿇어 엎드렸다고누페토운고 말합니다. 누가는 이 사람이 예수님 앞에 엎드렸다페소운고 기록합니다. 세 저자가 표현한 언어는 서로 다르지만, 병자가 예수님께 엎드려서 경배하며 병 고쳐주시기를 간구했다는 뜻은 같이 전하고 있습니다. 반면에 "모세가 명한 예물을 드려 그들에게 입증하라"는 구절은 이 세 복음서에 거의 같은 언어로 표현되어 있습니다.마8:4, 막1:44, 눅5:14

학자들은 세 복음서에 표현된 언어의 유사성과 차이점의 기원을 밝히려 했는데, 일부 학자들은 이 세 복음서의 문서적 상호의존설을 전제하고 이 문제를 연구해 왔습니다.

(1) **구전**oral tradition: 이 이론은 예수님께서 가르치실 때 제자들은 예수님의 가르침을 외워서 그들의 제자들에게 전수했을 것이라는 가설입니다. 이 구전 이론은 신빙성이 있는데 현대에 중동의 베두인족들이 긴 분량의 구전되는 본문을 정확히 암기해서 그 자식들에게 전수하고 있다는 것을 통해 입증되고 있습니다. 학자들이 신약성경에 찬송가 가사와 같은 시들이 많이 포함되어 있다는 것을 밝혀 주는데, 이러한 구절들은 초대교회 성도들이 예배 때 불렀던 찬송의 가사로써 암기하고 있었던 것으로 보입니다.

(2) **접촉설**living contact: 세 복음서에 있는 구절 간의 일치와 차이는 마태, 마가, 누가가 각자의 사역을 하다가 한 곳에서 만나, 각자의 복음서에 대해 토론하고 복음서의 내용과 표현들을 조율했을 것이라는 가설입니다. 테니는 다음과 같은 이유에서 이 접촉설을 지지하고 있습니다. 마가는 예수님의 공생애 기간과 헤롯 아그립바 일세의 기간, 곧 주후 44년까지의 초대교회 기간에 예루살렘에 살았습니다. 그 후 시리아 안디옥에 방문하여 바울과 바나바와 함께 복음을 전파했습니다. 그 후에는 베드로와 같은 사도들을 따르며 계속해서 복음전파의 일에 관여했습니다.

마가는 안디옥까지 보급된 마태복음의 내용을 잘 파악했을 가능성이 있습니다(물론 마가복음 선행설을 따르면 이 가설은 뒤집어 질 수 있습니다). 테니는 누가가 안디옥에 오랫동안 있었을 가능성을 말하고 있습니다. 골로새서 4:10, 14, 혹은 디모데후서 4:11은 누가와 마가의 이름을 함께 나열하고 있습니다. 이러한 사실들은 누가와 마가의 공적인 접촉을 증명하지는 않지만, 이들의 개인적 접촉의 가능성을 보여줍니다. 이들은 마태와 함께 예수님의 생애와 가르침에 대해서 이야기하는 시간을 가졌을 수도 있습니다.[1)]

(3) **교환설**mutual borrowing: 세 복음서의 저자들이 문서적으로 다른 저자의 복음서에 나온 표현들을 자유로이 빌려서 사용했을 것이라는 가설입니다. 누가복음 1:1~3에서 누가는 말씀합니다: "우리 중에 이루어진 사실

에 대하여 처음부터 목격자와 말씀의 일꾼 된 자들이 전하여 준 그대로 내력을 저술하려고 붓을 든 사람이 많은지라 그 모든 일을 근원부터 자세히 미루어 살핀 나도 데오빌로 각하에게 차례대로 써 보내는 것이 좋은 줄 알았노니" 이 구절에서 누가는 예수님을 직접 따라다닌 경험이 없었지만, 바울을 따르며 복음 전하는 일에 참여하며 이전에 기록된 복음서들이나 사본들을 참고해서 누가복음을 기록한 것을 나타냅니다. 반면, 마가복음은 마태복음을 참고했을 가능성이 있습니다. 이를 통해 보면, 상호 교환설보다는 문서적 의존설이 더 설득력 있어 보입니다. 따라서 나온 설이 문서설입니다.

(4) **문서설**document theory: 이는 마가복음이 원복음서일 것이라는 가정하에, 마태복음과 누가복음이 마가복음을 자료로 사용했을 것이라는 가설입니다. 마가복음 외에 다른 자료는 큐(Q)라는 자료입니다. Q는 독일어 Quelle에서 따온 글자인데 이는 자료source를 의미합니다. 큐문서는 마가복음에는 발견되지 않고 마태복음과 누가복음에만 공통으로 발견되는 구절들인데, 이 구절들은 마태복음이나 누가복음에 그 순서가 일치한다는 것이 발견되었습니다. 따라서 학자들은 이 문서를 큐문서로 이름 붙였습니다. 그러나 역사상 큐문서는 실제 존재하는 사본이 아니고 그저 가설적 문서일 뿐입니다. 문서설 학자들은 마가복음과 큐문서가 마태복음과 누가복음의 기록을 위한 자료였다고 생각합니다. 하지만 이 가설을 입증할 증거는 없습니다. 다수의 큐문서 전문가들도 이 큐문서설의 타당성을 부정하고 있습니다. 따라서 오늘날 큐(Q)문서는 마태복음과 누가복음에는 공통으로 나오지만, 마가복음에는 포함되지 않은 구절을 가리키는 용어로 쓰입니다. 또한, 큐문서설은 마가복음 선행설과 한 조를 이루는 이론인데 마태복음 선행설을 따르게 되면 큐문서설은 그 타당성이 소멸합니다.

(5) **양식사설**form criticism: 이는 각 복음서의 저자가 실제 저자가 아니라 전해져 오는 단편적인 구절들을 모아 복음서를 구성했을 것이라는 이론입니다. 이는 단편적인 구절들의 유래가 반드시 예수님의 생애기간이 아

니고 때로 주후 2세기의 교회시대였고, 교회가 예수님의 생애를 창조해서 세력 확장에 이용하려 했다는 것입니다. 이는 각 복음서의 통일성과 독립성을 부정하는 자유주의 견해입니다. 또한, 이 이론은 복음서의 역사적 사실성을 완전히 부정하는 이론입니다. 이는 구약 시편해석의 권위자인 군켈교수의 양식사설을 복음서연구에 적용한 것인데 신약학자 중에는 독일 학자 불트만이 대표적 학자입니다. 불트만은 요한복음을 양식사적 연구로 요한복음의 각 구절을 원래 형태로 구현하려 했습니다. 하지만, 그의 요한복음 파편화fragmentation는 요한복음의 이해를 돕기보다, 그의 실존주의적 신학을 정당화하는 자료로 전락합니다. 이는 듀크대학의 무디 스미스 교수의 박사학위 논문에서 철저히 분석되었습니다. 그러나 양식사설의 가설 중 한 가지 재미있는 것은 한 구절이나 문단의 역사적 상황Sitz im Leben에 대한 전제입니다. 즉 복음서를 연구할 때 각 복음서 혹은 복음서 안의 구절들의 역사적 상황을 재구성해서 그 구절의 의미를 입체적으로 볼 수 있게 한다는 것입니다. 하지만, 이 역사적 상황의 재구성도 객관적일 수 없는 것은 학자마다 역사적 상황에 대한 다른 가설을 제시하며, 성경외적 문헌을 참고로 역사적 상황을 재구성하는 경우가 많아서, 양식사설은 주관적 성경해석의 범주를 벗어나기 어렵습니다.

(6) **편집설**redaction criticism: 이 설은 각 복음서의 저자가 편집자일 뿐 아니라 자신의 독창적인 신학을 접목한 내용을 수집해 저자로서 기능을 했다는 것입니다. 따라서 해석의 목표는 복음서 안의 구절에서 편집자가 짜깁기 한 부분을 찾아내서 그 역사적 정황과 신학적 관점을 찾으려는 것입니다. 이 설 역시 자유주의적 견해이며 그것은 해석자마다 주관적이며, 짜깁기를 했다고 가정하는 구절이 다를 수 있습니다. 그래서 주관적 해석을 많이 만들 수 있는 것입니다. 하지만, 이 설은 편집자의 시각을 찾을 수 있게 해 준다는 측면에서 웨스트민스터 신학교의 네드 스톤하우스 교수가 해석적 통찰로 입증했습니다. 마태는 마태복음의 저자이면서도 동시에 그가 사용한 자료의 편집자적 역할을 했으며, 그가 한 편집은 그가 강조하고 싶은 신학적 관점을 반영하였습니다. 이러한 편집비평은 저자 이

외의 편집자를 가정한다는 점에서 복음서의 통일성과 역사성을 해칠 가능성이 있는 해석을 하므로 여전히 경계해야 할 해석 방법입니다.

2. 결론

마태는 예수님의 12제자 중 공관복음을 쓴 유일한 제자입니다. 마가는 예수님과 가까이 있던 제자였지만, 예수님의 가르침을 대부분 직접 듣지 못하고 베드로의 기억과 기록에 의존해서 마가복음을 기술했습니다. 마태복음은 서리였던 마태가 기록해 놓은 예수님의 가르침과 기적 일지를 바탕으로 기록했을 가능성이 많습니다. 누가는 직접 예수님의 가르침을 듣지 못했기 때문에 구전이나 기록을 바탕으로 누가복음을 기록했을 것입니다.눅1:1~3 이러한 관점에서 구전이나 접촉설이 가장 타당성 있는 설로 볼 수 있습니다. 문서설은 누가복음 기록 과정을 설명하려고 할 때 제한적으로 사용될 수 있는 여지가 있지만, 이는 주관적 견해가 바탕이 되기 때문에 문서적 상호의존설은 공관복음 문제 설명에 바람직하지 않습니다.

양식사설은 각 복음서의 이야기를 서로 상관없이 모아 구성한 형태로 이해하므로 성경의 통일성을 부정하고 있습니다. 이는 우리가 받아들일 수 없는 자유주의 견해이지만, 각 복음서 기록의 역사적 상황에 관심을 둘 수 있게 한다는 측면에서 제한적 적용의 여지가 있다고 볼 수 있습니다. 마태복음이 쓰여진 역사적 상황은 누가복음의 역사적 상황과는 달랐습니다. 우리가 이 상황들을 성경 본문 해석을 통해 주의 깊게 재구성 할 수 있다면 본문 해석에 도움이 되는 단서를 발견할 수 있습니다. 편집설은 각 복음서의 편집자(저자)를 복수라고 가정하기 때문에 복음서의 역사적 사실성을 부인하게 한다는 점에서 자유주의 견해이며 받아들일 수 없습니다. 하지만 같은 이야기가 각 복음서의 다른 구조 속에 포함되었을 때 그 이유를 알아보는데 단서를 제공해 줄 수 있습니다. 즉 마태의 강조점이 마가나 누가의 강조점과 달라서 같은 사건이 각 복음서에서 다뤄지는 방식이 달라졌다는 것을 우리는 알 수 있게 됩니다.

결론은 우리는 공관복음의 문제Synoptic Problem라는 개념 자체를 받아들일 수 없습니다. 복음서의 각 저자는 같은 이야기를 다루는데 각자 받은 영감에 따라 서로 다른 단어들을 사용해서 같은 의미를 구현할 수 있었습니다. 이는 성령께서 복음서 각 저자에게 같은 영감을 주셔서 성경이 기록되게 하셨지만, 각 저자의 성격이나 관심, 경험, 역사적 상황 등이 각 복음서에 녹아 들어갈 수 있게 하셨다는 점을 우리는 기억해야 합니다. 하나님께서는 성경의 저자들을 로봇처럼 사용하지 않으시고 그들에게 영감을 주셔서 그들이 각 저자로 성경 말씀을 기록하게 하신 것입니다.plenary verbal inspiration 따라서 우리는 각 복음서에 나오는 같은 사건의 이야기에서 서로 다른 표현방식을 볼 때 그것은 그들 사이의 논리 모순이나 그 이야기의 허구성의 증거로 여길 것이 아니라, 그들이 서로 보완적 관계 속에서 진리를 입체적으로 보여주고 있다고 생각해야 합니다. 2001년 미국에서 세계무역센터가 붕괴하였을 때, 이를 기록한 신문기사들을 비교해보면 서로 모순되는 것 같은 구절들이 발견되었습니다. 하지만, 그렇다고 해서 세계무역센터 붕괴가 역사적 허구라고 여길 수 없습니다. 서로 모순되게 보이는 것은 독자가 이에 대한 완전한 지식을 가지고 있지 못하기 때문입니다. 우리는 서로 모순되게 보이는 기록들이 모여 한 이야기를 입체적으로 보완한다는 것을 알 수 있습니다. 하나님께서는 서로 다른 공관복음의 저자들을 통해서 한 저자가 한 이야기에서 밝혀주지 못한 측면을 다른 저자가 그의 복음서에서 이와 같은 이야기를 다룰 때 밝혀 주고 있다는 사실을 발견할 수 있습니다. 따라서 공관복음의 문제problem는 실상 문제가 아니라, 공관복음의 통일성Synoptic Unity이라고 불러야 옳은 것입니다.

문제

1. 공관복음의 문제란 무엇입니까?
2. 공관복음의 문제에 대한 해석들을 설명해 보세요.
3. 공관복음 문제의 설명에 가장 타당한 이론을 스스로 정립해 보세요.

참고도서

도날드 것드리, 공관복음 문제, 이문장역, 한국로고스연구원, 1989

신현우, 공관복음으로의 여행: 최초의 복음서를 찾아서, 도서출판 이레서원, 2005

Bultmann, Rudolf. *History of the Synoptic Tradition*. San Francisco: Harper & Row, 1976.

Dungan, David Laird. *A History of the Synoptic Problem*. New York: Doubleday, 1999.

Gerhardsson, Birger. *The Reliability of the Gospel Tradition*. Peabody, Mass.: Hendrickson, 2001.

McKnight, Scot. *Interpreting the Synoptic Gospels*. Grand Rapids: Baker, 1988.

Stein, Robert H. *The Synoptic Problem: An Introduction*. Grand Rapids: Baker, 1987.

Wenham, John W. *Redating Matthew, Mark and Luke*. London: Hodder &1991.

04
마태복음

1. 저자

초대교회사가 유세비우스주후 325는 파피아스주후 100의 말을 인용하면서 마태복음의 마태 저작설을 옹호했습니다. 마태는 예수님의 가르침을 아람어로 기록해 놓았는데 나중에 이것이 헬라어로 번역되었다는 것입니다. 하지만 건드리Gundry는 마태복음이 아람어에서 헬라어로 번역된 증거가 희박하다고 말합니다. 칼슨, 무, 모리스도 그들의 공동저서에서 마태복음은 처음부터 헬라어로 쓰였을 것이라고 주장합니다.[2] 마태복음이 처음부터 헬라어로 쓰였는지는 분명치 않으나 확실한 것은 이레네우스, 터툴리안, 오리겐, 유세비우스 등 초대 교회 목사님들은 모두 마태가 마태복음의 저자임을 증거하고 있다는 것입니다.

마태복음 10:3은 마태가 자신을 세관원이라고 소개하며, 마가복음 2:14와 누가복음 5:27은 이 사람을 레위라고 부릅니다. 여기서 우리는 세관원 마태와 레위는 동일인임을 알 수 있습니다. 물C.F.D. Moule은 마태복음 13:52에 언급된 서기관은 교육을 잘 받은 사람을 나타내며 저자인 마태 자신을 가리키고 있다고 말합니다.[3] 마태는 세리로 회계장부를 잘 관리하는 사람이었을 것이고 서기 일도 잘 맡아 할 수 있는 사람이었을 것입니다. 또 그는 로마의 관리로써 헬라어와 아람어 이중언어를 구사할 수 있는 사람이었을 것입니다. 그렇다면 마태복음에서 나타난 헬라어 스타일과 구약성경 인용구절에 셈족의 요소는 마태의 인종적, 언어적 배경과 일치하고 있다고 할 수 있습니다.

2. 다윗의 자손 예수

마태복음은 예수님을 다윗의 자손 예수로 소개하고 있습니다. 이는 예수님을 구약에 예언된 메시아로, 다윗 왕조를 복원할 하나님의 아들로 소개하는 것입니다. 요한복음에 '다윗의 자손' Son of David이란 칭호가 한 번도 나오지 않는 것을 보면 분명히 마태가 예수님을 어떻게 소개하고자 했는지 명확히 비교됩니다. 마태는 예수님은 유대인의 왕, 이스라엘의 왕으로 오셨다는 점을 말하고자 했습니다. 하지만 마태가 예수님이 이방인의 왕이셨다는 것을 부정하고자 한 것은 아닙니다. 단지 예수님께서 이스라엘 족속을 통해 오셨다는 점을 짚고 넘어간 것인데, 이는 마태복음이 유대인을 위해서 쓰인 점과 일맥상통 합니다.참고: 마10:5~6

마태복음 10:5~6: "예수께서 이 열둘을 내보내시며 명하여 이르시되 이방인의 길로도 가지 말고 사마리아인의 고을에도 들어가지 말고 오히려 이스라엘 집의 잃어버린 양에게로 가라"

이 말씀은 마태복음 28:19절과 같이 이해해야 합니다. 즉 예수님께서는 궁극적으로 이방인을 구원하려고 먼저 이스라엘인들의 구원이 선행되어야 함을 말씀하셨다고 볼 수 있습니다.

여기서 마태가 예수님을 다윗의 자손 예수로 부르며 다윗 이후 천 년 동안 기다렸던 메시아였다고 선포하는 것은 중요한 진리를 말씀해 줍니다.

다윗의 왕조는 이미 솔로몬의 아들 르호보암 때에 왕국의 분열을 경험했습니다. 그리고 남쪽 유다 왕국에서 다윗 혈통이 겨우 유지되어 오다가 바빌론 왕국이 남쪽 유다 왕국을 멸한 뒤 다윗 왕조는 끝나게 됩니다. 바빌론에 살던 유다 사람들이 바빌론 유수 이후 70년 만에 다시 유대 땅으로 돌아왔지만, 다윗 왕조는 복원되지 않았습니다. 그 뒤로 주 전 2세기에 하스모니아 왕조가 잠깐 있다 망하고 이후 이두미아인이었던 헤롯이 유대 왕이 되었을 때에도 다윗 왕조는 복원되지 않았습니다. 그는 동방 박사들이 메시아가 태어났다는 소식을 전하자 베들레헴에서 태어난 두 살 이하의 모든 어린아이를 죽이도록 했습니다.

마태는 예수님께서 다윗의 자손으로 오신 메시아라는 점을 말함으로써 구약의 모든 예언이 예수님을 통해서 이루어졌다는 점을 강조하고 있습니다. 이는 이 땅에 다윗의 왕조가 문자적으로 실현될 왕조가 아니라, 예수님을 통해 다가올 하나님나라에 대한 예언이었다고 말씀하는 것입니다. 다윗의 자손을 통한 다윗 왕조는 예수님을 통해서 영적으로 구현된 것입니다. 다윗 왕조는 영원한 왕조이며, 영적인 왕국입니다. 그 백성은 유대인들에게 한정되는 것이 아니라, 예수님을 믿는 천국 백성을 포함하는 우주적인 왕국을 말하는 것입니다. 이 점에서 사무엘하 7장 13절 말씀은 예수님을 통해서 단번에 성취되었습니다: “그는 내 이름을 위하여 집을 건축할 것이요 나는 그의 나라 왕위를 영원히 견고하게 하리라”

이 메시아 왕국은 영원한 나라인데 그것은 영적인 왕국으로 해석해야 역사적으로 맞는 해석입니다. 유대 사람들은 ‘바빌론 유수’ 때에 가나안으로 돌아와서 다윗 왕국을 재건하기를 원했지만, 그렇게 하지 못했습니다.

이 상황에서 쓰인 역대상을 보면 저자가 다윗의 아들 솔로몬이 왕으로 즉위하자 솔로몬이 하나님의 보좌에 앉았다고 묘사했습니다. 이는 다윗 왕국을 하나님의 왕국으로 묘사한 것이며, 장차 예수님을 통해 오는 하나님나라를 영적으로 예견하며, 통치자가 예수 그리스도임을 미리 바라보고 있었던 것입니다: ESV 1 Chronicles 29:23 Then Solomon sat on the throne of the LORD as king in place of David his father. And he prospered, and all Israel obeyed him(솔로몬이 여호와께서 주신 왕위에 앉아 아버지 다윗을 이어 왕이 되어 형통하니 온 이스라엘이 그의 명령에 순종하며).

(1) **예수님의 족보:** 마태복음 1장에 예수님의 족보를 보면, 첫 조상으로 아브라함이 소개되어 있습니다. 아브라함은 이스라엘의 아버지입니다. 반면에 누가는 아담을 예수님의 첫 조상으로 소개하고 있습니다. 여기서 우리는 누가복음이 강조하는 구원의 보편성을 엿볼 수 있습니다. 마태복음도 구원의 보편성을 인식하고 있지만, 우리는 두 복음서의 강조점이 달

랐다는 점을 관찰할 수 있습니다.

우리는 마태복음에서 예수님 족보에 네 명의 이방 여인(다말, 라합, 룻, 우리야의 아내)의 이름을 봅니다. 이는 구원의 보편성과, 절대성, 무한성을 보여 줍니다. 룻을 뺀 세 여인은 모두 성性적으로 부도덕한 사람들이었습니다. 다말은 시아버지 유다와 관계했고, 라합은 창녀였고, 우리야의 아내 밧세바는 다윗과 간음했습니다. 마태가 예수님께서 이 세 연인을 조상으로 두셨다고 기록한 것은 충격적인 일입니다. 왜냐하면, 보통 사람들은 족보에 수치스러운 면을 없애고 미화하려고 하기 때문입니다. 여기서 마태는 구원은 우리의 공로로 받는 것이 아니라 죄 사함의 은혜로 받는다는 것을 말합니다. 마태는 자신이 세리로서 잘못된 행위를 많이 했지만, 예수님께서 다 용서해 주시고 그 제자가 되어 따를 수 있도록 큰 은혜를 입은 자였다는 것을 잘 알고 있었습니다. 예수님께서는 지위고하를 막론하고 또 착하고 나쁘고를 떠나 모든 사람의 구원자로 오셨다는 것을 나타냅니다.

그리고 여성들의 이름을 족보에 올렸다는 것은 그 당시의 관습을 따르지 않는 수정주의적 방식의 도입을 말합니다. 예수님이 인간으로 태어나심으로 인해서 여성에 대한 차별과 무시는 끝났습니다. 예수님께서는 사역기간에 많은 여성을 직접 만나시며 그들의 병을 고쳐주시고 문제를 해결해 주셨습니다.

여기서 우리가 빼놓지 말아야 할 점은 마태의 예수님 족보에 나타난 구속사적인 측면입니다. 창세기 3장 15절에 보면 여자의 후손이 뱀의 후손의 머리를 상하게 할 것이라는 말씀이 있습니다. 마태가 예수님의 족보에 4명의 여인 이름을 기록한 것은 예수님께서 여자의 후손으로 오신 자라는 것을 말씀하는 것으로 해석할 수 있습니다. 마태복음 1장에서 마태는 창세기에 나오는 인물로 아브라함을 언급하고 있고 이외의 구절들은 창세기를 배경으로 기술하고 있습니다. 여기서 마태는 예수님의 성육신으로 창세기 3:15절 말씀이 성취된 것으로 보았습니다. 또한 여자의 후손이 뱀 후손의 머리를 상하게 하는 말씀의 성취는 마태복음 4장에서 예수님께서 광야에서 자신을 시험하는 사탄을 물리치심으로써 성취되었다고 묘사합니다. 그것의 구속사적 성취는 주님의 십자가에서 완성되지만, 예수님께서 사탄을 물리치신 것은 창세기 3장에서 아담과 하와가 사탄에게 당한 것을 완전히 다 되갚아 주는 통쾌한 영적 승리였습니다.

3. 구약 예언의 성취

'다윗의 자손으로 오신 예수님' 이라는 주제에서 보듯이, 마태는 예수님을 통해서 구약의 모든 예언이 성취되었다는 것을 기록하고 있습니다. 다음 구절들은 그 예를 보여 줍니다. 마태복음 1:23은 "보라 처녀가 잉태하여 아들을 낳을 것이요 그의 이름은 임마누엘이라 하리라 하셨으니 이를 번역한즉 하나님이 우리와 함께 계시다 함이라" 라고 증거합니다. 마태는 이 구절에서 동정녀 탄생은 구약에서 이사야 7:14절의 말씀을 성취한 것으로 증명합니다. 마태복음 2:3~6절은 예수께서 베들레헴에서 탄생하신 것은 미가 5:2절의 예언의 성취라는 것을 증명합니다. 예수님께서 구약의 예언을 성취한 것은 매우 중요한 가르침입니다. 왜냐하면, 예수님 당시 유대인들은 메시아의 왕림과 동시에 유대인들이 압제자들로부터 자유를 얻고, 임하는 메시아 왕국에서 살 것을 기대했기 때문입니다. 하지만, 마태는 예수님께서 메시아로서 오셨지 임하는 왕국은 이 땅에서의 왕국이 아니라 하나님 통치의 도래라는 영적인 왕국, 즉 하나님의 나라라는 종말적인 왕국으로 제시합니다. 마태복음 12:28절에 이렇게 말씀합니다: "그러나 내가 하나님의 성령을 힘입어 귀신을 쫓아내는 것이면 하나님의 나라가 이미 너희에게 임하였느니라"

구약의 예언을 성취하셨다는 관점에서 마태가 예수님의 생애를 기술하는 구절들에서 논쟁이 되는 구절 중의 하나는 마태복음 2:15입니다: "헤롯이 죽기까지 거기 있었으니 이는 주께서 선지자를 통하여 말씀하신 바 애굽으로부터 내 아들을 불렀다 함을 이루려 하심이라" 이 구절은 호세아 11:1절에서도 언급하고 있습니다: "이스라엘이 어렸을 때에 내가 사랑하여 내 아들을 애굽에서 불러냈거늘" 여기서 호세아는 북쪽 이스라엘을 향해 한 말씀입니다. 그런데 마태는 이 말씀이 예수님에 의해 성취된 것으로 증거합니다. 즉 헤롯이 죽자 마리아와 요셉이 다시 예수를 애굽에서 데리고 나온 것은 호세아에 말한 예언을 성취한 것입니다. 어떤 학자는 호세아는 이스라엘을 향해 말한 것이지, 앞으로 오실 메시아가 애굽에서 가나안으로 돌아오실 것에 대해 예언한 말씀이 아니라고 말합니다. 따라서 마태는 호세아가 예언하지 않는 의미를 호세아가 예언한 것처럼 여기며 예수께서 그것을 성취한 것으로 적용해서 구약을 인용하고 있다는 것입니다. 진정 호세아가 예수님이 애굽으로 돌아오실 것을 모르고 "내 아들을 애굽에서 불러내었다"고 말씀했을까요? 호세아는 이 구절에서 이스라엘 백성이 모세의 인도하에 애굽에서 나온 사건을 언급하는 것이 분명합니다. 여기서 호세아가 예수님의 돌아오심을 염두에 두지 않고 말하고 있었다면, 마태가 그 말씀 속에 숨겨진 의미를 예수님을 통해서 분명히 깨닫고 예수님의 돌아오심을 성취된 예언의 관점에서 증거한다고 볼 수 있습니다. 이 견해는 sensus plenior(충만한 의미)적 입장에 바탕을 둔 해석입니다.

그러나 월터 카이저 교수는 이를 다르게 설명하고 있습니다. 그는 마태가 증거하는 예수님의 환도가 호세아 11:1절에서 의도된 의미였다고 주장합니다. 마태는 호세아가 이 구절에서 의도한 의미는 메시아적 의미였고, 이를 정확한 예수님의 환도로써 성취된 것으로 증거하고 있다는 것입니다. 카이저 교수의 주장은 마태가 주관적으로 구약 예언의 의미를 확장한 것이 아니라고 하는 점을 말합니다. 성경의 저자는 하나님이시기 때문에 하나님의 영감 된 말씀 속에 계시한 의미는 변하지 않고 신약의 저자에까지 전달된다는 것입니다. 이 주장은 구약의 선지자들이 때로 자신이 말한 예언의 메시아적 의미를 알지 못하고 예언했다고 하는 주장을 반박하고 있습니다. 이 주장은 누가나 베드로에 의해서 지지를 얻습니다.

누가는 사도행전 2:30~31절에서 이렇게 말씀합니다: "그는 선지자라 하나님이 이미 맹세하사 그 자손 중에서 한 사람을 그 위에 앉게 하리라 하심을 알고 미리 본 고로 그리스도의 부활을 말하되 그가 음부에 버림이 되지 않고 그의 육신이 썩음을 당하지 아니하시리라 하더니" 누가는 이 말씀에서 다윗의 예언이 '메시아가 무덤에서 부활하실 것'을 미리 바라보고 있었다고 말합니다. 베드로 사도도 베드로전서 1:10~11절에서 이렇게 말씀합니다: "이 구원에 대하여는 너희에게 임할 은혜를 예언하던 선지자들이 연구하고 부지런히 살펴서 자기 속에 계신 그리스도의 영이 그 받으실 고난과 후에 받으실 영광을 미리 증언하여 누구를 또는 어떠한 때를 지시하시는지 상고하니라" 여기서 구약의 선지자들은 앞으로 오실 메시아의 고난과 영광을 미리 바라보고 있었다는 것입니다. 그러나 그들은 그 정확한 때를 몰랐습니다.

이 관찰을 종합해 보면 마태가 호세아의 구절을 인용한 것이 호세아가 모르고 말한 의미를 발견하고 예수께 적용해서 증거한 것이 아닙니다. 호세아는 자신의 예언의 종말적, 메시아적 의미를 알고 있었다는 것을 알 수 있습니다. 호세아는 이스라엘 백성의 출애굽이라는 역사적 이야기를 통해서 그 의미를 전달했기 때문에 호세아 당시의 사람들은 메시아적 의미를 몰랐을 수도 있습니다. 이스라엘 백성의 역사적 경험은 종말적, 메시아적 의미가 있는 하나의 비유라고 볼 수 있습니다. 이스라엘의 모든 역사가 종말의 교회와 예수 그리스도를 예표하고 있습니다. 그래서 누가복음 24:44절에서 예수께서는 이렇게 말씀하셨습니다: "또 이르시되 내가 너희와 함께 있을 때에 너희에게 말한 바 곧 모세의 율법과 선지자의 글과 시편에 나를 가리켜 기록된 모든 것이 이루어져야 하리라 한 말이 이것이라 하시고"

4. 모세보다 크고 위대하신 예수님

마태복음은 유대인들을 위해서 기록되었기 때문에 유대인들의 영웅이었던 모세와 예수님을 의도적으로 비교하는 것을 자주 봅니다.

(1) 구조: 마태복음의 구조는 다섯 부분으로 되어 있는데(산상수훈, 12제자를 가르치심, 하나님의 왕국에 대한 비유들, 겸손과 용서의 중요성, 바리새인들에 대한 책망과 감람산 비유), 이는 모세오경이 창세기, 출애

굽기, 레위기, 민수기, 신명기 다섯 권으로 되어 있는 점과 비교됩니다. 이는 곧 예수님의 가르침을 모세 오경과 직접적으로 비교하는 것이며, 이는 예수님의 가르침이 모세의 가르침보다 더 크고 권위가 있다는 점을 말씀하는 것입니다.

⑵ **생애**: 바로왕이 이스라엘의 어린아이들을 죽였듯이 헤롯도 두 살 이하의 어린아이들을 죽였습니다.

출애굽기 2;15절: "바로가 이 일을 듣고 모세를 죽이고자 하여 찾는지라 모세가 바로의 낯을 피하여 미디안 땅에 머물며 하루는 우물 곁에 앉았더라"

마태복음 2:13절: "그들이 떠난 후에 주의 사자가 요셉에게 현몽하여 이르되 헤롯이 아기를 찾아 죽이려 하니 일어나 아기와 그의 어머니를 데리고 애굽으로 피하여 내가 네게 이르기까지 거기 있으라 하시니"

모세를 죽이려 한 자들이 죽어 모세가 애굽으로 돌아간 것처럼, 예수님을 죽이려 한 자들도 죽어 요셉은 아기 예수를 데리고 나사렛에 돌아왔습니다.

출애굽기 4:19절: "여호와께서 미디안에서 모세에게 이르시되 애굽으로 돌아가라 네 목숨을 노리던 자가 다 죽었느니라"

마태복음 2:20절: "일어나 아기와 그의 어머니를 데리고 이스라엘 땅으로 가라 아기의 목숨을 찾던 자들이 죽었느니라 하시니"

모세가 하나님과 만난 후 그 얼굴에서 빛이 난 것처럼, 예수님께서도 변화산상에서 그 얼굴이 해와 같이 빛났습니다. 하지만 여기서 차이점은 모세 얼굴의 광채는 하나님에게서 온 것이었고 사라져갔지만, 예수님의 광채는 예수님의 몸에서 나온 빛이었고, 예수님의 옷까지 희어지게 빛을 냈다는 점에서 비교할 수 없는 영광된 것이었다는 점입니다. 요한복음 1장에 보면 예수님은 빛, 그 자체이십니다. 개핀Gaffin교수는 예수님의 변화산상에서의 광채는 앞으로 부활 때 입게 될 영광으로 변형된 몸을 미리 보여주는 사건이라고 말합니다.

출애굽기 34:29절: "모세가 그 증거의 두 판을 모세의 손에 들고 시내

산에서 내려오니 그 산에서 내려올 때에 모세는 자기가 여호와와 말하였음으로 말미암아 얼굴 피부에 광채가 나나 깨닫지 못하였더라"

마태복음 17:2절: "그들 앞에서 변형되사 그 얼굴이 해 같이 빛나며 옷이 빛과 같이 희어졌더라"

(3) 가르침: 예수님께서는 산상수훈에서 자신의 가르침과 모세의 가르침을 비교하시면서 자신의 가르침을 모세의 가르침보다 더 권위 있는 말씀으로 가르치셨습니다.

출애굽기 20:13절: "살인하지 말지니라"

마태복음 5:21~22절: "옛 사람에게 말한 바 살인하지 말라 누구든지 살인하면 심판을 받게 되리라 하였다는 것을 너희가 들었으나 나는 너희에게 이르노니 형제에게 노하는 자마다 심판을 받게 되고 형제를 대하여 라가라 하는 자는 공회에 잡혀가게 되고 미련한 놈이라 하는 자는 지옥 불에 들어가게 되리라"

출애굽기 20:14절: "간음하지 말지니라"

마태복음 5:27절: "또 간음치 말라 하였다는 것을 너희가 들었으나, 나는 너희에게 이르노니 여자를 보고 음욕을 품는 자마다 마음에 이미 간음하였느니라"

이 구절들을 비교해 보면, 예수님의 가르침은 모세의 율법을 폐한 것이 아니라 모세의 율법을 더 온전히 지킬 수 있는 가르침을 주신 것이라고 볼 수 있습니다. 사람들은 살인, 간음하지 않으면 모세 율법의 핵심을 온전히 지킨 것으로 생각했지만, 사실상 그 율법의 핵심은 형제를 사랑하는 데 있었습니다. 따라서 형제를 사랑하는 데는 마음과 진실로 사랑함이 있어야 한다는 말씀입니다.

마태가 왜 예수님을 모세와 비교하면서 예수님의 우월성을 강조하는 것일까요? 모세는 이스라엘 백성에게 율법을 전달해 준 선지자였고, 모세와 같은 지도자는 그 뒤 이스라엘 역사에 나타나지 않았습니다. 하지만 신명기 18:15 에서 모세는 자기와 같은 한 선지자가 일어날 것이라고 백성에게 미리 알려 주었습니다. 이때부터 이스라엘사람들은 이 선지자가 나타나기만을 기다렸습니다. 이 사실은 요한복음 6장 14절에서도 나타나 있습니다. 예수님께서 오천 명을 물고기 두 마리와 보리 떡 다섯 개로 먹이셨을 때 백성은 예수가 곧 오시리라 예언된 "그 선지자"라고 믿으며 환호했습니다. 신약의 저자들도 예수님을 이 구약의 전통을 바탕으로 소개하는 것을 발견할 수 있습니다. 히브리서 3:1~6절에서 모세는 사환으로 하나님의 집 안에서 섬겼지만, 예수님은 아들로서 하나님의 집을 관리하시는 분으로 비교하며 예수님의 우월성을 말씀합니다. 이와 같은 문맥을 보면 마태가 예수님을 모세보다 우월한 자라고 기술하는 것은, 초대교회에서 신자들이 모세 보다 크신 예수님을 하나님의 아들로 믿고 예배했다는 것을 반영합니다. 마태는 마태복음 16장에서 제자들이 예수님을 누구라고 하는지를 말하고 있습니다. 사람들은 예수님이 엘리야나, 선지자라고 말했지만, 베드로는 예수님이 주님이시며 그리스도라고 고백했습니다. 예수님은 하나님의 아들이십니다. 이는 곧 예수님은 하나님이시라는 고백입니다. 예수님을 통해서 하나님께서 다윗에게 약속하신 메시아적 왕국이 도래한 것입니다. 이제 새 언약의 시대가 도래한 것입니다. 이 시대는 구약의 율법이 완성된 시기이며, 예수님께서 산상수훈에서 새 언약의 시대에 맞는 하나님나라의 윤리를 가르쳐 주셨습니다. 이러한 맥락에서 보면 마태가 왜 예수님과 모세를 비교하며 예수님의 우월성을 증거하는 구조 속에서 마태복음을 기술했는지를 알 수 있습니다.

5. 마귀의 시험(마태복음 4:1~11)

(1) 예수님께서는 마귀의 세 가지 시험을 모두 이기셨습니다.

첫째로, 돌들이 떡 덩이가 되게 하라는 시험을 이기셨습니다. 이 시험은 육신의 소욕에 대한 시험입니다. 사람이 떡으로만 살 것이 아니요 오직 하나님의 말씀으로 살 수 있습니다. 여기서 떡은 사람의 육신과 모든 소욕을 대표하는 비유입니다. 사람들은 먹을 것, 마실 것, 입을 것 등 삶에 필요한 것에 대한 욕망이 있습니다. 예수님께서는 신자들이 이 모든 육신의 소욕을 이기고 하나님의 나라를 더 사랑해야 한다는 점을 보여 주셨습니다. 이 사건은 창세기 3장 이야기와 연결되어 있습니다. 아담과 이브는 에덴동산에서 모든 육신적 필요가 충분히 채워지는 행복한 조건 속에 살았습니다. 하지만 그들은 동산 가운데 있는 선악과를 맛보기 원했습니다. 하나님께서는 그 나무를 두시어 아담과 이브로 하여금 절제를 알게 하셨고 하나님의 명령에 순종하는 표준을 제공하셨습니다. 그러나 그들은 절제하지 못했고 하나님의 명령을 어겼습니다. 반면에 예수님께서는 광야에서 40일 금식하시면서 굶주린 상태에 계시면서도 떡에 대한 유혹을 물리치셨습니다. 요한일서 2:16절 말씀에 신자들은 육신의 정욕과 안목의 정욕을 이겨야 한다는 가르침이 있습니다. 우리는 탐심을 버려야 합니다. 탐심에서 모든 죄는 파생하기 때문입니다. 이는 십계명 중 제 팔 계명과 제 십계명에 해당하는 사항입니다.

둘째로, 네가 하나님의 아들이거든 성 꼭대기에서 뛰어내리라는 시험을 이기셨습니다. 사탄은 예수님이 하나님의 아들이심을 증명해 보이라고 희롱합니다. 하지만 예수님께서는 하나님을 시험하지 말라고 말씀하시면서 사탄을 물리치십니다. 예수님께서는 사탄의 인정을 받으실 필요가 없습니다. 그러므로 사탄에게 그가 하나님의 아들이심을 증명할 필요도 없습니다. 이 둘째 시험을 창세기 3장을 배경으로 이해하면 우리가 겪는 하나님을 시험하는 유혹을 말씀하는 것을 알 수 있습니다. 아담과 이브는 하나님께서 동산 중앙의 선악과를 먹는 날 죽는다고 분명히 말씀해 주셨는데도 하나님을 시험하여 그 명령을 어겼습니다. 만일 우리가 성경 말씀을 어긴다면 이는 하나님을 시험하는 죄를 짓는 것입니다. 하나님은 누구에게도 만홀히 여김을 받으시는 하나님이 아닙니다.

셋째로, 네가 내게 엎드려 경배하면 이 온 천하를 주겠다고 한 시험을 물리치셨습니다. 마지막으로 사탄은 하나님을 배반하고 자기를 경배하라고 합니다. 이것이 바로 사탄이 노리는 것입니다. 이때 예수님께서는 사탄을 꾸짖으시며 물리치셨습니다. 반면에 아담과 이브는 사탄을 꾸짖으며 물리치지 않고 오히려 그의 말을 믿고 하나님의 말을 거스름으로써 하나님을 거짓말쟁이로 만들었습니다. 아담과 이브는 사탄을 신뢰한 것인데 이는 사탄에게 복종한 것이나 다름없었습니다. 이로써 온 천하는 사탄의 지배하에 놓이게 되었습니다. 그것은 온 세상을 하나님이 지배하지 않게 되었다는 말씀이 아닙니다. 그것은 사탄이 온 세상의 물질로 사람들의 마음이 하나님께로부터 멀어지게 한 것을 말합니다. 바울은 지금도 사탄은 불순종의 아들들 가운데 역사하고 있다고 말합니다.엡2:2 사람들은 자신이 하는 일과 가진 것을 가지고 자랑합니다. 이는 이 세상을 창조하신 하나님을 욕되게 하는 것과 같습니다. 우리는 이 세상을 자랑할 것이 아니라 세상을 창조하신 하나님을 자랑해야 하며, 하나님만 경배해야 합니다.

⑵ 요약하면, 예수님께서 받으신 세 가지 시험은 사도 요한이 요한일서 2:16절에 말씀한 육신의 정욕, 안목의 정욕, 이생의 자랑으로 요약됩니다. 창세기 3:1~6에서 보면 아담과 이브는 이 세 가지 시험에서 실족해서 넘어졌습니다. 그러면 예수님께서는 어떻게 이 시험들을 이기셨습니까? 예수님께서는 하나님의 말씀으로 사탄을 물리치셨습니다. 사탄도 하나님의 말씀을 인용하면서 예수님을 시험하는 것을 볼 수 있습니다. 그러나 사탄은 하나님의 말씀을 왜곡해서 사용하고 있습니다. 따라서 우리는 성경을 잘못 해석하면 사탄의 도구로 전락할 수 있습니다. 성경 말씀을 바로 해석하는 것과 바른 교리를 가지는 것이 바른 신앙을 가지는 지름길입니다.

6. 산상수훈(마태복음 5~7장)

⑴ 산상수훈은 마태복음과 누가복음에서만 발견됩니다. 이는 하나님의 왕국 백성에게 주어진 도덕률로써 예수그리스도의 십자가 구속의 완성이라는 관점에서 해석해야 합니다. 루터는 산상수훈이 새로운 율법으로써, 율법에서 해방된 복음의 시대에는 맞지 않는 것이기 때문에 그리스도인들과는 상관이 없다고 가르쳤습니다. 하지만 예수님께서는 내가 온 것은 율법을 폐하러 온 것이 아니라 율법을 완성하러 왔다고 말씀하셨습니다. 마5:17 또, 어떤 학자는 산상수훈은 교회시대의 성도들에게 주신 윤리적 가

르침이 아니고, 천년왕국이 앞으로 도래했을 때 성도들의 윤리 기준이 된다고 생각합니다. 이는 받아들이기 어려운 해석입니다. 왜냐하면, 산상수훈의 가르침 중에 교회시대의 성도들이 지킬 수 있는 가르침들이 많이 있기 때문입니다. 예를 들어 구제할 때에 오른손이 하는 일을 왼손이 모르게 해야 한다는 가르침은 유대인들에게나 그리스도인들에게나 다 해당하는 가르침입니다. 그리고 현재 시대에나 미래 시대에 다 해당하는 가르침입니다. 그리고 주님께서 가르치신 기도마6:9~13는 지금까지 2천년 교회시대에 성도들이 암송해 왔던 기도문으로써 현재 교회시대의 성도들에게 해당하는 가르침임이 분명합니다.

산상수훈의 가르침대로 살기가 어렵게 보이는 것은 우리가 지키기 어려운 가르침들이 있기 때문입니다. 예를 들어 형제를 마음으로 미워하면 살인한 것이라는 말씀이라든지, 여자를 음란한 눈으로 보기만 해도 간음한 것이라든지 하는 말씀들입니다. 예수님의 이혼에 관한 가르침, 즉 간음한 연고 외에는 이혼하지 말라는 말씀은 현대 신자들에게는 고대 유대사회에나 해당하는 윤리 기준처럼 들릴 수 있습니다. 하지만 예수님의 가르침은 베드로나 요한이 쓴 서신들에 반영되어 있고 사도 바울의 서신들의 윤리적 가르침에 잘 반영된 점을 볼 때, 산상수훈은 예수님께서 성도들에게 주신 하나님나라의 윤리라는 점을 알 수 있습니다.

⑵ 따라서 산상수훈에 있는 예수님의 가르침은 그리스도인들이 다 지켜야 합니다. "네게 구하는 자에게 주며 네게 꾸고자 하는 자에게 거절하지 말라"마5:42 등의 모든 가르침은 진정으로 예수님을 믿는 자라면 지키는데 어려움이 없을 것입니다. 이는 우리 힘으로 지킬 수 있는 것이 아니라 성령의 능력으로 할 수 있기 때문입니다. 산상수훈 가르침의 특징은 곧 십계명으로 요약됩니다. 즉 오직 하나님만 섬기라는 명령은 "그런즉 너희는 먼저 그의 나라와 그의 의를 구하라 그리하면 이 모든 것을 너희에게 더하시리라"마6:33에서 찾을 수 있습니다. 그리고 이웃에 대한 계명은 "너희가 사람의 잘못을 용서하지 아니하면 너희 아버지께서도 너희 잘못을 용서하지 아니하시리라"마6:15 등의 구절에서 발견됩니다. 마태는 우

리가 하나님과 이 세상을 함께 섬길 수 없다고 단호하게 말합니다.마6:24 그는 세리로서 부유한 삶을 살다가 예수님의 제자가 되려고 모든 것을 다 버리고 예수님을 좇았습니다. 그가 이 세상을 더 사랑했다면 그는 예수님을 따르지 않았을 것입니다.

(3) 산상수훈의 말씀은 사도 바울도 그 서신에서 배경으로 삼는 가르침입니다. 예를 들면, 마태복음 5장 32절에서 예수님께서는 "나는 너희에게 이르노니 누구든지 음행한 이유 없이 아내를 버리면 이는 그로 간음하게 함이요 또 누구든지 버림받은 여자에게 장가드는 자도 간음함이니라" 라고 가르치십니다. 이는 유대문화에서 버려진 여자가 다시 시집을 가지 못한다는 말씀이나 다름없는데 재혼하지 못하는 여자는 경제적으로 극심한 고난을 받게 되어 생존마저 불가능해지는 상황 속에 빠질 수 있었습니다. 예수님께서 왜 이렇게 가혹해 보이는 가르침을 주셨는지 우리는 잘 생각해 보아야 합니다. 사실, 유대사회에서 부인들이 간음하는 일은 별로 없었고, 남편들이 여자를 쉽게 버리기 때문에 예수님께서는 간음한 연고 없이 이혼하지 못하게 하심으로써 남편이 부인을 간음한 연고 외에 버리는 것을 방지하는 가르침을 주신 것으로 보입니다. 사도바울은 고린도전서 7장에서 이혼을 정당화할 수 있는 상황에 대한 규정을 하지 않고 있습니다. 배우자가 떠난 경우는 떠나보내지만, 그것이 이혼을 사실화하는 것으로 확정하지도 않고 있습니다. 이혼에 대해 이렇게 보수적인 가르침을 주는 것은 예수님의 가르침을 그 배경으로 하고 있기 때문입니다. 마태복음 19장 6절에서 예수님께서는 "하나님이 짝지어 주신 것을 사람이 나누지 못할지니라" 라고 분명히 말씀하고 계십니다.

7. 헛된 믿음

산상수훈의 마지막 부분 마태복음 7:21~23절은 매우 어려운 구절입니다. 마태복음 7:21~23절: "나더러 주여 주여 하는 자마다 다 천국에 들어갈 것이 아니요 다만 하늘에 계신 내 아버지의 뜻대로 행하는 자라야 들어가리라 그 날에 많은 사람이 나더러 이르되 주여 주여 우리가 주의 이름으로 선지자 노릇 하며 주의 이름으로 귀신을 쫓아 내며 주의 이름으로 많은 권능을 행하지 아니하였나이까 하리니 그 때에 내가 그들에게 밝히 말하되 내가 너희를 도무지 알지 못하니 불법을 행하는 자들아 내게서 떠나가라 하리라"

⑴ 여기서 그때는 종말의 때입니다.

예수님께로부터 쫓겨난 자들은 불신자들이 아니라 신자들입니다. 그들은 분명히 예수님을 주님이라고 부르고 있고, 또 자신들이 천국에 들어가기에 합당한 자로 여기는 자들입니다. 그리고 그들은 보통 신자들이 아니라 주의 이름으로 선지자 노릇하며 귀신을 쫓아내며 많은 권능을 행하는 자들입니다. 이들은 귀신의 힘으로 이런 권능을 행할 수 있던 것이 아니고 예수님의 이름으로 이런 권능을 행하던 자들입니다. 하지만 그들은 예수님께서 도무지 몰랐던 자들이라고 말씀합니다. 그러나 그들은 예수님의 이름을 사용해서 영적 권세를 행사하고 있었습니다. 진정한 믿음이 없이 영적 능력을 행하던 예는 많이 있습니다. 구약 선지자 발람도 이스라엘을 향해서 예언했지만 결국 돈의 유혹을 이기지 못하고 하나님의 말씀을 어기고 배교자가 되었습니다. 사울 왕도 예언하는 능력이 있었지만, 하나님을 배반하고 권좌에서 퇴위 되었습니다. 사도행전 19:13~14절에서는 유대의 대제사장 스키바의 일곱 아들은 예수님의 이름을 부르며 귀신을 쫓는 일을 하고 있었습니다. 하지만, 이들은 진정으로 예수님을 믿던 자들은 아니었습니다.

⑵ 이들은 천국에 들어갔을까요? 아닙니다. 천국에 들어가지 못했습니다. 왜냐하면, 예수님께서는 그들을 도무지 알지 못했다고 말씀하십니다. 천국에는 예수님께서 알지 못하는 사람이 한 사람도 없습니다. 요한복음 10장에 보면 예수님께서는 자기 양의 이름을 알고 그 양들의 이름을 일일이 불러서 모으신다고 했습니다. 따라서 천국에 예수님 몰래 숨어서 살 수 있는 사람은 아무도 없습니다. 이 구절에서 예수님께서 그들을 모르신다고 하셨는데, 이 모른다는 동사의 시제는 과거입니다. 이는 다시 말해 그들이 과거에 예수 이름으로 권능을 행할 때에는 예수님께서 아셨는데

그들의 불순종 때문에 예수님께서 그들을 심판하시게 되었다는 것을 의미하는 것이 아닙니다. 다시 말해, 그들이 전에 기적을 행할 때에도 예수님께서는 그들을 모르셨고 그들과 함께 하지 않으셨다는 말씀입니다. 이는 그들이 예수님의 양이 아니었다는 말씀이며, 종말의 심판 때에도 예수님의 양이 아니라는 말씀을 하신 것입니다.

(3) 그렇다면 이들은 어떤 사람들이었을까요? 로마서 10:9절에 "네가 만일 네 입으로 예수를 주로 시인하며 또 하나님께서 그를 죽은 자 가운데서 살리신 것을 네 마음에 믿으면 구원을 받으리라" 라는 가르침이 있습니다. 이 말씀을 따르면 신자 중에 입으로 믿는다고 말하지만, 마음으로는 믿지 않는 사람들이 있다는 말씀입니다. 그들은 예수님을 믿는다고 하면서 그 뜻대로 살지 못합니다. 그들은 반석 위에 집을 짓지 못한 자들입니다.마7:24~27 그래서 비가 오고 창수가 나면 그 집이 떠내려가는 그러한 믿음을 가진 자들입니다. 바울은 이런 자들을 가리켜 헛된 믿음vain faith을 가진 자라고 말합니다.고전15:2 그들은 온전한 믿음을 가지지 못한 자들입니다.

(4) 성경에서 이에 해당하는 사람들을 종종 봅니다. 위에서 보았듯이 첫 번째로 떠오르는 사람이 가룟유다입니다. 그리고 구약에서 떠오르는 사람은 사울입니다. 사울은 처음에는 겸손한 자였으며, 성령이 임하면 예언도 했습니다. 하지만 나중에 하나님께 불순종하고 하나님을 떠났고 성령도 그로부터 떠나셨습니다. 사무엘은 사울의 일로 인해 슬퍼하고 근심했습니다. 또 민수기 22~24장을 보면 선지자 발람은 돈을 사랑해서 하나님의 백성에게 저주를 했습니다. 그리고 하나님을 떠나 배교자가 되었습니다. 발람은 가인과 고라와 함께 유다서에 언급된 세 명의 배교자 중의 하나입니다. 개혁주의적 해석에 의하면 이들은 외적 부르심은 받았지만, 내적 부르심은 받지 못한 자들입니다. 마태복음 22:14절에 청함을 받은 사람은 많되 택함을 입은 사람은 적다는 말씀이 바로 이러한 사람들을 잘 설명하는 구절입니다.

(5) 그렇다면 우리 주위에 불법을 하는 자들을 보면 어떻게 해야 할까

요? 사실상 우리가 불법을 하는 자들을 판단하기는 쉽지 않습니다. 이들은 명목적 신자들로서 예수님의 가르침대로 살지 않는 자들입니다. 예수님께서는 예수님의 말씀을 듣고 행하지 않는 자들은 그 집을 모래 위에 지은 어리석은 자들과 같다고 말씀하셨습니다. 비가 내리고 창수가 나고 바람이 불어 이 집에 부딪히면 이 집은 무너지게 됩니다.마7:26~27 예수님을 잘 믿던 어느 신자가 암으로 투병하며 죽어가고 있었습니다. 그 신자는 병실에 기도하러 온 목사님 앞에서 하나님을 저주했다고 합니다. 이 신자는 평소에 믿음이 좋은 사람으로 사람들에게 보였을 뿐이지 그 마음에는 진정한 믿음도 없었고 행함도 없었다는 말씀입니다. 그래서 우리는 누가 불법을 하는 사람인가 함부로 판단할 수 없습니다. 우리에게 필요한 것은 과연 내가 주님 앞에서 불법을 하는 자가 아닌지 스스로 검사해보고 항상 회개하며 깨어 있는 신자가 되어야 합니다. 이는 마태복음 25장에서 기름을 준비하여 신랑과 함께 혼인 잔치에 들어간 지혜로운 다섯 처녀와 같이 사는 것을 말합니다. 기름을 준비한 것은 주님의 말씀대로 사는 것을 말합니다.

⑹ 그렇다면 마태는 우리가 믿음으로 구원받는 것이 아니라 행위로 구원받는다는 가르침을 설교한 것일까요? 마태는 유대인들을 향해 이 복음서를 썼습니다. 그 당시 유대인들은 율법주의적이면서 위선적인 사람들이 많았습니다. 이는 예수님께서 바리새인들의 외식을 엄히 꾸짖으신 경우에도 나타나있습니다. 이 같은 위선자들에 대한 예수님의 책망이 마태복음 23장에 기술되어 있습니다:

"이에 예수께서 무리와 제자들에게 말씀하여 이르시되 서기관들과 바리새인들이 모세의 자리에 앉았으니 그러므로 무엇이든지 그들이 말하는 바는 행하고 지키되 그들이 하는 행위는 본받지 말라 그들은 말만 하고 행하지 아니하며 또 무거운 짐을 묶어 사람의 어깨에 지우되 자기는 이것을 한 손가락으로도 움직이려 하지 아니하며 그들의 모든 행위를 사람에게 보이고자 하나니 곧 그 경문 띠를 넓게 하며 옷술을 길게 하고 잔치의 윗자리와 회당의 높은 자리와 시장에서 문안 받는 것과 사람에게 랍비라 칭함을 받는 것을 좋아하느니라…. 화 있을진저 외식하는 서기관들과 바리새인들이여 너희가 박하와 회향과 근채의 십일조는 드리되 율법의 더 중한 바 정의와 긍휼과 믿음은 버렸도다 그러나 이것도 행하고 저것도 버리지 말아야 할지니라" 마23:1~7, 23

이 구절에서 마태는 우리가 믿고 행해야 구원을 받는다는 가르침을 설교하고 있습니다. 이는 야고보의 가르침과도 비슷합니다. 야고보서 2:20~24절에서 이렇게 말씀합니다:

"아아 허탄한 사람아 행함이 없는 믿음이 헛것인 줄을 알고자 하느냐 우리 조상 아브라함이 그 아들 이삭을 제단에 바칠 때에 행함으로 의롭다 하심을 받은 것이 아니냐 네가 보거니와 믿음이 그의 행함과 함께 일하고 행함으로 믿음이 온전하게 되었느니라 이에 성경에 이른 바 아브라함이 하나님을 믿으니 이것을 의로 여기셨다는 말씀이 이루어졌고 그는 하나님의 벗이라 칭함을 받았나니 이로 보건대 사람이 행함으로 의롭다 하심을 받고 믿음으로만은 아니니라"

이 말씀에서 마태와 야고보는 같은 가르침을 설교하는 것을 알 수 있습니다. 여기서 이 사도들은 행위 구원을 가르치는 것처럼 보입니다. 하지만 마태나 야고보 모두 믿음으로 구원받는다는 것을 설교하고 있습니다. 마태복음 9:1이하에 보면 한 중풍병자의 회복에 대한 이야기가 있습니다. 이 중풍병자는 믿음으로 병이 낫고 죄 사함의 축복을 받습니다. 그가 행위를 보였기 때문에 그의 죄가 사해진 것이 아닙니다. 야고보 2장에도 야고보는 믿음으로 아들 이삭을 바친 아브라함의 믿음을 본보기로 제시하는 점을 볼 때, 그는 믿음을 무시하고 순종만 강조했던 것이 아닙니다. 이 두 사도 모두 강조하는 것은 믿음은 행위로 표현되어야 한다는 것입니다. 만일 순종이 없는 믿음은 위선적인 믿음일 것입니다. 바울은 믿음은 사랑으로 표현된다고 말씀합니다. 갈5:6 순종이 제사보다 낫다는 말씀처럼 순종이 없는 믿음은 종교생활은 가능할지 몰라도 생명을 얻게 하지는 못합니다. 반면에 믿음이 없는 순종은 율법주의에 빠지게 하고 행위구원을 추구하게 합니다. 예수님의 의를 통해 구원을 받는 것이 아니라 자신의 공로

로 구원을 이루도록 합니다.[4)]

8. 성령훼방죄(마태복음 12:31)

마태복음 12:31절: “그러므로 내가 너희에게 이르노니 사람에 대한 모든 죄와 모독은 사하심을 얻되 성령을 모독하는 것은 사하심을 얻지 못하겠고”

(1) 이 말씀의 배경은 이렇습니다. 예수님께서 한명의 눈멀고 벙어리 된 자를 고쳐주시니 그가 말하며 보게 되었습니다. 이때 바리새인들이 이를 보고 말하기를 예수께서 귀신의 왕 바알세불에 힘입어 귀신을 쫓아낸다고 모함을 했습니다. 이에 예수께서는 자신이 바알세불을 힘입어 귀신을 쫓아내는 것이 아니라 하나님의 성령을 힘입어 귀신을 쫓아내는 것이라고 말씀하면서 그들에게 경고의 말씀을 하십니다. 이는 곧 성령을 훼방하는 죄는 사하심을 얻지 못한다는 것입니다. 그러면 어떤 죄가 성령훼방죄이며 누가 이 죄를 짓는 것인가요? 어떤 사람은 이 죄는 바리새인들이 예수님께 지은 죄이므로 예수님을 육신적으로 만날 수 없는 오늘날 우리는 이 죄를 지을 수 없다고 말합니다. 이는, 성령훼방죄가 오늘날 존재하지 않는다는 것입니다. 그렇다면 사함 받지 못하는 죄는 오늘날 존재하지 않는다는 말씀이 됩니다. 이러한 해석은 구약의 고범죄의 신약에서의 계속성을 이해하지 못한 결과로 나오게 된 것입니다. 성령훼방죄는 곧 예수님을 부인하고 믿음을 영원히 저버리고 회개하지 않다가 죽는 죄를 말합니다. 마태의 본문에서 바리새인들은 예수님을 부인하는 죄를 짓고 있었습니다.

누가복음 12:8~10절에 보면 누가는 성령훼방죄를 예수님을 부인하는 죄로 설명하는 문맥에서 언급하고 있습니다:

“내가 또한 너희에게 말하노니 누구든지 사람 앞에서 나를 시인하면 인자도 하나님의 사자들 앞에서 그를 시인할 것이요 사람 앞에서 나를 부인하는 자는 하나님의 사자들 앞에서 부인을 당하리라 누구든지 말로 인자를 거역하면 사하심을 받으려니와 성령을 모독하는 자는 사하심을 받지 못하리라"

누가는 누가복음 11장에서 바알세불 논쟁을 다루고 있습니다. 그리고 핍박을 통과하는 신자들이 예수님을 부인하는 것을 성령을 모독하는 죄로 규정하고 있습니다. 마태도 비슷한 가르침을 10장 32~33절에서 말씀합니다: "누구든지 사람 앞에서 나를 시인하면 나도 하늘에 계신 내 아버지 앞에서 그를 시인할 것이요 누구든지 사람 앞에서 나를 부인하면 나도 하늘에 계신 내 아버지 앞에서 그를 부인하리라"

예수님을 사람들 앞에서 시인하는 것이 왜 그리 중요한가요. 사람 앞에서 예수님을 부인한다고 사함 받지 못하는 죄를 짓는 것인가요? 그렇습니다. 예수님을 시인하는 것은 세례받을 때만 하는 고백이 되어서는 안 됩니다. 신앙고백은 순종하는 삶 속에서 나타나야 하고, 순종하는 삶의 절정은 핍박기에 예수님을 증거하는 삶입니다. 아무리 평소에 예수님을 좇는 삶을 살다가도 핍박 때 예수님을 부인하는 것은 예수님을 다시 십자가에 못 박는 중한 죄를 짓는 것이라고 히브리서 저자는 말하고 있습니다.히6:4~6 따라서 오늘의 그리스도인들도 성령훼방죄를 지을 위험 아래에 살고 있다고 할 수 있습니다. 성령훼방죄는 짓지 않아야 합니다. 이는 사람에게 짓는 죄가 아니라 하나님께 짓는 죄이기 때문에 사함 받지 못할 죄입니다.

(2) 어떤 사람은 이 죄는 누가 성령의 힘으로 행한 일을 마귀의 힘으로 했다고 비난하는 것이라고 해석합니다. 그래서 성령의 힘으로 된 일을 함부로 판단하고 비난하지 않도록 해야 한다는 것입니다. 그렇다면 이단에 나타나는 기적들도 성령의 힘으로 된 일로 믿고 판단하지 말아야 할까요? 기적이 있었다면 무조건 다 성령께서 하신 일로 받아들이고 그 기적을 행한 사람의 영적 권위를 인정해야 할까요? 이 해석은 실질적으로 많은 문제를 불러일으킬 수 있기 때문에 받아들이기 곤란합니다.

(3) 이 성령훼방죄는 구약의 고범죄를 배경으로 하고 있습니다. 구약 시대에 고범죄를 범한 자는 죄 사함 받지 못했는데, 예수님께서는 이 고범죄를 자신에게 대적하는 죄로써 설명하고 계십니다. 마태복음 12장의 문

맥에서 보면 바리새인들은 예수님께서 귀신을 쫓아내신 것을 받아들이지 않고 사탄의 힘을 빌려서 행한 마술 같은 것으로 깎아내려서 비난했습니다. 그들은 이스라엘의 선생들로서 누구보다도 하나님 경배에 으뜸이 되어야 할 사람들이었지만 하나님을 대적하는데 앞장섰던 것입니다. 출애굽기에 보면 하나님께서는 하나님을 고의로 대적하는 자의 죄를 반드시 갚겠다고 말씀하셨습니다. 이 관점에서 우리는 성령훼방죄를 이해할 수 있습니다. 즉 그것은 하나님의 백성이 예수님을 정면으로 도전하고 배척하는 것입니다. 다시 말하여, 그리스도인들에게 이 죄는 예수님을 정면으로 배척하고 믿음을 저버리는 죄라고 볼 수 있습니다. 때로 그리스도인들이 이런저런 이유로 교회를 떠나서 믿음을 버리는 경우가 있습니다. 이러면 이 사람은 용서받지 못할 죄를 지을 가능성이 있습니다. 자신이 믿던 예수님을 부정하고 믿음을 버렸기 때문에 자신의 죄를 용서해 주시고 심판 때에 자신을 대변해 주실 예수님을 버린 것입니다. 따라서 이 사람은 죄를 용서받을 단 하나의 길, 예수 그리스도를 상실한 것입니다. 그 결과는 죄를 사함 받지 못하고 심판을 받는 것입니다. 히브리서 저자는 이러한 죄를 이렇게 설명하고 있습니다.

"우리가 진리를 아는 지식을 받은 후 짐짓 죄를 범한즉 다시 속죄하는 제사가 없고 오직 무서운 마음으로 심판을 기다리는 것과 대적하는 자를 태울 맹렬한 불만 있으리라 모세의 법을 폐한 자도 두세 증인으로 말미암아 불쌍히 여김을 받지 못하고 죽었거든 하물며 하나님의 아들을 짓밟고 자기를 거룩하게 한 언약의 피를 부정한 것으로 여기고 은혜의 성령을 욕되게 하는 자가 당연히 받을 형벌은 얼마나 더 무겁겠느냐 너희는 생각하라" 히10:26~29

만일 이 사람이 예수님을 배반한 것을 회개한다면 사함을 받을 수 있을 것입니다. 그러나 문제는 그들의 양심이 화인 맞아서 그 고범죄를 회개할 수 없다는 사실입니다. 이 성령훼방죄는 히브리서 3~4장에 잘 설명되어 있습니다. 요한 일서 5:16에는 이 죄를 죽음에 이르는 죄라고 기록합니다. 구약성경 민수기 14장에는 하나님을 대적한 이스라엘 사람들이 이 죄를 지은 것으로 설명되어 있습니다.

결론적으로 성령훼방죄는 하나님을 알고서도 하나님을 대적하는 것, 예수님을 알고서도 예수님을 대적하는 죄를 말합니다. 즉 예수님을 부인하는 고의적 성격이 있습니다. 예수님을 믿지 않는 자들이 예수님을 부인하는 것은 모르고 짓는 죄이기 때문에 회개의 가능성이 남아 있습니다. 하지만 예수님을 믿는 자들이 예수님을 부인할 때에는 알고서 짓는 죄이기 때문에 회개의 능력을 상실하게 됩니다. 그래서 예수를 부인하는 강팍한 마음을 돌릴 수 있는 사람은 아무도 없습니다. 그자는 계속해서 부인하는 가운데서 살다가 죽게 됩니다. 따라서 이 사람은 구원의 희망이 없습니다.

여기서 알게 되는 것은 첫째, 예수님께서 곧 하나님이시라는 사실입니다. 성경 말씀에서 구약의 하나님에 대한 고범죄가 신약의 예수께 대한 성령훼방죄로 연결해 사함 받지 못한 죄로써 가르치는 것은 곧 예수님께서 구약의 하나님과 동등하신 하나님이시라는 것입니다. 둘째, 누가 고범죄를 짓고 있는지 우리는 판단하면 안 된다는 사실입니다. 교회에 고범죄를 짓는 듯한 사람들이 있습니다. 우리는 그들을 판단해서는 안 됩니다. 우리는 그들이 사함 받지 못하는 죄를 짓고 있다고 실망하고 포기할 것이 아니라, 그들이 회개하고 돌아올 수 있도록 계속해서 기도해야 합니다. 사람은 그들을 회개케 할 수 없지만, 하나님께서는 그들을 회개하게 하실 수 있는 전능하신 분이시기 때문입니다.

9. 하나님나라

(1) 예수님께서는 하나님나라가 이 땅에 이루어진다는 유대인의 해석을 떠나서 종말에 영적으로 이루어질 것이라고 가르치셨습니다. 구약의 사무엘하 7:16절에 영원히 설 다윗의 왕조에 대해서 예언되어 있습니다. 이는 영원한 하나님나라를 예표하고 있었습니다. 그리고 역대상 28:5절에는 솔로몬이 이스라엘 위의 하나님의 왕국의 왕좌에 즉위했다고 기록함으로써 다윗 왕조와 하나님의 왕국이 같은 것으로 말씀하고 있습니다. 다

니엘 7:14절은 예수님께서 영원히 멸망하지 않을 왕국의 왕으로 즉위하시어 그 백성을 공의로 다스리실 것을 예언하고 있습니다.

(2) 그러면 앞으로 이 하나님나라가 이 땅에 이루어질까요? 아니면 이미 이 땅에 임한 사건일까요? 예수님께서는 귀신을 쫓아내시면서 이르시기를 내가 만일 성령의 능력으로 귀신을 쫓아내면 하나님나라가 이미 너희에게 임했다고 선포하셨습니다.마12:28 이미 하나님나라가 우리에게 이루어진 것은 귀신이 쫓겨나가는 것으로 확인되고 병이 고쳐지고 복음이 전파되고 교회가 세워지는 것을 통해서 알 수 있습니다. 하나님나라는 이미 우리에게 임했습니다. 하지만 그 종말적 실현은 미래에 완성될 것입니다. 따라서 하나님나라는 이미 와 있지만, 아직 완성돼 있지 않다고 already but not yet볼 수 있습니다.

(3) 그러면 현재 하나님나라는 교회와 어떤 관계가 있을까요? 하나님나라는 교회와 일치하지는 않습니다. 하지만 하나님나라는 교회를 통해서 가시화되었습니다. 그리고 교회는 하나님나라를 떠나서는 교회라고 할 수 없습니다. 예수님께서 누구든지 두세 사람이 내 이름으로 모인 곳에 내가 함께하겠다고 말씀하셨습니다. 따라서 하나님나라는 예수님의 지배가 미치는 어느 곳에나 존재합니다. 하지만, 교회 자체가 하나님나라와 일치한다고는 볼 수 없습니다. 교회 안에는 알곡과 가라지가 공존하기 때문입니다. 심판 때에 천사가 알곡은 거두어 들이고 가라지는 거두어 타는 불에 던진다고 말씀했습니다. 이때 하나님나라는 완성되게 됩니다.

(4) 하나님나라는 마태복음 13장에 기록된 천국 비유를 통해서 그 특징들을 이해할 수 있습니다. 비유에는 씨뿌리는 자 비유, 가라지 비유, 겨자씨 비유, 누룩 비유, 감추신 보화 비유, 값비싼 진주 비유, 그물 비유 등이 있습니다.

(가) 여기서 씨뿌리는 자의 비유를 잠깐 생각해 보기로 하겠습니다. 한 농부가 씨를 뿌렸습니다. 씨는 길가에도 떨어지고 돌밭 위에도 떨어지고 가시밭에도 떨어지고 좋은 땅에도 떨어졌습니다. 길가에 떨어진 씨는 새가 와서 먹어 버렸습니다. 돌밭 위에 떨어진 씨는 싹이 나지만 해가 돋자

타서 뿌리가 없으므로 말라버렸습니다. 가시덤불 위에 떨어진 씨는 가시가 자라서 기운을 막았습니다. 좋은 땅에 떨어진 씨는 혹 백배, 육십 배, 삼십 배의 결실을 했습니다. 여기서 이 말씀은 네 종류의 다른 씨앗이 있다고 말씀하기보다는 네 종류의 다른 땅을 말씀하고 있습니다. 그것은 길가, 바위 위, 가시덤불 속, 그리고 좋은 땅입니다. 길가에 떨어진 씨앗은 말씀을 이해하지 못하므로 새가 와서 그 씨를 먹어버립니다. 새는 여기서 사탄을 의미합니다. 돌밭 위에 떨어진 씨는 말씀을 기쁨으로 받으나 그 뿌리가 깊지 못하므로 나무가 열매 맺지 못하고 죽는 것을 가리킵니다. 이는 환란이 왔을 때 배교하고 믿음을 버리는 것을 의미합니다. 셋째, 가시덤불에 떨어진 씨는 뿌리를 내리고 잘 자라지만 가시덤불에 막혀 결국 자라지 못하고 열매를 맺지 못합니다. 이는 우리가 이 세상의 근심, 걱정, 염려 때문에 믿음이 자라지 못하는 것을 의미합니다. 마지막으로 좋은 땅에 떨어진 씨는 뿌리를 내리고 크게 자라나 그 열매를 삼십 배, 육십 배, 백배를 거두는 믿음을 의미합니다.

이 비유에서 우리가 알 수 있는 것은 신자는 계속 사탄의 시험 가운데 놓여 있다는 것입니다. 우리는 사탄과 끊임없는 영적 싸움 속에 놓여 있기 때문에 깨어서 기도하지 않으면 언제 사탄이 와서 우리의 믿음을 빼앗아 갈지 모릅니다. 이 비유는 또 복음을 받아들이지 않는 유대인을 책망하는 의미가 있습니다. 그들은 하나님의 말씀을 받고도 열매 없이 이파리만 무성한 무화과나무와 같이 농부이신 하나님을 기쁘시게 하지 못했습니다. 그 결과는 찍혀 던지어 불살라지는 것이었습니다.

종종 우리는 설교자들이 이 씨 뿌리는 자의 비유를 '성화적 관점'에서 해석하는 것을 들을 수 있습니다. 즉 신자가 그 믿음이 처음에서는 길가에 뿌린 씨처럼 하나님의 말씀을 들어도 알지 못하다가 나중에 은혜를 받고 씨가 돌밭 위에 떨어진 것처럼 하나님의 말씀을 듣고 즐거워하게 된다는 것입니다. 그러다가 나중에 신앙이 성숙하면 그 밭에서 삼십 배, 육십 배, 백 배로 수확하는 것처럼 풍성한 영적 열매를 맺는 사람이 된다는 것입니다. 우리는 신자의 믿음이 나무처럼 성장하게 된다는 것을 압니다.

이 성화의 과정은 창세기에 아브라함이나 야곱이나 요셉의 믿음을 통해서 잘 나타나 있고, 신약의 로마서 6장~8장에서 조직적으로 잘 설명되어 있습니다. 하지만 마태복음 13장에서 예수님께서는 성화를 말씀하고 있지 않다는 것을 우리는 고려해야 합니다. 마태복음 13장의 문맥은 하나님나라에 대한 가르침입니다. 하나님나라는 길가에 뿌린 씨앗과 같은 믿음을 가진 자, 돌밭에 떨어진 씨앗 같은 믿음을 가진 자, 가시나무 떨기에 떨어진 씨와 같은 믿음을 가진 자, 좋은 땅에 떨어진 씨앗과 같은 믿음을 가진 자들이 함께 구성원으로 되어 있다는 것입니다.

이 사실은 예수님께서 이 비유를 말씀하시고 곧 제자들이 그 의미에 대해서 물어볼 때 예수님께서 이사야의 예언을 인용하신 문맥에서 확인됩니다. 이사야 6:9절 말씀은 이렇습니다: "너희가 듣기는 들어도 깨닫지 못할 것이요 보기는 보아도 알지 못하리라 이 백성의 마음이 완악하여져서 그 귀는 듣기에 둔하고 눈은 감았으니 이는 눈으로 보고 귀로 듣고 마음으로 깨달아 돌이켜 내게 고침을 받을까 두려워함이라 하였느니라" 이 대목에서 예수님께서는 예수님의 비유를 듣는 모든 사람이 비유의 의미를 이해할 것을 기대하지 않으셨습니다. 이는 예수님의 설교는 당시 사람들의 마음이 어두워 깨닫지 못하는 상태를 설명하고 있던 것이지 그 사람들이 깨닫도록 마음을 열어 주지는 않으셨다는 것입니다. 그래서 깨닫는 은총을 받은 제자들에게 그들이 복이 있다고 칭찬하셨습니다: "그러나 너희 눈은 봄으로, 너희 귀는 들음으로 복이 있도다" 하나님의 선택이라는 측면에서 보면 이 제자들은 깨닫는 마음을 받은 택자들이었습니다. 이 택자의 교리가 모든 사람을 다 기쁘게 하지는 않습니다. 우리가 믿으면 구원을 받는다고 생각하면 구원을 결정할 수 있는 선택을 우리 자신이 가지는 것처럼 보이기 때문입니다. 맞습니다. 우리의 선택으로 믿음을 가지게 되고 예수님의 제자가 될 수 있습니다. 그러나 여기서 우리가 부인할 수 없는 사실은 우리가 예수님을 믿도록 선택한 그 선택의 능력도 하나님께로부터 은혜로 받은 것입니다. 만일 우리에게 그 능력이 있었다면 예수님을 믿게 된 능력도 우리에게 있었다고 할 것이고 결국 우리는 우리가 구원받은 것은 자신의 능력으로 받게 된 것으로 생각할 것입니다. 하지만, 하나님께서는 이 공로까지 하나님께 돌리며 하나님께 영광을 돌리시기를 원하십니다. 하나님께서는 그 영광을 누구에게도 뺏기시는 하나님이 아니십니다. 우리가 부인할 수 없는 것은 이러한 믿음의 은총을 받게 된 것은 하나님의 선택이 있었기 때문에 우리가 구원을 받게 된 것이라는 것입니다. 우리의 구원은 전적으로 하나님의 무조건적인 선택과 은혜로써 되게 된 것이며 이에 따라 하나님의 택함을 받은 사람은 예외 없이 삼십 배, 육십 배, 백 배로 영적 열매를 맺게 될 것이라는 사실입니다.

(나) 가라지 비유에서 우리가 알 수 있는 것은 교회 내에 가라지가 있다는 것입니다. 하지만, 그것을 갈라내는 일은 마지막 때에 천사가 한다는 것입니다. 이는 우리가 가라지를 지금 골라내려고 해서는 안 된다는 것입니다. 그리고 그것은 우리가 할 수 있는 일도 아닙니다. 어떤 면에서는 가라지가 없으면 안 됩니다. 다른 비유를 보면 이들은 염소들인데 염소들의 기능은 양들을 자꾸 새로운 풀이 있는 지대로 몰아 싱싱한 풀을 뜯어 먹게 하는 데 있습니다. 교회에서 가라지는 알곡들이 깨어 기도하게 하는 촉매 역할을 하고 있습니다. 가라지는 알곡이 신앙적으로 더 여물어가게 하는 역할을 하는 것입니다.

(다) 천국은 겨자씨에도 비유되는데, 겨자씨는 매우 조그맣습니다. 하지만 자라면 새가 깃들일 정도로 장성한 나무가 됩니다. 여기서 이 비유는 천국은 그 시작이 매우 미미함을 말합니다. 예수님께서 오셨을 때 천국은 그 12제자로부터 조용히 시작되었습니다. 예수께서 부활 승천하시고 오순절 성령강림 때도 마가의 다락방에서 기도하던 사람들은 120명밖에 되지 않았습니다. 하지만 2천 년이 지난 지금 기독교인은 전 세계에 약 20억이 되었습니다. 세 사람 중에 한 사람은 기독교인입니다. 이는 장성한 겨자와 같습니다. 여기서 알 수 있는 것은 겨자씨가 반드시 자라듯이 천국은 반드시 커지고 있다는 것입니다. 장성한 겨자에 새가 와서 깃들일 정도로 크게 융성하게 됩니다. 두 번째로, 천국을 팽창하게 하는 것은 사람들이 아니라는 것입니다. 따라서 사람들이 교회를 부흥시킨다고 하는

것은 잘못 말하는 것입니다. 그것은 오직 하나님만이 천국을 확장시키실 수 있기 때문입니다. 다만, 우리는 복음을 전하고 설교하고 가르칠 뿐입니다. 자라게 하시는 분은 하나님이십니다. 바울은 이렇게 말합니다: "나는 심었고 아볼로는 물을 주었으되 오직 하나님께서 자라나게 하셨나니" 고전3:6~7

(라) 천국은 감춰진 보화와 같습니다,마13:44 혹은 값비싼 진주와 같습니다.마13:45~46 사람이 밭에 감춘 보화를 발견하고, 또 숨겨 두고 기뻐하여 돌아가서 자기의 소유를 다 팔아 그 밭을 사는 것과 같다고 합니다. 이는 천국이 다른 무엇과도 바꿀 수 없는 소중한 가치를 가진 것이라는 것입니다. 이 비유에서 감춘 보화는 자기의 소유를 늘리려고 늘어난 재산이 아님을 알 수 있습니다. 오히려 역으로 이 사람은 자신의 소유를 다 팔아 보화가 감추인 밭을 사는 것입니다. 이는 이 세상의 물질과 천국은 서로 배척관계에 있다는 것을 알 수 있습니다. 예수를 믿는 믿음은 우리가 이 땅에서 복을 받으려고 작용하는 주문이나 주술과 같은 것이 아닙니다. 어떤 사람들은 믿음을 마술이나 부적처럼 여기는 사람들이 있습니다. 이 땅에서 복을 받으려고 예수님께 복을 달라고 비는 믿음입니다. 천국은 이러한 것이 아닙니다. 천국은 이 땅에서 복을 받으려고 사용되는 매직이 아니라 이 땅의 모든 것을 팔아서라도 들어가야 하는 영적인 장소입니다. 바로 하나님 아버지의 보좌가 있으시는 하늘의 도성입니다. 그러면 사람들은 이렇게 물을 것입니다. 하나님을 믿으면서 부자로 살면 죄입니까? 그렇지 않습니다. 하나님께서는 우리 모두의 영혼이 잘 됨과 같이 범사에 잘 되고 강건하기를 원하십니다.요삼2절 이는 우리의 마음의 중심이 예수님께 영광을 돌리는 마음을 가지고 있다는 것입니다. 하나님께서 우리에게 물질 축복을 주실 수도 있고 그렇게 하지 않으실 수도 있습니다. 아브라함은 부자가 되기를 목표로 세우고 열심히 하나님께 부자가 되게 해 달라고 기도했던 것 같지 않습니다. 하지만, 하나님께서는 그에게 복을 내리시고 경제적으로도 유력한 사람이 되게 하셨습니다. 그는 물질의 축복을 자신을 위해서 쓰지 않고 하나님의 가정을 이루는 데 사용했습니다. 욥도 부

자였지만 그가 갑자기 가난해지고 그 자신도 병들어 고통을 겪는 순간을 맞을 때도 하나님을 경외하며 믿음을 지켰습니다. 그러나 그의 아내는 경제적 환란을 당하고 그 남편이 병들었음을 알게 되자 그 남편에게 화를 내며 말하기를 하나님을 저주하고 죽으라고 저주했습니다. 그리고 그의 곁을 떠나가 버렸습니다. 우리는 우리가 경제적으로 부유하고 육신적으로 건강할 때만 예수님을 믿고 그렇지 못할 때는 예수님을 떠나는 믿음을 가진다면 진정한 천국 믿음을 가진 사람이 아닐 것입니다. 마태도 이러한 관점에서 이렇게 경고하고 있습니다: "한 사람이 두 주인을 섬기지 못할 것이니 혹 이를 미워하고 저를 사랑하거나 혹 이를 중히 여기고 저를 경히 여김이라 너희가 하나님과 재물을 겸하여 섬기지 못하느니라" 마6:24

10. 베드로의 신앙고백

베드로는 "주는 그리스도시오 살아계신 하나님의 아들이십니다"라고 고백했습니다. 이 때 예수님께서는 "바요나 시몬아 네가 복이 있도다 이를 네게 알게 한 이는 혈육이 아니요 하늘에 계신 내 아버지시니라" 마16:17 라고 말씀하셨습니다. 그리고 예수님께서는 내가 이 반석 위에 내 교회를 세우겠다고 말씀했습니다. 여기서 반석은 '페트라' 라는 헬라 여성명사이므로 베드로를 가리키는 명사가 아님을 알 수 있습니다. 따라서 예수님께서는 베드로의 신앙고백 위에 주님의 교회를 세우시겠다고 말씀하신 것이지 베드로를 반석으로 삼아 교회를 세우시겠다고 말씀하신 것이 아닙니다. 예수님께서 교회의 반석이시지 베드로가 교회의 반석은 아닙니다. 따라서 베드로를 로마가톨릭 교회의 제 일대 교황으로 여기는 가톨릭 교회의 교리는 성경적인 근거가 없는 교리입니다.

요한복음 1장 42절에 보면 예수님께서는 베드로를 게바라고 부르십니다. 게바의 뜻은 바위라는 뜻입니다. 베드로는 실제로 초대교회에서 바위와 같은 존재였습니다. 그는 때로 실수도 했지만, 예수님을 아는데 끊임없이 자라갔고 사도행전 2장에 보면 그는 성령강림절 때에 담대히 공중 앞에서 예수님을 전하다가 체포되어 산헤드린의 제사장들 앞에서 판결을 받고 옥에 갇히기까지 했습니다. 그리고 복음전파의 여정을 순교로써 끝냈습니다. 베드로는 실제로 바위와 같은 역할을 한 제자였습니다. 하지만 그는 로마교회의 수장은 아니었습니다. 베드로는 로마교회를 개척한 적도 없고 로마교회의 초대교황도 아니었습니다. 가톨릭교회의 베드로 교황 설은 역사적인 근거가 없으며 성경적인 배경도 없는 하나의 선전입니다.

베드로의 신앙고백은 요한복음 6:69절에도 소개되어 있습니다. 요한은 베드로가 예수님을 하나님의 거룩한 자라고 고백했다고 증거합니다: "우리가 주는 하나님의 거룩하신 자이신 줄 믿고 알았사옵나이다" 요6:69 여기서 우리는 역사적 질문에 봉착합니다. 마태는 베드로가 예수님을 "주는 그리스도시오 살아계신 하나님의 아들"이라고 고백했다고 증거하고 있습니다. 여기서 우리는 마태의 증거가 역사적으로 맞는 증거인지, 요한의 증거가 역사적으로 맞은 증거인지 묻게 됩니다. 답은 둘 다 맞는다는 것입니다. 베드로는 가이샤랴 빌립보에서 예수님께 대한 고백을 처음으로 했습니다. 그리고 그가 사용한 주 그리고 하나님의 아들이란 고백은 하나님의 거룩하신 자라는 고백과 내용상 차이가 없습니다. 이 두 고백 모두 예수님의 인성과 신성을 믿는다는 고백입니다. 여기서 요한복음을 이사야에서 하나님을 가리키는 이름인 "하나님의 거룩하신 자"라는 이름을 사용했다는 점에서 예수님의 하나님 되심에 강조를 둔 고백이라고 할 수 있습니다. 따라서 우리는 마태가 기술한 베드로의 고백은 예수님의 하나님이심을 가리키지 않는 반면에, 요한이 기술한 베드로의 신앙고백은 예수님의 하나님이심을 가리키는 것이라고 설명하면 잘못입니다. 이 두 고백 모두 예수님의 하나님이심을 가리키는 고백이라고 하는 것이 정확한 이해입니다.

여기서 베드로가 이러한 고백을 할 수 있었던 것은 자신이 스스로 한 것이 아님을 알 수 있습니다. 왜냐하면, 예수님은 베드로의 이러한 고백을 칭찬하시면서 베드로가 예수님의 하나님이심을 알게 한 것은 하늘에 계신 하나님이시라고 설명해 주셨습니다. 아직 오순절 성령님이 강림하시지도 않았는데 베드로는 하나님의 은총으로 예수님을 고백하는 축복을 누린 것입니다. 바울은 누구든지 성령님이 아니고는 예수를 주시라 고백할 수 없다고 말씀했습니다.고전12:3 그리고 요한복음 6:63절에서 예수님께서는 "너희에게 이른 말은 영이요 생명이라"라고 말씀하셨습니다. 요한복음 20:22절에서 부활하신 예수님께서 제자들에게 나타나시어 그들에게 숨을 내쉬시면서 성령을 받으라고 말씀하십니다. 이 사실은 오순절 성령강림 전에도 예수님께서 원하시는 사람들에게 성령을 선물로 주셨다는 것을 알 수 있습니다. 예수님과 함께 다니던 제자들은 예수님께서 부활하시기 전부터 이미 성령을 체험한 자들이었다고 볼 수 있습니다. 그들이 오순절에 와서 달라진 것은 성령 충만함을 얻게 되었다는 것입니다.행2:4 제자들은 성령을 받았지만, 예수님께서 십자가에 돌아가실 때 모두 도망쳤던 것은 믿음이 없었기 때문이 아니라, 믿음이 약했기 때문입니다. 그들에게 필요했던 것은 회심이 아니라 성령 충만이었습니다. 따라서 예수님의 승천 이후 하나님께서는 오순절에 그들에게 성령의 권능을 입혀 주셔서 담대히 복음을 전하도록 하셨습니다.

11. 상처를 준 형제

마태복음 18:15절 이하에 "네게 죄를 범한 형제에 대해 직접 가서 말하고 듣지 않을 때 두세 사람이 함께 가서 말하고 그래도 듣지 않을 때 교회의 장로와 함께 가서 말하고, 그래도 듣지 않으면 이방인같이 여기라"라는 말씀이 있습니다. 이 구절은 마태복음 18장 전체의 문맥에서 해석해야 합니다. 내가 상처를 입을 때마다 형제를 찾아가서 그것에 대해 말한다면, 곧 그와 원수지간이 되고 맙니다. 우리는 마태복음 18장의 문맥은 형제를 실족하게 하는 것에 대해 말씀하는 것을 알 수 있습니다. 실족한다는 것은 잘못된 교리로써 이단에 빠지게 하는 행위를 말하는 것입니다. 만일 교회 내에 구원파가 들어와서 잘못된 교리를 퍼트린다든지 하면 그를 찾아가서 말해야 합니다. 하지만 누가 내게 말실수로 상처를 주었다고 해서 그에게 찾아가 말한다면 오히려 관계가 서먹해질 수 있습니다. 마태복음 18:21절 이하에 보면 용서에 대한 교훈이 나옵니다. 나에게 실수하고 상처를 주는 사람을 일흔 번씩 일곱 번이라도 용서해야 한다는 것이 예수님의 가르침입니다. 우리는 마태복음 18:15~20절의 말씀을 잘못 적용하는 일이 없어야 합니다.

하지만, 교회의 분쟁을 해결하는데 마태복음 18:15~20절의 말씀은 하나의 표준 된 절차를 제시하고 있습니다. 장로교회에는 당회가 있고, 많은 교회가 모여 노회를 조직합니다. 그리고 노회 위의 최고 판결기관은 총회입니다. 교회 내의 분쟁이 교회 내에서 해결되지 못하고 세상법정에 가는 것은 예수님의 교회를 조롱거리가 되게 하는 것입니다. 사도바울은 고린도전서 6장에서 교회의 문제는 교회 내에 지도자를 세워서 판단하도록 가르치고 있습니다. 교회 내에서 문제를 해결할 수 없을 때는 노회가 관여해서 문제를 해결해야 하고 당사자들은 이에 승복해야 합니다. 이렇게 교회 내의 질서가 유지될 때 교회는 세상도 판단할 수 있는 존경받는 위치에 서게 될 것입니다. 교회는 세상을 판단하고 지도할 수 있는 위치에 있어야 하는데, 교회 내의 일도 질서를 유지하지 못한다면 세상이 교회를 오히려 우습게 여기고 교회 일을 간섭하고 결정하려고 할 것입니다. 그러면 우리는 복음을 전하는 일에서도 힘을 잃어버리기 쉽습니다. 세상이 교회를 존중하고 신뢰할 때 복음을 더 힘 있게 전할 수 있고 하나님께서도 교회를 통해서 영광을 받으시게 될 것입니다.

12. 바리새인에 대한 책망

바리새인들은 천사의 존재, 영혼의 불멸, 부활 등을 믿었습니다. 그들은 구약의 선지서를 정경으로 인정했고, 성경을 문자적으로 해석하지 않고, 이중allegory, 비유적으로 해석했습니다. 이들은 마카비와 함께 하시딤이라는 동맹에 참여해서 시리아인들을 몰아내기도 했는데, 하스모니아왕가하에서 핍박을 많이 받았고, 그 후 유대 땅에서 제일 강력한 종교세력으로 부상해서 예수님 당시에는 사회의 지배적 종교세력으로 자리 잡고 있었습니다(당시에 사두개인들은 실제로 정권을 가진 실세였고, 70년에 성전이 파괴된 뒤에야 바리새인들이 사회적 실세가 되었습니다). 이들은 모세의 법보다도 자신들이 모세의 법을 해석한 해석을 더 중요한 율법으로 지키고 전수했습니다. 이들은 십일조를 철저히 바쳤고 안식일을 철저히 지켰는데, 예수님께서는 이들을 위선자들이라고 책망하셨습니다. 그들은 무거운 짐을 묶어 사람의 어깨에 지우되 자기는 한 손가락도 움직이려 하지 않았습니다.마23:4 그들은 잔치의 상석과 회당의 상좌와 시장에서 문안 받는 것과 사람에게 랍비라 칭함을 받는 것을 좋아했습니다.마23:6~7 예수님께서는 이들에게 여덟 가지 화를 말씀하셨습니다.마23:13~36

그들의 가장 큰 문제는 그들의 말과 행위가 달랐다는 것입니다. 예수께서는 그들을 책망하여 말씀하셨습니다: "화 있을진저 외식하는 서기관들과 바리새인들이여 너희가 박하와 회향과 근채의 십일조는 드리되 율법의 더 중한 바 정의와 긍휼과 믿음은 버렸도다 그러나 이것도 행하고 저것도 버리지 말아야 할지니라"마23:23

사두개인들과는 달리 바리새인들은 주후 70년에 예루살렘이 망한 뒤에도 살아남아 있게 된 그룹이었습니다. 2세기의 랍비 문학은 바리새인들의 성경주석을 바탕으로 이루어졌습니다. 유대 회당의 지도자들은 바로 랍비들입니다. 그들은 성경을 해석하고 적용하고 예배를 인도하는 자들로 신약시대의 교회에서는 교역자들에 해당합니다. 오늘의 교역자들, 목회자들이 직면한 문제는 가르침과 행위가 일치되어야 한다는 것입니다.

예수님께서 바리새인들을 책망하신 것은 우리에게 충격적으로 비치는 사건입니다. 사랑과 온유와 겸손의 예수님께서 어떻게 그렇게 신랄하게 바리새인들을 독사의 자식이라고 책망하실 수 있었는가 하는 점입니다. 어떤 성직자는 예수님의 이러한 영적 권위를 자신이 가지는 것처럼 착각하고 성도들에게 함부로 책망하는 일도 있다고 합니다. 이것은 잘못된 것입니다. 그렇다면 바울이 말씀한 성령의 아홉 가지 열매 중에서 사랑과 온유와 겸손과 자비와 양선과 오래 참음이라는 덕목은 어디에 필요한 것입니까? 예수님의 원색적인 저주는 하나님의 진노와 심판이라는 측면에서 이해되어야 합니다. 예수님은 하나님으로서 바리새인들에게 임할 종말적 심판을 미리 보여주신 것입니다. 그들은 이미 하나님의 저주와 심판 아래 놓여 있었다는 것입니다. 왜냐하면, 그들은 배교의 죄를 지은 자들이었기 때문입니다. 그리고 예수님께서 그들을 독사의 자식으로 저주하신 것은 그들이 최후 심판 때 받을 지옥 판결의 확실성을 가리키는 것입니다:

"뱀들아 독사의 새끼들아 너희가 어떻게 지옥의 판결을 피하겠느냐 그러므로 내가 너희에게 선지자들과 지혜 있는 자들과 서기관들을 보내매 너희가 그 중에서 더러는 죽이거나 십자가에 못 박고 그 중에서 더러는 너희 회당에서 채찍질하고 이 동네에서 저 동네로 따라다니며 박해하리라 그러므로 의인 아벨의 피로부터 성전과 제단 사이에서 너희가 죽인 바라갸의 아들 사가랴의 피까지 땅 위에서 흘린 의로운 피가 다 너희에게 돌아가리라 내가 진실로 너희에게 이르노니 이것이 다 이 세대에 돌아가리라" 마23:33~36

이는 요한복음 3:36절 말씀에 이루어진 심판을 생각나게 합니다: "아들을 믿는 자에게는 영생이 있고 아들에게 순종하지 아니하는 자는 영생을 보지 못하고 도리어 하나님의 진노가 그 위에 머물러 있느니라"

따라서 예수님께서 바리새인들에 대한 선언은 심판의 판결이고 형의 선고와 같은 것입니다. 이는 하나님이신 예수님의 주권적 판결이었습니다. 어떤 성직자가 이를 모방해서 성직자의 권위를 이에서 찾는다면 성경을 잘못 해석한 것입니다. 성직자가 가져야 할 태도는 사랑과 오래 참음입니다. 나아가 이러한 태도는 모든 성도가 가져야 할 영적 성품이기도 합니다.

13. 재림의 징조(마태복음 24장)

예수님 재림의 징조는 감람산 비유에 기록되어 있습니다. 적그리스도의 소문들, 전쟁, 기근, 지진 이 모든 일은 재난의 시작입니다. 그리고 그리스도인들은 핍박을 받게 됩니다. 거짓 선지자가 일어나 많은 사람을 미혹하게 됩니다. 사람들의 사랑도 식어집니다. 천국 복음이 온 세상 끝까지 전파될 때 그제야 끝이 옵니다.

이 예언은 데살로니가후서 2장과 요한 계시록과 함께 해석하면 더 명확히 이해가 됩니다.

혹자는 마태복음 24장의 예언이 주후 70년 예루살렘 멸망으로 성취되었다고 해석합니다. 24장 29절의 천상의 징조는, 즉 해가 어두워지며 달이 빛을 내지 아니하고 별들이 하늘에서 떨어지며 하늘의 권능들이 흔들리는 것들이 이미 예루살렘 멸망 때 다 이루어졌다고 말합니다. 이 해석은 예수님의 재림과 이 천상의 징조들이 시간상으로 밀접한 관계를 맺고 있다는 것을 설명하지 못합니다. 따라서 이 해석은 예수님의 재림이 이미 이루어진 것으로 보기도 합니다. 하지만 예수님의 재림은 최후의 심판을 동반하게 되는데, 아직 최후 심판이 이루어지지 않은 시점에서 예수님의 재림이 이루어졌다고 해석하는 것은 앞뒤가 잘 맞지 않는 해석이라고밖에 볼 수 없습니다.

마태복음 24장은 미래에 이루어질 예언으로 보는 것이 더 타당합니다. 요한 계시록은 사실상 마태복음 24장과 연관해서 해석해야 하는데 이 세상의 끝날에 있게 될 가장 큰 현상은 적그리스도의 출현과 사람들의 배교입니다. 그리고 이와 함께 있게 될 전무후무한 환란입니다. 우리가 기도해야 하는 것은 이 환난을 피하게 해달라고 하는 것이 아니라, 이 환난 때에도 주님을 부인하지 않고 끝까지 인내하고 승리하게 해 달라고 기도하는 것입니다.

14. 베드로의 부인

베드로는 예수님을 세 번 부인했습니다. 마태복음 10:32절 말씀에 "누구든지 사람 앞에서 나를 시인하면 나도 하늘에 계신 내 아버지 앞에서 그를 시인할 것이요 누구든지 사람 앞에서 나를 부인하면 나도 하늘에 계신 내 아버지 앞에서 그를 부인하리라"라는 가르침이 있습니다. 이 말씀대로 하면 예수님을 사람들 앞에서 부인한 베드로는 심판 때에 예수님으로부터 부인을 당하게 될 것 같은 느낌이 듭니다. 왜냐하면, 사람들 앞에서 예수님을 부인하는 것은 배교에 해당하는 죄이기 때문입니다. 그런데 베드로는 회개하고 회복되었습니다. 베드로가 어떻게 회복되게 되었을까요? 예수님께서는 이미 베드로가 부인할 것을 아시고 베드로에게 그것을 미리 말씀해 주셨습니다. 누가복음 22:31절 이하에 보면 "시몬아, 시몬아, 보라 사탄이 너희를 밀 까부르듯 하려고 요구하였으나 그러나 내가 너를 위하여 네 믿음이 떨어지지 않기를 기도하였노니 너는 돌이킨 후에 네 형제를 굳게 하라"라는 예수님의 말씀이 있습니다. 이는 예수님께서 그를 회복시키시겠다는 계획을 미리 알려 주신 것입니다. 요한복음 21:15~17에 기록된 예수님의 베드로와의 대화는 예수님께서 베드로를 회복해 주시는 것을 말씀하는 것으로 볼 수 있습니다. 이렇게 볼 때 모든 부인이 다 회복 불능이 아님을 알 수 있습니다.

따라서 예수님을 부인하는 데는 두 종류가 있는 것을 봅니다. 하나는 고의성이 없는 부인이고 다른 하나는 고의성을 가지고 하는 부인입니다. 베드로는 고의성이 없이 두려움 때문에 얼떨결에 예수님을 부인했고, 또 진정한 회개를 통해서 제자들 앞에서 지도자로 회복될 수 있었습니다. 하지만 유다는 예수님을 배반하기 전부터 예수님을 팔 계획을 했었고 대제사장의 무리를 만나 거래를 끝낸 상태에 있었습니다. 그는 회개하고 돌아올 기회가 있었지만, 자신의 계획을 결국 실행했고 예수님을 대제사장들의 손에 넘겨 주었습니다. 그는 뉘우치며 은전 30전을 그들에게 도로 가져다주었지만, 그는 끝내 회개 하지 않았습니다. 교회 공동체의 공식적 용서를 구하지 않고 자살을 함으로써 그는 자신을 스스로 심판하는 자가 되었습니다. 공동체에 용서를 받고 예수님을 전하는 사도로써 복원되는 길을 그는 거부했던 것입니다.

여기서 우리는 회개의 삼대요소를 발견하게 됩니다. 진정한 회개는 첫째로, 자신의 죄를 인정하고 고백하는 것입니다. 유다는 자신의 죄를 알았지만, 회중에 고백하고 용서받는 절차를 밟지 않았습니다. 이는 예수님을 부인하고 난 뒤 통곡하며 회개하고 형제들 품에 돌아가 그들의 용서를 받은 베드로의 태도와 대조되는 점입니다. 둘째로, 진정한 회개는 눈물을 동반하는 감정적 차원의 참회를 경험합니다. 베드로는 예수님을 배반하고 통곡했다고 했습니다. 하지만 유다는 뉘우치기만 했습니다. 셋째, 진정한 회개는 의지적인 개과천선이 있습니다. 만일 말로만 잘못했다고 하고 같은 잘못을 계속 반복하는 것은 참된 회개가 아닙니다. 유다는 은 삼십을 성소에 던져 넣고 물러가서 스스로 목매어 죽었습니다.마27:5 이는 여러 가지 면에서 이해하기 어려운 측면이 있습니다. 첫째, 자살은 살인하지 말라는 계명을 어기는 것입니다. 둘째, 자살은 자신의 의가 하나님의 의보다 더 중요하다는 표현입니다. 아무리 큰 죄인도 하나님께서 용서하시면, 그는 더는 죄인이 아닙니다. 그런데 유다가 자살을 한 것은 하나님의 은혜와 자비를 구하지 않고 자신이 스스로 자신에게 사형을 판결하고 집행한 것과 같습니다. 그럼으로써 그는 하나님께서 자신의 죄에 대한 최종 심판자시라는 것을 인정하지 않은 것입니다.

유다는 죄를 왜 회개하지 못했을까요? 이에 대한 이유는 다음과 같습니다. 첫째, 유다의 죄는 예수 그리스도에 대한 죄라는 점입니다. 사람이 사람에게 짓는 죄는 회개하면 사함을 받습니다. 하지만 사람이 하나님께 짓는 죄는 사함 받지 못합니다: "여호와께서 모세에게 이르시되 누구든지 내게 범죄하면 내가 내 책에서 그를 지워 버리리라"출32:33 유다는 예수님을 배반함으로써 그의 언약의 피를 부정하게 여기고 은혜의 성령을 욕되게 하는 죄를 지은 것입니다.히10:29 둘째, 유다는 고의적으로 죄를 지었습니다. 그에게는 죄를 회개할 기회가 여러 번 있었습니다. 요한복음 13장에 보면 그는 예수님께서 최후의 만찬을 베푸시던 방에 함께 제자들과 있었고 예수님께서 제자들의 발을 씻기실 때 자신의 발도 예수님에 의해서 씻김을 받았습니다. 만일 회개를 했다면 이때 했었어야 했는데, 그는 자신의 계획을 굳게 다짐하고 예수님을 팔 것을 관철하고야 말았습니다. 그는 또 예수님께서 너희 중의 하나가 나를 팔 것이라고 미리 말씀했을 때 마음이 찔려서 예수님 앞에 자수하고 잘못을 빌었어야 했습니다. 하지만 그는 제자들이 그가 누구냐고 서로 물었을 때에도 시치미를 떼고 잠자코 있었습니다. 예수님께서 내가 이 떡을 찍어서 주는 자가 그 니라고 말씀하셨을 때 그는 그 떡을 받아먹기까지 했습니다. 그리고 예수님께서 네 일을 속히 하라고 했을 때도 자신의 계획을 뉘우치지 않았습니다. 그러자 사탄이 그의 마음속으로 들어갔습니다.요13:27 그리고 그는 그 방을 나가서 군병들을 데리고 예수가 있으신 곳으로 왔습니다. 이미 마음이 강팍해진 자의 마음은 그 양심에 화인이 맞아서 그 마음을 스스로 부드럽게 할 수 없습니다. 강팍해진 마음을 부드럽게 하실 수 있는 분은 하나님 한 분밖에 없습니다. 그런데 그가 하나님을 대적하고 있는데 하나님께서 그의 마음에 회개하는 마음을 주실 리가 없습니다. 이는 바로 하나님께서 그들을 버리기로 작정하신 하나님의 선택과 관련된 문제입니다. 아무도 하나님의 선택을 바꿀 수 없습니다. 그래서 요한은 배교의 죄를 지은 자들을 위해서 기도하라고 말하지 않았습니다.요일5:16

그러면, 우리가 배교의 죄를 지은 자를 보면 어떻게 해야 할까요? 사실 우리는 누가 배교의 죄를 지었는지 판단하기 어려울 때가 많습니다. 그래서 우리는 마음을 열고 사람들을 위해서 기도해 주어야 합니다. 제자들도 최후의 만찬이 있던 방에서 유다를 정죄하고 회개하라고 다그치지 않았습니다. 회개는 그에게 회개할 힘이 있을 때 가능한 일이기 때문에, 그가 회개하지 않는다면 교회는 그를 언제까지 포용하고 있을 수도 없습니다. 적은 누룩이 온 빵에 퍼지는 것처럼 교회의 신앙고백을 무너뜨릴 수 있기 때문입니다. 이럴 때 교회는 권징을 할 수도 있습니다. 만일 배교한 사람들이 하나의 단체일 경우, 그 단체는 이단으로써 교회를 조직적으로 대적하는 단체의 역할을 하게 될 것입니다.

문제

1. 마태복음에서 강조한 예수님의 한 측면은 무엇입니까?
2. 다윗의 자손으로 오신 예수님께서 구약을 성취한 메시아라는 사실을 마태복음은 어떻게 증거합니까?
3. 예수님의 족보에 나타난 특징을 살펴보고 그 의미에 대해서 설명해

보세요.

4. 마태가 호세아 11:1의 구절을 인용할 때 구약의 문맥과 상관없이 자의적으로 인용하는 것일까요. 학자들 간의 다른 견해들을 살펴보고 가장 설득력 있는 이론을 정립해 보세요.
5. 마태가 예수님과 모세를 비교하고 있는데 이를 설명해 보세요.
6. 마태가 사탄이 예수님을 광야에서 시험하는 이야기를 다루고 있는데 여기서 알 수 있는 것을 구속사적인 측면에서 설명해 보세요.
7. 산상수훈을 읽어보시고 이를 신약적 문맥에서 파악해 보세요.
8. 마태복음 7:21~23에 다루어진 헛된 믿음에 대해서 설명해 보세요.
9. 마태복음 12:31에 제시된 성령훼방죄를 정의해 보시고 우리에게 주는 교훈을 설명해 보세요.
10. 마태복음 13장에 가르쳐진 하나님의 나라의 특징들을 설명해 보세요.
11. 마태복음 13장의 씨뿌리는 자의 비유를 성화적 관점에서 해석하는 것이 타당하지 못함을 설명해 보세요.
12. 마태복음 16:16의 베드로의 신앙고백에서 발견되는 측면들을 다 열거해 보세요.
13. 마태복음 18:15 이하의 상처를 준 형제를 대하는 가르침을 바로 해석해 보세요.
14. 마태복음 23장에 기록된 예수님의 바리새인에 대한 책망의 이유와 그것의 우리에 대한 적용의 범위에 대해서 설명해 보세요.
15. 마태복음 24장에 기록된 예수님 재림의 징조들을 열거해 보세요.
16. 베드로의 회개와 유다의 후회를 비교해 보세요.
17. 배교apostasy와 믿음의 퇴보backsliding의 차이점에 대해서 생각해 보세요.

참고도서

정훈택, 열매로 알리라: 마태복음에 나타나는 믿음과 행위의 관계연구, 총신대학교출판부, 2008.
목회와 신학 편집부, 마태복음 어떻게 설교할 것인가 두란노 How주석시리즈 34, 도서출판 두란노, 2007.
매튜 헨리, 매튜헨리주석(마태복음) 매튜헨리 주석전집 16. 크리스챤다이제스트사, 2006.
권성수, 산상수훈(마태복음 5~7장). 생명의 말씀사, 2006.
박영선, 그제야 끝이 오리라~마태복음 6. 도서출판 세움, 2006.
양용의, 마태복음 어떻게 읽을 것인가. 성서 유니언 선교회, 2005.
그랜트 오스본 편집, 적용을 도와주는 마태복음 상하 LAB 주석시리즈. 전광규역 성서 유니언 선교회, 2001, 2002.
워렌 W. 위어스비, 핵심성경연구 2: 마태복음-로마서. 나침반출판사, 2001.
잭 딘 킹스베리, 이야기 마태복음. 요단출판사, 2000.
양용의, 예수와 안식일 그리고 주일: 마태복음을 중심으로. 도서출판 이레서원, 2000.
도날드 헤그너, 마태복음 상하 WBC 성경주석 33. 채천석역. 도서출판 솔로몬, 1999, 2000
헤르만 리델보스, 마태복음 상하 여수룬 성경주석시리즈. 오광만 역. 여수룬, 1999.
조오지 비슬리-머레이, 마태복음-성경의 맥 11 . 성서 유니언 선교회, 1987.
죤 맥아더, 이것이 제자 됨의 증거: 마태복음 10:24-42강해. 나침반 출판사, 1986.
Carson, D. A. *The Sermon on the Mount.* Grand Rapids: Baker, 1978.
France, R. T. *Matthew: Evangelist and Teacher.* Grand Rapids: Zondervan, 1989.
Mounce, Robert H. *Matthew.* San Francisco: Harper & Row, 1985.
Stanton, Graham N. *A Gospel for a New People: Studies in Matthew.* Edinburgh: T&T Clark, 1992.

05
마가복음

1. 저자

역사가 유세비우스와 주후 2세기 초에 히에라폴리스의 목사 파피아스는 마가복음의 저자가 마가였다고 증거하고 있습니다. 즉, 마가는 베드로의 통역관interpreter이었는데[5] 베드로가 예수님의 가르침을 설교한 모든 내용을 정확히 기억해서 그 사건의 순서에 관계없이 복음서를 기록했다는 것입니다. 파피아스의 이 증거는 1세기 초대교회 때로부터 내려온 증거를 그가 듣고 전한 것이며, 2세기 말의 이레네우스, 터털리안, 알렉산드리아의 클레멘트 등의 교부들도 이 사실을 확증해 주고 있습니다.

우리는 이러한 초대 교부들의 마가복음의 마가 저작설을 반박할만한 확실한 증거가 없어서 마가복음은 마가가 썼다고 하는 사실을 믿습니다. 만일 신약의 두 번째 복음서인 마가복음의 저자가 마가가 아니었다면, 복음서의 영감성과 권위를 믿고 있던 초대교회 교부들이 마가복음의 마가 저작설을 순순히 받아들였을 리는 없을 것입니다. 우리는 마가복음뿐 아니라 신약성경 전체 속에서 마가라는 인물에 대한 기록을 볼 수 있습니다.행12:12, 25; 13:5,13; 15:37; 골4:10; 몬1:24; 딤후4:11; 벧전5:13 그는 초대교회에 존재했던 요한 마가John Mark였고, 많은 성도에게 잘 알려진 인물이었다는 것을 알 수 있습니다.

예수님께서 최후의 만찬을 한 곳은 마가의 다락방이었고 그는 바나바의 생질이었습니다. 마가복음 14:51절에 한 청년이 벗은 몸에 베 홑이불을 두르고 예수를 따라오다가 무리에게 잡혔다는 기록이 있는데 이 청년은 마가 자신이었을 것입니다. 마가는 복음 전하는 일에 참여해서 바울과 바나나의 1차 전도여행에 따라갔다가 무슨 이유인지 도중에 그만 집으로 돌아가고 말았습니다. 이 때문에 그는 바울과 바나바의 전도여행에 적지 않은 차질을 가져오게 되었고 그 후 이 차 전도여행에서 바울이 바나바와 분리되어 마가 대신 실라를 대동하게 된 이유였습니다. 나중에 마가는 베드로의 제자가 되어 베드로가 남긴 예수님에 대한 설교를 모아서 정리해서 로마에 있는 사람들을 전도하기 위해서 마가복음을 썼던 것 같습니다.

마가복음을 다른 복음서와의 비교 관점에서 이해하기 위해서 그 수신자들이 누구였는가를 이해하는 것은 많은 도움이 됩니다. 마태복음이 유대인들을 위해서 쓰였다면 마가복음은 당시 로마제국의 수도인 로마에 있는 이방인 전도를 위해서 쓰였다는 견해가 매우 설득력 있습니다.

2. 마가복음이 로마에 있는 사람들을 위해서 쓰인 증거

⑴ 첫째, 아람어 표현을 번역해 놓고 있습니다.

마가복음 3:17: "또 세베대의 아들 야고보와 야고보의 형제 요한이니 이 둘에게는 보아너게 곧 우레의 아들이란 이름을 더하셨으며"

마가복음 5:41: "그 아이의 손을 잡고 이르시되 달리다굼 하시니 번역하면 곧 내가 네게 말하노니 소녀야 일어나라하심이라"

마가복음 7:34: "하늘을 우러러 탄식하시며 그에게 이르시되 에바다 하시니 이는 열리라는 뜻이라"

이렇게 아람어의 표현들을 번역해 놓은 것은 마가복음의 수신자들이 아람어를 모르는 사람들이었다는 것을 말해 주고 있습니다. 그렇다면 그들은 유대인들이 아니었다는 것입니다. 남아 있는 가능성은 그들이 헬라인들이었거나 아니면 라틴인들이었을 것이라는 것입니다.

⑵ 둘째, 라틴어를 사용하는 구절이 많습니다.

마가복음 12:14: "와서 가로되 선생님이여 우리가 아노니 당신은 참되시고 아무도 꺼리는 일이 없으시니 이는 사람을 외모로 보지 않고 오직 진리로써 하나님의 도를 가르치심이니 이다 가이사에게 세금poll-tax, 케인소스)을 바치는 것이 가하니이까 불가하니이까"

마가복음 4:21: "또 그들에게 이르시되 사람이 등불을 가져오는 것은 말모디오스 아래에나 평상 아래에 두려 함이냐 등경 위에 두려 함이 아니냐"

마가복음 6:27: "왕이 곧 시위병스페쿠라토라 하나를 보내어 요한의 머리를 가져오라 명하니 그 사람이 나가 옥에서 요한을 목 베어"

마가복음 15:39: "예수를 향하여 섰던 백부장켄투리오운이 그렇게 숨지심을 보고 이르되 이 사람은 진실로 하나님의 아들이었도다 하더라"

이렇게 라틴어 표현을 사용했다는 것은 그들이 로마에 살던 라틴 사람들이었기 때문이라는 것을 짐작할 수 있습니다.

(3) 셋째, 헬라어 표현들을 라틴어로 설명해 놓은 구절들이 있습니다.

마가복음 12:42: "한 가난한 과부는 와서 두 렙돈레프타, 헬라어 곧 한 고드란트를(라틴어) 넣는지라"

마가복음 15:16: "군인들이 예수를 끌고 브라이도리온(라틴어) 이라는 뜰(아우레이스, 헬라어) 안으로 들어가서 온 군대를 모으고"

헬라어 표현들을 라틴어로 설명해 놓은 점은 그들이 헬라어를 사용하던 헬라인들이 아니었다는 것을 알 수 있습니다. 그들은 라틴인이었습니다.

(4) 넷째, 마가복음 15:21절에 언급된 루포는 로마에 살았던 적이 있습니다.롬16:13 그래서 루포라는 이름이 언급된 것은 루포가 살던 로마와 마가복음이 서로 연관이 있었기 때문입니다.

(5) 다섯째, 마가는 베드로의 사서였고, 베드로는 로마에서 순교했습니다. 따라서 마가도 로마에 방문한 적이 있었다는 것을 알 수 있습니다.벧전5:13 그리고 이 복음서는 마가가 썼기 때문에 로마에 살던 사람들을 위해 써졌을 것으로 생각할 수 있습니다.

(6) 여섯째, 마가는 유대인의 법이나 풍습에 대한 언급이 적습니다. 이는 우리가 마가복음에는 왜 마태복음 1장에 기술된 예수님의 족보가 빠져 있는가 하는 의문에 대한 답을 제공하고 있습니다. 요한복음에서 배경으로 사용된 많은 유대인의 절기에 관한 이야기도 마가복음에는 빠져 있습니다. 이는 로마에 살던 라틴 사람들이 잘 모르는 사실을 그 내용에 써넣

는다면 이 복음서에 대한 그들의 흥미를 반감시킬 수도 있기 때문입니다.

(7) 일곱째, 마가는 구약의 구절을 많이 인용하고 있지 않습니다. 마가도 안식일 논쟁을 다루면서 신명기 23:25절이나, 출애굽기 29:32절의 구절을 언급하고 있습니다.막2:23~28 이는 예수님께서 안식일의 주인이심을 말씀하면서 예수님께서 곧 하나님이시라는 점을 강조하는 것이지 구약의 가르침 자체를 직접 다루고 있지는 않습니다. 마태복음이나 요한복음이 많은 구약의 구절들을 인용하는 것에 비해 마가복음에는 구약의 구절에 대한 인용을 최소화하고 있는 것을 볼 수 있습니다. 이 역시 이 복음서의 수신자들이었던 로마인들이 구약의 내용을 잘 모르고 있다는 점을 안 마가의 세심한 배려라고 볼 수 있습니다.

(8) 여덟째, 마가복음의 문체는 간결하고 명확해서 로마에 살던 라틴사람들에게 호감을 주었을 것입니다.막1:12~13 마가복음은 그 문체가 간결할 뿐 아니라 그 분량도 16장밖에 되지 않습니다. 4복음서 중 제일 짧은 복음서입니다.

(9) 아홉째, 마가는 예수님의 가르침 보다 예수님의 기적에 대해 더 많이 소개하고 있습니다. 마가복음도 '씨 뿌리는 자의 비유나, 감람산 비유'를 다루고 있습니다. 하지만 마가는 마태복음에 다뤄진 '산상수훈'이나 '바리새인에 대한 책망' 등을 다루지 않습니다. 누가복음에 나오는 '탕자의 비유' 등 많은 비유도 마가복음에는 나오지 않습니다. 마가는 요한복음의 다락방 강화도 다루지 않습니다. 이는 로마에 있던 라틴 사람들이 자신들이 천히 여겼던 팔레스타인 사람들의 한 선생의 가르침에 관심을 두지 않을 것을 마가가 알고 있기 때문이었습니다. 마가는 예수님의 하신 위대한 일이나 놀라운 기적, 귀신들도 복종하는 권세 등을 반복적으로 기술함으로써 라틴인들로 하여금 자연스럽게 예수님이 누구신가에 대해서 궁금해지게 하는 이야기 구조를 택했습니다.

(10) 열 번째, 초대교회 목사님들은 마가복음이 로마에서 처음 읽혔었다고 증거합니다.클레멘트, 이레니우스

위 열 가지 증거들은 마가복음의 수신자가 로마인들이었다는 것을 뒷

받침합니다. 그러면, 마가복음이 로마에 있는 라틴 사람들을 위해서 쓰였다는 것이 왜 중요한가요? 그것은 성경의 수신자를 아는 것이 본문 해석에 중요한 단서를 제공할 때가 많기 때문입니다. 마가복음이 로마에 있는 라틴인들을 위해 써졌다는 것은 복음이 로마에까지 퍼져가면서 마가복음이 기록되었다는 것을 말합니다. 그리고 마가가 사도 바울의 일차 전도여행에 동참했던 요한 마가였음을 고려할 때 그 당시 그는 미성숙했던 신앙인이었다는 것도 기억할 수 있습니다.행15:36~41 이렇게 미성숙했던 마가가 신앙적으로 성숙하게 되어서 복음서의 저자가 되기까지 어느 정도 시간이 필요했을 것이라고 짐작하는 것은 어렵지 않습니다. 그렇다면 유대에 살던 유대인들을 대상으로 써진 마태복음은 시간상으로 마가복음이 써지기 전에 써졌을 가능성이 더 커집니다.

마태복음에 있는 기적이야기는 대개 마가복음에 다루어진 기적 이야기의 길이에 비해서 짧습니다. 어떤 학자들은 마태가 마가의 이야기를 참고해서 기술할 때 이를 줄였서 포함했으리라 추측합니다. 하지만 만일 마태가 마가의 이야기를 참고했다면, 그 이야기를 마태가 축소하기보다는 확장했을 가능성이 더 큽니다. 마가복음의 이야기가 마태복음에도 나오는 같은 이야기 일때, 마가복음의 이야기가 더 자세하고 길이가 긴 이유는 다른데 있습니다. 그것은 복음서 상호간의 문서상의 의존 때문이 아니고, 마가복음의 수신자들이 마태복음의 수신자와는 달랐기 때문이었습니다. 아래에 설명된 것처럼 마가복음에 포함된 각각의 기적 이야기가 긴 것은 그 수신자가 로마에 있던 라틴인들이었기 때문이었습니다.

3. 예수님의 가르침보다 행한 일을 강조하는 마가복음

⑴ 마가복음은 예수님의 기적을 행하는 능력을 자세히 설명하는 경향이 있습니다. 그리고 귀신도 예수님의 권세에 굴복하는 모습을 그림처럼 자세히 보여줌으로써 로마인들도 예수님을 주님으로 받아들이고 그의 권위에 굴복할 것을 설교합니다.

예: 마가복음 5:1~17(마 8:28~34)

"예수께서 바다 건너편 거라사인의 지방에 이르러 배에서 나오시매 곧 더러운 귀신 들린 사람이 무덤 사이에서 나와 예수를 만나니라 그 사람은 무덤 사이에 거처하는데 이제는 아무도 그를 쇠사슬로도 맬 수 없게 되었으니 이는 여러 번 고랑과 쇠사슬에 매였어도 쇠사슬을 끊고 고랑을 깨뜨렸음이러라 그리하여 아무도 그를 제어할 힘이 없는지라 밤낮 무덤 사이에서나 산에서나 늘 소리 지르며 돌로 자기의 몸을 해치고 있었더라 그가 멀리서 예수를 보고 달려와 절하며 큰 소리로 부르짖어 이르되 지극히 높으신 하나님의 아들 예수여 나와 당신이 무슨 상관이 있나이까 원하건대 하나님 앞에 맹세하고 나를 괴롭히지 마옵소서 하니

이는 예수께서 이미 그에게 이르시기를 더러운 귀신아 그 사람에게서 나오라 하셨음이라 이에 물으시되 네 이름이 무엇이냐 이르되 내 이름은 군대니 우리가 많음이니이다 하고 자기를 그 지방에서 내보내지 마시기를 간구하더니 마침 거기 돼지의 큰 떼가 산 곁에서 먹고 있는지라 이에 간구하여 이르되 우리를 돼지에게로 보내어 들어가게 하소서 하니 허락하신대 더러운 귀신들이 나와서 돼지에게로 들어가매 거의 이천 마리 되는 떼가 바다를 향하여 비탈로 내리달아 바다에서 몰사하거늘 치던 자들이 도망하여 읍내와 여러 마을에 말하니 사람들이 어떻게 되었는지를 보러 와서 예수께 이르러 그 귀신 들렸던 자 곧 군대 귀신 지폈던 자가 옷을 입고 정신이 온전하여 앉은 것을 보고 두려워하더라 이에 귀신 들렸던 자가 당한 것과 돼지의 일을 본 자들이 그들에게 알리매 그들이 예수께 그 지방에서 떠나시기를 간구하더라"

이 구절에서 마가는 그 귀신들린 사람이 초인적인 힘을 가지고 있던 사람이었음과 아무도 그를 제어할 수 없었지만, 예수님 앞에서는 순한 양같이 제압되었다는 것을 말씀하고 있습니다. 도대체 예수님이 누구 시기에 귀신조차도 굴복했느냐고 로마의 라틴 사람들은 그 마음속에 질문했을 것입니다. 그 귀신들린 자 속에 있던 귀신은 예수님과 대화를 했습니다. 그리고 예수님의 명령에 복종해서 그 사람에게서 나왔습니다. 여기서 예수님은 귀신까지도 굴복시키시는 초자연적 권세가 있는 분임을 독자들은

발견하게 되었을 것입니다. 이는 영의 세계와 소통을 할 수 있다고 믿었던 라틴인들에게 깊은 흥미를 일으키고 예수님에 대해서 관심을 불러일으킬 수 있는 방식의 기술입니다.

마태복음에도 이와 같은 이야기가 8장 28절 이하에 다뤄져 있습니다. 하지만 마태는 그 귀신들린 자의 초인적 힘에 대해 묘사를 하지 않았고 간단한 사실 보고 형식으로 이 이야기에 7절을 할애해 묘사하고 있습니다. 이는 마가가 이 이야기에 17절을 할애해 자세히 보고하는 것과 대조되고 있습니다. 왜 마가는 예수님의 기적을 자세히 보고하는 경향을 보이고 있을까요? 그것은 로마인들이 기적에 대해 관심이 많았기 때문입니다. 대신 마가는 로마인들이 관심을 두지 않았을 예수님의 가르침이나 유대인들의 절기나 구약의 인용구절들을 마가복음에서 최소화했습니다.

⑵ 마가복음은 사람들의 반응을 섬세히 묘사합니다. 그들은 예수님이 행하신 기적에 놀라고1:27, 두려워하고4:41, 의아해하고6:14, 때로는 악의적입니다14:1. 이는 독자들이 예수님께서 이적을 행하시는 현장에 같이 있다는 느낌을 일으킵니다. 그와 동시에 당신이라면 그분에 대해서 뭐라고 말할 것인가 하고 묻는 듯합니다. 마가는 독자들이 예수님에 대한 증거를 즉시 받아들이도록 유도하는 것입니다.

⑶ 마가복음은 궁극적으로 복음을 전하는 일을 위해서 써졌습니다. 그래서 긴 강론보다는 사건 중심의 서술이 많고 듣는 이들로부터 즉각적인 반응을 유도합니다.

⑷ 마가복음에는 "즉시"immediately라는 단어가 36번 나옵니다. 반면 이 단어가 마태복음에는 20번, 누가복음에는 18번, 요한복음에는 오직 7번만 사용되었습니다. 이는 누구든지 복음을 듣는 즉시 예수님을 믿고 따르라고 요구하는 마가의 초청을 반영하는 것입니다.

4. 하나님이신 예수님

마가복음에는 예수님이 하나님 자신이시라는 묘사들이 많이 있습니다.

⑴ 마가복음은 예수님을 다윗의 자손이라고 묘사하기보다는 하나님의

아들Son of God이란 이름을 많이 사용해 소개합니다. 마가복음 1:11절과 9:7절에서 예수님을 하나님의 아들로 소개하고 있는데 하나님이 예수님을 특별히 사랑하는 아들이라고 소개하고 있습니다. 이는 마가가 하나님의 아들이란 이름이 당시에 보통의 유대인에 대해서도 적용해 사용되어 진 것을 알고 있었기 때문입니다. 로마제국의 황제도 신의 아들이라고 불리고 있었습니다.[6] 따라서 마가는 예수님을 하나님의 특별한 사랑을 입은 아들이라고 묘사합니다. 또 마가복음 12:36절은 시편 110:1절을 인용하고 있습니다. 시편 110:1절에서 하나님께서는 예수님을 주라고 부르십니다. 주는 하나님 자신을 가리키는 명사입니다.

(2) 예수님은 하나님께서만 가지신 권능을 행하시기 때문에 예수님께서 하나님 자신이시라는 이야기가 기술되 있습니다. 예를 들면 예수님은 한 중풍병자의 병이 나았다고 선언하십니다. 유대인들은 사람의 죄는 오직 하나님만 사하실 수 있음을 알고 있었습니다. 따라서 이 사건은 예수님께서 하나님의 권능을 가지신 분이라는 것을 묘사합니다. 또 마가복음 4:41절에서 예수님께서 광풍을 잠잠하게 하셨을 때, 제자들은 예수님이 누구신가 서로 물으며 놀라고 있었습니다. 그들은 오직 하나님만이 자연을 다스리실 수 있다는 것을 알았을 것이기 때문에 예수님을 하나님으로서 경외했습니다.[7] 독일의 신학자 슈네켄버그는 마가복음 10:18절의 이야기에 예수님께서 하나님이시라는 주제가 담겨 있다고 주장했습니다. 한 부자 청년이 예수님을 선한 선생님이라고 부를 때 예수님께서는 "네가 어찌하여 나를 선하다 일컫느냐 하나님 한 분 외에는 선한 이가 없느니라"라고 대답하셨습니다. 마가가 이미 마가복음 7:37절에서 예수님께서 하신 모든 일이 선하다고 선언해 놓은 문맥을 보면 예수님께서는 선한 분이시고 유일하게 선한 분은 하나님 한 분밖에 없어서, 예수님이 곧 하나님이시라는 등식을 제시하고 있다고 볼 수 있습니다. 마가복음 3:28절은 인자는 안식일의 주인이라고 가르칩니다. 여기서 인자는 보통 사람들을 지칭하는 말이 아니고 예수님 자신을 가리키는 이름입니다. 즉 안식일의 주인은 예수님이시고 따라서 사람들은 안식일에 예수님을 경배하며 예배해야 한

다는 가르침입니다. 십계명 중 제 4계명에서 안식일을 거룩히 지키는 것은 여호와 하나님을 경배하는 방식이었기 때문에 예수님께서 자신이 안식일의 주인이라고 하신 것은 자신과 하나님을 동일시하시는 가르침입니다.

그러나 틸만도 언급하듯이, 마가가 예수님과 하나님이 같은 분이라고 가르치지는 않습니다. 마가복음 13:32절에서 예수님 재림의 때는 아들도 모르고 오직 아버지 하나님만 아신다고 말씀하심으로써 하나님과 예수님은 서로 같은 분이 아님을 말씀하고 있습니다. 그리고 마가복음 14:36절은 예수님께서 겟세마네 동산에서 기도하시면서 하나님께 간구하고 계신 모습을 묘사하면서 하나님과 예수님은 서로 다른 분이라는 사실을 보여줍니다. 이 사실을 종합해 보면, 마가복음은 예수님께서는 하나님의 본체이시나, 위에 계시는 다른 하나님이심을 말씀해 주는 것입니다.

5. 마가복음에 소개된 예수님

마가복음은 예수님을 네 가지 관점에서 기술하고 있다고 말합니다.[8)] 첫째로, 예수님은 하나님의 아들Son of God이라는 것입니다. 마가복음 1:1절은 “하나님의 아들 예수 그리스도의 복음의 시작이라”라는 구절로 복음서를 시작하고 있습니다. 하나님 아들이란 이름은 메시아라는 이름 이상의 의미가 있는데 그 뿌리는 구약의 “하나님의 아들”이란 개념에서 찾을 수 있습니다. 구약은 다윗의 후손인 유다의 왕들을 하나님의 아들이라고 표현합니다.삼하7:8~16 등 이는 이들이 하나님에 의해서 왕위에 임명되고 하나님의 권위를 가지고 그 백성을 다스린다는 것을 의미합니다. 그래서 역대상 29:23절은 다윗의 아들 솔로몬이 왕위에 올랐을 때 솔로몬이 하나님의 보좌에 즉위했다고 기술합니다. 이는 솔로몬이 앞으로 오실 예수님을 예표하는 이스라엘의 왕으로, 하나님의 대리자로서 그 백성을 다스린다는 것을 의미합니다. 구약의 이 문맥에서 보면 마가가 예수님을 하나님의 아들이라고 강조하는 것은 예수님은 하나님께서 임명하신 하나님나라의 왕으로서 그 백성을 다스릴 왕이시라는 것입니다. 실제로 예수님께서는 많은 병든 자들을 고쳐주셨고 귀신을 내쫓으시며 죄의 사슬에 매인 자들을 놓아 주셨습니다. 예수님께서는 자신을 하나님의 아들로 자처하면서 폭력으로 백성을 억압하는 로마의 황제들과는 달리 사랑과 긍휼로 백성을 이끄는 어진 왕입니다. 이러한 사랑의 극치는 예수님께서 십자가에 달려 죽으실 때 나타납니다. 마가복음 15:39절에는 예수님께서 십자가에서 돌아가셨을 때 한 로마 백부장이 예수님을 하나님의 아들이라고 부른 것은 예수님께서 긍휼의 왕이심을 단적으로 고백한 것이며 예수님께서 하나님께로부터 오신 왕임을, 즉 예수님의 신성을 요약해 주는 말입니다.

둘째, 마가는 예수님을 인자son of man라고 소개하고 있습니다. 인자는 땅에서 죄를 사하는 권세가 있습니다,막2:10 그리고 인자는 안식일의 주인입니다.막2:28 나아가 인자는 종말 때에 심판을 합니다. 그래서 누구든지 인자의 말을 부끄러워하면 종말의 심판 때 인자도 그를 부끄러워할 것 입니다.막8:38 인자는 장차 구름을 타고 하늘에서 내려올 것입니다. 마가복음 14:62절에서 예수께서 이르시되 “내가 그니라 인자가 권능자의 우편에 앉은 것과 하늘 구름을 타고 오는 것을 너희가 보리라 하시니”라고 하셨습니다. 이 말씀은 예수께서 세상의 심판자라는 말씀을 하고 계시다는 것을 증거합니다. 이 말씀을 들은 대제사장은 그 옷을 찢으며 더 이상의 증인이 필요 없다고 말하며 예수님을 사형에 해당한다고 선고했습니다. 이 구절은 마가가 예수께서 자신이 메시아임을 공적으로 증거하셨다고 기록했다는 것을 보여줍니다. 따라서 소위 메시아의 비밀, 즉 예수께서 자신이 메시아이심을 은밀히 숨기셨다는 주장은 마가복음 14:62절의 관점에서 다시 토론되어야 할 주제입니다. 인자는 이렇게 최후심판을 수행하는 분이시지만, 이 땅에 계실 때는 고난을 당하시고 돌아가시고 부활하시는 인자이십니다. 마가복음 8:31절은 “인자가 많은 고난을 받고 장로들과 대제사장들과 서기관들에게 버린 바 되어 죽임을 당하고 사흘 만에 살아나야 할 것을 비로소 그들에게 가르치시되”라고 말씀합니다. 마가복음 10:45절에 “인자가 온 것은 섬김을 받으려 함이 아니요 도리어 섬기려 하고 자기목숨을 많은 사람의 대속물로 주려 함이라"라고 말씀합니다.막 9:9,12,31; 10:33; 14:21,41 이 점에서 볼 때 인자는 죄를 사하시며 사람들을 위해서 죽으시고 부활하셔서 대속물이 되시며, 또 세상 끝 날에 하늘에서 다시 재림하셔서 세상을 심판하시는 분입니다. 인자의 정체와 사역은 하나님 아들의 정체와 사역과 일치하는 것으로 보입니다. 따라서 하나님의 아들이란 이름은 예수님께서 하나님에게서 오신 이 세상의 왕이심을 나타내지만, 인자라는 이름은 대속적 죄 사함과 이를 바탕으로 하나님을 대신해 장차 종말 때 사람들을 심판하시는 사역을 나타내고 있다고 볼 수 있습니다. 하나님의 아들이란 이름이 예수님의 인성과 신성을 함께 나타내듯이 인자라는 이름도 예수님의 신성과 인성을 함께 나타내는 이름임을 알 수 있습니다.

셋째, 마가는 예수님을 구속자Redeemer로 묘사합니다. 예수님께서 고난받는 메시아라는 개념은 인자의 사역과 관계가 있습니다. 마가복음 10:33절에서 "보라 우리가 예루살렘에 올라가노니 인자가 대제사장들과 서기관들에게 넘겨지매 그들이 죽이기로 결의하고 이방인들에게 넘겨 주겠고"라고 말씀하고, 마가복음 10:45에서는 예수께서는 자신이 많은 사람의 대속물로 오셨다는 것을 선언합니다. 이렇게 마가는 예수님의 고난에 대해 이야기하는데 많은 지면을 할애하고 있습니다. 그는 '예수 그리스도' 는 고난받으려고 이 땅에 오셔야 했다는 것을 말씀하고 있습니다. 이는 구약의 예언을 이루려는 것입니다.막9:12

넷째, 마가는 예수님을 '치료자' Healer로 묘사합니다. 예수님께서는 마술이나 다른 어떤 방법으로 병을 낫게 하신 것이 아니라 그의 신적 권능으로 치료해 주셨습니다. 마가복음 6:56절은 "아무 데나 예수께서 들어가시는 지방이나 도시나 마을에서 병자를 시장에 두고 예수께 그의 옷 가에라도 손을 대게 하시기를 간구하니 손을 대는 자는 다 성함을 얻으니라" 라고 말씀합니다. 마가는 병 고침의 기적 이야기들을 통해서 예수님의 신적 권능을 소개하고, 병마에 눌려 있는 하나님의 자녀를 사랑하시어 그들을 죄의 억압으로부터 해방하는 예수님의 모습을 조명해 주는 것입니다.

6. 메시아의 비밀Messianic Secret

마가복음 3:7절 이하는 예수께서 많은 사람을 고치시는 권능을 행하시고 귀신들도 예수님을 보면 예수 앞에 엎드려 부르짖으며 말하기를 당신은 하나님의 아들이니이다고 고백했습니다. 여기서 하나님의 아들은 곧 예수님께서 하나님이시라는 것을 지칭하는 표현이었습니다. 이때 예수께서는 귀신들에게 자신을 하나님의 아들이라고 부르는 것을 잠잠하라고 하시면서 그들이 그렇게 외치지 말도록 경고하셨습니다. 예수께서 진정 하나님의 아들로서 이 땅에 오신 것을 만인에게 증거해야 할 상황에서 귀신들이 예수님에 대해서 하나님의 아들이라고 외치는 것은 나쁘지 않은 일로 보입니다. 하지만 예수님께서는 그들로 하여금 그렇지 외치지 않도록 하셨습니다. 왜 예수님께서 그렇게 하셨을까요? 여기에는 많은 해석이 있습니다. 자유주의자들은 예수께서 자신이 하나님의 아들이 아닌데 귀신들이 그렇게 부르짖으니까 이를 옳지 않게 여기고 그들을 만류했다고 해석합니다. 하지만 이 해석은 초자연적인 존재들인 귀신의 증거가 예수님이 하나님의 아들이심을 확인해 주는 사건으로써 마가가 이 이야기를 마가복음에서 다루고 있다는 것을 무시하는 해석입니다. 또 다른 이들은 예수께서 복음을 전하시고 가르치는 일들을 하셔야 하는데 병 고침 받기를 원하는 사람들이 계속 주위에 운집하면 가르치는 사역을 하실 수 없었기 때문에 이를 아시고 자신이 누구인지 밝히지 않기를 원하셨다는 것입니다.

이 해석보다 더 나은 해석은 마가복음의 다른 구절들에 나타난 메시아의 비밀을 관찰할 때 찾을 수 있습니다. 마가복음에는 메시아의 비밀 구절이 4~5 군데 있습니다. 우리가 관찰한 마가복음 3:7절 이외에 마가복음 5:43절은 예수께서 회당장의 딸을 죽음에서 살려내시고 사람들이 매우 놀랐을 때 이 일을 아무도 알지 못하게 하라고 저희에게 힘주어 경고하신 것을 증거합니다. 마가복음 7:36절은 예수께서 한 귀머거리 된 병자를 고치시고 사람들을 경계하사 아무에게도 말하지 말라고 하신 것을 말씀합니다. 마가복음 8:27절 이하에서도 베드로가 예수를 주요 그리스도라고 고백한 이야기가 다뤄지고 있는데 예수께서는 제자들을 금하시며 자신이 누구인지 아무에게도 말하지 말 것을 경계하셨습니다. 이러한 경계는 마가복음 9:30~31절에 와서 예수께서 자신이 고난을 받고 십자가에서 죽임을 당하고 사흘 만에 살아나실 것을 처음으로 제자들에게 말씀하시면서 전환점을 가집니다. 즉 이후로 예수께서는 한 소경을 고쳐주시지만 이를 다른 사람들에게 이르지 말도록 경계하지 않으십니다.막10:51~52 즉 메시아의 비밀의 구절이 이후에는 나타나 있지 않습니다.

여기서 우리는 메시아의 비밀이 예수님의 십자가 고난과 돌아가심, 부활에 밀접한 관련이 있음을 보게 됩니다. 메시아의 비밀 구절들이 나타나는 마가복음 1장에서 8장까지는 예수님께서 당하실 십자가의 죽음과 부활에 대해서 말씀하시지 않다가 9장 30~31절에 와서 비로소 예수님께서 이를 제자들에게 말씀하시면서 예수께서는 사람들이 더 이상 자신이 누구인지에 대해서 비밀로 하지 않으셨습니다. 그것은 자신이 십자가의 고난을 받을 때가 다가오고 있고, 이를 실현하기 위해서 이제 사람들이 자신이 하나님의 아들이라는 점을 널리 퍼트리고, 예루살렘의 종교지도자들이 이로 말미암아 자신을 체포하도록 허용하셨기 때문이었습니다. 자신 사역의 초기에는 병 고치는 일과 가르치는 일, 제자를 만드는 일들을 하셔야 하셨기에 시간이 필요했습니다. 그리고 자신이 주권적으로 정한 십자가의 고난의 때로 나아가는데 모든 사역의 시간을 맞추어 조절할 필요가 있었습니다.

7. 귀신과 예수님

마가복음에서 귀신은 귀신demon 혹은 더러운 영unclean spirit으로 묘사되고 있습니다. 이들은 사탄 혹은 마귀의 하수인들입니다. 귀신은 사람들을 토하게 하기도 하고,막1:26 초인적인 힘을 가지게 하기도 합니다.막5:3~5 마가복음에서 예수께서는 마귀의 압제 하에 신음하는 사람들을 고쳐주심으로써 마귀의 영토를 초토화하시는 영웅과 같이 묘사되어 있습니다. 이러한 종말적 영적 전투가 일어나는 현장에서, 마가는 귀신의 입을 통해서 예수님이 하나님의 아들이시라는 증거가 되도록 합니다.

마가복음 1:24: "나사렛 예수여 우리가 당신과 무슨 상관이 있나이까 우리를 멸하러 왔나이까 나는 당신이 누구인 줄 아노니 하나님의 거룩한 자니이다 예수께서 꾸짖어 이르시되 잠잠하고 그 사람에게서 나오라 하시니"

마가복음 1:34: "예수께서 각종 병이 든 많은 사람을 고치시며 많은 귀신을 내쫓으시되 귀신이 자기를 알므로 그 말하는 것을 허락하지 아니하시니라"

마가복음 3:11~12: "더러운 귀신들도 어느 때든지 예수를 보면 그 앞에 엎드려 부르짖어 이르되 당신은 하나님의 아들이니이다 하니"

마가복음 5:7: "큰 소리로 부르짖어 이르되 지극히 높으신 하나님의 아들 예수여 나와 당신이 무슨 상관이 있나이까 원하건대 하나님 앞에 맹세하고 나를 괴롭히지 마옵소서 하니"

예수님께서 귀신을 쫓아내시는 사건이 마가복음서에 많이 있는 주된 이유는 예수님께서 하나님의 아들이심을 증거하기 위한 데 있었습니다. 예수님께서 귀신을 쫓아내시는 방식은 사람들이 그 이전에 알고 있던 방식과는 매우 달랐습니다. 트웰프트리가 주장하듯이 예수님께서는 귀신을 책망하시고rebuke, 말하지 못하게 하시고muzzle, 또 명령하셔서 귀신이 그 사람에게 다시 못 들어가게 하셨습니다.[9] 예수께서는 귀신을 귀신들린 사람에게서 나와 많은 돼지 떼에 들어가도록 허락하시기도 하시고 멀리 떨어진 데에서도 귀신을 쫓아내시는 능력을 갖추신 분으로 묘사되고 있습니다.막7:24~29 예수께서는 성령의 권능으로 귀신을 쫓아내셨는데 이는 사탄과의 전쟁을 수행하는 한 측면입니다.막3:22~30

여기서 우리가 한 가지 관찰하게 되는 것은 마가복음은 예수님이 사탄과 전쟁하시는 한 면을 귀신을 쫓아내는 것으로 설명하고 있는데, 이러한 주제가 마태복음이나 요한복음에는 강조되고 있지 않다는 것입니다. 그 반면 누가복음은 마가복음처럼 예수님께서 귀신을 쫓아내시는 권능을 상세히 다루고 있습니다. 우리는 여기서 마가복음과 누가복음이 이방인들을 위한 복음서였다는 점에 주목하면 왜 이 복음서들이 귀신을 내쫓는 이야기에 많은 지면을 할애했는지 알 수 있습니다. 귀신의 역사는 유대나 이방 나라 모두에 다 있었습니다. 라틴사람들이나 헬라인들도 귀신 때문에 병에 들리고 억눌려 있었기 때문에, 예수님께서 귀신을 제압하시는 분이시며 이분은 하나님의 아들이시라고 증거할 때, 사람들은 예수님을 더 쉽게 믿고 그 분에게 복종할 수 있었기 때문이었다는 사실을 우리는 알 수 있습니다.

반면에, 요한복음은 각종 질병과 귀신의 일을 연관 지어 설명하지 않습니다. 요한복음에서 귀신들림은 사람들의 신학적 태도가 유대사회에서 받아들이기 어려운 경우와 연결해 설명합니다. 즉 유대인들은 자신을 하늘에서 내려온 하나님의 아들이라고 설교하시는 예수님을 귀신들렸다고 비난했습니다. 반대로 예수님께서도 따르는 자들의 신학적 태도가 예수님의 가르침을 이탈했을 때 귀신과 연결하십니다. 그 좋은 예는, 예수께서 자신을 믿지 않고 앞으로 자신을 배반해서 대제사장들의 손에 팔아넘길 가룟 유다를 마귀라고 부르신 것입니다.요6:70 또 자신을 대적한 전에 예수님을 믿던 유대인들을 가리켜 마귀의 자식들이라고 부르십니다.요8:44 이는 그들이 예수님의 가르침을 받아들이지 않고 예수님과 그 제자들이 귀신들렸다고 비방하며 핍박했기 때문입니다. 사탄도 창세기 3장에서 하나님의 명령하신 말씀을 왜곡하고 거짓으로 둔갑시켜 아담과 이브를 유혹했습니다. 그리고 그들이 원죄를 져서 하나님으로부터 소외되게 하고 죽게 했습니다. 이러한 문맥에서 요한복음은 귀신/마귀는 예수님의 가르침을 믿지 않고 믿는 자들을 대적하고 그 형제를 미워하고 핍박하게 하는, 하나님의 왕국을 대항하는 우주적 세력으로 묘사하고 있습니다.

마가복음은 요한복음과 같이 마귀를 믿는 자들을 핍박하는 우주적 세력으로 분명하게 묘사하지는 않습니다. 하지만 하나님 왕국의 도래에 따라 마귀가 내쫓기는 반비례 관계를 묘사함으로써 마귀의 하나님 왕국에 대한 부정적/적대적 역할을 보여줍니다. 또 씨 뿌리는 자의 비유에서 뿌려진 말씀을 듣고 받아들이지 못할 때 마귀가 와서 그 말씀을 가져가 버린다는 가르침은 하나님나라의 팽창에 대항해 부정적이고 적대적 역할을 하는 마귀의 일을 나타내 줍니다.

8. 고난 당하신 메시아

예수님께서는 인자로서 고난 받기 위해서 이 땅에 오셨습니다. 예수님의 고난에 대한 가르침은 마가복음의 후반부에 집중되어 있습니다. 마가복음 1장부터 8:25절까지 마가는 예수님을 귀신도 복종하는 우주의 왕으로 그리고 있습니다. 예수께서는 더러운 귀신들린 자를 고쳐주셨고, 바다의 광풍을 잠잠하게 하셨으며, 오병이어의 기적을 행하셨고, 물 위를 걷는 초자연적인 능력을 행하셨습니다. 그래서 사람들은 예수님의 능력과 권세를 보며 놀라고 칭송했습니다. 하지만 마가복음 8:26절부터는 예수님의 고난과 돌아가심, 부활에 대해 집중적으로 기술하고 있습니다. 이와 함께 후반부에서 예수님의 가르침은 공중을 향해 있지 않고 사적으로 그 제자들을 향해 있습니다. 기적 이야기도 귀신들린 아이를 고친 이야기,[9:14~29] 장님을 고친 이야기,[10:46~52] 무화과나무를 저주하시고 마르게 하신 이야기[11:12~14, 20~21]만 있었습니다. 예수님께서는 자신의 임박한 고난에 대해서 여러 번 반복해서 예고하셨습니다.[8:31; 9:31; 10:33~34] 그리고 제자들이 다 흩어질 것에 대해서도 미리 말씀하셨습니다.[14:27] 이와 함께 대제사장들과 서기관들이 예수를 잡아 죽일 모의가 본격화됩니다.[14:1~2] 이는 가롯 유다의 배교와 함께 곧 예수님의 체포와 돌아가심, 그리고 부활로 전개됩니다.

예수님의 고난에 대한 가르침 속에서도 제자들은 누가 그의 나라에서 더 큰 자리를 차지할 것인가를 생각하고 있었습니다.[10:32~45] 세베대의 아들들은 나중에 주의 나라가 임하면 하나는 주의 우편에 다른 하나는 주의 좌편에 앉힘을 받기를 구했습니다. 이에 다른 제자들은 야고보와 요한에 대해 분개했습니다. 이때 제자들은 메시아의 받을 고난에 대한 아무 이해와 인식이 없었습니다. 예수님께서는 이들을 꾸짖지 않으시고, 자상히 가르치시며 말씀하셨습니다: “너희 중에 누구든지 크고자 하는 자는 너희를 섬기는 자가 되고 너희 중에 누구든지 으뜸이 되고자 하는 자는 너희의 종이 되어야 하리라"

예수님께서는 이어서 말씀하셨습니다: "인자가 온 것은 섬김을 받으려 함이 아니라 도리어 섬기려 하고 자기 목숨을 많은 사람의 대속물로 주려 함이니라"10:45 실로 인자의 오심은 섬김의 본을 보여 주시기 위한 것이었고 그 섬김은 십자가에서 죽으시기까지 하신 섬김이었습니다.

9. 죄인을 부르러 오신 예수님

마가복음은 세례요한의 세례를 죄 사함을 받게 하는 회개의 세례라고 묘사합니다.1:4 죄와 회개는 마가복음에서 중요한 주제입니다. 사람들은 한 중풍병자를 예수님 앞에 데려오려고 예수님이 계시던 집의 지붕을 뜯어내고 그를 매달아 내렸습니다. 예수님께서는 그 사람들의 믿음을 보시고 중풍병자에 이르시되 "작은 자야 네 죄 사함을 받았느니라"라고 하셨습니다.2:5 이는 예수께서 사람들의 죄를 사하는 권세를 가지신 것을 나타냅니다. 예수님께서는 죄인들을 멸시하지 않습니다. 오히려 그들을 불쌍히 여기시고 그들의 친구가 되어 주십니다. 한 번은 예수님께서 세리와 죄인들과 함께 음식을 드시는 것을 보고 바리새인들이 문책했습니다. 어찌하여 죄인들과 세리들과 함께 먹는가? 예수님께서 대답하셨습니다: "건강한 자에게는 의사가 쓸 데 없고 병든 자에게라야 쓸 데 있느니라 나는 의인을 부르러 온 것이 아니요 죄인을 부르러 왔노라"막2:17

이 세대는 본질적으로 죄악된 세대입니다.막8:38 예수님께서는 이 죄악된 세상에서 죄인들의 죄를 사해 주시고 그들이 다시 죄를 범하지 않도록 명령하셨습니다. 그래서 만일 우리의 손이 우리로 죄를 범하게 하면 그것을 찍어 버리도록 하라고 말씀하십니다. 왜냐하면, 불구로 영생에 들어가는 것이 두 손을 가지고 지옥 꺼지지 않는 불에 들어가는 것 보다 낫기 때문입니다.9:43 또 만일 우리 눈이 우리로 죄를 범하게 하면 빼 버려야 합니다. 왜냐하면, 한 눈으로 하나님의 나라에 들어가는 것이 두 눈을 가지고 지옥에 던지우는 것보다 낫기 때문입니다.막9:47 이러한 말씀을 통해 알 수 있는 것은 예수님께서 죄인을 사랑하시고 그 죄를 용서해 주시는 것은 그들로 하여금 다시 죄를 짓지 않도록 하시기 위한 것이지 그들이 죄 가운데 살도록 하기 위한 것이 아님을 알 수 있습니다. 예수님께서는 죄인은 사랑하시지만 죄는 미워하시는 분임을 알 수 있습니다.

10. 안식일의 주인이신 예수님

안식일 논쟁은 마가복음 2:23~3:6절에 기술되어 있습니다. 마가는 안식일 논쟁에 관한 두 가지 사건을 한데 묶어 우리에게 전해줍니다. 첫째 사건은 예수님께서 밀밭 사이로 지나가실 때 그 제자들이 길을 열며 이삭을 잘랐을 때 바리새인들이 이들이 안식일을 어겼다고 예수님을 문책한 사건이고, 둘째 사건은 예수님께서 안식일에 회당 안의 한 편 손이 마른 사람을 고쳐주셨을 때 바리새인들이 예수님을 죽이려고 모의하기 시작한 것입니다. 모세의 법에 안식일에 이삭을 자르지 말라는 조항은 없습니다. 그리고 안식일에 병자를 고쳐 주지 말라고 금한 조항도 없습니다. 그런데 바리새인들이 이를 비난한 것은 자신들의 규례에 정해진 안식일 법에 바탕을 둔 것입니다.

예수님은 하나님의 법을 성취하시기 위해서 이 땅에 오셨지 바리새인들의 규례를 지키시기 위해서 이 땅에 오신 것은 아닙니다. 따라서 예수님은 그들의 도전에 간단히 응수하셨습니다. 예수께서는 다윗이 자기 및 함께한 자들이 핍절되어 시장할 때에 한 일을 읽지 못 했느냐고 물으시면서 다윗이 아비아달 대제사장 때에 하나님의 전에 들어가서 제사장 외에는 먹지 못하는 진설병을 먹고 함께 한 자들에게도 주었다는 사실을 상기시켰습니다.막2:25~26 그리고 그들을 가르쳐 말씀하시기를 "안식일이 사람을 위하여 있는 것이요 사람이 안식일을 위하여 있는 것이 아니다" 그리고 "인자는 안식일에도 주인" 이라고 하셨습니다.막2:27~28

그리고 예수께서 안식일을 범하는가 지켜보는 바리새인들 앞에 그 한 편 손이 마른 사람을 일어나게 하시고 저희에게 물었습니다. "안식일에 선을 행하는 것과 악을 행하는 것, 생명을 구하는 것과 죽이는 것, 어느 것이 옳으냐"막3:4 저희가 대답을 못하고 있을 때 예수께서는 저희 마음의 완악함을 근심하시고 노하시며 그들 앞에서 그 한 편 손이 마른 사람의 손을 내밀게 하시고 낫게 하셨습니다.막3:5 바리새인들은 예수님께서 자신들의 안식일 규례를 어기는 일로 인해 예수님을 송사하고 죽이려고 도모했습니다. 안식일 논쟁은 마태복음, 누가복음, 요한복음에도 다 다루어져 있습니다. 그리고 이들 복음서도 유대인들이 예수님을 대적하고 죽이려고 한 첫째 이유는 예수께서 자신들의 안식일 규례를 어기는 일을 했기 때문이라고 기술합니다.

모세는 안식일을 거룩하게 지키라고 명령했습니다.출20:8 그리고 느헤미야도 성벽을 건축하고 이스라엘의 초막절, 십일조 등 모든 전통을 회복하면서 안식일법도 회복했습니다. 유다에서 어떤 사람이 안식일에 술 틀을 밟고 곡식단을 나귀에 실어 운반하며 포도주와 포도와 무화과와 여러 가지 짐을 지고 안식일에 예루살렘에 들어와서 식물을 팔았을 때 느헤미야는 그들을 훈계했습니다.느13:15 느헤미야는 조상이 안식일을 거룩하게 지키지 못하고 안식일에 하나님을 공경하지 못했기 때문에 그들이 바빌론의 포로가 되어 끌려갔었다고 말했습니다.느13:18 느헤미야는 안식일에 성문을 닫고 사람들이 성안에 짐을 가지고 들어와 장사하지 못하게 했습니다. 이 규례는 이스라엘사람과 이방인들이 모두 다 지켜야 했습니다.느13:16 이 당시 안식일을 범한 내용은 사람들이 안식일에 하나님을 예배하지 않고 자신들의 생업을 위해 계속 일했던 것입니다. 하지만 예수님의 제자들이 밀밭을 걷다가 길을 내면서 곡식의 이삭을 잘라먹은 것이나 예수님 자신이 사람들의 병을 고쳐주신 것은 하나님을 영광되게 한 일이지 자신들의 생업에 종사한 일은 아니었습니다.

하나님께서 세상을 6일 동안 창조하시고 제7일에 쉬신 것이 안식일의 기초입니다.창2:2~3 그리고 하나님께서는 모세를 통해서 십계명의 제4계명으로써 안식일을 거룩히 지키라는 법을 주셨습니다. 이를 바탕으로 한 안식일 논쟁은 느헤미야 시대나 예수님 당시뿐 아니라 현재에도 계속되고 있습니다. 칼슨 교수나 링컨교수 등은 안식일법을 주님께서 십자가 상에서 다 이루셨기 때문에 오늘 기독교인들은 안식일 법에 묶여 있지 않다고 가르칩니다. 이들은 캘빈의 가르침을 인용합니다. 즉 주님께서 우리를 위해 구속을 이루셨기 때문에 일주일 전체가 거룩한 날이 되었고 기독교인들은 주일 뿐 아니라 일주일 내내 거룩하게 살아야 한다는 것입니다. 그리고 신약시대에는 안식일이라는 특별한 날은 더는 존재하지 않는다는 것입니다. 그러나 웨스트민스터의 신앙고백에 의하면 신약시대에 기독교신자들은 구약시대에 유대인들이 안식일을 지킨 그 모습 그대로 주일을 안식일로써 거룩하게 지켜야 한다고 가르칩니다.

요즘 소위 구도자교회라고 불리는 교회들이나 이 교회들을 따르는 교회들은 금요일 밤이나 토요일 밤에 예배를 드림으로써 주일날 교인들이 장사하든지 출장을 가든지 스포츠게임을 즐기든지 묵인해 줍니다. 전도사들은 주일날 학생들을 데리고 오락을 하는 것도 안식의 한 형태라고 생각합니다. 이렇게 오늘 교회의 안식일법에 대한 관념은 느헤미야 시대와 같이 흐려져 있고 안식일의 주인이신 예수님에 대한 절대적 경외함이 사라져 가고 있습니다. 예수님께서는 인자가 안식일의 주인이라고 분명히 말씀하셨습니다. 여기서 인자는 일반 사람이 아니고 예수님을 가리키는 이름입니다. 예수님께서는 십자가에서 구속을 이루심으로써 천국의 안식을 구현하셨습니다. 따라서 초대교회 성도들은 예수님께서 부활하신 주일에 모여 예배하고 떡을 떼고 헌금했습니다. 캘빈의 견해대로 모든 날이 거룩해졌고 특별한 날이 사라졌다면 사람들은 아무 날에도 장사해서는 안 되게 되었다는 궤변이 됩니다. 만일 주일만이 특별한 날이 아니고 자기 편한 날에 예배를 드림으로써 안식일을 거룩하게 지켜도 된다면 기독교인들은 비행기 여행을 하면서 기내에서 기도드리고 성경 읽고 묵상함으로써 안식일을 지켰다고 주장할 수도 있을 것입니다. 하지만 이는 진정으로 한 날을 정해서 안식일을 거룩히 지키는 안식일법의 기본 의도와는 거리가 멉니다. 만일 한 기독교인이 금요일 밤부터 토요일 밤까지를 안식일로 정했다면 그 24시간을 거룩히 지키도록 해야 할 것이고 주일 아침부터 저녁까지를 안식일로 정했다면 그 한 날을 거룩히 주님께 바치는 생활을 해야 할 것입니다. 안식일은 1 시간의 예배에 참석한 것으로 지켜지는 것이 아니고 천국의 안식을 우리에게 허락하신 주님께 온전한 예배를 드리고 주님을 하루 동안 찬양하고 기뻐하는 삶을 삶으로써 앞으로 천국에서의 영원 안식을 미리 준비하도록 해야 합니다. 그 뿐만 아니라 다른 육일동안 생업에 종사하되 성령 안에서 인도함을 받는 거룩한 삶을 살아야 하는 것은, 성령의 내주 하심을 입은 신자가 당연히 살아야 할 삶입니다.

마태복음 5:18절에서 주님은 분명히 가르치셨습니다. 인자가 온 것은 모세의 율법을 폐하려는 것이 아니라 성취하기 위함이다. 우리는 예수님의 십자가 구속의 완성으로 십계명 중 살인하지 말라는 계명을 예수님께서 완전히 이루셨기 때문에 이 법의 구속으로부터 자유 함을 받았다고 말할 수 없습니다. 마찬가지로 우리는 예수님께서 십자가 구속의 완성으로 우리를 십계명 중 안식일법으로부터 자유롭게 하셨기 때문에 우리는 더는 안식일을 거룩하게 지킬 필요가 없게 되었다고 주장할 수 없습니다.

11. 제자의 길

예수님께서 베드로, 요한, 야고보, 안드레 등 제자들을 불러 모으신 것은 그들로 하여금 사람 낚는 어부가 되게 하시려는 것이었습니다.막1:17 제자들은 예수님을 삼 년 반 동안 따라다니며 예수님의 가르침을 들었고 그 하시는 역사를 보았습니다. 하지만 그들은 줄곧 마음이 둔하여 믿음 없는 자들이라고 책망을 들었습니다. 갈릴리 바다에서 광풍이 일어났을 때 제자들은 "선생님이여 우리가 죽게 된 것을 돌보지 아니하시나이까"라고 말하며 무서워했습니다. 예수님께서는 곧 광풍을 잠잠하게 하시며 제자들의 믿음 없음을 꾸짖으셨습니다.막4:35~41 또 오병이어의 기적을 행하신 예수께서 물 위를 걸어서 오심을 보고 제자들은 유령인가 하여 소리질렀습니다. 마가는 "이는 그들이 그 떡 떼시던 일을 깨닫지 못하고 도리어 그 마음이 둔하여졌"기 때문이라고 설명합니다.막6:52 또 예수께서 제자들에게 바리새인들의 누룩을 주의하라고 하셨을 때 제자들은 서로 의논하기를 "이는 우리에게 떡이 없음이로다"라고 했습니다. 이에 예수님은 저희

를 책망하셨습니다: "너희가 어찌 떡이 없음으로 수군거리느냐 아직도 알지 못하며 깨닫지 못하느냐 너희 마음이 둔하냐". 막8:17 이처럼 제자들은 예수님이 누구 신지 깨닫지 못하고 예수님의 가르치심을 깨닫는데 우둔했습니다.

하지만 예수님께서는 인내하시면서 이들을 가르치셨습니다. 예수께서 많은 고난을 받고 죽임을 당하실 것을 말씀하셨을 때 베드로는 예수님을 붙들고 그렇게 하지 않으시도록 간구했습니다. 이때 예수님께서는 베드로를 꾸짖으시며 제자의 도를 가르쳤습니다: "아무든지 나를 따라오려거든 자기를 부인하고 자기 십자가를 지고 나를 좇을 것이니라"막8:34 그리고 최후 만찬에서 예수께서 '제자들이 다 예수를 버리고 흩어지리라' 라고 예언하셨을 때 베드로는 "다 버릴지라도 나는 그리하지 않겠나이다" 라고 선언했습니다.막14:29 하지만 그는 예수님께서 겟세마네 동산에서 기도하고 계실 때 같이 기도하지 못하고 잠을 자다 책망을 들었습니다. 그리고 대제사장의 뒤뜰까지 주님을 따랐지만, 그는 예수님을 세 번 부인하는 죄를 짓고 말았습니다. 다른 제자들도 예수를 버리고 다 도망했습니다.막14:50

이렇게 믿음 없고 부족한 제자들이었지만, 그들은 나중에 성령을 받고 그 따르는 표적으로 말씀을 확실히 증거했습니다.막16:20 한 사람이 온전한 제자가 되기까지 많은 시행착오의 과정을 거칩니다. 그렇기에 예수님께서는 그들을 삼 년 반 동안 훈련하시고 가르치셨습니다. 예수님께서는 그들의 우둔함과 실수를 다 포용하시고 인내하시면서 그들이 회개하고 영적으로 자라도록 인도하셨습니다. 베드로는 마가복음에서 제자의 길을 가는 모형으로 그려지고 있습니다. 베드로는 "우리가 모든 것을 버리고 주를 좇았나이다"라고 말했습니다.막10:28 바로 이 말씀이 마가복음이 가르치는 제자 도의 핵심입니다. 예수님의 제자들은 모든 것을 버리고 주님을 죽기까지 좇았습니다. 요한복음 21:19절은 베드로가 순교하게 될 것을 미리 말했습니다. 예수님을 따르는 것은 자기를 부인하고 자기 십자가를 지고 그 가신 길을 따르는 것입니다.

12. 제자들의 연약한 모습은 바로 우리 자신의 모습

마가복음은 예수님의 제자들을 부정적인 관점에서 묘사하는 경향이 있습니다. 베드로는 예수님에게 십자가에 달리시지 말 것을 종용했다가 예수님께 꾸지람을 듣습니다.막8:31~33 또 예수께서 자신이 사람들의 손에 넘기워 죽임을 당하고 돌아가신지 삼 일 만에 살아나실 것을 말씀하셨을 때 제자들은 이 말씀을 깨닫지 못하고 묻기도 무서워했습니다.막9:32 또 사람들이 어린아이들을 데리고 와서 예수께서 만져 주시기를 바랐을 때 제자들은 이들을 꾸짖었습니다. 이에 예수께서는 제자들에게 분히 여기시며 어린아이들을 자신에게 데려오는 것을 금하지 말라고 하시면서 하나님의 나라는 이런 어린아이와 같은 자들의 것이라고 말씀하셨습니다.막10:13~14 또 세배 데의 두 아들은 장차 예수님의 나라가 임할 때 그 보좌 양편에 자신들이 앉게 해 달라고 요청했습니다. 그러자 열 제자는 이를 듣고 야고보와 요한에 대해 분히 여겼습니다.막10:35~45

예수께서 잡히시기 전날 밤에 겟세마네 동산에서 기도하실 때 베드로와 야고보와 요한은 예수님과 함께 기도하기는커녕 잠이 들어 있었습니다. 이에 예수께서 그들을 책망하셨습니다: 시험에 들지 않게 깨어 있어 기도하라.막14:38 이후로 가룟 유다는 예수님을 대제사장과 서기관들에게 팔아넘겼습니다. 그들이 보낸 무리가 예수님을 잡아갈 때 모든 제자들이 예수를 버리고 도망했습니다.막14:50 이 대목에서 유일하게 마가복음에만 있는 사건이 있습니다. 그것은 한 청년이 벗은 몸에 베 홑이불을 두르고 예수를 따라오다가 무리에게 잡히자 그는 베 홑이불을 버리고 벗은 몸으로 도망했습니다.막14:51~52 예수님께서 가야바 대제사장의 집 심문을 받으실 때 그 뒤뜰에서 불을 쬐고 있던 베드로는 예수님을 세 번 부인했습니다.막14:66~72

예수님께서 부활하시고 무덤에 찾아온 여자들은 천사들을 만났습니다. 천사들이 그들에게 당부해서 예수께서 갈릴리에서 그들에게 보이시리라고 말했지만, 여자들은 심히 놀라 떨며 나와 무덤에서 도망하고 무서워해서 아무에게 아무 말도 하지 못했습니다.막16:8 예수께서 막달라 마리아에게 보이시고 마리아는 예수의 제자들에게 가서 예수의 부활을 증거했지만 제자들은 이를 믿지 않았습니다.막16:11 또 다른 두 제자에게 나타나셔서 두 사람이 다른 제자들에게 고했지만, 이들은 예수의 부활을 믿지 않았습니다.막16:12~13 이에 예수께서는 열한 제자가 음식 먹을 때에 저희에게 나타나셔서 저희의 믿음 없는 것과 마음이 완악함을 꾸짖으셨습니다.
막16:14

여기서 제자들의 이해가 더디고 믿음이 없는 것을 보면서 우리는 이 제자들의 모습이 바로 우리의 모습이라는 것을 보게 됩니다. 이 당시에 로마에서 마가복음을 읽고 있던 독자들은 어리석은 제자들의 행위를 보면서 웃었겠지만, 사실은 이 제자들과 같이 자신들도 이해가 더디고 믿음이 없는 자라는 것을 발견하고 회개하며 주님께 더 신실한 믿음을 구했을 것입니다. 21세기에 사는 오늘의 우리도 마찬가지입니다. 우리도 항상 깨어서 기도해야 합니다. 그리고 더 큰 믿음을 달라고 주님께 구할 때 우리는 성령 충만을 받게 되고 귀신까지도 쫓아낼 수 있는 권능 있는 제자들이 될 수 있을 것입니다.

13. 급작스럽게 끝나는 마가복음

마가복음의 고대 헬라어 사본은 마가복음 16:9~20절을 결여하고 있습니다. 이 때문에 학자들은 이 부분의 진위에 대해 열띤 논쟁을 합니다. 이 진위논쟁에 불이 붙여진 것은 사본 학적 문제뿐만이 아니고, 언어학적으로 9~20절에 나오는 단어들이 이 전 부분에 사용된 단어와 차이가 있고, 문학 구조적으로 8절에서 9절의 이야기의 연결이 자연스럽지 못하기 때문입니다. 마가복음이 16:8절에서 급작스럽게 끝났고, 누군가 9~20절을 그 뒤에 붙였다면 이에 대한 설명은 세 가지로 나뉩니다.[10] 첫째, 마가복음의 종결부의 구절은 사본에서 분실되었고 예수님의 부활 후 누군가 예수님의 부활 후의 이야기를 16:8절 이후에 붙였을 것이라는 것입니다. 하지만 예수님의 부활 후 이야기는 이미 16:1절에서부터 다루어져 있기 때문에 이 가설은 맞지 않습니다. 둘째, 돌발적인 상황이 생겨서 마가복음이 갑자기 16:8절에서 끝나버렸다는 것입니다. 이 가설은 마가복음이 16:8절에서 갑자기 끝난 것에 대한 하나의 상상일 뿐 9~20절이 어떻게 삽입되게 되었는가에 대한 대답은 결여하고 있습니다. 셋째, 마가는 16:8절에서 끝마쳐졌고, 이것이 마가복음 원본의 구조였다는 것입니다.

위의 세 이론은 모두 마가복음이 의도적이든 돌발적이든 16:8절에서 끝마쳐졌고 9~20절은 나중에 첨가된 구절들이라는 가설을 수용하고 있습니다. 하지만 16장 전체를 잘 살펴보면 8절과 9절이 내용상 잘 연결되고 있지 않다고 하는 것은 마가복음 고대 사본이 9~20절을 결여하고 있다는 점에 의해 너무 좌우된 해석입니다. 16:1절은 막달라 마리아와 야고보의 어머니 마리아와 또 살로메 세 여인이 예수님의 몸에 향유를 바르기 위해 그 무덤에 갔다는 것을 말씀합니다. 무덤에 이르자 무덤의 돌문이 굴려졌고 무덤 안에 한 흰 옷 입은 청년이 이들에게 예수께서 먼저 갈릴리로 가심으로 그들이 예수님을 거기서 뵙게 될 것을 제자들에게 고하라고 그들에게 명령합니다16:7. 이에 여자들은 무서워 도망했고 아무에게 아무 말도 못하고 있었습니다.

학자들에게는 16:9절의 묘사가 16:8절의 내용과 잘 연결이 되지 않는 것처럼 보입니다. 16:9절은 예수께서 막달라 마리아에게 먼저 보이셨고 마리아는 예수님의 제자들에게 이 사실을 알렸다고 기술합니다. 이것은 시간상으로 막달라 마리아가 이전에 빈 무덤을 보고 천사를 만난 후 일어난 일처럼 보입니다. 요한복음 20:1절 이하에 보면 마리아가 빈 무덤을 보고 제자들에게 이를 알리는 모습을 볼 수 있습니다. 그리고 그 후 예수님께서 마리아에게 나타나셨지만, 처음에 마리아는 그분이 예수 신지 알아보지 못했습니다. 예수님의 부활 후 이 이야기들을 종합해 보면 마리아는 빈 무덤을 본 이후 제자들에게 달려가 이를 보고했고, 그 뒤 부활하신 예수님을 만난 것 같습니다. 그리고 마리아는 부활하신 예수님께서 자신에게 나타나셨다는 것을 제자들에게 고했지만, 그들은 이를 믿지 못했습니다. 그 뒤 예수님께서 그들에게도 직접 나타나셔서 그들을 책망하시고 온천하에 다니며 복음을 전하는 일을 위탁하셨습니다.

이렇게 종합해 보면 마가복음 16:8절과 16:9절이 자연스럽지 못한 연결 부분이 아님을 알 수 있습니다. 1:1~16:8절과 16:9~20절의 언어적인 차이는 다루어진 내용의 차이에 말미암는 것이지 저자의 차이에 기인하는 것이 아닐 수 있습니다. 고대 사본에 9~20절이 빠져 있는 것은 두루마리가 잘려나가서 일 수도 있고 예수님의 부활을 믿지 못하고 예수님께 책망을 받은 제자들의 믿음 없는 모습을 보이지 않으려고 누군가 고의로 누락시켰을 가능성도 있습니다. 마가가 16:8에서 급작스럽게 글을 마쳤다고 가정하는 것보다는 16:9~20절의 부분이 어떤 특별한 상황에서 빠졌다고 보는 것이 더 맞는 해석 같습니다.

문제

1. 마가복음이 로마에 있는 라틴사람들을 대상으로 쓰여졌다는 점을 밑받침 하는 증거들을 찾아보세요.
2. 마가복음에서 다루는 기적 이야기를 다른 복음서에 나오는 동일한 이야기와 비교해 보고 그 특징을 서술하세요.
3. 마가는 하나님이신 예수님을 어떻게 증명하고 있습니까?
4. 마가복음에 기술된 예수님의 정체의 특징들을 설명해 보세요.
5. 메시야의 비밀에 대해서 설명해 보세요.
6. 귀신이 하는 일들을 나열해 보고 예수님의 무한하신 권세를 발견해 보세요.
7. 예수님은 죄인을 부르러 오셨습니다. 자신이 죄인임을 인정하지 못하는 이유를 분석해 보고 하나님께 죄인으로써 자복할 수 있도록 기도해 보세요.
8. 예수님의 안식일에 대한 가르침에 나타난 특징을 살펴보고 현재 신앙생활을 하면서 안식일을 지키는 것을 어떻게 이해하고 실천해야 되는 지 설명해 보세요.
9. 마가복음에 기술된 제자의 길의 특징을 말씀해 보세요.

10. 예수님의 제자들의 연약한 믿음의 특징을 살펴보고 자신의 믿음과 비교해 보세요. 마가는 독자들도 믿음없는 태도를 버리고 확고한 믿음을 가져야 함을 종용하고 있다고 볼 수 있지 않을까요.

11. 혹자들은 마가복음 16:9~20이 나중에 이 복음서에 삽입된 부분이라고 주장합니다. 이를 반박해 보세요.

참고서적

김근수, 마가복음 본문연구, 기독교 문서선교회, 2008.

목회와 신학편집부, 마가복음 어떻게 설교할 것인가 두란노 How주석 시리즈 35. 도서출판 두란노, 2007.

그랜트 오스본, 적용을 도와주는 마가복음 상하 LAB 주석시리즈. 성서유니온 선교회, 2002, 2003.

크레이그 A. 에반스, 마가복음 상하 WBC 성경주석 34. 도서출판 솔로몬, 2002.

윌리암 레인, 마가복음 상하 뉴인터내셔널 성경주석 3. 이상훈역. 생명의 말씀사, 2000.

도널드 잉글리쉬, 마가복음 강해: 하나님의 아들 그리스도 BST 시리즈. 정옥배역. IVP, 2000.

윌리엄 바클레이, 바클레이신약주석시리즈 3: 마가복음. 기독교문사, 1997.

Donahue, John R., and Daniel J. Harrington. *The Gospel of Mark*. Collegeville, Minn.: Liturgical, 2002.

Earle, Ralph, *The Gospel According to Mark in The Evangelical Commentary*. Grand Rapids: Zondervan, 1957.

Edwards, James R. *The Gospel according to Mark*. Grand Rapids: Eerdmans, 2002.

France, R. T. *The Gospel of Mark*. Grand Rapids: Eerdmans, 2002.

Martin, Ralph P. *Mark: Evangelist and Theologian*. Grand Rapids: Zondervan, 1973.

Stonehouse, Ned B. *The Witness of Matthew and Mark to Christ*. London: Tyndale, 1944.

06
누가복음

1. 저자

누가복음의 저자는 의사 누가였습니다. 그는 드로아에서 바울에게 전도를 받고 자신의 직업을 버리고 흔연히 바울을 따라 마게도니아에 있는 빌립보에 갔습니다. 그는 그곳에 머물며 리디아의 집에서 시작된 가정교회를 돌보았습니다. 그리고 누가는 바울의 삼 차 전도여행 중 다시 바울을 따라서 예루살렘에 갔고, 바울이 체포되고 로마에 이송되어 구금되었을 때 바울과 함께했던 신실한 주님의 종이었습니다.

누가가 누가복음의 저자임을 증명하는 것은 어렵지 않습니다. 첫째로 우리는 누가복음과 사도행전의 저자가 동일인이었음을 발견할 수 있습니다. 이 사실이 주석적으로 입증되고 나아가 사도행전의 저자가 누가였다는 것을 밝힌다면, 자연히 누가복음도 누가가 썼다는 것이 입증되게 됩니다.

누가복음은 원래 사도행전과 한 책으로 묶여 있다가 요한복음이 그 사이에 끼워져 네 번째 복음서로 들어가면서 누가복음과 사도행전은 분리되게 되었습니다. 누가복음 24장은 예수께서 예루살렘에서 승천하시는 모습을 그리고 있는데 이는 사도행전 1장에서 예수님의 승천 이야기와 나사처럼 들어맞고 있습니다. 그리고 사도행전 1:1절에 “먼저 쓴 글”은 바로 누가복음을 가리키고 있습니다. 두 책의 수신자는 똑같이 데오빌로였습니다. 누가복음과 사도행전이 동일인의 작품임을 나타내는 여러 증거가 또 있는데 이는 이 두 책에 나타난 관점과 신학이 같다는 것입니다. 즉 여자, 고아, 아이들, 가난한 자들과 같이 그 당시 사회의 무시되던 사람들에 대한 애정과 관심, 구원론, 속죄론, 이신칭의, 성령론 등의 가르침이 일치합니다. 따라서 사도행전의 저자가 누구인지 알게 되면 그 사람이 바로 누가복음의 저자임을 우리는 알 수 있게 됩니다.

사도행전을 연구해 보면 이 저자는 바울을 드로아에서 처음 만났고 위에서 설명된 것처럼 바울과 함께 로마에 가서 그를 시중든 사람임을 알 수 있습니다. 우리는 사도행전에 나오는 마가, 디모데, 아리스다고, 에바브라, 데마 등의 생애를 고찰해 보면 사도행전 저자의 경험과 맞지 않음을 알 수 있습니다. 오직 의사 누가만 위의 생애와 들어맞습니다. 따라서 우리는 사도행전의 저자가 누가임을 알 수 있습니다. 이로써 우리는 누가복음의 저자도 누가임을 알게 됩니다.

초대교회 교부들의 증언도 누가복음의 저자를 누가로 확증합니다. 누가는 사도도 아니었고 초대교회에서 유력한 사람도 아니었습니다. 그런데 누가가 누가복음의 저자라고 알려져 내려온 사실은 그가 진짜 저자가 아니었다면 있을 수 없는 일이었을 것입니다.

2. 누가복음 내용의 역사성

누가복음의 내용은 역사적으로 정확 무오 합니다. 그러나 어떤 학자들은 누가복음이 기록된 시기를 일세기 후반으로 제시하면서 누가복음의 내용의 역사성에 의문을 제기합니다. 그러나 고고학적으로 혹은 역사적 문서 학적 측면에서 누가복음의 내용의 역사적 정확성은 재확인됐습니다. 일례로 누가복음 2:1 에서 가이사 아구스도가 영을 내려 천하로 다 호적 하라고 했다는 구절에서 가이사Caesar라는 호칭이 쓰이고 있고, 누가복음 3:1에서 본디오 빌라도가 유대의 총독governor, 헤롯이 갈릴리의 분봉왕tetrarch, 그 동생 빌립이 이두래와 드라고닛 지방의 분봉왕, 루사니아가 아빌레네의 분봉왕으로 있을 때라는 구절에서 사용된 모든 호칭과 행정구역은 역사적으로 정확한 것임이 입증되었습니다. 이외에도 누가가 보고하는 당시의 인물들과 직책은 유대왕 헤롯,눅1:5 수리아 총독 구레뇨눅2:2, 대제사장 안나스와 가야바눅3:2입니다.

누가의 기록의 역사적 정확성은 누가복음뿐 아니라 사도행전에도 유지되고 있습니다. 누가는 역사가로서도 손색없는 기록을 남김으로써 예수님의 가르침과 초대교회의 복음전파 과정을 우리에게 정확하게 전해 줌으로써 기독교는 만들어진 종교가 아니라 역사 속에서 진행되는 하나님의 계시라는 사실을 우리에게 가르쳐 줍니다.

3. 구원의 보편성

누가복음에 기록된 예수님의 족보는 아브라함까지 거슬러 올라가는 것이 아니라, 아담까지 거슬러 올라감으로써 예수님께서는 아브라함의 자손일 뿐 아니라 인류의 조상인 아담의 자손으로서 제2의 아담인 예수님으로 말미암아 원죄가 사해지는 구원이 이방인까지 포함한다는 것을 족보를 통해서 보여주고 있습니다. 또 마태복음에서는 족보의 첫째 줄에 아브라함부터 시작해서 마지막 줄의 예수님의 이름에 이르고 있는데, 누가복음에서는 예수님으로부터 시작해서 아담까지 이르고 있습니다. 이것은 예수 그리스도를 중심으로 아담의 후손들인 이방인들도 예수를 믿는 믿음 안에서 예수의 영적 족보에 속한 하나님의 백성이 되었다는 사실을 나타내 줍니다.

또 마태복음 1장의 예수님의 족보를 보면 솔로몬, 르호보암과 같은 조상의 이름이 있는데 누가복음 4장 31절에서는 맛다디아, 나단과 같은 조상의 이름이 있는 대신 솔로몬, 르호보암의 이름은 빠져 있습니다. 마태복음 1장의 족보와 누가복음 4장의 족보가 일치하지 않는 이유는 부정확한 정보에 기인한 것이 아니라, 저자들의 선택 때문에 그렇습니다. 즉, 누가는 솔로몬과 르호보암의 이름을 족보에서 빼고 그 대신 나단과 맛다디아의 이름을 집어 넣었습니다. 하지만 나단과 맛다디아도 다윗의 자손들이었다는 점에서 예수님의 육신적 조상이었고, 이 점에서 누가복음의 족보의 정확성이 없다든지 누가복음의 기록과 마태복음의 기록이 모순된다고 주장하는 것은 잘못된 주장입니다. 여기서 우리는 족보에 열거된 이름들이 복음서 저자들의 신학적 관점에 따라서 결정되고 있다는 것을 알 수 있습니다.

누가복음의 예수님 족보의 또 하나의 특징은 그 최고 조상으로 하나님까지 거슬러 올라가고 있다는 것입니다. 즉 하나님은 아담을 지으신 분으로서 '인류의 창조자' 시라는 점을 밝혔습니다. 이는 바울이 아테네에서 한 설교에서 하나님께서 인류의 모든 족속을 한 혈통으로 만드셨다고 한 내용과 일치합니다.행17:26 즉 하나님께서 사람을 지으셨기 때문에 사람은 하나님의 아들이라고 생각할 수 있는 것입니다. 이러한 관점에서 누가는 그가 제시한 예수님의 족보를 통해 인류의 기원을 하나님의 창조로 제시하고 있고 전 인류를 하나의 가족으로 보고 있으며 하나님의 구원의 보편적 대상으로 여기고 있다는 것을 나타냅니다.

4. 누가복음의 강조점

(1) **사회정의:** 여자, 아이, 이방인, 가난한 자에 대한 관심

누가는 예수님께서 사회의 하층이나 비기득권층의 축복에 관심이 있으셨다는 점을 부각하고 있습니다. 물론 부자나 지식인도 예수님을 믿고 구원을 받지만, 가난하고 병들고 죄 많은 사람들이 예수님의 은혜를 사모하고 믿음을 가지게 될 경우가 많다는 점을 나타내려 한 것 같습니다. 이는 현대 교회가 가진 자나 지식인들보다는 마음이 가난한 자들에게 복음을 전하는 일에 방향을 돌릴 때 더 수확할 수 있다는 점을 역설하는 측면입니다. 억눌린 자에 대한 관심은 마리아가 엘리사벳의 집을 방문해서 예수님의 생애에 대해 한 예언에서부터 드러나 있습니다. "권세 있는 자를 그 위에서 내리치셨으며 비천한 자를 높이셨고 주리는 자를 좋은 것으로 배불리셨으며 부자는 빈 손으로 보내셨도다"눅1:52~53 그리고 예수님께서 광야에서 마귀의 시험을 이기시고 갈릴리로 돌아가셔서 한 회당에서 읽으신 이사야의 예언 구절도 이 점을 밝히 나타냅니다. "주의 성령이 내게 임하셨으니 이는 가난한 자에게 복음을 전하게 하시려고 내게 기름을 부으시고 나를 보내사 포로된 자에게 자유를, 눈먼 자에게 다시 보게 함을 전파하며 눌린 자를 자유케 하고 주의 은혜의 해를 전파하게 하려 하심이

라" 눅4:18,19

(가) 고대 유대사회에서 대표적으로 억눌린 계층은 여자들이었습니다. 누가가 구속사에 있어서 여자의 역할에 대한 관심이 있었다는 점은 여러 구절에 나타납니다. 누가복음에는 여자라는 단어가 43번이나 나옵니다. 마리아와 엘리사벳1:5,6,39~45,57, 여선지자 안나2:36~38, 예수님을 따르던 여인들8:2~3, 예수님의 십자가 옆에 서 있던 여인들, 예수님의 돌아가심에 오열하던 여인들23:27~28, 55~56이 이에 포함되는 여인들입니다. 이 여인들의 특징은 믿음이 좋은 여인들이었다는 사실입니다. 마리아는 천사가 그가 잉태하여 아들을 낳으리라는 메시지를 전하자 이를 믿음으로써 받아들였으며, 엘리사벳은 그 남편 사가랴 보다 믿음이 좋은 여인이었습니다. 그리고 예수님의 부활을 첫 번째로 목격한 사람은 마리아였습니다. 이렇게 여자들은 교회의 태동기와 복음전파기에 조용히 믿음의 자리를 지킨 경우가 많습니다.

누가복음 8:2~3에는 여자들의 이름이 집중적으로 기록되어 있습니다. "또한 악귀를 쫓아내심과 병 고침을 받은 어떤 여자들 곧 일곱 귀신이 나간 자 막달라인이라 하는 마리아와 헤롯의 청지기 구사의 아내 요안나와 수산나와 다른 여러 여자가 함께 하여 자기들의 소유로 그들을 섬" 겼다는 것입니다. 이 여인들은 예수님께서 베푸신 치유의 손길을 직접, 간접으로 경험한 여인들입니다. 예수님께서는 나인성에서 과부의 슬픔을 불쌍히 여기시고 그 아들을 부활시켜 주셨습니다. 그리고 한 죄 많은 여인이 자기에게 나아와 그 발에 향유를 붓는 것을 허락하시고 그녀의 죄를 용서해 주셨습니다.눅7:37~50 누가복음 8:40~56에는 야이로의 딸의 부활 이야기 사이에 열두 해를 혈루증으로 앓던 여인이 예수님의 옷자락에 손을 대 치유를 받은 이야기가 삽입되어 있습니다. 그리고 마리아와 마르다의 자매는 예수님을 공궤하던 여인들인데 요한복음 11장에 보면 예수님께서는 그들의 오라비 나사로를 죽음에서 부활시켜주셨습니다. 또 예수께서는 안식일에 십팔 년 동안을 귀신들려 앓으며 꼬부라져 조금도 펴지 못하는 한 여인을 고쳐주셨습니다.눅13:11 고대사회에서 대표적으로 가난하고 억눌린 자들은 여인들, 특히 과부들이었습니다. 예수님께서는 이들에게 특별한 관심을 두시고 이들의 문제를 해결해 주시고 이들에게 복음을 전하셨던 것입니다.

(나) 누가복음 7:12~17절은 예수님께서 나인성에서 과부의 아들을 고쳐주신 이야기를 기술합니다. 여기서 이 청년네아니스코스은 청소년 나이의 남자 아이로 볼 수 있습니다. 누가복음 8:42절 이하는 예수께서 야이로의 외딸을 부활시키신 이야기입니다. 고대 사회에서 아이들은 인격이 무시당했습니다. 그러나 예수님께서는 아이들의 인격을 무시하지 않으시고 아이들을 사랑의 대상으로 여겨 주셨습니다. 누가복음 9:47~48절에서 예수께서는 어린 아이 하나를 데려다가 자기 곁에 세우시고 "누구든지 내 이름으로 이런 어린 아이를 영접하면 곧 나를 영접함이요 또 누구든지 나를 영접하면 곧 나를 보내신 이를 영접함이라 너희 모든 사람 중에 가장 작은 그가 큰 자니라"라고 말씀하셨습니다. 어린 아이들은 누가 더 큰 자인가에 대한 관심이 없습니다. 천국은 서로 섬기고 사랑하는 장소이지 서로 딛고 올라가서 지배하고 억압하는 데가 아님을 말씀하고 계신 것입니다. 사심이 없는 어린 아이들에게 복음을 전하면 그들은 훌륭한 신자로 성장할 수 있습니다. 예수님께서는 어린 아이들도 복음 전하는 일을 위한 중요한 대상으로 여기셨음을 알 수 있습니다.

누가복음 18:15~17에 보면 예수님의 제자들은 이러한 예수님의 마음을 잘 알지 못하고 사람들이 자기 아이들을 예수님께 데려오는 것을 막았습니다. 이때 예수님께서는 제자들을 가르치시며 어린 아이들이 예수님께 나아 오는 것을 용납하고 금하지 말라고 하셨습니다. 하나님의 나라는 바로 어린 아이와 같은 자들의 것입니다. 그리고 "누구든지 하나님의 나라를 어린 아이와 같이 받아들이지 않는 자는 결단코 거기 들어가지 못"할 것입니다.

(다) 예수님의 가난한 자들에 대한 관심은 평지수훈에 나타나 있습니다. 마태복음의 산상수훈에는 심령이 가난한 자는 복이 있나니 하나님의 나라가 너희 것임이라고 기록되어 있지만, 누가복음의 이 구절에는 "심령

이"의 단어가 빠져 있습니다. 이는 누가가 물질적으로 가난한 자가 복이 있다고 말씀하려 했다는 것을 나타냅니다. 또, 마태는 의에 주린 자는 복이 있다고 말씀하고 있지만, 누가는 "이제 주린 자는 복이 있"다고 가르칩니다. 따라서 누가는 영적으로 주린 자가 아니라 육신적으로 주린 자가 복이 있다고 가르치는 것입니다.눅6:20~21 누가복음 12:33절은 "너희 소유를 팔아 구제하여 낡아지지 아니하는 배낭을 만들라 곧 하늘에 둔 바 다함이 없는 보물이니 거기는 도둑도 가까이 하는 일이 없고 좀도 먹는 일이 없느니라"라고 말씀합니다. 이 말씀은 이 땅에서 부자로 있는 것보다 천국에서 부자로 있는 것이 더 복되다는 것을 가르치고 있습니다.

예수님께서는 부자들에게도 복음을 전하셨습니다.7:1~10; 19:1~10 하지만 가난한 자들에게 더 중점을 두어 복음을 전하셨습니다.6:20; 14:13~14, 21; 18:22; 21:1~4 누가복음 12장에 나오는 한 부자 청년에 대한 이야기에서 부자가 천국에 들어가는 것이 낙타가 바늘귀를 통과하기보다 어렵다고 말씀했습니다. 이 말씀은 부자들의 마음이 그 재물이 쌓여 있는 이 땅에 있기가 쉽다는 것을 나타내는 것입니다. 가난은 비난 돼야 할 조건은 아닙니다. 하나님께서는 가난한 자들을 사랑하십니다. 부자가 되는 것도 반드시 나쁜 것은 아니지만, 부자가 가난한 자에게 나누어주고 돕는 것은 부자 자신의 영적인 건강을 위해 자기 자신에게 도리어 복이 되는 일이라는 것을 알 수 있습니다.3:10~14; 6:27~38; 7:1~10; 16:1~13; 19:1~10; 23:50~53 그 좋은 예는 삭개오의 회심입니다. 그가 전에는 토색 하던 자였지만, 예수님을 만나고 자신의 재산의 절반을 가난한 자들에게 나누어 주었습니다.19:1~10 예수님께서는 가난의 문제를 소득 재분배로 해결해야 한다고 가르치시지 않았습니다. 가난의 문제에 선행하는 문제는 영적인 가난이고 물질적인 부는 영적인 부요를 가로막는 가장 큰 장애물임을 경고하셨습니다.

누가는 부유한 의사였습니다. 하지만 바울이 전하는 예수님을 구주로 영접하고 모든 것을 버리고 사도 바울의 전도여행을 따라 떠났습니다. 그는 빌립보 교회를 돌보았습니다. 그리고 사도 바울이 갇혀 있던 로마에서 그 곁을 떠나지 않고 그의 최후를 지켜보기까지 한 신실한 주님의 종이었습니다.

(라) 예수님의 이방인들 구원에 대한 관심은 누가복음 2:32절의 시므온의 찬송 구절에 나타나 있습니다. 즉 주의 구원의 은총은 이스라엘에만 주어진 것이 아니라 만민에게 주어진 것입니다. 예수님께서는 이방을 비추는 빛이요, 주의 백성, 이스라엘의 영광입니다. 세례요한도 이사야의 예언을 인용하면서 모든 육체가 하나님의 구원하심을 볼 것이라고 말했습니다.[눅3:4~6] 또 누가가 제시하는 예수님의 족보는 조상 아브라함까지 거슬러 올라가는 것이 아니라 아담과 아담을 지으신 하나님에게까지 거슬러 올라감으로써 모든 인류를 구원의 대상으로 포함하고 있습니다.[3:23~30] 또 예수께서는 고향에서 배척을 당하셨을 때, 엘리야 때에 이스라엘의 많은 과부가 있었지만 엘리야는 사렙다 과부에게 보냄을 받았었고, 또 엘리사 선지자 때에 이스라엘에 많은 문둥병 자들이 있었지만 깨끗게 함을 받지 못했으나 시리아 사람 나아만 장군만이 고침을 받았음을 상기시켰습니다.[4:25~27] 이스라엘인들의 배척과 완고함은 선한 사마리아인에 대한 비유에도 잘 나타나 있습니다.[눅10:30~37] 또 예수께서 한 촌에서 문둥병자 열 사람을 고쳐 주셨지만 자기의 병이 나음을 보고 하나님께 영광을 돌린 사람은 사마리아인 하나뿐이었습니다. 예수께서 이 사마리아인을 이방인이라고 부르시는 점에서 구원의 은총이 이스라엘의 영역을 넘어 이방인에게 넘어가고 있다는 것을 암시합니다.[17:11~19] 마지막으로 예수님께서는 승천하실 때 예수님의 이름으로 죄 사함을 얻게 하는 회개가 예루살렘으로부터 시작해서 모든 족속에게 전파될 것이라고 말씀하셨습니다.[24:47]

이방인들에게 복음을 전하는 일의 중요성은 마태복음도 강조하고 있습니다. 하지만 누가복음은 이방인들에게 복음을 전하는 것에 대해서 좀 더 다양하고 포괄적인 접근을 하고 있다는 점이 다릅니다. 이는 누가 자신이 헬라인으로서 예수님을 믿고 구원을 받았기 때문에 나타난 점입니다. 그리고 그가 사도 바울의 제자로서 이방인들에게 복음 전하는 일을 위해 부름을 받은 바울의 선교관을 따르고 있었기 때문이기도 합니다.

(마) 잃어버린 자에 대한 관심: 예수님께서 세리와 죄인들과 함께 음식을 드실 때 바리새인들과 서기관들이 이를 비방했습니다. 이때 예수께서 말씀하시기를 "건강한 자에게는 의사가 쓸 데 없고 병든 자에게라야 쓸 데 있나니 내가 의인을 부르러 온 것이 아니요 죄인을 불러 회개시키러" 왔다고 하셨습니다.눅5:31~32 또 예수께서 세리와 죄인들과 함께 음식을 드시는 것을 바리새인들과 서기관들이 비난했을 때 예수께서는 잃어버린 양의 비유를 통해 가르치시면서 "죄인 한 사람이 회개하면 하늘에서는 회개할 것 없는 의인 아흔아홉으로 말미암아 기뻐하는 것보다 더하"다고 말씀하셨습니다.눅15:7 또 탕자의 비유를 통해서 회개하고 돌아온 탕자 아들을 죽었다가 다시 살아난 아들에 비유하셨습니다.눅15:11~32; 19:10

이 구절들에서 잃어버린 자는 사회적 경제적 개념이 아니라 신학적 개념임을 알 수 있습니다. 그것은 삭개오의 이야기에 잘 나타나 있습니다. 삭개오는 세리장으로서 남의 것을 토색 한 일이 있는 죄인이었습니다.눅19:8 사람들이 생각할 때 그는 부자였고 하나님의 잃어버린 자처럼 보이지 않았을 것입니다. 하지만 예수께서는 삭개오의 집에서 선언하셨습니다. "오늘 구원이 이 집에 이르렀으니 이 사람도 아브라함의 자손임이로다 인자가 온 것은 잃어버린 자를 찾아 구원하려 함이니라"눅19:9~10 이 선언을 볼 때 가난하고 억눌린 자들은 자동으로 잃어버린 자로 여김을 받는 것이 아니라 잃어버린 자는 하나님께서 구원하시기로 되어 있는 자라는 것을 알 수 있습니다. 잃어버린 자들은 죄인들이라는 것을 알 수 있고 회개를 통해서 하나님의 자녀로 여겨지게 됩니다. 예수님께서는 누가복음 10:22에서 "내 아버지께서 모든 것을 내게 주셨으니 아버지 외에는 아들이 누군지 아는 자가 없고 아들과 또 아들의 소원대로 계시를 받는 자 외에는 아버지가 누군지 아는 자가 없나이다 하시고"라고 말씀하심으로써 회개하고 믿음을 가지고 나오는 자는 아버지와 아들의 뜻대로 계시를 받는 자들이라는 사실을 분명히 밝히셨습니다. 여기서 잃어버린 자들과 아버지와 아들의 뜻대로 계시를 받은 자들은 같은 사람들임을 알 수 있습니다.

(2) 기도

예수님께서는 기도하시는 주님이셨습니다: 예수님께서 기도하신 순간은 세례받기 전3:21, 군중 앞에 서시기 전5:16, 12제자를 부르시기 전6:12, 베드로의 신앙고백 전9:18, 변화산상에서 기도9:28~29, 72제자들이 전도를 마치고 돌아왔을 때10:21, 제자들에게 기도할 것을 가르치시기 전11:1, 베드로를 위해 기도하심22:31~32, 겟세마네 동산에서22:39~46, 십자가에 달리셨을 때23:34,46 등 입니다. 이뿐 아니라 누가복음에는 기도에 관한 비유가 두 번 나옵니다.11:5~13; 18:1~8

이처럼 누가는 기도를 강조했습니다. 이는 그가 쓴 사도행전에도 강조되어 있습니다. 여기서 (1) 어떤 사람은 예수님의 기도는 십자가의 돌아가심을 준비하려는 것이라고 보았습니다. (2) 다른 사람들은 예수님의 기도는 우리에게 기도의 본을 보여주시기 위한 것이라고 해석했습니다. 우리는 이 해석들도 믿지만, 더 좋은 해석은 (3) 예수님의 기도는 그의 대제사장적 사역의 일부였다고 보는 것입니다. 요한복음 17장에 보면 예수님의 긴 기도가 소개되어 있습니다. 로마서 8:34는 우리를 송사로부터 보호해 주시는 기도를 하고 계신 예수님의 모습을 보게 해 줍니다. 히브리서 7:25는 지금도 하나님 보좌 우편에 앉으셔서 우리를 위해 중보기도 하시는 예수님의 모습을 보여줍니다.

대제사장이신 예수님께서 지금 천국에서 우리를 위해서 기도하시는 것은 그 택한 자를 하나도 잃지 않고 그들이 구원받도록 기도하시는 것입니다. 예수님께서는 베드로에게 그가 자신을 세 번 부인할 것을 미리 말씀해 주시면서 그가 배교하지 않도록 중보기도 하셨다고 말씀하셨습니다. 겟세마네 동산에서 베드로, 요한, 야고보가 기도하지 않고 자고 있을 때, 책망하신 것도 그들이 장차 환난을 당할 때 예수님께서 그 당하실 십자가의 고난을 기도로 미리 준비하신 것처럼 자신들의 믿음을 기도로 무장해야 한다는 것을 가르치신 것입니다. 따라서 기도는 이 세상에 살면서 우리가 당하는 문제들의 해결을 위해서 뿐만 아니라, 핍박을 당할 때 배교하지 않고 믿음을 지키도록 하는데 그 일차적인 목적이 있음을 알게 됩니다.

예수님께서 기도의 본을 보이신 것은 핍박을 받는 성도들이 쉬지 않고 하나님께 하나님의 나라 도래를 구해야 한다는 것을 말씀하고 있습니다. 누가복음 11:1절 이하는 주님이 가르치신 기도를 말씀하는 중에 예수님께서는 강청하는 기도의 절대적 중요성을 말씀했습니다. 여행 중에 온 친구 세 명을 먹이려고 자는 사람을 깨워서 떡을 달라고 하면 그 사람은 잠자리에 든 것을 핑계로 그 청을 들어주지 않겠지만, 강청함으로 인해서 들어주게 된다는 것입니다. 누가복음 18:1절 이하에서 예수님께서는 한 한 많은 과부가 재판관에게 하소연하면서 밤낮으로 귀찮게 요청을 했기 때문에 그 요청을 들어주었다고 비유로 말씀하시면서 우리가 기도드릴 때에도 밤낮으로 끈기 있기 부르짖을 때 하나님께서 우리의 한도 풀어 주신다는 점을 말씀했습니다. 기도는 하나님과 하는 씨름입니다. 야곱이 천사에게 축복해 달라고 강요하면서 그 천사와 씨름하기까지 했을 때 축복을 받은 것과 같습니다. 누가복음은 로마의 고위 관료였던 데오빌로에게 보내진 복음서였습니다. 그 당시 이방인들은 강청하는 기도, 끈기있는 기도를 드려야 한다는 사실을 모르고 있었던 것 같습니다. 이러한 끈기 있는 기도는 특별히 핍박 때 필요합니다. 누가복음 11:13절은 신자들이 성령을 구하라고 당부하셨습니다. 성령의 힘의 도움이 없이는 핍박을 이기지 못하고 예수님을 부인하는 배교의 죄를 지을 수 있기 때문이었습니다. 누가는 예수님의 감람산 비유를 말씀하면서 기도의 절대적 필요성을 또 강조하고 있습니다: "이러므로 너희는 장차 올 이 모든 일을 능히 피하고 인자 앞에 서도록 항상 기도하며 깨어 있으라"눅21:36

기도는 신자들의 호흡과 같습니다. 기도를 중지하는 것은 산소 호흡기를 치워버리는 것과 같습니다. 그래서 사도 바울은 쉬지 말고 기도하라고 당부했습니다. 기도는 성령 충만을 유지하는 비결입니다.

5. 누가의 성령론

(1)성령의 사역: 누가복음에서 예수님은 성령으로 말미암아 잉태되고1:35, 성령으로 세례를 받으시고3:22, 성령이 충만한 가운데 성장하시고 성

령으로 말미암아 광야에 이끌리어 시험을 받으시고[4:1], 성령의 권능을 입으셨고[4:14,18], 성령의 힘을 입어 제자들도 사역했습니다.[24:49] 성령은 세례 요한[1:15], 마리아[1:35], 엘리자벳[1:41], 스가랴[1:67], 시므온[2:25~26] 등에게 능력으로 임했습니다. 이렇게 누가는 예수님의 사역을 성령의 능력과 연관해서 설명함으로써 하나님의 영이 예수님과 동사하시고 동거하시는 측면을 강조했습니다.

⑵ 누가복음 11:20절은 "내가 만일 하나님의 손을 힘입어 귀신을 쫓아낸다면 하나님의 나라가 이미 너희에게 임하였느니라"라고 말씀함으로써 마태복음 12:28절의 "내가 만일 성령의 능력으로 귀신을 쫓아내면 하나님의 나라가 이미 너희에게 임했다"는 말씀과 약간 다르게 표현되었습니다. 왜 누가는 성령의 능력으로가 아니라 하나님의 손가락을 힘 입어라고 표현하고 있을까요? 이는 성령의 사역이 예수님을 증거하는 사역이라는 점을 나타내기 위함이었습니다. 성령으로 귀신을 쫓는다고 할 때 성령은 인격이 있는 하나님이 아니라 하나의 '힘' power으로 인식될 수 있었습니다. 그래서 누가는 성령님을 예수님을 증거하는, 인격이 있으신 하나님으로 표현하는 것입니다.

예수님 당시에 사람들은 주술로 귀신을 쫓는 관습을 행하고 있었습니다. 그래서 예수님께서 귀신을 쫓아내실 때 주문으로 귀신을 조종하고 있다고 생각할 수 있었습니다. 바리새인들은 예수님께서 바알세불을 힘입어 귀신을 쫓아낸다고 억지를 부렸습니다. 다시 말해 예수님을 귀신과 한패로 매도하는 것이었습니다. 이는 예수님을 그 사회에서 완전히 이방인과 같은 자로 낙인찍는 언어였습니다. 이에 대해 예수님께서는 사람이 만일 말로 인자를 거역하면 사하심을 얻되 성령을 훼방하는 것은 사하심을 얻지 못한다고 그들을 정죄하셨습니다.[마12:32] 여기서 성령훼방죄는 곧 예수님을 고의로 부인하고 배반하는 죄를 말합니다.

이 바알세불 논쟁은 마태복음 12장에도 다뤄져 있습니다. 하지만 누가는 성령훼방죄를 마태와는 다른 문맥에서 다룹니다. 누가는 마태복음의 바알세불 논쟁을 누가복음 11:14~26절에서 다루고 그 뒤 마태복음 23장에 나오는 바리새인에 대한 정죄의 구절들을 다룹니다. 그리고 마태복음 10:32~33절의 예수님에 대한 부인에 대한 경고의 가르침과 성령훼방죄를 누가복음 12:1~10절의 한 문단에서 다룹니다. 이는 누가가 성령훼방죄를 기독론적으로 풀어서 제시한 것이며 마태가 명확하지 않게 남겨둔 성령훼방죄의 기독론적 의미를 좀 더 명확히 밝혀 놓은 것입니다.

(3) 누가의 성령론은 이렇게 기독론적 관점에서 제시되고 있다는 것이 특징입니다. 예수님께서는 성령 충만하신 분이시고 그 사역을 성령의 능력으로 하시는 분이시라는 점이 분명히 제시되어 있습니다. 누가복음 3:16절에서 누가는 세례요한의 증거를 통해 예수님께서는 성령과 불로 세례를 주실 분이시라고 말씀합니다. 흔히 이 말씀은 사도행전 2장에 기록된 오순절 성령강림 때 완성된 것으로 설명됩니다. 그렇다면 오순절 성령 강림을 제 이차적 세례 즉 성령세례라고 하는 것을 인정하는 해석이 됩니다. 하지만 예언과 방언이 성령의 제 이차적 세례라는 해석은 오늘날 더는 타당한 해석으로 받아들여지지 않고 있습니다. 그렇다면 누가복음 3:16의 성령과 불로 세례를 주신다는 세례요한의 예언은 누가복음에 나타난 예수님의 많은 사역을 통해서 성취된 것으로 볼 수 있습니다. 즉 예수님께서는 많은 병자를 낫게 하시고 그들의 죄가 사해졌다고 하셨습니다.[눅5:20] 그리고 구원이 이르렀다는 선언을 하심으로써 그들이 성령세례를 통해 믿고 구원받았다는 것을 말씀하는 것입니다.[눅8:48, 50]

(4) 앞서 본대로 성령의 기독론적 사역은 성령훼방죄에 대한 구절에 단적으로 드러나 있습니다. 누가복음 12장에서 성령모독죄를 말씀하고 12장 그 뒤로는 성령에 관한 구절이 나타나지 않고 있습니다. 왜 그럴까요? 누가는 성령의 사역을 예수님의 일로 대체하고 있습니다. 그 한 예는 누가복음 21:15절에 나타나 있습니다: "내가 너희의 모든 대적이 능히 대항하거나 변박할 수 없는 구변과 지혜를 너희에게 주리라" 이 가르침의 문맥은 핍박을 당할 때 신자들이 임금들과 관장들 앞에서 변명할 것을 미리 연구하지 말라는 가르침입니다. 마태복음 10:16절 이하에 이와 똑같은 가르침이 나타나 있습니다: "너희를 넘겨 줄 때에 어떻게 또는 무엇을 말할

까 염려하지 말라 그 때에 너희에게 할 말을 주시리니 말하는 이는 너희가 아니라 너희 속에서 말씀하시는 이 곧 너희 아버지의 성령이시니라" 마태는 신자들의 마음속에 할 말을 주시는 이는 성령님이시라고 말씀합니다. 하지만 누가는 신자들을 도와 변박할 말을 주시는 이는 예수님 자신이시라고 말씀합니다. 이 점에서 볼 때 누가복음에서 성령의 사역은 기독론적 관점에서 역사 하는 것을 알 수 있습니다. 요한복음에서는 진리의 영 곧 보혜사 성령께서 예수님의 모든 가르치신 말씀을 생각나게 하실 것이라고 가르치십니다. 이 복음서들에서 공통적인 가르침은 성령님은 예수님께서 보내신 영이시고 예수님을 증거하는 사역을 하신다는 것입니다. 성령님과 예수님의 하시는 일의 일치성에서 볼 때, 누가는 성령의 사역을 예수님의 사역으로 대체해서 기술함으로써 구속사에서 성령의 기독론적 사역을 분명히 가르치고 있습니다.

6. 하나님의 주권

누가는 예수님의 주권을 하나님의 주권과 동등한 것으로 제시합니다.

⑴ 누가복음 22:31~32: "시몬아, 시몬아, 보라 사탄이 너희를 밀 까부르듯 하려고 요구하였으나 그러나 내가 너를 위하여 네 믿음이 떨어지지 않기를 기도하였노니 너는 돌이킨 후에 네 형제를 굳게 하라"

이 말씀에서 시몬이 예수님을 세 번 부인해서 배교자가 될 뻔했을 때 주님께서는 베드로에게 회개할 수 있는 능력을 주시어 그가 회개할 수 있게 해 주시어서 나중에 초대교회의 가장 능력 있는 종의 하나로 쓰임 받도록 하셨다는 것을 알 수 있습니다. 이 모든 것이 가능했던 것은 예수님께서 우리의 연약함을 아시고 주권적으로 우리를 시험에 빠지지 않게 보호하시고 지켜 주신다는 것입니다. 이와 유사한 말씀이 요한복음에도 나옵니다.

요한복음 10:28~29: "내가 그들에게 영생을 주노니 영원히 멸망하지 아니할 것이요 또 그들을 내 손에서 빼앗을 자가 없느니라 그들을 주신 내 아버지는 만물보다 크시매 아무도 아버지 손에서 빼앗을 수 없느니라"

(2) 누가복음 24:44~45: "또 이르시되 내가 너희와 함께 있을 때에 너희에게 말한 바 곧 모세의 율법과 선지자의 글과 시편에 나를 가리켜 기록된 모든 것이 이루어져야 하리라 한 말이 이것이라 하시고 이에 그들의 마음을 열어 성경을 깨닫게 하시고"

이 구절에서 알 수 있는 것은 예수님께서 우리의 마음을 열어 성경을 깨닫게 해 주셔야 우리가 성경 말씀의 가르침을 이해할 수 있다는 것입니다. 예수님께서 은혜를 주시지 않으시면 우리는 진리의 말씀을 깨달을 수 없습니다. 이와 비슷한 메시지가 누가복음 8:10절에 있습니다. 즉 예수님께서 씨 뿌리는 자의 비유를 말씀하셨을 때 제자들이 이 비유에 관해 물었습니다. 이 때 예수께서는 "가라사대 하나님나라의 비밀을 아는 것이 너희에게는 허락되었으나 다른 사람에게는 비유로 하나니 이는 저희로 보아도 보지 못하고 들어도 깨닫지 못하게 하려 함"이라고 말씀하십니다. 이는 예수님께서 깨닫고 구원 얻는 축복을 가질 자에게만 그 의미를 알도록 해 주신다는 것입니다. 그렇지 않은 사람에게는 비유로 말씀하셔서 진리를 그들로부터 숨기신다는 의미입니다. 이 믿음의 능력과 구원의 축복을 주시는 자유는 예수님께서 가지고 계십니다. 우리가 예수님을 조종할 수는 없습니다. 우리의 구원에 관한 모든 것이 전적으로 예수님의 주권에 달렸습니다. 하지만 우리는 우리의 자유의지로 예수님을 믿어야만 합니다. 이것이 구원의 서정의 외관상의 역설apparent paradox입니다.

(3) 누가복음 7:36~50: 한 부정한 여인이 옥합을 깨뜨려 예수님의 발에 붓고 그 머리로 예수님의 발을 씻은 사건이 있습니다. 이때 예수님께서는 그 여인의 죄가 사해졌다고 선언하셨습니다. 이는 예수님께서 자신이 사람의 죄를 사할 권세를 가졌다는 것을 말씀하시는 것입니다. 여기서도 예수님께서는 하나님과 동등한 권세를 가지셨음을 분명히 나타내시고 계십니다.

7. 누가의 구원론

누가복음 8:48에서 예수께서는 "딸아 네 믿음이 너를 구원하였으니 평안히 가라"라고 하셨습니다. 이렇게 믿음으로 구원을 받는다는 말씀은 바울의 가르침인 로마서 1:17절에 제시된 이신칭의 가르침을 생각나게 합니다. 이 이신칭의를 가르치는 구절은 이 외에도 누가복음 7:50; 8:25, 50; 17:19; 18:42; 22:32 등에 직접적 혹은 간접적으로 나타나 있습니다. 누가복음 8:12절은 씨뿌리는 자의 비유에서 사탄이 길가에 뿌려진 씨를 빼앗아가는 것을 말씀하고 있습니다. 누가에 의하면 예수님께서는 사탄이 씨를 빼앗아 가는 것은 말씀을 빼앗아 가는 것을 의미하는데 그 이유는 저로 하여금 믿어 구원받지 못하도록 하기 위해서라고 말씀합니다. 누가는 믿는다는 동사, 피스테우오를 씨 뿌리는 자의 비유에서 두 번이나 포함하고 있습니다.[눅8:12,13] 마태복음이나 마가복음도 이 비유를 그 복음서에 포함하고 있지만, 믿는다는 동사 피스테우오를 말씀을 믿는다는 표현으로 사용하지 않습니다. 마태복음에는 예수님을 믿어 구원을 받는다는 직접적인 표현이 발견되지 않습니다. 그리고 마가복음에는 복음을 믿는다[막1:15], 혹은 예수님께서 기적을 행하실 것을 믿는다[막5:36], 혹은 예수님을 믿어 구원에 이른다는 표현이 있습니다.[막16:16] 마가복음과 누가복음에 이 이신칭의의 가르침이 두드러진 이유는 이 두 복음서가 이방인의 구원을 위해 써졌다는 사실에서 찾아집니다. 그리고 우리는 마가복음보다도 누가복음은 이 이신칭의의 주제를 구조로 많은 이야기가 구성되어 있다는 것을 발견할 수 있습니다.[눅1:45; 7:50; 8:25, 50; 24:25] 이것은 누가의 선생이었던 바울의 가르침의 영향이 누가복음에 있음을 나타내 줍니다.

8. 누가의 귀신론

마가복음은 귀신의 하는 일은 사람들에게 들어가 병을 일으키고 그들을 압제하는 것으로 묘사하고 있습니다. 귀신들린 자들은 예수님을 대적하기보다는 예수님 앞에 달려와 힘없이 예수님 앞에 무릎을 꿇습니다. 사탄은 예수님을 시험할 만큼 권세가 있는 존재가 아닙니다. 이러한 문맥 속에서 마가는 마태복음 4장에 예수님께서 광야에서 사탄에게 시험받으시는 이야기를 두 절에 걸쳐 간단히 처리합니다.[1:12~13] 누가복음에서도 귀신의 하는 일은 병을 가져다주고눅13:11, 미치게 하고눅8:26~39, 하나님을 속이게 합니다.행5:3 마가복음에서처럼 누가복음에서도 귀신은 사탄의 하수인으로 묘사됩니다.눅11:14~23; 13:11,16 즉 사탄은 예수님과 그 왕국을 대적하는 자로 나타납니다.눅8:11~12; 행6:7; 13:5 마귀는 사람이 말씀을 들을 때 그 마음에서 말씀을 빼앗아 감으로써 믿지 못하게 합니다. 그리고 사탄은 베드로를 밀 까부르듯 청구했습니다.눅22:31 이는 사탄이 할 수만 있으면 택자까지도 넘어뜨리려고 한다는 예수님의 말씀과 일치하는 사건입니다.

그런데 귀신에 대한 종말적 심판의 때가 예수님의 사역과 함께 시작되었습니다. 누가복음에서 예수께서 칠십 인의 제자들을 복음 전하는 일을 위해서 보내시고 그들이 돌아와 귀신이 쫓겨나간 이야기를 했을 때 예수께서는 사탄이 하늘에서 번개와 같이 떨어졌다고 말씀했습니다.눅10:18 이 말씀은 하나님나라의 확립으로 말미암아 사탄의 나라가 멸망해 가는 것을 나타내는데 오직 누가복음에만 있는 말씀입니다. 사탄과의 전투는 복음 전파와 병 고침 등으로 진행되는데 이는 예수님만 하실 수 있는 일이 아니라 제자들도 권능을 받고 할 수 있는 일로 묘사됩니다. 예수님께서 마귀를 쫓아내심으로써 시작된 영적 전투는 이제 교회에서 계속되고 있습니다. 사도행전에서 누가는 베드로나 바울 같은 사도들도 귀신을 내쫓는 능력이 있음을 보여 주고 있습니다.행13:5

9. 재물에 대한 가르침

틸만은 누가복음에 나오는 재물에 대한 가르침을 잘 다뤄놓고 있습니다.[11] 첫째, 누가복음 12:13~21에 나오는 비유에서 한 부자가 자기의 소출의 많음을 알고 창고를 짓고 곡식을 그 곡간에 쌓아두려 했을 때, 그는 자신의 영혼을 홀연히 하나님께서 불러 가실 것을 알지 못했다는 것을 가르치고 있습니다. 틸만은 이 비유가 재물을 곡간에 쌓아두려 한 것을 예수님께서 나무라고 계신 것이 아니라 재물을 하나님을 위해서 사용하기를 꺼리고 자신의 편안한 삶을 위해서만 재물을 관리하려 한 점을 지적하고 계신다는 것입니다. 누가복음 12:22~34절에서 예수님께서는 재물을 사랑하기보다는 그 재물을 주장하시는 하나님을 사랑할 것을 가르치고 계십니다. 우리는 무엇을 마실까? 무엇을 먹을까 구하지 말고 근심도 하지 말아야 합니다.눅12:29 왜냐하면, 하나님께서는 우리에게 필요한 것이 무엇인지 우리보다도 더 잘 알고 계시기 때문입니다.

둘째, 재물에 대한 가르침에서 쉽게 오해하는 것은 우리의 재물을 다 팔아 가난한 자에게 나눠주고 주님을 따라야 한다고 생각하는 것입니다. 실제로 한 부자 청년이 예수께 와서 자신이 하나님의 나라에 들어가려면 무엇을 해야 하느냐고 물었을 때 예수님께서는 가진 재물을 팔아 가난한 자에게 나눠주고 주님을 따르라고 명하셨습니다. 이에 그 청년은 근심하며 돌아갔습니다. 이때 가진 재물을 팔라는 것은 자신의 소유 전부를 가난한 자에게 나눠주고 주님을 따라야만 구원을 받는다는 뜻이 아닙니다. 이는 재물의 주인이 하나님이심을 알고 하나님의 뜻에 맞게 재물을 사용해야 한다는 뜻입니다. 즉 재물보다 하나님을 더 사랑하라는 뜻입니다. 틸만은 이 견해를 밑받침하기 위해서 몇 가지 예를 제시하고 있습니다. 누가복음 10:34~35절에서 한 선한 사마리아인은 강도 만난 사람을 구하려고 자신의 재산 전부를 다 사용하지 않았습니다. 그는 자기 시간과 재물을 아낌없이 사용해서 그 사람을 회복되게 도왔습니다. 삭개오도 자신의 재물 전부를 다 가난한 사람에게 나눠주지는 않았습니다. 그는 토색한 것을 그 주인에게 관대하게 다시 돌려주고 가난한 자들을 도왔습니다. 다비다도 자신의 재산 전부를 다 가난한 자에게 나눠준 것은 아닙니다.행9:36, 39 12)

따라서, 재산 전부를 다 팔아 가난한 자들에게 나눠주는 것이 참신자의 윤리라고 하는 것은 흑백논리일 수 있습니다. 하지만 누가는 사도행전에서 초대교회 교인들이 자신의 소유를 성도들과 함께 공유하고 나누는 미덕을 행했던 것을 전하고 있습니다. 그리고 바나바도 자신의 땅을 팔아 교회에 바쳤던 선한 사람으로 전하고 있습니다. 베드로도 한 앉은뱅이를 고칠 때 금과 은은 없지만, 나사렛 예수의 이름으로 네가 일어나 곧 걸으라고 명했습니다. 이는 베드로가 자신의 어부의 직업과 재물을 모두 버리고 주님을 따랐던 제자임을 나타내 주고 있습니다. 이러한 예는 재물과 하나님을 겸해서 섬길 수 없다는 예수님의 가르침을 잘 대변하고 있습니다.눅16:13 이들은 재물로 이웃을 구제함으로써 자신의 속사람을 깨끗하게 한 사람들임을 알 수 있습니다.눅11:41

셋째, 재물을 팔아 가난한 자를 구제하는 것은 복음 전하는 일의 중요한 방법입니다. 예수님의 제자라면 자신의 소유를 자신의 것으로 여기지 않고 하나님의 관리에 맡겨야 합니다. 다비다, 고넬료, 초대교회, 베드로, 바나바, 바울 등 초대교회의 성도들은 재물보다 하나님을 더 사랑함으로써 복음 전하는 일을 실천하고 있었습니다.

넷째, 누가는 우리가 받은 재물에 만족하고 탐심을 버려야 함을 가르칩니다. 세례요한이 임박한 하나님의 심판에 대해 경고했을 때 사람들은 우리가 무엇을 해야 합니까 물었습니다. 세례요한은 대답하되, "옷 두 벌 있는 자는 옷 없는 자에게 나눠 줄 것이요 먹을 것이 있는 자도 그렇게 할 것"이라고 가르쳤습니다. 세리들은 정한 세 외에는 늑징치 말아야 하고 군병들은 사람들에게 강포하지 말고 무소하지 말고 받는 임금에 만족해야 한다고 가르쳤습니다.눅3:10~14

10. 예수님의 고난

베드로의 신앙고백 이후 예수님께서는 처음으로 자신이 당할 고난과 부활에 대해서 미리 말씀하셨습니다.눅9:22 이후 자신의 당할 고난에 대해서 최소한 두 번 더 미리 말씀하셨습니다.눅9:44; 18:31~33 예수님께서는 자신의 당할 고난은 죄로부터 구원을 이루시려는 하나님의 계획 속에 있는 것임을 말씀하셨습니다. 그리고 이는 구약 예언의 성취임을 누차 강조하셨습니다.눅18:31; 24:44 예수님의 고난은 또한 종말의 도래를 위해 선행되어야 하는 과정으로 묘사됩니다. 즉 인자의 날, 종말의 날에 번개가 하늘 아래 이편에서 번뜻하여 하늘 아래 저편까지 비췸같이 인자도 그러할 것인데 이 일 이전에 인자가 먼저 많은 고난을 받으며 이 세대에게 버린 바 되어야 합니다.눅17:22~25

누가는 또한 예수님의 십자가의 고난을 예수께서 승천하시는 시간으로 묘사합니다.눅9:51 즉 예수님은 고난을 받으시고 부활하셔서 자기 영광에 들어가시게 되어 있었습니다.눅24:26 따라서 예수님의 고난은 임금들과 관장들에 의한 패배가 아니라 영광을 위한 과정일 뿐입니다. 그리고 이 시간은 하나님의 계획 속에 있었던 것이며 예수님께서 자발적으로 그 시간을 향해서 나아가셨던 것입니다.눅22:22

11. 제자의 도

예수님의 제자의 도에 대한 가르침은 예수님 고난의 문맥 속에 함께 다루어져 있습니다. 누가복음 9:21~27절에서 알 수 있듯이 예수님께서는 인자가 많은 고난을 받고 장로들과 대제사장들과 서기관들에게 버린 바 되어 죽임을 당하고 제 삼일에 살아나야 할 것을 가르치시면서, 제자들에게 말씀하십니다: "아무든지 나를 따라오려거든 자기를 부인하고 날마다 제 십자가를 지고 나를 따를 것이니라"눅9:23 자기를 부인하고 제 십자가를 지고 예수님을 따르는 것은 일상생활에서 적용되어야 하지만, 이 가르침은 이 구절의 문맥 속에서 보면 핍박의 상황을 배경으로 하는 것을 알 수 있습니다. 즉 "누구든지 나와 내 말을 부끄러워하면 인자도 자기와 아버지와 거룩한 천사들의 영광으로 올 때에 그 사람을 부끄러워"하시겠다고 하신 말씀은 예수님에 대한 신앙고백 때문에 목숨을 잃을 수 있는 상황을 배경으로 하신 말씀입니다.눅9:26 이러한 순교적 주제는 누가복음 9:24에 분명히 나타납니다: "누구든지 제 목숨을 구원하고자 하면 잃을 것이요 누구든지 나를 위하여 제 목숨을 잃으면 구원하리라" 이 구절의 전체 문맥에서 보면 예수님의 십자가의 고난이 제자의 도의 가르침에 큰 배경임을 알 수 있고, 제자들도 예수님을 따를 때 죽음까지도 무릅 쓰고 따라야 함을 말씀하는 것입니다.

제자의 도에서 순교의 주제는 누가복음 17:33절에 다시 반복됩니다: "무릇 자기 목숨을 보전하고자 하는 자는 잃을 것이요 잃는 자는 살리리라" 이러한 제자의 도와 죽음의 주제는 마가복음 8:27~38절과 또한 요한

12:20~33절에도 공통으로 나타나 있습니다. 이를 볼 때 예수님께서 가르치시는 제자의 도는 본질적으로 예수님의 십자가를 따르는 것이고, 이 과정에서 때로는 목숨을 잃을 수도 있는 것을 포함합니다. 이를 위해서 제자들은 두 마음을 가지지 않고 주님을 따르는 것이 필연입니다. 마태복음에서 예수님께서 하나님과 돈을 겸해서 섬길 수 없다고 말씀했듯이마6:24, 누가복음에서도 제자들은 세상에 마음을 두지 않고 오직 하나님의 나라에만 마음이 있어야 함을 가르치십니다.눅9:57~62 예수께서 어떤 사람에게 나를 좇으라고 말씀하시니 그는 나로 먼저 가서 내 부친을 장사하게 허락하옵소서 라고 말했습니다. 그러자 예수께서는 말씀하셨습니다: "죽은 자들로 자기의 죽은 자들을 장사하게 하고 너는 가서 하나님의 나라를 전파하라"눅9:60 손에 쟁기를 잡고 뒤를 돌아보는 자는 하나님의 나라에 합당치 아니합니다.눅9:62

자기의 목숨까지도 미워하며 예수님을 좇는 제자들에게 있어서 자기의 소유를 다 버리고 좇는 것은 어려운 일이 아닐 것입니다. 그래서 주님께서는 말씀하십니다: "이와 같이 너희 중의 누구든지 자기의 모든 소유를 버리지 아니하면 능히 내 제자가 되지 못하리라"눅14:33 또 자신의 소유를 다 버리고 좇는 제자는 자신의 가족을 버리고 주님을 좇는 것을 어려워하지 않을 것입니다. 실제로 베드로는 주님께 자신 있게 말했습니다. "보옵소서 우리가 우리의 것을 다 버리고 주를 좇았나이다" 이때 주님께서 대답하셨습니다: "내가 진실로 너희에게 이르노니 하나님의 나라를 위하여 집이나 아내나 형제나 부모나 자녀를 버린 자는 현세에 여러 배를 받고 내세에 영생을 받지 못할 자가 없느니라 하시니라"눅18:29~30

이처럼 누가는 제자의 도에서 '버리는 것'을 강조하는 것을 우리는 보았습니다. 제자는 자신의 목숨까지도 버리고 주님을 좇아야 합니다. 그리고 자신의 소유와 자신의 가족도 다 버리고 한마음을 가지고 주님을 따라야 합니다. 야고보는 우리가 이 세상을 사랑하면 하나님과 원수가 된다고 말씀했습니다. 또 바울은 우리가 이 땅의 것에 마음을 두지 말고 하늘나라에 마음을 두고 살며 주님의 재림과 함께 우리의 생명이 나타나기를 기다리자고 말씀합니다.골3:2 의사였던 누가는 바울의 전도를 받고 자신의 의술의 직업과 가족을 다 내려놓고 바울을 좇아 전도여행에 나섰습니다. 그는 빌립보교회를 섬겼고 그 후 바울을 좇아 로마까지 따라가서 그의 옥중생활을 돌보았습니다. 이러한 제자의 길을 따라간 누가는 예수님의 제자의 도에 대한 가르침에 깊이 감동했을 것이고 자신이 쓴 누가복음서에 예수님의 가르침을 상세히 기록해 놓은 것입니다.

12. 유대인들의 믿음 없음

다른 복음서들과 같이 누가복음도 유대인들의 믿음 없음에 대한 논박을 담고 있습니다. 칠십 인의 제자들을 파송하시면서 예수께서는 이스라엘 고을들이 복음을 받아들이지 않을 것도 함께 경고하셨습니다. "화 있을진저 고라신아, 화 있을진저 벳새다야, 너희에게 행한 모든 권능을 두로와 시돈에서 행하였더라면 그들이 벌써 베옷을 입고 재에 앉아 회개하였으리라 심판 때에 두로와 시돈이 너희보다 견디기 쉬우리라 가버나움아 네가 하늘에까지 높아지겠느냐 음부에까지 낮아지리라".눅10:13~15 이 구절에서 고라신과 벳새다는 이스라엘 고을이고 두로와 시돈은 이방의 고을입니다. 예수께서는 이방인들은 인자를 믿고 영접하지만, 자기 백성은 인자를 배척하고 있음을 말씀하고 계시는데 이와 같은 대조는 누가복음 10:30~37절의 선한 사마리아인의 비유에서 다시 재확인되고 있습니다. 누가복음 10장의 문맥 속에서 보면 예수님을 이스라엘 사람들이 믿음으로 영접하지 않는 이유는 이들이 아들과 아들의 소원대로 계시를 받은 자들이 아니기 때문이라는 것을 알 수 있습니다.눅10:22

믿음 없는 이스라엘 백성을 향해서 예수께서는 악한 세대라고 묘사하시면서 심판 때에 니느웨 사람들이 일어나서 이 세대 사람을 정죄할 것이라고 말씀하십니다.눅11:32 니느웨 사람들은 요나의 전도를 받고 회개했지만, 요나 보다 큰 인자가 그들에게 전하는 복음을 그들은 배척했던 것입니다. 예수님을 배척하는데 앞장섰던 사람들은 이스라엘의 선생된 자들, 곧 바리새인들과 사두개인들과 서기관들이었습니다. 예수께서는 그들을 정죄하시며 "화 있을진저 너희는 선지자들의 무덤을 만드는도다 그들을 죽인 자도 너희 조상들이로다"라고 말씀하십니다.눅11:47 이들은 그 조상의 악과 자신들의 악 때문에 창세 후로 흘린 모든 선지자의 피를 담당하게 되었습니다.눅11:42~52

누가복음 13:34~35절은 이스라엘에 대한 예수님 심판의 말씀을 종합해 놓고 있습니다: "예루살렘아 예루살렘아 선지자들을 죽이고 네게 파송된 자들을 돌로 치는 자여 암탉이 제 새끼를 날개 아래에 모음 같이 내가 너희의 자녀를 모으려 한 일이 몇 번이냐 그러나 너희가 원하지 아니하였도다 보라 너희 집이 황폐하여 버린 바 되리라 내가 너희에게 이르노니 너희가 주의 이름으로 오시는 이를 찬송하리로다 할 때까지는 나를 보지 못하리라 하시니라" 이는 실로 무서운 심판의 말씀인데, 우리는 이 예언의 말씀이 주후 70년에 예루살렘이 로마군대에 의해서 함락했을 때 성취된 것으로 볼 수 있습니다. 그리고 하나님께서 예루살렘을 버리셨다고 볼 수 있는데 하나님께서 이스라엘을 버리신 것이 일시적인 것이 아니라, 단호한 것임을 알 수 있는 것은 이스라엘 집의 황폐가 주님의 재림 때까지 계속된다는 사실입니다. 바울이 로마서 11:2절에서 하나님께서 '그 미리 아신 자기 백성을 버리지 않으셨' 다고 말씀한 것은 이를 반박하는 말씀인가요? 그렇지 않습니다. 롬 11:2절에서 미리 아심프로기노마이 이라는 동사는 예정을 의미하고 있고 롬11:5절에 "은혜로 택하심을 따라 남은 자(레이마)"는 택자를 가리키고 있습니다. 따라서 하나님께서 이스라엘은 버리셨지만, 개인적으로 유대인 택자들은 계속 구원하고 계신다는 것을 알 수 있습니다. 하나님께서 자기 백성을 버리지 않으셨다는 것은 하나님께서 그 선택하신 유대인 개개인을 구원하고 계신다는 것을 의미합니다.

오늘 이스라엘의 회복을 믿는 사람들은 누가복음 13:34~35절의 말씀이나 마태복음 21:19~21절의 시든 무화과나무 비유를 통해 예언된 이스라엘의 버려짐의 사실을 간과하고 있습니다. 또 배교라는 관점에서 예레미야 11:14; 14:11절 등의 말씀은 배교의 나라 이스라엘과 유대에 대한 하나님의 결정적인 심판을 말씀하고 있습니다. 예레미야 31장에서 이스라엘의 회복은 히브리서 8장과 10장에서 알 수 있듯이 그리스도를 통한 새 언약의 성취를 말씀하는 것이지 유대인의 종족적 혹은 민족적 회복을 말씀하는 것이 아닙니다. 이스라엘의 회복은 그 택자들의 개인적 구원을 통한 회복을 의미합니다. 이스라엘 사람으로 태어났기 때문에 하나님의 특별히 예비하신 축복을 누릴 것이라는 생각은 전혀 성경에서 말하는 해석에 바탕을 두지 않은 감상주의적 오해일 뿐입니다.

13. 회개와 믿음

누가복음은 회개와 믿음을 특히 강조하는 복음서입니다. 한 중풍병자를 들것에 싣고 온 사람들의 믿음을 보시고 예수께서 그에게 이르시되 이 사람아 네 죄가 사해졌다고 말씀하셨습니다.눅5:20 한 백부장은 그 믿음으로 그 종이 낫는 기적을 체험했습니다.눅7:9 한 죄 많은 여인은 예수님의 발을 그 눈물로 씻고 향유를 그 발에 부었습니다. 예수님께서는 그녀에게 네 믿음이 너를 구원했으니 평안히 가라고 축복하셨습니다.눅7:50 회당장 야이로의 딸이 죽었을 때 예수께서는 "두려워하지 말고 믿기만 하"면 딸이 구원을 얻을 것이라고 말씀하셨습니다.눅8:50 예수님의 은혜로 고침을 받은 열 문둥병자 중 한 문둥병자가 예수님께 다시 와서 하나님께 영광을 돌렸을 때 예수님께서는 그에게 "일어나 가라 네 믿음이 너를 구원하였느니라"라고 말씀하셨습니다.눅17:19 예수님께서는 여리고 성에서 예수님께 자신을 불쌍히 여겨달라고 외치는 한 장님을 고쳐 주시면서 "보라 네 믿음이 너를 구원하였느니라"라고 말씀하셨습니다.눅18:42

이러한 구절들이 나타내는 것은 누가는 믿음과 병 고침의 상관관계를 중시하고 있다는 것입니다. 그리고 믿음으로 병 고침을 받은 사람에게 구원받았다는 확인을 해 주고 있습니다. 누가는 확실히 믿음을 구원의 바탕으로 제시하는 복음서 저자입니다. 이는 그가 바울의 제자로서 이신칭의 교리의 관점에서 복음서의 가르침을 기록하고 있다는 것을 나타내 주고 있습니다.

믿음을 가지는 데 있어서 동반되는 것은 회개입니다. 누가복음이 다른 복음서와 구분되는 것은 바로 죄와 회개에 대해 유달리 강조하고 있다는 것입니다. 예수께서는 세리와 죄인들과 함께 어울려 식사하십니다.[눅5:30] 그것은 예수님은 의인을 부르러 오신 것이 아니라 죄인을 불러 회개시키러 오셨기 때문입니다.[눅5:32] 잃어버린 양의 비유를 통해서 예수님께서는 "죄인 한 사람이 회개하면 하늘에서는 회개할 것 없는 의인 아흔아홉으로 말미암아 기뻐하는 것보다 더하"다고 가르치셨습니다.[눅15:7] 또 잃어버린 동전을 찾은 비유를 통해서 말씀하시기를 "이와 같이 죄인 한 사람이 회개하면 하나님의 사자들 앞에 기쁨이 되느니라"라고 하셨습니다.[눅15:10] 또 돌아온 탕자의 비유를 통해서 죽었다가 다시 살아났으며 잃었다가 다시 얻은 아들 덕분에 즐거워하는 아버지를 제자들에게 가르치셨습니다.[눅15:24] 또한 자신이 의로운 자라고 생각한 바리새인과 죄 많은 세리를 대조하시면서 세리의 회개를 소개하셨습니다: "세리는 멀리 서서 감히 눈을 들어 하늘을 쳐다보지도 못하고 다만 가슴을 치며 이르되 하나님이여 불쌍히 여기소서 나는 죄인이로소이다 하였느니라"[눅18:13] 이 회개한 세리는 의롭다 하심을 받고 집에 내려갔습니다. 여기서 의롭다하심[디카이오오]은 자신의 정해 놓은 규례를 지킴으로써 얻어지는 것이 아니라, 하나님의 법정 선언으로 됨을 알 수 있습니다. 법적 선언으로서의 칭의의 개념은 로마서에서 가르치는 이신칭의의 개념과 같은 것이며 이는 누가가 바울의 칭의론의 관점으로 누가복음에서 믿음과 회개의 비유들과 사건들을 다루고 있다는 것을 나타내 줍니다. 이러한 칭의의 개념은 각종 죄악에 빠져 있던 헬라인들이 예수님을 믿고 회개하며 구원을 받게 하는데 분명하고 복된 복음의 기쁜 소식이었을 것입니다.

문제

1. 누가복음의 저자가 누가임을 알 수 있는 증거들은 무엇입니까?
2. 누가복음 3장의 예수님의 족보에서 발견되는 특징은 무엇입니까?
3. 누가복음에서 강조하는 주제들을 열거해 보세요.

4. 누가복음에서 기도에 대한 가르침을 설명해 보세요.
5. 누가의 성령론에서 발견되는 특징은 무엇인가요.
6. 누가가 예수님의 절대주권을 어떻게 설명하고 있습니까?
7. 누가의 이신칭의 교리를 나타내는 구절들을 열거해 보세요.
8. 누가의 귀신론의 특징은 무엇입니까?
9. 누가의 재물에 대한 가르침을 설명해 보세요.
10. 누가복음에 나타난 제자의 길을 설명해 보세요.
11. 유대인들의 믿음없음과 예수님의 무화과 나무 저주를 통해서 볼 때 현재 이스라엘은 구속사적으로 이방인에 비해서 특별한 위치에 있다고 볼 수 없습니다. 이를 성경적으로 논해 보세요.
12. 누가가 기술하는 믿음과 회개의 상관관계에 대해서 설명해 보세요.

참고도서

김근수, 누가복음 본문연구 상하. 기독교 문서선교회, 2008.
존 놀랜드, 누가복음 상하 WBC 35. 김경진역. 도서출판 솔로몬, 2005.
김성수, 우리 중에 이루어진 사실에 대하여(누가복음 1~10장 설교). 합동신학대학원출판부, 2004.
김서택, 십자가의 승리 누가복음 강해 3. 기독교문사, 2004.
유상섭, 설교를 돕는 분석 누가복음. 규장, 1998.
김남수, 미완성 인생: 누가복음 강해. 쿰란출판사, 1997.
레온 모리스, 누가복음서 틴델 신약주석시리즈 3. 이정석역. 기독교문서선교회, 1994.
Bock, Darrell L. *Luke. 2 vols.* Grand Rapids: Baker, 1994, 1996.
Barrett, Charles K. *Luke the Historian in Recent Research.* London: Epworth, 1961.
Evans, Craig A. *Luke.* Peabody, MA: Hendrickson, 1990.
Fizmyer, Joseph A. *The Gospel According to Luke 2 vols.* New York: Doubleday, 1981, 1985.
Hobart, William K. *The Medical Language of St. Luke.* London: Longmans, Green & Company, 1882.
Lenski, Richard Charles. *The Interpretation of St. Luke' s Gospel.* Columbus, Ohio: The Wartburg Press, 1946.
Marshall, I. Howard. *Luke: Historian and Theologian.* Grand Rapids: Zondervan, 1971.
Stonehouse, N. B. *The Witness of Luke to Christ.* Grand Rapids: Eerdmans, 1951.
Ellis, E. Earle. *The Gospel of Luke.* Grand Rapids: Eerdmans, 1981.
Lindsay, Thomas M. *The Gospel According to St. Luke.* In Handbooks for Bible Classes. Two volumes. Edinburgh: T.&T. Clark.

07
복음서의 해석 방법

1. 수평적 해석

복음서 해석에서 수평적 해석은 한 이야기가 있을 때 그 이야기가 다른 복음서에서 다루어졌는가를 살펴보고 서로 비교해 가면서 해석하는 것을 말합니다. 예를 들어 마태, 마가, 누가, 요한 모두 한 여인이 향유를 깨뜨려 예수님의 발에 부은 사건을 기술하고 있습니다. 마태, 마가는 그 여인의 이름을 말하지 않습니다. 그리고 그 여인이 예수님의 머리에 기름을 부었다고 말합니다. 누가복음에서는 그 여인을 죄인으로 표현합니다. 그 여인은 먼저 눈물로 예수님의 발을 적시고 그 머리로 발을 씻습니다. 그리고 향유를 발에 부었습니다. 요한복음에서는 그 여인이 베다니의 마리아라고 이름을 밝힙니다. 그리고 그 여인은 예수님의 발에 향유를 붓고 그 머리털로 씻었다고 기록합니다. 이 네 복음서에 나오는 이 이야기들은 같은 사건의 기록일 수도 있고 비슷한 두 사건에 대한 기록일 수도 있습니다.

누가복음 7:36~50절의 기록에 의하면 이 여인은 죄인이었다고 묘사되어 있습니다. 그리고 예수님께서는 이 여인의 한 행위로 말미암아 그 많은 죄가 사해졌다고 선언하셨습니다. 여기서 누가는 예수님께서 죄를 사하는 권세를 가지신 분임에 강조점을 두었습니다. 누가복음의 이야기가 요한복음의 이야기와 비슷한 점은 이 여인이 발에 향유를 부었다는 것입니다. 요한은 마리아가 예수님의 발에 향유를 붓고 머리로 그 발을 씻었다고 기록합니다. 이는 요한복음 그 다음 장에 기록된 예수님께서 제자들의 발을 씻기신 이야기와 연결해서 해석할 수 있습니다. 즉 마리아가 예수님의 장사를 예비하는 것으로써 예수님의 발을 자신의 머리로 씻은 것처럼, 예수님께서는 제자들의 순교적 죽음을 미리 예고하며 준비하시기 위해 그들의 발을 손수 씻어 주셨다는 것입니다. 이는 마태 마가의 기록에서 그 여인이 예수님의 머리에 향유를 부은 것과 다른 이야기처럼 보입니다. 하지만 이를 같은 이야기로 본다면 마태 마가에서 이 여인은 예수님의 머리에 향유를 붓고 그 후에 자신의 머리로 예수님의 발을 씻었을 수도 있습니다. 하지만 마태 마가는 이 이야기의 뒷부분은 뺐다고 볼 수 있습니다. 그것은 이 뒷부분이 이 두 복음서에서 강조하고자 하는 주제와 맞지 않았기 때문입니다. 즉 이 두 저자는 예수님께서 왕으로 기름 부음을 받으셨다는 사실을 이 이야기를 통해 보여주고자 했던 것입니다.

이처럼 이 이야기를 각 복음서에서 나타나는 대로 그 복음서의 문맥 속에서 국한해서 해석할 수도 있지만, 우리는 네 복음서에서 이 이야기를 다루고 있는 관점에서 이들 간에 유사점과 상이점을 비교하면서 해석하면 더 풍부한 해석을 할 수 있습니다.

수평적 해석은 각 복음서에 같은 이야기가 어떤 과정을 통해서 포함되게 되었는가 하는 역사적 문제는 다루지 않습니다. 그 대신 각 복음서가 같은 이야기를 어떤 신학적 관점 혹은 문학적 구조 속에서 다루고 있는가에 중점을 두는 해석입니다. 따라서 이 수평적 해석의 관점은 각 복음서에서 강조하는 신학적 주제를, 각 복음서의 전체적 신학적 주제와 비교해서 해석하게 하므로, 각 복음서에서 설교하는 중심 주제를 더 잘 이해할 수 있게 해 줍니다.

2. 수직적 해석

수직적 해석은 네 복음서에 나오는 같은 이야기들을 비교하지 않고 한 이야기를 그 복음서의 구조나 주제나 문맥 속에서 해석하는 것입니다. 그 이야기가 그 문맥 속에서 어떤 의미가 있는지, 그 주위의 이야기들과 어떤 관계를 맺는지 등을 분석해 보는 해석 방법을 말합니다. 예를 들어 마태복음 26장 6절 이하의 향유를 부은 여인에 대한 이야기에서, 마태는 이 여인의 이름을 밝히지 않고 있고 그 여인이 예수님의 머리에 향유를 부었다고 기술하고 있습니다. 이는 마태복음의 문맥에서 해석해 볼 때 마태가 예수님을 다윗의 자손 예수라고 제시하는 점과 일치하는 기술입니다. 예수님은 다윗의 후손으로 오신 왕이셨기 때문에 옥합을 깨트려 예수님의 머리에 부었다고 묘사하는 것이 마태복음 전체의 예수님에 대한 소개와 앞뒤가 맞게 됩니다. 그 여인은 예수님의 머리에 기름을 부음으로써 예수님께서 메시아이심을 상징했지만, 예수님께서는 이 여인이 자신의 장사를 예비했다고 칭찬하심으로써 그 기름 부음이 상징하는 바의 더 깊은 의미를 밝혀 주셨습니다.

요한복음 12:1~8절도 이 이야기를 소개하고 있습니다. 마태 마가에서는 우리는 왜 이 여인이 예수께 나아와 향유를 그 머리에 부었는지 알 수 없습니다. 하지만 요한복음 전체 문맥 속에서 이 이야기를 해석해 보면 우리는 이 여인이 왜 예수님께 나아와 그 발에 향유를 부었는지 알 수 있습니다. 이 이야기는 요한복음 11장에 나와 있는 기적 사건과 밀접히 연결된 것을 쉽게 발견합니다. 예수께서는 마리아의 오빠인 나사로를 죽음에서 살려 주셨습니다. 마리아는 오빠가 죽은 뒤 너무 마음이 상심해 있었기 때문에 주님께서 오빠 나사로를 살려 주신데 보답할 수 있는 그 어떤 방법도 없다는 것을 깨달았습니다. 그래서 그녀가 혼인 때 쓰려고 모아왔던 전 재산인 향유가 담긴 옥합을 깨서 예수님께 그 감사한 마음을 표현했던 것입니다. 이 잔치는 누구의 집에서 열렸는지 알 수 없습니다. 하지만 요한은 그 잔칫상의 가운데 예수님과 나사로가 나란히 앉아 있었다고 증거합니다. 이는 이 잔치가 나사로의 부활을 축하하고 예수님께 대한 감사의 표현으로 열리게 되었다는 것을 알 수 있습니다. 이 장면을 대하는 독자들은 나사로가 죽었다가 부활한 것처럼 이제 십자가의 돌아가심을 향해 걸어가시는 예수님의 돌아가심과 부활에 곧 연결해서 이 이야기를 이해할 수 있었을 것입니다. 이렇게 이 이야기를 요한복음의 문맥 속에서 해석해 보면 다른 복음서에 나타나 있지 않은 많은 주제가 그 바탕에 배여 있다는 것을 우리는 발견하게 됩니다.

우리는 이 수직적 해석을 성경 신학적 해석 방법이라고 부릅니다. 조직신학적 주제별 관점이 없이 성경 구절을 그 구절이 나타나는 책의 전체 문맥을 통해서 해석하는 해석 방법을 말합니다. 이를 위해서는 이 책의 문학적 구조를 파악하고 그 구절이 그 전체 구조 속에서 어떤 위치에 있는가 규명해야 합니다. 그리고 그 문단에서 쓰인 단어들이 그 책 전체에서 어떤 의미가 있는지 파악해야 합니다. 그리고 가장 중요한 것은 이 문단의 이야기가 바로 그 전후에 연결된 이야기와 어떤 관계를 맺는지 살펴보는 것입니다.

문제

1. 복음서의 수평적 해석을 설명하고 예를 들어 보세요.
2. 복음서의 수직적 해석을 설명하고 예를 들어 보세요.

참고서적

단 맥카트니 & 찰스 클레이튼, 성경해석학. 김동수역. IVP, 2000.
윤성태, 성경해석학, 쿰란출판사, 2008.
이승진, 설교를 위한 성경해석. 기독교문서선교회, 2008.
루이스 벌코프, 성경해석학. 박문재역. 크리스찬다이제스트사, 2008.
고든 D. 피 & D. 스투워트, 성경해석방법론. 김의원역. 기독교문서선교회, 2007.
박형용, 성경해석의 원리. 합동신학대학원출판부, 2007.
김상훈, 마태복음 - 숲의 해석, 총신대학교출판부, 2007.
케빈 밴후저, 이 텍스트에 의미가 있는가?: 포스트모던시대의 성경해석학. 김재영역. IVP, 2003.
고든 D. 피, 신약성경 해석방법론, 장동수역. 크리스찬출판사, 2003.
R. A. 토레이, 성경의 난제해석, 나채운역, 성지출판사, 2002.
D. A. 카슨, 성경해석의 오류(개정판), 박대영역. 성서유니온선교회, 2002.
최갑종, 예수님의 비유: 본문해석 그리고 설교적용. 도서출판 이레서원, 2001.
이상훈, 해석학적 성서이해. 대한 기독교서회, 2001.
레온하르트 고펠트, 모형론: 신약의 구약해석. 최종태역. 새순출판사, 2001.
모세 실바, 교회는 성경을 오석해 왔는가?-현대 해석학 입문시리즈 1. 심상법역. 도서출판 솔로몬, 2001.
하워드 마샬 편저, 신약해석학. 이승호 박영호 역. 크리스찬다이제스트사, 1999.
게할더스 보스, 구속사와 성경해석-게할더스 보스 선집 2. 이길호역. 크리스찬다이제스트사, 1998.
윌리엄 클라인외, 성경해석학 총론. 류호영역. 생명의 말씀사, 1997.

R. C. 스프롤, 쉽게 쓴 성경해석학. 이세구역. 아가페 출판사, 1997.
리랜드 라이켄, 문학으로 성경을 어떻게 읽을 것인가: 성경의 문학적인 해석학개론. 곽철호역 은성, 1996.
크레그 블롬버그, 비유해석학. 김기찬역 생명의 말씀사, 1996.
월터 C. 카이저 & 모이세스 실바 공저, 성경해석학개론, 강창헌역 은성, 1996.
간하배, 성경무오와 해석학. 정광욱역 엠마오, 1992.
권성수, 성경해석학 1, 총신대출판부, 1991.
R. H. 스타인, 복음서의 난해구절해석, 정충하역 새순출판사, 1990.
이한수, 비유와 해석학, 한국로고스연구원, 1989.
Carson, D.A., et. al., *Hermeneutics, Authority, and Canon,* Zondervan, 1986.
____________. *Scripture and Truth.* Grand Rapids: Zondervan, 1983.
____________. *Biblical Interpretation and the Church: The Problem of Contextualization.* Wifp & Stock Publishers, 2002.
____________. *The Gagging of God: Christianity Confronts Pluralism.* Zondervan, 1996.
Grudem, Wayne. *Evangelical Feminism: A New Path to Liberalism?* Crossway, 2006.
Hirsch, E.D. Jr. *Validity in Interpretation*, New Haven: Yale University Press, 1967.
Poythress, Vern S. *God-Centered Biblical Interpretation.* P & R, 1999.
Silva, Moses. God, *Language and Scripture: Reading the Bible in the Light of General Linguistics.* Foundations of Contemporary Interpretation. Vol 4. Zondervan, 1990.
________. *Has the Church Misread the Bible?: The History of Interpretation in the Light of Current Issues.* Grand Rapids: Academie Books, 1987.

08
요한복음

1. 저자

초대교회 교부들은 한결같이 요한복음의 저자가 사도 요한이었다고 증거합니다. 안디옥의 데오빌로스주후 181는 사도 요한이 요한복음의 저자라고 증거한 첫 사람이었습니다. 이레네우스주후 180는 요한이 세린투스와 그 이단들을 물리치려고 요한복음을 썼다고 말했습니다. 요한의 제자였던 파피아스는 요한복음은 요한의 가르침을 자신이 직접 받아 적은 것이라고 말했습니다. 칼슨 교수는 이레네우스이후 초대교회의 모든 교부는 요한복음이 요한에 의해서 쓰였다는 사실을 믿었다고 말합니다.

하지만 자유주의 학자들은 요한의 저작설을 부인하고 예수님을 사랑하던 제자가 전해 준 예수님의 행적을 사도 요한의 제자들이 모아서 남긴 글이라고 말합니다. 즉 요한복음은 요한의 공동체가 그 신앙을 보존하기 위해 최종 편집한 문서였을 것이라고 주장합니다. 하지만 더욱 신중한 자유주의자 다드교수는 이렇게 말합니다. 본문외적 증거external evidence는 너무 많습니다. 그리고 요한의 저작을 뒤집을 만한 어떤 증거도 우리는 알지 못합니다.

요한복음 본문을 분석해 보면 요한복음 저자의 특징을 몇 가지 발견할 수 있습니다. 첫째, 그는 유대인이었다는 것입니다. 둘째, 그는 예수님의 행적의 증인이었다는 것입니다. 셋째, 그는 팔레스타인에 살던 사람이었다는 것입니다. 넷째, 그는 사도였습니다. 이러한 특징들은 그가 사도 요한이었다는 것을 말해줍니다. 원래 그는 세례요한을 따르던 제자였습니다. 그러던 중 세례요한이 예수님을 따르라는 말을 듣고 그날부터 예수님을 따르기 시작했습니다. 그는 예수님의 사랑하시던 제자the beloved disciple로 불렸습니다. 그는 최후 만찬 때 예수님의 품에 기대어 예수님의 말씀을 가까이서 들을 수 있던 제자였습니다. 그는 예수의 어머니 마리아와 함께 예수님의 달리신 십자가 밑에 있던 증인이었습니다. 그는 마리아의 보고를 받고 베드로와 뛰어가서 예수님의 부활하신 빈 무덤을 목격했던 사람이었고 베드로와 함께 갈릴리 바다에 돌아가 고기잡이하던 제자 중 하나였습니다. 그는 요한복음의 이야기 속에서 내내 베드로와 항상 밀접한 위치에 있던 제자로 묘사되고 있습니다. 요한복음 21:21절에서 이 제자는 예수님을 따르던 베드로의 뒤를 따르고 있었기 때문에 베드로가 "주님 이 사람은 어떻게 되겠사옵나이까"라고 묻던 제자였습니다. 이 모든 이야기를 함축하면 그는 베드로나 도마나, 나다나엘은 아니었고 세베데의 아들 중 하나였거나, 혹은 요한 21:2절의 두 사람의 익명의 제자 중 한 사람이었을 것입니다.

게리 버지G. Burge는 요한복음 21장에 나타난 이야기를 분석해 보면 저자는 요한임을 알 수 있다고 말합니다.[13] 고기잡이에 참여한 제자들은 베드로, 도마, 나다나엘, 그리고 세베데의 두 아들이었습니다. 베드로는 소위 "사랑하던 제자"가 아님이 확실하고 전통에 따르면 도마나 나다나엘은 예수님을 밀접히 알았거나 어떤 복음서를 기록한 증거가 없습니다. 그리고 세베데의 아들 중 야고보는 일찍이 순교했습니다.행12:2 이 사실은 요한을 단 하나의 가능성으로 남겨 놓습니다.

버지의 이 추정은 타당합니다. 우리는 요한복음의 이야기 구성에서 예수님의 사랑하시던 제자가 예수님의 가장 가까이서 예수님의 가르침과 행적을 정확히 목격하고 모든 일을 자세히 증거하고 있는 것을 관찰할 수 있습니다. 그 제자는 목격자로서 예수님의 전통을 가장 잘 보전한 제자였고 그가 쓴 복음서에서 자신의 이름과 동명인 세례요한을 요한이라고 부름으로써 자신과 구별하고 있습니다. 대신, 자신의 이름을 "예수의 사랑하던 제자"라는 호칭으로 부르고 있습니다. 이는 예수님을 하나님으로 고백하고 따르는 모든 제자가 자신과 같이 예수님의 사랑하는 제자라는 상징적 의미를 담고 있습니다. 파피아스의 증거대로 요한은 예수님의 행적을 오랫동안 묵상했고 예수님의 인성과 신성을 확실히 부각하는 모티프를 가지고 요한복음을 썼던 것 같습니다. 요한 21:24~25절은 요한의 말을 받아 적었던 파피아스의 맺는 말로 볼 수 있습니다. 이러한 방식의 끝맺음은 고대 문헌에서 흔히 나타나는데 신명기 34:5절도 그 일례로 볼 수 있습니다.

2. 말씀이 육신이 된 그리스도 예수

⑴ 예수님께서는 창조 이전에 계신 말씀이셨습니다. 이 말씀은 하나님과 함께 계셨고, 곧 하나님 자신이셨습니다. 이 말씀은 육신을 입고 이 땅에 오셨습니다. 그렇다면 이 말씀은 누구셨을까요? 어떤 사람은 이 말씀은 헬라 세계에서 지식을 의미하는 말씀이라고 영지주의적 해석을 합니다. 하지만 이는 잘못된 해석입니다. 영지주의는 주후 2세기에 정립된 철학이었는데 주후 1세기에 기록된 요한복음의 기초가 되었을 리 만무합니다. 어떤 사람들은 유대의 지혜 문학의 지혜 개념을 요한이 말씀이라고 정의했다고 주장하기도 합니다. 하지만 이 지혜 문학에 나타나는 말씀은 하나님의 창조로 말미암은 개념을 가지고 있지 창조 전에 하나님과 함께 계셨다는 기록은 없습니다. 따라서 우리는 요한의 말씀 즉 로고스는 창세기 1장에 하나님의 말씀으로 이해하는 것이 성경 신학적으로 옳은 해석이라고 할 수 있습니다. 요한복음 1:1("태초에")은 창세기 1:1("태초에")을 가리키고 있습니다.

⑵ 요한은 이 말씀이 이 세상을 창조하셨다고 말씀함으로써 예수님께서 세상의 창조자라고 말씀합니다. 예수님께서는 물이 변하여 포도주가 되게 하셨습니다. 한 관리의 아들이 아팠을 때 예수께서는 그를 찾아가지도 않고 멀리 떨어진 장소에서 직접 그를 고쳐 주셨습니다. 예수님께서는 또 물 위를 걸으셨고 오병이어의 기적을 통해서 수만 명의 사람을 먹이셨습니다. 예수님은 한 눈먼 장님을 고쳐 주셨고 죽어서 썩은 냄새가 나는 나사로를 살리셨습니다. 이는 오직 하나님만이 하실 수 있는 일들이었습

니다. 예수님께서는 우리를 장차 종말 때에 죽음에서 생명으로 부활시키시겠다고 약속해 주셨습니다. 비록 썩어 없어진 몸이겠지만 무에서 유를 창조하시는 예수님께서 창조자의 능력으로 우리를 죽음 가운데서 부활시키실 수 있는 것입니다.

(3) 요한복음 1:14절에 "말씀이 육신이 되어 우리 가운데 거하시매 우리가 그의 영광을 보니 아버지의 독생자의 영광이요 은혜와 진리가 충만하더라"라고 말씀합니다. 이 말씀은 첫째, 하나님께서 사람의 모습으로 오셨다는 것을 말합니다. 영지주의에서는 신이 불완전한 인간의 육신을 입고 이 세상에 올 수 없다고 말합니다. 이 영지주의에 대항해서 요한은 예수님께서는 하나님에게서 오신 하나님의 아들이시라는 점을 분명히 가르칩니다. 둘째, 하나님께서 우리 안에 계신다는 말씀은 보좌에 앉아 계신 하나님께서 직접 우리 안에 오셨다는 것을 말합니다. 하나님 보좌의 영광은 쉐키나 영광이라고 말합니다. '쉐키나'라는 단어는 히브리어 샤칸(거하다)이라는 동사에서 파생한 단어입니다. 모세는 시내 산에 내려오신 쉐키나 영광을 보았습니다. 그리고 베드로와 요한, 야곱도 변화산상에서 구름 속에 나타난 모세와 엘리야와 말씀을 나누는 예수님의 영광을 보았습니다. 그들은 예수님께서 저들 속에 거하시는 모습을 볼 때 하나님 보좌의 영광이 그들 가운데 내려오셔서 거하는 것을 체험했던 것입니다. 셋째, 그러므로 예수님을 본 자는 하나님을 직접 본 것이나 다름이 없었습니다. 본래 "하나님을 본 사람이 없으되 아버지 품 속에 있는 독생하신 하나님이 나타내신 것"이었습니다.요1:18 넷째, 예수님께서는 은혜와 진리가 충만했습니다. 은혜와 진리는 하나님께로부터 말미암는 축복입니다. 시편 85:10절은 "인애와 진리가 같이 만나고 의와 화평이 서로 입맞추었으며"라고 말씀합니다. 이는 하나님으로부터 임하는 축복입니다. 긍휼은 '헤세드'라는 명사인데 인자함이라는 뜻으로도 번역됩니다. 이는 은혜라는 뜻으로 번역되는 것이 가장 합당한 신약적 번역이라고 월터 카이저 교수는 가르친 바 있습니다. 이 은혜는 구원의 은혜인데 진리대로 하면 모든 죄인이 심판을 받아야 마땅하지만, 예수님을 통해서 의가 이루어졌기

때문에 누구든지 예수님을 믿으면 심판을 면하게 되었습니다. 이런 뜻에서 예수님 안에서 은혜와 진리가 충족되게 되었다는 뜻입니다. 그래서 요한은 "율법은 모세로 말미암아 주어진 것이요 은혜와 진리는 예수 그리스도로 말미암아 온 것"이라고 말씀합니다. 요1:17

3. 세례요한과 예수님

세례요한은 여자가 낳은 자 중에 가장 큰 자라고 예수님께서 말씀해 주셨습니다. 그는 구약의 모든 선지 시대의 최후에 온 선지자로서 모든 선지자가 그토록 앙망하고 기다리고 있었던 메시아, 하나님의 아들 예수님을 직접 두 눈으로 보고 손으로 만져보는 영광을 누린 자였습니다. 그는 예수님께 세례를 베풂으로써 구약의 율법을 이루는 영광도 누렸습니다. 그는 예수님을 세상 죄를 지고 가는 어린양이라고 소개했습니다. 그리고 자신을 따르던 두 제자 요한과 안드레가 예수님을 따르기 시작하자 그들을 보내 주었습니다. 요한은 자기에게 찾아온 사람들에게 자신은 메시아가 아니라고 분명히 말해주었습니다.

하지만, 세례요한의 추종자들은 여전히 있었습니다. 그래서 요한은 다시 분명하게 말합니다. 예수님께서는 위로부터 오신 자요 자신은 땅에서부터 온 자라는 것입니다. 그리고 예수님은 신랑이고 자신은 신랑의 들러리에 불과해 신랑이 왔을 때 기뻐하고 조용히 그의 그림자 속에 사라지는 자라는 것입니다. 그리고 예수님은 흥왕해야겠고 자신은 작아져야 한다고 말했습니다. 그는 실로 주님의 오시는 길을 예비한 광야에 외치는 자의 소리였고 그 소리와 함께 겸손히 사라진 자였습니다.

그는 헤롯에 의해 죽임을 당했지만, 그를 따르는 제자 중에는 계속 그를 메시아로 숭배했다고 합니다. 그래서 요한은 요한복음서에서 분명하게 이를 고쳐주고 있습니다: "요한이 드러내어 말하고 숨기지 아니하니 드러내어 하는 말이 나는 그리스도가 아니라 한 대" 요1:20

4. 메시아이신 예수님

요한복음 1:41절에 안드레는 자기 형제 베드로에게 우리가 메시아를 만났다고 고백했습니다. 예수님께서는 구약에 예언된 바로 그 메시아였던 것입니다. 하지만 유대인들은 메시아가 자기 민족을 구원하고 의로 통치할 것을 믿었지 고난받는 종의 모습으로 오실 것이라는 믿음이 없었습니다. 하지만 이는 선지자들의 예언을 잘못 이해한 결과였습니다. 이사야 53장에 분명히 고난받는 메시아가 예언되어 있고 스가랴서에도 분명히 질고를 당하고 배척당하는 메시아의 모습이 예언된 것입니다.

요한은 메시아의 고난이 곧 그의 영광이라고 말씀하고 있습니다. 즉 나사로가 죽었을 때 예수님께서는 이로 말미암아 인자가 영광을 얻게 하려 하심이라고 말씀했습니다. 이는 나사로를 죽음에서 살리심으로 받으실 영광을 말씀할 뿐 아니라, 자신이 십자가에서 돌아가심으로 많은 백성을 자기에게 이끄심으로 받으실 영광도 말씀하는 것입니다.

예수님께서는 요한복음 12:23절에 인자가 영광을 얻을 때를 한 알의 밀알이 땅에 떨어져 죽는 때라고 말씀하심으로써 바로 자신의 십자가의 죽음의 때를 가리키고 계셨습니다. 또 요한복음 13:31절에서 유다가 자신을 팔려고 제사장에게로 달려갔을 때 예수님께서는 이렇게 말씀하셨습니다: "그가 나간 후에 예수께서 이르시되 지금 인자가 영광을 받았고 하나님도 인자로 말미암아 영광을 받으셨도다"

즉 십자가는 저주와 모멸의 상징이 아니라 승리와 영광을 상징한다는 것입니다. 그리고 요한은 십자가에 달리신다는 표현을 할 때 들려 올려진다는 표현을 함으로써 곧 승천, 아버지께로 돌아가신다는 중복적 의미를 함축하고 있습니다.

제자들도 고난 당하는 메시아를 받아들이기 어려웠을 것입니다. 그래서 예수님께서 붙잡히시던 날 밤에 그들은 모두 도망가고 말았던 것입니다. 그러나 예수님께서 부활하시고 그들은 메시아가 왜 고난을 받아야 했는지 이해하게 되고 자신들도 예수님을 전하려고 죽기까지 예수님의 고난의 발걸음을 따라가며 살았던 것입니다.

5. 인자로써 오신 예수님과 심판

(1) 요한복음에 예수님은 하나님의 어린양, 선생, 메시아, 이스라엘의 왕, 하나님의 아들 등으로 불리십니다. 하지만 요한은 인자the Son of Man라는 이름을 예수님을 위한 대표적인 이름으로 사용합니다. 인자라는 이름은 예수님 자신이 자신을 가리켜 쓰는 이름으로 다니엘 7:14절에 "인자와 같은 이"라는 이름에 뿌리를 두고 있습니다. 인자는 왕으로 오신 이를 지칭하며 심판을 수행할 하나님의 대리인Vicar이란 뜻입니다. 마가복음 14:62절에 "예수께서 이르시되 내가 그니라 인자가 권능자의 우편에 앉은 것과 하늘 구름을 타고 오는 것을 너희가 보리라 하시니"라는 말씀에서 인자는 다스리는 왕의 개념을 가지고 있고 종말의 때가 곧 그의 때라는 의미를 알 수 있습니다. 요한은 이 종말의 때가 이미 왔다고 말합니다. 이 종말의 도래를 나타내는 요한의 구절은 5:25절에서 찾아볼 수 있습니다: "진실로 진실로 너희에게 이르노니 죽은 자들이 하나님의 아들의 음성을 들을 때가 오나니 곧 이 때라 듣는 자는 살아나리라" 그리고 그 심판하는 권세를 예수님께 주셨는데 이는 그의 인자됨을 인함이었습니다.요 5:27, 참고 5:22

에스겔도 인자라고 불렸는데 예수님께서 인자라고 불리는 것과 완전히 다른 것입니다. 성경 말씀에서 인자라는 이름의 주어는 항상 예수님 자신이셨습니다. 다시 말해서 오직 예수님만이 자신을 가리켜 인자라고 스스로 부르셨지 예수님 이외의 누구도 예수님을 인자라고 부른 적이 없습니다. 예외가 단 한 번 있는데 그것은 스테판 집사가 순교하기 전에 하늘에서 자신을 영접하려고 그 자리에서 일어난 예수님을 가리켜서 인자라고 부른 적이 있습니다.행7:56 여기서 인자는 보좌에 앉으신 왕이라는 의미가 연결되어 있습니다. 심판의 시간과 연결해서는 심판자, 재판자라는 의미가 있습니다. 이 의미는 마가복음 14:62절에 확인되어 있습니다. 요한계시록 1:13절에 보면 요한은 밧모섬에서 자신에게 현현하신 예수님을 가리켜 "인자와 같은 이"one like a son of man라고 묘사합니다. 부활하시고 영광을 얻으신 하늘에 계신 예수님은 인자와 같은 이입니다.

(2) 요한은 바로 예수님께서 오신 그때가 종말의 때라는 말씀을 하면서 예수님께서 이미 심판을 시작하셨다는 것을 의미했습니다. 예수님께서는 이 세상을 심판하러 오신 것이 아니라 구원하러 오셨다고 말씀하셨습니다.요12:47 그러나 요한복음 5:24절에 "내가 진실로 진실로 너희에게 이르노니 내 말을 듣고 또 나 보내신 이를 믿는 자는 영생을 얻었고 심판에 이르지 아니하나니 사망에서 생명으로 옮겼느니라"라고 말씀합니다. 여기서 예수님을 믿는 사람들은 사망에서 생명으로 이미 옮기어졌습니다. 그때는 현재입니다. 따라서 종말에 있을 심판이 현재 이루어진 것을 의미하는 것입니다. 따라서 예수님을 믿지 않는 자들은 하나님의 진노가 현재 그들 위에 머무르고 있다고 말씀합니다.요3:36

(3) 예수님께서 심판하시는 장면은 8장 1절에 나옵니다. 예수님은 간음하다가 현장에서 잡혀온 한 여인을 판결하는 유대인들 앞에서 땅에 글자를 쓰심으로써 그들이 나이 많은 자로부터 시작해서 한 사람씩 한 사람씩 그곳을 떠나가게 하셨습니다. 그리고 그녀에게 나도 너를 정죄하지 않는다고 말씀하시고 다시는 그와 같은 죄를 짓지 말라고 말씀하심으로써 그녀의 죄를 사해주셨습니다. 그리고 이어서 예수님께서는 자신이 하는 판단은 참된 판단이라고 증거하셨습니다.요8:15~16 8장 44절에는 예수님은 자신을 대적하는 유대인들에게 마귀의 자식이라고 말씀했는데 이는 종말적인 심판, 오늘날의 선고라고 볼 수 있습니다. 그것은 테러와 전쟁을 벌이는 대통령이 어떤 범죄자에게 당신은 빈 라덴이라고 말한 것보다 더 치명적인 선언이라고 볼 수 있습니다. 이는 곧 그들의 죄가 사함 받지 못하는 죄라는 뜻입니다.

(4) 예수님의 심판은 의롭습니다. 그것은 아버지 하나님의 뜻에 따라 내리는 심판이기 때문입니다.요5:30 예수님께서는 이제 세상을 심판할 때가 이르렀다고 말씀하셨습니다. 그리고 이 세상 임금인 마귀가 쫓겨났다고 말씀하십니다.요12:31 그것은 예수님께서 십자가에서 죽으실 것과 연관되어 있었습니다.요12:32 이 세상 사람들이 받아야 할 형벌을 예수님께서 십자가에서 대신 받으심으로써 그때까지 하나님의 백성을 참소하던 사탄도

더는 그들에 대해서 참소할 수 없게 된 것입니다. 이제 죄의 권세는 사라지고 은혜의 시대가 이르게 되었습니다.

6. 예수님은 누구 신가?

(1) 진정한 신랑 예수

요한복음 2장 1절부터 11절까지의 말씀에서 우리는 참 신랑이신 예수그리스도를 봅니다. 예수님과 그 제자들은 혼인 잔치에 청함을 받았습니다. 잔치 도중 포도주가 떨어지자 마리아는 예수님께서 이를 해결해 주시기를 요구했습니다. 예수님께서는 여섯 개의 돌 항아리에 물을 가득 채우게 하시고 연회장에 가져다주라고 명하셨습니다. 연회장은 물로 된 포도주를 맛보고 좋은 포도주를 나중까지 내온 것을 탄복했습니다. 이 이야기를 통해서 요한은 예수님께서 그리스도인들의 참 신랑임을 말씀하고 있습니다. 예수님과의 혼인 잔치를 위해 우리는 종말 때까지 기다릴 필요가 없습니다. 왜냐하면, 이미 잔치가 시작되었기 때문입니다.

요한복음 4장 1절부터의 이야기에서도 예수님께서 신랑의 모습으로 나타납니다. 그는 야곱의 우물가에서 남편 다섯이 있었던 한 사마리아 여인과 대화하셨습니다. 예수님께서는 사마리아 여인에게 자신이 주는 생수를 마시면 영원히 목마르지 않는다고 말씀하고 계십니다. 이 여인은 예수님께서 유대인들이 기다리던 바로 그 메시아라는 사실을 깨달았습니다. 그녀는 이전의 다섯 신랑과의 삶 때문에 심령이 지칠 대로 지쳐 있다가 참 신랑 예수님을 만나자 비로소 영혼의 평화를 맛보았습니다. 그녀는 자신의 부끄러운 과거도 잊은 채 자기 마을로 뛰어가 마을 사람들에게 자신이 메시아를 만났다고 전했습니다. 그리고 그 사마리아 사람들도 참 신랑 예수를 만나게 되었습니다.

(2) 예수님은 진정한 성전

요한복음 2:13~25절에 예수님께서는 예루살렘 성전에 들어가시어 성전 안에서 소와 양과 비둘기 파는 사람들과 돈 바꾸는 사람들의 앉은 것을 보시고 노끈으로 채찍을 만들어 양이나 소를 다 성전에서 내어 쫓으시고 돈 바꾸는 사람들의 돈을 쏟으시며 상을 엎으셨습니다. 유대인들이 예수께 표적을 구하자 예수님께서 말씀하셨습니다. 너희가 이 성전을 헐라 그러면 내가 사흘 만에 일으킬 것이다. 이는 예수님께서 성전 된 자기육체를 가리키심이었습니다. 이는 요한복음 4:24절의 말씀과 연결됩니다. 즉 이제 종말이 도래했고 예배하는 자는 예루살렘 성전에서도 아니고 그리심산에서도 아니고 오직 예수 그리스도의 이름으로 하나님께 예배하게 되었다는 것입니다. "하나님은 영이시니 예배하는 자가 영과 진리로 예배"해야 됩니다. 이 말씀은 사도행전 7장의 스테판의 설교 핵심과 연결됩니다. 스테판은 하나님은 사람의 손으로 만든 성막이나 성전에만 계신 것이 아니고 예배자는 어디서나 예배할 수 있게 되었고 예수님의 이름으로 예배해야 한다는 것을 설교했습니다.

(3) 하늘에서 내려온 떡 예수

예수님은 하늘에서 내려온 만나라고 말씀하셨습니다. 예수님께서는 이 땅에서 말미암은 분이 아닙니다. 예수님께서 오신 곳은 하늘이며, 아버지의 품입니다. 예수님께서는 자신의 살을 먹으라고 말씀하셨습니다.요6:54 예수님의 살은 참된 양식이요 예수님의 피는 참된 음료입니다.요6:55 이는 예수님을 하나님의 아들로서 믿으라는 말씀입니다. 그 하신 말씀을 진리로 받아들이라는 뜻입니다. 예수님의 말씀을 받아들이는 자는 이미 깨끗해졌다고 선언되었습니다.요15:3

(4) 모세를 능가하는 예수

율법은 모세로부터 말미암았고 은혜와 진리는 예수 그리스도로부터 말미암았습니다.요1:17 여기서 우리는 예수 그리스도의 시대가 모세의 율법의 시대를 능가한다는 것을 알 수 있습니다. 예수님께서는 이를 더 실제로 보여주시기 위해서 안식일에 일하셨습니다. 모세의 법에 의하면 안식일에 안식하라고 되어 있었습니다.출20:8 하지만 그것은 안식일에 병자를 고치거나 전도하는 일을 쉬라는 말씀이 아니었습니다. 예수님께서는 아버지께서 지금까지 일하시니 나도 일한다고 말씀하셨습니다.요5:17 안식일에 우리는 계속해서 하나님의 일을 해야 합니다. 하지만 우리는 생계를 위한 일상적인 일들로부터 안식해야 합니다. 바리새인들은 이 뜻을 왜곡하고 안식일에 벼 이삭을 까먹지 못하게 한다든지 자리를 들고 자리에서 일어나 걸어가면 안 된다든지 안식일에 진흙에 침을 섞어 눈에 바르면 안 된다든지 하는 식의 안식일 법을 백성에게 가르쳐 지키게 했습니다. 이는 안식일의 본뜻을 실천하지 않고 율법주의적인 원칙들을 백성에게 지우는 것이었고 또 한 편으로는 안식일을 지키는 일을 의식화하거나 형식화한 것이었습니다. 예수님께서 저들을 책망하여 말씀하시기를 "모세를 믿었더라면 또 나를 믿었으리니 이는 그가 내게 대하여 기록"하였기 때문이라고 말씀했습니다. 저들은 자신들이 모세의 제자라고 주장했지만 사실 그들은 모세의 율법을 왜곡해서 해석하고 있었고 그 본질을 버린 채 껍데기만 지키고 있었습니다.

⑸ 빛이신 예수

요한복음 1:5절에서 예수님은 이 세상에 오신 빛이시라고 말씀합니다. 요한복음 9:5에서도 예수님께서는 이 세상의 빛이시라고 말씀하십니다. 따라서 누구든지 예수그리스도를 믿으면 어둠에 거하지 않습니다. 요한일서 1:5절에서 하나님은 빛이시니 그에게는 어둠이 없다고 말씀하십니다. 우리는 예수그리스도를 믿을 때 빛을 소유한 자가 됩니다. 이 빛은 세상을 비추는 빛입니다. 이 진리의 빛이 비치는 곳에 사람들은 밝히 길을 볼 수 있습니다. 이 빛은 어둠과 대조되는 것이 아닙니다. 어둠은 낮과 대조됩니다. 이 빛은 태양빛과 같은 자연의 빛도 아닙니다. 또 이 빛은 창세기 1장에서 하나님께서 창조하신 빛도 아닙니다. 이 빛은 형이상학적 빛입니다. 진리 혹은 생명과 대체될 수 있는 개념의 빛입니다.

⑹ 생명이신 예수

요한복음에서 '생명'이라는 단어는 무려 50회 가까이 사용되고 있을 정도로 중요한 단어입니다. 예수님이 생명이시기 때문에 누구든지 예수님을 믿으면 영생을 얻습니다. 예수님은 생명의 떡입니다.요6:48 누구든지 이 생명의 떡을 먹는 자는 장차 부활 때에 생명의 부활을 하게 됩니다. 예수님은 부활이요 생명이십니다. 누구든지 예수를 믿는 자는 죽어도 살겠고 무릇 살아서 예수님을 믿는 자는 영원히 죽지 않습니다.요11:25 예수를 믿지 않는 자는 육신적으로는 살았으나 영적으로는 죽은 상태에 있습니다. 예수님을 믿는 자는 살아있고 또 죽어도 지옥에 가지 않고 천국에서 영생을 얻습니다. 따라서 그들은 육신적으로 죽었어도 죽은 것이 아닙니다. 단지 자고 있을 뿐입니다. 예수님께서는 죽은 지 사흘이 된 나사로가 자고 있다고 표현하셨습니다.

(7) 사랑이신 예수

요한복음에서 사랑이란 단어는 56번 사용되었습니다. 그만큼 사랑은 중요한 가르침입니다. 하나님께서는 세상을 이처럼 사랑하사 그 독생자 예수를 이 땅에 보내셨습니다. 이는 누구든지 예수님을 하나님의 아들로 믿으면 영생을 주시려 하셨기 때문입니다. 하나님께서는 예수를 사랑하셨기 때문에 모든 것을 그에게 맡기셨습니다.요3:35 그리고 자신이 하시는 모든 일을 그에게 보여 주셨습니다.요5:20 하나님께서 예수님을 사랑하시는 이유는 그가 자기 목숨을 십자가의 죽음에 내어놓기 때문이었습니다.요10:17 예수님께서는 그 제자들을 끝까지 사랑하시어 돌아가시기 전날 밤 최후의 만찬 자리에서 식사도중 자리에서 일어나시어 겉옷을 벗으시고 수건을 가지고 허리에 두르시고 대야에 물을 담아 제자들의 발을 씻기시고 그 두르신 수건으로 씻기셨습니다.요13:4~6

예수님의 사랑은 이렇게 낮아질 대로 낮아지시는 겸손하심으로 표현되었습니다. 그 겸손하심은 십자가의 돌아가심의 고통을 맛보시는 자리까지 낮아지시는 것이었습니다. 예수님께서는 제자들의 발을 씻기시고 저들도 이처럼 하라고 명령하셨습니다. 이는 단지 서로 간에 겸손히 낮아져서 섬기는 것만 의미할 뿐 아니라 자신의 십자가의 고통을 맛보는 자리까지 낮아지는 것을 말씀하는 것이었습니다.

예수님의 사랑에서 또 특기할 점은 예수님께서 자신을 팔 유다를 끝까지 사랑하시고 그의 발까지 씻어 주셨다는 것입니다. 여기에 그치지 않고 예수님께서는 떡을 찍어 그의 입에 가져다 먹이시기까지 하셨습니다. 이는 원수를 사랑하라고 산상수훈에 말씀하신 가르침을 실제로 실천해 보이신 것입니다. 그리고 제자들에게 서로 사랑하라는 명령을 주시면서 이로써 저들이 예수님의 제자라는 사실을 사람들이 알게 될 것이라고 말씀하셨습니다. 사랑이 없으면 우리는 진정한 예수님의 제자가 아닙니다.요13:35 우리가 예수님을 사랑하면 그의 계명도 지킬 것입니다.요14:15 그리고 하나님 아버지께서도 우리를 사랑하실 것입니다.요14:21 우리가 하나님을 사랑하려 하면 우리는 예수님의 사랑에 거해야 합니다.요15:10 그것은 예수님께서 아버지께로부터 오셨다는 것을 믿는 것이며 그러면 하나님께서는 우리를 사랑하실 것입니다.요16:27 하나님께서는 태초 전부터 예수님을 사랑하셨고 그 영광을 예수님께 주셨습니다.요17:24 우리가 예수님을 믿게 되면 그 영광을 보게 될 것입니다. 그리고 아버지께서 아들 예수를 사랑하셨던 그 사랑이 우리 속에도 있게 될 것입니다.요17:26

(8) 참 포도나무이신 예수

예수님은 참 포도나무이시고 하나님 아버지는 농부이십니다.요15:1 우리는 가지입니다. 따라서 가지인 우리는 참 포도나무이신 예수님께 붙어 있어야 열매를 맺을 수 있습니다. 가지가 포도나무에 붙어 있다는 말은 우리가 예수님의 말씀에 거한다는 뜻입니다. 만일 우리가 예수님의 말씀에 거하지 않으면 우리는 예수님께 붙어 있지 못하게 되고 열매를 맺지 못하게 됩니다. 그 결과는 심판입니다. 곧 열매 맺지 못하는가지는 밖에 버리어 모여져 불살라집니다.요15:6 우리가 열매를 많이 맺으면 하나님께 영광을 돌리게 되고 우리는 예수님의 제자가 되게 됩니다.요15:8 우리는 예수님의 계명에 거해야 하는데 그것은 서로 사랑하는 것입니다. 그것은 곧 죽기까지 예수님을 사랑하는 것이요, 형제를 사랑하는 것입니다.요15:12

(9) 참 목자이신 예수

예수님은 참 목자이십니다. 참 목자는 양우리의 문을 통해 들어갑니다. 참 목자는 자기 양의 이름을 각각 불러 인도해 냅니다. 그리고 양은 그의 음성을 듣습니다.요10:3 선한 목자는 양을 위해 목숨을 바칩니다. 이 때문에 아버지께서 저를 사랑하십니다. 양우리의 문을 통하지 않고 다른 데로 넘어들어가는 자는 강도요 절도입니다. 이는 삯군입니다. 삯군은 도적질하고 죽이고 멸망시키는 일을 합니다. 삯군은 목자도 아니요 양도 제 양이 아니므로 이리가 오는 것을 보면 양을 버리고 달아납니다. 그래서 이리는 양을 늑탈하고 해칩니다.요10:12 예수님은 선한 목자이시기 때문에 그 양을 압니다. 그리고 양도 그를 압니다. 양들은 타인stranger의 음성은 알지 못합니다. 그래서 그들을 따라가지 않습니다.

이 말씀은 이스라엘의 선생된 자들과 예수님 자신을 대조해서 가르치신 말씀입니다. 이스라엘의 선생인 바리새인들과 사두개인들은 모세의 제자라고 자처하면서 백성을 잘못된 길로 인도하고 있었습니다. 요한복음 9장에 보면 바리새인들은 나면서 눈먼 자가 자기 죄 때문에 눈이 멀어졌다고 판단하며 그를 천대했습니다. 그리고 자신들은 죄가 없고 빛 가운데 거하고 있다고 여겼지만, 예수님께서는 그들이 어둠 가운데 있다고 책망하셨습니다. 그리고 그들이 장님이 아니고 눈을 뜨고 본다고 자랑하자 그들의 죄가 거저 있다고 정죄하셨습니다.요9:41

에스겔 34장에 보면 하나님께서는 이스라엘의 지도자들을 책망하고 계십니다.

여호와의 말씀이 내게 임하여 이르시되 인자야 너는 이스라엘 목자들에게 예언하라 그들 곧 목자들에게 예언하여 이르기를 주 여호와께서 이같이 말씀하시되 자기만 먹는 이스라엘 목자들은 화 있을진저 목자들이 양 떼를 먹이는 것이 마땅하지 아니하냐 너희가 살진 양을 잡아 그 기름을 먹으며 그 털을 입되 양 떼는 먹이지 아니하는도다 너희가 그 연약한 자를 강하게 아니하며 병든 자를 고치지 아니하며 상한 자를 싸매 주지 아니하며 쫓기는 자를 돌아오게 하지 아니하며 잃어버린 자를 찾지 아니하고 다만 포악으로 그것들을 다스렸도다 목자가 없으므로 그것들이 흩어지고 흩어져서 모든 들짐승의 밥이 되었도다 내 양 떼가 모든 산과 높은 멧부리에마다 유리되었고 내 양 떼가 온 지면에 흩어졌으되 찾고 찾는 자가 없었도다.겔34:1~6

이스라엘 목자들이 그 양들을 흩어지게 하고 들짐승의 밥이 되게 했으므로 하나님께서는 그들을 대적하시겠고 이제 하나님께서 친히 그 양의 목자가 되시겠다고 선언하십니다.겔34:15 그리고 한 목자를 그들의 위에 세워 먹이게 하겠다고 말씀하셨습니다. 이는 다윗이니 곧 예수님을 예표하는 왕이었습니다. 따라서 요한복음 10장은 에스겔 34장의 예언의 성취를 나타내는 장이라고 할 수 있습니다.

7. 헛된 믿음을 가진 니고데모

니고데모는 밤에 예수님을 찾아왔습니다. 그리고 예수님의 책망을 받았습니다. 그는 거듭나야 함의 뜻이 무엇인지 모르고 자신이 어머니의 뱃속에 들어갔다가 다시 태어나는 것을 말하는 것이냐고 되물었습니다. 이에 예수님께서는 사람이 물과 성령으로 거듭나지 않으면 하나님의 나라에 들어갈 수 없다고 말씀하셨습니다.요3:5 이는 에스겔 36:25~26절을 배경으로 말씀하신 것인데: "맑은 물을 너희에게 뿌려서 너희로 정결하게 하되 곧 너희 모든 더러운 것에서와 모든 우상 숭배에서 너희를 정결하게 할 것이며 또 새 영을 너희 속에 두고 새 마음을 너희에게 주되 너희 육신에서 굳은 마음을 제거하고 부드러운 마음을 줄 것이며" 니고데모는 바리새인이었고 이스라엘의 선생된 자로서 이 말씀의 뜻을 모르고 있었습니다.

그는 요한복음 7:51절에 "우리 율법은 사람의 말을 듣고 그 행한 것을 알기 전에 심판하느냐"라고 말함으로써 예수님을 방어해 주는 것 같은 태도를 보이지만, 사실 그가 예수님을 믿었다면 예수님을 하나님의 아들이라고 산헤드린에서 증거해야 했습니다. 하지만 그는 그렇게 하지 않았고 요한은 이렇게 말씀합니다: "그러나 관리 중에도 그를 믿는 자가 많되 바리새인들 때문에 드러나게 말하지 못하니 이는 출교를 당할까 두려워함이라" 즉 관원의 한 사람이었던 니고데모도 예수님을 드러나게 증거하지 않았는데 그것은 출교당할 것을 두려워했기 때문입니다. 출교는 그의 지위, 권력, 존경, 재물, 가족 등 모든 것을 잃게 되는 것을 의미했습니다. 그래서 그는 예수님을 사람들 앞에서 고백하지 않았고, 헛된 믿음을 가진 채 만족하는 위선자였을 뿐입니다. 하나님의 나라에 들어가려고 자신의 전 재산을 팔아 보화가 묻혀 있는 땅을 사는 자와 같은 믿음은 가지지 못한 자였습니다. 마태는 마태복음 6:24절에서 하나님과 맘몬(돈)을 함께 사랑할 수 없다고 분명히 말씀하고 있습니다.

요한복음 19:38절 이하에 보면 니고데모는 아리마대 요셉과 함께 빌라도에게 가서 예수의 시신을 요구했습니다. 그는 몰약과 침향 섞은 것을 백 근쯤 가지고 왔습니다.[요19:39] 이 사실로써 니고데모가 온전한 믿음을 가지게 되지 않았느냐고 말할 수도 있겠지만, 사실 믿음이 없이도 이 정도의 예의 있는 행위를 할 수 있는 규범적인 신사들도 사회에는 찾아볼 수 있습니다. 우리는 니고데모가 나중에 믿음이 있는 사람으로 변했는지 변하지 않았는지 알 수 없습니다. 다만, 분명한 것은 요한은 이 복음서에서 니고데모가 유대의 관원으로서 출교가 두려워 사람들 앞에서 담대히 예수님을 증거하지 못한 사람으로 기술하고 있다는 점입니다. 요한은 니고데모의 태도를 우리가 본받지 말아야 할, 경계해야 할 태도로써 서술하고 있습니다.

8. 참 믿음

요한복음 2:23~24절을 보면 "유월절에 예수께서 예루살렘에 계시니 많은 사람이 그의 행하시는 표적을 보고 그의 이름을 믿었으나 예수는 그의 몸을 그들에게 의탁하지 아니하셨으니 이는 친히 모든 사람을 아심이요"라고 말씀하십니다. 이는 예수님께서 그들이 예수님을 믿는다고 고백하는 고백을 신뢰하지 않으신다, 혹은 인정하지 않으신다는 뜻입니다. 왜냐하면, 그들은 입으로만 믿음을 고백하고 마음으로 믿는 믿음이 없었기 때문이었습니다. 요한복음 6:66절에 보시면 "그 때부터 그의 제자 중에서 많은 사람이 떠나가고 다시 그와 함께 다니지 아니하더라"라는 말씀이 있습니다. 이 사람들은 예수님의 제자들이었습니다. 하지만 그들은 예수님을 떠났고, 다시는 그와 함께 다니지 아니하였습니다. 이는 그들이 믿음을 떠났다는 것을 말합니다. 그들은 예수님께서 그 살을 먹고 그 피를 먹어야 영생을 가진다고 말씀하실 때 이 말씀을 받아들이지 않았습니다.[요

6:61 이는 예수님께서 자신을 하나님으로 믿으라고 말씀하시는 것이기 때문이었습니다. 그들은 예수님을 하나님의 아들로 믿지 않았습니다. 그냥 그들은 예수님께서 메시아, 혹은 민족을 로마에서 구원할 해방자가 되기를 바라면서 예수님을 잠시 따라다니던 사람들이었습니다.

요한복음 8:31절의 말씀을 보면, 예수님께서 자기를 믿은 유대인들에게 이르시되 너희가 내 말에 거하면 참 내 제자가 되리라고 말씀하셨습니다. 이 말씀은 예수님께서 전에 자신을 믿던 유대인들에게 말씀하시고 계신 것이었습니다. 이를 볼 때 그들은 더는 예수님을 믿지 않는다는 것을 의미하는 말씀임을 알 수 있습니다. 그들은 자신들이 아브라함의 자손이라는 사실을 자랑으로 여기고 있던 자들이었습니다. 즉 자신들이 아브라함의 자손이기 때문에 구원의 완전한 조건을 가지고 있다고 믿었습니다. 예수님을 믿어야 구원받는다는 가르침을 거부했습니다. 그것은 자신들의 유일신 개념을 위반하는 가르침이었기 때문이었습니다. 그들은 예수님을 민족의 해방자로서 기대했지 하나님으로 믿는 것은 거부했습니다. 그들은 오히려 예수님의 가르침에 대적해서 그가 귀신들렸다고 정죄했습니다.요8:48 예수님께서 "아브라함이 나기 전부터 내가 있느니라"라고 말씀하시니 그들은 돌을 들어 치려 했습니다.요8:59 이것을 볼 때 이들의 믿음은 온전한 믿음이 아니라 헛된 믿음이었음을 알 수 있습니다.

사실 이 유대인들의 헛된 믿음은 니고데모의 태도에 잘 반영되어 있습니다. 앞에서도 보았듯이 니고데모의 헛된 믿음은 요한복음 3장 1 절부터 기록된 니고데모와 예수님의 대화 내용에 나와 있습니다. 니고데모는 유대의 선생이었고 바리새인이었으며 산헤드린 공회원이었습니다. 그는 예수님을 밤에 찾아왔습니다. 그것은 그가 예수님을 만나는 것을 사람들에게 보이고 싶지 않기 때문이었습니다. 그리고 예수님을 선생이라고 불렀습니다. 그 이유는 예수님께서 행하신 기적을 존경했기 때문이었습니다. 하지만 그는 예수님을 믿지 않았습니다. 그래서 예수님의 책망을 받았습니다. 예수님께서는 말씀하시기를 "사람이 물과 성령으로 나지 아니하면 하나님의 나라에 들어갈 수 없느니라"요3:5 니고데모는 거듭나지 않았습니다. 왜냐하면, 예수님을 하나님의 아들로 온전히 믿은 것이 아니라 그를 하나님께로부터 온 큰 선생으로 여기고 따랐기 때문입니다. 그래서 그는 그가 가진 사회적 지위와 위치를 희생하면서까지 예수님을 따르기를 원치 않았습니다. 다른 관리들도 그랬듯이 그는 담대히 예수님을 고백하고 증거하지 않고 자신이 믿는 자임을 숨기고 있었습니다. 그것은 그가 유대교에서 출교를 당할까 두려워했기 때문입니다.요12:42

그렇다면 참 믿음은 무엇일까요. 우리는 크게 사랑, 고백, 견인을 참 믿음의 세 요소라고 말할 수 있습니다.

첫째, 사랑이 없는 믿음은 죽은 믿음입니다. 하나님을 사랑하는 자는 그 계명을 지킵니다. 그것은 예수님을 주님으로 고백하고 그 말씀에 거하는 것입니다. 예수님께서는 요한복음 13:34절에 새 계명을 주셨습니다. 이는 우리가 서로 사랑하는 것입니다. 그로 말미암아 우리가 예수님의 참 제자임을 사람들이 알게 될 것입니다.요13:35 예수님께서는 사랑하라는 계명을 주시기 전에 먼저 무엇이 사랑인지 몸소 실천해 보여 주셨습니다. 요한복음 13장에 보면 예수님께서는 선생이셨지만, 그 제자들 앞에서 겉옷을 벗으시고 수건을 허리에 두르시고 그들 앞에 몸을 굽혀 겸손하게 그들의 가장 더러운 냄새 나는 몸의 부위인 발을 하나씩 씻겨 주시기 시작했습니다. 이는 유대인의 사회에서는 상상할 수 없는 일이었습니다. 유대의 선생들은 제자들을 절대로 대접하지 않았고 그들의 발을 씻겨 준다는 일은 상상할 수도 없는 일이었습니다. 하지만 예수님께서는 선생으로서 그들을 섬기는 본을 먼저 보이셨습니다. 베드로는 너무나 송구스러운 나머지 예수님께서 자신의 발을 씻기지 못하게 했습니다. 하지만 예수님께서는 내가 너의 발을 씻지 않으면 너와 나는 아무 상관이 없다고 말씀하시면서 베드로의 발을 씻어 주셨습니다.

여기서 놀라운 것은 예수님께서 유다의 발도 씻겨주셨다는 것입니다. 예수님은 유다가 곧 자신을 배반하고 제사장들에게 자신을 팔아넘길 것을 알고 계셨습니다. 유다는 곧 예수님의 원수였습니다. 예수님께서는 이를 그가 맨 처음 제자가 된 순간부터 알고 있었을 것입니다. 하지만 예수님께서는 그를 미워하지 않으셨습니다. 그를 3년 동안 데리고 다니시면서 그를 사역에 참여시키셨습니다. 유다는 이와같은 예수님의 사랑을 배신으로 갚았습니다. 그럴지라도 예수님은 유다를 차별하지 않으시고 끝까지 사랑하셨습니다. 그리고 최후 만찬을 함께 하시면서 유다에게 떡을 찍어 그 입에 먹여 주시기까지 하셨습니다. 이것이 바로 예수님께서 가르치신 사랑의 진수였습니다. 사랑은 그 원수까지도 사랑하는 것입니다. 사랑은 마음으로만 하는 것이 아닙니다. 그저 미워하지만 않으면 되는 수동적 사랑이 아닙니다. 그것은 원수가 주릴 때에 먹여주기까지 하는 적극적 사랑을 말하는 것이었습니다. 원수를 사랑하라고 마태복음 5:44절에 말씀했지만, 요한복음은 그 가르침을 구체적으로 풀어서 그림처럼 보여주고 있다는 차이점을 발견하게 됩니다.

지난 2007년 4월 터키에서는 Necati라는 터키 그리스도인이 모슬림교도들에 의해 무참히 살해된 사건이 있었습니다. 그의 아내 Semse Aydin는 두 아이와 함께 지금도 공포 속에서 살고 있습니다. 자신들도 모슬림 과격분자들에 의해 언제 죽임을 당할지 모르기 때문입니다. 자신의 남편이 순교하고 셈세는 남편을 죽인 자들을 그리스도의 사랑으로 다 용서한다고 발표했습니다. 모슬림 과격분자들은 모하메드의 가르침에 따라 네카티와 다른 두 서양선교사들을 무자비하게 죽였습니다. 모슬림 경전인 코란은 이런 가르침을 포함하고 있습니다: "너희는 비모슬림교도의 목 위를 치고 모든 손가락을 부러뜨려 그들의 마음속에 공포를 심도록하라" ("strike terror into the hearts of unbelievers" by smiting them above the neck and striking every finger (Surah 8:12)). 그 모슬림들은 네카티의 손가락을 잘랐고 기관과 식도를 잘랐습니다. 그리고 얼굴을 난자…(이상). 이렇게 참으로 끔찍하게 그들은 네카티를 죽였습니다. 모슬림교도들의 이와 같은 잔인함과는 달리 예수님은 사랑을 가르치셨습니다. 원수를 사랑하라. 바로 이 점이 기독교와 이슬람교의 차이입니다.

사랑은 진실로 그리스도인들의 지울 수 없는 태도입니다. 이로서 세상은 우리가 그리스도의 제자임을 알 수 있다고 예수님께서는 말씀하셨습니다. 갈라디아서 5:6절에서 사도바울은 "그리스도 예수 안에서는… 사랑으로써 역사 하는 믿음뿐이"라고 말씀합니다. 이는 사랑과 믿음은 동전의 앞뒤 면과 같다는 말씀입니다. 사랑이 없는 믿음은 위선적인 믿음입니다. 믿음이 없는 사랑은 자신의 의를 쌓을 뿐입니다. 예수님께서는 요한복음 15:12~14절에서 이렇게 말씀하셨습니다: "내 계명은 곧 내가 너희를 사랑한 것 같이 너희도 서로 사랑하라 하는 이것이니라 사람이 친구를 위하여 자기 목숨을 버리면 이보다 더 큰 사랑이 없나니 너희는 내가 명하는 대로 행하면 곧 나의 친구라"

둘째, 진정한 참 믿음은 어떤 믿음일까요. 우리는 우리의 신앙을 고백해야 합니다. 로마서 10:9절의 말씀에 "네가 만일 네 입으로 예수를 주로 시인하며 또 하나님께서 그를 죽은 자 가운데서 살리신 것을 네 마음에 믿으면 구원을 받으리라"라고 말씀합니다. 따라서 예수님을 입으로 시인함으로써 우리는 구원을 받습니다. 이는 세례 받을 때 공중 앞에서 입으로 시인하는 것만을 말하지 않습니다. 핍박을 받을 때 죽음 앞에서도 굴하지 않고 예수님을 시인하는 것을 포함합니다. 누가복음 12:8~9절의 말씀에 "내가 또한 너희에게 말하노니 누구든지 사람 앞에서 나를 시인하면 인자도 하나님의 사자들 앞에서 그를 시인할 것이요 사람 앞에서 나를 부인하는 자는 하나님의 사자들 앞에서 부인을 당하리라"라고 말씀합니다. 요한일서 4:2절에 예수께서 육체로 오신 것을 시인confess해야 된다고 분명히 쓰여 있습니다. 요한복음 9장에 보시면 한 눈먼 장님은 공회에 소환되어 심문을 받고 출교의 위협을 받았지만, 끝까지 예수님을 시인함으로써 결국 출교를 당했습니다. 그리고 바로 길가에서 예수님을 만나서 그를 경배하는 영광을 누리기까지 했습니다. 하지만, 그의 부모들은 출교를 두려워해서 공회 앞에서 끝까지 예수님을 증거하지 않았습니다. 요한복음 21:15절 이하에 베드로는 예수님을 끝까지 사랑해서 순교하기까지 했습니다. 바로 이것이 요한이 가르치는 참 믿음입니다.

마태복음 10:32~33절은 이렇게 말씀합니다: "누구든지 사람 앞에서 나를 시인하면 나도 하늘에 계신 내 아버지 앞에서 그를 시인할 것이요 누구든지 사람 앞에서 나를 부인하면 나도 하늘에 계신 내 아버지 앞에서 그를 부인하리라 내가 세상에 화평을 주러 온 줄로 생각하지 말라 화평이 아니요 검을 주러 왔노라"

이 말씀에서 보면 종말 때에 예수님께서 시인하는 자는 천국에 들어가고 예수님께서 시인하지 않는 자는 천국에 들어갈 수 없다는 말씀을 하고 계십니다. 외국에 갔다가 본국에 다시 들어올 때 비자를 검사하는 창구가 있습니다. 여기서 통관원의 시인을 받아야 본국에 입국할 수 있습니다. 만일 어떤 결격 사유 때문에 그 통관원이 통과시키지 않으면 본국에 들어오지 못하고 출발지로 돌아가야 합니다. 마찬가지로 사람들 앞에서 예수님을 시인하지 않는 사람은 예수님도 이 사람을 시인하지 않겠다고 말씀하십니다. 좋은 예는 마태복음 7:21~23절의 말씀에 기록되어 있습니다. 심판 때 예수님 앞에 당당하게 나왔다가 예수님께 호된 책망을 받고 쫓겨난 자들이 바로 이 상황에 해당하는 사람들이었습니다. 그들은 예언도 했고 귀신도 쫓아냈고 기적도 행하던 사람들입니다. 그러나 그들은 악을 행하는 자들이라고 예수님의 책망을 받고 예수님의 나라에 들어가지 못했습니다. 그것은 그들이 말씀대로 하지 않고 그 집을 반석 위에 짓지 않았기 때문이었습니다.마7:24 이하

마태복음 문맥에서 보면 이 구절은 마태복음 23장에서 예수님께서 바리새인들에게 호되게 책망하신 부분과 연결됩니다. 바리새인들은 선생된 자들로써 가르치기를 잘했지만, 자신들의 가르침을 실천하지 않던 위선자들이었습니다. 우리도 예수님을 믿는다고 하면서 예수님을 고백하는 삶을 살지 않는다면 우리가 가진 믿음을 참 믿음이라고 할 수 없습니다. 어떤 그리스도인이라고 자처하는 정치인은 선거에서 이기려고 불교신자들의 표도 확보할 필요가 있었습니다. 그래서 그는 불교 사찰에 가서 시주도 하고 참선도 하고 불상에 절까지 하는 행동을 합니다. 이는 그리스도인으로서 할 수 있는 일이 아닙니다. 그는 예수님을 고백하는 행위와는 정반대의 행위를 하는 것입니다. 그는 대통령이 되는 것보다 예수님을 사람들 앞에서 시인하는 일을 더 귀중하게 생각해야 옳습니다. 우리는 이

정치인이 가진 신앙이 참으로 예수님을 고백하는 신앙이 아님을 알 수 있습니다. 사드락 메삭 아벳느고는 유일한 하나님을 경배할 때 느부갓네살 왕의 우상에 절할 수 없었습니다. 그들은 끝까지 절하지 않고 하나님을 고백하다가 풀무불 속에 던져졌습니다. 하지만 그들은 머리털 끝 하나 다치지 않고 그 풀무불 속에서 건져냄을 당했습니다. 이 믿음이 참된 믿음임을 알 수 있습니다.

셋째로, 참 믿음을 가진 자는 예수님의 말씀에 끝까지 거합니다. 요한복음에 거한다(메노우)는 동사가 22번이나 사용되고 있습니다. 이는 마태복음에 2번, 마가복음에 2번, 누가복음에 3번 사용된 것과 비교해 보면 얼마나 요한이 "거한다"는 동사를 많이 사용했는가를 알 수 있습니다. 그 중에서도 요한복음 15장 1~11절은 이 "거한다"라는 동사가 아주 집중적으로 사용되고 있는 부분입니다. 즉 우리가 포도나무에 거해야 열매를 맺을 수 있다는 것입니다. 여기서 거한다는 것은 예수님의 증거 된 말씀을 믿고 이 말씀을 신뢰하고 살아야 한다는 뜻입니다. 그럴 때에 만이 우리는 성령의 열매를 맺을 수 있고 종국에는 구원을 받을 수 있는 것입니다.

요한복음 8:31~32절은 이렇게 말씀합니다: "그러므로 예수께서 자기를 믿은 유대인들에게 이르시되 너희가 내 말에 거하면 참으로 내 제자가 되고 진리를 알지니 진리가 너희를 자유롭게 하리라"

여기서 "거하면" 이란 동사는 메노우라는 헬라 동사의 번역입니다. 곧 예수님의 말씀에 거하는 것은 예수님의 가르침을 버리지 않고 끝까지 지키는 것을 말합니다. 예수를 믿은 이 유대인들은 예수님의 가르침에 거하지 않고 다 배교했습니다. 요한복음 8:59절에 보면 저들은 돌을 들어 예수를 쳐 죽이려 했습니다. 그들은 예수께서 기적을 행하고 병을 고치고 많은 사람이 따를 때 그 힘을 모아 로마를 물리치기를 원했을 것입니다. 하지만 예수님께서 자신이 하나님의 아들이고 하늘에서 내려온 참 떡이고 모세보다 큰 자이며 아브라함이 있기 전에 있는 자라고 가르칠 때 이 가르침을 받아들이지 않고 예수님의 가르침에 분노했습니다. 그들은 유일신을 믿고 있었기 때문에 예수님의 신성을 인정하지 않은 것입니다. 그들은 요한복음 6:66절의 말씀대로 예수님을 떠나 다시는 그와 함께 다니지 않았고 예수님을 공격하는 무리와 함께 했습니다. 예수님의 제자 중에 이와 같은 사람이 한 사람 있었습니다. 그는 가룟 유다였습니다. 유다도 예수님의 말씀을 받아들이지 않은 자였습니다. 요한복음 6:70절에 유다는 마귀라고 되어 있습니다. 마귀는 예수님을 대적하는 자였습니다. 예수님을 통해 구속을 이루시려는 하나님의 구속 사역을 총체적으로 대적하는 자가 마귀였습니다. 요한복음 17:12절에 유다는 멸망의 자식이라고 묘사되어 있습니다. 이는 그가 예수님의 말씀에 거하지 않았기 때문에 이렇게 된 것입니다.

요한은 성도가 참고 견딜 것을 말씀합니다. 성도는 예수님의 말씀에 거해야 합니다. 히브리서 3:6절의 말씀은 "그리스도는 하나님의 집을 맡은 아들로서 그와 같이 하셨으니 우리가 소망의 확신과 자랑을 끝까지 굳게 잡고 있으면 우리는 그의 집이라"고 말씀합니다. 이 말씀은 우리가 하나님의 집인 것은 우리가 예수님의 말씀에 견고히 거할 때에만 가능하다는 것을 말씀합니다. 만일 불신앙에 떠내려간다면 우리는 반석 위에 집을 짓지 못한 자들처럼 창수가 일어날 때 그 집이 다 부서지고 말 것입니다.[히 2:1 이하]

민수기 14장에 보면 모세에 의해 애굽에서 탈출했던 이스라엘 백성은 하나님께서 모세를 통해 약속해 주신 축복의 말씀에 거하지 못했습니다. 여호수아와 갈렙 등 열두 정탐꾼들이 정탐을 마치고 모세에게 보고했습니다. 여호수아와 갈렙은 하나님 약속의 땅이 젖과 꿀이 흐르는 땅임을 보고 했습니다. 그리고 가나안인들을 쳐서 물리치고 그 땅을 취하자고 했습니다. 하지만 다른 열 정탐꾼은 하나님의 약속을 믿지 못했습니다. 그래서 그들은 자신들이 가나안인들에 비하면 메뚜기와 같이 약한 존재여서 그들에게 패할 수밖에 없다고 말했습니다. 이들의 말을 듣고 이스라엘 백성은 격분했습니다. 그리고 모세를 돌로 쳐 죽이려고 했습니다. 그들은 하나님을 대적했고 그들의 믿음 없는 것을 밝히 드러냈습니다. 그들이 하나님 축복의 약속을 믿지 않고 하나님을 대적했을 때 받은 형벌은 민수기

14장에 잘 나와 있습니다. 진 중의 20세 이하의 사람은 무사히 가나안에 들어갔지만 20세 이상의 사람들은 한 사람도 가나안에 들어가지 못하고 다 광야에서 멸망했습니다. 우리는 하나님을 믿는 믿음 가운데 거하는 것이 얼마나 중요한지 알게 됩니다. 예수님께서는 이제 곧 재림하실 것입니다. 우리는 어떤 희생을 치르고서라도 이 믿음 안에 거할 때 예수님의 나라에 들어갈 수 있습니다. 이기는 자에게는 천국 면류관이 마련되어 있습니다.계2~3장

9. 나사로의 부활

예수님께서는 죽은 지 나흘 된 나사로를 부활시키셨습니다. 예수님께서는 죽은 나사로 때문에 우는 마리아와 유대인들을 보시고 심령에 통분히 여기셨습니다. 이는 예수님께서 노하셨다는 의미도 있습니다. 예수님께서 노하신 것은 죽음의 권세 때문이었습니다. 예수님께서 나사로의 무덤에 이르셨을 때 또 다시 속으로 통분히 여기셨습니다. 이는 죽음에 대한 통분이었습니다. 그리고 어쩌면 앞으로 다가올 자신의 죽음에 대한 통분이었는지도 모릅니다.

예수님께서 나사로를 죽음에서 살리신 것은 많은 유대인을 놀라게 했고 그들이 예수님을 믿게 하였습니다. 상황이 이렇게 급변하자 제사장들과 바리새인들은 위협을 느꼈습니다. 그들은 온 세상이 예수님을 좇는다고 말했습니다. 이때 대제사장 가야바는 공회원을 불러 회의를 소집하고 예수님을 죽이기를 결정했습니다. 그들은 증인을 두지도 않고 재판도 열기도 전에 먼저 형을 선고했던 것입니다.

따라서 요한은 예수님께서 체포되시고 죽임을 당하시게 된 직접적인 사건으로써 나사로의 부활 사건을 연결해 설명하고 있습니다. 나사로가 부활한 소문 때문에 나사로를 보려고 예루살렘에서도 많은 사람이 왔습니다. 그리고 그들은 예수님을 믿게 되었고 이후 예수님께서 예루살렘에 입성하실 때 많은 군중이 종려나무가지를 흔들고 자신의 겉옷을 바닥에 양탄자처럼 깔아 나귀를 타신 예수님의 행차를 영접했습니다. 백성의 민

심을 알고 당황한 종교 지도자들은 급기야 누구든지 예수의 행방을 신고하는 자에게 포상을 내걸게 되었고 이에 유다가 은전 30전에 예수님을 그들의 손에 넘겨주겠다고 그들과 함께 계략을 짜게 되었던 것입니다.

오직 요한복음에만 소개된 나사로의 부활 기적은 이처럼 요한복음에서 그 중심부에 있습니다. 요한은 나사로의 부활을 통해서 앞으로 있게 될 예수님의 돌아가심과 부활을 미리 예표하고 있고 또 한 편으로는 앞으로 종말에 있게 될 부활이 현재에 일어났음을 보여 줌으로써 이미 이루어진 종말론을 실제로 보여주고 있습니다. 요한복음 11:24 이하는 이렇게 말씀하고 있습니다:

"마르다가 이르되 마지막 날 부활 때에는 다시 살아날 줄을 내가 아나이다 예수께서 이르시되 나는 부활이요 생명이니 나를 믿는 자는 죽어도 살겠고 무릇 살아서 나를 믿는 자는 영원히 죽지 아니하리니 이것을 네가 믿느냐 이르되 주여 그러하외다 주는 그리스도시요 세상에 오시는 하나님의 아들이신 줄 내가 믿나이다"

10. 예수님께 향유를 부은 마리아

나사로의 부활은 슬픔에 잠겨 있던 마리아에게 너무도 큰 기쁨을 가져다주었을 것입니다. 그래서 베다니의 한 집에서 예수님과 나사로를 잔치에 초대했습니다. 그때 마리아는 예수님께 와서 그 향유를 예수님의 발에 붓고 머리로 예수님의 발을 씻었습니다. 그러자 유다는 분개했습니다. 300 데나리온의 가치가 나가는 그것을 팔아서 가난한 사람들에게 주는 것이 좋았겠다고 말했습니다. 그러자 예수님께서는 그를 책망하시면서 마리아를 칭찬하셨습니다: "예수께서 이르시되 그를 가만 두어 나의 장례할 날을 위하여 그것을 간직하게 하라 가난한 자들은 항상 너희와 함께 있거니와 나는 항상 있지 아니하리라 하시니라" 요12:7~8

마태복음 26:6~13절과 마가복음 14:1~9절에는 마리아의 이름이 익명으로 되어 있고 한 여인이 예수님의 머리에 향유를 부은 것으로 기록되어 있습니다. 이것은 예수님을 왕으로 기름 부은 상징적 사건으로 보는 것입니다. 누가복음 7:36~50절에는 한 죄 많은 여인이 예수께 와서 그 발에 떨어진 눈물을 머리로 닦아 내고 그 발에 향유를 부은 사건이 기술되어 있습니다. 여기서 우리는 마태, 마가, 누가, 요한이 한 사건을 서로 다른 관점에서 기술하고 있다고 볼 수도 있습니다.캘빈, 도드, 칼슨

요한복음에서 마리아는 아마도 예수님을 초대한 집주인의 딸이었을 가능성이 있습니다. 왜냐하면, 그녀가 예수님께 접근하고 머리를 풀어헤치고 그 발을 씻는 행위를 함으로써 남자들 앞에 여자가 나타나지 못하게 되어 있는 유대 관습을 깨는 행동을 했는데도 아무 제재를 받지 않았다는 점 때문입니다. 손님이 왔을 때 유대인들은 현관 앞에 물을 준비해서 먼지가 많이 묻어 있는 그 발을 씻고 들어오도록 예의를 갖추었습니다. 이 관점에서 마리아의 행위를 본다면 우리는 이렇게 볼 수도 있습니다. 즉 마리아는 죽었던 형제 나사로를 살리신 예수님께 무엇으로도 그 감사한 마음을 표현할 길이 없었습니다. 그래서 그가 결혼을 위해 예비한 제일 소중하고 비싼 향유를 예수님의 발에 붓고 그 발을 머리로 씻어 드리려 했습니다. 마리아는 예수님의 먼지 묻은 발을 물로 씻는 것이 아니라, 또한 그 발을 손으로 씻어 드리는 것도 아니라, 여자로서 자신의 가장 고귀한 존귀의 상징인 머리를 풀어헤치고 예수님의 발을 씻음으로써 자신의 가장 극진한 감사한 마음과 사랑하는 마음을 예수님께 표현했던 것입니다. 그녀는 예수님께서 곧 십자가위에서 돌아가실 것이라고는 상상도 하지 못했을 것입니다. 더구나 자신이 예수님의 시신에 향유를 바르는 의식을 하려고 했던 것도 아니었습니다. 하지만 예수님께서는 마리아의 극진한 감사와 사랑의 표현을 자신의 십자가의 죽음과 연결해서 받으시고 칭찬하셨습니다: "내가 진실로 너희에게 이르노니 온 천하에 어디서든지 복음이 전파되는 곳에는 이 여자가 행한 일도 말하여 그를 기억하리라 하시니라"막14:9

성경 말씀에서 마리아가 부지중에 예수님의 장사를 예비하는 기름 부음의 귀한 일을 하게 된 것처럼 자신의 부지중에 한 일이 잘한 일이라고 칭찬을 들은 경우가 있습니다. 히브리서 13:2절을 보면 이런 말씀이 있습

니다: "손님 대접하기를 잊지 말라 이로써 부지중에 천사들을 대접한 이들이 있었느니라"

여기서 부지중에 손님을 대접하다가 천사를 대접하게 된 것은 아브라함이었습니다. 창세기 18장 1절 이하에 보면 여호와께서 마므레 상수리 수풀 근처에서 아브라함에게 나타나신 일이 있습니다. 오정 즈음 아브라함이 장막 문에 앉았다가 눈을 들어 보니 사람 셋이 맞은 편에 서 있었습니다. 아브라함은 그들을 보고 곧 장막 문에서 달려나가 영접했습니다. 아브라함은 그들을 공대하며 극진히 대접했습니다. 그중에 한 분은 화육하시기 전의 예수님이셨습니다. 요한복음 8:58절에 "예수님께서는 아브라함이 나기 전에 내가 있느니라"라고 말씀하셨습니다.

우리는 이렇게 손님 대접하기를 힘쓰고 가난한 자 돕기를 힘써야 합니다. 우리가 부지중에 한 선한 일로 인해 예수님께서 영광을 받으시게 된다면 우리는 정녕 천국에서 상을 잃지 않을 것입니다. 예수님께서는 지극히 작은 소자에게 물 한 그릇이라도 대접한 것은 곧 예수님께 한 일이라고 말씀하셨습니다.

11. 제자들의 발을 씻기신 예수님

요한복음 13장 1절부터 예수님께서 제자들의 발을 씻겨 주신 이야기가 나옵니다. 여기서 해석가들은 세족을 겸손의 상징으로 이해합니다. 또 사랑의 표현이라고 이해합니다. 하지만 우리는 이 세족의 이야기를 요한복음 12:1~8절의 관점에서 해석할 수 있습니다. 즉 마리아가 예수님의 발을 그녀의 머리카락으로 씻은 것을 예수님께서 자신의 십자가의 죽음과 연결해서 해석하신 것처럼 세족도 십자가의 죽음과 연관해서 이해해 볼 수 있습니다. 즉, 마리아가 예수님의 발을 씻어서 그의 돌아가심을 예비했듯이 예수님께서는 제자들의 발을 씻으시어 그들의 순교를 미리 예비하셨다고 볼 수 있습니다. 이 해석의 근거는 요한복음 13:16절의 말씀입니다: "내가 진실로 진실로 너희에게 이르노니 종이 주인보다 크지 못하고 보냄을 받은 자가 보낸 자보다 크지 못하나니" 상전이신 예수님께서 종인 제자들의 발을 씻었으니 제자들도 서로의 발을 씻어 주어야 합니다. 발 씻김이 발 씻김만의 의미만 있다면 예수님께서 종과 상전의 비유로 이것을 다시 강조하실 필요는 없습니다. 하지만 이 비유로 세족의 의미를 다시 강조하신 것은 그것이 발 씻김의 의미보다 깊은 의미를 내포하기 때문입니다. 예수님께서는 이를 요한복음 15:20절에서 다시 상기시키시면서 그 의미를 분명하게 가르치십니다. 주님께서는 이 구절에서 발 씻김을 핍박의 주제와 연결하시면서 핍박을 당할 때 성도들이 배교하지 말아야 할 것을 강조하셨습니다: "내가 너희에게 종이 주인보다 더 크지 못하다 한 말을 기억하라 사람들이 나를 박해하였은즉 너희도 박해할 것이요 내 말을 지켰은즉 너희 말도 지킬 것이라" 즉 상전이 핍박을 당하고 십자가의 죽음을 당하는데 그 종들인 제자들이 무사하기를 바라서는 안 된다는 것입니다. 세상은 그 제자들도 미워합니다. 그것은 세상이 그 선생을 먼저 미워했기 때문입니다. 따라서 세상이 성도들을 미워하고 핍박할 때 이를 이상히 여겨서는 안 됩니다. 상전이 종을 위해 발을 씻겼으니 종들이 서로의 발을 씻겨 주는 것은 당연한 일입니다.

역사적으로 실제로 초대교회에서는 핍박이 임할 때 순교를 예상하고 성도들이 서로 서로의 발을 씻겨 주는 의식을 했었다는 기록이 있습니다. 이는 예수님을 배반하지 않고 그 발로 신실한 제자의 발걸음을 걷다가 자기 자신의 십자가에서 순교할 것을 다짐하는 의식이었다고 합니다.

사실 예수님을 증거하다가 자신의 생명까지도 바치는 것이야말로 신자가 할 수 있는 겸손과 사랑의 최고의 표현이라고 할 수 있습니다. 겸손, 사랑, 믿음은 다 서로 연결된 덕목이라고 할 수 있습니다.

12. 다락방강화

요한복음 13~17장은 다락방강화라고 불립니다. 성만찬을 하는 가운데 가롯 유다가 떠나고 예수님께서 제자들에게 마지막으로 말씀하신 설교라고 볼 수 있습니다. 여기서 예수님께서는 자신이 왜 제자들을 두고 떠나야 하는가를 말씀하고 계십니다. 그것은 하늘나라에 그들이 거할 집을 예비하시기 위해서라고 말씀하십니다.요14:2 예수님께서 가시면 다시 그들에게 돌아오시는데 그것은 예수님의 부활, 혹은 성령강림, 혹은 앞으로의 재림을 의미합니다.

성령께서 그들에게 오시면 그를 통해 예수님께서 그들과 또 아버지께서 그들과 함께 하시겠다고 약속하십니다.요14:20, 23 그리고 제자들은 세상 사람들로부터 많은 미움을 받게 되는데 그때 이를 이상히 여기지 말라고 하십니다. 그들이 저들을 미워하는 것은 그들이 예수님을 미워했기 때문입니다.요15:18~19 그리고 끝내 그들은 저희 손에 붙들려 순교하게 될 터인데 이때 배교하지 않도록 해야 한다고 경고하십니다.요16:1~4

이렇게 끝까지 믿음을 지키는 자들은 잃어버려지지 않고 아버지께 가게 되고 이로써 예수님의 영광에 참예하게 됩니다. 우리는 예수님의 기도를 통해서 이를 알 수 있습니다.

"내게 주신 영광을 내가 그들에게 주었사오니 이는 우리가 하나가 된 것 같이 그들도 하나가 되게 하려 함이니이다 곧 내가 그들 안에 있고 아버지께서 내 안에 계시어 그들로 온전함을 이루어 하나가 되게 하려 함은 아버지께서 나를 보내신 것과 또 나를 사랑하심 같이 그들도 사랑하신 것을 세상으로 알게 하려 함이로소이다 아버지여 내게 주신 자도 나 있는 곳에 나와 함께 있어 아버지께서 창세 전부터 나를 사랑하시므로 내게 주신 나의 영광을 그들로 보게 하시기를 원하옵나이다 의로우신 아버지여 세상이 아버지를 알지 못하여도 나는 아버지를 알았사옵고 그들도 아버지께서 나를 보내신 줄 알았사옵나이다 내가 아버지의 이름을 그들에게 알게 하였고 또 알게 하리니 이는 나를 사랑하신 사랑이 그들 안에 있고 나도 그들 안에 있게 하려 함이니이다"요17:22~26

요한복음 14:12절에서 예수께서는 이렇게 말씀하셨습니다. "나를 믿는 자는 내가 하는 일을 그도 할 것이요 또한 그보다 큰 일도 하리니 이는 내가 아버지께로 감이라" 예수님을 믿는 자가 예수님보다 큰 일을 할 수도 있다는 이 말씀은 무엇을 의미하는 말씀일까요? 이는 일차적으로 열한 사도에게 주신 말씀입니다. 그렇다면 예수님의 제자들이 예수님보다도 더 큰 일을 했었을까요? 여기서 사도들이 어떤 큰일을 행할 수 있었다면 그것은 예수님께서 그들에게 보혜사를 보내시어 권능을 주셨기 때문입니다.14:26 그리고 그들이 무엇이든지 예수 이름으로 구하는 것을 다 주님께서 응답해 주시기 때문입니다.14:13 실제로 제자들은 복음을 전하는 데 있어서 큰 능력을 행했습니다. 베드로는 성령강림 때에 예루살렘에서 예수님의 부활을 증거했습니다. 그러자 삼천 명도 넘는 사람들이 회심했습니다. 이는 놀라운 능력이었습니다. 이는 예수님께서 보내신 성령으로 말미암아 있을 수 있었던 일이었습니다. 사도들이 복음 전하는 일을 놀라운 능력으로 할 수 있었던 것은 예수님께서 아버지께로 올라가셨기 때문에 가능한 일이었습니다.요14:12 지금 전 세계 인구의 약 삼 분의 일이 기독교 신자라고 합니다. 이렇게 그리스도인들의 수가 증가한 것은 전도자들에게 힘있게 역사 하는 성령의 능력 때문입니다. 이렇게 큰 역사가 일어나는 것은 예수님의 이름을 통해서 아버지 하나님께 영광이 돌려지게 하시기 위해서입니다.요14:13

13. 가룟 유다의 배반(요한복음 18:1~11)

예수님께서 다락방강화를 마치시고 제자들과 함께 기드론 계곡 저편에 있는 동산에 가셨습니다. 여기서 예수께서 기도를 마치시고 있을 때 가룟 유다도 이곳을 알고 있었기 때문에 그는 대제사장들과 바리새인들의 하속들을 데리고 홰와 병기를 가지고 그리 왔습니다. 그리고 그는 그들로 하여금 예수님을 체포하도록 도왔습니다. 공관복음에 보면 유다는 예수님에게 입을 맞추는 신호와 함께 그분이 예수님임을 알렸습니다.마26:48 우리는 여기서 가룟 유다의 배신의 특징을 알 수 있습니다. 첫째, 그의 배신은 그가 믿음이 없던 자였음을 나타냅니다. 이는 요한복음 6:64절에도 잘 나타나있습니다: "그러나 너희 중에 믿지 아니하는 자들이 있느니라 하시니 이는 예수께서 믿지 아니하는 자들이 누구며 자기를 팔 자가 누구인지 처음부터 아심이러라" 이 구절은 분명히 가룟 유다를 말씀하는 것이며 그가 믿지 않는 자였다는 것을 말씀하고 있습니다. 이를 뒷받침하는 또 다른 한 구절이 있습니다. 요한복음 13:10절에서 예수께서는 "이르시되 이미 목욕한 자는 발밖에 씻을 필요가 없느니라 온 몸이 깨끗하니라 너희가 깨끗하나 다는 아니니라"라고 말씀하셨습니다. 여기서 깨끗하지 않은 자는 가룟 유다였습니다. 18절에 이를 확인하시며 예수님은 말씀하십니다: "내가 너희 모두를 가리켜 말하는 것이 아니니라 나는 내가 택한 자들이 누구인지 앎이라 그러나 내 떡을 먹는 자가 내게 발꿈치를 들었다 한 성경을 응하게 하려는 것이니라" 이는 유다가 예수님을 대제사장들의 손에 넘겨주어 돌아가시게 한다는 것을 말씀하는 것입니다. 가룟 유다가 깨끗하지 않았던 것은 그가 예수님의 가르침을 믿음으로 받아들이지 않았기 때문입니다: "너희는 내가 일러준 말로 이미 깨끗하여졌으니"요15:3 이 구절에서 "너희"는 가룟 유다가 빠진 "너희"입니다. 왜냐하면, 가룟 유다는 이미 13장 30절에서 어둠 속으로 나갔다고 했으며 더는 마가의 다락방에 있지 않았습니다.

유다의 배신의 두 번째 특징은 그가 예수님을 넘겨주기 위해서 오래전부터 계획했었다는 것입니다. 그는 군대와 제대사장의 하속을 불러모아 예수님을 체포하도록 선동할 힘이 없는 자였습니다. 그가 그렇게 할 수 있었던 것은 이미 모종의 음모를 통해서 그들을 규합할 수 있었다는 것을 말합니다. 요한복음 11:57절은 대제사장들과 바리새인들이 누구든지 예수 있는 곳을 알거든 고하여 잡게 하라고 명령했다는 것을 나타냅니다. 그리고 마태복음 26:14~16절은 유다가 대제사장들과 은 삼십 전을 주고 예수를 넘겨주기로 계약하고 넘겨줄 기회를 찾고 있었다는 것을 말씀하고 있습니다. 유다는 이렇게 오래전부터 예수를 팔 기회를 엿보고 있었기 때문에 그의 죄는 계획된 죄 즉 고범죄입니다. 이렇게 의도적으로 짓는 죄는 회개할 기회를 얻지 못합니다. 그것은 우발적으로 짓는 죄가 아니고 마음이 완악해서 짓는 죄이기 때문에 고범죄를 짓는 자는 자신의 죄를 회개하지 않습니다. 혹자는 유다가 나중에 뉘우쳤다고 하지 않았느냐고 반문할 것입니다.마27:3 하지만 이 뉘우침은 회개가 아니었습니다. 뉘우침은 헬라어로 메타멜로마이입니다. 하지만 회개는 헬라 말로 메타노에오입니다. 유다는 예수님이 빌라도에게 넘겨지는 것을 보고 감정적으로 고통을 당했습니다. 그리고 자신의 잘못한 것을 시인했습니다.마27:4 하지만, 그는 자신의 죄를 회개하지는 않았습니다. 참회개는 행동을 백 팔십도 바꾸는 것입니다. 그는 교회에 돌아와 하나님과 제자들의 용서를 구했어야 했습니다. 하지만 그는 자살해 버리고 맙니다. 자살하는 행위는 살인행위임은 말할 것도 없고 자신이 자신을 심판하는 자가 된다는 것을 상징합니다. 하나님께서 용서해 주실 수 없는 죄는 없습니다. 하나님을 부인하는 죄를 짓지 않는 이상 하나님은 유다가 참회개를 했다면 그의 죄를 용서해 주셨을 것입니다. 하지만 그는 하나님의 사랑과 자비를 구하지 않고 자신을 심판해 버리고 말았습니다.

이와 반대로 베드로는 예수님을 세 번 부인했지만, 그는 크게 뉘우치고 교회에 돌아와 형제들의 용서를 받고 계속해서 교회의 대변인의 역할을 했습니다. 사도행전 2장에 보면 베드로는 오순절 때 백성 앞에서 담대히 예수그리스도를 전하다가 산헤드린공회원들 앞에 끌려왔고 감옥에도 갇혔습니다. 그리고 나중에는 예수님을 위해서 순교까지 하는 충성스러운 제자로 성장해갔던 것입니다. 베드로가 보여주는 백 팔십도 방향전환은 참회개의 필수 조건입니다. 예를 들어 바람을 피우는 남편이 아내에게 돌아와 울면서 잘못을 시인한다고 해도 그 남편이 또 바람을 피운다면 그는 부인을 우롱한 것밖에 되지 않습니다. 그는 부인만을 사랑하고 다시는 바람을 피우지 말았어야 합니다. 가룟 유다가 구원을 받지 못했을 것이라고 단정할 수는 없지만, 그것을 시사하는 구절이 사도행전 1:25절에서 발견됩니다. 마가의 다락방에서 기도하는 성도들은 유다를 가리켜 "유다는 이 직무를 버리고 제 곳으로 갔"다고 말했습니다. "제 곳으로 갔다"는 것은 천국을 갔다는 표현으로 사용되지 않습니다. 이를 밑받침하는 것은 베드로가 유다를 가리켜 시편의 저주 예언을 사용한 것입니다. 베드로는 시편 69:25절과 109:8절의 구절을 가룟 유다에게 적용하고 있습니다. "그들의 거처가 황폐하게 하시며 그들의 장막에 사는 자가 없게 하소서", "그의 연수를 짧게 하시며 그의 직분을 타인이 빼앗게 하시며" 이 저주의 예언은 천국에 간 자에게 적용하기에 맞지 않다는 것은 자명합니다. 이 해석을 뒷받침하는 결정적인 구절은 누가복음 22:22절입니다: "인자는 이미 작정된 대로 가거니와 그를 파는 그 사람에게는 화가 있으리로다 하시니" 또, 예수님께서는 가룟 유다가 태어나지 않았으면 그에게 더 좋았을 것이라고 말씀하셨습니다.마26:24

유다의 배신의 세 번째 특징은 예수님께서 특정 시간 특정 장소에 계신 것을 알고 군대를 그곳에 데리고 왔다는 것입니다. 이는 배신이 인사이더(내부인)에 의해서 자행되는 행위임을 확인해 줍니다. 배신은 아웃사이더(외부인)에 의해서 이뤄지지 않고 내부인에 의해서 자행됩니다. 이 현상은 바울이 유대인들에 의해서 체포될 때도 그랬습니다. 바울은 이방인들이 예수님을 믿을 때 구원받으려고 할례를 받지 않아도 된다고 가르쳤습니다. 그러나 교회 안의 할례파들은 유대인들의 핍박을 피하고자 할례를 받아야 한다고 가르쳤고 이들은 바울이 삼차 전도여행 후 예루살렘에 돌아왔을 때 그가 체포되는데 방조했습니다. 이러한 현상은 초대교회 성도들이 핍박을 받을 때 반복되는 현상으로 요한일서 2장 18절 이하에도 나타나 있습니다. 예수님께서 사람으로 오셨다는 것을 부정하던 이단들은 요한이 목사님으로 있던 에베소교회에서 분리되어 나갔습니다. 그리고 그들은 성도들을 밀고해서 죽음으로 내어주는 역할을 했던 것입니다. 그래서 요한은 그들을 마귀의 자식이라고 부르고 있고요일3:10 그들은 그 형제 아벨을 죽인 가인과 같은 자들이라고 경계하는 것입니다.요일3:12

유다가 예수께 대해 행한 배신은 곧 배교입니다. 왜냐하면, 예수님은 하나님이시기 때문입니다. 유다의 배신의 요소는 곧 배교의 요소임을 말합니다. 첫째, 그것은 교회 내의 믿는 자(그러나 실제로는 믿음이 없는 자)들이 짓는 죄이고, 둘째, 배교는 예수님을 부인하는 죄라는 것이고, 셋째, 배교는 고의적으로 짓는 죄이기 때문에 회개하게 할 수 없다는 것입니다.히6:4~6; 10:26~29

14. 베드로의 부인(요한복음 18:15~27)

공관복음은 베드로가 대제사장의 집 안뜰에 어떻게 들어갈 수 있었는지 말씀하지 않지만, 요한은 예수님을 따르던 다른 한 제자가 대제사장과 아는 사이여서 그가 문 지키는 여자에게 말하자 그녀는 베드로가 안으로 들어가도록 허락했다는 것을 밝혀주고 있습니다. 베드로는 뜰 안에서 예수님을 세 번 부인하게 되는데 요한이 보고하는 베드로의 부인은 공관복음에 나타난 베드로의 부인과 좀 다르게 다뤄져 있습니다.[14] 첫째, 요한복음에서 베드로가 부인한 것은 예수님 자신이 아니었습니다. 그는 단지 "나는 아니야"I am not라고 말하고 있을 뿐입니다. 이는 "나는 그를 모른다"I don't know him고 하는 배교자들의 부인 방식을 베드로와 연결하고 싶지 않은 요한의 의도를 나타낸다고 볼 수 있습니다. "나는 그를 모른다"는 로마집정관이 문초하던 성도들에게 협박하던 문구였다고 합니다. 그들은 성도들이 예수님을 모른다고 고백하고 저주하면 그들을 방면해 주겠다고 했습니다. 그래서 나는 그를(예수를)모른다는 표현은 초대교회에서 배교를 의미하던 관용어였다는 것이 학자들의 정설입니다. 그러면 요한은 왜 베드로가 배교자가 아니었다는 것을 말하려 했을까요. 그것은 초대교회에 연약한 성도 중에는 이렇게 생각했던 사람도 있었기 때문일 것입니다. 즉 사도 베드로도 예수님을 세 번 부인하고 나중에 회개해서 회복되었는데 나도 베드로처럼 부인하고 풀려난 뒤 회개하면 되지 않겠는가 하고 생각할 수 있었을 것입니다. 하지만, 이는 잘못된 생각입니다. 만일 남편이 아내에게 말하기를 내가 이번에만 외도하고 그다음에 뉘우칠 테니 한 번만 봐달라고 했다면 그 아내가 그가 그렇게 하도록 할 리는 없습니다. 회개할 것을 전제로 우리가 죄를 짓는다면 그것은 하나님을 우롱하는 행위가 될 것입니다. 이러한 사람은 고의로 그 죄를 짓게 되고 그 완악한 마음 때문에 그는 회개할 수가 없을 것입니다. 요한은 이렇게 머리를 잘못 굴리며 핍박의 상황에서 예수님을 부인하고 사람들 앞에서 예수님을 욕되게 하는 자들을 엄히 경계하고자 했습니다. 그래서 베드로의 실수를 모델로 삼아서 배교할 수도 있는 성도들을 배교하지 못하도록 하는 관점에서 요한은 베드로가 예수님을 부인한 이야기를 기술하고 있다고 볼 수 있습니다.

즉, 베드로는 예수님을 고의로 부인하지 않았습니다. 그는 계획 없이 얼떨결에 예수님을 부인한 것입니다. 그러므로 그 후 그는 잘못을 깨닫고 즉시 회개할 수 있었습니다. 베드로가 회개했다고 나도 반드시 배교 후에 회개할 수 있다고 장담할 수 있는 사람은 없습니다. 그래서 예수님을 부인하지 않고 끝까지 믿음을 지키다가 순교하는 것이 우리가 천국에 가는 길입니다. 이는 바로 요한이 요한복음에서 전하는 메시지입니다. 요한은 베드로가 나중에 예수님의 양을 치는 목자로서 예수님의 말씀을 잘 순종하다가 마지막에 순교까지 함으로써 믿음을 끝까지 지켰다는 것을 보고하고 있습니다. 이는 그 당시의 성도들도 그렇게 순교적인 믿음을 가져야 한다는 것을 말씀하는 것입니다.

15. 구약 예언의 성취(요한복음 19장)

요한복음 19장은 예수님이 십자가에서 돌아가심에 관한 장입니다. 이 장은 구약 예언의 성취라는 관점에서 예수님의 돌아가심을 기록하고 있습니다. 19:24절은 군병들이 예수님의 옷을 찢지 않고 제비 뽑아 나누려 한 것이 시편 22:18절에 기록된 예언의 성취임을 밝혔습니다: "그들이 내 옷을 나누고 내 옷을 제비 뽑나이다" 19:28절은 예수께서 십자가 상에서 "목 마르다"라고 말씀하신 것은 성경을 이루기 위해서였다고 설명합니다. 그리고 예수께서 신 포도주를 받으시고 "다 이루었다"고 말씀하시고 돌아가신 것도 예수님의 돌아가심이 구약 예언의 성취에 그 초점이 있었다는 것을 나타냅니다. 구약 예언의 성취는 예수님께서 돌아가신 후에도 즉시 계속 이어졌습니다. 19:33절은 군병들이 다른 죄수들의 다리는 부러뜨렸지만, 예수님의 다리는 꺾지 않고 그 대신 한 군병이 창으로 예수님의 옆구리를 찔렀다고 증거합니다. 이는 "그 뼈가 하나도 꺾이지 아니하리라" 한 성경을 응하게 하려 함이었습니다. 그리고 또 다른 성경에 "그들이 그 찌른 자를 보리라"한 성경을 응하게 하는 것이었습니다.요19:36~37

예수님께서 십자가 상에서 물과 피를 쏟으시고 돌아가신 것은 구약 예언의 성취입니다. 레위기에 피 없이는 죄 사함이 없다는 말씀대로 예수께서 십자가 상에서 피를 흘리신 것은 우리를 죄에서 씻어 주는 역할을 한 것입니다. 그래서 히브리서 기자는 이렇게 말씀하고 있습니다:

"염소와 송아지의 피로 하지 아니하고 오직 자기의 피로 영원한 속죄를 이루사 단번에 성소에 들어가셨느니라 염소와 황소의 피와 및 암송아지의 피를 부정한 자에게 뿌려 그 육체를 정결하게 하여 거룩하게 하거든 하물며 영원하신 성령으로 말미암아 흠 없는 자기를 하나님께 드린 그리스도의 피가 어찌 너희 양심을 죽은 행실에서 깨끗하게 하고 살아 계신 하나님을 섬기게 하지 못하겠느냐" 히9:12~14

이 점이 바로 예수님의 십자가 상의 돌아가심이 다른 강도들의 죽음과 달랐던 점입니다. 그들은 자신들의 죄 때문에 죽었고 그들은 그들의 다리가 꺾여 죽음으로써 피를 흘리지 않았지만, 예수님은 그 다리가 꺾임을 당하지 않고 물과 피를 쏟고 돌아가심으로써 우리의 죄를 씻어 주신 것입니다. 그리고 그들은 부활하지 않았지만, 예수님께서는 장사한지 사흘 만에 무덤에서 부활하셨습니다.

16. 예수님의 부활(요한복음 20장)

예수님의 부활을 처음 목격한 자는 마리아였습니다. 하지만 마리아가 예수님의 부활을 바로 믿은 것은 아니었습니다. 마리아가 무덤 밖에서 울고 있을 때 천사들이 그녀에게 왜 우느냐고 물었습니다. 그러자 마리아는 사람들이 예수님의 시신을 다른 데로 옮겼는데 어디로 옮겼는지 모르기 때문이라고 대답했습니다. 마리아는 그 뒤에 서신 예수님을 두 눈으로 보면서도 그분이 예수님인 줄을 알지 못했습니다. 사람은 자신이 믿는 것만을 보는 경향이 있습니다. 마리아가 죽은 자의 부활을 믿지 않았을 때 그녀는 부활하신 예수님을 보면서도 예수님인 줄 알아차리지 못했습니다. 예수님은 마리아에게 왜 우느냐고 누구를 찾느냐고 물으셨습니다. 예수님의 음성을 들었음에도 마리아는 그분이 동산 지기인 줄 알았습니다. 그러자 예수께서는 마리아를 다시 부르셨습니다. 그때야 마리아는 그분이 예수님인 줄 알아차렸습니다.

누가복음에 기록된 엠마오의 두 제자도 예수님과 얘기를 하면서 같이 걸어가면서도 그분이 부활하신 예수님인 줄 깨닫지 못했습니다. 그들은 예수님께서 함께 떡을 떼시려 하자 예수님을 알아보게 되었습니다. 이후에 예수님께서는 굳게 문을 닫고 있던 제자들에게 나타나셔서 자신의 부활을 증거하셨습니다. 이때 이들과 함께 있지 않았던 도마는 예수님의 부활을 믿지 못했습니다. 예수님께서는 자신을 도마에게 친히 보여주시고 그가 손가락을 자신의 옆구리에 넣어보도록 했습니다. 그리고 그로 하여금 자신의 부활을 믿도록 했습니다. 요한이 이 이야기를 우리에게 쓴 것은 우리도 예수님의 부활을 믿도록 하기 위함입니다. 우리는 예수님의 부활을 육체적으로 보지 않았지만, 성경의 증거를 통해서 예수님의 부활을 믿습니다. 예수님께서는 우리처럼 예수님을 보지 않고 믿는 자들을 복되다고 하셨습니다.요20:29

부활은 기독교의 핵심적 가르침의 하나입니다. 그래서 바울은 이렇게 말씀합니다.

"만일 죽은 자가 다시 살아나는 일이 없으면 그리스도도 다시 살아나신 일이 없었을 터이요 그리스도께서 다시 살아나신 일이 없으면 너희의 믿음도 헛되고 너희가 여전히 죄 가운데 있을 것이요 또한 그리스도 안에서 잠자는 자도 망하였으리니 만일 그리스도 안에서 우리가 바라는 것이 다만 이 세상의 삶뿐이면 모든 사람 가운데 우리가 더욱 불쌍한 자이리라" 고전15:16~19

그렇다면 예수님의 부활을 두 눈으로 직접 보지 못한 우리가 어떻게 예수님의 부활을 믿을 수 있습니까? 그것은 성경 말씀의 증거를 믿기 때문에 그렇습니다. 성경의 증거는 성령의 감동으로 된 하나님의 말씀입니다. 성경 말씀은 거짓이 없습니다. 그래서 우리는 성경 말씀의 증거를 어린아이와 같이 믿어야 합니다. 나는 성경 말씀은 신화라고 생각하지만, 부활은 믿는다고 말하는 사람은 자기모순에 빠져 있는 사람입니다. 성경 말씀의 진리성은 부정하면서 부활을 믿는 사람은 자신의 부활에 대한 철학을 믿는 것입니다. 이 사람은 인간의 윤회를 믿는 것이지 잠자는 자들의 부활의 첫 열매가 되셔서 앞으로 우리를 영광의 부활에 이르게 하실 예수님의 절대적 권능을 믿지는 않는 것입니다. 성경 말씀은 예수님의 부활을 여러가지로 증거합니다. 그 중 예수님 부활에 대한 제자들의 증거가 가장 기초적인 증거입니다. 하지만 그들도 부활하신 예수님께서 그들에게 보이시기 전까지는 예수님의 부활을 믿지 못했습니다.

마리아의 보고를 들은 베드로나 요한도 빈 무덤에 즉시 달려가 무덤 안에서 예수님의 머리를 쌌던 수건이 세마포와 함께 놓이지 않고 딴 곳에 개켜 있는 것을 보았지만, 그들은 마리아가 한 말이 사실임을 믿었을 뿐이지 예수님의 부활을 확신하지는 못했습니다. 그들이 예수님의 부활을 즉시 믿었다면 다시 제자들에게 숨을 헐떡이며 달려가 이 기쁜 소식을 알렸을 것입니다. 하지만 빈 무덤을 확인하고 그들은 각기 자기 집으로 돌아갔습니다.요20:10

부활하신 예수님을 만난 마리아도 부활에 대한 이해가 부족했음을 보여 줍니다. 마리아는 예수님을 보자 예수님 부활의 당위성과 구속사적 의미를 이해하지 못하고 감정에 치우치고 맙니다. 그녀는 이제 예수님이 다른 데로 가시지 못하도록 예수님을 붙잡았습니다. 예수님은 이때 "나를 붙들지 말라 내가 아직 아버지께로 올라가지 아니하였노라 너는 내 형제들에게 가서 이르되 내가 내 아버지 곧 너희 아버지, 내 하나님 곧 너희 하나님께로 올라간다 하라"라고 말씀했습니다.요20:17 마리아는 예수님께서 부활하신 예수님으로서 구속사적으로 새로운 국면에 서신 하나님의 아들이시라는 점에 대해 무지했습니다. 예수님은 하나님 보좌 우편으로 가셔야만 하셨는데 마리아는 이를 모르고 예수님을 자기 곁에 붙잡아 놓으려 했던 것입니다.

우리도 예수님을 믿으면서 부활에 대해 미성숙한 이해를 하고 있을 수 있습니다. 하지만 부활에 대한 올바른 이해는 우리의 믿음을 성숙하게 합니다. 믿음의 선진들은 부활에 대해 바른 이해를 하고 있었습니다. 아브라함은 이삭을 하나님께 제물로 바치려 했습니다. 그가 이렇게 한 것은 그가 부활을 믿었기 때문이라고 히브리서 기자는 말씀하고 있습니다.히 11:19 베드로는 오순절에 예루살렘 성전 뜰에서 행한 설교에서 다윗이 메시아의 부활을 믿었다고 증거하고 있습니다.행2:30~31 바울은 장차 우리에게 임할 영광의 부활을 그 종말론의 핵심적 가르침으로 제시하고 있습니다.고전 15장 부활을 믿는 믿음의 선진들은 죽음을 두려워하지 않았습니다. 이는 그들로 하여금 순교에 이르기까지 믿음을 지키게 하는 기초가 되는 진리였습니다.요21:19

17. 부활하신 예수께서 베드로를 회복시킴(요한복음 21:15~17)

예수님께서 부활하신 것을 보고도 베드로와 다른 제자들은 갈릴리 호수로 돌아가 고기를 잡고 있었습니다. 그들은 밤을 새워 고기를 잡았지만 헛수고였습니다. 그런데 호숫가에 서 계신 예수께서 그들에게 그물을 배 오른편에 던지라고 외쳤습니다. 그들이 예수님의 말씀대로 했더니 그물을 들 수 없을 정도의 많은 고기가 잡혔습니다. 이때 예수께서 사랑하시던 제자, 곧 사도 요한은 그분이 예수님이시라는 것을 알아차렸습니다. 그가 "주시다"고 말하니 베드로는 벗고 있다가 겉옷을 두르고 바다로 뛰어내려 헤엄쳐 예수께 이르렀습니다. 제자들이 육지에 이르러보니 예수께서는 숯불에 생선과 떡을 굽고 계셨습니다. 예수님은 베드로에게 생선을 좀 가져오라고 명하셨습니다. 그래서 베드로가 올라가서 그물을 육지에 끌어올리고 그물에 가득한 물고기를 세어 보니 153마리였습니다. 혹자는 이 물고기의 수는 에스겔서 47:10절에서 말씀 된 히브리어 엔게디와 에글라임에 해당하는 수를 합산한 것과 일치한다고 주장합니다. 그래서 이는 말세에 복음이 땅끝까지 이른다는 것을 상징한다는 것입니다. 그 상징적 의미를 수용한다면 우리는 베드로가 복음이 땅끝까지 이르는 데 큰 역할을 할 것이라는 것을 알 수 있습니다. 이는 예수님께서 베드로와 나누신 대화의 내용에 나타나 있습니다.

예수께서는 아침을 드시고 베드로에게 말씀하셨습니다. "요한의 아들 시몬아 네가 이 사람들보다 나를 더 사랑하느냐"요21:15 이 구절에서 "이 사람들"은 헬라어 "이것들"의 번역입니다. 이것들은 베드로가 방금 그물에서 끌어낸 물고기들을 의미할 수도 있습니다. 혹은 그것은 고기잡이하는 일 자체를 의미할 수도 있습니다. 그 분명한 의미가 어떻든 예수님께서는 베드로가 전에 예수님께 맹세했던 말이 생각나게 하고 있습니다. 베드로는 예수님께서 잡히시기 전에 맹세하며 말했습니다: "주를 위하여 내 목숨을 버리겠나이다"요13:37 그렇게 말했지만, 그날 밤 베드로는 예수님을 세 번 부인하고 말았습니다. 베드로는 그 즉시 심히 통곡하며 회개했습니다. 그리고 교회 공동체 품으로 돌아와서 그의 위치가 곧 회복되었습니다. 하지만, 이제 부활하신 예수님께서도 그를 공식적으로 회복시키실 때가 되었던 것입니다. 예수님께서 베드로에게 네가 나를 사랑하느냐고 물으실 때 사용한 동사는 아가페의 사랑을 나타내는 동사입니다. 이에 대해 베드로는 "주님 그러하나이다 내가 주님을 사랑하는 줄 주님께서 아시나이다"라고 대답했습니다. 이때 베드로가 사용한 동사는 아가페의 사랑을 나타내는 동사가 아니라 친구 간의 우정을 나타내는 필레오 동사였습니다. 베드로는 자신이 예수님을 사랑하는 것을 맹세하며 자신할 수 없다는 것을 암시하고 있습니다. 이때 예수님은 "내 어린 양을 먹이라"라고 명령하십니다. 여기서 우리는 베드로가 이전보다 더 신중한 제자가 되었다는 것을 알 수 있습니다. 그가 믿음이 성숙하지 못했을 때 그는 자신의 결단만으로 예수님을 위해서 죽기까지 따를 수 있다고 생각했습니다. 하지만 그의 자만은 처참하게 깨어졌습니다. 이제 그는 자신이 없어졌습니다. 그래서 그는 친구의 우정을 나타내는 동사를 사용해 예수님께 대답한 것입니다.

예수님께서는 베드로에게 두 번째로 물으셨습니다: "요한의 아들 시몬아 네가 나를 사랑하느냐" 여기서 예수님은 아가페 사랑을 나타내는 동사를 반복해서 사용하고 계십니다. 이에 대해 베드로는 다시 필레오 동사를 사용하며 똑같은 대답을 하고 있습니다. 그리고 예수께서는 그에게 "내 양을 치라"라고 명령하십니다. 예수님께서 베드로에게 세 번째 "네가 나를 사랑하느냐"고 물으실 때는 베드로처럼 친구 간의 우정을 나타내는 필레오 동사를 사용하고 계십니다. 이에 베드로는 근심했습니다. 그리고 예수님께 대답했습니다: "주님 모든 것을 아시오매 내가 주님을 사랑하는 줄을 주님께서 아시나이다" 이 대답에서 베드로는 예수님의 전지하심을 고백하고 있습니다. 요한복음 13:35절 이하에서 베드로는 예수님의 절대 주권을 인식하지 못하고 자신의 자유의지의 힘만을 의지해서 자신이 제자의 길을 갈 수 있다고 자만했습니다. 하지만 이제는 예수님께서 모든 것을 아신다고 고백하고 있습니다. 이는 베드로가 예수님을 친구로서 사랑하는 것까지 포함해서 예수님께서 모든 것을 그 주권하에 두고 계신다는 것을 인식하게 되었음을 나타냅니다. 베드로는 자신이 예수님의 제자로서 죽기까지 따르는 것까지도 예수님의 주권적 뜻에 달렸다는 것을 고백하게 된 것입니다. 이에 예수님은 베드로에게 "내 양을 먹이라"라고 명하시면서 말씀하셨습니다: "내가 진실로 진실로 네게 이르노니 네가 젊어서는 스스로 띠 띠고 원하는 곳으로 다녔거니와 늙어서는 네 팔을 벌리리니 남이 네게 띠 띠우고 원하지 아니하는 곳으로 데려가리라"요21:18 이 말씀은 베드로가 장차 주를 위해서 순교까지 하게 된다는 것을 미리 말씀하신 것입니다.요21:19

예수님과 베드로의 이 대화를 통해서 우리는 순교의 시간도 예수님의 뜻에 따라 정해진다는 것을 알 수 있습니다. 그리고 순교의 자유도 제자 자신에게 있지 않고 예수님의 주권적 뜻에 달렸다는 것입니다. 사도 요한은 예수님을 진실하게 따른 제자였지만 순교의 영광을 누리지는 못했습니다. 이는 요한복음 21:20~23절에 잘 나타나 있습니다. 요한은 예수님의 명령으로 순교하지 않고 이 땅에 오래도록 남아 다른 사명을 감당했습니다. 그는 요한복음을 써서 예수님의 인성과 신성에 대한 증거를 남겼고 요한일서를 써서 믿음의 공동체 안에서 일어나게 될 적그리스도들의 활동에 대해서 경고하면서 성도들의 사랑의 중요성을 일깨워 주고 있으며, 요한계시록을 써서 종말에 될 일들에 관해 계시했습니다.

이렇게 본다면 베드로의 사명은 베드로 사도가 목사로서 예수님의 양을 먹이고 치는 일을 하는 것이고 요한 사도의 사명은 선지자로서 하나님 계시의 기록과 전달을 맡은 것이라고 할 수 있습니다. 베드로는 예수님의 명령을 좇아서 초대교회의 부흥운동을 주도하고 복음 전하는 일의 기초를 놓는 일을 했습니다. 그는 오순절 성령강림 때 예수님의 돌아가심과 부활을 담대히 전함으로써 삼 천명의 군중이 그 자리에서 회개하게 했고 디아스포라에서 온 유대인들이 본국으로 돌아가 가정교회를 시작하도록 했습니다. 그는 요한과 함께 산헤드린 공회에서 예수님의 부활을 담대히 증거했습니다. 그는 교회의 명을 받들고 사마리아에 가서 그들에게 안수함으로써 사마리아 교회의 정통성을 인정했습니다. 그는 고넬료 가정을 방문해 그들에게 복음을 전하고 세례까지 베풂으로써 사도 바울의 이방인에게 복음 전하는 일의 기초를 다졌습니다. 예루살렘 공회에서 베드로는 이방인들이 행위로서가 아니라 오직 하나님의 은혜로써 구원받게 된다고 가르침으로써 바울의 이신칭의 교리의 기초를 제공했습니다. 그리고 그는 마가복음의 기초가 되는 기록을 마가에게 남겼고 베드로전후서를 써서 배교한 자의 받을 무서운 형벌에 대해서 경고하면서 신자들이 믿음을 끝까지 지키도록 가르치고 있습니다. 그리고 그 자신도 믿음을 끝까지 지키다가 로마에서 순교함으로써 자신의 가르침을 실천했을 뿐 아니라, 예수님의 제자들에게 모범적인 제자도의 모델이 되었습니다.

문제

1. 요한복음 1:1~18을 읽어 보고 예수님의 인성과 신성에 대해서 논해 보세요.
2. 예수님의 길을 예비한 세례요한의 역할에 대해서 설명해 보세요.
3. 예수님은 스스로 인자라고 부르셨습니다. 예수께서 인자라는 고유명사에 부여한 뜻에 대해서 설명해 보세요.

4. 예수님은 참 빛, 참 포도나무, 참 목자, 생명의 물, 하늘에서 내려 온 떡, 등으로 묘사되고 있습니다. 이러한 은유적 표현을 더 찾아보시고 각각의 특징에 대해서 설명해 보세요.
5. 니고데모는 예수님께 책망을 받았습니다. 그 이유를 생각해 보시고 그의 헛된 믿음의 특징이 무엇인가를 설명해 보세요.
6. 참 믿음의 특징은 사랑, 고백, 거함에 있습니다. 각각의 요소를 구체적인 예를 들어가며 설명해 보세요.
7. 예수님께서는 나사로를 무덤에서 일으키셨습니다. 이 이야기의 중요성을 요한복음 전체의 문맥에서 찾아보세요.
8. 예수님께 향유를 부은 마리아의 이야기를 묵상해 보고 이 이야기를 세족식의 이야기와 연관해서 해석해 보세요.
9. 예수님께서 제자들의 발을 씻기셨습니다. 그 의미를 요한복음 전체 문맥 속에서 설명해 보세요.
10. 다락방강화를 읽고 그 주제를 설명해 보세요.
11. 가룟유다의 배교의 특징을 설명해 보세요.
12. 요한복음이 다루는 베드로의 부인의 이야기의 특징과 그 함축된 의미에 대해서 설명해 보세요.
13. 예수님의 죽으심을 구약의 예언의 관점에서 이해하고 설명해 보세요.
14. 예수님의 제자들의 믿음은 미성숙했습니다. 그래서 그들은 예수님의 부활을 신속히 믿지 못했습니다. 미성숙한 제자들의 믿음의 예를 들어보고 자신의 믿음은 어떤지 한 번 비교해 보세요.
15. 예수님께서 부활하신 후 베드로를 만나셔서 그를 회복해 주셨습니다. 요한복음 21:15~19에 나타난 예수님과 베드로의 대화에서 어떤 점들을 발견하게 됩니까? 함께 토론해 보세요.

참고도서

목회와 신학 편집부, 요한복음 어떻게 설교할 것인가 - 두란노 How 주석 시리즈 37. 도서출판 두란노, 2007.

매튜 헨리, 매튜 헨리주석(요한복음) - 매튜헨리주석전집18. 박문재역. 크리스챤다이제스트사, 2006.

그랜트 오스본, 적용을 도와주는 요한복음 LAB 주석시리즈. 전광규역. 성서유니온선교회, 2005.

안드레아스 쾨스텐버거, 요한복음총론 김광모역. 크리스챤출판사, 2005.

김광수, 요한복음 다시읽기 상하 [구조신학적해설]. 침례신학대학교출판부, 2004.

윌리엄 바클레이, 바클레이신약주석 시리즈 5 - 요한복음(상하). 황장욱역. 기독교문사, 2004.

마틴 로이드존스, 요한복음 강해 2 : 영적 성장. 이용태역. 기독교문서선교회, 2003.

레슬리 뉴비긴, 레슬리 뉴비긴의 요한복음 강해. 홍병룡역. IVP, 2001

비슬리 머리, 요한복음 - WBC 성경주석 36. 이덕신역. 도서출판 솔로몬, 2001.

옥한음, 요한이 전한 복음 상하. 도서출판 두란노, 2000.

유상섭, 설교를 돕는 분석 요한복음. 규장, 1999.

제임스 보이스, 주석적 요한복음 강해 1-5. 서문강역. 크리스챤다이제스트사, 1999.

박윤선, 요한복음 상하. 박윤선 성경주석 27. 영음사, 1997.

F. F. 브루스, 요한복음. 서문강역. 도서출판로고스, 1996.

R. V. G. 타스커, 요한복음서 - 틴델 신약주석 시리즈 4. 권성수역, 기독교문서선교회, 1992.

D. A. 칼슨, 예수님의 고별설교: 요한복음 14~17장 강해. 김춘섭역. 크리스찬신문, 1991.

박영선, 요한복음 강해. 엠마오, 1990.

Boice, James M. *The Gospel of John: An Expository Commentary.* Baker.

Bauckham, Richard. *The Testimony of the Beloved Disciple: Narrative, History, and Theology in the Gospel of John.* Baker, 2007.

Burge, G. M. *The Anointed Community: The Holy Spirit in the Johannine Tradition.* Grand Rapids: Eerdmans, 1987.

________. John. *NIV Application Commentary.* Grand Rapids: Zondervan, 2000.

Carson, D. A. *The Gospel According to John.* Eerdmans, 1991.

Dodd, C. H. *The Interpretation of the Fourth Gospel.* Cambridge Univ. Press, 1988.

Kim, Dongsu. *An Exegesis of Apostasy Embedded in John's Narratives of Peter and Judas Against the Synoptic Parallels.* Lewiston: The Edwin Mellen Press, 2004.

__________. *"A Search for a Theme of Leadership in John's Gospel: Collaborative Leadership Model,"* presented in the ETS Annual Meeting, San Antonio, 2004.

Koester, Craig R. *Symbolism in the Fourth Gospel: Meaning, Mystery, Community.* Augsburg Fortress Press, 2003.

Köstenberger, A. J. *Encountering John: The Gospel in Historical, Literary, and Theological Perspective.* Grand Rapids: Baker, 1999.

___________, *The Gospel of John,* Baker.

Lincoln, Andrew T. *Truth on Trial: The Lawsuit Motif in the Fourth Gospel.* Hendrickson, 2000.

Morris, Leon. *The Gospel According to John.* Revised. Eerdmans, 1995.

Ridderbos, H. *The Gospel of John: A Theological Commentary.* Eerdmans, 1997.

Westermann, Claus. *The Gospel of John in the Light of the Old Testament.* Peabody, MA: Hendrickson, 1998.

09
예수님의 생애

1. 탄생과 성장

마태복음에 의하면 예수님께서는 헤롯 대왕 때에 유대 땅 베들레헴에서 동정녀 마리아에게서 탄생하셨습니다.마2:1 요셉과 마리아는 헤롯의 위협을 피하여 어린 예수님을 데리고 에굽에 피신해 있다가 헤롯이 죽자 다시 이스라엘 땅으로 오시어 나사렛이란 동네에 거했습니다. 헤롯은 어린 예수를 죽이려고 베들레헴의 두 살 이하의 어린아이들을 다 죽이도록 한 자였습니다. 역사가 요세푸스에 의하면 헤롯은 성격이 포학했고 참을성이 없었고 고기를 탐하던 자로서 누구든지 그 앞에 나갈 때 공포를 느꼈다고 합니다. 하나님께서는 이 헤롯을 치셨습니다. 그래서 그는 속에서 타는 듯한 고통을 느끼는 병으로 죽었는데 이는 그의 폭식의 습관 때문에 말미암은 질병이었던 것 같습니다. 왜 요셉이 마리아와 예수를 데리고 나사렛에 가서 살았을까요? 이는 이 당시 헤롯의 아들 중, 포학했던 헤롯 안티파스가 유대 땅을 다스렸기 때문에 예수께서 또 그 때문에 어떤 어려움을 당할지 몰랐기 때문입니다. 그리고 당시 갈릴리 지방은 성격이 온유했던 빌립이 다스리던 땅이었습니다. 비교적 중앙정부의 영향에서 멀리 떨어져 있던 나사렛은 이방 땅과의 접촉이 더 자유로웠습니다.

예수님께서는 나사렛에서 자라심으로써 나사렛 사람이라 칭함을 받았습니다.마2:23 나사렛은 스불론 지파에 속한 땅으로써, 이는 이사야 9:1~2절의 예언을 이룬 것입니다: "스불론 땅과 납달리 땅과 요단 강 저편 해변길과 이방의 갈릴리여 흑암에 앉은 백성이 큰 빛을 보았고 사망의 땅과 그늘에 앉은 자들에게 빛이 비치었도다"마4:15~16 예수님께서는 그늘에 앉은 자들에게 빛을 가져오신 것입니다. 신분이 높고 부유한 자들이 살던 예루살렘에서 성장하시지 않고 나사렛에서 자라셨기 때문에, 나사렛에서 무슨 선한 일이 있겠느냐는 관념을 뒤집으시는 배경을 가지셨고 이 때문에 마음이 교만한 사람들에게는 예수님의 인간적인 측면에서의 비천한 배경이 그들이 믿음을 가지는데 하나의 걸림돌로 작용했습니다. 마리아는 예수님의 이러한 겸손하심에 대해서 이렇게 노래했습니다: "긍휼하심이 두려워하는 자에게 대대로 이르는도다 그의 팔로 힘을 보이사 마음의 생각이 교만한 자들을 흩으셨고 권세 있는 자를 그 위에서 내리치셨으며 비천한 자를 높이셨고 주리는 자를 좋은 것으로 배불리셨으며 부자는 빈손으로 보내셨도다"눅1:50~53

목수의 아들로 자라난 예수님께서는 아버지 요셉의 일을 도와 목수의 일을 하셨을 것입니다. 예수님께서 12세 때 부모를 따라 유월절을 지키려고 예루살렘에 들렀을 때 예수께서는 성전에서 선생들과 함께 토론을 하셨는데 그들이 예수의 지혜와 대답에 놀라 기이히 여겼다고 합니다. 학교에 다니시지 않던 예수께서 어떻게 그렇게 지혜가 많았을까요? 예수께서는 아마도 나사렛 회당에서 예배도 하시고 구약성경도 공부했을 것입니다. 하지만 예수께서는 인간이시면서 동시에 하나님이시기 때문에 우리가 알 수 없는 신비한 방법으로 구약을 이미 다 아시고 계셨을 것이라 상상해 볼 수 있습니다. 하나님으로서 전지하신 예수님과 인간으로서 배워나가시는 두 성품two natures의 관계는 우리에게는 풀 수 없는 하나의 신비입니다. 마치 우리에게 영과 육이 한 인간에게 공존하지만 서로 혼합되지 않는 것이 신비인 것과 같습니다. 하물며 예수님의 인성과 신성의 상호관계에 대해서 우리가 알 수 없는 것은 당연합니다. 이에 대해서 잘못 설명하다가 이단이 된 사람들이 많습니다. 고대 영지주의자들이 그랬고 아리우스의 종속설subordinationism이 그렇습니다.

2009년 11월 19일 브루스 웨어가 미국복음주의학회 만찬에서 인간 예수라는 제목으로 한 연설을 보면, 예수님께서는 우리와 같이 모든 면에서 유혹을 받으셨지만, 그것을 그 신성으로 다 차단하셔서 극복했기 때문에 죄가 없으신 분이셨다든지, 또는 예수님도 하나님께 복종하셔야 하는 점에서 자라가셔야 했기 때문에 공생애를 시작하시기 이전, 예를 들어, 사춘기의 나이에 십자가에 돌아가셔야 하는 부르심을 받았다면 이에 복종할 수 없었을 것이라는 주장을 했습니다. 먼저 예수님께서 모든 면에서 우리와 같이 유혹을 받으셨다고 하는 것은 우리와 같이 십계명의 모든 조항에 관계하여 범법하고 싶은 유혹을 느꼈을 것이라고 해석하는 것은 잘못입니다. 예수님께서는 처음부터 원죄를 타고난 분이 아니셨기 때문에 인간들처럼 마음속으로 죄의 갈등을 모두 겪으셨을 것이라고 가정하는 것은 위험한 생각입니다. 또, 예수님께서 복종하면서 자라셔야 했기 때문에 30세가 될 때에야 십자가의 돌아가심의 부름을 비로소 순종할 수 있었다고 하는 것은 지나친 비약입니다. 예수님께서 복종하심에 있어서 자라가셨다는 표현도 인간의 인식 방법에 바탕을 둔 추측이나 상상을 통해 이해하면 오류에 빠질 수 있습니다. 예수님의 인성에 대한 신약의 가르침의 조직화가 사람의 논리와 상상에 의해 좌우될 때 학자들은 위험한 사고를 하기 쉽습니다. 그리고 신약의 각 구절에 대한 객관적 주석이 없는 조직신학적 이론의 체계화는 비성경적인 결론에 빠지게 할 수 있습니다. 예수님의 인성과 신성은 서로 혼합되지 않고 분리되지 않고 변형되지 않고 공존합니다. 챨세돈회의의 기독론

마태복음 1장과 누가복음 3장은 예수님의 족보를 제공하고 있지만, 예수님의 전기 자체를 우리에게 제공하고 있지 않습니다. 이것이 우리의 구원에 필요하지 않은 지식이기 때문에 그렇습니다. 그래서 복음서 저자들은 예수님께서 성인이 되신 뒤 유대에 오셔서 요단강에서 세례요한에게 세례를 받으시고 공생애를 살기 시작하던 때부터 예수님의 사역과 가르침을 그 복음서들에 포함하고 있습니다. 예수님에 대한 증거는 성경 말씀뿐 아니라 예수님 당시의 저작가들의 문헌에도 발견됩니다. 유대의 역사가 요세푸스는 예수님에 대해 이렇게 기록하고 있습니다: "이 시기에 한 현인인 예수라는 사람이 살았다. 그는 이적을 행했고 진리를 기쁨으로 받았던 사람들에게 선생이었기 때문에, 만일 우리가 그를 한 사람으로 부르

는 것이 적법하다면 말이다. 그는 유대인들과 이방인들 가운데서 많은 사람을 자신에게 이끌었다. 그는 그리스도였다. 그리고 우리 가운데 요인들의 제청에 의해서 빌라도가 그를 십자가에 처형했는데 그를 처음 사랑했던 자들은 그를 버리지 않았다. 왜냐하면, 성스러운 선지자들이 이에 대한 것과 그에 대한 수만 가지의 다른 훌륭한 일들에 대해 미리 말씀한 대로, 그는 죽은 지 삼일 후에 살아나 그들에게 다시 나타났기 때문이다. 그리고 그가 명명한 그리스도인들 지파는 없어지지 않고 지금 존속하고 있다"[15)]

주후 2세기 로마 역사가 태시더스Tacitus도 예수님의 돌아가심과 로마에 살던 그리스도인들에 대해 글을 남겼습니다. 트래잰Trajan과 서신을 교류하던 플리니Pliny도 아시아에서 그가 만났던 그리스도인들에 관한 이야기를 남겼습니다.[16)] 이러한 증거 중에서 가장 경이로운 사건은 1세기에 살았던 사도 바울의 예수님에 대한 증언입니다. 그는 바리새인으로서 예수를 믿는 자들을 핍박하던 자였습니다. 다메섹에 있던 예수를 믿는 자들을 체포하러 가다가 그는 도상에서 하늘로부터 들려오는 예수님의 음성을 듣고 예수님을 만나는 체험을 했습니다. 그리고 그는 아라비아로 가서 3년간 예수님을 증거하는 전도자로 변화했습니다. 그는 다소로 돌아가 구약 예언의 말씀들이 그리스도에 의해서 성취된 진리임을 깨닫고 안디옥으로 와서 제자들을 가르쳤습니다. 그는 삼 차에 걸친 전도여행을 통해서 무수히 많은 핍박과 고난을 당했습니다. 그는 많은 교회를 아시아와 유럽에 개척했고 많은 제자를 키웠습니다. 그리고 로마에서 네로황제의 핍박을 받고 참수형으로 순교를 당했습니다. 이러한 증거보다 더 놀라운 것은 바로 우리 자신이 예수님의 제자가 되었다는 사실입니다. 지구 상의, 유대 반대편에 떨어져 있는 한국에 사는 우리가 예수님을 주님으로 믿고 고백하여 구원을 받게 되었다는 것은 기적과 같은 사건입니다. 이는 현재도 어제와 같이 역사 하시는 성령님께서 우리에게 오셔서 우리 속에 거하시기 때문에 일어난 사건입니다.

하지만 이와 같은 신앙고백을 공격하는 사람들이 있습니다. 이들은 성령님의 내주 하심이 없다고 하는 자유주의자들입니다. 이들은 성경 말씀이 증거가 되는 예수를 역사적 예수가 아니고 복음서 저자들이 꾸며낸 이야기라고 가정합니다. 그래서 이들은 예수의 역사history of Jesus를 역사의 예수Jesus of history와 분리시킵니다. 이들은 성경 속의 예수에 대한 증거를 믿지 않고 그 속에서 이들이 이성적으로 이해할 수 있는 역사적 예수를 재구성합니다. 역사적 예수를 재구성하는 방법은 이성에 기초하기 때문에 이들이 이성으로써 이해할 수 없는 기적에 관한 이야기라든지 예수님의 신성에 대한 가르침 등은 모두 교회의 선전이라고 여깁니다. 하지만 이러한 역사적 예수의 재구성은 궁극적으로 실패했습니다. 왜냐하면, 누구도 자신이 재구성한 역사적 예수의 진실성을 증명할 객관적 방법이 없기 때문입니다. 그래서 이들 간의 논쟁은 끊임없이 진행되어 오다가 결국이 연구방법 자체의 문제성이 드러나게 되었습니다. 복음서에서 증거하는 예수님에 관한 이야기는 모두 진실합니다. 그래서 그 모든 증거는 객관적인 사건으로 받아들여야 합니다.

한편, 예수님의 기적이나 부활을 이성적으로 해석하는 해석이 있는데 이는 잘못된 해석들입니다. 예를 들어 예수님의 부활을 부정하는 해석 중에 도적설이 있습니다. 이는 이성적으로 이해할 수 없는 이론입니다. 당시에 최고로 훈련된 정예 군인들이 지키고 있던 예수님의 무덤에 접근해서 무덤을 막고 있던 돌을 굴려내고 예수님의 시신을 훔쳐갈 수 있던 사람은 아무도 없기 때문입니다. 그리고 만일 이들이 시신을 훔쳐 갔다면 왜 예수님께서 입고 있으셨던 값비싼 세마포를 곱게 접어서 예수님의 머리 쪽에 두고 떠났는지 설명할 길이 없습니다.요20:7

2. 말씀이 육신이 되신 예수님

요한복음 1:1~18절에서 우리는 예수님께서 말씀이 육신이 되신 하나님이시라는 것을 알 수 있습니다. 예수님은 태초에 계신 말씀이셨습니다. 이 말씀이 하나님과 함께 계셨고, 이 말씀은 곧 하나님이십니다. 이 말씀은 태초에 하나님과 함께 계셨고 만물은 이 말씀으로 말미암아 창조되었습니다. 그리고 이 말씀 안에 생명이 있었습니다. 이 생명은 곧 사람들의 빛입니다.요1:3~4 이 말씀에서 우리는 예수님께서 이 세상을 창조하신 하나님이셨다는 것을 알 수 있습니다. 요한은 1:1절에서 '태초에' 라는 시제를 통해서 "태초에"라는 단어가 나오는 창세기 1:1절과 연결하고 있습니다. 따라서 헬라 명사 로고스(말씀)는 창세기 1:1절에 하나님의 창조 문맥에서 이해할 수 있습니다. 하나님께서는 말씀으로 세상을 창조하셨습니다. 이 말씀은 하나님께서 창조하신 존재가 아니라 하나님과 태초에 함께 계셨던 분이셨습니다. 어떤 사람은 이 로고스의 개념을 잠언서 8장의 지혜의 개념과 연결해서 해석하려고 합니다. 잠언 8:24 이하에 보면 여호와께서 태초에 일하시기 전에 지혜를 가지셨다고 말씀합니다. 이 지혜는 하나님께서 땅의 기초를 정하실 때에 그 곁에 있어 창조자가 되어 날마다 그 기뻐하신 바가 되었다고 말씀합니다.잠8:30 잠언 기자는 이 장에서 지혜를 의인화하고 있습니다. 매튜 헨리Matthew Henry는 이 지혜는 하나님의 아들이시라고 주석합니다. 여기서 잠언 8:25절에 나오는 쿨이란 히브리어 동사는 히브리어 동사 형태 중 폴랄로 쓰이면 태어났다는 의미가 있습니다. 이 단어가 요한복음의 모노게네이스(독생하신)라는 형용사와 관계가 있다면 우리는 헨리의 주석에 동의할 수 있습니다. 하지만 잠언 8장에서 지혜도 하나님께서 태초 이전에 창조한 것으로 해석하면 우리는 이 의인화된 지혜가 성육신 이전의 말씀을 의미하는 것으로 보기는 어렵습니다. 요한복음 1장의 말씀은 하나님께서 태초 이전에 창조하신 분이 아니시고 태초에 하나님과 함께 계셨던 곧 하나님 자신이셨습니다.

여호와의 증인들은 요한복음 1:1절에 "이 말씀은 곧 하나님이시니라"의 구절을 "이 말씀은 신성하셨다"The Word was divine라고 번역합니다. 그것은 이 구절에 나오는 데오스(하나님)라는 명사에 정관사가 없기 때문이라는 것입니다. 이들은 예수님께서 하나님이셨다는 사실을 인정하지 않습니다. 하지만 이는 잘못된 번역입니다. 왜냐하면, 이 문장에서 명사 로고스에만 정관사가 있는 것은 이 문장에서 로고스가 주어이고 데오스가 수식어임을 밝히기 위해서였습니다. 따라서 정관사 없이 쓰인 데오스는 하나님을 가리키고 있습니다. 여호와의 증인 경전은 일관된 번역을 하고 있지 않습니다. 요한복음 1:18절에 데오스라는 단어가 두 번 사용되고 있는데 둘 다 정관사 없이 사용되고 있습니다. 하지만 그들은 이 구절에서의 데오스는 하나님으로 번역하고 있습니다. 이와 같은 일관되지 못한 이들의 번역은 요한복음 1:1절에서의 자신들의 번역이 헬라어의 문법을 무시한 잘못된 번역이라는 것을 스스로 말하는 것입니다. 태초에 하나님과 함께 계신 말씀은 하나님 자신이셨습니다.

캠브리지 대학에서 가르쳤던 신약학자 다드C. H. Dodd는 요한복음의 로고스는 헬라 문헌 허메티카에 나오는 로고스 개념에 기초한다고 주장했습니다. 그러나 이는 주후 2세기에 기록된 헬라 문헌이 주후 1세기에 기록된 요한복음에 영향을 주었다는 주장인데 이는 시대착오적인 주장입니다. 오히려 요한복음의 로고스 개념을 주후 2세기 영지주의자들이 자기식대로 변형시켜서 사용한 개념이라고 보는 것이 자연스럽습니다. 이 로고스는 헬라 개념이 아니고 히브리 개념이었고 히브리어 명사 다발이나 동사 아말과 관계가 있다고 보는 것이 의미론적으로 타당합니다. 예수님께서는 요한복음 6:63절에서 내가 너희에게 이르는 말Word이 영Spirit이니라며 말씀하십니다. 이 영은 창세기 1:2절의 수면에 운행하신 하나님의 영루악, Spirit과 관계가 있다고 보아야 합니다. 이 영은 예수님의 말씀이시고 이 말씀이 수면 위에 계신 것이며 이 말씀은 곧 예수님이셨다고 할 수 있습니다. 하지만 여기서 우리는 말씀이 곧 예수님 자신이셨다고 말씀할 수 없습니다. 왜냐하면, 말씀이 곧 영이시라고 하셨기 때문입니다. 그리고 또 영과 예수님을 동일시하는 것은 monism의 오류에 빠지는 것입니다.[17] 영은 예수님과 일체적 관계 속에 계십니다. 삼위 일체Trinitarian unity 관점에서 바울도 고린도후서 3:17절에서 “주는 영이시니라”고 말씀한 것처럼, 창조에서 말씀과 영은 창조 사역에서 밀접한 사역의 일치를 가지고 계셨다는 것을 알 수 있습니다. 그리고 예수님께서 이 세상을 창조하신 것과 일체적으로 기능했다는 것을 우리에게 말씀하는 것을 알 수 있습니다.

3. 예수님의 가르침 방법

(1) 비유를 사용해서 가르치심

예수님께서는 비유parable를 사용해서 가르치셨습니다. 그 이유는 듣는 자들로 하여금 알아듣고 이해하지 못하게 하시기 위함이었습니다: "이르시되 하나님나라의 비밀을 아는 것이 너희에게는 허락되었으나 다른 사람에게는 비유로 하나니 이는 그들로 보아도 보지 못하고 들어도 깨닫지 못하게 하려 함이라"눅8:10 어떤 사람은 이 비유의 장르는 헬라 문학 이솝의 우화의 장르에 속한다고 말하기도 하고, 어떤 사람은 예레미야서에도 이 비유의 장르가 발견된다고 주장합니다. 또 선지자 나단이 다윗의 간음죄를 책망할 때도 한 비유를 사용했는데 예수님의 비유도 이에 속하는 문학 장르라는 것입니다. 하지만 이는 잘못된 이해입니다. 예수님께서 사용하신 비유는 씨뿌리는 자의 비유에서와 같이 듣는 자들로 하여금 이해하지 못하게 하는 목적이 있었다는 점에서 아주 독특한 장르에 속합니다. 나단 선지자가 만일 다윗 왕이 이해하지 못하도록 비유를 사용했다면 어떻게 다윗이 그 비유를 듣고 회개했겠습니까? 누가복음 8:11절 이하에서 예수께서는 제자들에게 씨뿌리는 자의 비유를 자세히 풀어서 설명해 주셨습니다. 하지만 군중에게는 이러한 축복을 주시지 않았습니다. 여기서 비유는 계시revealing와 숨김concealing의 두 기능을 동시에 가지고 있다는 것을 알 수 있습니다.

학자들은 비유의 해석 방법에 대해서 많은 논쟁을 해 왔습니다. 한 비유가 있을 때 한 의미만 가지는 지, 두 의미가 있는 지, 아니면 많은 의미를 포함하는 지 그들은 연구해 왔습니다. 예를 들어 탕자의 비유에서 탕자는 회개한 그리스도인을 가리키고, 아버지는 용서해 주시는 하나님을 가리키고, 불평하는 형은 외식하는 바리새인을 가리키는지에 대해서 논쟁이 있습니다. 하지만 우리는 비유를 이렇게 이중적으로 해석하면 안 됩니다. 이 비유에서의 주제는 잃었다가 다시 찾는 것입니다. 따라서 잃어버렸던 탕자를 다시 찾는 비유는 잃은 양을 찾으시고 회복해 주시는 주제를 말씀하는 것입니다. 비유의 해석은 문법적 역사적 해석 방법으로는 잘

안 됩니다. 이는 영적인 해석을 요구하며 대개 복음서에 나오는 비유는 그 비유를 말씀하시고 예수님의 해석을 그 다음 구절에 포함하기 때문에 본문의 문맥에서 그 의미를 찾는 것이 가장 효과적인 해석 방법입니다.

(2) 격언적 가르침

예수께서는 산상수훈과 같이 긴 강론을 하신 때도 있었지만 틈나는 대로 제자들에게 짧은 격언적 가르침을 주셨습니다. 마가복음 8장 15절에 예수께서 제자들을 경계하여 말씀하시기를 "삼가 바리새인들의 누룩과 헤롯의 누룩을 주의하라"하셨습니다. 이는 예수께서 제자들과 함께 배를 타고 건너편으로 가셨을 때, 제자들이 떡 가져오기를 잊었을 때 하신 말씀입니다. 제자들은 이 말씀을 이해하지 못해 예수께서 자신들이 떡 가져오는 것을 잊어버린 것을 책망하신 것으로 알아들었지만, 예수께서는 바리새인들의 잘못된 가르침들을 주의하라는 말씀을 하신 것입니다. 또 제자들이 귀신을 쫓지 못하고 절절매고 있을 때, 예수께서는 짧게 가르치셨습니다: "기도 외에 다른 것으로는 이런 종류가 나갈 수 없느니라"막9:29

(3) 질문과 대답

예수께서 가이사랴 빌립보 지방에 가셨을 때 제자들에게 물으셨습니다: "사람들이 인자를 누구라 하느냐"마16:13 그러자 제자들이 대답했습니다: "더러는 세례요한, 더러는 엘리야, 어떤 이는 예레미야나 선지자 중의 하나라" 합니다. 그러자 예수께서 다시 물으셨습니다: "너희는 나를 누구라 하느냐"마16:15 이때 용감한 시몬 베드로가 고백했습니다: "주는 그리스도시요 살아 계신 하나님의 아들이시니이다"마16:16 이때 예수께서는 베드로를 칭찬하시면서 설명해 주셨습니다: "바요나 시몬아 네가 복이 있도다 이를 네게 알게 한 이는 혈육이 아니요 하늘에 계신 내 아버지시니라"마16:17 이처럼 예수님은 제자들에게 먼저 질문을 하시고 제자들이 틀린 대답을 할 때, 이를 고쳐주시면서 가르치시는 방법을 택하셨습니다. 그냥 주입식으로 일방적인 교육을 하신 것이 아니고 그들로 하여금 생각하게 하고 대답을 유도하셨습니다. 그리고 이를 고쳐주심으로써 그들이 확실히 깨닫도록 하는 대화식의 교육방법을 사용하셨습니다.

(4) 시청각을 이용하심

요한복음 13장의 이야기를 통해서 예수님께서 어떻게 시청각을 이용하셔서 가르치셨는가를 잘 알 수 있습니다. 예수님께서는 제자들을 사랑하실 때 그 충만한 사랑을 표현하셨습니다.요13:1 예수님께서는 말로 사랑하신다고 말씀하시기 전에 행동으로 그 사랑을 보여주셨습니다. 저녁을 드시고 그 자리에서 일어나셔서 겉옷을 벗으시고 수건을 가져다가 허리에 두르시고 대야에 물을 담아 제자들의 발을 씻겨 주시기 시작하셨습니다. 예수님은 앞으로 자신을 세 번 부인할 베드로의 발도 씻겨 주셨습니다. 그리고 그들의 발 가운데는 그날 밤 자신을 제사장들에게 팔아넘길 유다의 발도 있었습니다. 그것을 예수께서는 아셨지만, 유다를 차별하지 않으시고 그의 발도 씻으시고 두르신 수건으로 닦아 주셨습니다. 제자들의 발을 씻으시고 예수께서 다시 옷을 입으시고 저희에게 말씀하셨습니다. "너희가 나를 선생이라 또는 주라 하니 너희 말이 옳도다 내가 그러하다 내가 주와 또는 선생이 되어 너희 발을 씻었으니 너희도 서로 발을 씻어 주는 것이 옳으니라 내가 너희에게 행한 것 같이 너희도 행하게 하려 하여 본을 보였노라"요13:13~15 이처럼 예수님께서는 사랑의 가르침을 가르치시면서 몸소 사랑을 실천해 보여 주셨습니다. 그리고 이 사랑의 절정은 십자가에서 돌아가심으로 표현되었습니다. 사람이 친구를 위하여 자기 목숨을 버리면 이에서 더 큰 사랑이 없다고 말씀하셨는데 이는 자신이 제자들을 위해서 십자가에서 돌아가실 것을 미리 말씀하신 것입니다.요15:13

요한복음 21장에 보면 예수를 버리고 도망했던 제자들은 다시 갈릴리 바다에서 고기잡이하고 있었습니다. 주님께서는 이 부족한 제자들을 끝까지 사랑하셔서 그들을 위해서 떡과 생선을 가지고 조반을 준비해 주셨습니다. 이는 배반한 제자들을 사랑으로 대해 주신 것입니다. 이때 베드로는 주님 앞에 나아와 아무 말도 할 수 없었습니다. 주님께서는 그에게 네가 이 사람들보다 나를 더 사랑하느냐고 물으시면서 "내 어린 양을 먹이라"고 권면 하셨습니다.요21:15 이 사건에서 주님께서는 중요한 교훈을 제자들에게 깨닫도록 의도하셨습니다. 첫째, 자신을 버린 사람들이라도 그들을 용서하고 사랑하라는 것입니다. 둘째, 주님께서 그들에게 조반을 먹이시면서 섬기시듯이 주님의 양을 섬기라는 권면을 하신 것입니다. 이처럼 주님의 가르침은 말로만 하는 가르침이 아니라 직접 그 가르침을 행해 보이심으로써 제자들이 그 가르침을 마음속 깊이 새길 수 있도록 하셨습니다. 바로 이 점이 예수님의 가르침과 바리새인들의 가르침의 다른 점이었습니다. 예수님께서는 바리새인들이 가르치는 대로 행하되 그들의 행위는 따라 하지 말라고 하셨습니다. 그 이유는, 그들은 그들이 가르치는 대로 살지 않는 위선자들이었기 때문입니다.마23:3

(5) 책망

예수님께서는 책망도 사용해서 가르치셨습니다. 마태복음 16장 16절에서 베드로는 "예수님은 주님이시오 살아계신 하나님의 아들입니다"라고 고백했습니다. 이때 예수님께서는 앞으로 자신이 많은 고난을 받고 장로들과 대제사장들과 서기관들에게 버린 바 되어 죽임을 당할 것이라고 말씀하셨습니다. 그러자 베드로는 예수님을 붙들고 그렇게 하시지 않도록 만류했습니다.마16:31 이에 예수님은 베드로를 이해하신다고 말씀하면서 불쌍히 여기며 이를 묵인하시는 것이 아니라 정면으로 그를 꾸짖으며 말씀하셨습니다: "사탄아 내 뒤로 물러가라 네가 하나님의 일을 생각하지 아니하고 도리어 사람의 일을 생각하는도다"마16:33 예수님께서는 이 기회에 더 자세한 교훈을 제자들에게 주셨습니다: "누구든지 자기 목숨을 구원하고자 하면 잃을 것이요 누구든지 나와 복음을 위하여 자기 목숨을 잃으면 구원하리라"마16:35

또 사람들이 예수께서 만져 주심을 바라고 어린 아이들을 데리고 왔을 때 제자들이 꾸짖었습니다. 이를 보시고 예수님은 분히 여기시며 가르치셨습니다: "어린 아이들이 내게 오는 것을 용납하고 금하지 말라 하나님의 나라가 이런 자의 것이니라 내가 진실로 너희에게 이르노니 누구든지 하나님의 나라를 어린 아이와 같이 받들지 않는 자는 결단코 그 곳에 들어가지 못하리라"막10:14~15 부활하시고 예수님께서는 막달라 마리아에게 나타나시고 자신의 부활을 증거했습니다. 마리아가 다른 제자들에게 이를 알렸지만, 그들은 예수의 부활을 믿지 않았습니다. 그 후에 열한 제자가 음식 먹을 때 예수께서 저희에게 나타나셔서 저희의 믿음 없는 것과 마음이 완악한 것을 꾸짖으셨습니다. 이는 그들 자신이 예수께서 죽음에서 부활한 것을 믿지 않았기 때문입니다.

(6) 칭찬

예수님께서는 한 여인이 자신의 머리에 향유를 붓고 예수님을 경배할 때 그 여인을 칭찬하시면서 저가 그 몸에 향유를 부은 것은 예수님 자신의 장사를 준비한 것이라 말씀하시면서 온 세상 어디서든지 복음이 전파되는 곳에는 이 여자의 행한 일도 말하여 저를 기념하게 하셨습니다.마26:10~13 마태복음 8장 5절 이하에는 한 백부장의 좋은 믿음에 대한 기록이 있습니다. 그는 하인이 중풍 병에 걸려 괴로워하는 모습을 보고 예수께 나와서 고쳐주실 것을 간청했습니다. 예수께서는 몸소 그 하인에게 가서 고쳐주시려고 했지만, 그 백부장은 예수께서 자신의 집에 오시는 수고를 하지 않으시고 오직 말씀으로만 하셔도 그 하인이 나을 것이라고 말했습니다. 예수께서 이를 들으시고 이스라엘 중 누구에게서도 그만한 믿음을 가진 자를 본 적이 없다고 칭찬하셨습니다. 그리고는 장차 많은 이방인이 예수님을 믿고 아브라함과 이삭과 야곱과 함께 천국에 앉을 것이라고 말씀하셨습니다.마8:11

4. 예수님께서 제정하신 일

예수께서는 세례와 성찬을 제정하셨습니다. 세례는 예수님을 믿고 교회의 신도가 되었다는 것을 나타내는 표입니다. 영적으로는 예수와의 연합을 상징하는 표sign입니다. 예수님께서는 승천하시기 전에 제자들로 하여금 모든 족속으로 제자로 삼고 아버지와 아들과 성령의 이름으로 세례를 주고 주께서 말씀하신 모든 것을 가르쳐 지키게 하라고 명령하셨습니다.마28:19 따라서 세례는 믿는 자라면 거부하지 말고 받아야 할 의식입니다. 영적으로 세례는 예수 그리스도의 돌아가심에 우리가 참예하는 것을 상징합니다.롬6:4 따라서 세례받은 자들은 그 옛사람이 죽었습니다. 죄에 대해 죽었습니다. 그리고 그들은 의에 대해 산 자들이 되었습니다. 세례를 받은 자에게는 성령님이 임하십니다.행2:38 하지만 이디오피아의 내시가 세례받을 때 성령은 임하시지 않았습니다.행8:39 물론 이 내시에게 성령이 함께 거하셨다는 것은 부인할 수 없습니다. 베드로가 고넬료 가정에 머물면서 설교했을 때 성령님이 임하셨습니다. 이것을 보고 베드로는 그들에게 물세례를 베풀었습니다.행10:47 예수님의 한 편 강도는 예수님을 믿었지만, 세례는 받지 못했습니다. 하지만 주님께서는 그가 예수님과 함께 낙원에 있으리라고 약속해 주셨습니다. 그래서 세례 의식이 구원의 필수조건은 아님을 봅니다. 의식적 세례보다도 바울은 우리가 마음에 할례를 받는 것이 더 중요하다고 가르칩니다.

예수께서 잡히시기 전날 밤 예수께서는 그들에게 새 언약의 표를 베푸셨습니다. 이것은 성만찬입니다. 예수께서 떡을 가지고 축사하시면서 받아먹으라고 하셨습니다. 이 떡은 예수님의 몸을 상징합니다. 또 잔을 가지시고 저희가 다 이것을 마시라고 하셨습니다. 이것은 죄 사함을 얻게 하려고 많은 사람을 위하여 흘리는바 예수님의 피 곧 언약의 피였습니다. 마26:28 로마교회에서는 신자가 성만찬 때 떡을 받아먹으면 그 떡이 몸에서 예수님의 살로 변하고 신자가 잔에 참예하면 그 잔이 몸에서 예수님의 피로 변한다는 화체설을 가르칩니다. 하지만 이는 잘못된 가르침입니다. 루터는 이 화체설을 배격했지만 성만찬 때 예수님께서 영으로 직접 와 계신다고 가르쳤습니다.Consubstantiation 하지만 캘빈은 성만찬은 성경 말씀대로 우리를 위해 십자가에서 피를 흘리시고 돌아가신 예수님의 돌아가심을 기념하는 것이라는 기념설을 가르쳤습니다. 성만찬은 화목 제물이 되신 예수님의 돌아가심을 기념하는 것입니다. 하지만, 이는 기념적인 의식으로 끝나는 것이 아니라 우리가 진정 회개하며 믿음의 새로운 마음으로 성찬에 임할 때마다 우리 믿음의 확신을 더해주고 우리가 예수님의 언약에 공고히 서게 하는 은혜를 더해주는 신비로운 영적 시간입니다.

5. 예수님께서 가르치신 주제들

예수님께서는 한 권의 책도 쓰시지 않으셨습니다. 하지만 요한은 예수님의 하신 일과 가르치신 일을 다 적으면 이 세상도 그것을 다 쌓아놓기에 비좁을 것이라고 말했습니다.[요21:25] 예수님의 가르침은 사 복음서에 기록되어 있습니다. 이는 산상수훈, 감람산 비유, 다락방 강화에 집중되어 있고 복음서에 포함된 이야기 전체에 구조적으로 퍼져 있습니다. 산상수훈은 구속사에 있어서의 새 시대의 도래에 따른 상황에서 모세 율법의 본뜻을 풀어주신 것입니다. 여기서 예수님께서는 하나님과 물질을 함께 섬길 수 없다고 말씀하시면서 하나님께 대한 절대적 충성과 복종을 가르치셨고, 형제 사랑, 은밀한 구제, 기도의 중요성 등을 가르치셨습니다.

예수님께서는 자신을 믿는 자는 구원을 얻을 것이라고 분명히 말씀하셨습니다. 이 구원은 종말에 얻어지는 것이지만, 믿는 자들이 이미 받은 것으로 여기라고 말씀하셨습니다.[요5:24] 예수님의 가르침에서 중요한 중심적 주제는 하나님의 나라라고 할 수 있습니다. 하나님의 나라는 이미 우리에게 와 있습니다. 이는 성령님께서 믿는 자들에게 함께 거하시는 것과 일치되는 사건입니다. 하지만, 종말적 하나님의 나라는 앞으로 미래에 있게 될 것입니다. 이 종말적 하나님나라의 도래는 하나님 심판의 때와 일치하는데 인류 역사는 이때를 향해서 나가는 것입니다. 이 종말 직전에 일어나는 일에 대해서는 감람산 비유에 설명되어 있습니다.[마24장] 종말 직전에 꼭 나타나는 징조들이 있는데 그것은 전쟁, 기근, 천재입니다. 사람들의 믿음이 식고 적그리스도가 출현해서 믿는 자들을 핍박할 때 택자라도 배교의 유혹을 느낍니다. 택자들이 핍박을 받고 있을 때 예수께서는 그 천사들과 함께 하늘에서 나타나셔서 저들의 원수들을 말씀으로 제압하시고 끝까지 기다린 성도들을 불러 모아 그 혼인 잔치에 참여하게 하십니다.

따라서 종말의 도래와 함께 성도들이 핍박의 때에 인내하며 믿음을 지키는 것은 매우 중요한 필수적 과정입니다. 이를 위해서 성도들은 항상 쉬지 말고 기도해야 하며 성령님의 도우심을 구해야 합니다. 요한복음의 다락방 강화요13~17는 핍박을 통과할 성도들에게 장차 올 핍박에 대해 미리 경고하시고 보혜사 성령께서 그들에게 힘주시고 그들로 하여금 인내하게 하셔서 그들이 모두 장차 하나님의 영광을 볼 수 있게 하시겠다고 격려하시는 내용이 담겨 있습니다. 이때까지 성도들은 모이기를 힘쓰고 서로 사랑하여 함께 떡을 떼며 때를 얻든지 못 얻든지 복음 전하는 일에 힘쓰며 예수님의 말씀을 가르쳐 지키고 복종하도록 해야 합니다.

문제

1. 예수님의 탄생과 성장에서 우리의 상식의 허를 찌르는 부분들이 있습니다. 이를 발견해 보고 그 이유에 대해서 설명해 보세요.
2. 요한복음 1:1~18에서 예수님께서는 말씀이 육신이 되셔서 이 땅에 오셨다고 증거합니다. 말씀이 육신이 되셨다는 것을 구약 성경을 배경으로 설명해 보세요.
3. 예수님의 가르침의 방법들을 열거해 보고 설명해 보세요. 그리고 이를 자신의 교육방법에 적용해서 자신의 교육방법을 발전시킬 수 있다면 이를 함께 나눠보세요.
4. 예수님께서 제정하신 두 가지를 말씀해 보시고 설명해 보세요.
5. 예수님의 가르치신 중심 주제는 무엇입니까?

참고도서

마틴 로이드 존스, 십자가에 못 박히신 예수 그리스도. 정상윤역. 복있는 사람, 2008.

C. H. 스펄전, 예수님의 임재 즐거움. 유재덕역. 도서출판 브니엘, 2008.

에드먼드 클라우니, 예수님은 십계명을 어떻게 해석하셨는가? 신호섭역. 크리스찬출판사, 2008.

존 파이퍼, 예수님의 지상명령. 전의우역. 생명의 말씀사, 2008.

________. 예수님이 복음입니다. 송용자역. 부흥과 개혁사, 2008.

R. A. 토레이, 당신을 위해 다시 오실 예수님. 박민희역. 드림북, 2008.

크레이그 L. 블롬버그, 예수와 복음서. 김경식역. 기독교문서선교회, 2008.

이동원, 예수님의 거룩한 습관. 두란노, 2008.

R. C. 스프롤, 뜻밖의 예수-성경적 이름 뒤에 감추어진 진리. 정진환역. 죠이선교회출판부, 2008.

Blomberg, Craig L. *Jesus and the Gospels*, Nashville: Broadman & Holman, 1997.
Bock, Darrell L. *Studying the Historical Jesus*. Grand Rapids/Leicester: Baker/Apollos, 2002.
Bruce, F. F. *Jesus and Christian Origins outside the New Testament*. Grand Rapids: Eerdmans, 1974.
_______. *Jesus: Lord and Savior*. Downers Grove: InterVarsity, 1986.
_______. *The Hard Sayings of Jesus*. Downers Grove: InterVarsity, 1983.
Marshall, I. Howard. *The Origins of New Testament Christology*. 2nd ed. Downers Grove: InterVarsity, 1990.
Meyer, B. F. *The Aims of Jesus*. London: SCM, 1979.
Morris, Leon. *New Testament Theology*. Grand Rapids: Zondervan, 1986.
Stott, John R. W. *The Message of the Sermon on the Mount*. Downers Grove: InterVarsity, 1978.
Wenham, David. *The Parables of Jesus*. Downers Grove: InterVarsity, 1989.

10
하나님나라

1. 하나님나라에 대한 구약의 구절들

사무엘하 7:13절에서 하나님께서는 나단 선지자를 통해서 다윗에게 영원한 나라를 약속하셨습니다: "그는 내 이름을 위하여 집을 건축할 것이요 나는 그의 나라 왕위를 영원히 견고하게 하리라" 바빌론 유수에서 돌아온 역대상의 저자는 이 영원한 다윗의 왕국을 솔로몬 왕 때 실현된 하나의 영적 왕국, 하나님의 왕국으로 제시하고 있습니다: "솔로몬이 여호와께서 주신 왕위에 앉아 아버지 다윗을 이어 왕이 되어 형통하니"대상 29:23 이 구절에서 솔로몬은 하나님의 보좌에 앉았다고 표현되어 있습니다. 이는 다윗의 왕좌를 곧 하나님의 보좌와 동일시하는 것입니다. 즉 역대상의 저자는 이스라엘 왕국이 영적으로 하나님의 왕국을 대표하는 것으로 보았습니다. 하지만 역대상이 기록되기 전에 기록된 다니엘서에는 영원한 다윗 왕국은 이 세상 모든 나라를 파괴하고 그 위에 우뚝 설 메시아 왕국으로 그려지고 있습니다. 다니엘 7:13~14절은 한 인자와 같은 이가 하늘 구름을 타고 와서 옛적부터 항상 계시는 분에게 나아와 그 앞에 인도되어 권세와 영광과 나라를 받고 모든 백성과 나라들과 각 방언하는 사람들의 섬김을 받고 그 권세가 영원하며 그 나라가 영원히 견고할 것을 예언했습니다. 이 영원히 설 메시아 왕국은 스가랴에 의하면 여호와께서 천하의 왕으로 다스리실 왕국을 말씀하는 것이었습니다.슥14:9 이하 이 나라는 바로 하나님의 나라입니다. 이 나라는 하나님의 백성을 핍박하고 억압한 열국을 파괴함과 함께 도래할 것으로 선지자들은 내다보았습니다.

2. 유대인들의 하나님나라에 대한 개념

유대주의에서 하나님나라의 개념은 구약의 사무엘하에 명시된 영원한 다윗 왕조에 대한 구절과 다니엘서의 예언 구절에 바탕을 두면서 시대에 따라 그 개념이 명확해졌습니다. 이는 여호와께서 악한 이 세상의 왕국들과 악한 자들을 심판하시는 날과 관련되어 있었습니다. 이와 함께 유대인들은 악인들로부터 해방되게 되고, 다윗의 후손에게서 나온 한 왕이 공의로서 그 유대 백성을 다스리는 시대가 도래한다고 믿었습니다. 이 시대는 유대인들의 자유와 평화의 시대였습니다. 이 하나님의 나라의 개념은 유대 계시문학의 주된 내용을 형성하고 있었습니다. 이 종말적 하나님의 나라는 대격변과 파멸을 동반하는 것으로 이해되었습니다. 그리고 이 나라는 유대인들을 위한 나라로써 그 성격이 민족주의적이며 해방주의적 성격을 가지고 있었습니다. 이 유대민족적 메시아 나라 개념은 아직도 존속하고 있습니다. 예수님을 믿지 않은 유대인들은 아직도 이 메시아 나라의 실현을 기대하고 있습니다. 하지만 이 메시아 나라는 예수님에 의해서 1세기에 실현된 것입니다. 이 나라는 민족적이지 않고 구원론적이며 정치적 해방이 아니라 종말적 심판과 연결되어 있었습니다. 그래서 예수님께서 가져오신 하나님의 나라는 밤이슬이 내리듯이 조용히 겸손하게 탈민족주의적으로 예수를 주님으로 믿는 누구에게나 이미 임했습니다.

3. 예수님의 하나님나라에 대한 가르침

(1) 하나님나라의 기독론적 성격

마태복음 12:28절에서 예수께서 말씀하시기를, “그러나 내가 하나님의 성령을 힘입어 귀신을 쫓아내는 것이면 하나님의 나라가 이미 너희에게 임하였느니라” 라고 하셨습니다. 여기서 우리가 알 수 있는 것은 하나님나라의 도래는 예수 그리스도의 초림과 관계가 있다는 것입니다. 다윗의 후손이신 예수께서 이 땅에 오신 왕이시라는 말씀입니다. 마태는 마태복음에서 예수님을 통해서 구약의 모든 예언이 성취되었다고 증거하고 있습니다. 예수님께서는 바로 사무엘하 7:13절에 예언된 영원한 다윗 왕조를 확립하실 왕으로 묘사되고 있습니다. 구약에서 이해했던 다윗왕의 후손이 악한 자들을 몰아내는 것은 이 세상 악한 임금들을 몰아내는 것이 아니라 공중 권세 잡은 악한 사탄과 귀신들이라는 점에서 하나님의 나라는 이 세상의 개념이 아니라 영적인 개념으로 제시되고 있습니다.

여기서 하나님나라의 도래를 성취하는 에이전트는 성령님이십니다. 예수님께서는 장차 성령으로 세례를 베푸시고 성령을 선물로 주실 하나님이십니다. 예수님께서 성령의 능력으로 마귀의 권세를 무너뜨리고 계신 것입니다. 이 왕에 의해 파괴될 세상 나라들은 마귀의 권세 아래 있었고 예수께서 마귀의 권세를 무너뜨리실 때 다니엘서에 예언된 이 세상 나라의 궤멸이 본질적으로 시작된 것으로 묘사됩니다. 따라서 하나님나라의 도래는 공간에 안착하는 나라가 아니라 마귀의 나라에 침노하면서 즉 마귀의 왕국을 정복하면서 도래하는 모습을 볼 수 있습니다. 이에 따라 하나님나라의 도래는 불가불 영적 전쟁을 수반합니다.

여기서 마귀는 사람들 마음속에 있었고 성령님이 들어오시자 그는 쫓겨나갑니다. 에베소서 2:2절에서 공중 권세 잡은 마귀는 불순종의 아들들 가운데서 역사 한다고 말씀합니다. 요한복음 13:27절은 마귀가 유다의 마음속에 들어갔다고 말씀합니다. 따라서 그 전쟁터는 사람들의 마음임을 알 수 있습니다. 그리고 영적 싸움은 복음 전하는 일을 통해서, 또 말씀을 통해서 승리로 이끌어진다는 것을 알 수 있습니다.엡6:17

누가복음 17:20~21절에서도 하나님의 왕국의 영적 측면을 말씀하고 있습니다: "바리새인들이 하나님의 나라가 어느 때에 임하나이까 묻거늘 예수께서 대답하여 이르시되 하나님의 나라는 볼 수 있게 임하는 것이 아니요 또 여기 있다 저기 있다고도 못하리니 하나님의 나라는 너희 안에 있느니라" 이는 하나님의 나라가 제자들의 마음에 임했다는 뜻으로 이는 하나님나라가 군사적 정치적 사회적 개념이 아님을 말씀하고 있습니다. 하나님의 나라는 개개인이 예수를 영접하고 구원받는 것과 밀접한 개념으로 제시되고 있습니다.

(2) **이미와 아직** already but not yet

마태복음 12:28절에서 우리가 알게 되는 것은 하나님나라의 도래가 이 땅에 이미 시작되었다는 것입니다. 이는 성령의 능력으로 이 땅에 있는 귀신을 몰아내는 것과 시간이 일치하고 있음을 나타내고 있습니다. 마태복음 12:28절에 쓰인 동사 "임하였느니라(에프타센)"는 아오리스트(과거시제)로 쓰였습니다. 이는 헬라 문법에서 어떤 행위의 시작을 나타낼 때가 있습니다. 그렇다면 하나님의 나라가 귀신의 쫓겨남과 함께 이미 임하기 시작했다는 것을 뜻합니다. 이는 하나님나라의 도래가 완결되었다는 의미가 아니라 도래가 시작의 확실성을 나타낸다고 볼 수 있습니다.

하나님나라의 현재성은 복음이 전해지고 있다는 점에 있습니다. 그리고 마귀가 쫓겨나가고 병이 낫고 사람들이 예수님을 믿고 회심한다는 점에 있습니다. 예수님께서는 죄인들의 죄를 사해 주셨습니다. 이는 종말적 심판의 현재성을 가리키고 있습니다. 요한복음 5:24절은 누구든지 예수를 믿는 자는 현재 사망에서 생명으로 옮겨져 있다고 말씀합니다: "내가 진실로 진실로 너희에게 이르노니 내 말을 듣고 또 나 보내신 이를 믿는 자는 영생을 얻었고 심판에 이르지 아니하나니 사망에서 생명으로 옮겼느니라 진실로 진실로 너희에게 이르노니 죽은 자들이 하나님의 아들의 음성을 들을 때가 오나니 곧 이 때라 듣는 자는 살아나리라"

하지만, 이 성취된 하나님나라의 개념은 하나님나라의 미래 종말적 도래도 포함하고 있습니다. 마태복음 24장과 25장은 장차 세상 끝이 오는 징조와 심판 때에 구원받을 사람들의 현재 순종하는 삶에 대해서 말씀하고 있습니다. 하나님의 나라는 심판을 통해서 악인이 멸하고 택자들이 구원받는 시간이 일치하고 있음을 보여 줍니다. 요한복음 5:28~29절의 말씀도 믿는 자들의 부활이 미래에 성취될 것을 말씀하고 있습니다: "이를 놀랍게 여기지 말라 무덤 속에 있는 자가 다 그의 음성을 들을 때가 오나니 선한 일을 행한 자는 생명의 부활로, 악한 일을 행한 자는 심판의 부활로 나오리라"

(3) 하나님나라의 특징

하나님나라의 특징은 마태복음 13장에 포함된 6개의 비유를 통해서 나타나 있습니다. 첫째 씨뿌리는 자의 비유는 네 종류의 땅을 나타내고 있습니다: 길가, 돌밭, 가시덤불 속, 좋은 땅. 제자들이 이 비유의 뜻을 물었을 때 예수께서는 이 네 종류의 땅에 떨어진 씨의 의미를 자세히 풀어 설명해 주셨습니다. 길가에 뿌려졌다는 것은 말씀을 받은 자가 깨닫지 못해서 사탄이 와서 그 말씀을 빼앗아 가버리는 경우를 말하고 돌밭에 뿌려졌다는 것은 말씀을 기쁨으로 받지만, 그 속에 뿌리가 없으므로 환난이나 핍박이 닥치면 배교하는 경우를 말하고, 가시 떨기에 뿌려진 씨는 말씀을 듣지만, 세상의 염려와 재리의 유혹 때문에 말씀이 막혀 결실치 못하는 경우를 말하고, 마지막으로 좋은 땅에 뿌려진 씨앗은 말씀을 듣고 깨닫고 결실해서 혹 백 배, 혹 육십 배, 혹 삼십 배가 되는 경우를 말합니다.

흔히 이 비유를 성화적 관점에서 해석합니다. 길가에 뿌려진 씨의 경우의 신자들은 그 신앙이 계속 자라서 나중에는 좋은 땅에 떨어진 씨와 같이 성숙한 신자가 된다는 것입니다. 혹시 이 해석에 맞는 신자가 있을 수 있습니다. 하지만 신자의 성화에 대한 가르침은 씨뿌리는 자의 비유가 아니라 성경의 다른 부분 곧 로마서 6~8장이나 에베소서 4장과 같은 부분에서 찾을 수 있습니다. 씨뿌리는 자의 비유의 문맥은 하나님의 나라에 대한 것이지 성화가 아님을 알 수 있습니다. 이 비유에서 열매를 맺는다는 의미는 성도의 참고 견디는 것으로 볼 수 있습니다. 이는 이 비유를 다루는 누가복음 8장 15절에 의하면 좋은 땅에 떨어진 씨는 말씀을 듣고 인내로 결실하는 신자라는 말씀에서 알 수 있습니다. 이 의미는 순종을 강조하는 21절의 말씀에 다시 강조되어 있습니다: "예수께서 대답하여 이르시되 내 어머니와 내 동생들은 곧 하나님의 말씀을 듣고 행하는 이 사람들이라 하시니라" 이 비유에서 우리가 또 알 수 있는 것은 길가에 떨어진 씨는 말씀을 듣고 깨닫지 못함으로 사탄이 와서 그 말씀을 빼앗아간다는 것입니다. 사탄은 질병을 가져다주는 일 등을 할 뿐 아니라, 사람이 예수님을 믿어 그 마음에 하나님의 나라가 임하는 것을 방해하는 자라고 성경은 말씀합니다. 사탄은 하나님나라가 임하는 것을 방해하고 믿는 자들을 계속 공격하는 세력임을 알 수 있습니다. 이처럼 하나님나라의 임재는 영적인 전투를 동반합니다. 신자들은 핍박을 받기도 하고 세상의 유혹을 받기도 합니다. 이러한 어려움 속에서도 믿음을 지키고 하나님의 나라를 빼앗기지 않도록 해야 합니다.

하나님나라의 또 다른 특징은 알곡과 가라지 비유에 나타나 있습니다. 천국은 좋은 씨를 제 밭에 뿌린 사람과 같습니다. 하지만 사람들이 잘 때 원수 마귀는 곡식 가운데 가라지를 덧뿌리고 갔습니다. 이는 교회의 회중 가운데 참신자와 위선자들이 함께 존재하는 것을 말합니다. 이들은 추수할 때까지 그대로 함께 자라게 두었다가 추수할 때 나뉘게 됩니다. 추수꾼이 가라지는 먼저 거두어 불사르게 단으로 묶고 곡식은 모아 예수님의 곳간 즉 천국에 들여보낸다는 것입니다.마13:24~30 이 비유는 염소와 양의 비유와 유사합니다. 이들은 함께 풀을 먹게 내버려 두었다가 나중에 심판 때에 양은 예수님 오른편에 염소는 왼편에 나뉘게 됩니다. 양들은 예수님의 말씀을 순종한 자들로써 천국에 들어갈 자들이고 염소들은 예수님 말씀을 불순종해서 영벌에 들어갈 자들입니다.마25:46 교회 속의 회중은 혼합된 회중입니다. 이들 중에는 천국에 들어갈 자도 있고 영벌에 들어갈 자도 있습니다. 이 개념은 그물의 비유에도 나타난 중심주제입니다.마13:47~50

이 비유들에서 알 수 있는 것은 양과 염소를 나누는 시간은 현재 교회시대가 아니라 종말의 심판 때라는 것입니다. 그리고 이들을 나누는 자는 교회의 목사나 장로가 아니라 천사들이라는 것입니다. 교회 안에서 우리는 누가 양이고 염소인지 알 수 있다는 과신을 버려야 합니다. 예수님께서도 염소인 유다를 차별하지 않고 끝까지 사랑으로 대해 주신 것처럼 교회의 성도들은 서로서로 사랑하며 대해야 합니다. 때로 이단 교리를 퍼트리는 사람이 나타난다면 마태복음 18:15절 이하에 명시된 대로 처리하면 되겠지만, 그렇지 않은 문제들 즉, 성격이 미성숙하다든지, 일 처리를 잘 못한다든지, 믿음이 없다든지 등의 이유로 사람을 판단하고 염소 취급을 하는 것은 월권행위가 될 것입니다. 사도 바울은 자신이 남을 구원하면서 자신이 버림을 받을까 두려워한다고 했습니다. 우리는 이처럼 자신을 쳐서 복종시키는 자세가 있어야지 남을 판단하고 저울질하는 것은 하나님나라에 대한 올바른 이해 부족에서 나온 결과입니다.

하나님나라의 비유에서 겨자씨 비유가 있습니다. 겨자씨는 모든 씨보다 작지만 자란 후에는 나물보다 커서 나무가 되고 공중의 새들이 와서 그 가지에 깃들게 됩니다.마13:32 이 비유는 천국의 시작은 미미하나 나중은 창대하다는 것을 가리킵니다. 그리고 천국의 점진적 도래와 팽창의 필연성을 나타냅니다. 이는 심오한 진리를 내포하고 있는데 그것은 우리가 천국을 자라게 하려고 재촉한다든지 혹은 어떤 사람이 하나님의 나라가 팽창하지 못하게 억제할 수 없다는 말씀입니다. 천국은 하나님께서 자라게 하시고 설교자는 오직 말씀을 가지고 설교하고 가르칠 뿐입니다. 고린도전서 3:6~7절의 말씀에서 바울은 오직 하나님만이 자라게 하실 수 있다는 것을 언급하고 있습니다: "나는 심었고 아볼로는 물을 주었으되 오직 하나님께서 자라나게 하셨나니 그런즉 심는 이나 물 주는 이는 아무것도 아니로되 오직 자라게 하시는 이는 하나님뿐이니라" 여기서 알 수 있는 진리는 교회를 개척하는 전도자가 교회가 빨리 성장하지 않는다고 조바심을 내는 것은 잘못이라는 것입니다. 교회의 크기에 상관없이 양들을 사랑으로 섬기고 가르쳐서 예수님의 말씀을 지키게 하는 것이 그 목적이 되어야 합니다. 바울은 대형교회를 이룬 목사는 아니었습니다. 그의 전도여행은 복음 전하기와 교육 훈련이 목표였지 신자의 수적 팽창이 목적이 아니었습니다. 하나님께서는 교회를 반드시 성장하게 하십니다. 하지만 대형교회가 성장의 목표가 되는 것은 성경적이 아닙니다. 그리고 어떤 교회가 양적으로 팽창했다고 해서 그 교회의 교역자가 영광을 받는 것도 성경적이 아닙니다. 교회의 성장은 그 성도들의 영적 열매로 평가돼야 합니다. 그리고 그 모든 열매를 맺게 하신 분은 하나님이시며 오직 하나님만이 모든 영광을 홀로 받으셔야 합니다.

(4) 영역realm인가 지배rule인가

리더보스Ridderbos에 의하면 하나님나라의 개념은 우선으로 지배의 개념으로 이해할 수 있고 영역은 부차적 개념으로 볼 수 있습니다. 하지만 영역이 없는 지배는 이상한 것입니다. 왕국(바실레이아)이란 개념은 하나님의 왕적 지배의 도래와 하나님의 지배가 실현되는 종말적 영역realm을 다 포함하는 개념입니다. 따라서 신자가 영생을 얻고 천국에 들어가는 것은 장차 올 시대에 들어가는 것과 같은 개념입니다.

(5) 하나님나라와 교회와의 관계

래드G. E. Ladd에 의하면 교회와 하나님 왕국kingdom of God은 같지 않습니다.[18] 왜냐하면 교회는 볼 수 있는 조직이지만 하나님의 나라는 보이지 않는 지배rule이기 때문입니다. 그리고 왕국은 하나님께로부터 시작되지만, 교회는 인간에 의해 시작되기 때문입니다. 하지만 교회 없이는 하나님의 왕국은 있을 수 없고 하나님의 왕국이 없는 교회는 존재할 수 없습니다. 양자는 서로 뗄수 없는 관계에 있습니다. 장차 천상의 교회가 실현될 때 하나님 왕국과 교회는 완전히 일치하게 됩니다.

(6) 현재의 하나님나라와 미래의 하나님나라의 특징

현재의 하나님나라는 점진적으로 도래하고 있지만, 미래의 하나님의 나라는 급격하게 도래할 것입니다. 현재의 하나님나라는 내적이고 보이지 않는 영역이지만, 미래의 하나님나라는 세계적으로 볼 수 있는 것입니다. 현재의 하나님나라는 불완전한 요소가 있지만, 미래의 하나님나라는 완전한 나라입니다.

(7) 하나님나라의 초자연적 성격

래드는 다음과 같이 말합니다. "하나님나라는 사람에게 가까이 올 수 있다. 그것은 도달하고 나타나고 동작한다. 하나님께서는 사람에게 하나님나라를 주실 수 있다. 하지만 사람은 하나님나라를 다른 사람에게 줄 수 없다. 사람은 하나님나라에 들어갈 수 있지만, 결코 그것을 세우거나 만들 수 없다. 사람은 하나님나라를 받을 수 있고 상속할 수 있고 소유할 수 있지만, 결코 그것을 확립할 수는 없다. 사람은 하나님나라를 거절할 수 있지만, 그것을 파괴할 수는 없다. 사람들은 하나님나라를 찾고 그 도래를 위해 기도하고 구할 수 있지만, 그것을 결코 가져오지 못한다. 사람은 하나님나라에 거할 수 있지만, 그것이 자라는 것을 결코 알지 못한다.

사람은 하나님나라에 대해 설교할 수 있지만, 오직 하나님께서만이 그것을 사람에게 주실 수 있다." 이 래드의 말은 하나님나라의 도래는 전적으로 하나님의 주권적 행위와 관계가 있음을 잘 표현하고 있습니다. 오직 예수님께서만이 하나님나라의 도래를 선포하실 수 있습니다. 설교자는 예수님에 대해서 설교할 수 있지만, 어느 특정 지역에 하나님의 나라가 도래했다고 사람들 앞에서 선포할 수는 없습니다.

문제

1. 구약 성경도 하나님나라에 대해 언급하고 있습니다. 그 구절들을 찾아보고 하나님나라에 대해 어떤 점을 밝혀주고 있는지 설명해 보세요.
2. 유대인들의 하나님나라에 대한 개념을 말해 보세요.
3. 하나님나라가 우리에게 이미 임했지만, 아직 완전히 임한 것은 아닙니다. 하나님나라 완성의 "이미"와 "아직"의 구분을 설명해 보세요.
4. 마태복음 13장의 천국 비유를 통해서 하나님나라의 특징들을 살펴보고 설명하세요.
5. 교회와 하나님나라의 관계를 설명해 보세요.

참고도서

최낙재, 하나님의 나라는 이와 같으니-마태복음 13장의 천국비유 강해. 성약출판사, 2008.
리처드 포스터 외. 지금 이 순간 -우리에게 임하신 하나님나라 2007 레노바레 코리아 컨퍼런스 1. 국제제자훈련원, 2008.
마틴 로이드 존스, 하나님나라. 전의우역. 복 있는 사람, 2008.
헤르만 리델보스, 하나님나라. 오광만역. 도서출판 솔로몬, 2008.
메리데스 클라인, 하나님나라의 서막. 김구원역. 개혁주의 신학사, 2007.
피터 레이하르트, 하나님나라와 능력-교회 중심성 재발견. 안정진역. 기독교문서 선교회, 2006.
양용의, 하나님나라 어떻게 이해할 것인가. 성서유니온선교회, 2005.
John Bright, *The Kingdom of God: The Biblical Concept and Its Meaning for the Church*. Revised. Abingdon Press, 1957.
G. E. Ladd, *Gospel of the Kingdom: Scriptural Studies in the Kingdom of God*. Eerdmans, 1959.
Martyn Loyd-Jones & Christopher Catherwood, *the Kingdom of God*. Crossway Books, 1992.
George R. Beasley-Murray, *Jesus and the Kingdom of God*. Eerdmans, 1986.

11
사도행전

1. 저자

이레네우스, 알렉산드리아의 클레멘트, 터털리안 등의 2세기 목사님들은 사도행전의 저자를 한결같이 의사 누가라고 증거합니다. 사도행전의 내적 증거를 들여다보면 사도행전 16:17, 20:5~15, 21:1~18, 그리고 27:1~28:16절에서 일인칭 복수인 '우리' 라는 대명사가 쓰이고 있다는 것을 알 수 있습니다. 우리는 이 '우리' 의 그룹에 사도행전의 저자가 속해있다는 것을 알 수 있습니다. 그러므로 이 "우리"의 대명사와 관계된 구절을 잘 살펴보면 이 사람은 드로아에서 바울을 처음 만났고, 바울의 이차 전도여행을 따라 빌립보에 방문했으며 그곳에서 교회를 섬겼다는 것을 알 수 있습니다. 그는 다시 삼차 전도여행 중 빌립보를 들린 바울을 따라서 밀레도를 들렀고 나아가 예루살렘에 가는 바울과 동행했습니다. 그는 바울이 가이샤라의 감옥에 2년 간 구금된 동안 바울을 떠나지 않고 함께했고 로마로 바울을 싣고 가던 배에 함께 타고 있었습니다. 그는 바울이 로마에서 연금되어 있을 때 그 곁을 떠나지 않고 있었습니다.

우리는 이 사람이 누구였나 알기위해 바울의 전도여행 중 그와 함께 있던 사람들의 명단을 사도행전에서 수집할 수 있습니다. 그 사람들은 마가, 유스도, 에바브라, 데마, 누가, 두기고, 디모데, 아리스다고, 에바브라디도였습니다. 이들 중 사도행전 저자의 여행 경로와 맞는 여행을 한 사람은 누가 밖에 없습니다. 그래서 우리는 초대교부들의 증거와 함께 사도행전의 저자는 누가라는 것을 확실히 알 수 있습니다. 하지만 비엘하우어 Philipp Vielhauer같은 사람은 이를 부정합니다. 그것은 사도행전에 나오는 바울의 설교를 분석해 보면 바울서신에 담긴 바울의 가르침 내용과 맞지 않는다는 것입니다.[19] 하지만 우리는 사도행전에 포함된 바울의 설교는 복음 전하는 것을 위한 설교였기 때문에 바울서신에 나오는 그의 신학을 다 내포하지 않을 수 있다는 점을 고려해야 합니다. 쿰멜은 "우리가"의 대명사를 포함하는 구절들은 사도행전의 편집자가 이 글을 편집하기 위해 문서들을 사용했다는 것을 말해 준다고 주장합니다.[20] 하지만 하넥은 "우리가"의 대명사를 포함하는 구절과 그 주변 구절들의 헬라어 문체가 일치함을 증명했습니다. 이는 편집자 가설을 일축하기에 충분한 사실입니다. 그리고 만일 편집자가 문서들을 모아서 사도행전을 편집했다면 "우리가"의 대명사를 포함한 구절을 교정하지 않고 그대로 포함해서 독자에게 혼동을 가져오려고 하지 않았을 것입니다.

바울의 제자 누가가 쓴 사도행전은 원래 누가복음과 함께 한 권의 책이었습니다. 그런데 신약성경에서 누가복음이 복음서와 함께 편성되면서 사도행전과 나누이게 되었고 사도행전은 요한복음 뒤에 배열되었습니다. 사도행전은 사도들의 행전이지만 사도들이 성령의 감동과 지시를 받고 복음을 전한 이야기가 모였다는 점에서 성령행전이라고 보아야 맞는 말일 것 같습니다.

2. 성령행전

(1) **성령강림**: 예수님께서는 사도행전 1:8절에서 "오직 성령이 너희에게 임하시면 너희가 권능을 받고 예루살렘과 온 유대와 사마리아와 땅 끝까지 이르러 내 증인이 되리라 하시니라"고 말씀하셨습니다. 제자들은 이미 성령을 받은 신자들이었습니다. 그런데 예수님께서는 왜 그들이 또 성령을 받으라고 말씀하셨을까요? 그것은 진리의 영, 보혜사로서의 성령님을 가리키는 말씀이었습니다. 사도행전 2장에서 오순절 성령강림 사건은 예수님께서 돌아가시고 부활하시고 승천하시어서 하나님 보좌 우편에 앉으신 것을 구속사적으로 보여주는 사건이었습니다. 이 성령의 강림은 예루살렘에서 시작되어 나아가 사마리아, 에베소 등 땅끝까지 계속되는 사건

입니다. 한국에서도 1907년 평양 대각성 집회에서 역사한 성령의 강림은 세계 기독교 교회사에도 기록된 역사적인 사건이 되었습니다.

이러한 오순절의 성령강림은 구속사적 일회적 사건이기 때문에 반드시 오순절 사건이 방언이라는 형태로 나에게 일어나야 하는 사건은 아닙니다. 이런 성령의 외적 충만은 하나의 표적이지 반드시 내적 충만을 동반하지는 않습니다. 우리에게 필요한 것은 예수님을 믿고 그 말씀에 거하는 성령의 내주이지 반드시 극적인 외적 성령체험은 아닙니다. 우리는 매일 성령 충만을 입는 삶을 사는 것이 성경적으로 바른 신자의 영적 태도입니다.

(2) 성령세례

그렇다면 오순절 교회에서 말하는 성령세례는 무엇인가요? 오순절 교회에서는 성령세례를 물세례와 다른 제2차 세례라고 말합니다. 이는 방언을 가리킵니다. 어떤 오순절 교회는 방언하지 않으면 성령 받지 못한 것으로 규정하고 교회의 임직자가 될 수 있는 자격을 주지 않습니다. 하지만 성경 말씀에서 방언을 성령 세례라고 규정한 구절은 발견되지 않습니다. 그리고 성령세례를 물세례와 구분하는 구절도 발견되지 않습니다. 다시 말씀드려서 성령세례는 성령이 임하는 것이고 우리가 예수님이 구주이심이 믿어지게 하는 것입니다. 따라서 성령세례를 방언에 국한된 것으로 가르치는 것은 잘못된 가르침입니다. 사도 바울은 고린도전서 14:19절에서 이렇게 말씀합니다: "그러나 교회에서 네가 남을 가르치기 위하여 깨달은 마음으로 다섯 마디 말을 하는 것이 일만 마디 방언으로 말하는 것보다 나으니라" 따라서 방언을 말하는 것은 남에게 유익을 주기 위한 은사이지만 꼭 필수적인 은사는 아니라는 점을 알 수 있습니다. 더욱이 방언통역의 은사를 함께 받지 않으면 방언도 자기에게 큰 유익이 될 수는 없는 것을 알 수 있습니다.

고린도전서 12:3절에서 바울은 "그러므로 내가 너희에게 알리노니 하나님의 영으로 말하는 자는 누구든지 예수를 저주할 자라 하지 아니하고 또 성령으로 아니하고는 누구든지 예수를 주시라 할 수 없느니라"라고 말씀합니다. 따라서 누구든지 예수님을 주로 시인한다면 그 사람은 성령세례를 받은 사람으로 볼 수 있습니다. 그리고 물세례는 이를 의식적으로 인치는 표입니다. 따라서 물세례가 반드시 성령세례와 일치하지는 않지만 우리는 물세례를 받은 사람은 성령세례를 받은 사람으로 인정하는 것이 성령세례에 대한 성경적 이해라고 할 수 있습니다.

고린도전서 12:13절 말씀에 보면 "우리가 유대인이나 헬라인이나 종이나 자유인이나 다 한 성령으로 세례를 받아 한 몸이 되었고 또 다 한 성령을 마시게 하셨느니라"라는 말씀이 있습니다. 여기서 헬라어 본문을 보면 '성령을 받아 한 몸으로 되게 한다'는 표현은 전치사 'into'로 되어 있는 것을 봅니다. 다시 말해 이는 성령세례는 회심을 통해서 그리스도의 몸에 속하게 될 때 일어나는 것이라는 것을 말합니다. 성령세례는 이미 그리스도의 몸에 속해져 있는 신자에게 일어나는 이차적인 선물이 아니라는 것이 주석적으로 증명되었습니다. 어떤 학자들은 전치사 'into'를 'for'라는 의미로 해석해서 "우리가"는 고린도교인들이고 고린도교회의 한 지체를 "위하여" 그들 중에 방언이라는 성령세례를 받은 사람들이 있다고 해석합니다. 이는 헬라어의 문법을 무시한 해석이고 본문의 문맥에도 맞지 않는 자의적 해석입니다.

따라서, 신자들은 누구나 이미 성령세례를 받은 것이기 때문에 성령세례를 추구할 것이 아니라 성령 충만을 추구해야 합니다. 에베소서 5:18절의 말씀에 성령 충만을 받으라는 명령이 있습니다. 여기서 성령 충만은 선택사항이 아니라 의무사항입니다. 그리고 일회적인 것이 아니라 항시적인 사항입니다. 신약성경에 성령세례를 받으라는 명령문은 없습니다. 그러나 성령 충만을 받으라는 명령문은 있습니다. 성령 충만을 받으면 그 외적 증거가 나타나는데 사도 바울은 이를 에베소서 5:19~21절에서 이렇게 말씀합니다.

"시와 찬송과 신령한 노래들로 서로 화답하며 너희의 마음으로 주께 노래하며 찬송하며 범사에 우리 주 예수 그리스도의 이름으로 항상 아버지 하나님께 감사하며 그리스도를 경외함으로 피차 복종하라"

여기서 성령 충만한 성도의 특징은 세 단어로 나타나있습니다. 찬송, 감사, 복종이 바로 그 특징입니다.

그렇다면 성령 충만의 방법은 무엇일까요? 이는 골로새서 3:16절에 구체적으로 제시되어 있습니다: "그리스도의 말씀이 너희 속에 풍성히 거하여 모든 지혜로 피차 가르치며 권면하고 시와 찬송과 신령한 노래를 부르며 감사하는 마음으로 하나님을 찬양하고 또 무엇을 하든지 말에나 일에나 다 주 예수의 이름으로 하고 그를 힘입어 하나님 아버지께 감사하라"

여기서 성령 충만의 방법은 말씀을 공부하고 기도하고 하나님께 예배를 드리는 것이라는 것을 알 수 있습니다. 요즘 성경 말씀의 계시는 무시하고 신비주의적인 영적 체험을 강조하는 선생들이 있는데 이는 하나님께 대한 인격적 복종을 소홀히 하게 하고 신앙을 자기중심적이며 감상주의적이 되게 하는 것입니다. 예수님께서는 예수님께서 이르신 말씀이 곧 영이라고 말씀하셨습니다.요6:63 말씀에 바탕을 두고 있지 않은 영적 체험은 하나님의 말씀에 인도되지 않는 신비주의에 빠져 하나님의 나라를 위해서 은사를 사용하지 않고 오히려 하나님의 나라를 어지럽게 만드는 무서운 결과를 가져올 수가 있습니다.

3. 베드로와 바울

누가가 사도행전을 쓸 때 여러 가지 목적이 있었지만, 그 중의 대표적인 목적은 바울의 가르침과 그 사도적 권위를 변호하려는 것이었습니다. 바울은 이신칭의 교리를 바탕으로 복음을 전하다가 유대인들에 의해 붙잡혀 억울하게 죄인의 신세로 로마에 호송되어 억류되어 있었습니다. 하지만, 그가 전하는 "오직 믿음으로 구원을 받는다"라는 교리는 교회가 공인한 바른 가르침이었습니다. 누가는 이를 변호하는 데 있어서 비교법을 사용했습니다. 그것은 초대교회에서 가장 존경받고 권위 있는 위치에 있던 베드로의 사역과 바울의 사역을 비교해 보이는 것이었습니다.

비교법은 문학구조와 사역, 가르침의 내용, 이 세 가지 측면에 사용되고 있습니다. 첫째 사도행전의 구조에서, 사도행전 1~12장까지의 주된 인물은 베드로입니다. 그리고 사도행전 13장부터 28장까지의 주된 등장 인물은 바울입니다. 물론 바울의 이야기가 사도행전 9장에 나와 있고 베드로 이야기가 사도행전 15장에 약간 나오지만 사도행전의 큰 문학 구조상으로는 전반부의 베드로 부분과 후반부의 바울 부분으로 나누어 볼 수 있습니다. 이는 바울이 교회가 이방 땅으로 퍼져가는 데 있어서 베드로 못지않은 공헌을 한 사도임을 보여주는 확실한 표현이라고 볼 수 있습니다.

둘째, 이 두 사도를 비교한 내용을 보면, 누가는 베드로와 바울을 비교하면서 바울이 그 사역의 능력이나 권위에서 베드로보다 못하지 않다는 것을 보여주고 있습니다: 베드로가 다비다를 부활시켰듯이 바울도 유두고를 부활시켰습니다. 베드로가 아나니아와 삽비라를 꾸짖었듯이 바울도 시몬을 꾸짖었습니다. 천사의 도움으로 베드로가 옥에서 탈출했듯이 바울도 빌립보 감옥에서 찬송할 때 지진이 나서 옥문이 열리는 기적을 체험했습니다. 베드로가 사마리아 신도들에게 안수하자 성령이 임했듯이 바울도 에베소 제자들에게 안수함으로써 성령이 임하게 했습니다. 베드로는 유대인들을 향해서 복음을 전했고 바울은 이방인들을 향해서 복음을 전하는 사도였습니다. 이렇게 볼 때 바울은 베드로에게 그 능력이 뒤지는 사도가 아니라는 것이 증명되었습니다.

셋째, 누가는 능력에서뿐만 아니라 그 가르침에서도 베드로와 바울의 동등성을 발견합니다. 베드로는 고넬료의 집에서 복음을 전하고 성령이 그들에게 임하시자 물로 세례를 베풀었습니다. 이로써 할례받지 않은 이방인도 믿음으로 구원받는다는 것을 깨달았습니다. 나중에 예루살렘 공회에서 베드로는 이를 이렇게 서술했습니다: "또 마음을 아시는 하나님이 우리에게와 같이 그들에게도 성령을 주어 증언하시고 믿음으로 그들의 마음을 깨끗이 하사 그들이나 우리나 차별하지 아니하셨느니라"행15:9 이는 초대교회에서 이신칭의 교리를 최초로 언급한 사건인데 이는 사도행전 7장의 스데반의 설교와 함께 바울의 구원론 정립에 결정적인 영향을 끼치게 되었습니다. 즉, 바울이 전하는 오직 믿음으로 구원받는다는 복음은 그가 개발한 진보적 교리가 아니고 초대교회의 수장인 베드로가 이미 공인한 가르침이었다는 것을 보여줌으로써 누가는 바울의 가르침의 정통성을 명백히 보여 주려고 했던 것 같습니다.

바울이 가르쳤던 이신칭의 교리는 바울의 신학이 성숙한 이후에 정립된 것이라는 견해를 가진 자들이 있는데 이는 타당성이 없는 생각입니다. 바울은 전도를 시작했던 초기부터 믿음으로 구원을 받는다는 가르침을 설교했을 것입니다. 바울이 전도여행을 시작한 초기에 쓴 데살로니가전서는 5장으로 된 짧은 편지지만 믿음이란 단어가 7번 사용되고 있고 믿는다는 동사가 4번 사용되고 있습니다. 베드로는 고넬료 가정에서 성령세례가 임하는 것을 보고 물세례를 준 이후 구원은 하나님의 은혜로 말미암는다는 것을 깨달았습니다. 따라서 사도 바울이 회심 후 베드로를 찾았을 때 이 두 사람은 이신칭의에 대해서 깊게 의견을 나누었을 것이고 베드로는 바울의 복음에 대해서 확신을 더해 주었을 것입니다.갈2:1~10

만일 이 가정이 옳다면 바울이 다메섹 도상에서 회심하고 아라비아에서 3 년을 거하면서 복음을 전했는데 이때 전한 복음은 예수님을 믿어야 구원받지만, 율법을 준행함으로써 구원을 보장받는다고 하는 복음이었을까요? 그렇지 않다고 봅니다. 바울은 다메섹 도상에서 예수님을 만난 후 믿음으로 구원을 받는다는 깨달음을 즉시 받았을 것이라고 보는 것이 타당합니다. 그리고 이는 바울이 1차 전도여행에서 전한 복음의 내용도 이신칭의의 복음이었을 것이라는 것을 추측하게 합니다. 2차 전도여행을 시작할 때 바울이 바나바와 갈라섰는데 사도행전의 내용으로 보면 그들의 갈등이 바나바의 생질 마가 때문이었다고 하는 것을 알 수 있지만, 갈라디아서 2장에서 볼 때 바나바가 예루살렘에서 온 할례파 유대인 앞에서 외식하는 베드로의 행동을 따라 이방인 형제들의 식탁에서 물러선 것을 통해서 우리는 바나바가 가진 유대인의 율법 성수에 대한 견해가 바울의 이신칭의 교리와 미묘한 차이가 있었고 그들이 갈라서게 된 간접적 이유가 되었을 수 있다는 것을 조심스럽게 추측할 수 있습니다.

4. 헬라파 유대인과 히브리파 유대인(사도행전 6~7장)

사도행전 6장 1절에 보면 예루살렘교회가 부흥하면서 헬라파 유대인들이 자기의 과부들이 그 매일 구제에 빠지므로 히브리파 사람을 원망했다고 하는 말씀이 있습니다. 여기서 헬라파 유대인은 유대인이면서도 히브리어로 말하지 않고 헬라어를 하며 유대의 율법과 풍습을 좇지 않는 사람들을 말합니다. 반면에 히브리파 유대인은 히브리어를 사용하면서 모세의 율법과 유대주의의 풍습을 따르는 사람들을 말합니다. 스데반은 헬라파 유대인이었습니다. 사도행전 7장에 나와 있는 그가 산헤드린 공회 앞에서 한 설교를 보면 스데반은 사마리아지방에서 사용되던 모세오경을 인용하고 있는데 이는 그가 혹시 사마리아지방에서 온 유대인이 아니었나 추측하게 합니다. 스데반의 설교는 집약하면 예수님께서 율법을 이루시고 장사한 지 사흘 만에 부활하시어 승천하셨기 때문에 모세의 오경이 더는 유효하지 않게 되었고 예루살렘 성전을 중심으로 유지되던 유대의 전통도 더는 필요 없게 되었다는 것입니다. 이는 유대주의적 관점에서 보면 사형에 해당하는 중죄를 짓는 행위였고 유대인들은 스데반이 설교를 마치자마자 죄도 정하지 않고 성전 밖으로 끌어내어 불법으로 그를 돌로 쳐 죽이는 만행을 저질렀습니다. 이만큼 스데반의 설교의 내용은 유대인들로서는 도저히 용서될 수 없는 내용이었던 것입니다. 스데반의 설교 내용은 요한복음 4장에서 예수님께서 사마리아 여인에게 가르치신 내용과 유사합니다. 예수님께서는 이제 하나님의 백성들의 예배 장소는 예루살렘도 사마리아 그리심산도 아닌 신령과 진정으로 예배하는 모든 곳이라고 말씀하셨습니다.요4:23~24 요한복음 2장에서도 예수께서는 예루살렘 성전을 헐라 그리하면 사흘 만에 이 성전을 일으키시겠다고 말씀하심으로써 성전 된 자신의 죽음과 부활을 미리 말씀하셨고 이와 관련하여 예루살렘에 서 있는 성전의 진정한 영적 의미는 예수님 자신이지 그 건물 자체가 중요한 것이 아니라는 것을 말씀하셨습니다. 바로 이 가르침 때문에 예수님께서는 붙잡히셔서 십자가의 처형을 당하셨던 것입니다.

바울이 예수님을 믿고 할례파 유대인들의 미움을 사고 예루살렘에서 붙잡힌 그 직접적 이유는 바울이 "이방에 있는 모든 유대인을 가르치되 모세를 배반하고 아들들에게 할례를 행하지 말고 또 관습을 지키지 말라 한다" 라는 소문 때문이었습니다.행21:21 바울이 모세를 배반했다는 것은 앞에서 스데반이 모세의 율법을 거스려 말했다고 하는 죄와 같은 것입니다.행6:11~13 바울이 이러한 위험한 가르침을 설파한 이유는 스데반의 죽음에 가담한 증인으로써 그가 들었던 스데반의 설교의 내용이 나중에 그가 다메섹 도상에서 회심하고 예수님을 믿고 모든 모세의 율법이 예수님에 의해서 완성되었다는 사실을 깨닫는데 엄청난 영향을 주었었을 것이라는 것을 짐작할 수 있습니다. 그는 예루살렘에서 유대인들 앞에서 자신의 다메섹 도상의 회심을 간증하면서 스데반의 이야기를 함께하고 있습니다.행22:20 그는 자신이 예수님의 증인 "스데반이 피를 흘릴 때에 내가 곁에 서서 찬성하고 그 죽이는 사람들의 옷을 지켰다"고 고백했습니다. 이로 볼 때 바울의 이신칭의 교리는 그가 나중에 스데반을 대적한 것을 크게 회개하고 그의 가르침의 내용을 그대로 받아들이면서 자신의 구약의 광대한 학문적 지식을 바탕으로 정립한 신학이었을 것이라는 것을 알 수 있습니다. 하나님께서는 바울의 스데반과 연관된 과거의 아픈 경험을 통해 헬라파 유대인들의 정확한 구속사적 통찰력을 그대로 수용하게 하신 것입니다.

바울은 다소에서 나서 자랐고 어렸을 때 예루살렘에 와서 가말리엘 문하에서 학식을 쌓았던 히브리파 유대인이었습니다. 그는 하나님께 열심 있는 자로서 예수 믿는 도를 핍박하여 사람을 죽이기까지 했고 남녀를 결박해서 옥에 넘겼던 자였습니다.행22:4 이렇게 히브리파 열성분자를 하나님께서는 다메섹 도상에서 변화시키시고 그가 가졌던 구약의 높은 학식을 예수님을 통해 재구성하게 하심으로써 신약의 계시를 교회에 전달하는 통로로 삼으신 것입니다.

5. 바울의 전도여행과 전도전략

(1) 바울은 3차에 걸친 전도여행을 했습니다. 1차여행 때는 남부 갈라디

아지역의 비시디아 안디옥, 이고니온, 리스드라, 더베 등을 방문하며 교회를 개척했습니다. 이때 디모데를 제자로 삼았습니다. 제 2차 전도여행 때는 마가의 문제 때문에 바나바와 심히 다투고 헤어졌는데 바울은 실라를 데리고 갈라디아 지역의 교회들을 방문해서 성도들을 격려하고, 나아가 에베소 지역을 전도하면서 드로아로 갔습니다. 여기서 바울은 의사 누가의 치료를 받으면서 그에게 전도해서 그를 회심시키고 그를 데리고 마게도니아로 가서 빌립보에 교회를 개척하고 데살로니가, 고린도 등에 교회를 개척했습니다. 제3차 전도 여행에서는 이미 개척한 교회들을 순방하면서 제자들을 격려하고 지도자를 세우는 일을 한 후 예루살렘으로 돌아와 유대인들의 손에 붙잡혀 로마집정관의 손에 재판을 받고 로마 황제에게 항소해서 배를 타고 로마로 가게 되었습니다.

⑵ 바울은 3차에 걸친 전도여행을 통해서 많은 교회를 개척했고 복음이 유럽으로 퍼져가게 하는 결정적 역할을 했습니다. 가는 교회마다 예루살렘 교회의 가난한 성도들을 돕기 위한 헌금을 모금했는데 바울은 구제를 그 사역의 중요한 한 부분으로 생각했습니다. 바울이 모금한 예루살렘 기금Jerusalem Fund은 비단 구제의 의미를 넘어서 종말에 이방인들의 금은 보화가 하나님의 전에 바쳐진다는 구약의 예언을 이루는 것으로 생각했습니다. 바울은 이방인들이 바친 예물을 예루살렘으로 가지고 왔을 뿐 아니라 자신이 전도를 통해서 구원한 이방인들도 종말의 영적 전투의 승리로부터 거둔 전리품으로써 예루살렘에 데리고 왔는데 이는 그가 이방인들을 하나님께 바치는 예물로 여겼다는 것을 알 수 있습니다: "이 은혜는 곧 나로 이방인을 위하여 그리스도 예수의 일꾼이 되어 하나님의 복음의 제사장 직분을 하게 하사 이방인을 제물로 드리는 것이 성령 안에서 거룩하게 되어 받으실 만하게 하려 하심이라"롬15:16 이는 바울이 자신의 사역을 예언의 종말적 성취의 연장선에 있는 것으로써 이해하고 있었고 구약의 예언이 그리스도를 통해서 완성되었다는 믿음을 가지고 있었다는 것을 보여주고 있습니다.

⑶ 바울의 전도전략은:

(가) 그 이름을 사울에서 바울로 바꾸는 것이었습니다. 이름을 개명하는 것은 아브라함이나 야곱, 베드로 등에서 보듯이 그 사람이나 그 이름이 의미하는 것과 관계가 있습니다. 바울은 사울의 헬라어 표기였고 그가 이방인의 사도라는 것과 관계되어 있는 것을 알 수 있습니다. 100년 전 한국에 와서 전도하던 서양 선교사들이 자신들을 한국어 이름으로 소개한 것은 선교전략상 현명한 방법이었습니다.

(나) 주로 도시를 공략하는 것이었습니다. 예수님께서도 갈릴리의 가장 큰 상업도시였던 가버나움에서 전도하시면서 많은 시간을 보내셨습니다. 현대 세계에서도 도시는 복음 전하는 일을 위한 전략적 장소입니다. 교회가 인구가 밀집되어 있고 빈민들이 많은 도시를 떠나서 자꾸 교외로 나가 교회 건물을 짓고 전원적인 공간을 추구하는 것은 예수님이나 바울의 선교방법과는 거리가 먼 것입니다. 현대 도시에서의 마약, 살인 등 각종 문제는 도시의 영적 공동화의 결과로 볼 수 있습니다. 상처받고 잃어버린 영혼에 복음을 전하려면 교회의 전도방향은 도시를 향해 있어야 합니다.

(다) 바울은 한 도시에 들어가면 유대 회당에 방문해서 설교했습니다. 이는 전도에서 그 대상을 맞게 설정하는 것이 중요하다는 것을 말해 줍니다. 그 도시에서 하나님께서 가장 눈여겨보고 계시는 인종이나 계층이 누구인지 파악하기 위해서 성령님의 인도하심을 받아야 합니다. 현재 뉴저지 뉴욕 일대에서 전도대상의 일 순위는 유색인종과 다민족들입니다. 한 선교사가 모슬렘국가에서 평생을 살면서도 한 사람도 전도하지 못했다고 합니다. 하지만 미국의 남침례교단에서 전략적으로 뉴욕 일대에 사는 회교도들에게 전도한 결과 한 해에 18가정이나 그리스도를 믿게 했다는 통계가 있습니다. 도시선교는 우리에게 선택이 아니라 절대적 과업입니다.

(라) 그리고 바울의 설교는 예수님의 무죄하심을 증명하는데 힘을 기울였습니다. 바울 설교의 핵심은 예수님의 돌아가심과 부활하심 그리고 죄의 회개와 용서였습니다. 이는 현대 교회에서 들을 수 있는 익숙한 설교의 주제와 분명히 다른 것입니다. 현대교회 강단에서는 긍정적 사고방식, 물질축복, 번영, 원만한 인간관계, 직장에서의 대인관계, 건강, 리더십 등

복음의 핵심을 벗어난 주제를 주로 가르치고 있고, 예수님과 죄의 용서, 회개, 사랑 등 성경의 본질적 가르침을 설교하지 않고 있습니다. 요즘 교회의 설교가 복음의 본질인 예수 그리스도의 돌아가심과 부활, 회개와 용서 등에 다시 초점을 맞추어야 할 것입니다.

(마) 그는 변화하는 상황에 융통성 있게 적응했습니다. 바울은 예루살렘에서 유대주의자들의 공격을 받을 때 머리를 깎고 나실인의 의식을 행함으로써 그가 유대 풍습을 존중하는 사람이라는 것을 나타냈습니다. 이는 그가 이신칭의의 가르침을 버린 것을 말하는 것이 아닙니다. 그는 유대주의 의식을 문화와 전통 일부로써 인정한 것이지 그것들을 구원받기 위한 조건으로 인정하며 그 의식을 행한 것이 아닙니다. 그는 부자에게는 부유한 자로 가난한 자에게는 가난한 자로 처신하면서 한 영혼이라도 더 구원할 수 있도록 자신이 처한 상황에 맞게 처신했습니다.

(바) 그는 지방정부 관리와 충돌하는 일을 피했습니다. 바울은 사회정의를 실현하려 하거나 로마제국의 압제로부터 유대를 해방하기 위해 싸우며 살지도 않았습니다. 바울은 오직 우리를 마귀의 사슬에서 해방하고 영적으로 구원을 받게 하는 예수 그리스도의 복음을 전하며 생애를 마쳤습니다. 그래서 복음전파의 방해가 되는 일은 스스로 촉발시키지 않았습니다. 로마의 집정관에게 복종하고 로마의 법에 따라서 자신의 무죄함을 항고한 것도 이를 잘 말해 주고 있습니다. 삼차전도 여행을 마치고 예루살렘으로 돌아와서 체포된 바울은 로마의 권세자들과 행정관들의 결정에 자신의 운명을 맡겼습니다. 그는 뇌물을 주고 그들의 손에서 빠져나올 것을 기도하지 않았습니다.[행24:26] 자신의 결백을 믿고 자신을 방면하지 않는 벨릭스나 베스도 등의 집정관들에게 대항하지도 않았습니다.[행24~26] 이렇게 권위에 복종하는 바울의 태도는 그가 남긴 가르침에서 잘 확인됩니다. 로마서 13장 1절 이하에서 바울은 권위에 복종하라고 가르칩니다. 어떤 학자들은 신자들이 위에 있는 권세에 대항할 필요도 있는데 그것은 그들이 하나님의 말씀대로 잘 통치 하지 않고 불의를 행할 때라고 가르칩니다. 하지만 이는 바른 가르침이 아닙니다. 바울은 베스도나 벨릭스가

불의한 집정관들임을 알았습니다. 하지만 그는 그들에게 항거하지 않았습니다. 바울은 로마 황제의 체제와 싸우기보다는 로마의 시민으로서 로마법에 복종하며 살면서 하나님의 나라를 전했습니다.

(사) 그는 핍박이 일어나면 곧바로 그곳을 피하여 떠났습니다. 바울은 많은 핍박을 받았지만, 핍박을 받으려고 핍박을 받은 경우는 없습니다. 때론 핍박을 피해서 이웃도시로 급히 떠나기도 했습니다. 그가 데살로니가에 들러 전도하며 경건한 헬라 인의 큰 무리와 적지 않은 귀부인도 권함을 받고 복음을 받아들였습니다. 유대인들이 이를 알고 시기하여 그를 잡으려고 했습니다.행17:4~5 하지만 밤에 형제들이 바울과 실라를 베뢰아로 보내어 저들의 손에서 피하게했습니다. 이렇게 바울이 항상 핍박의 손에서 벗어나려 했던 것은 아닙니다. 3차전도 여행을 마치며 그가 예루살렘에 가려 했을 때 그는 유대인의 무리가 자신의 생명을 노리고 있었다는 것을 알고 있었습니다. 제자들은 그가 예루살렘에 가지 않도록 강력히 권유했지만, 바울은 이들의 말을 듣지 않고 사지 속으로 걸어 들어갔습니다. 이는 핍박을 고의적으로 받고자 하는 영웅심에서 말미암은 것이 아니라 예루살렘 기금을 예루살렘교회에 전달하고 자신의 전도로 예수님을 영접한 이방인 형제들을 하나님의 전 안에 인도하기 위해서였습니다. 따라서 바울의 결정은 전적으로 복음 전하기 위해서 최선의 방향에 맞춰져 있었던 것을 여기서 우리가 알 수 있습니다.

(아) 바울은 자신이 로마시민권자라는 것을 복음전파를 위해서 적절히 이용했습니다. 그는 2차 전도여행 중 빌립보에 들러 복음을 전하다가 체포되어 수용되었습니다.행16:22~40 이때 그는 자신이 로마시민이라는 사실을 숨기고 있다가 큰 지진이 나서 옥 터가 움직이고 문이 다 열리며 착고가 다 벗어지고 나중에 간수가 예수님을 믿게 된 후에야 자신이 로마 시민임을 알렸습니다. 그가 자신이 로마시민임을 교도관에게 미리 알렸더라면 감옥에 갇히지도 않고 태장도 맞지 않았을 것입니다. 하지만 그는 자신의 신분을 이용해서 위험을 피하는 것이 복음 전하는 일에 유익할 것이 없다고 판단했을 때, 예수 그리스도를 위해서 신분도 숨기고 기꺼이

태장도 맞고 감옥에 갇히는 것도 즐거이 받아들였습니다. 하지만 나중에 출옥할 때 자신이 로마시민임을 알게 했을 때 간수의 상관이 가만히 저를 놓아 주려고 했다가 두려워하며 저희에게 와서 저희를 성 밖까지 인도했던 것입니다. 그가 예수 그리스도의 복음을 전하는 전도자로서 복음을 위해 기꺼이 태장도 맞고 감옥살이도 했지만, 사람들 앞에서 기품을 잃음이 없이 당당한 모습을 유지한 것입니다. 이 일로 나중에 빌립보 교회에서 누가가 목사님으로서 사역할 때 수월하게 사역할 수 있는 입지가 마련되었음을 알 수 있습니다.

사도행전 22장 25절 이하에 보면 바울이 3차 전도여행을 마치고 예루살렘에 돌아왔을 때 이를 안 유대인들에 의해 소요가 일어나고 바울이 로마의 천부장에게 붙잡힌 이야기가 있습니다. 로마군인들은 채찍질하기 위해 바울을 가죽 줄로 매었습니다. 이때 바울은 자신이 로마 사람임을 밝히면서 저들이 죄도 정하지 않고 로마시민인 자신을 채찍질하는 것은 위법이라고 항거했습니다. 이때 천부장은 바울을 채찍질하지 못하게 하고 바울로 하여금 자신을 변호해서 말하게 했습니다. 이 이야기에서 보면 바울은 자신이 로마에 가야 하는 계획 속에서 무고히 채찍질을 당하는 것보다 사람들 앞에서 담대하게 예수님을 증거하게 될 기회를 포착한 것을 알 수 있습니다. 그 자신이 로마 시민으로서의 신분을 이용해서 복음 전하는 일의 기회로 삼는 바울은 예수 그리스도를 위해 예루살렘에서 죽을 것도 각오했기 때문이었습니다.[행21:13]

(4) 바울의 설교를 보면 갈라디아 지방의 회당에서는 유대인들이 회중이었기 때문에 구약의 예언을 많이 언급하면서 그 예언들이 예수님에 의해 성취되었다는 것을 밝혔습니다. 그리고 예수님의 돌아가심과 부활과 승천 그리고 앞으로 있을 재림과 최후 심판 등도 꼭 빠트리지 않는 설교의 내용이었습니다. 그리고 듣는 자들에게 회개를 촉구했습니다. 이와 반대로 아테네에서 헬라 사람들에게 설교할 때는 그들을 칭찬하면서 접촉점을 이용했습니다.[행17:22~23] 하나님께서 인류의 모든 족속과 혈통을 만드셨기 때문에 그들도 하나님으로부터 창조된 피조물임을 바울은 그들에게

상기시켰습니다. 그들이 알지 못하는 신들을 섬기는 이유는 곧 그들이 만물을 창조하신 하나님을 알지 못했기 때문이라고 생각한 바울은 세상을 창조하신 하나님을 그들에게 소개했습니다.행17:28~29 바울은 설교의 결론부에서 그들에게 회개를 촉구했고 앞으로 예수님께서 재림하실 때 심판이 있을 것을 경고했습니다.행17:30~31

여기서 우리는 바울이 복음의 핵심을 전하는 데는 조금도 양보하지 않았다는 것을 알 수 있습니다. 헬라 사람들은 다신론주의자들이었고 하나님의 창조를 믿지 않았습니다. 그들의 우주관은 진화론이었고 영적인 것을 우선시하면서 물질을 경시하는 풍조를 가지고 있었습니다. 이 사람들에게 바울은 하나님은 한 분이시며 그들도 하나님께서 창조한 아담의 후손임을 밝혀 주었습니다. 이는 종족 우월주의를 타파한 보편주의적 인류관을 제시한 것이며 예수안에서 모든 인류가 형제가 될 수 있는 신학적 기초를 제공한 것입니다. 사람은 우연히 존재하게 된 것이 아니라 하나님께서 창조하신 고귀한 생명이라는 것입니다. 이뿐 아니라, 바울의 설교에서 놀라운 것은 바울은 복음의 핵심내용을 약화시키지 않고 그들에게 전달했는데 이는 그가 그들에게 회개를 촉구했다는 것입니다. 이는 요즘 목회자 중에 교인들을 당황하지 않게 하려고 죄를 말하지 않고 회개할 것을 설교하지 않는 것과 대조가 됩니다. 어떤 신학자는 '죄란 신학이 만들어 낸 것이지 사람들은 죄를 가지고 있지 않다' 고 주장합니다. 하지만 참 복음은 죄의 회개와 용서, 앞으로 있을 예수님의 재림과 하나님의 최후심판을 그 내용에 포함한 복음입니다. 예수님께서 십자가에서 돌아가심으로써 죄 사함의 은혜가 임했다는 것을 뺀 복음은 결코 복음이 아닙니다. 죄가 없다면 하나님의 최후심판도 없을 것입니다. 예수님을 믿음으로써 앞으로 있을 하나님의 심판으로부터 사함을 얻을 수 있다는 것이야말로 예수님의 십자가의 핵심적인 축복이며 은혜입니다.

6. 예루살렘공회

유대로부터 안디옥 교회에 온 어떤 사람들이 형제들을 가르치되 "너희가 모세의 법대로 할례를 받지 아니하면 능히 구원을 받지 못하리라 하니"라고 했습니다.행15:1 이때 바울과 바나바 사이에 적지 않은 다툼과 변론이 유발되었습니다. 이에 안디옥의 형제들이 바울과 바나바와 및 몇 사람을 예루살렘의 사도와 장로들에게 보내서 이 문제를 다루도록 했습니다. 예루살렘에 저들이 이르렀을 때 바리새파 출신의 신자들이 일어나 말하기를 이방인들도 할례를 받고 모세의 율법을 따라야 한다고 했습니다. 15:5 사도와 장로들이 모여 이를 주제로 토론하고 교회의 대변인인 베드로가 먼저 발언하고 그 후 바나바와 바울이 1차전도 여행 보고를 한 후 예루살렘교회 지도자였던 야고보가 일어나서 발언하고 토론의 결론이 나게 됩니다.

첫째, 베드로의 발언 내용은 중요한 신학적 요소를 내포합니다. (1) 베드로는 하나님께서 자신을 택하셔서 이방인들에게 그들이 복음의 말씀을 듣고 믿게 하셨다는 점15:7, (2) 하나님께서는 이방인들에게도 성령을 주어 증거가 되셨다는 점15:8, (3) 믿음으로 저희 마음을 깨끗하게 하사 저희나 유대인이나 분간치 아니하셨다는 점15:9, (4) 유대인들도 능히 메지 못하는 멍에를 저희 목에 두는 것은 옳지 않고 유대인이나 이방인이나 다 같이 주 예수의 은혜로 구원을 받는다는 점입니다15:10~11. 베드로의 발언은 바리새파 그리스도인들의 주장을 무효화시키기에 충분한 내용을 담고 있습니다. 가장 중요한 것은 조상도 유대인들도 감당하지 못한 율법의 멍에를 저희 목에 두는 것은 잘못이고 구원은 오직 예수님의 은혜로써 가능하다고 한 점입니다. 이는 나중에 바울이 더 신학적으로 확고히 확립한 이신칭의의 효시에 해당하는 가르침이라고 볼 수 있습니다. 이를 바탕으로 복음이 이방인들에게 전파되면서 이방인들은 구원을 위해서 구약의 할례나 제사의식에 얽매이지 않아도 되게 된 것입니다.

두 번째로 발언한 바울과 바나바도 하나님께서 자신들이 말씀을 전한 이방인 가운데 기사와 표적으로 함께 하신 것을 증거함으로써 하나님의 구원이 유대인이나 이방인에게 차별 없이 임하신 것을 말씀했습니다. 세 번째로 일어나 발언한 야고보도 베드로의 입장을 지지했습니다. 야고보는 아모스 9:11~12절을 인용하면서 하나님께서 이방인들의 구원에 대해 이미 말씀하셨다는 것을 상기시키면서 이방인 그리스도인들을 모세의 율법에 얽매게 해서는 안 된다고 말하고 있습니다.행15:15~19

예루살렘교회의 가장 영향력이 있던 두 사도의 발언으로 토론을 정리하는 가운데 얻어진 결론은 (1) 이방인 신자들에게 할례의 의식을 멍에 메지 말자는 것과 (2) 이방인들이 "우상의 더러운 것과 음행과 목매어 죽인 것과 피를 멀리하"는 것이었습니다.행15:20 이방인들이 금해야 할 것은 실로 십계명의 내용과 일치합니다. 즉 우상숭배를 하지 말고, 살인하지 말고, 음행을 하지 않아야 한다는 것입니다. 이에 따라 예루살렘공회는 이방인들이 할례를 받아야 구원을 받는 것이 아니라는 것을 선포함으로써 사도 바울이 전한 이신칭의의 복음을 공식적으로 지지하게 된 것입니다. 이를 바탕으로 사도 바울은 2,3차 전도여행을 통해서 오직 예수님을 믿음으로써 구원받을 수 있다고 담대히 설교할 수 있게 되었고 이방인들도 유대교로 개종함이 없이 믿음으로 아브라함의 후손이 되는 축복을 누릴 수 있게 된 것입니다. 예루살렘공회의 이 역사적 결정이 없었다면, 이방인 교회는 지금도 바리새파나 할례파 유대인들 때문에 구원론에 있어서 혼란에 빠져 있게 되었을 것이고 땅끝까지 복음을 전파하는 지상명제는 그 발목이 붙잡히게 되었을 것입니다. 누가는 이 예루살렘 공회의 이야기를 사도행전 15장에 포함함으로써 15장 끝에서부터 다루어지는 바울의 2차 전도여행의 신학적 바탕이 탄탄히 놓였음을 깔끔하게 보여주고 있습니다.

7. 산헤드린 공회와 로마 총독 앞에 선 바울

(1) 바울이 예루살렘에 돌아와서 유대인들에게 고소를 당했을 때 그는 자신이 로마 시민임을 알리고 그들의 손에서 일단 건져냄을 당하고 위기는 피했지만, 로마 백부장은 그가 산헤드린 공회에서 심리를 받도록 했습니다. 사도행전 23:5절에서 바울은 자신이 대제사장에 대해 무례히 말한 것을 사과하고 있습니다. 여기서 우리가 알 수 있는 것은 바울이 그 당시

의 권세들에 승복했다는 것입니다. 예수님께서 하나님의 아들이셨지만, 산헤드린 공회의 권세 앞에 승복하시고 십자가의 처형을 받아들이신 것처럼 바울도 당시 로마 시민으로서 구류의 상황에서 벗어나는 길이 있었지만, 예수 그리스도의 복음 전하는 일을 위해서 산헤드린 권세에 승복하고 있습니다. 위에 있는 권세 앞에 복종하는 그의 모습은 사도행전 24~26장에서도 볼 수 있습니다. 그는 벨릭스 총독에게 심문을 받으면서 온순히 그의 권세에 복종했습니다.[행24장] 바울은 이 같이 위에 있는 권세에 복종하라는 말씀을 로마서 13:1~7절에서 말씀하고 있습니다. 이는 주의 복음을 전하는 일이 방해 받지 않게 하기 위함입니다. 위에 있는 권세에 대한 복종은 아브라함, 이삭, 야곱과 같은 족장들의 생애에서도 잘 나타나 있습니다. 요셉이 애굽에서 바로의 신하로서 자기 민족을 구할 수 있었던 것도 요셉이 자신의 위에 있는 권세에 복종했기 때문에 가능한 것이었습니다. 다니엘도 느부갓네살왕에게 복종한 좋은 예를 보여 주고 있습니다. 하지만, 다니엘이 느부갓네살왕의 모든 명령을 다 좇은 것은 아닙니다. 그는 왕이 하나님의 법을 어기도록 하는 정책을 펼 때는 왕의 말도 따르지 않았습니다. 이것은 위에 있는 권세에 복종하라는 바울의 말씀을 해석하는데 고려해야 할 측면입니다.

⑵ 둘째, 권세들이 바울을 심문하는 장면을 서술하는 사도행전 23~26장에서 알 수 있는 것은 바울은 자신의 고난받는 시간도 이용해서 복음을 전했다는 것입니다. 그는 고난에서 빠져나오려고 한 적이 없습니다. 그는 고난이 예수님을 위해서 마땅히 치러야 할 고난임을 철저히 인식하고 고난의 상황 가운데서도 담대히 복음을 전했습니다. 그가 담대히 장차 있을 죽은 자의 부활에 대해 증거할 때 공회원 중의 사두개인들과 바리새인들 간에 다툼이 생겼습니다. 벨릭스 총독 앞에서나 베스도 총독 앞에서 심문을 받을 때도 바울은 부활에 대해서 증거했습니다. 즉 예수님은 죽은 자 가운데서 다시 살아나셨다는 것입니다.[행24:21; 25:19] 그리고 아그립바 왕 앞에 선 바울은 예수님의 부활은 선지자들과 모세가 반드시 되리라고 예언한 것의 성취임을 강조했습니다.[행26:22] 따라서 자신의 행한 일은 선지서

에 기록된 대로 이방인들에게 빛을 전한 것밖에 없다고 증거했습니다.

(3) 사도행전 23:6~9절의 말씀에서 분명한 것은 저들이 바울이 잘못한 일도 없는데 심문하고 있다는 것입니다. 바울은 자신이 죄없이 심문받고 있다는 것을 반복해서 강조하고 있습니다: "바울이 변명하여 이르되 유대인의 율법이나 성전이나 가이사에게나 내가 도무지 죄를 범하지 아니하였노라"행25:8 이같이 바울은 무죄한 상태에서 참소를 당하고 어려움을 당하고 있습니다.행26:31 이는 이전에 성전과 모세에 대해서 죄를 지었다는 이유로 바울이 증인이던 가운데 순교했던 스데반 집사의 죽음도 무고한 죽음이었다는 것을 바울이 인정한 것입니다. 또 이는 예수님께서 무죄한 상태에서 참소를 당하시고 심문을 당하시고 불법적으로 사형을 당하신 것과 맥을 같이합니다. 이와 함께 그리스도인들도 저들에게 붙잡혀서 핍박을 받고 순교를 하게 될 때 아무 죄 없이 죽는다는 것을 암시하고 있습니다. 요한복음 15:18절에서 예수께서 말씀하시기를 "세상이 너희를 미워하면 너희보다 먼저 나를 미워한 줄을 알라"라고 하셨습니다. 16:2절에서는 "사람들이 너희를 출교할 뿐 아니라 때가 이르면 무릇 너희를 죽이는 자가 생각하기를 이것이 하나님을 섬기는 일이라 하리라"라고 말씀하셨습니다. 바울은 이 예수님의 말씀을 알고 있었을 것입니다. 그래서 고난의 순간을 의아해 하지 않고 차분히 맞을 수 있었던 것입니다. 그는 자신이 결백하다는 것을 알고 있었고 담대하게 복음을 전함으로써 핍박하는 자들이 오히려 당황하게 된 것입니다. 바울의 이 담대한 태도에 유대인들은 당을 지어 결의하고 바울을 죽이기 전에는 먹지도 마시지도 않겠다고 맹세했습니다.행23:12

(4) 넷째, 바울이 담대히 변론할 수 있었던 것은 주의 영이 그와 함께 하셨기 때문입니다. 사도행전 23:11절은 그가 구류되어 있던 밤에 예수님께서 그에게 오셔서 그를 위로하는 말씀을 담고 있습니다: "그 날 밤에 주께서 바울 곁에 서서 이르시되 담대하라 네가 예루살렘에서 나의 일을 증언한 것 같이 로마에서도 증언하여야 하리라 하시니라" 바울이 담대히 권세들 앞에서 말할 수 있었던 것은 예수의 영이 그와 함께 하셨기 때문입니

다. 핍박하는 자들 앞에서 성도는 무슨 말을 할지 염려할 필요가 없습니다. 무슨 말을 할지는 성령께서 그 입술에 주시기 때문에 성령을 따라 담대히 말하면 됩니다. 이에 예수님께서 마태복음 10:19~20절에 미리 일러두셨습니다: "너희를 넘겨 줄 때에 어떻게 또는 무엇을 말할까 염려하지 말라 그 때에 너희에게 할 말을 주시리니 말하는 이는 너희가 아니라 너희 속에서 말씀하시는 이 곧 너희 아버지의 성령이시니라"

8. 하나님께서는 왜 바울을 포로의 몸으로 로마에 가게 하셨을까?

⑴ 바울이 3차 전도 여행을 마치고 돌아오자 제자들은 바울이 예루살렘에 방문하는 것을 만류했습니다. 선지자 아가보도 바울의 혁대를 가지고 자기 손에 동여매면서 이 혁대의 임자가 예루살렘에 가면 이렇게 유대인들의 포로가 될 것이라고 예언했습니다. 이렇게 제자들의 강력한 반대에도 바울은 예루살렘에 입성했고 그는 유대인들과 할례파의 거센 저항에 직면했습니다. 그는 결국 체포되어 가이사랴에 후송되고 이후 로마법정에 서게 되고 맙니다. 가이사랴에 구금되어 있던 2년 동안 몇 번에 걸친 재판을 통해서 집정관들은 바울이 무죄였다는 것을 알고 있었지만, 바울이 그만 로마황제에게 항소하는 바람에 베스도는 그를 로마로 호송하도록 했습니다.

⑵ 로마에 간 바울은 집에 연금상태로 몇 년을 보내게 됩니다. 하지만, 사람들은 그를 방문했고 바울은 그들에게 복음을 전하는 것이 허용되었습니다. 이는 복음이 로마에 뿌리내리는데 결정적인 계기가 되었습니다. 만일 바울이 자유인의 몸으로 로마에 방문해서 회당에서 설교하고 이신칭의 교리를 전했다면 그는 유대인의 거센 저항을 받았을 것이고 로마에 있는 유대 회당을 중심으로 큰 소요가 일어났을지도 모릅니다. 그랬으면 로마의 초대교회는 일찍부터 로마 정부의 감시대상명단에 올라가게 되었을 것이고 아마 교회의 뿌리가 내리기도 전에 신자들이 제거되어 갔을지도 모릅니다. 여기서 우리는 측량할 수 없는 하나님의 지혜의 깊이와 신비를 발견하게 됩니다. 소요 없이 조용히 복음이 로마인들에게 뿌리내릴

수 있었던 것은 자신을 기다리는 위협을 알면서도 예수님을 위해서 고난을 피하지 않는 바울의 순종적인 신앙 때문이었다는 것을 알 수 있습니다.

여기서 아가보의 예언에 대해서 학자들 간에 논쟁이 있습니다. 칼슨 교수는 아가보의 예언은 정확하지 못한 예언이었다고 말하면서 아가보는 구약의 예언자들과는 질적으로 차이가 있다고 주장합니다. 이는 그루뎀 교수의 견해와도 비슷합니다. 이들은 구약의 예언과 신약의 예언은 그 등급에서 차이가 있다고 말하면서 신약시대에 와서는 사도직이 구약의 예언자들과 같은 등급이라는 것입니다. 이 문제는 많은 주석적 증거를 동반하는 논리가 없이는 해결이 나지 않는 논쟁의 주제입니다. 여기서 우리는 아가보의 예언이 틀렸다고 보지 않습니다. 단지 그와 바울의 다른 제자들이 예언할 때 바울이 예루살렘에 가지 않도록 만류한 것은 그들의 바울에 대한 걱정과 염려가 낳은 판단이었지 성령께로부터 직접 지시를 받은 것은 아니었을 것이라는 점입니다. 성령께서는 단지 바울이 예루살렘에 가면 붙잡히게 될 것이라는 것을 보여 주셨지 그렇다고 바울을 예루살렘에 가지 못하도록 붙잡으라고 하지는 않으셨을 것이라는 것입니다. 여기서 우리는 바울의 영적 분별력의 탁월함을 봅니다. 바울은 자신이 붙잡힐 것을 알면서 예루살렘에 간 것은 성령의 뜻을 어기고 내린 판단이 아닙니다. 그는 세계에 복음 전하는 일을 위한 자신의 필연적 발걸음의 방향을 알고 있었고 이 때문에 제자들이 자신이 예루살렘에 가는 것을 만류했지만 이를 뿌리칠 수 있었을 것입니다. 여기서 우리는 예언하는 자들의 예언을 잘못 해석하면 하나님의 뜻을 순종하지 못하는 길을 걷게 될 수 있다는 교훈을 얻게 됩니다.

아가보는 바울이 예루살렘에 가면 체포되게 된다는 것을 예언했지 바울이 예루살렘에 가지 않는 것이 하나님의 뜻이라고 예언한 적은 없습니다. 아가보의 예언을 들은 바울의 제자들은 바울이 예루살렘에 가지 않는 것이 바울의 안전을 위해서 더 낫다고 판단하고 그가 예루살렘에 가지 않도록 권유한 것입니다. 이러한 상황에서 바울은 예루살렘에 가는 것이 예수님의 복음 전하는 일을 위해서 필요한 선택이었다고 판단했습니다. 바울의 이 결정을 격려하신 분은 바로 예수님이십니다. 예수님께서는 바울이 산헤드린 공회에 서서 증거한 날 밤에 바울 곁에 서서 이르셨습니다. "담대하라 네가 예루살렘에서 나의 일을 증언한 것 같이 로마에서도 증언하여야 하리라"행23:11 이 예수님의 격려는 사도 바울의 예루살렘 방문은 그가 예수님의 뜻에 따라 내린 결정이라는 것을 보여줍니다. 이 사실도 모른 채 바울의 제자들은 아가보의 예언을 듣고 인본적으로 해석해서 바울이 예루살렘을 방문하지 못하도록 만류했던 것입니다.

9. 바울이 만난 광풍 유라굴로

로마에 호송되는 바울은 백부장의 보호 아래 일반 죄수와는 다른 위치에 있었던 것 같습니다. 그가 탄 배가 미항이란 곳에 이르렀을 때 그는 배의 행선에 대해서 백부장에게 경고했지만, 그는 바울의 말을 듣지 않고 선장과 선주의 말을 듣고 배가 행선을 계속하게 했습니다. 이후 바울이 탄 배는 유라굴로라는 풍랑을 만나 조난을 당합니다. 이 이야기는 사도행전 27:14~44절에 구체적으로 설명하고 있습니다. 이 단락은 주후 1세기 중엽의 지중해 지방 배의 항해에 관한 기술과 관행에 대한 구체적인 정보를 제공해 줍니다. 바울과 동행했던 제자 의사 누가는 당시 풍랑을 만난 선원들이 배를 바람 따라 표류하게 하는 지혜를 가지고 있었다는 것을 기록합니다. 선원들은 거루를 잡아 끌어 올리고 줄로 선체를 둘러 감고 연장을 내리고 배를 물결에 맡기는 방식으로 전복의 위기를 타개해 나갔습니다.행27:16~17

누가가 왜 이렇게 상세히 풍랑에 대한 기록을 남겼는지 분명하지 않습니다. 하지만 우리가 알 수 있는 것은 바울이 탄 배가 하나님의 섭리하에 풍랑을 만났다는 것입니다. 이 풍랑을 통해서 누가가 보여주는 것은 배 안에서 마음속에 실제로 구류된 사람은 바울이 아니고 로마 군인들과 선원들이었다는 것입니다. 바울은 풍랑의 위기를 통해서 탈출할 수도 있었지만, 오히려 선원들을 안심시키고 하나님의 말씀을 가지고 그들이 행할 바를 가르치고 있습니다.행27:21~26 이는 빌립보에서 복음을 전하다 체포되어 옥에 갇힌 바울과 실라가 담대히 찬송을 불렀을 때 지진이 일어나 옥문이 열리고 이에 놀란 간수를 염려하지 말라고 안심시키는 장면을 연상하게 합니다. 구금된 사람은 바울이었지만, 죄로 말미암아 실제로 구금된 사람들은 바울이 아니라 그를 호송하던 로마 군인들이었습니다.

누가의 이 상세한 역사적 기록은 사실의 확실성을 가집니다. 이 이야기의 진실성을 의심한다면 그것은 사도행전 전체 기록의 역사성을 의심하는 것입니다. 사실 사도행전의 기록의 사실성을 의심한 사람들이 있었는데 이 사람들은 독일 튜빙겐대학의 신학자 바우어와 그 제자들이었습니다. 바우어F. C. Baur는 사도행전의 기록에서 바울에 대한 이야기가 바울서신에 기록된 바울의 이야기와 모순되는 부분이 있다고 주장했습니다. 그리고 사도행전의 기록의 진실성을 의심했습니다. 바우어는 누가가 사도행전에서 사도 바울과 베드로의 갈등을 숨기고 그들 간에 의견의 차이가 없는 것처럼 꾸몄다고 주장했습니다. 그래서 바울의 생애를 재구성할 때 바울서신만을 바탕으로 해야 한다는 가설을 제시했었습니다. 하지만 이 이론을 받아들이는 복음주의 신학자는 없습니다. 바우어가 제시한 사도행전과 바울서신의 모순은 조목조목 다 반박되었고 두 기록은 조화융합이라는 관점에서 역사의 재구성에 사용될 수 있습니다.

문제

1. 사도행전을 성령행전이라고 부르는 것이 더 타당하다는 의견이 있습니다. 그 이유에 대해 말해 보세요.
2. 성령세례를 정의해 보고 성령세례를 이차 세례라고 보는 견해가 왜 잘못된 견해인지 설명해 보세요.
3. 누가가 베드로와 바울을 비교하는 관점에서 사도행전을 기술하고 있는데 그 예를 들어보고 누가가 왜 그들을 비교하고 있는지 그 이유를 말해 보세요.

4. 헬라파 유대인과 히브리파 유대인의 차이점을 말해 보세요. 그리고 헬라파 유대인의 구원관이 바울의 구원관에 준 영향에 대해서 살펴 보세요.
5. 바울의 3차에 걸친 전도여행을 설명해 보세요.
6. 바울의 전도전략에 대해서 설명해 보세요.
7. 바울의 비시디아 안디옥과 아테네에서 행한 설교를 분석해 보고 그 특징을 살펴보세요.
8. 예루살렘 공회의 배경을 말해보고 그 결정된 사항이 무엇이었는지 그것이 이방인들에게 복음을 전파하는 데 있어서 어떤 역할을 했는지 설명해 보세요.
9. 로마총독에게 심문을 받는 바울의 모습을 통해서 우리가 교훈을 얻을 수 있는 점들은 무엇입니까?
10. 바울이 포로의 몸으로 로마에 가게 하신 것을 하나님의 섭리였다고 볼 수 있습니다. 그것이 하나님의 섭리였을 것이라는 이유에 대해서 한 번 생각해 보세요.
11. 자유주의 신학자들은 누가의 사도행전의 역사적 사실성을 부정합니다. 누가의 기록의 역사적 확실성을 방어해 보세요.

참고도서

목회와 신학 편집부, 사도행전 어떻게 설교할 것인가 - 두란노 How 주석 시리즈 38. 도서출판 두란노, 2007.

박형용, 사도행전 주해 박형용 주해 시리즈. 합동신학 대학원출판부, 2007.

데이빗 웬함 & 스티브 월튼, 복음서와 사도행전 - 성경이해 1 박대영역. 성서유니온선교회, 2007.

하워드 마샬, 복음의 증거 - 사도행전 신학. 류근상역. 크리스찬출판사, 2004.

유상섭, 교회갱신을 위한 분석 사도행전. 생명의 말씀사, 2002.

캠벨 몰간, 사도행전강해. 이용복역. 아가페출판사, 1994.

존 스토트, 사도행전강해: 땅끝까지 이르러 BST 시리즈. 정옥배역. IVP, 1992.

F. F. 브루스, 사도행전 - 성경의 맥 15. 성서유니온선교회, 1988.

Green, Michael. *Thirty Years That Changed the World: The Book of Acts for Today*. Grand Rapids: Eerdmans, 2002.

________. *Evangelism in the Early Church*. Grand Rapids: Eerdmans, 1991.

Gooding, David. *True to Faith*. London: Hodder & Stoughton, 1991.
Johnson, Dennis E. *The Message of Acts in the History of Redemption*. Phillipsburg, NJ: P&R, 1997.
Larkin W. J. *Acts*. Downers Grove: InterVarsity, 1995.
Winter, Bruce, ed., *The Book of Acts in Its First Century Setting*. 6 vols. Carlisle/Grand Rapids: Paternoster/Eerdmans, 1993-97.

12

로마서

1. 저자

바울은 자신이 로마서를 썼다고 로마서 1:1절에 밝혔습니다. 그리고 로마서의 바울 저작설에 이의를 다는 사람은 없습니다. 바울은 더디오를 시켜 로마서를 대필하게 했습니다.롬16:22 대필자는 어휘선택의 자유가 있었지만, 바울이 발송 전에 서신을 교정했을 수도 있습니다. 어떤 사람은 로마서 16장은 원래 로마서의 일부가 아니었고 나중에 삽입된 것이라고 주장하지만, 초대교회의 로마서의 헬라어 사본 중 로마서 16장을 결여한 사본은 발견되지 않습니다. 이것은 로마서 16장의 긴 인사말도 바울이 로마에 있는 성도들에게 한 인사였다는 것을 나타내줍니다.

2. 로마서의 배경

⑴ 로마에 있는 교회는 아마도 오순절 성령강림 때 로마에서 예루살렘에 온 사람들이 성령강림을 체험하고 그리스도인들이 되고 로마에 돌아가 모여 예배를 드리기 시작함으로써 자생적으로 생긴 교회로 보입니다. 가톨릭교회는 로마의 교회를 베드로가 세웠다고 주장하며 베드로를 가톨릭교회의 초대 교황으로 여기고 있는데 그 역사적 성경적 근거는 없습니다.

⑵ 로마 황제 클라우디우스Claudius는 로마에 있는 유대인 회당에서 소요가 생기고 치안이 어지러워지자 모든 유대인을 로마로부터 추방했습니다. 로마에 있던 초대교회는 주로 유대인 그리스도인들이 다수를 차지하고 있었을 것이고 이 유대인들이 로마를 떠나게 되자 로마에 있던 교회에

자연히 리더십의 공백이 생겼습니다. 그러자 교회에 나오던 이방인 신자들이 교회의 리더십을 다 차지하게 되었습니다. 이들은 모세의 율법을 몰랐기 때문에 안식일을 주일날에 지켰고 유대교에서 금지된 음식을 먹는 등 소위 그리스도인들의 자유를 강조하는 윤리관을 가졌습니다. 그런데 글라우디우스가 죽자 유대인들은 다시 로마에 돌아왔습니다. 로마교회의 이전의 유대그리스도인 지도자들이 로마에 돌아와 보니 교회 안의 모든 리더십은 이방인 형제들이 다 차지하고 있었고 또 이들은 유대의 율법을 따르지 않는 신앙생활을 하고 있었습니다.

(3) 이때 유대인 그리스도인들은 교회 안의 지도자들이었던 이방인 형제들의 권위에 따르지 않고 안식일 성수라든지 유대의 음식 법 등의 문제를 둘러싸고 이방인 형제들과 갈등을 빚게 되었습니다. 그들은 자신들이 아브라함의 후손이요, 언약을 받은 민족이요, 모세의 율법을 가진 선택된 민족이라는 점을 바탕으로 자기 의에 꽉 차 있었습니다. 반면에, 이방인 신자들은 예수 안에서 하나님의 택함을 받은 새로운 하나님의 자녀를 이용하여 유대인 형제 · 자매들을 약한 자들이라고 무시하고 얕보는 풍조를 가지고 있었습니다. 그들은 그리스도인의 자유를 자랑으로 여기고 있었습니다. 그래서 토요일이 아닌 주일에 안식일을 지킬 수 있다고 주장했고, 모세의 율법에 금지된 음식들도 자유롭게 먹음으로써 교회 내의 유대인 형제들의 마음을 상하게 했습니다. 바울은 로마 교회 내의 이러한 문제들을 익히 잘 알고 있었습니다. 그것은 로마서 16장에 언급된 로마 교회 내의 성도들과의 서신을 통해서 혹은 그들이 바울을 방문했을 때 그들이 하는 말을 직접 들어서 알았을 가능성이 있습니다.

(4) 바울은 유대인 형제와 이방인 형제들 간의 갈등을 영적으로 풀어줘야 하는 상황에서 로마서를 썼습니다. 바울이 그들을 타이르며 말한 것은 이방인 형제들은 그리스도인의 자유라는 관점에서만 오만하게 행동하여 연약한 유대인 형제를 실족시키면 안 된다는 것이었습니다. 다른 한편으로 유대인 형제들은 자기의 의를 버려야 하며 이방인 형제들을 지옥 갈 사람들이라고 함부로 판단해서는 안 된다는 것이었습니다. 유대인이나

이방인을 무론 하고 성도들은 믿음안에서 서로 사랑해야 한다는 것입니다. 바로 사랑은 우리가 믿음을 가진 자들로써 가져야 할 마땅한 윤리적 태도라는 것입니다.

3. 공평하신 하나님

(1) 로마서에서 바울은 구원은 인간으로 오신 다윗의 자손 예수 그리스도의 돌아가심과 부활하심으로부터 말미암는다는 가르침을 체계적으로 제시하고 있습니다. 하나님께서는 예수 그리스도의 복음을 전하게 하시면서 그 공의를 나타내시는데 그것은 두 가지로 나타납니다. 복음을 믿고 받아들이는 자는 구원을 받고 복음을 배척하는 자는 심판을 받는다는 것입니다. 이 점에서 유대인이나 이방인이나 예외가 없습니다. 하나님께서는 예수님을 통한 이 구원의 한 길을 제시하셨는데 이 점에서 하나님은 공평하신 하나님이십니다.롬2:11; 골3:25

(2) 바울의 이 가르침은 유대인들의 자존심을 상하게 하기에 충분했습니다. 그들은 선민의식 속에 빠져 있었고 이방인들을 얕잡아 보고 있었기 때문입니다. 그들은 율법의 교훈을 받은 자들이었고, 지식과 진리의 규모를 가지고서 소경을 인도하는 자들이요 어둠에 있는 자의 빛이라고 스스로 자부하고 있었습니다.롬2:18~20 하지만 바울은 그들도 이방인들과 다를 것이 없는 불의한 죄인들이라는 점을 지적합니다: "그러면 다른 사람을 가르치는 네가 네 자신은 가르치지 아니하느냐 도둑질하지 말라 선포하는 네가 도둑질하느냐 간음하지 말라 말하는 네가 간음하느냐 우상을 가증히 여기는 네가 신전 물건을 도둑질하느냐 율법을 자랑하는 네가 율법을 범함으로 하나님을 욕되게 하느냐 기록된 바와 같이 하나님의 이름이 너희 때문에 이방인 중에서 모독을 받는도다"롬2:21~24

(3) 따라서 유대인들도 율법을 범하고 율법이 가르치는 대로 살지 못하기 때문에 오직 한 길, 즉 예수님을 구주로 믿음으로써만 구원을 받을 수 있다고 가르쳤습니다.롬3:23~24

4. 이신칭의

로마서 1:17절에서 바울은 이렇게 말씀합니다: "복음에는 하나님의 의가 나타나서 믿음으로 믿음에 이르게 하나니 기록된 바 오직 의인은 믿음으로 말미암아 살리라 함과 같으니라" 이 말씀은 하박국 2:4절의 말씀을 인용한 것입니다: "보라 그의 마음은 교만하며 그 속에서 정직하지 못하나 의인은 그의 믿음으로 말미암아 살리라"

이 말씀은 이신칭의 교리를 요약한 요절과 같습니다. 바울은 이 가르침을 로마서 3:20~31절에 좀 더 자세히 강론하고 있고 로마서 4장에서는 아브라함의 믿음을 예로 들면서 이신칭의에 대해 구체적으로 주석해 놓고 있습니다. 로마서 4장에서 그는 창세기 15장, 17장, 22장에 기록된 사건들을 언급하고 있습니다. 창세기 15장 1절에서 하나님께서는 아브라함에게 나타나시어 그는 이미 나이 많고 그 아내 사라는 경수가 끊어졌는데 그에게 하늘의 별과 같이 그리고 바다의 모래와 같이 많은 자손을 약속하십니다. 그런데 아브라함은 이를 조금도 의심하지 않고 믿고 받아들였습니다. 하나님께서는 이에 아브라함을 의롭다고 여기셨습니다.창15:6 여기서 '의'는 하나님의 법정 앞에서 죄가 없다고 사면받는 법률적 재판적 의미가 있는 단어입니다. 이는 매우 중요한 구속사적 사건이었는데 이는 그가 의롭다고 선언 받은 시점이 할례받기 전이라는 것입니다. 하나님께서는 창세기 17장에 와서 비로소 아브라함에게 할례를 행하도록 명령하셨습니다. 바울은 해석하여 말하기를 이는 무할례자도 의롭다고 인정받게 하기 위해서였다는 것입니다.롬4:9~10 그런데 유대인들은 이 사실에 눈감은 채 할례를 구원의 조건으로 믿었고 이 전통을 철저히 지켜 왔습니다. 바울은 바로 이 점을 지적하고 있습니다. 아브라함은 무할례시에 의롭다 칭함을 받았기 때문에 할례에 상관없이 믿음으로 구원함을 받은 이방인의 조상도 되게 되었다는 것입니다: "그러므로 상속자가 되는 그것이 은혜에 속하기 위하여 믿음으로 되나니 이는 그 약속을 그 모든 후손에게 굳게 하려 하심이라 율법에 속한 자에게 뿐만 아니라 아브라함의 믿음에 속한 자에게도 그러하니 아브라함은 우리 모든 사람의 조상이라"롬4:16

사도 바울의 이 가르침은 그 당시 유대인들에게는 핵폭탄과도 같은 선언이었습니다. 유대인들은 바울을 모세의 율법과 성전의 전통을 파괴하는 사람으로 여겼습니다. 그래서 그가 3차 전도여행을 마치고 예루살렘에 돌아왔을 때 그를 잡아 죽이려 했습니다.

여기서 우리는 최근 30년 동안 신학계에 있었던 칭의에 관한 논쟁을 잠시 살펴보려 합니다. 1977년에 듀크대학의 E. P. Sanders 교수는 자신이 쓴 책에서 사도 바울의 이신칭의 교리를 정면으로 공격하고 나섰습니다. 그는 1세기 유대문헌을 모두 원서로 읽고 이렇게 주장했습니다. 1세기의 유대인들은 법을 지킴으로써 의롭게 된다는 신학을 가지고 있지 않았고 하나님의 은혜로 언약의 공동체 일원이 된다고 생각했다는 것입니다. 그들은 공동체의 일원으로 남으려고 율법을 지키는 것을 필수요소로 알고 있었다는 것입니다. 샌더스는 자신의 이 견해를 covenant nomism(언약적 법률주의)으로 명명했습니다. 샌더스는 그러므로 바울이 유대인들을 율법주의자라고 공격한 것은 그들의 신학을 잘 모르고 저지른 실수라는 것입니다. 이후 하버드대의 스탠달교수나 영국의 제임스 던교수도 비슷한 관점에서 바울을 연구한 책을 출판했습니다. 던교수는 샌더스의 입장을 new perspective(신관점)라고 불렀습니다. 그 후 이 신관점을 채택한 바울 신학자들이 많이 생겼습니다. N. T. Wright같은 성공회 학자도 이 그룹에 속합니다. 라이트는 이 신관점에 서서 주장하기를 우리가 예수를 믿게 되면 칭의를 받는데 이는 구원을 확증하는 것이 아니라 단지 교회의 일원이 될 뿐이라고 말합니다. 그리고 우리가 구원을 받는 것은 최후심판 때 최종적 칭의를 받아야 하는데 그것은 우리의 행위에 근거하게 될 것이라고 주장합니다. 이는 천주교의 전통적 구원론과 유사한 이론입니다. 즉 이는 예수를 믿는 믿음으로는 부족하고 그 위에 행위를 더해야 구원받을 수 있다는 것입니다. 이러한 신관점은 현대의 종교다원주의의 기류를 타고 많은 영향을 발휘하고 있습니다.

샌더스의 견해의 문제는 그가 이론과 실천을 구별하지 않고 바울의 가르침을 공격했다는 점입니다. 즉 바울이 특정 유대인들을 율법주의자들로 묘사하며 구원이 하나님의 은혜에 바탕을 두고 있다고 가르친 것은 그가 1세기의 유대주의를 잘 몰랐기 때문이 아닙니다. 바울이 로마서 4장의 아브라함의 이야기를 설명하면서 분명히 말하고 있듯이 아브라함이 믿음으로 의롭다 하심을 받은 것은 율법을 지킴으로서가 아니라 하나님의 은혜로 구원을 받았다는 것을 말하는 것입니다. 다시 말해 바울도 구약의 유대인들이 율법을 지킴으로서가 아니라 하나님의 은혜로 구원을 받았다는 것을 알고 있었다는 점입니다. 바울이 일부 유대인들의 율법주의를 공격한 것은 그들이 구약의 가르침을 잘못 알고 율법 행위로써 구원을 얻으려고 했기 때문입니다. 즉 바울은 그들의 율법 책에 써진 내용을 공격한 것이 아니라 일부 유대인들의 율법주의적인 관습을 공격한 것입니다. 샌더스가 바울의 가르침을 잘 이해하지 못한 점에 대해서 라이트는 이렇게 말합니다: 샌더스는 1세기 유대주의는 정확하게 이해했지만, 바울의 가르침은 잘 이해하지 못했다. 이렇게 비판하면서도 라이트는 신관점의 핵심 개념을 수용했습니다. 그래서 그는 전통적 종교개혁적인 칭의론을 버리고 바울의 칭의 개념을 재정의했습니다. 즉 칭의는 재판정의 선언이 아니라 교회 공동체의 일원으로 가입할 자격을 준 선언이라는 것입니다. 즉 칭의는 구원의 개념이 아니라 교회론적 개념이라는 것입니다. 이 칭의의 개념을 바탕으로 라이트는 신자가 윤리적인 삶을 삶으로써 심판 때 비로소 구원을 받을 수 있다고 가르칩니다. 그는 루터나 캘빈의 칭의론은 개인주의적 구원론인데 사실 바울은 개인적 구원을 말씀하는 것이 아니고 이방인이 예수 그리스도를 통해서 유대인들의 영적 축복의 올리브 나무에 접붙임을 받을 수 있게 된 것을 말씀한 것이라고 주장합니다. 즉 하나님께서는 개인을 구원하시기 위해서 의롭다고 선언하시는 것이 아니라 교회를 택하신 것이고 이제 그러므로 유대인들은 유대인 민족주의적인 구원관을 버리고 가슴을 열고 이방인 신자들도 교회의 일원으로 포용해야 함을 가르치고 있다는 것입니다.

하지만 루터가 바울을 잘못 이해했고 그러므로 우리는 바울의 가르침을 1 세기의 유대주의적 맥락에서 해석해야 한다고 주장하는 신관점은 바울의 구원론의 칭의 개념을 잘못 이해하고 있습니다. 로마서 1:17절뿐만 아니라 바울은 로마서 전체를 통해서 또 나아가 그의 모든 서신을 통해서 사람은 믿음을 통해서 구원받을 수 있다는 점을 강조하고 있습니다. 믿음을 가지는 것은 믿음의 공동체의 일원이 되는 것만을 말하는 것이 아니고 종말적 구원의 축복이 그 믿는 자에게 현재 임한 것을 말합니다.

일단 로마서 전체의 가르침을 보면 신관점이 틀리다는 것이 일목요연하게 보입니다. 바울은 1:18~3:20절에서 의인은 하나도 없고 오직 예수 그리스도를 믿는 믿음으로써만 구원을 얻을 수 있다고 말합니다. 3:21~5:21절에서는 칭의를 다루고 있습니다. 즉 예수 그리스도를 믿는 자는 아담의 원죄로부터 씻음을 받았다는 것입니다. 그러면 우리가 죄를 지어도 되는가 하고 바울은 물으면서 신자는 죄를 짓는 삶을 살아서는 안 된다는 가르침을 6:1~7:25절에서 제시하고 있습니다. 이 두 장은 신자가 믿음을 가진 뒤에 자신의 행위를 통해서 의를 증명해야 한다는 것을 말씀하는 것이 아니라 칭의를 받은 자의 품에 안긴 영적 축복을 말씀하는 것입니다. 즉 신자는 그리스도와 연합해서 죄에 대해 죽은 자들이고 따라서 거룩한 삶을 살 수밖에 없는 자들이라는 것입니다. 신관점주의 학자들이 말하는 자신의 노력에 바탕을 두고 의로운 삶을 살아야 한다는 가르침과는 차원이 전혀 다른 그리스도인의 성화에 대한 가르침입니다. 로마서 8장에서는 우리는 우리의 성화를 성령님의 능력을 바탕으로 이루게 된다는 것을 말씀하고 있고 로마서 9~11장에서는 성도의 견인에 대해서 말씀하고 있습니다. 그리고 로마서 12~16장에서는 그리스도인의 윤리에 대해서 가르치고 있습니다. 이렇게 볼 때 바울의 가르침은 신관점주의적 해석을 전혀 용납하지 않고 있다는 것을 알 수 있습니다.

5. 참 믿음의 특징

아브라함의 믿음을 살펴보면 참 믿음의 특징들을 알 수 있습니다.

(1) 아브라함은 기적이나 꿈을 믿은 것이 아니라 하나님의 말씀을 믿었습니다. 아브라함은 자신의 꿈과 이상을 실현하기 위한 수단으로 하나님

을 믿은 것이 아니라 하나님 말씀의 신실하심을 믿었습니다. 곧 하나님께 자신을 온전히 위탁했던 것입니다. 오늘날 믿음을 가지면 꿈이 이루어진다든지 십일조를 하면 백배로 축복을 받을 수 있다든지 하는 가르침은 믿음을 무엇을 얻기 위한 수단으로 가르치는 것입니다. 믿음은 바라는 것들의 실상이요 보지 못하는 것들의 증거라는 말씀은 본질적으로 하나님을 바라라는 말씀이지 이 땅에서 부귀영화를 위해서 믿음을 사용하라는 의미가 아님을 알 수 있습니다. 믿음은 하나님을 인격적으로 신뢰하는 것을 말합니다.

⑵ 믿음은 지적인 동의intellectual assent와는 다릅니다. 하나님께서는 아브라함에게 그 후손이 하늘의 별과 같이 많고 바다의 모래와 같이 많아질 것이라는 약속을 주셨습니다. 아브라함은 이를 지적으로 동의하는데 그치지 않았습니다. 아브라함의 모든 삶은 하나님의 약속이 실현될 것이라는 믿음 속에 진행되었습니다. 즉 하나님께서 그의 외아들 이삭을 제물로 바치라고 그를 시험하셨을 때 아브라함은 하나님의 뜻을 거역하지 않고 그를 모리아 산으로 데리고 가 그를 번제로 드리려고 했습니다. 히브리서 11:18~19절은 아브라함이 이삭을 하나님께 바치려 한 것은 하나님께서 저를 죽은 자 가운데서 다시 살리실 것을 믿었기 때문이라고 말씀합니다. 믿음은 이처럼 하나님의 약속을 지적으로 받아들일 뿐 아니라 자신의 미래를 전적으로 하나님께 위탁하고 하나님을 신뢰하고 나가는 것을 말합니다. 그렇지 않은 믿음은 자신에게 초점이 맞추어져 있습니다. 그들은 자신의 욕심을 성취하기 위해서 하나님의 힘을 도구로 이용하려고 하고 있는지도 모릅니다.

⑶ 그렇다고 해서 믿음을 순종이라고 정의하는 것은 잘못입니다. 믿음은 순종과는 다른 것입니다. 로마서 1:5절에서 바울은 "믿어 순종케" 한다고 말씀합니다. 따라서 순종은 믿음에 바탕을 두고 있다고 말할 수 있습니다. 믿음이 없는 순종은 율법주의에 빠질 수 있으며 순종이 없는 믿음은 위선적 믿음일 수 있습니다. 믿음과 순종은 항상 함께 있어야 합니다. 이 둘은 동전의 앞뒤 면과 같은 것입니다. 하지만, 믿음을 순종과 동일시

하는 것은 의미를 혼동하게 하는 것입니다. 창세기 15:6절에서 아브라함이 믿음으로 의롭다 하심을 받고 창세기 22장에서 이삭을 바침으로 순종을 인정받았습니다. 그렇다고 해서 순종은 항상 믿음 다음에 따라오는 행위로 인식하면 안 됩니다. 창세기 22장 이전에는 아브라함이 순종함이 없었다고 말할 수 없습니다. 창세기 12:1~3절에서 아브라함은 하나님의 말씀에 순종해서 갈대아 우르를 떠났습니다. 그리고 그 후에도 하나님께서 시키시는 대로 다 행했습니다. 따라서 아브라함은 믿음으로 순종했고 순종하면서 하나님의 말씀을 믿고 나갔다는 것을 알 수 있습니다.

6. 칭의와 성화의 원리

(1) 로마서 5장에서 바울은 칭의의 원리를 가르치고 있습니다. 즉 아담의 원죄로 말미암아서 모든 사람이 죽게 되었는데 예수 그리스도의 구속으로 말미암아 누구든지 예수님을 믿으면 구원을 받게 되었다는 것입니다. 왜 아담의 원죄가 그 후손들에게 죽음을 가져다주었을까요? 하나님께서는 그 부모의 죄 때문에 자식이 벌을 받지 않게 하시겠다고 에스겔 18:4에서 말씀하고 계십니다. 그런데 바울은 로마서 5:12절에서 아담이 죄를 지었을 때 우리도 함께 그의 죄를 지었다고 말합니다. 이 구절은 원죄에 대한 대표적인 성경구절의 하나입니다. 원죄에 대한 설명에서, 어떤 사람은 아담이 죄를 지음으로써 우리도 그의 죄성을 본받았다(펠라기우스). 혹은 아담의 죄가 우리에게 전염되었다고 가르칩니다(크리소스톰). 그러나 이런 해석은 육신적 죽음을 피하지 못하고 살아가는 인류의 현실을 설명하지 못합니다. 워치만 리는 아담의 허리에 우리가 유전자 상태에 있었기 때문에 우리가 아담과 함께 죄를 지었다고 말합니다. 이는 생물학적 설명으로써 신학적으로는 기반이 약한 설명입니다. 개혁주의에서는 아담의 원죄가 우리에게 전가되었다고 가르칩니다. 이것도 좋은 설명이지만 우리가 생각해 봐야 할 점은 아담의 대표성입니다.federal headship 즉 아담은 모든 인류를 대표하던 사람으로서 그가 죄를 지을 때 우리도 함께 그 원죄를 지은 것으로 여겨진다는 것입니다. 이런 대표성의 원리는 아간

의 사건에도 잘 나타나있습니다. 하나님께서는 이스라엘이 전쟁 중 그 적군의 전리품을 취하지 말 것을 명령하셨습니다. 하지만 아간은 몰래 전리품을 취해서 땅에 묻어 놓았습니다. 그러자 그 다음 날 이스라엘은 아이성과의 전투에서 참패를 당하게 됩니다. 그것은 아간 한 사람이 하나님의 법을 어겨 하나님 앞에서 진중의 거룩성을 더럽혔기 때문이었습니다. 아간은 이스라엘 백성과 단체적 일체 속에 있었습니다.corporate solidarity 이때 한 사람의 범죄는 전체 백성의 책임으로 돌려졌습니다. 이처럼 아담의 죄가 그 후손들에게 전가되었다든지 혹은 아담이 죄를 지었을 때 그 후손들도 모두 죄를 지은 것으로 여겨진다는 이 해석들은 타당합니다. 하지만 죄의 전가나, 대표성뿐만 아니라 바울은 더 깊은 신학적 통찰을 제시합니다. 바울이 로마서 5:12절에서 확실히 말씀하는 것은 우리가 아담의 죄를 아담과 함께 지었고 그 원죄 안에서 계속 죄를 범한다는 것입니다. 바울은 우리가 아담과 함께 죄를 지었다고 말씀하는 구절에서 그 주동사 '죄를 짓다' 의 시제를 과거형으로 표현합니다. 이는 아담의 후손이 하나님 앞에서 불의해진 것은 그들이 현재 짓는 죄에 바탕을 두지 않고 과거에 아담과 함께 지은 죄에 바탕을 두고 있다는 것을 말합니다. 이는 아담의 후손인 우리가 아담의 원죄를 씻어야 하는 실존적 삶 속에서 살고 있다는 것입니다. 이 원죄를 씻지 않으면 누구도 하나님 앞에서 의롭다고 여기심을 얻을 수가 없다는 것입니다.

이 상황에서 구원의 한 길이 열리게 되었는데 그것은 둘째 아담 예수 그리스도께서 십자가에서 단번에 죄를 사하시고 누구든지 저를 믿으면 예수님의 의가 그에게 전가되어 원죄를 씻어 주시겠다고 약속된 것입니다. 따라서 예수 그리스도를 통해서 하나님과 원수 되었던 우리는 하나님과 화목해지고 거룩한 삶을 살 수 있는 능력을 받게 되었습니다. 칭의의 가장 큰 결과는 우리가 예수 안에서 하나님과 화평해진 것입니다.

(2) 로마서 5장에서 바울은 우리가 믿음으로써 아담으로부터 유전 받은 원죄로부터 깨끗이 씻긴다는 사실을 말씀하고 로마서 6장에서는 우리가 더는 죄 가운데 살아서는 안 된다는 사실을 말씀하고 있습니다: "그럴 수

없느니라 죄에 대하여 죽은 우리가 어찌 그 가운데 더 살리요" 롬6:2 우리는 세례를 통해 예수의 돌아가심과 장사 됨과 부활하심에 연합되었습니다. 따라서 우리의 옛 사람이 십자가에 못 박혔고 죄의 몸이 멸하여 다시는 우리가 죄에 종노릇 하지 않게 되었습니다. 우리는 그리스도와 함께 죽었으니 또한 그리스도와 함께 살아야 합니다.

이는 성화의 중요한 원리를 가르치고 있습니다. 우리 죄의 몸이 믿음을 통해서 십자가에 못 박혔다는 말씀은 우리가 완전히 새로운 세계에 들어와서 살게 되었다는 것입니다. 죄수가 출옥허가를 받고 감옥 밖으로 나올 때 그가 법적으로 죄가 없다고 인정된 것이지 실제로 그가 죄 없는 사람은 아닙니다. 그는 이제 죄를 짓는 삶에서 떠나 새로운 삶을 살도록 법적으로 선언되게 된 것입니다. 그가 새 삶을 살게 되게 된 것은 그가 더는 죄인이 아니라는 법적 선언에 바탕을 두고 있습니다. 마찬가지로 예수님을 믿는 신자들은 마귀의 죄 사슬에서 해방되었습니다. 예수님의 십자가로 말미암아 마귀는 더는 우리를 정죄할 수 없게 되었습니다. 그렇다면 우리는 이제 죄로부터 완전히 자유로워졌습니까? 아닙니다. 우리는 아직도 육체를 입고 살기 때문에 육체의 소욕을 이루고자 하는 정욕이 우리에게 있습니다. 우리는 성령의 소욕을 따라 살면 육체의 죄의 정욕을 이루지 않게 됩니다. 즉 우리 신자들은 성령 안에서 거룩한 삶을 살아야 하는데 그것은 우리가 의롭다 하심을 얻었기 때문에 가능해진 것입니다. 반대로 불신자들은 의롭다 하심을 얻지 못했기 때문에 그들은 거룩한 삶을 살 수가 없습니다. 그들은 죄에 종노릇 하며 신음하는 삶을 살 수밖에 없습니다.

성화에 대한 가르침에서 바울은 옛사람과 새사람이라는 언어를 사용합니다. 로마서 6:6절에서 바울은 우리의 옛사람이 예수와 함께 십자가에 못 박혔다고 말씀합니다. 그런데 에베소서 4:22~24절에서는 우리가 옛사람을 벗어버리고 새사람을 입으라고 말합니다. 왜 옛사람이 죽은 우리 신자들에게 옛사람을 벗어 버리라고 말하는 것입니까? 그것은 우리가 종말적으로 하늘에 속해 있지만, 아직 이 세상에 살고 있기 때문에 따른 긴

장 속의 삶을 말씀하는 것입니다. 우리가 예수를 믿을 때 옛사람이 새사람으로 완전히 대체되었다면 우리는 옛사람을 더는 벗을 필요가 없게 되었을 것입니다. 하지만 우리의 옛사람은 아직도 부분적으로 살아있는데 그것은 우리가 아직 육신의 몸에 거하여 살기 때문입니다. 이를 잘 설명하는 예화를 하나 들어보면 이렇습니다. 일제시대에 지리산에 살던 어떤 나무꾼이 있었습니다. 그런데 어느 날 한국이 일제치하로부터 해방되었는데 그것을 모르고 그는 일본 식민정부에 계속 세를 바치는 삶을 살고 있었습니다. 그리고 일본인의 삶의 방식을 그대로 따르는 생활을 하고 있었습니다. 해방된 대한민국에서 그는 대한민국 국민으로서 권리와 의무를 가지는 삶을 살아야 하는데 계속 식민지체제 아래 피지배자로서의 삶을 살고 있던 것입니다. 마찬가지로 우리는 죄에서 완전히 해방되었기 때문에 죄를 짓는 삶을 살지 않아야 합니다. 우리는 예수에게 속한 새사람을 입었기 때문에 이제 새사람을 입는 삶을 살아야 합니다. 그런데 죄에서 해방되었다는 사실을 모르고 계속 죄에 굴복하는 삶을 사는 그리스도인이 있습니다. 바울은 이 사람들에게 옛 사람을 벗어버리라고 독촉하는 것입니다.

(3) 바울은 우리가 죄의 법에서 해방되었을 뿐 아니라 율법에서도 해방되었다고 말씀합니다. 그래서 율법이 더는 우리를 정죄할 수 없습니다: "그러므로 이제 그리스도 예수 안에 있는 자에게는 결코 정죄함이 없나니 이는 그리스도 예수 안에 있는 생명의 성령의 법이 죄와 사망의 법에서 너를 해방하였음이라"롬8:1~2 그렇다고 해서 우리가 십계명을 지키지 않아도 된다는 말씀이 아닙니다. 살인하지 말라, 간음하지 말라, 네 부모를 공경하라 등 십계명을 지켜야 합니다. 바울은 로마서 12~13장에서 이 사실을 강조하고 있습니다. 우리가 예수 믿기 전과 후가 달라진 것은 이제 이 십계명의 도덕법을 예수 믿기 전에는 나의 힘으로 지키려고 하다가 실패했지만, 이제 예수님을 믿고 나서는 성령님의 능력에 의지해서 그 도덕법을 지키는 삶을 살 수 있게 되었다는 것입니다. 로마서 8장은 성도들이 성령의 법에 의지한 삶을 사는 모습을 보여주고 있습니다.

(4) 예수님께서는 우리가 성화를 이루는 힘을 주십니다. 예수님께서는 지금 하나님의 우편에 앉아 계시며 우리를 위해 기도하시고 계십니다.롬 8:34 그래서 아무도 우리를 정죄할 수 없습니다. 성령님께서도 우리를 위해 기도해 주십니다: "이와 같이 성령도 우리의 연약함을 도우시나니 우리는 마땅히 기도할 바를 알지 못하나 오직 성령이 말할 수 없는 탄식으로 우리를 위하여 친히 간구하시느니라 마음을 살피시는 이가 성령의 생각을 아시나니 이는 성령이 하나님의 뜻대로 성도를 위하여 간구하심이니라"롬8:26~27 이렇게 의롭다 함을 인정받은 신자들은 특별한 영적 능력 안에서 성화를 이루어 갈 수 있습니다.

즉 성령께서 예수와 연합된 우리의 성화를 도와주시기 때문에 우리도 적극적으로 성령의 뜻을 따라 살아야 합니다. 이로 말미암아 성령께서도 우리에게 육신의 정욕을 이길 능력을 부어 주십니다. 우리 안에는 육신의 욕망과 성령의 소욕이 싸우고 있습니다. 이때 우리는 성령의 뜻을 좇아 행하는 결단을 내려야 합니다. 그 결과는 성령의 열매를 맺는 것입니다.갈 5:16~24

우리는 성화를 자신의 힘으로 이루려고 할 때 지쳐 쓰러집니다. 성령께서 우리의 성화를 이루실 수 있도록 성령의 뜻에 순종하는 삶을 살 때 성화 되는 삶을 살 수 있습니다. 노름을 좋아하는 사람은 노름하지 않도록 힘쓰지만, 잘 안 됩니다. 그는 이 문제를 성령님께 맞기고 기도드리며 부르짖어야 합니다. 성령님께서는 이 사람이 노름할 시간에 운동한다든지 독서를 한다든지 전도를 하게 하심으로써 노름의 유혹을 극복할 수 있게 해 주실 것입니다. 성령님은 우리의 문제를 아시고 어떻게 죄의 계곡에서 헤어 나올 수 있는지 구체적으로 인도해 주십니다. 또 다른 신비스러운 일은 성화가 신비스러운 방법을 통해서 이루어질 수 있다는 것입니다. 놀라운 일은 성령의 능력 안에서 이 사람에게 갑자기 노름이 싫어지고 혐오스럽게 느껴지게 됩니다. 그래서 노력하지 않더라도 자연이 노름을 끊어버릴 수 있게 됩니다.

7. 유대인과 이방인의 관계

⑴ 로마서 9~11장은 유대인과 이방인과의 관계를 말씀하고 있습니다. 바울은 왜 유대인들이 예수님을 구주로 믿지 않고 자신을 배척하는지 선지자의 예언을 읽고 이해하게 되었습니다. 다윗이 말하기를 "그들의 밥상이 올무와 덫과 거치는 것과 보응이 되게 하시옵고"라고 예언했고 이사야는 "그들의 눈은 흐려 보지 못하고 그들의 등은 항상 굽게 하옵소서"라고 예언했습니다.롬11:9~10 따라서 유대인들이 강퍅해지고 복음을 배척한 것은 하나님께서 그들의 마음을 강퍅하게 하셨기 때문이라는 것입니다.

⑵ 바울은 이를 말라기의 말씀을 인용하면서 해석합니다. 즉 하나님께서 야곱은 사랑하시고 에서는 미워하셨다는 말씀입니다.롬9:13 바울은 이 말씀을 하나님께서 믿지 않는 유대인들은 미워하시고 믿는 이방인들은 사랑하신 것에 적용합니다. 그렇다면 우리는 하나님께서 왜 누구는 사랑하시고 누구는 미워하시는지 묻게 됩니다. 바울은 이를 출애굽기의 한 사건을 예로 들어 설명하고 있습니다. 출애굽기에 보면 모세가 바로에게 가서 내 백성을 보내라고 요구합니다. 바로는 강퍅한 마음으로 모세의 요구를 무시합니다. 그리고 하나님의 열 재앙을 통해 심판을 받은 후에야 바로는 모세의 요구를 들어줍니다. 바울은 하나님께서 바로의 마음을 강퍅하게 하셨다고 설명합니다. 바울은 여기서 하나님께서 바로의 마음을 강퍅하게 하신 것은 전적으로 하나님의 뜻이었다고 말씀합니다: "모세에게 이르시되 내가 긍휼히 여길 자를 긍휼히 여기고 불쌍히 여길 자를 불쌍히 여기리라 하셨으니"롬9:15 이 하나님의 결정은 하나님의 주권에 속하는 문제이기 때문에 우리가 하나님께 따질 수 없습니다. 바울은 바로 이 점을 이렇게 말씀합니다: "혹 네가 내게 말하기를 그러면 하나님이 어찌하여 허물하시느냐 누가 그 뜻을 대적하느냐 하리니 이 사람아 네가 누구이기에 감히 하나님께 반문하느냐 지음을 받은 물건이 지은 자에게 어찌 나를 이같이 만들었느냐 말하겠느냐 토기장이가 진흙 한 덩이로 하나는 귀히 쓸 그릇을, 하나는 천히 쓸 그릇을 만들 권한이 없느냐"롬9:19~21 바울의 이 말씀은 예레미야 18장의 말씀을 인용한 것입니다.

얼마 전에 어떤 사람이 죽으면서 약 100억 원이 되는 유산을 애완견에게 남겨 놓고 죽었습니다. 하지만 사람들은 그가 자신의 재산에 대해서 자기 뜻에 따라 한 결정에 대해서 뭐라고 따질 수 없습니다. 사람들은 자신의 소유를 자신의 마음대로 사용할 수 있습니다. 하나님께서도 마찬가지로 자신의 뜻에 따라 결정을 내리시고 행동하실 주권적 자유를 가지고 계십니다. 우리는 토기입니다. 토기가 토기장이에게 왜 나를 쓰고 버리는가 따질 수 없습니다. 이처럼 구원의 문제에서도 누가 선택함을 받고 버림을 받는가는 전적으로 하나님의 주권적 의지에 달렸습니다.

(3) 그래서 유대인들이 강퍅하여져 예수님을 배척하는 것은 하나님께서 그들의 마음을 강퍅하게 하셨기 때문에 그렇게 된 것이라는 것입니다. 그렇다면 하나님께서는 왜 그들을 강퍅하게 하셨을까요? 그것은 하나님의 영광을 세상에 알게 하시기 위해서입니다. 이방인들도 예수님을 믿고 하나님께 영광을 돌리도록 하기 위해서입니다. 그렇다고, 하나님의 사랑을 받은 이방인들이 구원을 받고 유대인들을 무시한다거나 교만해져서는 안 됩니다. 하나님께서 감람나무의 원가지도 아끼시지 않으시고 잘라버리신 것처럼 이방인 신자들이 교만해져서 믿음에 거하지 않는다면 그들도 원가지에서 잘려나갈 것이라는 것입니다.

(4) 이제 하나님께서 유대인의 가지 일부를 그 원 감람나무에서 잘라내시고 이방인들이 그 자리를 차지하게 하셨습니다. 이제 유대인과 이방인 다 같이 예수님을 믿음으로 구원을 받게 되고 한 이스라엘의 구성원이 되게 되었습니다. 이렇게 이방인 구원이 완성될 때 "모든 이스라엘"all Israel 이 구원받게 될 것입니다.롬11:26 이방인의 구원이 완성되지 않았을 때 이스라엘은 온전한 이스라엘이 될 수 없었습니다. 이스라엘은 구원받은 유대인과 구원받은 이방인을 함께 포함하는 택함 받은 사람들의 공동체입니다.

8. 하나님의 택자 예정

예정론과 관련된 로마서 구절들은 로마서 8:28~30; 9:11~23; 11:4~7

절 등이라고 할 수 있습니다. 이는 에베소서 1:3~14절과 함께 바울의 예정론을 잘 설명하고 있습니다. 로마서 8:29~30절에는 하나님께서 미리 아신 자들을 그 아들의 형상을 본받게 하려고 미리 정하셨다고 기록되어 있는데 미리 안다는 표현은 예지의 뜻을 넘어서 조건적 예지가 아닌 절대적 예지 즉 하나님의 예정을 말씀한다고 보는 것이 옳습니다. 이 하나님의 주권에 바탕을 둔 예정의 뜻은 로마서 9장에 더 자세히 나와 있습니다.

로마서 9:11절에 바울은 하나님께서는 이삭의 자식들이 "아직 나지도 아니하고 무슨 선이나 악을 행하지 아니한 때에 택하심을 따라 되는 하나님의 뜻이 행위로 말미암지 않고 오직 부르시는 이로 말미암아 서게 하려"함이라고 말씀합니다. 따라서 하나님께서 야곱을 택하신 것은 그가 선을 행할 것을 미리 아시고 택한 것이 아니라 무조건 그 기쁘신 뜻대로 택하신 주권적 행위라는 것을 말씀합니다. 13절은 하나님께서 야곱은 사랑하고 에서는 미워하였다고 말씀합니다. 여기서 사랑은 택함을 미움은 불택함을 나타내는 언어입니다. 하나님께서 야곱을 택하시고 에서를 버리신 것은 로마서에서 반복되는 병렬구조를 동반합니다. 즉 8:30절은 하나님께서 "미리 정하신 그들을 또한 부르시고 부르신 그들을 또한 의롭다 하시고 의롭다 하신 그들을 또한 영화롭게 하셨"다고 말씀합니다. 여기서 예수님을 믿고 구원받은 택자와 예수님을 믿지 않고 버림받은 자들의 대조를 볼 수 있습니다. 또 다른 병렬 구조는 로마서 9장에 설명된 바로 왕 이야기에 나타나 있습니다. 바로 왕은 하나님의 영광을 열국에 나타내시기 위해서 하나님께서 그 마음을 강퍅하게 하신 사람이었습니다. 바로는 하나님의 뜻대로 그 마음이 강퍅해진 자였고 그가 강퍅한 마음으로 이스라엘 백성이 출애굽 하도록 허락하지 않자 하나님께서는 열 재앙을 보내시고 세계만방에 여호와께서 하나님이심을 알게 하시고 열방이 이스라엘 앞에서 떨게 하셨습니다. 이러한 하나님의 주권적 선택의 자유에 아무도 도전할 수 없습니다.

바울은 이에 대해서 이렇게 설명합니다:

"혹 네가 내게 말하기를 그러면 하나님이 어찌하여 허물하시느냐 누가 그 뜻을 대적하느냐 하리니 이 사람아 네가 누구이기에 감히 하나님께 반문하느냐 지음을 받은 물건이 지은 자에게 어찌 나를 이같이 만들었느냐 말하겠느냐 토기장이가 진흙 한 덩이로 하나는 귀히 쓸 그릇을, 하나는 천히 쓸 그릇을 만들 권한이 없느냐 만일 하나님이 그의 진노를 보이시고 그의 능력을 알게 하고자 하사 멸하기로 준비된 진노의 그릇을 오래 참으심으로 관용하시고 또한 영광 받기로 예비하신 바 긍휼의 그릇에 대하여 그 영광의 풍성함을 알게 하고자 하셨을지라도 무슨 말을 하리요" 롬9:19~23

이 구절에서 바로는 하나님께서 예정하신 진노의 그릇이었고 이와 반대로 하나님께서 예비하신 긍휼의 그릇, 곧 택자가 있다는 것을 말씀합니다. 이처럼 바울이 하나님의 주권적 선택을 역설하는 것은 그 당시 대부분의 유대인이 복음을 받아들이지 않고 하나님을 배반한 것은 바로 하나님께서 그들의 마음을 강퍅하게 하셨기 때문이라는 것을 설명하는 것과 치밀하게 연결되어 있습니다. 롬 11:9~11절에서 바울은 시편 69:22~23절을 인용하면서 유대인들의 마음이 강퍅해져서 그들은 하나님을 배반하고 배교했다고 기술하면서 이는 이들이 원감람나무 줄기에서 잘리고 대신 이방인 형제들이 원감람나무에 접붙임을 받게 하기 위한 하나님의 뜻 때문이라고 설명합니다. 여기서 믿는 이방인 형제들은 하나님의 긍휼한 그릇으로 택함을 입은 자들이고 불신앙으로 참감람나무 가지에서 잘려나간 유대인들은 진노의 그릇으로 예정된 자들이라고 하는 것입니다.

이 하나님의 예정에 대해서 반론을 제기하는 견해가 있습니다. 이 견해에 의하면, 로마서 9:11절 이하에서 묘사된 야곱과 에서의 대조법은 예정 교리를 말씀하는 것이 아니라는 것입니다. 그 이유는 첫째, 야곱이나 에서는 '개인 야곱' 이 선택되었고 '개인 에서' 가 선택되지 못한 것을 나타내는 것이 아니라 집합적 선택과 버림을 나타낸다는 것입니다. 즉 하나님께서는 교회를 택하셨고 개개인을 택하시는 일은 없다는 것입니다. 또 하나님께서는 태초부터 선악을 행하기도 전에 누구를 멸하시기 위해서 저주의 선택을 하시지는 않는다는 것입니다. 하나님께서 택자를 선택하시는 것은 그들이 선행할 것을 미리 아시고 그렇게 정하신 것이지 아무 조건 없이 누구를 긍휼의 그릇으로, 절대적으로 선택하는 분이 아니라는 것입니다. 이러한 조건적 선택설 혹은 예지적 선택설은 합리적으로 들리지만 주석적으로 타당하지 않습니다. 또 예정론을 반대하는 사람들은 하나님께서 에서를 미워하셨다는 것은 에서를 버리기로 택하셨다는 말씀이 아니고 하나님께서 야곱을 사랑하신 것보다 에서를 조금 덜 사랑하셨다는 말씀으로 보아야 한다는 것입니다. 하지만 이 해석은 이 해석이 설명하고자 하는 그 이상으로 성경 신학적으로 대답해야 할 더 많은 질문을 가져옵니다. 히브리서 12:17절에서 저자는 에서가 회개할 기회를 얻지 못했고 결국 용서함을 받지 못한 사람이라고 분명히 가르치고 있습니다. 말라기 1:2~3절에서 하나님께서 야곱은 사랑하셨고 에서는 미워하셨다는 구절은 집합적 의미를 내포합니다. 하지만 로마서 9장에서는 분명히 밝힌 '개인 에서'를 의미한다고 볼 수 있습니다. 여기서 집합적인 의미가 있다면 그것은 야곱이 택함을 받은 자를 나타내지만 에서는 택함 받지 못한 사람을 상징한다고 하는 것입니다.

예정론 반대자들이 제기하는 또 다른 관점은 로마서 8:30절에서 택함과 부르심, 칭의, 영화의 연결고리가 확고하지 않다는 것입니다. 그래서 택함을 받은 자도 반드시 영화에 이른다는 보장은 없다는 것입니다. 사람은 각자 착하게 살아서 그 결과 영화에 이르게 된다는 것입니다. 하지만, 이 주장은 문법적으로 옳지 않습니다. 택함, 부르심, 칭의, 영화는 뗄 수 없는 연결고리로 연결되어 있습니다. 택함을 받은 자는 반드시 부르심을 입고, 부르심을 받은 자는 반드시 칭의를 얻습니다. 그리고 칭의를 얻은 자는 반드시 구원의 영화에 참예하게 됩니다.

예정론에 대해 토론하면서 같이 생각해야 할 점은 우리가 얻은 구원은 믿음으로 말미암은 것이지만, 우리가 가진 믿음은 성령을 통해서 부어주신 것이라는 것입니다. 성령이 아니고는 누구든지 예수를 주시라고 고백할 자가 없습니다.고전12:3 그런데 성령님은 우리가 오시도록 애원한다고 오시는 것이 아니고 하나님의 기쁘신 뜻대로 부어 주신 선물이기 때문에 우리가 받은 성령과 그로 말미암은 믿음, 구원 이 모든 것이 하나님의 선물입니다. 우리는 구원을 선물로 받았습니다. 그래서 구원받은 자는 아무도 하나님 앞에서 자랑할 수 없습니다. 오직 우리를 위해 이 땅에 오시고 구속을 이루신 하나님의 아들 예수 그리스도에게만 세세 무궁토록 영광을 돌리게 됩니다. 만일 우리 중 누구라도 자신의 의로움 때문에 구원을 받게 된다면 그는 자신의 의로움을 자랑한 나머지 예수님께는 그만큼 영광을 돌리지 못하게 되고 말 것입니다. 우리가 받은 구원이 은혜로 된 것이면 그것은 전적으로 우리가 이바지한 부분이 없기 때문입니다. 믿음 자체도 하나님께로부터 받은 카리스마입니다.롬5:15,16,17; 6:23

그렇다면 하나님께서 택하신 사람은 다 결국 구원받게 될 것이기 때문에 우리는 전도를 할 필요가 없게 될까요? 그렇지 않습니다. 하나님의 택함이 있기 때문에 그들을 부르는 작업이 필요합니다. 믿음은 들음에서 난다고 했습니다. 그리고 외치는 자가 있어야 택자들은 들을 수 있습니다.10:13~18 바울이 고린도에서 복음을 전할 때 밤에 주께서 환상 가운데 말씀하셨습니다. "두려워하지 말며 침묵하지 말고 말하라 내가 너와 함께 있으매 어떤 사람도 너를 대적하여 해롭게 할 자가 없을 것이니 이는 이 성중에 내 백성이 많음이라 하시더라"행18:10 또 누가는 바울의 일차 전도 여행에 대해 이야기하면서 이렇게 말씀합니다: "이방인들이 듣고 기뻐하여 하나님의 말씀을 찬송하며 영생을 주시기로 작정된 자는 다 믿더라"행13:48

예정론은 복음 전하는 자를 겸손하게 합니다. 내가 복음을 전한 어떤 사람이 예수님을 믿어 구원받게 되었을 때 나는 이렇게 생각하면 됩니다: "내가 그 사람이 예수님을 믿게 했을지라도 그 공로는 나에게 있는 것이 아니라 성령께서 그 택자에게 예수님을 믿을 힘을 주시므로 예수님을 믿게 된 것입니다." 이와 반대로 복음을 전했을 때 끝까지 예수님을 영접하지 않는 사람들에 대해서는 그들의 마음을 강퍅하게 하신 하나님의 뜻을 함께 생각하게 됩니다. 그래서 바울은 복음을 듣고 예수님을 영접하지 않은 유대인들을 향해서 이렇게 말했습니다: "하나님의 말씀을 마땅히 먼저 너희에게 전할 것이로되 너희가 그것을 버리고 영생을 얻기에 합당하지 않은 자로 자처하기로 우리가 이방인에게로 향하노라" 나중에 바울과 바나바는 예수님께서 말씀하신대로 복음을 배척하는 유대인들을 향하여 발에 티끌을 떨어 버리고 이고니온으로 갔습니다.행13:46,51

그러면 예정론 반대자들은 택함 받지 못한 자는 억울할 것이고 하나님은 불공평한 하나님이 되는 것 아니냐고 물을 것입니다. 이는 논리적으로 옳은 말 같지만, 논리적이지 못합니다. 왜냐하면, 이러한 이유 때문입니다. 어떤 사람이 라스베이거스에서 잭팟을 터트렸는데 천만 불의 횡재를 했다고 가정할 때 이 사람이 왜 나에게만 이 행운이 터지고 다른 사람에게는 터지지 않았느냐고 카지노 주인에게 따지면서 천만 불 수령을 거부하겠습니까? 또 다른 예는 보스니아에서 내전이 있었을 때 미국정부에서는 난민의 정착을 도울 목적으로 미국에 난민촌을 형성하고 그곳에 임시로 거주할 보스니아인의 리스트를 만들었습니다. 난민들은 모두 미국에 오고 싶어 했지만, 오직 그 리스트에 이름이 기록된 사람만 미국에 올 수 있었습니다. 누가 미국에 와서 살지 결정하는 것은 미국정부였습니다. 리스트에서 자기 이름이 빠진 사람들은 미국이 불공평하다고 따질 수 없는 일이었습니다. 마찬가지로 천국에서 누가 살지 결정할 주권을 가진 분은 하나님이십니다. 하나님께서 택자를 택하시는 주권적 통치를 도전할 수 있는 사람은 없습니다. 그 분은 만왕의 왕이시기 때문입니다. 모든 사람은 어차피 죄 때문에 죽게 되어 있었습니다. 그런데 누군가 하나님 구속의 은혜로 심판에서 건짐을 받게 되었다고 이에 대해 분개할 수는 없습니다. 오히려 예정론에 대해 따지고 있기보다는 속히 예수님을 주님으로 영접하는 것이 멸망을 피하는 길이 될 것입니다.

9. "온 이스라엘"

바울은 로마서 11:26절에서 이렇게 말씀합니다: "그리하여 온 이스라엘이 구원을 얻으리라 기록된바 구원자가 시온에서 오사 야곱에게서 경건치 않은 것을 돌이키시겠고" 이 구절에서 온 이스라엘all Israel이 가리키는 것에 대한 해석은 크게 네 가지로 나뉩니다. (1) 모든 유대인, (2) 모든 택함 받은 유대인들, (3) 종말 때의 모든 유대인, (4) 택함 받은 모든 유대인과 이방인들. 이 네 견해 중에 (4)는 1세기부터 20 세기 초엽까지 유지되던 다수 견해입니다. (1)은 보편적 구원론에 해당하기 때문에 사도 바울의 이신칭의 교리와는 모순되는 견해로써 받아들이기 어려운 견해입니다. (3)도 보편적 구원론적 요소를 내포하지만, (3)의 견해를 가지는 많은 복음주의 학자들은 종말 때 예수님께서 오실 즈음 모든 유대인이 기적적인 방법으로 예수님을 믿게 되어 그들 전부는 아니지만 대다수가 구원을 받게 될 것으로 생각합니다. (2)의 견해는 (4)의 견해와 유사한 견해인데 롬 11:26절의 온 이스라엘이 모든 택함 받은 유대인이라면 택함 받은 이방인들도 "온 이스라엘"의 그룹에 포함하지 못할 이유가 없어 보입니다. 그래서 논쟁은 (3)의 견해를 가지는 복음주의자들과 (4)의 견해를 가진 복음주의자들 간에 열띠게 진행되고 있습니다. 필자는 (4)의 견해를 따르는데 그 이유는 다음과 같습니다.

첫째, 로마서 11:25절의 후반부와 로마서 11:26절의 전반부는 접속사 "그리하여"(카이 후토우스)와 연결되어 있는데 이 접속사는 시간적 의미가 있지 않습니다. (3)의 견해를 따르는 사람을 수정주의자들revisionist이라고 부릅니다. 수정주의자들은 카이 후토우스가 시간적 의미를 가지므로 롬11:25절의 말씀에 따라 이방인의 충만한 수가 들어오면 유대인들의 완악한 마음이 녹을 것이고 이때 온 이스라엘이 구원을 받게 될 것이라고 주장합니다. (4)의 견해를 따르는 자들을 전통주의자traditionalist라고 부릅니다. 전통주의자들은 카이 후토우스가 시간적 의미로 쓰인 구절을 성경에서 발견할 수 없어서 이러한 해석은 수정주의자들의 신학적 끼워 맞추기 해석이라는 것입니다. 그래서 전통주의자들은 카이 후토우스는 방법을 의미한다고 주장합니다. 카이 후토우스는 "이러한 방법"으로 혹은 "이러한 방식"으로 온 이스라엘이 구원을 받게 된다고 해석합니다.

둘째, 유대인들이 강퍅해 있지만, 수정주의자들은 이방인의 충만한 수가 들어오게 되면 그들의 마음이 녹을 것으로 생각합니다. 이는 "까지"(아크리스 후)라는 숙어가 포함하는 뜻이라고 주장합니다. 하지만 팔머 로버

트슨 같은 전통주의학자는 아크리스 후가 "까지"라는 뜻이 있지만, 그 이전의 구절에서 표현된 의미의 반전을 동반하지 않는다고 주장합니다. 즉 이방인의 충만한 수가 들어오기까지 유대인들의 마음이 강퍅해 있다는 것은 이방인의 충만한 수가 들어올 때까지 유대인들의 마음이 완전히 강퍅해 있게 된다는 강퍅의 완성의 의미를 말하는 것이지 의미의 반전 즉 유대인의 마음이 녹는다는 뜻은 없다는 것입니다. 다시 말해서 유대인들의 마음이 강퍅해 있는 것은 이방인의 충만한 수가 들어 온 이후에도 계속된다는 것입니다. 여기서 우리가 고려해야 할 문법적 요소는 유대인의 마음이 강퍅해졌다는 구절에서 기노마이라는 동사가 주동사인데 이 동사가 완료 동사Perfect라는 점입니다. 이 완료 동사는 과거에 행한 일이 현재에 영향을 주는 측면을 표현할 때 쓰이며 미래의 의미가 있지 않습니다. 이것은 서술적Stative 완료형 혹은 격언적gnomic 완료형 동사로 볼 수도 있지만 두 용법 다 미래 의미를 내포하지는 않습니다. 그래서 유대인들의 더러는 완악해 있는데 이 완악함은 예수님 오실 때까지 계속될 것이며 이와 반대로, 유대인 중 완악해 있지 않은 사람은 1세기부터 예수님 오실 때까지 계속 구원을 받는다고 보는 견해가 타당합니다.

셋째, 수정주의자들은 "이스라엘"이라는 명사가 로마서 11장에서 문자적으로 쓰인 단어이지 영적으로 쓰이지 않았고 11:25절에서 이 단어는 종족적 의미가 있기 때문에 11:26절에서 갑자기 바울이 이 단어를 영적인 의미로 사용하지 않았을 것이라는 것입니다. 하지만 로마서 9:6절은 "이스라엘에게서 난 그들이 다 이스라엘이 아니요"라고 말씀하고 있습니다. 이 짧은 한 절에서 사용된 전반부 이스라엘은 종족적 이스라엘을 말씀하고 있고 후반부 이스라엘은 영적 이스라엘을 말씀하고 있습니다. 따라서 11:25절에 나오는 이스라엘은 종족적 이스라엘을 의미하고 11:26절에 나오는 이스라엘은 영적 이스라엘이라고 하지 못할 이유가 없습니다. 즉 11:26절의 이스라엘은 영적 이스라엘 혹은 참 이스라엘을 가리킨다고 볼 수 있습니다. 이 이스라엘은 약속으로 아브라함의 자손이 된 자를 포함합니다. 갈라디아서 3:7절에서 바울은 "그런즉 믿음으로 말미암은 자들은 아브라함의 아들인 줄 알지어다"라고 말씀하고 있고 갈라디아서 6:16절에서는 "하나님의 이스라엘에게 평강과 긍휼이 있을지어다"라고 말씀하고 있는데 이 '하나님의 이스라엘'은 갈라디아 교회의 신도를 가리키는 것이 본문에서 분명하므로 '하나님의 이스라엘'은 이방인 형제를 포함하는 개념임을 알 수 있습니다.

넷째, 전통주의 해석이 타당한 네 번째 이유는 로마서 11:30절과 11:31절에 이제(헬라어 눈)라는 부사가 3번 쓰이고 있다는 것입니다. "너희가 전에 하나님께 순종치 아니하더니 이스라엘이 순종치 아니함으로 이제 긍휼을 입었는지라 이와 같이 이 사람들이 [이제] 순종치 아니하니 이는 너희에게 베푸시는 긍휼로 이제 저희도 긍휼을 얻게 하려 하심이니라" 여기서 바울은 유대인들이 강팍해진 것은 미래가 아닌 바울 당시의 현재에 하나님의 긍휼을 입어 구원받게 하심이라고 말씀합니다. 로마서 13:11절에서도 바울은 우리 구원이 이제 가까왔다고 말씀하면서 임박한 종말을 기대하고 있습니다. 휘튼대학의 신약학자 무교수는 종말이 바울 당시부터 삼사 년 내에 왔다고 할지라도 그래도 바울은 유대인들의 민족적인 회심을 기대하고 있었다고 생각합니다. 그렇다면 무교수는 로마서 16:26절에 사용된 "이제"라는 단어의 의미를 깊이 고려해야 합니다. 이 구절에서 바울은 "이제는 나타내신 바 되었으며 영원하신 하나님의 명을 좇아 선지자들의 글로 말미암아 모든 민족으로 믿어 순종케 하시려고 알게 하신바 그 비밀의 계시를 좇아 된 것이니 이 복음으로 너희를 능히 견고케 하실"이라고 말씀하고 있는데 하나님 비밀의 계시는 복음으로 모든 민족으로 믿어 순종하게 하는 것이고 이는 선지자의 글에 예언되었고 바울 당시 실현되고 있다는 뜻입니다.

바울이 이방인들에게 복음을 전하고 그들 중 일부를 예루살렘에 함께 데리고 간 것은롬15:16 바로 이사야 66:19절 이하의 예언이 자신의 사도적 사역에 의해서 성취되고 있다고 생각했기 때문입니다. 즉 바울은 자신의 사도적 임무 수행을 종말적 관점에서 이해하고 있었으며 이 맥락에서 보면 바울이 자신의 시대 이후 교회시대가 더 연장될 것이고 유대인들이 예루살렘 성전이 주후 70년에 파손되고 로마에 의해서 유대가 망하고 1878년이 지난 1948년에 팔레스타인에 다시 이스라엘을 건국할 것이라는 것을 미리 바라보고 있지는 않았을 것이라고 우리는 생각할 수 있습니다. 바울의 가르침의 오늘날의 관점은 로마서 11:5절에도 사용되고 있는 "이제"라는 부사가 로마서에 총 14번 쓰이고 있다는 점에서 로마서의 시간적 배경으로 기능하고 있음을 알 수 있습니다.롬3:26; 8:18; 11:5; 13:11; 16:26

다섯째, 수정주의해석은 사실상 세대주의적 해석과 연결되어 있습니다. 이 종말론적 구도에 의하면 앞으로 이방인의 충만한 수가 예수님을 믿게 되면 예수님께서 재림하시고 이때 교회는 하늘로 들리어 올라가게 되고 유대인들은 이때 마음이 녹아 예수님을 영접하게 된다는 것입니다. 세대주의자들은 교회가 휴거한 뒤에 역사는 계속되고 7년 대환란을 통과하는 유대인들은 적그리스도에 의해서 핍박을 받게 되는데, 이때 이들은 회심하게 되고 이어서 적그리스도가 잡히고 예수님께서 천년왕국을 시작하시게 된다는 것입니다. 이 해석의 문제점은 교회가 하늘로 휴거할 때 성령님도 들리어 거두어지게 된다고 하는데 성령님께서 이 땅에 계시지 않는데 어떻게 유대인들이 예수님을 영접할 수 있는 영적 힘이 있다는 말인지 알 수 없습니다. 바울은 고린도전서 12:3절 말씀에서 성령님이 아니고는 누구도 예수를 주라고 부를 자가 없다고 하셨습니다. 또 다른 문제는 이 세상 끝까지 교회는 복음을 땅끝까지 전해야 할 사명이 있는데 이방인의 충만한 수가 차기까지만 교회가 복음을 전해야 하는 것은 아니라는 것입니다. 이방인의 충만한 수가 차는 때는 바로 예수님의 재림 때이며 재림 이후 바로 백보좌 심판이 있게 되기 때문에 유대인들이 그 마음이 녹아서 예수님을 믿게 되는 것은 시간상으로 맞지 않다는 것이 자명해집니다.

로마서 11:25절에서 바울은 온 유대인의 마음이 강팍해 있다고 말하고 있지 않습니다. 유대인이 부분적으로 강팍해져 있다는 것은 강팍하지 않은 유대인도 있다는 것이고 이들 중 예수님을 영접하고 구원받는 유대인들도 1세기 이후 지금까지 계속 있었다는 것입니다. 바울은 이 점을 지적하면서 로마서 11:1절에서 하나님께서 이스라엘을 버리지 않으셨다고 분명히 말씀합니다. 이는 구원받은 자신이 유대인이기 때문에 알 수 있다는 것입니다. 사실 예수님의 12 제자도 모두 유대인이었고 각 지역의 초대교회는 대다수가 유대인들 덕분에 시작되었습니다. 이 점에서 바울은 유대인들 일부가 강퍅해져 있지만, 이방인들이 계속 회심하고 예수님을 믿게 될 때 유대인들이 시기 나서 그들 중에 얼마라도 구원을 받게 된다는 것입니다. 이처럼 이방인 구원은 유대인 구원을 불러일으키는 촉매 역할을 한다는 것입니다. 이 같은 유대인과 이방인 구원의 상호의존은 온 이스라엘이 예수님을 믿고 구원을 받는 하나님의 방식이며 이 신비는 오랫동안 숨겨져 있다가 바울 당시 현재 나타나진 것입니다. 이 때문에 바울은 하나님께 영광을 돌립니다: "깊도다 하나님의 지혜와 지식의 풍성함이여"롬 11:33

10. 위에 있는 권세들에 복종해야 함(로마서 13:1~7)

바울은 신자들이 위에 있는 권세에 복종하라고 가르칩니다. 권세를 거스르는 것은 하나님의 명을 거스르는 것이라고 말씀합니다. 이 복종의 원리에 따라서 바울은 복음을 전하러 가는 곳마다 그 지역의 권세들에게 친절한 자세를 유지했습니다. 그것은 복음을 전하는 길에 방해되는 일을 가져오지 않기 위해서였습니다. 그럼 신자는 독재자나 폭군에게도 복종해야 하느냐는 질문에 봉착합니다. 사도행전 4:19절의 말씀에 보면 베드로는 대제사장 앞에서 이렇게 말씀합니다. "하나님 앞에서 너희의 말을 듣는 것이 하나님의 말씀을 듣는 것보다 옳은가 판단하라" 여기서 베드로는 그 당시 유대사회의 최고의 권위에 도전한 것인가 아니면 진리를 외치는 것인가. 우리는 베드로가 체제를 전복하려고 했던 반체제적 정치운동가가 아니라 예수님의 복음을 전하는 복음 전하는 자로서 충실한 역할을 하고 있었다는 것을 알 수 있습니다. 느부갓네살의 신하였던 다니엘도 만군의 여호와 하나님을 거역하는 일을 하지 않으려고 그의 신상에 절하지 않았습니다. 하지만 이 행위는 그의 신앙을 지키기 위한 행위였지 느부갓네살왕의 체제를 전복하기 위해서 한 행위가 아니었다는 것이 자명합니다.

보통 서양신학자들은 권력자들이 하나님의 뜻에 따라 다스리지 않을 때 국민은 이에 저항할 수 있다고 가르칩니다. 사실 이 저항권을 바탕으로 근대 민주주의가 성장한 것이 사실입니다. 하지만 저항권은 정치이론가들이 개발한 이론이었지 성경에서 가르치는 이론은 아닙니다. 스코틀랜드의 요한 낙스는 메리 여왕과의 투쟁으로 유명한 목사님입니다. 하지만 그는 메리 여왕의 체제에 도전한 저항 운동가는 아니었고 종교의 자유를 위해서 자신의 신앙 양심에 따라 행동한 것뿐이었습니다. 그는 오늘과 같은 반체제 인사로 분류될 수 있는 분은 아니었습니다. 신자들은 하나님의 명을 어기지 않도록 해야 합니다. 만일 폭군이라 할지라도 기독교를 핍박하지 않고 하나님의 명을 거스르게 하지 않는다면 그에게 반대하는 것만이 잘하는 일은 아닐 것입니다. 기독교는 민주주의나 사회주의 등 어떤 체제를 옹호하는 종교가 아닙니다. 기독교는 절대 군주이신 하나님의 통치가 이 땅에 임하게 하려고 복음을 전해야 하는데 이 세상 군왕에 대한 태도는 이것을 기준으로 분별할 수 있습니다.

11. 음식법과 안식일문제

로마서 14장은 유대인 신자와 이방인 형제들 사이에 갈등이 있었음을 보여줍니다. 유대인 신자들은 안식일을 토요일에 지켜야 한다고 주장했고 이방인 형제들은 주의 첫째 날에 지켜도 된다고 주장했습니다. 이에 대해 바울은 이렇게 가르칩니다: "어떤 사람은 이 날을 저 날보다 낫게 여기고 어떤 사람은 모든 날을 같게 여기나니 각각 자기 마음으로 확정할지니라"롬14:5 또 이방인 형제들은 고기도 먹고 포도주도 마시면서 채소만 먹는 유대인 형제를 업신여겼습니다. 이에 대해 유대인 신자들은 모세의 율법을 따르지 않는 이방인 형제들을 판단했습니다. 이에 대해 바울은 권면합니다: "믿음이 연약한 자를 너희가 받되 그의 의견을 비판하지 말라 어떤 사람은 모든 것을 먹을 만한 믿음이 있고 믿음이 연약한 자는 채소만 먹느니라 먹는 자는 먹지 않는 자를 업신여기지 말고 먹지 않는 자는 먹는 자를 비판하지 말라 이는 하나님이 그를 받으셨음이라 남의 하인을 비판하는 너는 누구냐 그가 서 있는 것이나 넘어지는 것이 자기 주인에게 있으매 그가 세움을 받으리니 이는 그를 세우시는 권능이 주께 있음이라" 롬14:1~4

로마서 14:13절 이하에 나타난 바울의 가르침은 크게 두 가지로 요약됩니다. 첫째는 믿는 형제끼리 서로 판단하지 말라는 것입니다. 신자들이 목숨 걸고 지켜야 할 것은 사도신경의 신앙고백입니다. 하지만 그 이외의 많은 질문에 대한 서로 다른 견해에 대해서는 서로 용납하라는 것입니다. 하지만 이 용납하는 것도 선하지 않은 것은 아닙니다. 왜냐하면, 믿음으로 모든 것을 먹는 자들은 자신들이 믿음이 연약한 자들을 거리끼게 하고 식물 때문에 하나님의 사업이 무너지게 할 수 있기 때문입니다. 믿는 자들은 부딪힐 것이나 거친 것으로 형제 앞에 두지 말아야 합니다. 바울은 경고하며 말씀합니다: "만일 음식으로 말미암아 네 형제가 근심하게 되면 이는 네가 사랑으로 행하지 아니함이라 그리스도께서 대신하여 죽으신 형제를 네 음식으로 망하게 하지 말라" 롬14:15 이 말씀은 믿음이 강한 자는 연약한 자를 위해 자신의 자유를 사용하는 일을 절제할 수 있어야 한다는 것을 말합니다. 그렇지 않은 자유의 무분별한 사용은 만용이 되기 쉬우며 형제를 망하게 하는 걸림돌이 될 수 있습니다.

바울의 이 가르침은 모든 기독교 윤리에 적용될 수 있습니다. 안식일을 지키는 문제, 술 담배 문제, 문신의 문제 등 많은 기독교 윤리적 질문들에서 우리가 기억해야 할 대원칙은 사랑입니다. 우리가 우리의 신앙 안에서의 자유의 무분별한 사용으로 인해 넘어지는 형제가 있지 않을지 생각하며 산다면 하나님께서도 우리를 기뻐하실 것입니다: "네가 어찌하여 네 형제를 비판하느냐 어찌하여 네 형제를 업신여기느냐 우리가 다 하나님의 심판대 앞에 서리라" 롬14:10

문제

1. 로마서가 쓰인 배경에 대해서 말씀해 보세요.
2. 하나님의 공평하심이 유대인과 이방인의 구원에 대해 어떤 의미를 가집니까?
3. 사도 바울의 이신칭의 개념을 설명해 보세요.
4. 로마서 4장은 아브라함의 참 믿음을 소개하고 있습니다 그 특징들을 설명해 보세요.
5. 로마서 5:12 는 원죄의 교리 바탕이 되는 구절입니다. 원죄론을 성경적으로 맞게 설명해 보세요.
6. 바울의 설명하는 칭의와 성화의 관계를 설명해 보세요.
7. 바울이 로마서 6장에서 기술하는 성화의 원리를 설명해 보세요.
8. 하나님께서 복음을 받아들이지 않는 유대인들의 영적인 상태를 하나님께서 버리신 에서나 애굽의 바로 왕에 비유해서 이해하고 있습니다. 바울의 비유가 타당하다고 생각하십니까? 한 번 토론해 보세요.
9. 바울이 로마서 8:28~30에서 제시하는 예정론에 대해서 설명해 보시고 이에 반박하는 알미니안주의 견해와 비교해서 양자의 장단점을 설명해 보세요.
10. 로마서 11:26의 "온 이스라엘"의 의미를 설명해 보세요.
11. 로마서 13:1~7에서 바울이 가르치는 위에 있는 권세에 복종해야 한다는 것에 대해서 토론해 보세요.
12. 로마서 14장에 다뤄져 있는 약한 자와 강한 자의 입장을 각각 설명해 보세요. 그리고 어떤 입장이 기독교 윤리적으로 바른 입장인지 말씀해 보세요.

참고도서

이한수, 복음은 구원을 주시는 하나님의 능력 - 이한수 교수의 로마서 주석. 도서출판 이레서원, 2008.

목회와 신학 편집부, 로마서 어떻게 설교할 것인가 - 두란노 HOW 주석 구약시리즈 39. 도서출판 두란노, 2007.

더글라스 무, 로마서의 신학적 강해. 이경석역. 크리스찬출판사, 2007.

마틴 로이드 존스, 마틴 로이드 존스의 로마서 강해 1-14권, 서문강역. 기독교 문서선교회, 2007.

매튜 헨리, 매튜헨리 주석(로마서-데살로니가후서) - 매튜헨리 주석전집 20. 김귀탁역. 크리스찬다이제스트사, 2007.

제임스 던, 로마서 상하 WBC 성경주석 38. 김철 채천석 공역. 도서출판 솔로몬, 2005.

이필찬, 로마서 이필찬교수의 주해와 설교시리즈 02. 도서출판 이레서원, 2005.

권성수, 로마서강해 1-2 . 생명의 말씀사, 2004.

옥한음, 내가 얻은 황홀한 구원 1(개정판). 국제제자훈련원, 2002.

옥한음, 아무도 흔들 수 없는 나의 구원 2(개정판). 국제제자훈련원, 2002.

옥한음, 구원받은 자는 이렇게 산다 3(개정판). 국제제자훈련원, 2002.

마르틴 루터, 루터의 로마서 주석 41. 박문재역. 크리스찬다이제스트사, 2001.

제임스 몽고메리 보이스, 제임스 몽고메리 보이스 로마서 set(전4권). 김덕천역. 도서출판 줄과추, 1999.

프란시스 A. 쉐퍼, 프란시스 쉐퍼의 로마서강해. 조계광역. 생명의 말씀사, 2000.

F. F. 브루스, 로마서 틴델신약주석시리즈 6. 권성수역. 기독교문서선교회, 2000.

윌리암 바클레이, 바클레이 신약주석시리즈 8 - 로마서. 기독교문사, 1997.

존 스토트, 로마서강해: 온 세상을 향한 하나님의 복음 - BST 시리즈. 정옥배역. IVP, 1996.

Bruce, F. F. *The Epistle of Paul to the Romans,* IVP, 1983.

Cranfield, C. E. B. *Romans: A Shorter Commentary,* Eerdmans, 1985.

__________, *The Epistle to the Romans.* ICC, T&T Clark Publishers, 2004.

Dunn, James D. G. *The Theology of Paul the Apostle.* Eerdmans, 1998.

Greenman, Jeffrey P. & Timothy Larsen, eds. *Reading Romans Through the Centuries: From the Early Church to Karl Barth.* Brazos Press, 2005.

Gundry Volf, *Judith, Paul and Perseverance: Staying In and Falling Away.* WUNT,Tübingen: Mohr(Paul siebeck), 1990. Reprinted Louisville: Westminster/John Knox Press, 1990.

Hengel, Martin. *The Pre-Christian Paul.* London: SCM, 1991, Out of print.

Kim, Seyoon, *The Origin of Paul' s Gospel.* Eerdmans, 1982.

_________, *Paul and the New Perspective: Second Thoughts on the Origin of Paul' s Gospel,* Eerdmans, 2001.

M. Luther, *Commentary on Romans.* Kregel, 1982.

Machen, J. Gresham, *The Origin of Paul' s Religion.* Out of print.

Moo, Douglas J. *Romans,* NICNT, Eerdmans, 1996.

Morris, L. *The Epistle to the Romans.* Pillar New Testament Commentary. Eerdmans, 1988.

Murray, J. *The Epistle to the Romans*, NICNT. Reprint. Eerdmans, 1997.

Schreiner, Thomas R. *The Law & Its fulfillment: A Pauline Theology of Law.* Baker, 1998.

Seifrid, Mark A. & Raymond C. Jr. *Ortlund, Christ, Our Righteousness: Paul' s Theology of Justification.* IVP, 2001.

Thielman, Frank. *Paul and the Law: A Contextual Approach.* IVP, 1994.

Westerholm, Stephen. *Understanding Paul: The Early Christian Worldview of the Letter to the Romans,* 2nd ed. Baker, 2004.

Waters, Guy Prentiss. *Justification and the New Perspectives on Paul: A Review and Response.* P&R Publishing.

13
고린도전서

1. 저자

고전 1:1~3절의 인사말에서 바울은 자신이 고린도전서를 쓴다는 것을 밝혔습니다. 지금까지 이에 대해 이의를 단 사람은 없습니다. 바울은 자신이 개척한 고린도교회내에서 일어난 여러 가지 문제들에 대해 듣고 이에 대한 구체적 가르침을 제공하고 있습니다.

2. 고린도교회에서 생긴 문제들

⑴ **분파 간의 갈등:** 고린도교회내에는 서로 다른 분파가 있었는데 아볼로파, 게바파, 바울파 등이 서로 반목하고 있었습니다. 이에 바울은 주의 종들이 각각 주님의 주신 분량대로 사역했을 뿐이며 서로 동역자일 뿐이라는 점을 상기시켰습니다: "나는 심었고 아볼로는 물을 주었으되 오직 하나님께서 자라나게 하셨나니 그런즉 심는 이나 물 주는 이는 아무 것도 아니로되 오직 자라게 하시는 이는 하나님뿐이니라"고전 3:6,7 고린도교회를 개척했던 바울은 고린도교회가 자신을 특별한 지도자로 받들도록 할 수도 있었을 것입니다. 하지만 자신을 낮추어 아볼로와 동역자된 자로서 자신을 낮추고 있습니다. 이는 교회를 자라나게 하신 하나님께 모든 영광을 돌렸기 때문에 가능한 것이었습니다. 교회를 자라게 하시는 분은 하나님이시라는 것을 알 때 올바른 교회관을 가질 수 있으며 교회를 바르게 섬길 수 있게 됩니다.

⑵ **고린도교인들의 교만:** 고린도 교인 중에 자신이 하나님께로부터 받은 재능으로 교회를 섬기면서 마치 받지 않은 자처럼 자신을 나타내면서

자랑하는 사람이 있었습니다. 이에 바울은 말씀합니다: "누가 너를 남달리 구별하였느냐 네게 있는 것 중에 받지 아니한 것이 무엇이냐 네가 받았은 즉 어찌하여 받지 아니한 것 같이 자랑하느냐" 고전4:7 우리는 자신의 재능이나 사역을 자랑할 것이 아닙니다. "오직 맡은 자들에게 구할 것은 충성" 입니다. 고전4:2

(3) **음행에 대한 책망:** 고린도교회에 아버지의 첩을 아내로 취한 자가 있었습니다. 하지만 고린도교회는 이를 징계하지 않고 있었습니다. 바울은 이 악한 사람을 교회에서 출교하라고 강력히 권고했습니다. 고전5:13 그 이유는 이 악한 자의 부도덕성이 교회의 다른 사람들에게 물들 수가 있기 때문입니다. 그래서 우리는 몸에 있는 곪은 부분은 잘라내야 하는데 그것은 다른 부위까지 썩어들어가지 않게 하기 위해서이고 몸의 건강이 회복되게 하기위해서입니다. 그리고 정죄된 그 사람도 징계를 받을 때 회개할 마음이 생길 수도 있을 것입니다. 따라서 교회의 징계는 두 가지 목적을 함께 이룹니다. 이것은 그 징계 된 자를 파괴하기 위한 것이 아니라 사람들이 교회의 거룩성을 침해하지 못하게 함과 동시에 징계된 자도 그 창피함으로 인해서, 그 징계로 말미암은 고난을 통해서 진정한 회개를 할 기회를 제공하고자 하는 것입니다.

고린도전서에는 음행에 대한 경고의 구절이 많이 나옵니다. 이는 일 세기 고린도가 성性적으로 타락한 도시였고 교회의 성도들도 성적인 유혹에 노출될 가능성이 많았기 때문입니다. 고전 6:9절은 이렇게 말씀합니다: "불의한 자가 하나님의 나라를 유업으로 받지 못할 줄을 알지 못하느냐 미혹을 받지 말라 음행하는 자나 우상 숭배하는 자나 간음하는 자나 탐색하는 자나 남색하는 자나" 이 구절에서 남색하는 자는 동성연애자를 가리킵니다. 로마서 1:26~27절도 동성애를 정죄합니다. 고대 사회에서 동성애는 광범위하게 행해지던 죄악이었습니다. 성도는 음란이나 간음이나 동성애를 할 수 있는 자들이 아닙니다. 왜냐하면, 성도의 몸은 그리스도의 지체이기 때문입니다. 바울은 이를 분명히 가르치며 말씀합니다: "음행을 피하라 사람이 범하는 죄마다 몸 밖에 있거니와 음행하는 자는 자기 몸에 죄를 범하느니라 너희 몸은 너희가 하나님께로부터 받은 바 너희 가운데 계신 성령의 전인 줄을 알지 못하느냐 너희는 너희 자신의 것이 아니라" 고전6:18~19

(4) **성도간의 송사:** 고린도교인 중 분쟁이 일어나서 서로 세상 법정에 송사하는 일이 생겼습니다. 바울은 이를 엄히 책망했습니다. 그리스도인들은 세상을 판단하는 품격을 가진 자들이고 천사도 판단하는 지위를 가진 자들인데 우리가 세상 법정에서 믿지 않는 자의 판결을 받는다는 것은 그리스도의 몸된 교회의 명예를 실추시키는 행위가 됩니다. 바울은 신자가 세상법정에서 서로 송사하는 것 자체로 이미 패배한 것이라고 단언합니다. 고전6:7 따라서 송사를 하기보다는 차라리 내가 당하는 것이 낫다는 것입니다. 차라리 속임을 당하고 마는 것이 낫다는 것입니다. 믿는다고 하면서 속이고 불의를 행하는 자는 하나님의 나라에 들어갈 수 없기 때문입니다. 고전6:9~10

(5) **결혼에 대한 가르침:** 바울은 기본적으로 신자의 이혼과 재혼을 허락하지 않고 있습니다. 만일 별거를 하게 되면 이혼하지 말고 기다리면서 관계를 회복하도록 힘써야 한다는 것입니다. 부부 중에 한쪽이 불신자일 경우도 이혼하지 않고 계속 살아야 하는 이유는 자녀가 거룩한 자녀로 성장하도록 하기 위해서입니다. 그리고 믿는 배우자 때문에 믿지 않는 아내나 남편이 회심하고 구원받을 수도 있는 것입니다. 만일 믿지 않는 배우자가 떠나면 이혼을 당하게 됩니다. 여기서 바울은 수동적으로 버림받는 것을 말씀하고 있습니다. 즉 신자는 이혼을 적극적으로 추구하면 안 되고 배우자에게 이혼을 당하게 되면 갈릴 수도 있다는 것입니다. 하지만 재혼을 문서로 밝히지 않고 있습니다. 자신도 혼인하지 않고 그냥 지내는 것처럼 혼자 된 사람도 혼인하지 않고 그냥 지내는 것이 더 좋다는 것입니다. 그 이유는 시간을 하나님께 온전히 드리면서 더 주의 교회에 충성할 수 있기 때문이라는 것입니다: "네가 아내에게 매였느냐 놓이기를 구하지 말며 아내에게서 놓였느냐 아내를 구하지 말라" 고전7:27 재혼하지 않는 것이 좋은 또 다른 이유는 "임박한 환난" 때문이라는 것입니다. 고전7:26

하지만, 또 바울은 장가가는 자나 시집가는 자도 죄짓는 것이 아니라고 분명히 말씀해 둡니다. 절제할 수 없는 경우 혼인하는 것이 더 나은 이유는 정욕이 불같이 타는 것보다 혼인하는 것이 낫기 때문입니다.고전7:9 결혼하면 "아내 있는 자들은 없는 자 같이" 해야 하는데 그것은 이 세상의 형태는 지나가기 때문이라는 것입니다.고전7:31

(6) **우상의 제물**: 고린도는 우상숭배의 도시였습니다. 매일 신에게 우상의 제물을 바치고 나면 그 음식을 시장에 내다가 팔았습니다. 그러면 신자들도 시장에 장을 보러 갔다가 그 음식이 우상숭배에 쓰인 음식인지 아닌지 확인하지 않고 사먹게 되는 일이 있었습니다. 양심에 자유함이 있는 신자들은 제사에 바쳐진 음식을 거리낌 없이 먹었는데, 양심이 약한 신자들은 이를 볼 때 시험을 받았습니다. 만일 양심에 강한 자들이 양심의 자유함을 가지고 우상숭배에 바쳐진 음식을 자유롭게 먹는 모습을 그 마음이 약한 자들이 보고 그 양심에 담력을 얻어 이들도 우상의 제물을 먹게 된다면 이 행위 때문에 이들은 양심에 고통을 받게 될 것이고 마음에 지은 죄 때문에 이들은 멸망하게 될 수도 있었습니다. 이는 양심에 자유함이 있는 형제들이 마음에 자유함이 없는 형제들에게 그 약한 양심을 상하게 하는 것이고 죄를 짓게 하는 것이므로 곧 그리스도에게 죄를 짓는 것이라고 바울은 경고합니다.고전8:12 이 때문에 바울은 권고합니다: "만일 음식이 내 형제를 실족하게 한다면 나는 영원히 고기를 먹지 아니하여 내 형제를 실족하지 않게 하리라"고전8:13

이러한 자제의 태도는 우리가 다른 품목에도 적용할 수 있습니다. 예를 들어 신자가 술을 마시고 담배를 피워도 되는가 하는 문제 등입니다. 술을 마시고 담배를 피운다고 지옥에 가는 것은 아닙니다. 하지만 레위기 10:9절에 의하면 나실인으로 서원한 사람은 포도주나 술을 마시지 못하게 되어 있고 신명기 29:6절에 의하면 이스라엘 백성이 광야 생활을 할 때 포도주나 술을 마시지 못한 것은 그들이 주는 여호와 하나님이신 것을 알게 함이었다고 기록되어 있습니다. 이스라엘의 제사장들은 술을 즐기지 말아야 했고, 신약성경의 디도서 1:7절은 장로는 술을 즐기지 않는 자야 한다고 말씀합니다. 이 말씀은 평신도는 술을 즐겨도 된다는 말씀은 아닙니다. 자신은 술 담배를 즐길 수 있는 그리스도인의 자유를 소유하고 있다고 생각할지라도 자기 주변 신자들이 신자는 술 담배를 하지 말아야 한다고 생각한다면 그들의 양심을 위해서 자신은 술 담배를 절제할 수 있어야 합니다. 바울은 "누구든지 자기의 유익을 구하지 말고 남의 유익을 구하라"라고 조언합니다.고전10:24 그 결과 우리는 저희로 구원을 얻게 할 수 있습니다.고전10:33

(7) **여성의 예배포착용**: 여자는 예배 때 수건을 머리에 쓰고 예배를 드리는 것이 합당한 데 그것은 여자의 머리가 남자임을 나타내는 표였습니다: "무릇 여자로서 머리에 쓴 것을 벗고 기도나 예언을 하는 자는 그 머리를 욕되게 하는 것이니 이는 머리를 민 것과 다름이 없음이라 만일 여자가 머리를 가리지 않거든 깎을 것이요 만일 깎거나 미는 것이 여자에게 부끄러움이 되거든 가릴지니라 남자는 하나님의 형상과 영광이니 그 머리를 마땅히 가리지 않거니와 여자는 남자의 영광이니라"고전11:5~7 바울은 여자의 긴 머리는 자기에게 영광되고 머리에 쓰는 것을 대신한다고 말씀합니다.고전 11:15

요즘도 어떤 교회에서는 여자들이 머리에 모자나 스카프 혹은 머리 망사를 하도록 규정하기도 합니다. 하지만 2000년 전에 고린도 교회에서 하던 관행을 현재의 교회가 그대로 따라야 하는 것은 아닙니다. 1세기 고린도 사회에서 여자가 대머리일 경우는 자신이 창녀임을 의미했습니다. 그리고 고린도교회는 어떤 부유한 신도의 집에서 가정교회의 형태를 띠고 있었습니다. 여성도들이 가정교회에 모여 예배드리고 함께 교제하는 상황에서 머리가 없는 여성도들이 머리에 무엇을 쓰지 않고 함께 있을 때 이는 예배의 거룩한 분위기를 헤칠 수 있었습니다. 이러한 사회문화적 측면뿐 아니라, 여자들의 머리에 쓰도록 하는 것은 여자의 머리 위에 권위가 존재한다는 것도 상징했습니다. 즉 여자의 머리는 남자라는 사실입니다. 이는 교회 예배 모범에 중요한 의미를 내포합니다. 즉 이 가르침은 고린도전서 14:33~36절의 말씀에 여자는 교회에서 잠잠하라는 말씀과 연결됩니다. 여기서 바울은 여자들이 교회에서 예언하지 못하도록 금한 것은 아닙니다. 예배 중에 예언하는 사람이 있으면 교회의 지도자들은 그 예언을 신중히 검토해서 그 예언이 진실로 하나님에게서 왔는지 분별해야 합니다. 이때 여자는 이 분별하는 일에 참여해서는 안 된다는 말씀을 바울은 하는 것입니다.

(8) **성만찬을 둘러싼 분쟁**(고전 11:23~34): 고린도교회에서 성만찬을 얼마나 자주 시행했는지 알 수 없습니다. 하지만 성만찬과 저녁식사를 함께 했던 것 같습니다. 이 당시의 교회가 가정교회였던 것을 생각하면 성만찬은 성도간에 좋은 교제의 시간이었을 것입니다. 이들은 먼저 포도주를 마셨을 것이고 곧 저녁을 시작했을 것입니다. 그리고 저녁을 마치고 다시 포도주를 마시면서 만찬을 마쳤을 것입니다. 부자들은 자기의 만찬을 먼저 갖다 배불리 먹고 남겨 놓지 않았습니다. 늦게 온 가난한 성도들은 먹을 것이 없었습니다. 그러므로 주님의 한 지체로 여겨져야 할 성도들이 그 몸에서 배제되게 된 것입니다. 이는 성만찬의 참뜻에 정면으로 거스르는 것입니다. 만찬을 통해서 교회의 지체가 주님의 한몸이라는 것을 더욱 깨닫고 이를 더욱 고양해야 하는데 부자들의 경솔한 태도로 성만찬의 뜻이 모독을 받게 된 것입니다. 이는 주님을 모독한 것과 같습니다. 이래서 바울은 성만찬은 주님과 새운 새 언약으로서 떡과 잔에 참여할 때마다 주님의 돌아가심을 오실 때까지 전하는 것이라고 가르쳤습니다.고전 11:26 "그러므로 누구든지 주의 떡이나 잔을 합당하지 않게 먹고 마시는 자는 주의 몸과 피에 대하여 죄를 짓는 것"이라고 말씀합니다. 성만찬 중에 가난한 자를 차별하는 것은 그리스도의 교회를 나누는 것이고 이는 예수님의 몸을 찢는 것과 같습니다. 이러한 죄를 지은 자들은 하나님께서 심판하십니다. 그래서 바울은 고린도교인 중에 약한 자, 병든 자가 많고 죽은 자도 있다고 말씀합니다. 따라서 저희가 성만찬을 먹으러 모일 때는 서로 기다리라고 바울은 권면합니다. 이는 저희가 그리스도의 한 몸으로써 교회를 세우신 예수님의 돌아가심을 기념하는 바른 자세입니다.고전 11:33

(9) **은사에 대한 가르침:** 우리는 성령의 은사를 사모해야 합니다. 은사는 카리스마라고 하는 헬라어의 번역입니다. 이 단어는 교회에서 오용될 가능성이 많습니다. 어떤 신학자는 은사를 성령께서 성도에게 주시는 능력이라고 이해하며 성도들이 자기가 하나님께 받은 은사의 종류를 파악하고 그 은사에 맞는 사역을 찾아 봉사하도록 해야 한다고 주장합니다.[21)] 이 견해의 문제점은 성령님께서 특정한 은사를 성도에게 주실 때, 그 성도가 은사를 받은 것을 알지 못하고 지내도록 하시겠는가 하는 점입니다. 그리고 성도는 자신이 받은 은사를 발견하기 전에는 교회에서 봉사할 수 없다고 자신의 태만을 정당화할 수 있다는 것입니다. 또 어떤 신학자는 은사는 성령의 능력으로써 섬기는 사역으로 정의해서 하나님께서 교회를 섬기도록 성도들에게 부여하신 사역이라고 주장합니다.[22)] 이 견해는 피터 와그너같은 카리스마운동주의자들이 카리스마를 능력의 관점에서 좁게 이해하는 것을 수정해 줍니다. 카리스마는 능력이란 개념보다 큰 개념입니다. 카리스마는 예언이나 방언과 같은 은사뿐 아니라 우리가 받은 구원까지도 카리스마에 해당합니다. 은사는 값없이 하나님께서 그 기쁘신 뜻에 따라 사람들에게 나눠주시는 선물입니다. 그래서, 은사는 나를 위해서 쓰는 것이 아니라 다른 사람을 유익하게 함에 그 초점이 있습니다.고전12:7 은사에는 지혜의 말씀, 지식의 말씀, 성령의 믿음, 병 고치는 은사, 능력 행하는 은사, 예언, 영분별, 방언, 방언통역 등이 있습니다. 이 은사들은 서로 보완적이지 차등관계에 있지 않습니다. 하지만 더욱 큰 은사가 있는데 그것은 사랑입니다. 사랑은 위의 모든 은사보다 나은 은사입니다. 따라서 우리는 예언을 하든지 방언을 하든지 사랑을 따라서 구해야 합니다.고전14:1

방언은 하나님께 하는 말tongues입니다. 하지만 예언은 사람에게 말하여 덕을 세우며 권면하며 안위합니다.고전14:3 따라서 방언은 자기의 덕을 세우고 예언은 교회의 덕을 세웁니다. 이 때문에 방언을 하는 자에게 통역하는 자가 옆에서 통역하지 않으면 교회에 덕을 세울 수 없습니다. 방언은 믿지 않는 자들을 위하는 표적이나, 예언은 믿는 자들을 위하는 은사입니다.고전14:22 따라서 온 교회가 함께 모여 방언을 말하면 무식한 자들이나 믿지 않는 자들이 교회에 들어왔을 때 저희를 미쳤다고 할 것입니다. 하지만 예언을 말하면 이들은 자기 마음의 숨은 일이 드러나게 되므로 하나님을 경배하게 될 것입니다.고전14:25

그렇다면 방언이 어떻게 믿지 않는 자를 위한 것이라고 말씀하는 것일까요? 오순절 교회 학자들은 방언은 예수를 믿게 하는 복음전도의 효과를 가진다고 말합니다. 하지만 믿지 않는 자들은 방언을 들을 때 오히려 교회를 더 혐오하게 될지도 모릅니다. 여기서 우리는 바울이 이사야의 예언을 인용하면서 방언을 듣는 자가 믿지 않게 된다는 종말에 대한 말씀과 연결해서 가르치는 점에 주의해야 합니다.고전14:21 바울은 여기서 믿지 않는 자들이 방언을 듣고 오히려 더 믿지 않게 되는 것은 이사야의 예언 말씀이 이루어진 것이라는 설명을 하는 것입니다. 방언은 좋은 은사이지만 고린도교회 교인들이 자랑한 것처럼 최고의 은사는 아닙니다. 바울은 예언하는 은사를 더 사모하라고 권합니다.

사실 방언을 말하는 것은 종말이 왔다는 표적의 역할이 더 큰 것 같습니다. 기도할 때나 찬송할 때 인간의 언어로 할 수 있다면 훨씬 분명하고 속 시원한 기도나 찬양을 드릴 수 있는 것입니다. 하나님의 계시가 성경 말씀을 통해서 완성된 이 시점에서 우리는 어떤 특별한 계시가 나에게 있게 되기를 앙망하기보다는 성경 말씀을 묵상하고 그 말씀을 적용해서 하나님의 뜻에 순종하는 삶을 살기를 더 열심히 할 때 하나님께서 더욱 기뻐하실 것입니다.

(10) **부활에 대한 가르침:** 예수그리스도의 부활은 역사적 사실입니다. 부활하신 예수님을 본 사람들은 많습니다. 베드로, 열두 제자, 500여 형제, 사도 바울 등입니다. 만일 주님께서 부활하지 않으셨으면 우리가 전하는 복음도 헛된 것이요. 만일 우리의 삶이 이 세상이 전부이면 우리 예수 믿는 사람들이 제일 불쌍한 사람들일 것입니다.고전15:19 하지만 예수께서 부활의 첫 열매가 되셨습니다. 우리가 부활할 때는 부활의 몸을 입게 됩니다. 그것은 하늘에 속한 자의 형상을 입는 것입니다.고전15:49 썩지 아

니할 몸을 입고 부활하는 것은 마지막 날 나팔소리에 죽은 자 가운데서 일어나며 순식간에 홀연히 변화하게 됩니다.고전15:51

고린도전서 15장은 부활장이라고 할 만큼 부활에 대한 가르침이 15장 전체에 걸쳐 있습니다. 자유주의자들은 예수께서 죽었던 것이 아니고 실신해 있다가 무덤에서 깨어나서 무덤 밖으로 걸어 나왔다고 주장했습니다. 하지만 바울은 예수께서 우리 죄를 위하여 "죽으셨다"고 말씀합니다.고전15:3 예수님의 시신을 제자들이 훔쳐다가 어디엔가 숨겨놓고서 부활을 주장했다고 가르치는 사람들도 있습니다. 만일 그들이 예수님의 시신을 숨겨 놓았다면 왜 값비싼 세마포는 빈 무덤에 반듯이 개어 예수님의 누우셨던 자리 위에 두고 나왔는지 이해할 수 없습니다.요20:7 예수님께서는 육체적으로 부활하셨고 영광된 부활의 몸을 입으셨기 때문에 몸을 감쌌던 세마포는 필요 없게 되었습니다. 그래서 그것을 반듯이 개켜 놓으시고 걸어서 무덤을 나오신 것입니다. 또 어떤 사람들은 제자들이 처음에는 믿지 않았다가 점점 환각상태에 빠져 예수님의 부활을 현실처럼 받아들이게 되었다는 것입니다. 이 이론은 예수님을 믿는자들을 핍박했고 열정적으로 유대주의 법을 지키던 사울이 어떻게 예수님의 부활을 믿게 되었는가 설명하기 어렵습니다. 제자들이 모두 정신이상에 걸려 예수님의 부활을 전하고 다녔다면 사울도 다메섹 도상에서 부활하신 예수님을 만나고 정신이상에 걸려서 신자가 되었다고 말해야 하는데 이는 예수님을 믿는 20억 인구 모두가 정신이상자라고 말하는 것과 다름없습니다. 이는 이슬람이나 불교나 힌두교를 믿는 사람들은 정신이 온전하고 기독교인만 정신이상자들이라고 하는 이론인데 이는 전혀 근거 없는 비난에 불과합니다.

예수님께서는 부활 후 40일 동안 이 땅에 계시면서 자신의 부활을 증거하셨습니다. 고린도전서 15:6절에 500여 형제에게 보이셨다는 구절에 대해서 고든 피 교수는 형제라는 아델포스라는 명사는 자매라는 뜻도 포함된다고 주장하며 예수께서는 500여 형제 자매에게 보이셨다고 해석합니다. 이는 여성 목격자들의 존재를 존중하기 위한 해석이라는 점에서 이해가 되지만 주석적으로는 옳지 않은 해석입니다. 500여 형제에게 보이신 것은 500여 형제에게 보이신 것이고 그 이외의 많은 여성 목격자들에게도 보이셨을 것입니다. 하지만, 바울은 여성목격자들의 이름을 전제했을 것이고 고린도전서 15장의 리스트에는 포함하지 않았습니다. 이는 남자의 수만 계산하는 유대사회의 관습 때문에 그렇게 한 것으로 보입니다. 요한복음 20장에 마리아가 부활하신 예수님의 첫 목격자라고 기술되어 있습니다. 하지만 사도 바울은 여성목격자의 이름을 그 리스트에서 한 사람도 언급하지 않고 있습니다. 그것은 여성을 차별해서가 아니라 그 당시 여성을 차별했던 고대 문화 때문에 그 부활의 증거가 약화되지 않게 하기 위해서였다고 할 수 있습니다.

여기서 "일시에"라는 단어는 군더더기 같은 부사입니다.고전15:6 500여 형제에게 보이셨다고 하면 되는데 왜 일시에 보이셨다고 말씀하는가요? 어떤 주석가는 500여 형제들이 서로 다른 장소에서 각각 있을 때, 부활하신 예수님께서 그들에게 동시에 나타나신 것을 본 것이라고 말했습니다. 사실 이 해석은 하나님으로서의 무소 부재하신 예수님의 속성의 관점을 통해 보면 타당한 해석 같습니다. 예수께서 부활 후 엠마오로 가는 제자들을 만나시고 그들과 함께 떡을 떼시며 음식에 축사하실 때 예수께서는 더는 저희에게 보이지 않게 되었다고 누가는 증거했습니다.눅24:30~31 다락방에 숨어 문을 걸어 잠근 제자들에게 문을 통과하셔서 샬롬이라고 말씀하시면서 예수님께서 그들에게 나타나셨다고 요한은 증거합니다.요20:26 또 바울은 예수께서 부활하심으로써 살려 주는 영이 되었다고 말씀하고 있고 또 주님은 영이시다고 말씀합니다.고전15:45; 고후3:17 이러한 구절들을 통해 볼 때 부활하신 예수님은 공간의 제한을 받지 않는 신령한 부활의 몸을 통해 각기 다른 장소에 있는 사람들에게 동시에 보이실 수 있는 시공을 초월하는 몸을 가지신 예수님이 되셨다고 해석해도 무방할 것 같습니다.

사도 바울은 15:12절부터 부활을 부정하는 자들에게 부활을 믿을 것을 강력히 가르치고 있습니다. 부활을 부정하던 자들은 아마도 영지주의적 철학을 가지고 있었던 것 같습니다. 그들은 육신을 죄악시하고 영을 진정한 변치않는 존재양식으로 믿고 있었기 때문에 육신적 부활을 거부하고 있었습니다. 세린투스라는 이단은 예수는 인간이고 그리스도는 신이었는데 예수가 십자가에서 죽을 때 그리스도가 그에게서 떠났다고 주장했습니다. 이는 하나님이 인간의 형상을 하고 나타날 수 없다고 하는 철학에 바탕을 둔 생각입니다. 아마도 고린도교회 신도 중에 이러한 철학의 영향을 받은 사람들이 있었던 것 같습니다. 바로 이러한 사람들은 이 세상의 지혜를 가진 사람들이요 사람의 지혜로 가르치는 자들이요 이 세상의 영을 받은 자들이요 육에 속한 사람들이었습니다.고전2:5,6,12,14

바울은 부활의 확실성을 증거함에 있어서 그 부활과 연결된 많은 사실을 상기시키고 있습니다. 즉 부활이 없다면 그리스도도 부활하시지 않으셨을 것이고, 만일 그리스도의 부활이 없었다면 사도들이 전하는 복음도 헛것이 되고 말며, 우리가 가진 믿음도 헛것이 되며, 사도들도 하나님의 거짓 증인이 되고 마는 것이라는 것입니다.고전15:13~15 부활이 없다면 우리가 여전히 죄 가운데 있었을 것이라고 바울은 계속해서 말씀하고 있습니다. 왜냐하면, 예수님의 부활로 사망이 극복되고 성도들을 죄의 권세로부터 해방되게 하셨기 때문입니다.고전15:17 바울은 실존적인 측면에서 반문하고 있습니다. 예수님의 부활을 전하려고 자신의 높은 지위를 버리고 육신적 질고를 지고 살던 바울 자신은 그럼 무엇이 된 것이겠습니까? 자신의 말대로 만일 우리가 바라는 것이 다만 이생뿐이면 "모든 사람 가운데 우리가 더욱 불쌍한 자"가 된 것일 것입니다.고전15:19

하지만 예수님께서 죽은 자 가운데서 살아나시고 잠자는 자들의 첫 열매가 되심으로써 우리의 전하는 복음이 헛것이 아니고 믿음도 헛것이 아니게 된 것입니다. 예수 그리스도의 부활은 성도들의 신앙의 원천이고 앞으로 성도들의 육신적 부활의 희망이 살아있게 하는 바탕입니다.

바울은 부활의 의미를 강조하기 위해서 대조법을 사용해서 가르치고 있습니다. 그것은 아담의 시대와 예수님의 시대를 대조하는 것입니다. 아담 안에서 우리는 썩을 것으로 심었지만, 예수 안에서 우리는 썩지 아니할 것으로 다시 살아납니다. 아담 안에서 우리는 욕된 것으로 심지만 예수 안에서 영광스러운 몸으로 다시 살아납니다. 약한 것으로 심지만 강한 것으로 다시 살아납니다. 육의 몸으로 심지만, 신령한 몸으로 다시 삽니다. 이러한 반전은 예수 그리스도의 부활로 말미암아 우리에게 주어진 축복입니다 예수님의 부활이 없었으면 우리에게도 부활이 없었을 것입니다. 첫 사람 아담은 그저 육신적으로 살아있는 사람이었지만 예수께서는 죽은 자 가운데서 부활하심으로써 살리는 영life-giving Spirit이 되셨습니다. 그 영이 우리에게 오심으로써 우리 모두 부활하게 된 것입니다. 이로써 우리는 더는 이 땅에 속한 자들이 아니게 되었고 이제부터 예수 안에서 하늘에 속한 자들이 되게 되었습니다.고전15:42~49

여기서 예수께서 살리는 영life-giving Spirit이 되셨다고 하는 것은 무슨 뜻일까요?고전15:45 여기서 영은 성령을 가리키는 단어로 보는 것이 맞습니다. 로마서 8장이나 고린도후서 3장에 영이라는 단어가 빈번히 사용되고 있는데 성령으로 해석하는 것이 문맥에 맞습니다. 그렇다면 예수께서 부활 때에 성령이 되셨다는 말씀인데 이는 무슨 뜻일까요? 고든 피 교수는 예수님께서 존재론적으로 성령이 되신 것이 아니고 기능상 성령의 하는 일을 같이하시는 분으로 변화되었다고 해석합니다. 리처드 개핀 교수도 마찬가지로 보지만 피 교수의 견해와 다른 점은 예수님의 인성이 부활 때에 성령이 되셨다고 보는 것입니다. 개핀 교수는 고린도후서 3장 6절에서 11절까지는 성령과 모세를 대조하고 있고 12절에서 16절까지는 모세와 예수님을 대조하고 있는데 여기 위 두 문단에서 모세는 공통으로 다루어지고 있는데 반해 이전 문단에서 말씀된 성령이 둘째 문단에서 예수님으로 전환된 것은 예수님과 성령님이 다 같이 살리시는 기능을 공유하게 된 것을 나타내기 위해서라고 설명합니다. 그 결론은 바로 17절에 내려져 있다는 것입니다. 17절에서 바울이 주님은 영이시다The Lord is the Spirit라고 말할 때 바로 예수께서 부활 때에 그 인성humanity이 성령이 되신 것을 말한다고 설명하고 있습니다.

예수님과 성령님이 죽은 자를 부활시키는 기능상의 공통성은 로마서 8장 9절에서도 볼 수 있습니다: "만일 너희 속에 하나님의 영이 거하시면 너희가 육신에 있지 아니하고 영에 있나니 누구든지 그리스도의 영이 없으면 그리스도의 사람이 아니라 또 그리스도께서 너희 안에 계시면 몸은 죄로 말미암아 죽은 것이나 영은 의로 말미암아 살아 있는 것이니라"

이 말씀에서 그리스도의 영과 하나님의 영 곧 성령은 다 신자 안에 내주하시는 영으로써 공통점을 가지고 있습니다. 따라서 이 구절은 바로 고린도전서 15:45절이나 고린도후서 3:17절을 바탕으로 이해될 수 있다는 것을 말합니다. 즉 예수께서 부활 때에 성령이 되셨다는 것입니다. 물론 이 말씀은 예수님과 성령님이 존재론적으로 하나가 되셨다는 것은 아닙니다. 예수님은 삼위일체의 하나님의 이위이시고 성령님은 삼위일체 하나님의 삼위이시기 때문에 존재론적으로 두 분은 다른 분들이십니다. 바울은 고린도전서 12:4~6절에 또 고린도후서 13:13절에서 삼위일체론을 믿고 있다는 것을 분명히 보여주고 있습니다.

여기서 예수님께서 부활 때에 살리는 영이 되셨다는 것은 중요한 종말적 진리를 가르쳐주는 구절임이 분명합니다. 우리는 예수님과의 연합을 통해서 예수님과 함께 죽었고 부활했고 새 삶을 살게 되었습니다. 이는 살리는 영이신 예수의 영이 우리 안에 내주하시기 때문에 가능해진 것입니다. 그렇다고 해서 예수의 인성이 성령이 되었다고 보는 것은 성경 신학적으로 근거가 빈약하다고 볼 수 있습니다. 왜냐하면, 부활하신 주님의 몸은 하나님의 몸이셨지만, 또 동시에 인간의 몸이시기도 했기 때문입니다. 부활하신 예수께서 갈릴리 바다 저쪽에서 제자들을 위해 물고기를 불에 구우셔서 제자들이 육지로 올라왔을 때 그들과 함께 드셨습니다.요21:13~15 부활하신 예수님께서 제자들에게 나타나셨을 때도 도마가 의심이 많아 주님께서 부활하신 것을 믿지 못하는 것을 보시고 도마에게 그 손을 자신의 옆구리 상처에 넣어보도록 하셨습니다.요20:25~27 또 사도행전 7장의 기록에 보면 스테판이 순교하기 직전에 눈을 들어 하늘을 보니 예수님께서 하나님의 보좌 우편에 일어서 계시는 것을 보았습니다. 이는 예수님께서 부활 후 그 인성humanity을 버리지 않으시고 계속 가지고 계신다는 것을 알 수 있습니다. 만일 예수님께서 부활 후 그 인성이 성령이 되셨다면 예수와 연합된 우리도 부활 때 그 인성이 신성으로 변화되게 되는 것은 아닙니다. 하지만, 우리 부활의 몸은 신령한 썩지 않는 몸을 입게 됩니다. 우리 부활의 몸은 예수님 부활의 몸을 따라 부활의 몸을 입게 되겠지만, 예수님의 신성까지 우리 부활의 몸에 입혀지는 것은 아닙니다. 그리고 예수님께서 부활의 몸을 입으셨을 때 그 신성이 약화하는 것도 아닙니다. 하지만, 동시에 예수님께서는 부활 후에도 그 인성을 그대로 유지하고 계셨습니다. 바로 이 점이 예수님의 성육신의 신비입니다. 예수님께서는 우리의 구속을 이루시기 위해서 인간의 형상으로 오셨지만, 십자가에서 돌아가시고 부활하셨다고 이제 인성을 완전히 버리신 것이 아닙니다. 예수님께서는 종의 모습으로 즉, 인간의 몸을 입으시고 동시에 하나님으로서 영원히 우리와 함께 천국에서 사시면서 우리와 함께 교제를 나누시기를 원하십니다. 하나님과 인간의 교제는 서로 만져볼 수 있는 그리고 서로 얼굴을 바라보며 말할 수 있는 교제의 관계로 바뀌었습니다. 그래서 성경 말씀은 저가 우리와 친구로 불리게 되었다고 말씀하는 것입니다. 그래서 예수님께서 살리는 영이 되셨다는 것은 그 인성이 변화되어 성령이 되셨다는 의미로 받아들이기는 어렵습니다.

그렇다면 예수님께서 살리는 영이 되셨다는 것은 무슨 뜻일까요? 그것은 사도행전 2:32~33절을 통해 설명할 수 있습니다: "이 예수를 하나님이 살리신지라 우리가 다 이 일에 증인이로다 하나님이 오른손으로 예수를 높이시매 그가 약속하신 성령을 아버지께 받아서 너희가 보고 듣는 이것을 부어 주셨느니라"

이 구절은 예수께서 승천하셔서 영광을 얻으시고 하나님으로부터 성령을 받으시어 신자들에게 부어주셨다는 것을 말씀하고 있습니다. 또 요한복음 14장에 보면 아버지와 아들이 함께 신자들 속에 들어오시어 함께 거하시겠다고 약속하셨습니다. 이는 신자들에게 성령의 내주하심을 가리키는 말씀입니다. 성경의 다른 구절은 아버지께서 그 성령을 아들에게 한없이limitless 부어주신다는 말씀이 나옵니다. 이러한 구절들을 통해서 볼 때 예수님께서 살리는 영이 되셨다는 것은 예수님께 성령이 한없이 부어지셔서 사람을 살리는 일, 즉 부활시키는 일에서 예수님과 성령님이 하시는 일의 기능상 구분이 없어졌다는 것을 나타내고 있습니다. 그러므로 바울은 예수께서 부활하셨을 때 썩어질 것으로 심어 썩지 않을 것으로 부활하게 하시는 일을 담당하시는 살리는 영이 되셨다고 표현하는 것입니다.

(11) 그러면 우리의 부활은 예수님 재림 때에 일어나게 되는 사건일까요? 예. 우리의 육신적 부활은 예수님 재림 때에 있게 될 것입니다. 하지만 영적 부활은 예수님의 영이 우리에게 오실 때에 일어난 사건입니다. 고린도전서 15:22절의 "그리스도 안에서 모든 사람이 삶을 얻는 때"는 그가 "모든 정사와 모든 권세와 능력을 멸하시고 나라를 아버지 하나님께 바칠 때"입니다.15:24 이는 "저가 모든 원수를 그 발아래 둘 때까지 불가불 왕노릇 하는" 시간과 연결되어 있습니다. 여기서 이때는 미래형 시제의 동사로 표현되어 있지 않고 과거형 시제의 동사로 되어 있다는 점에 우리는 주의해야 합니다. 이와 함께 에베소서 1:20~22절의 말씀을 보면 예수께서 모든 원수를 제압하신 시점은 육신적 부활 때 였습니다: "그의 능력이 그리스도 안에서 역사하사 죽은 자들 가운데서 다시 살리시고 하늘에서 자기의 오른편에 앉히사 모든 통치와 권세와 능력과 주권과 이 세상뿐 아니라 오는 세상에 일컫는 모든 이름위에 뛰어나게 하시고 또 만물을 그의 발 아래에 복종하게 하시고 그를 만물 위에 교회의 머리로 삼으셨느니라"

이 구절들을 통해서 볼 때 신자들의 부활은 이미 과거의 사건이 되었다는 것을 알 수 있습니다. 우리는 이미 예수 안에서 생명을 얻었습니다. 그리고 영원히 죽지 않을 것입니다. 왜냐하면, 우리는 이미 부활한 자들이기 때문입니다. 그래서 바울은 예수께서 우리를 이미 살리셨다고 말씀합니다.엡2:1 그리고 요한복음에서도 주님께서는 마르다에게 이렇게 말씀하셨습니다: "예수께서 이르시되 나는 부활이요 생명이니 나를 믿는 자는 죽어도 살겠고 무릇 살아서 나를 믿는 자는 영원히 죽지 아니하리니 이것을 네가 믿느냐"요11:25~26

문제

1. 고린도교회에 파당이 있었습니다. 바울은 이 문제에 대해서 성도들에게 어떤 권면을 합니까?
2. 바울은 교회가 음행한 자를 내쫓으라고 엄히 명하고 있는데 그 이유는 무엇이었습니까?
3. 성도간의 송사는 예수님의 얼굴에 먹칠하는 행위입니다. 요즘 성도간에 어떤 종류의 송사가 있을 수 있습니까? 예를 들어 보시고 성경적인 입장에서 분석해 보세요.
4. 고린도전서 7장에서 바울은 성도들의 결혼, 이혼, 재혼의 문제를 다루고 있습니다. 바울의 가르침을 요약해 보세요.
5. 고린도교회에 우상의 제물로 인한 갈등이 있었습니다. 연약한 자들과 강한 자들 간에 어떤 태도를 보이는 것이 기독교 윤리에 맞는지 바울의 가르침을 바탕으로 설명해 보세요.
6. 고린도교회에서 여성들이 예배포를 착용했는데 이의 신학적 의미를 바울의 가르침을 바탕으로 설명해 보세요. 그리고 이를 오늘의 교회에 적용하는 측면에 대해서 토론해 보세요.
7. 바울의 성만찬에 대한 가르침을 바탕으로 성만찬의 의미에 대해서 설명해 보세요.
8. 바울의 은사에 대한 가르침을 요약해 보세요.
9. 바울의 예언 방언에 대한 가르침을 요약해 보세요.
10. 바울의 부활에 대한 가르침을 요약해 보세요.

참고도서

조나단 에드워즈, 조나단 에드워즈의 사랑과 그 강해 - 13장 강해. 서문강역. 청교도신앙사, 2002.
김광수, 바울서신 다시 읽기: 고린도전서. 은성, 1999.
레온 모리스, 고린도전서 - 7. 정일오역. 기독교문서선교회, 1994.
이한수, 하나님의 지혜 세상의 지혜 - 고린도전서 강해. 도서출판 두란노, 1993.

C. K. Barrett, *The First Epistle to Corinthians*. Hendrickson Publishers, 1993.
Gordon D. Fee, *Pauline Christology: An Exegetical-Theological Study*. Hendrickson Publishers, 2007.
Berding, Kenneth. *Spiritual Gifts*. Kregal, 2006.
Bruce, F.F. *Paul Apostle of the Heart Set Free*. Reprint. Eerdmans, 2000.
________. *The Cross and Christian Ministry: An Exposition of Passages from 1 Corinthians*. Baker, 1993.
Carson, D.A. *Showing the Spirit: A Theological Exposition of 1 Corinthians 12-14*. Baker, 1987.
Dunn, James D. G. *The Theology of Paul the Apostle*. Eerdmans, 1998.
Grudem, Wayne. *Gifts of Prophecy in 1 Corinthians*. Wipf & Stock Publishers, 2000.
Garland, David E. *1 Corinthians*, BECNT. Baker, 2003.
Gundry Volf, *Judith, Paul and Perseverance: Staying In and Falling Away*. WUNT, Tübingen: John Knox Press, 1990.
Hodge, Charles. *1 and 2 Corinthians*. Geneva Series of Commentaries. Banner of Truth, 1998.
Pratt, Richard L. Jr. *Holman New Testament Commentary: 1 & 2 Corinthians*. Broadman & Holman Publishers, 2000.
Riesner, Rainer, *Paul's Early Period: Chronology, Mission Strategy, Theology*. Eerdmans,1998.
Thiselton, Anthony C. The First Epistle to the Corinthians. NIGTC. Eerdmans, 2000.

14
고린도후서

1. 저자

고후 1:1~2절의 인사말에서 바울은 자신이 고린도후서를 쓰고 있다는 것을 밝혔습니다. 이 서신의 바울 저작설에 이의를 다는 사람은 없었습니다. 단 고린도후서 6:14~7:1절의 부분이 바울의 저작이 아닐 것이라고 주장한 사람이 있습니다.[23] 그 이유는 이 구절이 글의 흐름이 끊어지는 듯이 보이기 때문이라는 것입니다. 하지만 이 주장은 근거가 없습니다. 왜냐하면, 바울은 이 구절에서 우상숭배자들과 함께 교제하지 말 것을 강조하고 있는데 이는 바울이 고린도 교인들에게 누차 강조했던 점이고 이 점을 이곳에서 그들에게 다시 당부할 수 있는 것입니다. 또 이 구절에 나타난 문체나 단어 또한 신학 등이 바울의 것이 아니라고 주장하는 점에 대해서는 많은 학자가 설득력 있게 반박하고 있습니다. 우리는 고린도후서 전체의 문학적 통일성을 관찰할 수 있고 이에 따라서 이 서신 전체가 바울의 저작임을 믿습니다.

2. 고린도후서의 배경

사도 바울은 3차 전도여행 중 에베소에 머물고 있었습니다. 이때 고린도로부터 바울에게 소식이 들려왔습니다. 그것은 고린도에서 활동하는 거짓선생들이 바울의 사도적 권위를 부정하고 바울의 텃밭을 마구 헤쳐놓는다는 것이었습니다. 바울은 이에 디모데를 고린도에 보내서 사태를 수습하게 했지만, 사태는 수습되지 않았습니다. 그래서 바울은 자신이 직접 배를 타고 고린도 교회에 갔습니다. 하지만 바울을 대적하는 자들은 바울에게 복종하지 않고 계속 대적했습니다. 바울은 고린도 교회의 미래를 걱정하며 에베소로 돌아올 수밖에 없었습니다. 이후에 바울은 편지를 써서 디도 편에 고린도 교회에 발송했습니다. 이 편지는 신약성경에 포함되지 않은 편지입니다.[24] 이 편지에는 아마도 거짓선생을 좇는 고린도 교회 성도들에 대한 책망과 함께 거짓선생에 대한 엄한 경고의 내용이 담겨 있었을 것입니다. 직접 대면했을 때는 위엄이 없었지만, 글로는 힘이 있었던 바울이었기에 이번 편지를 통해서는 고린도 교인들이 회개하고 바울의 리더십에 다시 복종하게 되었습니다. 바울은 이미 에베소를 떠나 마게도니아에 있었고 이곳으로 직접 온 디도로부터 이 기쁜 소식을 전해 들었습니다. 바울은 기쁜 마음으로 이에 대한 응답으로 편지를 썼는데 이 편지가 고린도후서입니다.[25] 고린도후서에서 바울은 자신의 사도성을 변호하고 있고 고린도 교회가 거짓선생들에 대해 경계해야 하는 이유를 설명하고 있습니다. 그리고 자신의 여행 계획을 그들에게 알려서 예루살렘 기금 모금에 그들이 후한 마음으로 참여하도록 권면하고 있습니다.

3. 거짓 사도들의 바울에 대한 도전

⑴ 거짓선생에 대한 경고는 고린도후서 2~4장과 고린도후서 10~11장에 집중되어 있습니다. 고린도후서 2:17절에서 바울은 "우리는 수다한 사람과 같이 하나님의 말씀을 혼잡하게 하지 아니한다"고 말씀합니다. 이 구절에서 '하나님의 말씀을 혼잡하게 한다(카페이레우오우)' 는 뜻은 바렛트에 의하면 술에 물을 섞어 묽게 하는 것, 혹은 윈디쉬에 의하면 가짜 물건을 팔아서 이익을 남기는 것이라고 합니다. 바울 당시 헬라의 소피스트들은 지식을 값싸게 팔아서 이득을 취했다고 합니다. 이러한 맥락에서 영어성경 NIV와 NRS는 이 구절을 번역할 때 하나님의 말씀을 값싸게 퍼트리고 다닌다peddle는 뜻의 번역을 하고 있습니다. 바울은 고린도후서 4:2절에서 자신은 하나님 말씀의 질을 훼손하지 않는다고 말씀하고 있습니다. 이 당시 바울을 대적하는 거짓선생들은 고린도 교회에 와서 하나님의 말씀을 순전하게 전하지 않고 그 말씀의 본질을 왜곡시켜서 값싸게 퍼

트리고 다녔던 것 같습니다. 마치 오늘날 거짓선생들이 복음을 전할 때 복음의 핵심인 예수님 십자가의 의미와 회개, 구원을 전하지 않고 복음을 세상의 개념으로 포장해서 값싸게 퍼트리는 것과 같습니다.

이 거짓선생들이 누구였는가에 대해서는 많은 견해가 있습니다. 이들이 고후 10~11장에서 책망 받은 거짓 사도들이었는가? 혹은, 이들은 고린도전서에서 책망받는 고린도 교회의 어떤 신자들이었는가? 등의 질문들에 대한 답과 연관해서 많은 이론이 제시되고 있습니다. 이 질문을 다루려면 먼저 고후 10~11장에 묘사된 거짓 사도들의 특징을 알아봐야 합니다.

(2) 고후 10~11장에서 바울은 거짓 사도의 문제를 다루고 있습니다. 거짓 사도들은 예루살렘에서 고린도교회로 와서 사도바울의 권위를 손상하며 중상하고 성도들의 삯을 착출해 내는 자들이었습니다. 그들은 바울이 육체대로 행하는 자라고 비난했습니다.[고후10:2] 하지만 바울은 육체를 따라 싸우지 않고 하나님 앞에서 견고한 진을 파하는 강력으로 싸운다고 반박했습니다.[고후10:4] 그들은 또 바울이 그 편지들은 중하고 힘이 있지만 그를 직접 대면하면 약하고 말이 시원치 않다고 비방했습니다.[고후10:10] 하지만, 이들은 자기들 기준에서 남을 비교하고 판단하는 말을 했습니다. 그러나 바울은 복음 전하는데 모든 일의 초점을 맞추고 있었습니다. 그것은 오직 주의 칭찬을 바라기 때문이었습니다.[고후10:17~18]

(3) 저들은 또 바울이 교회로부터 사례를 받지 않고 텐트메이커로써 생활비를 충당하는 것을 품위를 해치는 일이라고 비난했습니다.[고후11:7] 하지만 바울은 성도들을 섬기려고 자신을 낮추어 복음을 값없이 전하는 것이라고 반박했습니다. 그리고 그가 사례를 받지 않을 수 있었던 것은 마게도냐에서 온 헌금으로 그의 쓸 것을 보충했기 때문이었습니다.[고후11:9] 그들은 또 바울이 가르칠 자격이 없는 사람이라고 비난했습니다.[고후3:1] 그것은 그가 원래 사도가 아니었기 때문이라는 것입니다.[고후12:11~12] 그러나 바울은 사도의 자격을 가진 사람이었습니다. 그는 지극히 큰 사도들보다 조금도 부족하지 않은 사도였습니다. 그의 사도 된 표는 바울이 그들 가운

데서 보인 모든 참음과 표적과 기사와 그 행한 능력이었습니다.

(4) 저들은 또 바울이 자랑이 많고 공교한 자라고 했습니다.고후10:8, 15; 12:16 하지만 바울은 주안에서 자랑하는 자였습니다. 자기의 분량 밖의 자랑은 하지 않는 사람이었습니다.고후10:13,17 바울은 물질적으로 그들에게 피해를 준 적이 없었습니다. 하지만 그들은 바울이 공금을 횡령했다고 모략했습니다.고후8:20~23 그러나 바울은 재물을 구한 적이 없었고 그들을 사랑해서 자기 자신까지 소모되는 것도 마다하지 않던 사람이었습니다.고후12:15

(5) 이 거짓 사도들의 특징은 저들 스스로 그리스도의 사람이라고 선전했다는 것입니다.고후10:7 이는 저들이 그리스도에게 속한 사람이라는 뜻인데 아마도 이들이 예루살렘교회를 근거지로 행세하던 지도자들 일부였을 가능성이 있습니다. 그들은 자신들에 대해서 자랑이 많았고10:12, 다른 사람들이 행한 일로 자신들을 칭송하던 자들이었습니다.10:15 그들은 자칭 "최고의 사도들"super-apostles이었고 훈련된 능변가들이었을 것입니다.11:5 하지만 이들은 사도 바울이 선포하던 예수가 아닌 다른 예수를 선포하고 다녔습니다.11:4 만일 이들이 고후 2:17절이나 고후 4:3~4절에 나오는 거짓 선생들이었다면 이들은 하나님의 말씀을 선포해서 자신들의 이득을 추구하던 삯군들이었을 것입니다.

바울은 저들이 유대인으로서 예루살렘의 사도들로부터 추천서를 받아 몰래 고린도 교회에 파고들어 교권을 행사하던 자들이라고 말씀합니다. 저들은 복음 전할때 개척적인 일도 하지 않고 예수 그리스도를 위해서 고난받을 준비도 되어 있지 않았습니다. 그들은 고린도 교회의 분열에도 관계되어 있었습니다. 바울은 단호하게 그들을 정죄했습니다: "그런 사람들은 거짓 사도요 속이는 일꾼이니 자기를 그리스도의 사도로 가장하는 자들이니라 이것은 이상한 일이 아니니라 사탄도 자기를 광명의 천사로 가장하나니 그러므로 사탄의 일꾼들도 자기를 의의 일꾼으로 가장하는 것이 또한 대단한 일이 아니니라 그들의 마지막은 그 행위대로 되리라"고후11:13~15

(6) 이 거짓 사도들이 예루살렘교회에서 취득한 추천서를 가지고 고린도 교회에 와서 자신들의 입지를 공고히 하고 이득을 챙기지만, 사도 바울은 이러한 추천서가 없었습니다. 대신 고린도후서가 자신의 이력서 역할을 하고 있습니다. 고린도후서에서 바울은 예수 그리스도를 위해서 그리고 복음 전하는 일을 위해서 자신이 어떠한 열심을 가지고 얼마나 큰 희생을 감수했는가를 잘 설명해 주고 있습니다. 바울은 고린도후서 11:16절부터 자신에 대해서 자랑하는 것을 어리석은 자로 받아달라고 양해를 구하면서 자신의 전도자 이력에 대해서 솔직하게 간증하고 있습니다. 바울은 첫째, 자신도 아브라함의 자손이며, 자신도 그리스도의 일군이라고 소개합니다. 그 증거는 자신이 수고를 넘치도록 하고 옥에 갇히기도 더 많이 하고 매도 수없이 맞고 여러 번 죽을 뻔한 것입니다.[고후11:23] 바울은 유대인들에게 사십에 하나 감한 매를 다섯 번 맞았고 세 번 태장을 맞았고 한 번 돌로 맞고 세 번 파선하는데 일 주야를 깊음에서 지냈습니다.[고후11:24~25] 그뿐만 아니라, 여러 번 여행에서 강의 위험과 강도의 위험, 동족의 위험, 이방인의 위험, 시내의 위험, 광야의 위험, 바다의 위험, 거짓형제 중의 위험을 당했습니다. 또 수고하며 애쓰고 여러 날 자지 못했고 주리고 목말랐으며 여러 번 굶고 춥고 헐벗었습니다.[고후11:26~27] 이 외에도 바울의 마음을 짓누르는 것이 있으니 그것은 그가 개척한 모든 교회를 위해서 염려하는 마음이었습니다.[고후11:28]

바울이 참 그리스도의 종임을 증명하는 것은 이러한 복음 전하는 자로서의 이력뿐 아니라 그가 경험한 신령한 영적 체험도 포함합니다. 즉 바울은 고린도후서를 쓰기 14년 전에 셋째 하늘에 이끌려 간 것입니다. 이때 그는 몸 안에 있었는지 몸 밖에 있었는지 알 수 없었습니다.[고후12:2] 이때 바울은 낙원에 이끌려 갔던 것이고 그는 사람에게 표현할 수 없는, 말할 수 없는 말을 들었습니다.[고후12:4] 바울은 이 엄청난 영적 체험을 남들에게 자랑할 수도 있지만, 남들이 자신에 대해서 지나치게 생각할까 봐 이를 자제했습니다. 이렇게 바울이 겸손할 수 있었던 것은 그가 받은 계시가 너무 컸기 때문에 그가 교만해지지 않게 하려고 하나님께서 그에게 육체의 가시를 주셨기 때문입니다.고후12:7 이 모든 이력과 간증을 바탕으로 바울은 자신이 지극히 큰 사도들보다 조금도 부족하지 않다고 확신합니다.고후12:11 그의 사도 된 증거는 그가 모든 사람 앞에서 참음과 표적과 기사와 능력을 행한 것입니다.고후12:12

바울이 자신도 사도임을 강력히 방어한 것은 고린도전서 9:1절에서도 볼 수 있습니다. 이렇게 바울이 자신의 전도자 이력과 영적 체험을 자랑한 것은 거짓 사도들과의 영적 전쟁에서 이기고 고린도 교회 성도들을 미혹에서 구하기 위해서였습니다. 하지만 바울이 항상 자신을 자랑한 것은 아닙니다. 고린도전서 15:9절에서는 자신을 사도 중 지극히 작은 자라고 겸손히 말했습니다. 혹자는 사도 바울 자신이 성화과정을 쓴 서신을 통해서 발견할 수 있다고 주장하기도 합니다. 이는 매력적인 주제로 보입니다. 하지만 우리는 사도 바울이 한 성도로써 성화되는 과정에 있던 사람이라고 성화론적 관점에서 고찰할 수는 있지만, 그가 쓴 13권의 편지들이 이를 뒷받침하고 있다고 주장하는 것은 잘못된 주장입니다. 바울이 어떤 구절에서는 지극히 겸손한 성도의 모습을 보이지만, 어떤 구절에서는 자신의 권위를 피력하는 언어를 사용하는 것은 그 서신을 쓰는 역사적 정황에 따라 다른 측면을 강조해야 할 필요가 있었기 때문이라고 보는 것이 더 바른 해석입니다. 나아가 바울이 쓴 13권의 편지들은 단지 인간 바울의 글로 끝나는 것이 아니라 성령에 의해서 영감 된 하나님의 말씀이기 때문에 갈라디아서 2장과 같은 부분에서 바울이 베드로에게 화를 내는 장면에서 이는 바울이 성화가 덜 되었기 때문에 보인 반응이라고 속단하면 옳지 않습니다. 만일 성경 말씀을 이런 식으로 해석한다면 마태복음 23장에서 예수님께서 바리새인들을 화를 내시면서 질타하시고, 요한복음 2장에서는 예수님께서 성전에 들어가셔서 물건 파는 사람들의 가축을 성전에서 쫓아내시고 동전 바꾸는 환전상들의 상을 뒤집어엎으신 것도 성화적인 관점에서 볼 수 있다고 주장할 수 있는데, 이는 옳지 않은 해석임이 자명합니다. 바울이 베드로에게 화를 낸 것은 예수님께서 바리새인들에게 화를 내신 선상에서 혹은 구약의 선지자들이 때로 사람들에게 의

분을 낸 것과 같은 종류의 반응으로 보는 것이 성경적으로 문맥에 맞는 해석이라고 할 수 있습니다.

4. 사탄의 훼방

고린도후서 4:4절에서 바울은 "그 중에 이 세상의 신이 믿지 아니하는 자들의 마음을 혼미하게 하여 그리스도의 영광의 복음의 광채가 비치지 못하게 한다"고 말씀합니다. 이 구절에서 이 세상 신은 사탄을 말합니다. 사탄은 믿지 아니하는 자들의 마음을 혼미하게 하는데 이는 영어 성경을 통해 보면 그 의미가 더욱 분명합니다. 즉 사탄은 불신자들의 마음을 어둡게 하고 그 결과 불신자들은 하나님의 형상인 그리스도 영광의 복음의 빛을 보지 못하게 합니다. 여기서 사탄은 불신자들의 불신앙을 더욱 공고히 하는 기능을 하는 자임을 알 수 있습니다. 사탄이 하나님나라의 팽창을 방해하는 역할을 한다는 것은 복음서에서 예수님의 가르침을 통해 이미 나타나 있습니다. 즉 마태복음 13장의 씨뿌리는 자의 비유를 보면 길가에 뿌려진 씨가 의미하는 것은 사탄이 말씀을 듣고도 이해하지 못하는 자의 마음에서 하나님의 말씀을 빼앗아 가는 것을 나타냅니다. 이뿐 아니라 마태복음 13:24절 이하의 가라지 비유에서 잠잘 때 곡식 가운데 가라지를 덧뿌리고 간 자는 사탄이라고 설명되어 있습니다.

바울은 이 복음서의 비유를 배경으로 고린도후서 4:4절의 말씀을 하는 것으로 보입니다. 예수 그리스도의 종으로서 자신은 하나님의 말씀을 선포하고 하나님나라의 팽창을 위해 열심히 노력하고 있는데 사탄이 그 마음을 어둡게 한 자칭 사도들이 고린도 교회에 와서 하나님나라의 팽창을 방해하고 있던 것입니다. 바울은 이 거짓 사도들의 정체를 적나라하게 고발하고 있습니다. "그런 사람들은 거짓 사도요 속이는 일꾼이니 자기를 그리스도의 사도로 가장하는 자들"이라는 것입니다.고후11:13 바울은 이것을 이상히 여기지 말라고 경고합니다. 왜냐하면 "사탄도 자기를 광명의 천사로 가장"하기 때문입니다. 이 사탄의 영향 아래 있는 사탄의 일군들도 "자기를 의의 일군으로 가장"한다는 것입니다.고후11:14~15 그러나 그들은 그 행위대로 심판을 받게 됩니다.

고후 4:4절과 연결되는 말씀은 에베소서 2:2절입니다: "그 때에 너희는 그 가운데서 행하여 이 세상 풍조를 따르고 공중의 권세 잡은 자를 따랐으니 곧 지금 불순종의 아들들 가운데서 역사하는 영이라" 에베소의 성도들은 예수님을 믿기 전 마귀의 지배아래 있었습니다. 하지만 예수님의 영이 이들에게 오셔서 마귀는 쫓겨나갔습니다. 우리가 믿음을 가지게 된 것이 전적으로 하나님 은혜인 이유가 여기서도 발견됩니다. 우리는 마귀를 쫓아낼 힘이 없지만, 성령께서 우리에게 오셔서 마귀를 몰아내시고 우리에게 믿는 힘을 주신 것입니다. 이것을 개혁주의에서는 중생이라고 부릅니다. 우리가 중생하기 전에는 예수님을 믿을 필요성을 느끼지 못합니다. 오직 성령께서 우리에게 오셔서 우리를 영적으로 먼저 깨워주셨기 때문에 우리는 예수님을 주님으로 믿을 수 있게 된 것입니다. 아직 마귀가 지배하는 사람들은 성령을 받지 못했기 때문에 예수님을 믿지 못하는 것입니다. 그래서 바울은 우리에게 믿음을 주신 하나님의 은혜를 이렇게 서술하고 있습니다: "어두운 데에 빛이 비치라 말씀하셨던 그 하나님께서 예수 그리스도의 얼굴에 있는 하나님의 영광을 아는 빛을 우리 마음에 비추셨느니라"고후4:6 이는 우리의 구원을 시작하신 분은 하나님이시라는 바울의 다른 구절과 상통하는 말씀입니다.빌1:6

5. 하나님과의 화목

고린도후서 5장에서 바울은 우리와 하나님과의 화목에 대해서 가르치고 있습니다. 하나님의 화목 대상은 타락한 세상에 사는 우리입니다. 그리고 화목의 방법은 예수님의 대속적 돌아가심입니다. 화목은 하나님께 대한 화목입니다. 하지만, 이 화목을 시작하신 분은 하나님 자신이십니다. 화목은 예수님의 돌아가심과 부활로 이미 완성되었습니다. 따라서 화목은 칭의와 밀접한 관계가 있습니다. 칭의의 결과 화목이 따라오게 된 것입니다. 이는 믿음이 없이는 화목이 성취될 수 없다는 것을 말씀합니다. 우리는 믿음으로 하나님과 화목해졌고 그 결과 화목하게 하는 직책을 받았습니다.고후5:18 이는 그리스도께서 화목하게 하는 말씀을 우리에게 위탁하셨다는 것을 말합니다.고후5:19

바울은 이 화목하게 하는 직책을 수행하기 위해서 "무엇에든지 아무에게도 거리끼지 않게 하고 오직 모든 일에 하나님의 일꾼으로 자천하여 많이 견디는 것과 환난과 궁핍과 고난과 매 맞음과 갇힘과 난동과 수고로움과 자지 못함과 먹지 못함 가운데서도 깨끗함과 지식과 오래 참음과 자비함과 성령의 감화와 거짓이 없는 사랑과 진리의 말씀과 하나님의 능력으로 의의 무기를 좌우에 가지고 영광과 욕됨으로 그러했으며 악한 이름과 아름다운 이름으로 그러했느니라 우리는 속이는 자 같으나 참" 된 자였습니다.고후6:3~8 반대로 말하면 그리스도를 위한 희생과 수고는 하나님과 화목된 자로서 화목하게 하는 직책을 받은 자가 짊어져야 할 십자가입니다.

로마서 5장 1절 이하에서 바울은 하나님과의 화평을 칭의의 산물로 설명합니다. 화평은 화목의 결과이기도 합니다. 그래서 화평은 평화로운 느낌이 아니라 하나님과의 객관적인 화목 상태를 가리킵니다. 로마서 5:10~11절에서 화목한 자는 더욱 예수님의 살아나심으로 말미암아서 구원을 얻을 것이라는 확신을 더해 줍니다. 따라서 우리에게 화목을 가져오신 예수 그리스도로 인해서 하나님 안에서 즐거워하게 됩니다.

6. 하나님의 뜻대로 하는 회개

회개는 뉘우치고 돌아서는 것을 말합니다. 헬라어 동사 메타노에오우, 히브리어 동사 슈브가 이 개념을 나타냅니다. 이와 유사한 헬라어 동사 메타멜로마이는 후회한다는 뜻이 있습니다. 고린도후서 7:10~11절은 진정한 회개의 요소를 나열해 주고 있습니다.

"하나님의 뜻대로 하는 근심은 후회할 것이 없는 구원에 이르게 하는 회개를 이루는 것이요 세상 근심은 사망을 이루는 것이니라 보라 하나님의 뜻대로 하게 된 이 근심이 너희로 얼마나 간절하게 하며 얼마나 변증하게 하며 얼마나 분하게 하며 얼마나 두렵게 하며 얼마나 사모하게 하며 얼마나 열심 있게 하며 얼마나 벌하게 하였는가 너희가 그 일에 대하여

일체 너희 자신의 깨끗함을 나타내었느니라"

(1) 진정한 회개는 하나님의 뜻대로 하는 근심을 동반합니다. 이는 구원을 가져다줍니다. 따라서 진정한 회개가 없는 믿음은 믿음이라고 볼 수 없습니다. 그리고 이러한 결핍된 믿음은 구원을 가져다주지 않습니다. 그래서 예수님께서 공생애를 시작하실 때 외치신 것은 "회개하라 천국이 가까이 왔다"라는 말씀이었습니다. 사도행전 2장에서 베드로가 오순절 때 성전 뜰에서 사람들에게 예수 그리스도에 대해서 증거했을 때 사람들은 우리가 어찌하여야 구원을 얻겠는가 하고 슬퍼했습니다. 이러한 근심은 회개를 가져오고 궁극적으로 구원을 이루게 합니다.

(2) 진정한 회개는 간절함이 있습니다. 그래서 회개는 진실한 큰 뉘우침 때문에 눈물을 동반합니다. 간절함이 없는 적당한 뉘우침은 진정한 회개를 가져오지 않습니다. 바울에 대해서 오해하고 그에게 등을 돌렸던 성도들은 자신들의 잘못을 깨닫고 바울과 다시 화목하기를 간절히 원했을 것입니다.

(3) 고린도 교회 성도들은 회개를 통해서 변명하게 되었는데 여기서 아폴로기아라는 헬라어 명사는 단순한 변명이라는 뜻 외에 거짓 사도들을 용납한 자신들의 죄를 자복한다는 뜻을 내포하고 있습니다. 진정한 회개는 죄의 자복을 포함합니다. 죄를 인정하지 않는 사람은 진정한 회개를 할 수 없습니다. 무엇을 잘못했는지 정확히 알지 못하는 상태에서 한 회개는 진정한 회개라고 볼 수 없습니다.

(4) 고린도 교회 성도들은 자신들에게 분노했습니다. 이는 거짓 사도들에 대한 분노라기보다는 교회를 어지럽힌 거짓 사도들을 용납한 자신들의 어리석은 태도에 대해 분노한 것입니다. 이처럼 진정한 회개는 자신의 죄에 대한 분노를 가져옵니다. 자신의 죄에 대한 미움을 느낀 자는 자신의 무가치함을 인정하게 됩니다. 이 때문에 사도 바울도 자신이 죄인 중 괴수라고 고백했습니다. 교만했던 바리새인으로써는 할 수 없는 고백입니다. 그리고 로마서 7:24절에서 바울은 "누가 이 사망의 몸에서 나를 건져내랴"라고 외쳤습니다. 자신의 몸을 심판을 받아야 할 몸으로 인식할

정도로 하나님의 법대로 살지 못하는 자신을 미워했던 것입니다.

⑸ 진정한 회개는 두려움을 느끼게 합니다. 고린도 교인들은 바울에게 죄를 진 후 바울을 만날 것을 두려워했을지도 모릅니다. 하지만, 이 두려움은 자신의 잘못 때문에 따라올 하나님의 심판을 두려워 한 것이라고 볼 수 있습니다. 사람에게 행한 죄는 궁극적으로 하나님께 대한 죄이기 때문에 이 두려움은 공의의 하나님을 두려워하는 것입니다. 하나님을 두려워하는 마음이 없는 자들은 진정으로 하나님께 회개를 드릴 수 없습니다.

⑹ 진정한 회개는 사모하는 마음을 동반합니다. 고린도 교인들은 바울과 다시 연합되기를 사모했을 것입니다. 이는 관계의 회복에 대한 사모이며 사람 간의 관계 회복은 곧 하나님과의 관계의 평화를 의미합니다. 예수님의 가르침에서도 하나님께 제물을 드리는 자는 먼저 그 형제와 화목한 다음에 하나님께 제물을 드려야 한다고 했습니다. 형제와 사랑으로 연합되기를 사모하는 마음은 회개를 동반합니다. 가룟 유다는 예수님을 판 죄를 짓고 자살했습니다. 그는 형제와 다시 연합되기를 원하는 마음이 없었습니다. 하지만 베드로는 예수님을 세 번 부인하고 진정한 회개를 한 다음 다시 형제와 연합될 수 있었습니다. 그는 나중에 초대교회의 가장 영향력 있는 사도로써 섬길 수 있게 되었습니다.

⑺ 진정한 회개는 열심 있게 만듭니다. 고린도 교인들은 바울의 사도직을 인정하고 거짓 사도들을 배척하게 되었습니다. 이들은 하나님의 일에 더욱 열심 있게 되었습니다. 진정한 회개를 한 사람들은 열심히 하나님의 일을 합니다. 바울 자신의 많은 희생과 수고를 통해서 하나님의 화목하게 하시는 직책을 수행함으로써 진정으로 회개한 사람의 본보기가 되었습니다. 베드로도 진정한 회개를 한 후에 예수님을 따르다가 순교까지 하는 열심이 있었습니다.

⑻ 진정한 회개는 불의를 보고 간과하지 않습니다. 고린도 교회 성도들은 바울을 비난하거나 거짓 사도들을 따르는 자들을 엄히 다스리게 되었습니다.

⑼ 이렇게 하나님의 뜻대로 하는 근심은 진정한 회개를 불러옵니다. 하

지만, 세상근심은 사망을 가져옵니다.고후7:10 세상적으로 하는 근심은 하나님의 뜻대로 하는 근심처럼 고통과 후회를 수반합니다. 하지만 진정한 회개를 가져오지 못하고 죽음을 가져옵니다. 세상의 근심은 하나님께 향하게 하지 않습니다. 이 사람은 자신의 실수를 자책할 뿐이지 하나님을 향해서 지은 죄에 대한 깊은 회개가 없습니다. 좋은 예는 사울 왕입니다. 사울 왕은 하나님께 죄를 지었지만, 죄의식은 느끼지 못했습니다. 그는 자신이 바보같이 행했다고 자책하며 큰 실수를 범했다는 것을 인정했습니다.삼상26:21 하지만, 그는 계속해서 같은 죄를 반복해서 짓습니다.

(10) 여기서 진정한 회개의 요소를 정리해 볼 필요가 있습니다. 진정한 회개는 느낌과 앎, 의지를 동반합니다. 사울은 하나님께 죄를 진 후 자신의 죄를 깨닫고 내가 죄를 범했다고 고백했습니다. 하지만 그에게는 돌아설 의지가 없었습니다. 그래서 그는 계속해서 하나님께 불순종의 죄를 반복합니다. 유다도 예수님을 판 후 자신이 잘못했다는 것을 깨닫습니다. 그는 스스로 뉘우치고 그 은 삼십을 대제사장들과 장로들에게 도로 갖다 주었습니다. 그들이 받지 않자 그는 은을 성소에 던져 넣고 나가서 목매어 죽었습니다.마27:3~5 여기서 유다는 자신의 잘못을 알았지만 돌아서는 의지가 없었습니다. 그는 회개하지 않고 오히려 자살을 함으로써 예수님을 죽기까지 따르며 전도자가 되는 길을 선택하지 않은 것입니다. 반면에 베드로는 진정한 회개를 한 제자였습니다. 그는 자신의 잘못을 깨닫고 심히 통곡하며 울었습니다. 그리고 그는 제자들에게 돌아왔습니다. 그는 체면도 잃고 자존심도 상했겠지만, 이 모든 창피함을 감수하고 근신하며 제자들의 용서를 기다렸을 것입니다. 그리고 그는 교회에서 회복되고 제자들과 연합되어 동거하며 복음을 전하는 축복을 누리게 되었습니다. 그리고 나중에 핍박에 직면해서 순교함으로써 자신을 제물로 하나님께 바쳤습니다.

문제

1. 고린도후서의 기록 배경을 말씀해 보세요.
2. 바울이 고린도후서에서 언급하는 거짓 사도들의 특징에 대해서 말씀해 보세요.
3. 그들이 바울을 공격했는데 바울은 자신을 어떻게 방어하고 있습니까?
4. 사람들이 복음을 받아들이지 않는 이면에는 사탄의 역할이 있습니다. 바울은 이를 어떻게 설명하고 있습니까?
5. 고린도후서 5장은 우리와 하나님과의 화목에 대해서 말씀하고 있습니다. 그 특징을 설명해 보세요.
6. 하나님의 뜻대로 하는 회개의 특징을 말씀해 보세요.
7. 진정한 회개의 요소 세 가지를 말씀해 보시고 그 구체적인 예를 성경에서 찾아보세요.

참고도서

랄프 마틴, 고린도후서 WBC 성경주석40. 김철역. 도서출판 솔로몬, 2007.

폴 바네트, 고린도후서 강해: 약함 안에서의 능력 -BST 시리즈. 정옥배. IVP, 2002.

C. K. Barrett, *The Second Epistle to Corinthians*. Hendrickson Publishers, 1993.

Barnett, Paul. *The Second Epistle to the Corinthians*, NICNT. Eerdmans, 1997.

Hodge, Charles. *1 and 2 Corinthians*. Geneva Series of Commentaries. Banner of Truth, 1998.

Pratt, Richard L., Jr. *Holman New Testament Commentary: 1 & 2 Corinthians*. Broadman & Holman Publishers, 2000.

15
갈라디아서

1. 저자

갈라디아서 1:1절에서 밝히듯이 이 서신은 바울에 의해서 쓰였습니다. 그리고 이는 논박할 수 없는 사실입니다. 독일의 자유주의 학파 튜빙켄 스쿨의 학자들도 갈라디아서의 바울 저작설을 문제 삼지 않았습니다.

2. 이신칭의

바울은 우리가 의롭게 되는 것은 율법을 통해서가 아니라 오직 그리스도를 믿는 믿음으로 말미암아서라고 말씀합니다: "사람이 의롭게 되는 것은 율법의 행위로 말미암음이 아니요 오직 예수 그리스도를 믿음으로 말미암는 줄 알므로 우리도 그리스도 예수를 믿나니 이는 우리가 율법의 행위로써가 아니고 그리스도를 믿음으로써 의롭다 함을 얻으려 함이라 율법의 행위로써는 의롭다 함을 얻을 육체가 없느니라"갈2:16

바울은 누구든지 믿음으로서 그리스도께 속한 자면 아브라함의 자손이요 약속대로 유업을 이을 자라고 말씀합니다.갈3:29 따라서 창세기 12:1~3절에 하나님께서 아브라함에게 약속하신 축복이 믿는 자의 것이라는 말씀입니다. 실제로 바울은 갈라디아서 3:8~9절에 이렇게 말씀합니다: "또 하나님이 이방을 믿음으로 말미암아 의로 정하실 것을 성경이 미리 알고 먼저 아브라함에게 복음을 전하되 모든 이방인이 너로 말미암아 복을 받으리라 하였느니라 그러므로 믿음으로 말미암은 자는 믿음이 있는 아브라함과 함께 복을 받느니라"

여기서 바울이 창세기 12:1~3절의 말씀을 인용하며 이신칭의를 가르치는 것은 놀랍습니다. 전통적으로 유대인들은 누구든지 유대인들을 축복하면 복을 받고 저주하면 저주받는다는 식으로 창세기 12:1~3절의 약속을 해석해 왔는데 바울은 이 구절을 영적으로 해석하는 것입니다. 하나님께서 이 축복의 약속을 아브라함에게 주실 때 유대인들만을 위함이 아니라 장차 예수님을 믿고 아브라함의 후손으로 여겨질 이방인들도 위함이었다는 것은 이 예언에 담긴 약속의 영적 속성을 꿰뚫는 해석이었습니다. 바울은 하나님께서 아브라함에게 자손을 약속하셨는데 이 자손은 바로 예수 그리스도를 예표한다고 말씀하면서 누구든지 예수님을 구주로 믿으면 아브라함의 자손으로 여겨지게 된다는 것을 강조했습니다. 이는 모세율법에 근거한 할례를 구원의 조건으로 여겼던 할례파 그리스도인들의 잘못된 구원관을 바로잡아 주는 가르침입니다.

3. 할례당의 횡포

⑴ 할례파는 갈라디아교회에서도 바울의 가르침에 대항했습니다. 그들은 이방인 형제들에게 구원을 받으려면 할례를 받아야 한다고 가르쳤습니다. 예수님을 믿는다고 말하면서도 이들은 할례를 구원의 필수조건으로 가르쳤던 것입니다. 이는 예수 그리스도께서 이루신 구속사역의 능력을 인정하지 않는 것이나 다름없는 것이었습니다. 따라서 바울은 이들을 단호히 정죄합니다: "다른 복음은 없나니 다만 어떤 사람들이 너희를 교란하여 그리스도의 복음을 변하게 하려 함이라 그러나 우리나 혹은 하늘로부터 온 천사라도 우리가 너희에게 전한 복음 외에 다른 복음을 전하면 저주를 받을지어다"갈1:7,8 바울은 또 그 다음 구절에도 똑같은 말씀을 반복합니다: "우리가 전에 말하였거니와 내가 지금 다시 말하노니 만일 누구든지 너희가 받은 것 외에 다른 복음을 전하면 저주를 받을지어다" 이만큼 할례주의는 이신칭의 교리에 정면으로 대립하는 잘못된 교리였던 것입니다. 바울은 로마서 2장에서 육신에 하는 할례는 할례가 아니라 마음에 하는 할례가 진정한 할례라고 가르칩니다.

⑵ 이 할례주의의 도전에 대해서는 이미 예루살렘공회에서 사도들이

상의한 적이 있고 그 회의에서 사도들은 이방인 형제들이 할례를 받을 필요가 없이 믿음으로 구원받는다고 선언하고 가르치게 했습니다. 그런데 어떤 이들이 야고보로부터 안디옥 교회로 왔는데 이때 이방인 형제들과 함께 식탁에서 먹던 베드로가 이들을 의식해서 식탁의 자리에서 일어났습니다. 그러자 다른 유대인 형제들도 베드로의 외식을 따라서 행동했습니다.

(3) 바울은 이를 보고 즉각 베드로를 책망했습니다: "네가 유대인으로서 이방을 좇고 유대인답게 살지 아니하면서 어찌하여 억지로 이방인을 유대인답게 살게 하려느냐"갈2:14 사도행전 10장에서도 보듯이 베드로가 고넬료의 집에 가서 복음을 전할 때도 이방인인 그의 집에 머물면서 그들의 식탁에 함께 참여한 적이 있었습니다. 베드로가 이방인 식탁에 참여함으로써 유대인의 음식 법을 위반하게 된 것입니다. 예루살렘 공회에서도 이방인들이 우상숭배에 쓰인 음식을 먹지 못하게 금했습니다. 하지만 유대의 음식 법을 그들에게 강요하지는 않았습니다. 할례를 구원의 조건으로 더는 인정하지 않게 된 마당에 음식 법을 지키는 것은 더는 구원을 받는 것과 관계가 없었습니다. 하지만 할례당은 모세의 율법을 믿고 철저하게 지키는 신학을 가지고 있었고, 예루살렘 교회의 대표적 지도자였던 예수님의 형제 야고보 사도는 신앙적으로는 이신칭의를 믿으면서도 정치적 문화적으로는 이들에 대해 유화적인 태도를 유지하고 있었던 것 같습니다. 예루살렘에서 온 이 할례파 사람들이 비록 야고보에게서 온 자들이라고 소개되어 있지만, 이들이 정말 야고보가 보내서 온 것인지 아니면 야고보의 이름을 빙자해서 베드로에게 압력을 넣고 있었는지는 정확히 알 수 없습니다.갈2:12

(4) 베드로가 이방인 형제들과 함께 먹던 식탁에서 자리를 뜬 것은 분명히 이방인 형제들에게 혼동을 주는 행동이 되었을 것입니다. 바울이 베드로를 심하게 공격한 것은 아마도 예루살렘공회의 결정을 그가 따르지 않았기 때문에 그랬을 수 있습니다. 어떤 사람들은 이 사건이 예루살렘 공회가 소집되기 이전에 있었기 때문에 베드로가 그렇게 혼동을 가져오는

행동을 할 수밖에 없지 않았겠느냐고 해석하기도 합니다. 하지만 전통적인 견해를 따라 예루살렘 공회는 이미 소집되었었고 안디옥 교회에서의 이 사건은 그 후에 일어났던 사건으로 보는 것이 더 정확한 해석일 것입니다. 왜냐하면, 갈라디아서 3~4장에서 바울은 이신칭의 교리를 더욱 세밀히 설명하고 있기 때문입니다. 갈라디아서 2:1절에 기록된 바울의 예루살렘 방문 이야기는 사도행전 15장에 기록된 바울의 예루살렘 방문 이야기와 일치하는 점이 많습니다. 그리고 갈라디아서 2장은 바로 이 예루살렘 공회의 결정의 흔적들이 발견되기 때문에 우리는 갈라디아서가 예루살렘공회 이후에 기록된 편지였음을 알 수 있습니다.[26)]

그 중의 한 예는 바울이 베드로에게 정면으로 맞선 것입니다. 사실 이때만 해도 바울은 무명의 전도자였고 또 예수를 믿는 자들을 핍박한 불명예가 따라다니던 전도자였습니다. 그에게 아직 사도적인 권위가 널리 인정되지 못했던 때였습니다. 반면에 베드로는 예수님의 수제자로서 그리고 교회의 대변인으로서 그 권위는 범 교회적으로 인정받던 사도였습니다. 이렇게 권위의 열세를 안고 있던 바울이 베드로를 정면으로 책망할 수 있었던 것은 바로 예루살렘 공회의 결정이 있었기 때문에 그렇게 당당하게 베드로를 책망할 수 있었을 것으로 생각할 수 있습니다.

그렇다면 예루살렘 공회의 결정이 있었음에도 베드로는 왜 위선적인 행동을 했을까요? 그것은 교회의 일인자로서 예루살렘교회의 수장이었던 야고보를 의식했기 때문에 그랬을 가능성이 있습니다. 베드로는 이신칭의를 믿고 있던 사도였습니다. 하지만 예루살렘교회에서 할례파의 저항이 얼마나 심한가도 알고 있었던 지도자였습니다. 이럴 때 부차적인 문제로 자신이 오해를 받는다면 그 여파는 분명히 예루살렘교회의 분열로 나타날 수도 있는 일이었을 것입니다. 따라서 베드로는 본능적으로 정치적으로 현명한 선택을 하려 했을 것입니다. 그래서 이방인 교인들과 식탁을 함께 나누다가 예루살렘교회에서 온 사람들이 나타나자 그 식탁에서 물러남으로써 그들의 심기를 불편하지 않게 하려 했을 것입니다. 바울도 물론 이러한 정치적인 측면을 모르고 있었을 리 없었습니다. 자기 자신도 이신칭의의 교리를 설교하고 다니는 것 때문에 유대주의자들의 공격과 협박을 늘 받고 있었을 것입니다. 하지만 이방인의 사도로 부름을 입은 바울의 처지에서 보면 이방인 선교의 최전방에 있던 안디옥 교회에서의 조그마한 행동이 이방인 신자들에게 어떤 상징적인 의미가 있을 것인가 하는 점을 누구보다도 잘 느끼고 있었을 것입니다. 그랬기 때문에 바울은 추호도 베드로의 실수를 그냥 지나갈 수 없었을 것입니다. 이미 예루살렘 공회에서 이방인 형제들이 할례를 받지 않아도 구원을 받는데 문제가 되지 않는다는 선언이 있었기 때문에 인제 와서 다시 음식 법으로 유대인 그리스도인과 이방인 그리스도인이 나뉜다면 앞으로의 전도에 막대한 방해가 되었을 것이고 예수님 안에서 유대인이나 이방인이나 차별이 없다는 진리를 스스로 부정하는 결과를 가져오게 되었을 것이기 때문이었습니다.갈3:28

⑸ 할례파는 이방인 형제들이 유대주의의 풍습과 전통을 따르게 했는데 이는 그들이 유대교의 날과 달과 절기와 해를 지키는 것을 포함하는 것이었습니다.갈4:10 이들이 이렇게 이방인 그리스도인들이 유대교의 풍습을 지키게 한 데는 그 이유가 있었습니다: “무릇 육체의 모양을 내려 하는 자들이 억지로 너희에게 할례를 받게 함은 그들이 그리스도의 십자가로 말미암아 박해를 면하려” 했기 때문입니다.갈6:12 그 당시 유대주의의 풍습을 버리는 것은 유대인들의 핍박을 자초하는 것이었습니다. 따라서 이 할례파 그리스도인들은 믿음의 본질보다는 유대인들과의 허구적 평화를 유지하는 것을 더 중시했을 것입니다. 그 결과는 믿음에 근거한 하나님 약속의 본질을 저버리는 것이었습니다.

여기서 우리는 예수님을 믿을 때 세상 문화와 민족의 풍습에 대해서 어떤 태도를 보여야 하는가를 알 수 있습니다. 성경의 진리는 풍습과 관습을 초월합니다. 따라서 두 가지가 상충하고 복음 전하는 일을 방해하게 될 때 우리는 당연히 이 세상 문화 관습과 전통을 떠나야 합니다. 이에 따라오는 핍박은 우리가 예수님을 믿으면서 치러야 할 제자 비용입니다. 우리는 예수님의 문화, 천국의 문화를 따르는 제자들이 되었기 때문에 이

세상의 문화와 풍습을 겸해서 따를 수 없게 된 것입니다.갈3:27

하지만 요즘 제3세계 신학자들을 중심으로 상황신학을 주창하면서 문화 인류학적인 접근을 하는 사람들이 많습니다. 즉 복음이 제3세계에 전파될 때 그 지역의 문화 관습을 존중하면서 접근해야 한다는 것입니다. 이것은 기독교 변증을 위해서 현명한 접근법으로 보입니다. 하지만 만일 이 문화 인류학적 상황적 접근이 성경의 진리를 왜곡하게 된다면 우리는 제3세계 문화와 관습을 성경의 진리의 관점에서 변화시키도록 해야 합니다. 복음의 진리는 죄악 속에 생성한 문화관습을 도전하고 변화시키는 능력이 있습니다. 만일 문화 전통을 복음의 진리보다 위에 둔다면 성경의 진리는 변질하게 될 것입니다. 라틴 아메리카의 토착화된 기독교가 성경의 진리에서 떠나 우상숭배의 본거지로 변질한 것은 이 좋은 예입니다. 제3세계 신학자들은 성경의 가르침도 고대 팔레스타인의 문화 토양에 바탕을 두고 있기 때문에 성경의 진리가 보편적 진리가 아니라고 주장합니다. 그리고 서양의 정통 신학도 제3세계의 신학을 청종하고 보편적인 신학을 구성하기 위해서 함께 대화하며 나가야 한다고 주장합니다. 하지만 이 접근은 바울이 갈라디아서에서 가르치는 이신칭의 교리를 부정하는 방향으로 나가서는 안 됩니다. 왜냐하면, 바울은 유대문화 전통을 바탕으로 예수 그리스도를 믿는 믿음을 구원의 길로 가르치는 것이 아니라 하나님의 영감 된 계시로써 이 구원론을 가르치고 있기 때문입니다.

4. 성령 안에서 행하는 그리스도인의 자유

(1) 할례파의 준동으로 갈라디아교회의 이방인 그리스도인들이 할례를 받게 되자 바울은 그들에게 분명히 다시 확인해 주었습니다. 즉 그들이 할례를 받으면 그리스도께서 십자가에서 이루신 구속 사역의 효력을 그들이 인정하지 않게 되는 것입니다. "율법 안에서 의롭다 함을 얻으려 하는" 그들은 "그리스도에게서 끊어지고 은혜에서" 멀어진 자가 되는 것이었습니다.갈5:4 우리는 성령으로 믿음을 좇아 의의 소망을 기다리니 그리스도 예수 안에서는 사랑으로 역사 하는 믿음밖에는 없습니다.갈5:6

⑵ 따라서 우리 믿는 신자들은 성령을 좇아 행해야 합니다. 그러면 할례와 같은 육체의 욕심을 이루려 하지 않게 될 것입니다.갈5:16 우리가 만일 성령으로 인도함을 받으면 율법이 아무 효력이 없게 될 것입니다.갈5:18 성령의 열매는 사랑과 희락과 화평과 오래 참음과 자비와 양선과 충성과 온유와 절제입니다.갈5:22~23 하지만 육체의 일은 음행과 더러운 것, 호색과 우상숭배, 술수와 원수 맺는 것, 분쟁과 시기와 분냄과 당 짓는 것, 분리함과 이단, 투기와 술 취함과 방탕함 같은 것들입니다.갈5:19~21 아마도 할례를 신봉하는 자들은 율법 일부를 이루려다가 율법의 다른 면들을 범하는 어리석은 자들이 되었을 것입니다. 하지만 성령의 소욕을 따라 사는 자들은 믿음으로 말미암아 성령의 열매를 맺을 수 있게 된다는 뜻입니다. "그리스도 예수의 사람들은 육체와 함께 그 정욕과 탐심을 십자가에 못 박았"습니다.갈5:24 성령으로 살면 성령으로 행하게 됩니다.

5. 갈라디아서의 수신자: 남갈라디아설과 북갈라디아설

중앙정보국의 고급정보 수신자가 그 국장이라면 이는 국가의 안보를 위해 필요한 일이지만, 만일 스파이라면 이는 국가의 안보를 해치는 일이 될 것입니다. 이는 간단한 예지만 수신자에 대한 정보가 문서를 해석하는 데 단서가 된다는 것을 보여주고 있습니다. 성경의 각 책의 해석을 위해서 각 책의 수신자들의 성격, 역사적 정황 등을 분석하는 것은 필수적인 사항입니다. 갈라디아서도 수신자가 누구인지 알 수 있다면 갈라디아서 이해를 증진시킬 것입니다. 갈라디아서 수신자에 대해서는 크게 두 가지 견해가 있습니다. 북갈라디아설과 남갈라디아설입니다.

⑴ 북갈라디아설. 이 설은 죠셉 라이트풋이 주장한 설로 갈라디아서가 지금의 터키 북부의 지방에 있는 신자들에게 보내졌다는 가설입니다. 라이트풋은 갈라디아라는 지명은 원래 터키 북부 안키라Ancyra, 타비움Tavium, 페시누스Pessinus 등의 지역을 가리키는 말이었다고 주장합니다. 또한 이 지명은 누가가 밤빌리아, 비시디아와 같이 지리적 이름으로써 사용했을 가능성이 있다는 것입니다. 이러한 가정과 더불어 라이트풋이 북갈

라디아서를 주장하는 기초는 바울이 2차 전도여행 중에 터키의 북부까지 들려서 교회를 개척했다는 가정입니다. 마지막으로 라이트풋은 갈라디아서 5:19~21절에 묘사된 육체의 일은 음행과 더러운 것, 호색, 우상숭배, 술수, 원수 맺는 것, 분쟁, 시기 등인데 이는 바로 이러한 육체의 일에 물들어 있던 북갈라디아 사람들을 염두에 두고 설명한 것이라는 것입니다. 라이트풋은 북갈라디아설에 따라 갈라디아서는 바울의 2차 전도여행이 끝나고 기록되었을 것이라고 주장합니다. 하지만, 이러한 창의적인 견해에도 이 설은 많은 비판을 받아 왔습니다. 이는 다음과 같은 이유에서입니다.

첫째, 1세기 로마시대에 비시디아 안디옥, 더베, 리스드라와 같은 도시를 포함하는 지금 터키의 남부 지역은 로마의 행정구역으로써 갈라디아라고 불리고 있었습니다. 둘째, 2차 전도 여행 중에 바울은 터키의 북부까지 가지 못했을 것이라는 것입니다. 왜냐하면, 바울은 2차 전도여행 중 몸이 아픈 가운데 있었기 때문에갈4:13 겹겹이 산으로 막혀 있는 터키의 중부를 가로질러 북부 터키까지 가는 길은 병약해 있는 사람이 도보 횡단하기에는 쉽지 않았을 것이라는 점입니다. 셋째, 갈라디아 5:19~21절에 열거된 육체의 일은 북갈라디아 사람들에게만 있는 연약함이 아니고 사람들에게 본성적으로 존재하는 연약함이기 때문에 이를 북갈라디아 사람에게 적용해서 그곳에 살던 신자들을 수신자로 보는 것은 비약이라는 것입니다.

넷째, 갈라디아서 2장은 바나바를 3번 언급하고 있습니다.1,9,13절 이는 갈라디아 지역 신자들이 그가 누구인지 알고 있었다는 것을 말합니다. 바나바는 바울과 함께 1차 전도여행 중에 남갈라디아 지역의 도시들을 순회했습니다. 하지만 바울이 2차 전도여행을 떠나려 할 때 마가의 문제로 두 사람은 심하게 다투고 바나바는 마가를 데리고 구브로섬으로 전도를 떠나고 바울은 실라를 데리고 내륙의 길을 따라 전도여행을 떠났습니다. 이를 통해 볼 때 바나바는 북갈라디아를 방문하지 않았다는 것을 알 수 있고 바나바를 알고 있던 신자들은 북갈라디아 지방의 사람들이 아니라 남갈라디아 지방의 신자들이었다는 것을 알 수 있습니다. 마지막으로, 3차 전도여행을 마치면서 바울이 예루살렘 기금을 가지고 예루살렘에 방문했는데 이때 많은 이방인 형제들을 데리고 방문했습니다. 이때 방문한 이방인 형제 중에 북갈라디아 출신은 한 사람도 없습니다. 만일 바울이 북갈라디아 지역에 교회를 개척했다면 바울은 북갈라디아 교회의 형제 중 최소한 한 사람 정도는 자신의 예루살렘 방문에 수행하게 했을 것입니다. 바울을 수행한 형제 중 북갈라디아 지역 출신이 전혀 없었다는 것은 그가 북갈라디아에 간 적이 없다는 것을 말합니다. 그리고 갈라디아서는 북갈라디아 지역에 보내 진 편지가 아니라 바울이 1차 전도여행 중 개척한 교회들이 있던 남갈라디아 지역에 보내진 편지였다는 것을 알 수 있습니다.

이와 함께 우리는 갈라디아서가 언제 써졌는가에 대해 생각해 볼 수 있습니다. 만일 갈라디아서가 남갈라디아 교회의 성도들을 염두에 두고 써졌다면 바울은 이 편지를 쓰는 데 긴 세월을 기다리지 않았을 수도 있습니다. 보통 남갈라디아설을 믿는 학자들은 바울이 예루살렘공회에 참석하기 조금 전에 갈라디아서를 썼을 것이라고 주장합니다. 그런데 이 주장은 앞에서 본 대로 어려운 문제들을 동반하는 가설입니다. 즉 바울이 베드로를 정면으로 책망할 수 있었다든지 혹은 바울이 갈라디아서에서는 이신칭의를 자세히 가르치고 있으면서 예루살렘공회에서는 이에 대해서 단 한마디도 하지 않고 있다는 점 등입니다. 따라서 우리는 바울이 예루살렘공회에 다녀오고 갈라디아서를 썼을 것으로 생각할 수 있습니다. 그렇다면 바울이 예루살렘공회 직후 그리고 2차 전도여행을 떠나기 직전에 갈라디아서를 썼을까요? 본서의 집필자는 그렇지 않았을 것으로 생각합니다. 바울이 2차 전도여행을 떠나기 직전에 갈라디아서를 썼다면 왜 그가 곧 이 지역을 방문해서 직접 가르칠 수도 있는데 굳이 이 편지를 써서 그들에게 미리 보냈는가 하는 의문이 생깁니다.

따라서 본서의 집필자는 바울이 갈라디아서를 쓴 시기는 로마서를 쓴 때와 가까운 때라고 생각합니다. 그 이유는 첫째, 갈라디아서의 주된 가르침인 이신칭의는 로마서의 주된 가르침이기도 합니다. 따라서 바울은 같은 내용을 담은 두 서신을 비슷한 시기에 서로 다른 지역의 수신자들 상황에 맞게 썼을 가능성이 있습니다. 혹자는 바울이 이신칭의 개념을 정립하는 데는 그리 오랜 시간이 걸리지 않았을 것이라고 말합니다. 이는 갈라디아서의 조기 저작설을 밑받침합니다. 사실 바울이 그 초기 전도여행 때부터 이신칭의를 가르쳤을 것이라고 하는 데는 이론의 여지가 없습니다. 하지만 이것을 기록으로 옮기는 데는 많은 시간이 걸렸을 수도 있습니다. 그리고 보통 어떤 상황의 촉발에 의해서 서신을 썼던 바울의 습관을 생각하면 바울이 갈라디아서를 쓰게 하는 상황이 갈라디아 교회에 발생했기 때문에 바울이 이 서신을 기록했을 것으로 생각할 수 있습니다. 그 상황은 곧 할례파의 준동을 말하는 것이고 할례파들이 예루살렘에서 갈라디아까지 와서 교회 질서를 어지럽히기까지는 갈라디아교회가 개척된 뒤로부터 상당한 세월이 흐른 후였을 것이라는 것도 가정할 수 있습니다. 이러한 가정들이 옳다면 갈라디아서는 바울의 3차 전도여행 중 기록되었을 가능성도 있습니다.

문제

1. 바울이 갈라디아서 3:8~9에서 이신칭의 개념을 말씀하면서 창세기 12:1~3을 인용하고 있는데 이는 예언의 영적 해석을 보여 줍니다. 이에 대해 토론해 보세요.
2. 할례파는 핍박을 피하고자 할례를 받아야 한다고 가르쳤습니다. 반면에 바울은 핍박을 무릅쓰고 할례 무용론을 가르쳤습니다. 바울의 가르침이 오늘 우리에 주는 교훈은 무엇입니까?
3. 베드로는 안디옥에서 이방인 형제들과 식탁을 함께 하다가 예루살렘에서 온 자들 때문에 그 식탁교제를 중단하고 식탁에서 일어섰습니다. 이에 바울은 베드로를 책망했습니다. 이 사건의 중요성을 바울의 이방인 선교의 관점에서 토론해 보세요.
4. 성령의 뜻을 따라 사는 삶의 열매에 대해서 설명해 보세요.

5. 육체의 소욕을 따라 사는 자들은 천국에 이를 수 없다고 바울은 가르칩니다. 그러면 그는 이신칭의의 가르침을 스스로 부정하는 것인가요? 함께 토론해 보세요.
6. 남갈라디아설과 북갈라디아설을 설명해 보세요.
7. 갈라디아서의 기록 시기에 대해서 토론해 보세요.

참고도서

존 스토트, 갈라디아서 강해: 의와 자유에 이르는 오직 한길 - BST 시리즈 정옥배역. IVP, 2007.
김장근, 갈라디아서 빌립보서, 말씀과 성령, 2006.
그랜트 오스본, 적용을 도와주는 갈라디아서 - LAB 주석 시리즈. 김진선역 성서유니온선교회, 2006.
이한수, 갈라디아서, 선교횃불, 2006.
서철원, 갈라디아서 주석. 대한예수교장로회총회, 2005.
조병수, 갈라디아서 - 말씀풀이. 도서출판 가르침, 2005.
리처드 N. 롱에네커, 갈라디아서 - WBC 성경주석 41. 이덕신역. 도서출판 솔로몬, 2003.
존 칼빈, 칼빈의 갈라디아서 강해설교 상하. 김동현역. 서로사랑, 2001.
존 맥아더, 갈라디아서 강해설교. 심이석역. 크리스찬다이제스트사, 2000.
도날드 켐벨, 갈라디아서 에베소서 빌립보서 골로새서 - BKC 강해주석시리즈 26. 정민영역. 두서출판 두란노, 1994.
N. T. Wright, *Paul for Everyone: Galatians and Thessalonians,* Westminster John Knox Press, 2004.
Ronald Y. K. Fung, *The Epistle to the Galatians.* NICNT. Eerdmans, 1988.
Richard N. Longenecker, *Galatians WBC 41.* Thomas Nelson, 1990
Leon Morris, *Galatians: Paul's Charter of Christian Freedom.* InterVarsity, 2003.
Scot McKnight, *Galatians NIV Application Commenary.* Zondervan, 1995.
Martin Luther, *Commentary on Galatians Luther Classic Commentaries.* Kregel Classics, 2006.
F. F. Bruce, *The Epistle to the Galatians: A Commentary on the Greek Text NIGTC.* Authentic Media, 1982.
James D. G. Dunn, *The Epistle to Galatians.* Hendrickson, 1993.
________. *The Theology of Paul's Letter to the Galatians New Testament Theology.* Cambridge University Press, 1993.
Merrill C. Tenney, *The Galatians: The Charter of Christian Liberty.* Eerdmans, 1989.
James Montgomery Boice, *Galatians/Ephesians.* Zondervan, 1996.

16

에베소서

옥중서신

바울서신 중 에베소서, 빌립보서, 골로새서, 빌레몬서는 바울이 감옥에서 쓴 편지들이기 때문에 옥중 서신이라고 부릅니다. 이 네 서신들에는 바울이 착고에 매였다는 표현들이 공통적으로 나옵니다. 엡6:20; 빌1:7, 13,14,17; 골4:3,18; 몬1:10,13 자유주의자들은 이 네 서신의 문장형태가 바울의 것이 아니라고 주장하며 바울저작설을 부정합니다. 하지만 이는 증거가 희박한 가설이며 현대 신약학자의 절대다수는 이 서신들의 바울저작설을 옹호합니다.

1. 저자

근대에 들어 에베소서의 바울 저작설이 도전받기 전까지 전통적으로 에베소서의 바울 저작설은 확고했습니다. 바울은 에베소서 1:1에서 자신이 이 서신의 저자임을 밝히고 있고 에베소서 3:1에서는 자신을 이방 선교를 위해서 갇힌 자라고 묘사합니다. 이 서신은 인사말, 하나님께의 감사, 교리적 강론, 목회적 권고, 끝맺는 인사, 그리고 축복의 구조를 가지고 있는데 이는 바울의 다른 서신들의 내용의 구조와 일치합니다. 그리고 에베소서는 그 사용하는 어휘와 문학적 특성상 다른 신약서신들과는 구별되는 바울의 저작의 특성을 간직하고 있습니다. 그리고 그 선택교리, 성령의 사역, 십자가의 화목, 하나님의 자비 등의 개념은 바울의 신학의 특성을 나타내 줍니다.[27)]

그러나 위에서 언급된 각각의 관점에 있어서 이의를 제기하는 사람들이 있습니다. 즉 신학에 있어서 에베소서 3:10에 나타난 교회의 우주적 기능은 바울의 개념이 아니라는 것입니다. 그리고 성도들이 사도와 선지자들 위에 세워졌다는 가르침엡2:20도 그리스도가 단 하나의 기초라는 가르침고전3:11과 맞지 않는다는 것입니다. 그러나 이러한 견해는 대개 주관적인 해석에 근거하고 있고 그러므로 에베소서가 다른 바울서신에 담겨 있는 신학과 상충된다고 하는 것은 지나친 단순화입니다.

에베소서에 사용된 단어에 있어서도 다른 바울 서신들에 사용된 단어들과 차이가 있다고 주장됩니다. 즉 하늘이라는 단어에 있어서 에베소서는 에푸라니오스가 사용되는 반면 다른 바울서신에는 우라노스가 사용되고 있고 또 바울의 다른 서신에는 사단이라고 하는 반면 에베소서에서는 악마라는 단어가 사용되고 있다는 것입니다. 그러나 이러한 비슷한 단어들은 저자의 스타일이 상황에 따라 달라질 수 있다는 점을 고려하면 특별한 차이점이라고 말할 수 없는 현상입니다.

에베소서의 글의 형태는 골로새서의 글의 형태와 매우 유사하다는 점에는 일반적으로 학자들 간에 이견이 없습니다. 따라서 에베소서의 저자 문제와 골로새서의 저자 문제는 함께 다뤄져야 합니다. 우리는 이 문제를 골로새서를 다룰 때 살펴보도록 하겠습니다.

2. 하나님의 택자 예정

(1) 바울은 하나님께서 그 택한 자를 구원하기로 예정하셨는데 그것은 사랑 안에서 태초에 되었으며 그 목적은 우리로 그 앞에 거룩하고 흠이 없게 하려고 하신 것이라고 말씀합니다. 이 예정은 예수 안에서 하나님의 기쁘신 뜻대로 되었습니다. 그래서 구원받은 우리는 그 은혜의 영광을 세세 무궁토록 찬미하게 됩니다: "모든 일을 그 마음의 원대로 역사하시는 자의 뜻을 따라 우리가 예정을 입어 그 안에서 기업이 되었으니 이는 그리스도 안에서 전부터 바라던 우리로 그의 영광의 찬송이 되게 하려 하심이라"엡1:11~12

(2) 알미니안주의는 하나님께서 우리를 구원하시기로 예정하신 것은 우

리가 예수님을 믿을 것을 미리 아시고 예정하신 것이라고 주장함으로써 예정이 하나님께서 우리의 자유의지를 미리 아심을 바탕으로 하신 것이라고 주장합니다. 이 주장의 문제점은 하나님의 선택의 자유를 인간의 선택의 자유에 바탕을 두고 생각한다는 것입니다. 즉 하나님의 선택의 자유는 인간의 선택의 자유에 어떤 힘도 가할 수 없는 정도의 능력만 가지고 있다는 것인데 이 입장은 하나님의 전능하심의 속성을 훼손합니다. 둘째로, 더 큰 문제점은 만일 하나님의 선택이 우리가 자유의지로 믿음을 가질 것이라는 점에 바탕을 두고 있다면 우리의 구원이 궁극적으로 하나님의 은혜에 의한 것이 아니라 우리가 예수님을 믿는 자유의지, 즉 우리가 예수님을 믿을 수 있는 우리가 가진 고유의 능력에 바탕을 두는 것이라고 생각한다는 점입니다. 그렇게 보면 우리에게도 우리의 구원을 자랑할 여지가 남아 있게 되고 그만큼 예수님의 십자가의 사역은 전적 은혜의 계시라기보다는 구원을 위해 필요한 것들 중의 하나로 전락되게 됩니다. 이는 바울이 우리가 하늘나라에 가서 아무도 자기의 행위를 자랑할 수 없게 하셨다고 말씀하는 구절과 모순되게 됩니다. 따라서 우리는 하나님의 예정이 하나님의 행위 외적인 그 어떤 외부적 요소에도 바탕을 두고 있지 않은 하나님의 독립적 행위라는 사실을 믿어야 합니다. 이것이 곧 하나님의 절대 주권을 믿는 신앙입니다.

(3) 감리교의 창시자 요한 웨슬리는 캘빈의 예정론을 마귀의 교리라고 비난했습니다. 하나님께서는 모든 사람을 사랑하시고 구원하시기 원하신다는 것입니다. 같은 감리교 운동의 지도자였던 죠지 휫필드목사는 캘빈의 예정론을 신봉했습니다. 그래서 휫필드를 따르던 감리교 지도자들은 캘빈의 예정론을 믿는 감리교로 남았습니다. 사실, 하나님께서 어떤 사람들을 그 행위에 근거하지 않고 구원하시기로 택하셨고 어떤 사람들은 버리셨다는 것은 불공평해 보이는 교리입니다. 그러나 이 생각은 사람의 이성에 근거한 논리지 성경의 가르침에 근거한 생각이 아님은 쉽게 밝혀집니다. 우리가 위에서 보았던 에베소서 1:1~10의 구절이 분명히 하나님의 예정을 가르치고 있습니다. 마태도 청함을 받은 사람은 많지만 택함을 받

은 사람은 적다고 말씀합니다.마22:14 바울은 로마서 9장에서 하나님께서 야곱이 태어나기도 전에 그를 사랑하셨고 에서는 태어나기도 전에 그를 미워하셨다고 말씀합니다. 여기서 사랑/미움은 택함/불택함을 가리키는 언어임이 분명합니다. 이는 하나님께서 이스라엘은 사랑하시고 바로는 미워하셔서 이스라엘을 에굽에서 구원하셨다고 하신 말씀과 병렬 구조를 이루고 있고 이 구조는 다시 하나님께서 예수를 대적하는 유대인들을 택하지 않으셨고 예수를 주님으로 영접한 이방인들을 구원하시기로 택하셨다는 말씀과 다시 병렬 구조를 이루고 있습니다. 예수를 믿는 이방인들은 자신의 공로로 예수를 믿고 구원에 이르는 것이 아니라 하나님께서 이들을 만세 전에 구원하시려고 택하셨다는 것입니다. 그렇기 때문에 바울은 구원받은 이방인들은 자고하지 않고 겸손히 그 믿음에 거해야지 그렇지 않고 자고해져서 믿음을 떠나면 원 감람나무에서 잘려진 유대인의 전철을 밟아 자신도 심판에 이르게 된다고 엄히 경고하고 있습니다.

이와 같이 하나님께서 구원받을 자를 미리 선택하신 것은 사람이 스스로 구원을 이룰 수 없기 때문이기도 하지만, 구원받은 자가 자기를 자랑함이 없이 천국에서 온전히 모든 영광을 하나님께만 돌리도록 하기 위함이었습니다. 바울이 하나님께서 왜 바로의 마음을 강퍅하게 하셨는지 그 이유를 말씀하면서 가르치기를 곧 바로로 말미암아 하나님의 능력을 보이고 하나님의 이름이 온 땅에 전파되게 하려 했다고 했습니다.롬9:17 하나님께서 이렇게 계획하신 것에 대해서 토기그릇은 아무 말할 권리가 없습니다. 어차피 우리에게 생명을 주신 분도 하나님이시며 우리의 생명을 가져가시는 분도 하나님이십니다. 피조물은 창조주 하나님께 절대 복종해야 합니다.

(4) 하나님의 주권적 택하심을 받은 사람만 구원을 받는다면 우리에게 자유의지는 없다는 말인가? 칼슨D. A. Carson 교수는 하나님께서 어떤 사람을 택하셨다고 해서 그 사람이 가만히 있어도 구원을 받는 것이 아니라 자기의 자유의지로 예수님을 받아들이고 주님으로 시인해야 구원받는 것이라고 말하면서 하나님의 주권과 인간의 자유의지를 병렬시킵니다. 즉

우리는 하나님의 꼭두각시여서 하나님의 짜놓은 극본대로 움직이다가 천국에 가도록 되어 있는 것이 아니라 완전한 자유의지를 소유하고 있다는 것입니다. 그러나 택자는 이 자유의지를 가지고 하나님의 택하심에 거역할 정도로 자유의지를 가지고 있지는 않다는 것입니다. 우리는 완전한 자유의지를 가지고 있지만 그 자유의지를 주신 하나님께서는 인간의 자유의지까지 그 지배하에 두고 계신 것입니다. 만일 인간이 하나님의 구원의 계획에 저항할 능력이 있다면 그 하나님은 인간과 협상을 하든지 벌을 주어야 되는 능력이 제한된 하나님이 되고 맙니다. 그러나 하나님께서는 전지전능하신 하나님이기 때문에 인간이 자발적으로 순종하고 하나님을 찬송할 수 있도록 완전한 자유의지를 부여하신 것입니다. 그래서 사람은 자신이 행한 범죄에 대한 죄를 자신이 지게 되는 것입니다. 예수님을 팔아넘긴 가룟유다도 하나님의 예정의 큰 틀 안에서 배교를 했지만 그 책임을 하나님께 전가시킬 수는 없습니다. 자신이 내린 선택에 대한 책임을 자신이 져야 하는 것입니다. 만일 죄에 대한 책임을 하나님께서 지셔야 한다면 하나님께서 법을 인간에게 주시면서 그 법대로 살게 하시고 그 법을 어기면 벌을 받는다고 하신 말씀들은 의미 없는 말씀으로 전락하고 말 것입니다. 우리에게 주신 그 법 자체도 의미 없는 것이 되고 말 것입니다.

3. 그리스도인의 거룩함

(1) 로마서에서 우리는 신자들은 옛사람이 죽어지고 새 사람을 입은 사람들이라는 사실을 보았습니다. 우리는 새 사람을 입은 사람이 되었기 때문에 계속 새 사람이 되려는 노력을 할 수 있게 된 것입니다. 이 노력을 할 때 긍정적인 노력을 하는 것이 중요합니다. 즉 우리가 어떤 죄가 있을 때 그 죄를 씻어 내려고 하는 노력도 중요하지만 선을 행하는 것도 그 만큼 중요한 일입니다. 바울은 이렇게 말씀합니다: "그런즉 거짓을 버리고 각각 그 이웃으로 더불어 참된 것을 말하라 이는 우리가 서로 지체가 됨이니라"엡4:25 "도적질하는 자는 다시 도적질하지 말고 돌이켜 빈궁한 자에게 구제할 것이 있기 위하여 제 손으로 수고하여 선한 일을 하라"엡4:28

여기서 우리는 변화에 필요한 세 가지 요소를 봅니다. 즉 (가) 죄를 그쳐야 합니다. 죄를 끊는다고 어떤 죄의 문제가 완전히 해결되지 않습니다. (나) 죄를 끊는데서 한 걸음 나아가 죄와 반대되는 긍정적인 일을 해야 됩니다. 그리고 (다) 이에서 더 나아가 선을 행해야 합니다. 그러면 한 가지 죄가 완전히 해결되게 됩니다. 예를 들어 부부간에 험한 말을 하는 부부가 있을 경우, 변화의 첫 단계는 험한 말을 하지 않으려고 노력하는 것입니다. 이제 험한 말을 하지 않게 되었다고 이 문제가 완전히 해결된 것은 아닙니다. 왜냐하면 이 부부가 또 다투게 될 경우 서로 험한 말을 또 하게 될 테니까요. 이 문제를 해결하기 위한 두 번째 단계는 부부간에 서로 칭찬하고 사랑하는 말을 하는 것입니다. 이 단계까지 발전하면 부부간에 싸울 일도 줄어들 것입니다. 그렇다고 새 성품이 완전히 내 것이 되었다고 볼 수는 없습니다. 변화의 마지막 단계로 이 부부는 집 안에서나 친구 간에나 혹은 교회에서 부부간의 불화를 치유하기 위해 상담 해 주는 역할을 할 수 있습니다. 이 단계에 오면 이 부부는 본이 되는 성숙된 부부로 확고해 질 것입니다.

불륜의 위험에 처한 사람의 경우도 마찬가지입니다. 이 사람은 먼저 하나님께 자신의 연약을 고백하고 성령님의 도움을 간구해야 합니다. 요셉의 경우를 보면 자신을 유혹하는 보디발 장군의 아내를 떠나 도망쳐 나왔습니다. 인터넷의 음란 사이트를 방문하는 사람은 그러한 사이트를 방문하지 않아야 합니다. 자신의 눈과 귀를 음란한 매개체로부터 보호하는 일이 첫 번째로 해야 할 일입니다. 두 번째 단계는 만일 배우자가 있는 사람이라면 자신의 배우자와의 관계를 돈독히 해야 될 것입니다. 배우자와의 관계가 돈독해지기 위해서는 성령충만이 가장 좋은 방법입니다.엡5:18 열심히 예배에 참석해서 하나님을 찬양하고 성령님의 뜻을 따라 살 때 죄의 유혹을 떨쳐 버릴 수 있습니다. 세 번째 단계로는 불륜으로 가정이 깨지고 혹은 이혼한 사람들을 위해서 기도해 주며 그들을 영적으로 회복되도록 섬기는 것입니다. 이러한 삼단계 해법은 단계적으로 실천할 수도 있고 동시에 함께 실천해 나갈 수 있습니다. 자신이 어떤 유혹을 이겼을 때 그 유혹으로부터 완전히 자유하게 되었다고 볼 수는 없습니다. 우리는 항상 깨어서 근신하지 않으면 언제 간사한 마귀가 어떤 모습으로 나타나 우리를 넘어뜨리려고 할지 모릅니다.

⑵ 이와 더불어 우리는 영적 싸움의 본질을 분명히 알고 이에 대처해야 하겠습니다. 바울의 말씀대로 우리의 싸움은 혈과 육에 대한 것이 아니고 정사와 권세와 이 어두움의 세상 주관자들과 하늘에 있는 악의 영들에 대한 것입니다.엡6:12 따라서 우리는 마귀의 궤계를 대적하기 위해서 하나님의 전신갑주를 입어야 합니다. 즉, 우리는 서서 진리로 허리띠를 띠고 의의 흉배를 붙이고 복음의 신을 신고 믿음의 방패를 가지고 구원의 투구와 성령의 검 곧 하나님의 말씀을 가져야 합니다. 이 외에 모든 기도와 간구를 드리되 무시로 성령 안에서 기도하고 이를 위해 깨어 구하기를 항상 힘쓰고 성도를 위해 기도해야 합니다.엡6:13~18

이 말씀에서 우리가 하나님의 말씀을 배우고 기억하는 것이 얼마나 중요한지 모릅니다. 이와 더불어 우리는 항상 기도에 힘써야 합니다. 예수님께서도 하나님의 말씀을 가지고 마귀를 물리치셨습니다. 그리고 광야에서 40일 금식하시며 기도하실 때 능력을 입고 공생애를 통해서 하나님의 구원의 계획을 온전히 이루실 수 있었습니다.

4. 믿음의 공동체 내의 질서

바울은 아내가 남편에게 복종하고 남편은 아내를 사랑하고 자녀는 부모를 공경하고 부모는 자녀를 노엽게 하지 말아야 한다고 가르칩니다. 종들은 상전에게 복종하고 상전들은 종들을 공정하게 대해야 합니다.엡5:22~6:9 개핀교수의 지적처럼, 위 말씀은 그 문맥에서 해석되어야 합니다. 그것은 이 말씀 전에 나오는 한 구절을 가리킵니다. "술 취하지 말라 이는 방탕한 것이니 오직 성령의 충만을 받으라"엡5:18 이 말씀에 따르면 아내가 남편에게 복종할 수 있는 것은 성령 충만 할 때라는 것입니다. 또 남편이 아내를 사랑하는 것도 성령충만 할 때라는 것입니다. 성령 충만은 단회적이 돼서는 안 되고 연속적이어야 합니다. 이는 시와 찬미와 신령한 노래들로 서로 화답하며 주께 노래하며 찬송하며 주 예수와 하나님께 항상 감사드리는 것입니다. 이럴 때 모든 인간관계도 사랑과 온유를 통해서 아름답게 맺어질 수 있습니다.

여기서 우리가 놓치지 말아야 할 점은 바울은 믿음을 가진 그리스도인들에게 이 권면을 하고 있다는 것입니다. 자신을 상습적으로 구타하거나 경제적으로 내팽개친 남편에게 복종할 수 있는 아내는 찾기 어렵습니다. 항상 자신에게 대항하고 성질부리는 아내를 사랑할 수 있는 남편은 찾기 어렵습니다. 바울은 권면하기를 아내가 남편에게 먼저 복종하라고 하면서 남편들도 아내를 자기 몸과 같이 사랑하라고 가르칩니다. 이 순서는 골로새서 3:18~19에서도 그대로 유지되고 있음을 봅니다. 바울은 왜 아내에게 먼저 남편에게 복종하라고 권면할까요? 남편에게 아내를 사랑하도록 먼저 말씀할 수도 있는데 말입니다. 그 이유는 복종은 사랑이 없어도 가능하지만 사랑은 훨씬 적극적인 에너지를 필요로 하기 때문입니다. 아무리 무책임한 남편일지라도 자신에게 항상 친절하고 순종적인 아내에게는 그 마음이 감동이 되어 그 아내를 사랑하게 될 수도 있을 것입니다. 아담과 하와의 원죄로 말미암아 남편은 본질적으로 아내를 사랑하기 어려운 심리를 유전 받았습니다. 남자는 여자를 사랑의 대상이 아니라 지배의 대상으로 바라보는 심리를 가지게 되었고 아내는 남편에게 복종하기보다는 남편의 애정을 갈구하는 존재로 변하게 되었습니다. 이 남편과 아내의 함수관계가 비례 관계가 되지 못하고 반비례 관계 속에서 서로 사랑과 인정을 받기 위해 늘 싸우는 부부를 우리는 주위에서 볼 수 있습니다. 이 어긋난 부부관계는 오직 성령 안에서만 치유될 수 있습니다. 아내는 예수님께 복종하는 남편에게 복종할 수 있게 되었고 남편은 자기를 주로써 순종하는 아내를 사랑할 수 있게 된 것입니다.

여기서 아내가 남편에게 복종해야 하는 또 다른 이유는 남편은 아내의 머리이기 때문입니다. 머리라는 명사는 헬라어 게팔레이의 번역인데 혹자는 이 명사가 근원이라는 뜻으로 번역 되어야지 머리라는 뜻으로 번역되는 것은 잘못이라고 주장합니다. 그러나 그루뎀교수에 의하면 게팔레이는 성경에서 95% 이상의 경우 머리로 번역되고 있다고 합니다. 그리고 근원이라는 뜻은 본문의 문맥에 맞지 않는데 왜냐하면 예수 그리스도가 교회의 게팔레이라는 바울의 표현에 있어서 머리라는 뜻이 분명히 의도되고 있기 때문입니다. 본문의 문맥에서 바울은 남편과 아내의 관계를 예수 그리스도와 교회의 관계와 병렬하고 있습니다. 따라서, 바울은 남편은 아내의 머리라고 분명히 가르치고 있고 이에 따라 아내는 남편의 권위에 복종해야 된다고 말씀하고 있는 것으로 봐야 합니다. 만일 이 상하관계가 유지되지 못할 때 그 가정은 질서 없이 표류하는 가정이 되기 쉽습니다.

에베소서 5:24에서 바울이 아내가 남편에게 복종하라고 가르칠 때 헬라어 후포타소우를 사용하고 있습니다. 이 동사는 군대에서 하급자가 상급자에게 복종한다는 의미를 나타낼 때도 쓰입니다. 이는 선택 사항이 아니라 의무 사항입니다. 그렇다고 남편은 이 바울의 가르침을 남용하면 안 됩니다. 왜냐하면 바울은 에베소서 5:21에서 성도들은 그리스도를 경외함으로 피차 복종하라고 전제하고 있기 때문입니다. 따라서 외식을 할 경우 아내가 피자를 원하고 남편이 중국요리를 원할 때 아내는 항상 남편의 뜻을 좇아 중국집에 가야만 한다는 말씀이 아닙니다. 아내는 자신의 의견을 말할 수 있는 자유가 항상 있어야 합니다. 그리고 남편은 이를 존중해야 합니다. 그렇지만 최종 결정은 남편이 하도록 하는 것이 성경적이고 남편은 이에 따른 책임을 지는 자세를 가져야 합니다.

바울은 아내는 "모든 일에" 남편에게 복종해야 한다고 가르치고 있습니다. 그러면 바울은 남편이 가정에서 독재자가 되도록 합법화하고 있는 것인가요. 그렇지 않습니다. 모든 일이라는 것은 예외를 전제로 합니다. 예를 들어 남편이 불신자일 경우 아내가 교회에 나가지 못하도록 할 수 있습니다. 십일조를 하지 못하도록 할 수 있습니다. 제사음식을 만들도록 강요할 수 있습니다. 이러한 때 부인은 십계명을 우선적으로 지켜야 합니다. 남편의 권위도 하나님의 권위위에 군림할 수는 없습니다. 이러한 어려운 상황이 오지 않게 하려면 배우자를 선택할 때 믿음이 신실한 사람을 선택하는 것이 가장 필요한 일입니다. 아내가 결혼 후에 회심하게 되었다면 남편에게 복종하면서 남편이 예수님을 믿도록 기도하며 인내하며 나가는 수고를 해야 될 것입니다.

5. 이루어진 종말

에베소서 1:3에서 바울은 우리 신자들에게 하나님께서 예수그리스도로 말미암아 하늘에 속한 신령한 복을 내려 주신다고 말씀합니다. 그리스도인들은 앞으로 올 천국에 속한 신령한 복을 지금 현시대에 받고 있다는 것입니다. 그것은 곧 하나님과의 화평입니다. 그리고 성령을 통해서 우리에게 부어주신 사랑입니다. 그리고 그리스도인들은 하나님의 은혜 속에 들어가며 하나님의 영광을 바라고 즐거워합니다.롬5:1~4 이 뿐 아닙니다. 우리 그리스도인들은 이미 그리스도와 함께 십자가에 죽었다가 부활했습니다.엡2:5 예수님께서도 마르다에게 말씀하시기를 지금 살아서 예수님을 믿는 자는 영원히 죽지 않고 산다고 하셨습니다.요11:26 그리고 그리스도인들이 앉아 있는 장소는 이 땅의 의자가 아니라 예수님과 함께 하늘에 있다고 말씀합니다.엡2:6 그렇기 때문에 우리의 생명은 예수께 감추어 있다가 예수의 재림 때에 나타나게 된다고 바울은 말씀합니다.골3:3~4

이러한 축복들은 우리가 천국에서 받게 되어 있는 축복인데 바울은 이 신령한 하늘의 축복을 우리가 이 땅에서 이미 맛보면서 산다고 말씀하고 있습니다. 이 점에서 종말은 우리에게 이미 와 있다고 볼 수 있습니다. 우리는 하나님의 사랑가운데 살기 때문에 장래에 있을 심판도 예수 그리스도의 공로를 힘입어 무사통과 하게 되는 것입니다. 이루어진 종말 속에서 살면서 누리는 하늘의 신령한 축복 중에서 가장 감격스러운 것은 우리가 현재 언제 어디서나 예수 그리스도의 이름을 힘입어 하나님의 은혜의 보좌 앞에 담대히 나갈 수 있다는 것입니다. 사람들은 이러한 권세의 능력을 모르고 살아 갑니다. 그리스도인들은 천주교 신부 앞에서 고해성사를 해서 죄 사함을 받는 것이 아니라 예수님의 은혜로서 하나님께 무엇이든지 고하고 응답받고 문제 해결을 받을 수 있습니다. 그리스도인들이 상담자를 찾아가서 많은 시간과 돈을 낭비할 것이 아니라 문제를 가지고 하나님의 보좌 앞에 담대히 나가서 고하면 성령을 통해서 모든 원인과 귀결을 깨닫게 해 주시고 처방을 깨닫게 하시고 결단을 내리게 하시고 새로운 삶을 체험할 수 있도록 해 주실 것입니다. 주님께서는 우리를 절대로 고아와 같이 내버려두시지 않겠다고 약속해 주셨습니다.

6. 영적 싸움

바울은 우리의 씨름이 혈과 육에 대한 것이 아니라 정사와 권세와 이 어두움의 세상 주관자들과 하늘에 있는 악의 영들에 대한 것이라고 말씀합니다.엡6:12 사도행전 20:29 이하에 보면 삼차 전도여행을 마치고 예루살렘으로 가던 바울이 밀레도에서 에베소 교회 장로들을 만나서 경고의 말씀을 하고 있습니다: "내가 떠난 후에 흉악한 이리가 너희에게 들어와서 그 양떼를 아끼지 아니하며 또한 너희 중에서도 제자들을 끌어 자기를 좇게 하려고 어그러진 말을 하는 사람들이 일어날 줄을 내가 아노니" 이 예언의 말씀은 나중에 이뤄졌는데 요한일서 2:18이하에 잘 나타나 있습니다. 이 흉악한 이리들은 적그리스도들로써 예수 그리스도께서 인간으로 오심을 부정하던 영지주의자들이었습니다. 이들은 교회에서 분란을 일으키고 성도들을 밀고함으로써 핍박받게 했습니다. 바울은 이러한 일의 전조를 에베소 교회에서 감지하고 있었습니다. 그리고 성도들에게 영적 전투의 무기들을 알려 주고 있습니다. 이는 하나님의 전신갑주입니다. 하나님의 전신갑주는 진리의 허리띠, 의의 흉배, 평안의 복음의 신, 믿음의 방패, 구원의 투구, 성령의 검 곧 하나님의 말씀, 그리고 기도와 간구입니다.엡6:13~18

하나님의 전신갑주에서 가장 기본적인 요소는 하나님의 말씀입니다. 하나님의 말씀이야말로 진리이며 믿음의 바탕이요 구원의 도구입니다. 요즘 성경말씀의 진리성을 부정하고 개인의 경험을 더 중요하게 생각하는 사람들이 많이 생기고 있습니다. 개인의 영적 경험은 신앙의 중요한 밑거름입니다. 그러나 그 경험이라는 것이 만일 성령님이 아닌 마귀로부터 온 것이라면 이러한 영적 체험을 한 사람은 자신도 망하고 교회도 망하게 하는 것을 볼 수 있습니다. 이러한 것을 방지하기 위한 방법은 우리 모두 하나님 말씀 앞에 겸허히 무릎 꿇고 그 말씀을 순종하는 것입니다. 나아가 영적 전투에서 승리하기 위해서 우리는 성령 안에서 기도하고 깨어서 구하며 여러 성도들을 위해서 간구해야 합니다. 중보기도는 능력이 있습니다. 특히 합심해서 드리는 기도는 능력있게 응답됩니다. 요즘 교회에서 함께 기도하는 모습보다는 심리학이나 상담학 문화 예술을 이용해서 사람들의 마음을 위로하려는 경향들이 많습니다. 이러한 교회에는 진정한 회심과 하나님의 능력이 나타나기 힘듭니다. 이러한 교회는 사람간의 관계가 풍성히 맺어지고 교제는 재미있을지 모르지만 하나님의 영광은 점점 사라지는 비극에 빠질 수 있습니다. 화려하고 찬란했던 예루살렘 성전에 사람들의 종교의식은 활발했을지 모르나 하나님은 그곳에서 떠나시고 바벨론을 통한 심판을 예비하셨던 것과 같은 일이 재현될 수도 있는 것입니다.

문제

1. 바울은 엡1:3 이하에서 하나님의 택자에 대한 예정을 말씀하고 있습니다. 그 특징을 설명해 보세요.
2. 알미니안주의는 사람의 자유의지를 중시한 나머지 하나님의 예정을 부정 내지 축소하고 있습니다. 캘빈주의와 비교해서 장단점을 말씀해 보세요.
3. 그리스도인들이 옛사람을 죽이고 새사람을 입어야 한다는 말씀을 바울의 "이미와 아직"의 관점에서 설명해 보세요.
4. 믿음의 공동체 내의 질서에 있어서 아내와 남편의 관계에 대한 바울의 가르침을 설명해 보세요.
5. 바울의 이루어진 종말에 대한 가르침을 설명해 보세요.
6. 신자들의 영적 싸움에 대한 바울의 가르침을 설명해 보세요.

참고서적

마틴 로이드 존스, 에베소서 강해. 서문강, 지상우역. 기독교문서선교회, 2007.

존 스토트, 에베소서 강해: 하나님의 새로운 사회 - BST시리즈. 정옥배역. IVP, 2007.

Harold W. Hoehner, *Ephesians: An Exegetical Commentary.* Baker, 2002.

Peter T. O' Brien, *Letter to the Ephesians Pillar New Testament Commentary.* Apollos, 1999.

John MacArthur, *The MacArthur Bible Studies: Ephesians Macarthur Study Guide.* Thomas Nelson, 2006.

F. F. Bruce, *The Epistles to the Colossians, to Philemon, and to the Ephesians NICNT Eerdmans,* 1984.

James M. Boice, *Ephesians: An Expositional Commentary.* Baker, 2006.

Klyne Snodgrass, Karen Lee-Thorp, & Karen H. Jobes, *Ephesians: Living the Faith Bringing the Bible to Life.* Zondervan, 2008.

Andrew T. Lincoln, *Ephesians WBC 42.* Thomas Nelson, 1990.

Ralph P. Martin, Ephesians, Colossians, and Philemon Interpretation, *a Bible Commentary for Teaching and Preaching.* Westminster Press, 1992.

Tom Wright, *Paul for Everyone: the Prison Letters: Ephesians, Philippians, Colossians, Philemon.* Westminster John Knox Press, 2004.

R. C. Sproul, *Purpose of God - Ephesians.* Christian Focus, 2006.

Sinclair Ferguson, *Let' s Study Ephesians Let' s Study.* Banner of Truth, 2005.

D. Martyn Lloyd-Jones, *Exposition of Ephesians.* 8 vols. Baker, 1998.

John Calvin, *Calvin' s Bible Commentaries: Galatians and Ephesians.* Forgotten Books, 2007.

________. Sermons on Ephesians. Banner of Truth, 1974.

Warren W. *Wiersbe, Ephesians: Gaining the Things that Money Can' t Buy The Wiersbe Bible Study Series.* David C. Cook, 2009.

17
빌립보서

1. 저자

빌립보서 1:1절에서 밝히듯이 이 서신은 바울이 기록한 것이 분명하며 전통적으로 이에 대해 이견을 다는 사람은 없습니다. 그러나 마틴R. P. Martin은 빌립보서 2:5~11절을 히브리적인 개념에 바탕을 둔 초기 찬송가의 가사로 생각하며 나중에 바울이 이 서신에 삽입했을 것으로 추측합니다.[28] 사실 몰페이(형태), 할파그모스(붙잡을만한 것), 후페룹소오우(가장 높이 높인다) 등의 단어는 바울의 다른 서신들에는 사용되지 않은 단어들이고 이 문단의 리듬은 히브리 시를 연상하게 합니다. 하지만 이 사실이 이 구절이 바울 이전부터 내려오던 찬송가 시라는 사실을 입증하지는 못합니다. 칼슨은 바울의 서신 속에도 특정 문단에 일군의 특별한 단어들이 집중적으로 사용된 구절들이 발견되며 또한, 리듬이 있는 시적 형태의 구절이 포함된 부분들이 있다고 말합니다.고전1:26~31; 고후11:21~29 [29] 그리고 이 찬송가시도 이전에 바울이 써 두었다가 빌립보서를 쓰면서 사용한 것일 수도 있다는 것입니다.

빌립보서 2:5~11절에 나타난 예수 그리스도의 선재preexistence와 강림, 그리고 십자가의 고난과 높임을 받으심 등의 가르침은 바울이 다른 서신들에도 분명히 가르치는 내용으로써 바울 자신의 가르침이라고 보아야 합니다. 그리고 이 짧은 구절 속에 바울이 다른 서신들에서 가르치는 내용이 다 포함되지 않았다는 이유로 이 구절이 바울이 쓴 구절이 아니라고 주장하는 것은 바울이 상황에 따라서 특정한 구절에 강조하고 싶은 내용을 삽입할 자유가 없다고 말하는 것과 같습니다. 따라서 우리는 전통적인 견해를 따라서 빌립보서의 바울 저작설을 정설로 믿습니다.

2. 바울은 어느 도시에서 빌립보서를 썼을까?

바울이 빌립보서를 감옥에서 썼는데 어느 도시의 감옥이었나를 상상해 보는 일은 바울의 생애와 전도여행에 대한 포괄적 지식을 바탕으로 가능합니다. 학자들은 에베소, 가이사랴, 로마, 고린도 등을 제시하는데 각 가설이 장단점이 있습니다. 하지만 우리가 빌립보서에 나타난 바울의 상황에 완전히 들어맞는 도시를 맞추기는 쉽지 않습니다. 빌립보서가 밝히 말하는 것은 바울이 이 도시의 감옥에 갇혀서 임박한 죽음을 기다리고 있다는 것, 예루살렘의 빈곤한 성도를 위한 구제 헌금에 대해서 강조하지 않는 시점이라는 것, 바울이 있던 그 도시와 빌립보는 멀지 않은 거리에 있었을 것이라는 것 등입니다. 그렇다면 바울은 이 서신을 3차 전도여행이 끝나고 썼을 가능성이 많고, 3차 전도여행 후 그가 감옥에 갇혀서 임박한 죽음을 기다리고 있던 로마가 이 서신의 발송지로써 가장 가능성 있는 도시입니다.

3. 빌립보서를 쓴 목적

⑴ 감옥에 갇힌 바울이 빌립보 교인들에 대한 애정을 가지고 현재 자신이 감옥에 갇혀 있고 죽음을 앞두고 있지만, 즐거워하고 있다는 것을 말함으로써 그들을 안심시키려 함, ⑵ 인본주의적인 가르침으로 성도들을 실족하게 하는 유대주의 선생들을 경계하게 하려고, 혹은 ⑶ 바울은 자신을 위해서 사랑의 헌금을 한 빌립보 교인들에게 감사하기 위해서 이 편지를 썼을 수도 있습니다.

이러한 목적 이외에도 바울은 빌립보 교인들에게 자신의 고난에 동참할 것을 권면 하려고 이 편지를 썼던 것 같습니다. 할례당 때문에 성도들이 핍박 속에 던져지는 상황에서 바울은 우리가 그리스도를 믿는 것은 그를 믿을 뿐 아니라 고난도 함께 받게 하려 함이라고 상기시키면서 자신을 본받으라고 권면 합니다.[빌1:29] 우리가 핍박을 두려워하지 말아야 하는 이유로서 바울은 우리 시민권이 하늘에 있다는 것을 말씀하고 있습니다.빌3:20 그리고 나아가 우리는 하늘로부터 재림하셔서 우리의 낮은 몸을 자기의 영광의 몸의 형체와 같이 변하게 하실 분 예수 그리스도를 기다리기 때문이라는 것을 상기시키고 있습니다.빌3:21

4. 그리스도의 형상을 본받음

⑴ 예수 그리스도는 근본 하나님의 본체이셨으나, 하나님과 동등 됨을 취할 것으로 여기지 아니하시고 오히려 자기를 비어 종의 형체를 가져 사람들과 같이 되셨습니다. 그리고 사람의 모양으로 나타나셨고 자기를 낮추시며 죽기까지 복종하셨으니 이는 곧 십자가에서 돌아가신 것입니다. 그 결과 하나님께서는 예수님을 지극히 높이셔서 모든 이름 위에 뛰어난 이름을 주셨는데 하늘에 있는 자들과 땅에 있는 자들과 땅 아래 있는 자들의 모든 무릎을 예수의 이름에 꿇게 하시고 모든 입으로 예수 그리스도를 주라 시인하여 하나님 아버지께 영광을 돌리게 하셨습니다.빌2:6~11

⑵ 이처럼 우리도 서로 남을 나보다 낫게 여기고 다른 사람의 일을 돌보아야 합니다. 바울은 내게 사는 것도 그리스도니 죽는 것도 유익하다고 고백했습니다.빌1:21 이는 그리스도와 함께 있는 죽음 이후의 삶이 이 땅에서의 삶보다 더 영광되고 행복한 삶인 것을 알았기 때문입니다. 그렇다고 바울이 비관주의나 염세주의자라고 할 수는 없습니다. 왜냐하면, 바울은 이 땅에 사는 것이 그 제자들의 영적 유익을 위해서 더 낫다는 것을 알고 이 땅에서 계속 그리스도를 위해 고난받는 삶을 살았기 때문입니다. 바울은 말씀합니다: "그리스도를 위하여 너희에게 은혜를 주신 것은 다만 그를 믿을 뿐 아니라 또한 그를 위하여 고난도 받게 하려 하심이라"빌1:29 따라서 바울의 이 땅에서의 삶은 안이한 삶이 아니라 고난받는 삶이었고 이는 그리스도의 고난에 동참하는 삶이었습니다. 이 삶은 제자들에게는 고난의 본을 보이는 삶이었으며 그들의 믿음에 진보를 가져오게 하는 본보기가 되는 삶이었습니다.

5. 빌립보의 거짓교사들

바울을 대항하는 빌립보 교회의 거짓교사들의 특징은 그들이 그리스도인들이었으며 하나님의 말씀을 말하고 그리스도를 가르치는 교사들이었다는 것입니다.빌1:14~17; 2:21 하지만, 이들은 자신들의 이익을 위해서 말씀을 이용하는 자들이었지 진정으로 예수님을 위하는 자들은 아니었습니다.빌1:15~18 이들은 유대주의자들일 가능성이 많습니다. 그들은 자신들의 육체를 신뢰하는 자들이었는데 이는 그들이 할례를 받아야 구원을 받는다고 가르친 것을 말합니다.빌3:2~3

바울은 이들에 대해서 호된 질책을 합니다. 이들은 그리스도의 십자가의 원수가 되어 행하는 자들이라고 바울은 눈물을 흘리며 말합니다.빌3:18 그리고 바울은 저희의 마침은 멸망이요 저희의 신은 배요 그 영광은 저희의 부끄러움에 있고 저희는 땅의 일을 생각하는 자들이라고 탄식합니다.빌3:19 저희 신은 배라는 것은 그들이 어떤 음식은 먹어도 좋고 어떤 음식은 금한다는 규율을 가지고 율법적 완전주의를 추구한 것을 말합니다. 이는 영지주의적 금욕주의를 연상하게 합니다. 요약하면, 이들은 유대인들이었으며 그 배경에 자랑할 만한 것들이 있었고 그리스도를 믿는다고 하면서도 유대주의 법을 떠나지 못하고 그것을 철저히 지킬 것을 강요했으며 영지주의적 색채를 띤 이단들이었다는 것을 알 수 있습니다.

바울은 거짓교사들의 잘못된 교리를 밝혀내며 이 대신 바른 구원론을 제시하고 있습니다: “그 안에서 발견되려 함이니 내가 가진 의는 율법에서 난 것이 아니요 오직 그리스도를 믿음으로 말미암은 것이니 곧 믿음으로 하나님께로부터 난 의라 내가 그리스도와 그 부활의 권능과 그 고난에 참여함을 알고자 하여 그의 죽으심을 본받아”빌3:9,10 우리의 받을 구원은 율법을 지킴으로서가 아니라 오직 그리스도를 믿음으로 말미암는다는 것을 바울은 강조하고 있습니다. 이는 에베소서 2:8~9절의 말씀과 병렬되는 구절로써 사실상 빌립보서의 요절이라고 할 수 있습니다. 즉 우리의 구원은 자신의 행위로 된 것이 아니고 하나님의 은혜로 된 것이라는 것입니다. 이는 구원의 저자는 하나님이시라는 말씀입니다. 바울은 이 진리를 빌립보서 1:6절에 이미 말씀해 놓고 있습니다: "너희 안에서 착한 일을 시작하신 이가 그리스도 예수의 날까지 이루실 줄을 우리는 확신하노라" 여기서 착한 일은 바울을 돕기 위한 헌금이 아니라 하나님이 시작하신 구원의 일이라고 보는 것이 바른 해석입니다. 즉 하나님께서 시작하신 구원은 하나님께서 종말에 완성해 주신다는 것입니다. 이 해석에 따르면 우리는 구원을 위해서 이바지할 부분이 별로 없는 듯이 보입니다. 그리고 빌립보서 2:12절의 말씀과 모순되어 보입니다.

빌립보서 2:12~13절에서 바울은 "그러므로 나의 사랑하는 자들아 너희가 나 있을 때 뿐 아니라 더욱 지금 나 없을 때에도 항상 복종하여 두렵고 떨림으로 너희 구원을 이루라 너희 안에서 행하시는 이는 하나님이시니 자기의 기쁘신 뜻을 위하여 너희에게 소원을 두고 행하게 하시나니" 라고 말씀합니다. 2:12절의 구절은 언뜻 보면 구원을 우리가 자신의 힘으로 이루라는 말씀을 하는 듯하지만 2:13절의 구절을 보면, 사실은 각자가 구원을 이루는 것은 하나님의 은혜가 선행되기 때문에 가능하다는 것을 말씀하고 있습니다. 즉 하나님께서 이미 우리 안에 구원을 시작하셨고 하나님께서 완성하실 것이기 때문에 우리가 두려움과 떨림으로 구원을 이루는 삶을 살아야 한다는 것입니다. 이는 구원을 위해 하나님과 사람이 협력한다는 것을 말씀하는 것이 아닙니다. 혹은 우리의 행위로써 구원을 이루어야 한다는 것을 말씀하는 것도 아닙니다. 바울은 이미 이루어진 칭의를 바탕으로 그리스도인으로서 거룩한 삶을 살라는 권면을 하는 것입니다. 이는 칭의를 받은 그리스도인의 윤리적 삶을 말씀하는 것이며 빌립보서 안에서는 2:1~5, 4:4~9절에 잘 설명되어 있습니다.

6. 주 안에서의 바른 삶의 자세

(1) 바울은 우리가 주안에서 항상 기뻐하라고 말씀합니다.빌4:4 우리는 아무것도 염려하지 않고 모든 일에 기도와 간구로, 우리 구할 것을 감사함으로 하나님께 아뢰어야 합니다.빌4:6 그리하면 모든 지각에 뛰어나신 하나님의 평강이 그리스도 예수 안에서 우리 마음과 생각을 지키실 것입

니다.빌4:7 여기서 바울은 기도의 응답을 즉각적인 물질 축복이나 치유 등으로 나타나는 응답이라고 말씀하지 않고, 하나님의 평강이 우리 마음과 생각을 지키시는 것을 응답이라고 가르치고 있습니다. 이는 우리 마음에 하나님의 평강이 있는 것이 지고한 축복의 경지라는 말씀입니다. 다른 것들은 있어도 되고 없어도 되는 것들 일 뿐입니다. 바울은 비록 고난을 당하는 몸이지만, 자신이 고난으로부터 해방되는 것을 구하지 않았습니다. 그는 그가 받는 고난을 예수 그리스도의 고난에 동참하는 것으로 여겼습니다. 그리고 제자들에게도 자신의 고난에 동참한 것을 칭찬했습니다: "그러나 너희가 내 괴로움에 함께 참여하였으니 잘하였도다"빌4:14

⑵ 빌립보 교인들은 바울이 감옥에서 쓸 것을 공급했는데 자신들도 곤궁한 상태에서 힘에 지나도록 헌금을 했기 때문에 그들이 겪는 간접 고난도 컸습니다. 고린도후서 8:1절에 바울은 이렇게 증거합니다: "형제들아 하나님께서 마게도냐 교회들에게 주신 은혜를 우리가 너희에게 알리노니 환난의 많은 시련 가운데서 그들의 넘치는 기쁨과 극심한 가난이 그들의 풍성한 연보를 넘치도록 하게 하였느니라 내가 증언하노니 그들이 힘대로 할 뿐 아니라 힘에 지나도록 자원하여 이 은혜와 성도 섬기는 일에 참여함에 대하여 우리에게 간절히 구하니 우리가 바라던 것뿐 아니라 그들이 먼저 자신을 주께 드리고 또 하나님의 뜻을 따라 우리에게 주었도다" 고후8:1~5

이 구절에서 바울은 예루살렘의 가난한 성도들을 위해 구제헌금을 한 빌립보 교회성도들을 칭송하면서 고린도 교회성도들도 이들을 본받아 구제헌금에 동참하라고 권면하고 있습니다. 우리가 하는 구제헌금은 하나님의 뜻인데 이는 하나님의 구제를 본받는 것입니다. 즉 하나님께서 예수 그리스도를 우리에게 주시고 그의 돌아가심으로 우리가 구원받게 하신 것은 영적 기아 속에 버려져 있던 우리를 위한 구제에 비유되고 있습니다. 따라서 가난한 성도를 돕는 것은 하나님의 형상을 본받는 것이고 하나님께 드려지는 희생의 제물과 같은 것입니다. 바울은 빌립보 교인들에게 감사한 마음을 이렇게 썼습니다: "내게는 모든 것이 있고 또 풍부한지라 에바브로디도 편에 너희가 준 것을 받으므로 내가 풍족하니 이는 받으실 만한 향기로운 제물이요 하나님을 기쁘시게 한 것이라 나의 하나님이 그리스도 예수 안에서 영광 가운데 그 풍성한 대로 너희 모든 쓸 것을 채우시리라" 빌4:18~19

문제

1. 바울이 빌립보서를 쓴 목적에 대해서 설명해 보세요.
2. 바울의 가르침에서 그리스도의 형상을 본받는 것이 무엇인지 설명해 보세요.
3. 빌립보 교회에서 준동한 거짓교사들의 정체에 대해서 묘사해 보세요. 그리고 오늘 교회에도 거짓교사들의 준동이 있는데 예를 들어 보세요.
4. 빌립보 교회 성도들은 힘에 지나도록 구제헌금에 동참했습니다. 구제헌금의 깊은 의미에 대해서 설명해 보세요.
5. 바울은 빌립보 교회 성도들도 고난에 동참하도록 권면하고 있습니다. 오늘날 우리가 예수님을 믿음으로 고난을 당할 수 있다면 어떤 고난이 있을지 함께 생각해 보세요.

참고도서

알렉 모티어, 빌립보서 강해: 항상 기뻐하라 - BST 시리즈. 정옥배역. IVP, 2008.
목회와 신학 편집부, 빌립보서-빌레몬서 어떻게 설교할 것인가 - 두란노 How 주석 시리즈 44. 도서출판 두란노, 2007.
그랜트 오스본, 적용을 도와주는 빌립보서, 골로새서, 빌레몬서 - LAB 주석시리즈, 성서유니온선교회, 2007.
박성민, 복음이 이끄는 삶 - 사도바울의 뜨거운 복음을 향한 열정의 메시지(빌립보서). 순출판사, 2005.
제랄드 호돈, 빌립보서 - WBC 성경주석 43. 채천석역. 도서출판 솔로몬, 1999.
합동신학교 출판부, 빌립보서 주해. 합동신학대학원출판부, 1997.
Gordon D. Fee, *Paul's Letter to the Philippians*. NIGNT. Grand Rapids: Eerdmans, 1995.
D. A. Carson, *Basics for Believers: An Exposition of Philippians*. Grand Rapids: Baker, 1996.

John MacArthur, *The MacArthur Bible Studies: Philippians MacArthur Bible Study*. Thomas Nelson, 2007.
Frank Thielman, *Philippians The NIV Application Commentary*. Grand Rapids: Zondervan, 1995.
Moises Silva, *Philippians Baker Exegetical Commentary on the New Testament*. Grand Rapids: Baker, 2005.
James Montgomery Boice, *Philippians Expositional Commentary*. Grand Rapids: Baker, 2006.
Peter T. O' Brien, *Epistle to the Philippians: A Commentary on the Greek Text*. NIGTC Paternoster Press, 1991.
R. Kent Hughes, *Philippians: The Fellowship of the Gospel Preaching the Word*. Crossway Books, 2007.
Markus Bockmuehl, *The Epistle to Philippians*. Hendrickson, 1998.
Warren W. Wiersbe, *Philippians: Even When Things Go Wrong You Can Have Joy Wiersbe Bible Studies*. David C. Cook, 2007.
Gordon D. Fee, Grant R. Osborne, D. Stuart Briscoe, and Haddon Robinson, Philippians IVP New Testament Commentary Series, IVP, 1999.
Ralph P. Martin, *Philippians: An Introduction and Commentary Tyndale New Testament Commentaries*. IVP, 2008.
_________. *A Hymn of Christ: Philippians 2:5-11 in Recent Interpretation & in the Setting of Early Christian Worship*. IVP, 1997.
Tom Wright, *Paul for Everyone: The Prison Letters: Ephesians, Philippians, Colossians, Philemon*. Westminster John Knox, 2004.
Sinclair B. *Ferguson, Let' s Study Philippians Let' s Study Series*. Banner of Truth, 1998.
John MacArthur and John F. MacArthur, *Philippians*. Moody Publishers, 2001.
Frederick Fyvie Bruce, *New International Biblical Commentary: Philippians New Testament Series*. Hendrickson, 1989.
Howard Marshall, *Epistle to the Philippians Epworth Commentary Series*. Epworth Press, 1993.

18
골로새서

1. 저자

골로새서 1:1에서 밝히듯이 골로새서는 바울이 쓴 서신입니다.골1:23 참고 지난 세기에 불트만과 그의 제자들이 이의를 제기하기 전까지는 골로새서의 바울 저작은 의심되지 않았습니다.[30] 이들이 골로새서의 바울 저작설에 이의를 다는 것은 첫째, 이 서신에 사용된 헬라어가 바울의 스타일이 아니며 많은 하팍스가 사용되고 있다는 것입니다.[31] 하지만 이 점이 바울 저작설을 뒤집지는 못합니다. 바울은 골로새서에서 이단에 대항해 논박하는 내용을 담고 있기 때문에 그러한 독특한 문체를 사용하게 되었을 것입니다. 대개 글을 쓰는 역사적 정황이 달라지고 그 내용이 달라지면 그 글에서 사용하는 단어와 문체도 달라지는 것은 당연합니다. 둘째, 골로새서에는 칭의, 율법, 구원, 의와 같은 전형적인 바울적인 단어가 포함되지 않았다는 것입니다. 하지만 칼슨도 지적하듯이 이 점은 골로새서의 바울 저작설을 부정하지 않습니다. 왜냐하면, 모든 바울서신들이 바울이 사용한 모든 언어를 항상 포함해야 하는 것은 아니기 때문입니다. 만일 바울 자신이 아니라 바울의 제자가 이 서신을 쓰고 나서 바울을 저자로 제시하려 했다면 그는 오히려 바울의 신학을 남김없이 다 포함하려고 했을 것입니다.

셋째, 비평학자들은 골로새서가 에베소서의 내용과 문학구조를 빼닮았기 때문에 이 두 서신 중 하나는 모방 서신일 것이라고 주장합니다. 하지만 바울이 에베소서를 쓰고 라오디게아와 히에라폴리스의 교회의 성도들에게 에베소서를 바탕으로 약간 다른 단어와 내용을 가미해서 쓴 골로새서를 보냈을 것이라고 상상하는 것은 어렵지 않습니다. 그리고 골로새서의 작별인사 부분골4:10~14과 빌레몬서 1:23~24절을 비교해 보면 빌레몬서의 중요한 인물인 오네시모가 골로새서 4:9절에 언급되어 있고, 아킵보도 두 서신에 언급되어 있습니다. 그리고 두 서신은 아리스다고, 마가, 에바브라, 누가, 데마의 안부를 담고 있습니다. 이들은 모두 바울의 제자들로서 바울이 이 서신을 쓸 때 그와 함께 있던 자들이었습니다. 이 모든 점을 고려해 볼 때 우리는 바울이 골로새서를 썼다는 것을 알 수 있습니다.

2. 바울이 어느 도시에서 골로새서를 썼을까?

로마나 가이샤라도 가능성이 있지만 에베소가 더 타당한 가설입니다. 바울이 골로새에 머물고자 하는 계획은 바울이 골로새에서 멀지 않은 곳에 있는 에베소에서 편지를 쓰고 있다는 것을 말해 줍니다. 많은 바울의 동역 자들이 바울이 머무는 곳에 운집해 있다는 것은 이곳이 로마나 가이샤라가 아니라 에베소였다는 것을 밑받침해 주고 있습니다.

3. 골로새교회에 출몰한 이단

이단들은 전통에 근거한 철학을 설파하던 자들이었습니다.골2:8 그들이 사용한 언어는 바울의 표현을 통해서 짐작할 수 있습니다: "모든 충만"골2:9, "겸손함과 천사숭배함"골2:18, "붙잡지도 말고 맛보지도 말고 만지지도 말라"골2:21, "자의적 숭배와 겸손과 몸을 괴롭게 하는"골2:23. 여기서 충만이란 명사는 헬라어로 플레이로우마인데 영지주의자들이 즐겨 썼던 단어입니다. 바울은 이 단어가 오직 예수 그리스도의 충만을 나타내는 데 쓰일 때 합당한 단어임을 말씀하고 있습니다. 이들의 겸손은 마음으로부터의 진정한 겸손이 아니라 의식으로 표현된 가식적 겸손이었습니다. 그리고 이들은 천사를 숭배하고 있었는데 이 천사는 좋은 천사라기보다는 타락한 천사들을 가리키고 있다고 볼 수 있습니다. 붙잡지도 말고 맛보지도 말고 만지지도 말라는 것은 먹고 마시는 것을 금지하는 것으로 이들의 금욕주의를 가리키는 언어입니다. 영지주의의 한 분파는 금욕적 삶을 살았는데 이것이 성性적 금욕까지 포함했었는지는 확실하지 않습니다. 하지만 만지지 말라는 동사는 그러한 의미를 내포하고 있다고도 볼 수 있습니다.

그러면 이들의 정체는 무엇이었을까요. 학자들은 그들이 이방의 신비주의교, 혹은 영지주의화 된 유대교, 혹은 영지주의적인 에센파 유대주의 등의 이론을 제시합니다. 이외에도 이 이단들은 금욕적이고 신비적인 형태의 유대 경건주의자들이었다는 설도 있습니다. 이들은 음식 법을 준수했고 안식일과 유대의 절기를 준수했던 자들로써 유대인들이었거나 유대주의로 개종한 이방인들이었음이 분명합니다.

4. 그리스도의 최상위의 지고함

(1) 예수님은 보이지 아니하시는 하나님의 형상이요 모든 창조물보다 먼저 있는 분이십니다.골1:15 창세기 1:26~27절에 하나님께서 아담과 이브를 창조하실 때는 하나님의 형상으로 창조하셨다고 말씀합니다. 이와 대조적으로 골로새서 1:15절은 예수님께서는 보이지 아니하시는 하나님의 형상이라고 말씀합니다. 이는 예수님께서 보이지 않으시는 영적인 하나님의 속성을 가지신 것을 나타내고 있습니다. 즉 예수님께서는 하나님께서 창조하신 피조물이 아니라 처음부터 하나님과 함께 계신 분이셨습니다. 요한은 요한복음 1:1절에서 예수님을 하나님과 함께 계신 말씀이라고 말씀하는데, 요한과 바울이 다른 언어를 사용하지만, 모두 예수님의 선재preexistence를 표현하는 것입니다. 바울은 예수님께서 만물의 창조자이시라고 말씀합니다. 주님께서 이 우주의 모든 것을 창조하셨는데, 이에는 천사들도 포함됩니다. 즉 하늘과 땅에서 보이는 것들과 보이지 않는 것들, 혹은 보좌들이나 주관들, 정사들이나 권세들, 만물이 다 그로 말미암고 그를 위하여 창조되었습니다.골1:16

하나님의 만물 창조 시 예수님께서 대리인이 되신 것은 잠언서의 지혜의 전통을 반영하는 것으로 생각하는 사람들이 있습니다. 잠언서는 하나님께서는 세상을 창조하실 때 지혜도 함께 있었으며 하나님께서 이 지혜를 따라서 창조의 일을 완성하셨다고 말씀합니다.잠8:22~25 그런데 잠언 8장과 골로새 1장의 차이점은 하나님께서는 만물을 그리스도를 위해서 창조하셨고 그리스도에게 복종하게 하시려고 창조하셨는데, 잠언서는 하나님께서 만물을 지혜를 위해서 창조하셨고 지혜에게 복종하게 하려고 창조하셨다고 말씀하지는 않고 있습니다. 잠언의 지혜는 개인이 아니고 의인화된 개념입니다. 지혜는 교회의 머리가 아니지만, 그리스도는 교회의 머리이십니다. 따라서 바울의 그리스도론과 잠언서의 지혜론에는 공통점이 별로 없고 바울은 요한복음 1장의 로고스 개념과 같은 기독론을 가르치고 있다고 볼 수 있습니다.

⑵ 예수님은 빛과 어둠을 창조하셨습니다. 하지만 악은 창조하지 않으셨습니다. 악은 사탄으로부터 생겨났습니다. 그리고 원죄 이후 사람들의 마음에서 생겨나는 생각이요 이의 표면화된 행동들입니다. 예수님의 창조는 우주적이며 천사의 창조도 포함하는데 천사는 악한 천사도 포함합니다. 하지만 이는 예수님께서 악한 천사를 처음부터 창조하신 것은 아닙니다. 본래 예수님께서는 착한 천사를 창조하셨지만, 이들이 악해져서 하나님의 주권에 도전하게 된 것입니다. 바울은 이들을 묘사하면서 네 개의 명사를 사용합니다. 첫째, 보좌들쓰로노이, 골1:16은 이 악한 천사들도 하나님의 흉내를 내며 자신들의 보좌에 앉아 있다는 것을 말합니다. 다니엘 7:9절은 하나님의 법정에 놓인 보좌를 말합니다. 골로새의 이단들은 천사를 숭배했는데골2:18 바울은 바로 이를 말씀하면서 보좌에 앉아 있고 너희가 숭배하는 그 악령들도 원래는 예수님의 창조물이라는 것을 말씀하는 것입니다. 둘째, 주관들(쿠리오테이스)은 권력자 혹은 다스리는 자들이란 뜻입니다. 이는 나라들을 다스리는 신들인데 이 영물들도 예수님의 창조물이라는 것입니다. 셋째, 정사들(알케이)은 흔히 지배자를 가리킵니다. 넷째, 권세들(엑수시아)은 힘 있는 자들 혹은 권세 있는 자들을 말합니다. 이처럼 이 악한 천사들은 팔짱 끼고 아무 일도 하지 않는 것이 아니라 이 땅의 왕들을 다스리고 하나님의 왕국을 훼방하는 일을 하고 있습니다. 이러한 어둠의 영들도 원래는 예수님의 창조물이었다가 타락한 천사들이라

는 것입니다.

바울이 사용한 보좌들 주관들, 정사들, 권세들이란 표현은 하나의 숙어인데 로마서와 고린도전서에서도 사용하고 있습니다. 바울은 이 표현을 골로새서에서 8번 사용하고 있고 에베소서에서는 11번 사용하고 있습니다. 이는 골로새 지방에 이 타락한 천사를 숭배하는 접신학theosophy을 믿는 이단들이 많이 퍼져 있었고 바울은 성도들에게 이들을 경계하면서 창조주이신 예수님을 경배해야 한다고 말씀하는 것입니다.

(3) 바울은 또 예수님을 죽은 자들 가운데서 먼저 나신 자라고 표현합니다.골1:18 여기서 먼저 나신 자firstborn라는 말씀은 예수님께서 부활한 자 중 처음 태어난 분이라는 뜻이 아니고 예수님께서 모든 부활한 자 중 처음으로 부활하신 분이시고 그들 중 으뜸이 되셨다는 뜻입니다. 나사로나 야이로의 딸처럼 예수님 이전에도 육체적으로 부활한 자들이 있었습니다. 하지만, 이들은 부활 후 얼마 동안 살다 다시 죽었습니다. 하지만 예수님은 부활 후 하늘로 승천하셨습니다. 따라서 먼저 나신 자라는 것은 시간상으로 먼저 나셨다는 것을 뜻하는 것이 아니라 예수님의 으뜸이심 즉, 최고supremacy를 표현하는 말씀입니다. 시편 89:27절은 "내가 또 그를 장자로 삼고 세상 왕들에게 지존자가 되게 하며"라고 말씀합니다. 이 구절에서 장자를 삼는다는 말은 영어로 firstborn(히브리어로 버콜)이라고 번역되었습니다. 이 표현은 같은 구절에 나오는 "으뜸이 되게 하며"라는 표현과 병렬적 관계에 있습니다. 이 구절을 통해 먼저 나신 자라는 뜻은 으뜸이 되셨다는 뜻이라는 것을 알 수 있습니다.

(4) 예수님은 그 몸 된 교회의 머리이십니다.골1:18 그는 근본이시오, 죽은 자 가운데서 제일 먼저 나셨는데 이는 예수님께서 만물의 으뜸이시기 때문입니다. 하나님께서는 모든 충만(플레이로우마)으로 예수 안에 거하게 하셨습니다.골1:19; 2:9; 고전10:26,27 에베소서 1:22~23절은 그리스도의 충만함이 모든 것을 채우신다고 말씀합니다. 골로새서에서 하나님의 모든 충만이 예수 안에 거하신다는 것은 하나님의 모든 신적 속성이 예수 안에 거하신다는 말씀입니다. 예수님은 완전한 하나님이시라는 헬라어 표현입

니다.

예수께서는 그 자신의 십자가의 피로 화평을 이루셔서 하늘에 있는 것들이나 땅에 있는 것들 모두 자기와 화목해지는 것을 기뻐하셨습니다. 따라서 전에 원수 되었던 우리를 그 십자가에서의 돌아가심을 통해 화목하게 하시고 우리를 거룩하고 흠 없고 책망할 것이 없는 자로 자신 앞에 설 수 있도록 하셨습니다. 우리가 믿음 안에 거하고 그 터 위에 굳게 서서 복음의 소망에 흔들리지 않으면 그렇게 될 것입니다.골1:20~23

5. 그리스도인의 새 생명과 성화의 삶

(1) 위에서 말씀한 대로 골로새에는 이단들이 헛된 가르침을 퍼트리고 있었고 성도 중에는 이들의 가르침을 따르는 자들이 있었습니다. 거짓 교사들은 그리스도로부터 받은 죄 씻음의 축복을 무시하고 사람의 전통/유전을 좇아야 한다고 가르쳤습니다. 곧 전통에 따라 먹고 마시며 절기나 월삭이나 안식일도 전통에 따라서 지켜야 한다고 가르쳤습니다. 그들은 또 천사를 숭배하게 하고 의식적 겸손(자기 비하)을 실천하게 했습니다.골2:18 이들은 또 붙잡지도 말고 맛보지도 말고 만지지도 말라고 가르쳤습니다.골2:21 이는 금욕주의를 가리키는 것인데 디모데전서 교회에는 부부간의 사랑을 금하는 거짓 선생도 있었습니다.고전7:1 바울은 이에 대해 이렇게 책망합니다: "이런 것들은 자의적 숭배와 겸손과 몸을 괴롭게 하는 데는 지혜 있는 모양이나 오직 육체 따르는 것을 금하는 데는 조금도 유익이 없느니라"골2:23

(2) 성도들은 이런 잘못된 종교적 의식을 실천해서는 안 됩니다. 우리 신자들은 예수께서 현재 앉아 계시는 위의 것을 찾아야 합니다.골3:1 우리는 위의 것을 생각하고 땅에 것을 생각하지 말아야 합니다. 왜냐하면, 우리가 예수 안에서 죽었고 우리 생명이 그리스도와 함께 하나님 안에 감추어졌기 때문입니다.골3:3 우리의 생명이 하나님 안에 감추어졌다는 말씀은 우리가 영적으로 하나님 앞에 살아 있는 자들이라는 뜻입니다. 이 영적 생명은 예수님께서 재림하실 때 부활로써 나타납니다. 이 부활은 땅에서

이루어 지지 않습니다. 죽은 신자의 몸은 땅속에서 분해되어 존재하지 않습니다. 그래서 부활은 하나님께서 주신 생명이 위로부터 나타나는 것입니다. 바울은 "우리 생명이신 그리스도께서 나타나실 그 때에 너희도 그와 함께 영광 중에 나타"날 것이라고 말씀합니다.골3:4

그 부활을 기다리는 우리는 현재 육신적으로는 죽어 있는 사람들입니다: "이는 너희가 죽었고"골3:3 죽어 있는 사람은 육신의 욕망에 따라서 살 수 없습니다. 따라서 우리는 땅에 있는 지체를 죽여야 합니다.골3:5 이는 곧 음란과 부정과 사욕과 악한 정욕과 탐심입니다. 하나님의 진노가 이 모든 악한 것들 위에 임하게 됩니다. 이제 성도는 이 모든 것들과 함께 분과 악의와 훼방과 입의 부끄러운 말과 거짓말과 옛 사람과 그 행위를 벗어버려야 합니다. 그리고 하나님의 택하신 거룩하고 사랑하신 자처럼 긍휼과 자비와 겸손과 온유와 오래 참음을 옷 입고 누구에게 죄가 있으면 용서해야 합니다.

무엇보다도 성도는 사랑해야 합니다. 그러면 그리스도의 평강이 우리 마음을 주장하게 될 것입니다.골3:12~15 성도들은 그리스도의 말씀이 우리 속에 풍성히 거하여 모든 지혜로 피차 가르치며 권면하고 시와 찬미와 신령한 노래를 부르며 마음에 감사함으로 하나님을 찬양하고 또 무엇을 하든지 말에나 일에나 다 주 예수의 이름으로 하고 그를 힘입어 하나님 아버지께 감사해야 합니다.골3:16~17

6. 믿음의 공동체 내의 질서

골로새서 3:18~4:1절은 에베소서 5:22~6:9절의 말씀 요약과 같습니다. 여기서 놀라운 것은 바울이 가르치는 가정의 질서의 구조가 변경되지 않고 그대로 유지되고 있는 것입니다. 즉 가정 질서의 기초는 부부관계에 있습니다. 부부관계의 중요성은 부자관계나 사회관계로서 대체될 수 없습니다. 그렇기에 바울은 에베소서에서와 같이 골로새서에서도 부부관계의 질서를 제일 먼저 가르치고 있습니다. 또 놀라운 것은 에베소서에서와 같이 골로새서에서도 아내들에 대한 가르침을 먼저 하고 있다는 사실입

니다: “아내들아 남편에게 복종하라”골3:18 그리고 남편들에게 이르기를 “남편들아 아내를 사랑하며 괴롭게 하지 말라“라고 말씀합니다. 이 구절에서 에베소서의 같은 구절에 볼 수 없는 가르침이 있습니다. 즉 아내를 괴롭게 하지 말라는 것입니다. 피크라이노우라는 동사는 화나게 하다라는 뜻입니다. 1세기의 남편들은 아내를 함부로 대해서 화나게 하는 일이 많았던 것 같습니다. 현대에도 예외는 아닐 것입니다. 바울은 남편들이 아내를 자기 몸처럼 사랑하도록 권면하고 있습니다.

부부간의 질서에 대한 가르침을 줄 때 바울은 골로새서 1장이나 2장에서 이를 다루지 않고 3장 18절부터 다루는데 이에 대한 이유는 깊습니다. 바울은 1장에서 예수 그리스도가 누구 신가를 분명히 말씀합니다. 예수님은 세상을 창조하신 하나님이십니다. 그리고 2장에서는 예수님을 부정하고 사람의 유전을 지키고 천사를 숭배하는 이단의 가르침을 경계하라고 경고합니다. 3:1절 이하에서는 바울은 새 생명을 얻은 성도가 어떻게 거룩한 삶을 살 수 있는가를 풀어서 가르치고 있습니다. 이후 3:18절 이하에서 가정생활의 질서를 다루고 있습니다. 바울의 가르침에 나타난 이 순서는 매우 의도적임을 우리는 알아야 합니다. 바울은 가정생활의 질서는 새 생명을 얻은 성도가 실현해야 할 질서로써 가르치고 있습니다. 이 가르침은 그리스도와 함께 죽고 그 생명이 그리스도와 함께 하나님 안에 숨기운 자들에게 해당하는 것입니다. 따라서 그리스도인들은 이 세상의 규범이나 관습 등에 기초해서 부부관계가 어떠해야 하는지 이해하고 실천해서는 안 됩니다. 바울의 가르침은 부부관계에서 우리가 따라야 할 하나님의 가르침입니다.

바울의 가르침이 현대인에게는 전근대적인 가르침처럼 보입니다. 왜냐하면, 현대에는 여성들이 남편과 함께 맞벌이를 해서 살아야 가정경제를 꾸려갈 수 있다고 생각하고, 이에 따라 가정에서 아내의 발언권은 커지고 남편의 권위는 그만큼 줄어들게 됩니다. 그래서 오늘날 바울의 가르침을 부부관계에 적용할 때 도전이 됩니다. 이 때문에 사람들은 바울의 가르침을 왜곡하기도 하고 약화시키기도 하고, 나아가 바울의 가르침을 현대인에게는 무의미한 낡은 고대의 가르침으로 여겨 버리기도 합니다. 하지만 우리 신자들이 알아야 하는 것은 바울의 이 가르침도 성경 말씀의 구원론이나 성화론처럼 같은 권위를 가지고 있다고 하는 사실입니다. 우리는 바울의 이 가르침을 영감이 덜 된 가르침으로 여기고 가볍게 취급하면 안 됩니다.

에베소서에는 가정생활의 질서에 대한 가르침의 문맥이 되는 중요한 구절이 있습니다. 즉 바울은 에베소서 5:21절에서 "그리스도를 경외함으로 피차 복종하라"고 미리 말씀해 놓습니다. 따라서 우리는 남편도 아내의 의견을 경청하고 그 뜻에 복종할 필요가 있음을 알 수 있습니다. 아내가 모든 일에 남편에게 복종해야 한다고 해서 남편이 아내의 의견을 무시하라는 말씀이 아닙니다. 남편이 아내의 의견을 경청하되 궁극적인 판단과 결정은 남편이 내리고 그 책임도 남편이 져야 한다는 것입니다. 권위에는 책임도 함께 따라옵니다. 하지만 어떤 남편들은 권위만 가지려 하고 책임지기를 싫어합니다. 이렇게 되면 가정의 질서는 흔들리게 됩니다.

또 엡 5:24절에서 바울은 아내가 범사엔 판티, in everything에 남편에게 복종하라고 했는데 만일 남편이 아내에게 십계명을 어기는 명령을 했더라도 남편을 복종해야 하나요. 그것은 아닙니다. 하지만, 예수님을 믿는 남편 중에 아내가 십계명을 어기는 행동을 하도록 강요하는 남편은 없을 것입니다. 성경 말씀에 많은 현숙한 아내들의 이야기가 있는데 그 중 야곱의 첫째 부인이었던 레아의 신앙을 통해 배울 점이 있습니다. 레아는 라반의 딸로서 라헬의 언니였습니다. 야곱이 라헬을 좋아해서 그녀와 결혼하게 되었습니다. 하지만 동생이 언니보다 먼저 혼인해서는 되지 않는 관습에 따라, 언니 레아가 야곱의 혼인 방에 떠밀려 들어갔습니다. 신혼 첫날밤을 치르고 난 야곱은 장막에서 나와 장인인 라반에게 따졌습니다. 내가 사랑하는 여자는 레아가 아니고 그 여동생 라헬이라고 말입니다. 라반은 야곱을 속이고 난 후, 그에게 라헬까지 아내로 주면서 야곱으로 하여금 자기를 위해 7년을 더 노동하게 했습니다. 야곱은 7년을 하루같이 일했지만 레아에게는 천 년과 같았을 것입니다. 창세기 44:27절에서 야곱은 그 아들 유다에게 말하기를 “내 아내가 내게 두 아들을 낳았다”고 말합니다. 여기서 내 아내는 라헬을, 두 아들은 요셉과 베냐민을 가리킵니다. 평생 야곱은 라헬을 자신의 아내로 여기고 살았다는 것이고, 이는 레아가 야곱과 결혼하고 한순간도 아내 취급을 받지 못하며 기구한 운명을 살았다는 말입니다. 하지만 레아는 참으며 살았고 때때로 생기는 자식 때문에 하나님께 감사하며 살았습니다. 그 결과 그 넷째 아들인 유다가 축복을 받게 되고 메시아가 요셉이나 베냐민 지파가 아닌 유다 지파에서 태어나는 구속사적 축복을 받게 된 것입니다. 이와같이, 믿음에 바탕을 둔 인고의 결혼생활은 아름다운 열매를 맺게 됩니다. 바울이 부부관계에 있어서 이렇게 실천하기 어려운 권면을 한 것은 이 권면을 받는 성도들의 옛 사람이 죽었고, 이제 새 생명을 얻어 거룩한 삶을 사는 사람들이 되었기 때문에 한 것입니다. 당장 현실이 괴로워 이혼하면 자유의 몸이 되는 것 같지만, 또 다른 고난 속으로 자신을 던지는 것과 같습니다. 그리고 신앙 인생의 인고 후 따라오는 아름다운 열매도 맺어지기를 기대할 수 없습니다.

이와 반면에 성경에 아내를 사랑하는 남편의 훌륭한 예가 있습니다. 마리아의 남편 요셉입니다. 그가 정혼한 아내 마리아가 임신했다는 사실을 알고 그는 가만히 혼인을 끊으려 했습니다. 그때 천사가 나타나 그녀가 성령을 통해 잉태했고 그 아들의 이름을 예수라 하라고 말했습니다.마1:21 이후 요셉은 마리아가 아들을 낳을 때까지 동침하지 않았고 아들 예수의 법적 아버지로서의 의무를 다했습니다. 유대사회에서 처녀가 정혼한 사람이 아닌 사람과 동침해서 임신했다면 돌에 맞아 죽게 되어 있었습니다. 요셉이 믿음이 없는 남자였다면 마리아와 파혼했을 것이고 마리아는 돌에 맞아 죽었을지도 모르며 메시아 예수는 태어나지 못했을지도 모릅니다. 하지만 요셉은 천사의 말에 순종함으로써 마리아와 파혼하지 않았고 장차 사람들을 그들의 죄에서 구속할 메시아 예수가 태어나서 보호를 받으며 성장할 수 있도록 했던 것입니다.

문제

1. 골로새 교회에 준동한 이단들의 가르침을 설명해 보세요.
2. 오늘도 이러한 이단들이 있다면 예를 들어 설명해 보세요.
3. 골로새서에서 바울이 강조하는 기독론의 특징을 설명해 보세요.
4. 바울이 골로새서에서 강조하는 성도들의 거룩한 삶을 설명해 보세요.
5. 에베소서 5:18~6:9의 가르침과 비교해서 바울이 골로새서에서 남편과 아내의 관계에 대해서 강조하는 것들을 설명해 보세요.

참고도서

허버트 카아슨, 골로새서 빌레몬서 - 틴텔 신약주석 시리즈 12. 양용의역. 기독교문서선교회, 2008.

딕 루카스, 골로새서 빌레몬서 강해 : 자유와 충만 - BST 시리즈. 정옥배역. IVP, 2008.

피터 T. 오브라이언, 골로새서, 빌레몬서 - WBC 성경주석 44. 정일오역. 도서출판 솔로몬, 2008.

목회와 신학 편집부, 에베소서 · 골로새서 어떻게 설교할 것인가 - 두란노 HOW 주석 시리즈 43. 도서출판 두란노, 2007.

그랜트 오스본, 적용을 도와주는 빌립보서, 골로새서, 빌레몬서 - LAB 주석 시리즈. 전광규역. 성서유니온선교회, 2007.

마틴 로이드 존스, 골로새서강해. 강철성역. 기독교문서선교회, 2006.

랄프 P. 마틴, 에베소서 · 골로새서 · 빌레몬서 - 현대성서주석: 목회자와 설교자를 위한 주석. 김춘기역. 한국장로교출판사, 2002.

마르타 리슴, 골로새서 빌레몬서 - IVP 말씀과삶 성경공부시리즈. 서재석역. IVP, 1998.

윌리엄 바클레이, 빌립보/골로새서/데살로니가서 바클레이신약주석 시리즈11. 기독교문사, 1997.

도날드 캠벨, 갈라디아서 에베소서 빌립보서 골로새서 - BKC강해주석시리즈 26. 정민영역. 도서출판 두란노, 1994.

Douglas J. Moo, *The Letters to the Colossians and to Philemon Pillar New Testament Commentary.* Grand Rapids: Eerdmans, 2008.

N. T. Wright, *The Epistles of Paul to the Colossians and Philemon Tyndale New Testament Commentaries.* IVP, 2007.

David E. Garland, *Colossians, Philemon NIV Application Commentary.* Grand Rapids: Zondervan, 1998.

Peter T. O' Brien, *Colossians-Philemon WBC 44.* Thomas Nelson,1982.

James D. G. Dunn, *The Epistles to the Colossians and to Philemon: A Commentary on the Greek Text.* NIGTC. Grand Rapids: Eerdmans, 1996.

F. F. Bruce, *The Epistles to the Colossians, to Philemon, and to the Ephesians NICNT.* Grand Rapids: Eerdmans, 1984.

R. C. Lucas, *The Message of Colossians and Philemon: Fullness and Freedom Bible Speaks Today.* IVP, 1980.

R. Kent Hughes, *Colossians and Philemon: The Supremacy of Christ Preaching the Word.* Crossway Books, 1989.

Murray J. Harris, *Exegetical Guide to the Greek New Testament: Colossians and Philemon,* Grand Rapids: Eerdmans, 1991.

J. B. Lightfoot, *Colossians and Philemon Crossway Classic Commentaries.* Crossway Books, 1997.

Thomas C. Oden, *Colossians, 1-2 Thessalonians, 1-2 Timothy, Titus, Philemon Ancient Christian Commentary on Scripture: New Testament 9.* Routledge, 2000.

John Calvin, David W. Torrance, Thomas Forsyth Torrance, and T. H. L. Parker, The Epistles of Paul the Apostle to the Galatians, Ephesians, Philippians and Colossians Calvin' s New Testament Commentaries Series Volume 11. Grand Rapids: Eerdmans, 1996.

19
데살로니가전후서

1. 저자

이레네우스, 알렉산드리아의 클레멘트, 터털리안 등의 교부들은 데살로니가전후서가 바울에 의해서 쓰였다고 증거합니다. 내적 증거를 보아도, 이 두 서신에 사용된 단어나 문체는 바울의 것임이 틀림없습니다. 것드리Guthrie는 데살로니가후서의 존재 자체가 데살로니가전서가 바울의 손에 의해서 쓰였다는 증거라고 말합니다.[32) 하지만 비평적 학자들은 이 두 서신이 바울이 아닌 다른 사람의 저작이라고 말하는데 그것은 첫째, 데살로니가전서의 내용과 사도행전의 내용이 맞지 않기 때문이라는 것입니다. 사도행전 17:2절에 바울이 데살로니가에서 안식일을 세 번 지켰다고 증거하는데 데살로니가전서는 바울이 데살로니가에 더 오래 머물렀다는 인상을 준다는 것입니다. 하지만 램세이가 이에 반박하듯이 바울은 유대인 전도를 위해서 회당에서 안식일을 세 번 지킨 것일 뿐, 이방인 전도를 위해서 바울은 이 도시에 6개월 정도 머물렀을 것이라고 말합니다.

둘째, 이들은 사도행전은 데살로니가 교회는 그 구성원이 주로 유대인이었다고 기록하는 반면에 데살로니가전서는 이방인도 구성원이었다고 기록하고 있다는 것입니다. 하지만 이 두 책 간의 이 괴리는 보기만큼 실제적이지 않습니다. 즉 누가가 사도행전에서 초점을 둔 것은 유대인들의 역할이었습니다. 그래서 교회 내의 이방인들의 존재를 부각시키지 않았던 것입니다. 셋째, 비평학자들은 살전 2:13~16, 5:1~11절 등의 구절이 나중에 삽입된 구절이라고 주장합니다. 그러나 이것은 가정일 뿐 그 근거는 희박합니다.

비평학자들은 데살로니가후서의 진위에 대해 더 문제로 삼습니다. 그것은 첫째, 데살로니가전서는 주님의 재림이 가깝다고 가르치지만, 데살로니가후서는 재림 전 종말의 징후들과 불법의 사람의 활동이 있을 것을 말하고 있다는 것입니다. 하지만 데살로니가전서에서 종말의 징후를 자세히 말하지 않았기 때문에 바울은 이 점을 말하고자 데살로니가후서를 썼다는 것을 고려해 볼 때 위의 반박은 생각한 것만큼 설득력이 없습니다. 둘째, 데살로니가전서는 그 문체가 따뜻하고 색조가 있지만 데살로니가후서는 차갑고 더 형식적이라고 말합니다. 하지만 칼슨에 의하면 제일 색조가 있는 문체는 살후 2:1~3:13절입니다.[33] 따라서 이 두 서신의 어조에서 차이도 뚜렷해 보이지 않습니다. 마지막으로 이들은 이 두 서신의 문체나 내용이 너무도 비슷하므로 바울이 이렇게 비슷한 서신을 중복해서 썼을 가능성이 없다는 것입니다. 이 점은 바울이 아닌 어떤 사람이 바울의 서신을 모방해서 썼다는 것을 보여준다는 것입니다. 하지만 이 가정은 바울이 이 두 서신을 시간적 차이 없이 이어서 썼다는 것을 고려할 때 설득력을 잃습니다. 더욱이 데살로니가후서는 데살로니가전서를 읽고 온전한 종말론에 대한 이해를 결여한 성도들을 바로잡으려고 쓰였다는 것을 생각하면 이 두 서신 모두 바울의 저작임을 받아들이는데 전혀 문제될 것이 없습니다.

2. 데살로니가교회의 배경

데살로니가교회는 바울이 제2차 전도여행 때 개척한 교회였습니다. 바울은 빌립보에 누가를 남겨놓고 실라와 함께 암비볼리와 아볼로니아를 다녀 데살로니가에 이르렀습니다. 이곳은 마케도니아의 대표적인 도시로써 필립의 아들 알렉산더가 철학자 아리스토텔레스에게서 왕실교육을 받았던 도시였습니다. 이 도시에는 유대의 회당이 있었습니다. 바울은 이곳에서 안식일에 성경을 강론하며 그리스도가 해를 받고 죽은 자 가운데서 다시 살아야 할 것을 증명하고 말하여 "내가 너희에게 전하는 이 예수가 곧 그리스도"라 했는데 이 때문에 경건한 헬라인의 큰 무리와 적지 않은 귀부인도 권함을 받고 바울과 실라를 좇았습니다.행17:4 이때 유대인들은 바울을 시기해서 시장의 괴악한 사람들을 시켜 소동을 일으키게 하고 야손의 집에 달려들어 바울과 실라를 백성에게 끌어내려고 찾았습니다.17:5 상황이 위험해지자 밤에 형제들이 바울과 실라를 베뢰아로 피신시켰습니다.17:10 베뢰아에 온 바울과 실라가 회당에서 예수님을 전하자 유대인들이 베뢰아까지 와서 무리를 움직여 소동을 일으켰습니다. 바울은 베뢰아에서 곧 뱃길로 아테네로 떠났고 두고 온 실라와 디모데도 곧 아테네에 있는 바울에게 왔습니다.

바울은 다시 디모데를 데살로니가에 보내서 그곳의 성도들을 보살피도록 했고 디모데가 데살로니가로부터 좋은 소식을 가지고 바울에게 돌아오자 바울은 데살로니가전서를 썼습니다. 이때는 바울이 고린도에 처음으로 들린 지 얼마 되지 않은 때였을 것으로 생각합니다. 그리고 데살로니가후서는 고린도에 머물렀던 후반기에 쓴 것으로 볼 수 있습니다. 바울은 데살로니가로부터 유대인의 핍박을 받고 베뢰아와 아테네로 피신했기 때문에 이 편지에서 유대인에 대한 날카로운 어조를 남기고 있습니다.

"형제들아 너희가 그리스도 예수 안에서 유대에 있는 하나님의 교회들을 본받은 자 되었으니 그들이 유대인들에게 고난을 받음과 같이 너희도 너희 동족에게서 동일한 고난을 받았느니라 유대인은 주 예수와 선지자들을 죽이고 우리를 쫓아내고 하나님을 기쁘시게 하지 아니하고 모든 사람에게 대적이 되어 우리가 이방인에게 말하여 구원받게 함을 그들이 금하여 자기 죄를 항상 채우매 노하심이 끝까지 그들에게 임하였느니라 형제들아 우리가 잠시 너희를 떠난 것은 얼굴이요 마음은 아니니 너희 얼굴 보기를 열정으로 더욱 힘썼노라"살전2:14~17

이 구절은 반유대주의 정서를 물씬 풍깁니다. 하지만 바울이 반유대주의자라고 할 수는 없습니다. 로마서 11:1절 이하에서 바울은 자신도 이스라엘인이고 아브라함의 씨에서 난 자라고 고백합니다. 하지만, 유대인들이 그리스도인들을 핍박하는 모습은 종말에 한 모형을 제시하고 있습니다. 예수님을 믿는 유대인들과 예수님을 믿지 않은 유대인들에 대한 비율은 예수님을 믿는 이방인의 예수님을 믿지 않는 이방인에 대한 비율보다 큽니다. 오늘 많은 유대인이 예수님을 믿고 있지만, 또 다른 한편으로 예수님을 믿지 않는 유대인들의 반기독교적 정서는 이스라엘은 물론이고 미국 등지에 만연해 있습니다. 바울이 하나님의 노하심이 끝까지 유대인에게 미쳤다고 한 구절에서 "끝까지"(에이스 텔로스)는 그들의 강퍅한 마음의 계속성을 나타낸다고 할 수 있습니다. 이는 그들의 가지가 참감람나무로부터 잘려나간 상태와 일치하는 표현으로 볼 수 있습니다.

데살로니가전후서는 바울 선교 초기에 써졌고 비록 짧지만, 여기에서 바울은 기독교의 신론, 기독론, 종말론, 성화론 등 기본적인 가르침을 모두 다루고 있습니다. 그 중에서도 제일 집중적으로 다루어지는 주제는 종말의 때에 일어날 일들입니다. 데살로니가 교회 성도들은 바울의 가르침을 사람의 말로 듣지 않고 영감 된 하나님의 말씀으로 받아들였습니다.살전1:5

3. 예수님의 재림

데살로니가전서 4:13절 이하에 보면, 바울은 예수님의 재림 때에 일어날 일들에 대해 말씀하고 있습니다. 예수님께서 재림하실 때에 죽은 자들이 부활합니다. 재림하실 때 주님께서는 호령하심과 함께 재판장의 위엄과 권능을 가지고 오십니다. 이때 천사장들의 소리와 함께 하나님의 나팔소리가 이를 알리게 됩니다. 그리고 이후에 믿는 자들은 공중에 들리어 올라가게 됩니다. 이것을 휴거rapture라고 부릅니다. 공중에 올리어 간 성도들은 거기서 주님과 함께 영원히 있게 됩니다. 여기서 우리가 알 수 있는 것은:

첫째, 주님의 재림이 조용히 그리고 은밀히 일어나는 사건이 아니라는 것을 알 수 있습니다. 성경 말씀은 주님의 재림이 예수님의 "호령", 천사장의 "소리", 그리고 하나님의 "나팔" 등 큰 소리와 함께 이루어질 것을 말씀하고 있습니다. 따라서 믿는 자와 불신자들을 포함한 세상 모든 사람이 주님의 재림을 보게 될 것입니다. 믿는 자들은 크게 기뻐할 것이고 안 믿는 자들은 애곡하고 통곡할 것이라고 했습니다. 이 점에서 볼 때 세대주의적 종말론은 맞지 않는 것을 알 수 있습니다. 세대주의자들은 주님의 재림이 은밀히 일어나서 믿는 자들이 휴거하는 것을 믿지 않는 자들이 깨닫지 못한다고 말합니다. 그리고 땅에서 7년 대환난이 있는 동안 믿는 자들은 공중에서 주님과 함께 잔치를 가지다가 대환난이 끝나고 주님은 이 땅에 내려오시어 천년왕국에서 다스리게 된다고 해석합니다. 이런 해석은 데살로니가전서 4:13~18절의 말씀에 맞지 않는 해석입니다.

둘째, 마태복음 13:36~43절의 말씀에 보면 종말 때 천사들은 알곡은 곳간에 모아들이고 가라지는 묶어서 밖에서 불사른다는 말씀이 있습니다. 이 말씀을 놓고 볼 때 예수님께서 재림하실 때 천사들과 함께 오신다는 말씀은 이때 알곡과 가라지를 가르는 작업이 이루어진다는 말씀입니다. 따라서 믿는 자들이 휴거되어 공중에서 잔치에 참예할 때 믿지 않는 유대인들이 7년 환란을 겪으면서 회개하고 예수님을 믿게 된다는 것은 허황한 해석으로 보입니다.

셋째, 주님께서 재림하실 때 죽은 자들이 부활하게 되는데 죽은 자들은 믿음 안에서 죽은 자들과 믿지 않고 죽은 자들을 다 포함합니다. 세대주의자들은 예수님 재림 때 예수 안에서 죽은 자들만 부활하고 믿지 않고 죽은 자들은 천년왕국이 끝날 때 부활해서 최후 심판을 받게 된다고 가르치는데 그 성경적 근거가 없습니다.

넷째, 앞으로 예수님의 재림이 이루어지면 곧 바로 최후심판이 일어납니다. 바울은 예수님의 재림과 최후심판 사이에 천 년 왕국이 있게 될 것이라고 말씀하지 않고 있습니다.

다섯째, 주님께서는 도적같이 임하실 것이라고 합니다.살전5:2 이 말씀은 은밀히 오신다는 말씀이 아니라, 갑자기 오신다는 말씀입니다: "그들이 평안하다, 안전하다 할 그 때에 임신한 여자에게 해산의 고통이 이름과 같이 멸망이 갑자기 그들에게 이르리니 결코 피하지 못하리라"살전5:3

4. 종말에 될 일들

(1) 바울이 종말에 대해 가르치자 어떤 신자들은 오해했습니다. 그래서 그들은 주님이 곧 오실 것으로 믿고 모든 재산을 정리하고 일도 하지 않고 매일 주님의 재림을 기다리기 시작했습니다. 이를 전해 듣고 바울은 다시 편지를 써서 그들에게 종말에 대한 두 번째 가르침을 주었습니다. 이것이 데살로니가후서입니다.

(2) 데살로니가후서에서도 바울은 주님의 재림이 천사들을 동반할 것이라고 분명히 말씀합니다.살후1:7 그리고 이때 심판이 있을 것임을 다시 한 번 강조합니다: "하나님을 모르는 자들과 우리 주 예수의 복음에 복종하지 않는 자들에게 형벌을 내리시리니"살후1:8 이 형벌은 일시적인 형벌이 아니라 "영원한 멸망의 형벌"입니다.살후1:9 이는 최후 심판을 의미하며 불신자들이 지옥 불에 떨어질 것을 의미하는 것입니다. 이때 신자들은 예수님께 영광을 돌릴 것이고 예수님을 봄으로 말미암아 탄복하게marvel 될 것입니다.살후1:10

5. 적그리스도의 출현

바울은 데살로니가후서 2장에서 예수님의 재림 직전에 될 일들을 말씀하고 있습니다.

(1) 예수님의 재림은 신자들의 배교와 적그리스도의 출현 이후에 있게 될 것입니다.살후2:3 신자들이 배교하는 이유는 핍박 때문입니다. 이는 거짓 선지자들의 활동과 연관이 있습니다. 그들은 예수님을 주님으로 믿지 않기 때문에 핍박이 교회를 강타할 때 핍박을 피하고자 예수님을 고백하는 신자들을 관리들의 손에 떠넘길 것입니다. 이때 "헛된 믿음"vain faith을 가진 사람들은 예수님을 배반하고 믿음을 버리게 될 것입니다. 이 땅에서 조금 편안한 삶을 누리려다가 결국은 수명이 다해 죽게 될 것이고 이들은 믿지 않는 자의 영원히 받을 지옥의 심판을 받게 될 것입니다. 그들은 왜 거짓을 믿습니까? 바울은 하나님께서 강력한 속이는 영을 그들에게 보내셨기 때문이라고 말씀합니다.살후2:9~12 앞으로 올 적그리스도는 사탄에게

큰 능력을 받고 나타날 것입니다. 그는 능력과 표적과 거짓 기적들을 행할 것입니다.살후2:9 이 미혹은 멸망할 자들에게 임할 것입니다. 이 이유는 이들이 진리를 믿지 않고 거짓을 더 사랑하기 때문입니다.

(2) 바울은 적그리스도Anti-Christ의 특징을 이렇게 설명합니다. 그는 어떤 한 사람을 지칭하는 말입니다. 그 사람은 하나님을 대적하는 자입니다.살후2:4 그는 모든 신 위에 자기를 더 높이고 하나님의 교회에서 하나님의 지위를 차지하고 자신을 하나님으로 섬기도록 명령할 것입니다.살후2:4 이 적그리스도가 등장하는 시기는 이 사람이 등장하는 것을 막는 "어떤 것"restraining power이 사라질 때입니다.살후2:6~7

(3) 이 억제하는 것restraining power은 로마제국이라는 설도 있고, 복음이라는 설도 있고, 민주주의체제라는 설도 있습니다. 현 세계를 보면 경제적으로 대기업들의 힘이 점점 커지는 것을 볼 수 있습니다. 대기업들은 대통령이나 국회의원 선거 때 엄청난 영향력을 발휘하고 있습니다. 그래서 영향력 있는 정치가는 기업주들과 더 긴밀한 의존관계를 형성해 왔습니다. 미국에서도 국부의 80% 이상이 상위 1%의 부자들의 손에 쥐어져 있습니다. 빈익빈 부익부는 점차 심화되어 가고 있습니다. 이러한 속에서 사회는 정치 경제 등 각 분야에서 민주 헌법을 바르게 적용하지 않고 지배권력층에 유리하게 적용함으로써 사회는 점점 귀족중심의 분배구조를 가지게 되고 불평등한 사회가 되고 있습니다. 이는 앞으로 어떤 강력한 독재자가 출현하기에 적당한 조건이 무르익고 있다는 것을 말합니다. 국민의 권력 억제 기능은 점점 약화하여 가고 있는데 이는 미국을 예로 들면 부시 행정부에서 테러와의 전쟁이란 명분으로 정부가 개인의 사생활을 침해하는 것을 국민이 묵인한다든지 국가가 사생활 정보를 합법적으로 보거나 유출하는 것을 이해해 준다든지 하는 것을 보면 쉽게 알 수 있습니다. 앞으로 개인의 자유는 더 축소될 것이며 국가의 힘은 더 중앙 집권화되고 이에 따라 사회주의 나아가 전체주의가 등장할 가능성이 있습니다. 이는 최첨단 IT 기술을 수단으로 세계를 지배하는 독재자의 출현을 쉽게 하는 많은 조건을 가진 현시대를 보여주고 있습니다.

⑷ 바울은 불법의 비밀이 이미 활동하고 있다고 말씀합니다.살후2:7 로마제국 내에서 황제는 이미 자신을 신격화하고 있었습니다. 시저 옥타비아누스도 자신을 신으로 승격시켰습니다. 네로황제는 자신을 신으로 승격시키고 숭배하도록 했으며 기독교를 핍박했습니다. 이때 베드로와 바울이 로마에서 순교했습니다. 도미티안 황제는 자신을 주와 신으로 선언하고 신에게 드리는 예배를 자신에게 드릴 것을 명령했습니다. 이때 기독교에 대한 핍박은 체계화되었고 그것은 로마제국 전역에 걸쳐 이루어졌습니다. 이를 미루어볼 때 현재 우리 사회에도 불법의 비밀이 활동을 이미 개시했는지도 모릅니다. 그는 신사인 척하고 있다가 상황이 자신에게 유리해지면 언제 네로와 같은 독재자로 돌변해서 나타나게 될지 모를 일입니다.

⑸ 예수님의 재림을 통해 이 적그리스도는 그의 최후를 맞게 될 것입니다: "그 때에 불법한 자가 나타나리니 주 예수께서 그 입의 기운으로 그를 죽이시고 강림하여 나타나심으로 폐하시리라"살후2:8 따라서 이 적그리스도의 핍박으로 고난받게 될 성도들은 오직 인내함으로 예수님의 재림을 기다릴 수밖에 없습니다. 지금 북한의 아오지 탄광에서 죽어가는 성도들도 유일한 희망은 오직 예수님의 재림일 것입니다. 그때만이 그들은 모든 불의한 자들의 손에서 해방되고 예수님의 평강을 누리게 될 것입니다.

6. 종말에 사는 그리스도인의 자세

성도들은 종말에 살고 있습니다. 현대 세계 경제는 불안정하고 강대국은 패권을 잡으려고 치열한 물밑 경쟁을 하고 있습니다. 교회는 문화 다원주의와 진리의 상대주의의 공격하에 놓여 있고 강단마다 복음은 상업주의와 성공주의적 가르침의 뒷전에 밀려나 있습니다. 신학교마다 자유주의 물결에 발맞추는 신학자들과 지도자들 때문에 내일의 교회 지도자들에게 복음의 진리가 제대로 가르쳐지지 않고 있습니다. 이 종말의 때에 우리 성도들은 어떤 자세로 살아야 할까요. 바울은 데살로니가후서 3장에서 이를 다루고 있습니다.

(1) 성도들은 굳게 서서 말로나 바울의 편지로 가르침을 받은 신앙의 전통들을 지켜야 합니다.살후2:15 이는 규모 없이 행하고 바울의 말한 가르침대로 행하지 않는 모든 형제로부터 떠나는 것을 포함합니다.살후3:6 이들은 규모 없이 행하여 도무지 일하지 아니하고 일만 만드는 자들입니다.살후3:11 요즘도 신학자들, 신학교, 교단들은 교회가 지켜온 신앙의 전통들을 떠납니다. 예수님을 믿는 믿음, 회개, 성화, 사랑 등의 성경의 가르침을 떠나면서 긍정적 태도나 성공의 비결 등을 가르칩니다. 예수 안에서 실존하는 진정한 연합의 기쁨은 모르면서 피상적 화해와 제도적 연합을 외치고 있습니다. 하나님의 사랑이란 이름으로 각종 죄악이 묵인되고 있습니다. 원칙이나 법을 편의주의나 실용주의가 대체하고 있습니다. 이러한 때 성도는 성경 말씀의 가르침에 굳게 서야 합니다. 그리고 믿음을 지켜야 합니다.

(2) 성도는 선을 행하다 낙심하지 말아야 합니다.살전5:14 이는 데살로니가전서에서 바울이 말한 가르침과 연결됩니다: "또 형제들아 너희를 권면하노니 게으른 자들을 권계하며 마음이 약한 자들을 격려하고 힘이 없는 자들을 붙들어 주며 모든 사람에게 오래 참으라" 선을 행하며 오래 참는 것은 성령의 힘이 없이는 불가능합니다. 따라서 성도는 성령을 소멸치 말아야 합니다. 그리고 성령 안에서 항상 기뻐하고 쉬지 말고 기도해야 하며 범사에 감사해야 합니다.살전5:16~18 데살로니가 교회의 무질서한 자들처럼 교회 안에는 교회를 위한 일을 제대로 할 줄 모르면서 교회를 어지럽게 일만 만드는 사람들이 있습니다. 성도는 이들을 위해서 기도하면서 징책하되 그리스도의 사랑을 가지고 대해야 합니다.살후3:14~15 누구에게든지 악으로 악을 갚지 않아야 하고, 피차 또는 모든 사람에 대해서 항상 선을 좇아야 합니다. 모든 것을 주의 깊게 검토해 보면서 선한 일을 채택하고 악은 그 모습이라도 버려야 합니다.살전5:21~22 이 바울의 가르침은 고대 데살로니가 교회 성도들에게 뿐만 아니라 현재 종말을 통과하며 사는 성도들에게도 적용됩니다. 이는 갈라디아서 5:6에서 바울이 한 말씀으로 요약됩니다. 즉, 종말에 사는 성도에게는 사랑으로 표현되는 믿음밖에 요구

될 것이 없습니다.

문제

1. 바울은 언제 데살로니가 교회를 개척했으며 언제 데살로니가전서와 후서를 썼습니까.
2. 데살로니가전서 4:13 이하를 통해서 예수님의 재림 시 동반될 현상들을 설명해 보세요.
3. 데살로니가후서 1~2장을 통해 주님의 재림 전에 있게 될 일들을 서술해 보세요.
4. 종말에 사는 성도들의 바른 태도에 대해서 서술해 보세요.

참고도서

존 스토트, 데살로니가전후서 강해: 복음 종말 교회 - BST시리즈. 정옥배역. IVP, 2008.

박형용, 데살로니가 전후서 주해 - 박형용 교수 주해 시리즈. 합신대학원출판부, 2008.

목회와 신학 편집부, 데살로니가전후서 어떻게 설교할 것인가 - 두란노 HOW 주석 시리즈 45. 도서출판 두란노, 2007.

그랜트 오스본, 적용을 도와주는 데살로니가전후서- LAB 주석 시리즈. 박대영역. 성서유니온선교회, 2002.

F. F. 브루스, 데살로니가전후서 - WBC 성경주석 45. 김철역. 도서출판 솔로몬, 2000.

John R. W. Stott, *The Message of 1 & 2 Thessalonians: The Gospel & the End of Time/With Study Guide Bible Speaks Today.* IVP, 1994.

Leon Morris, *First and Second Epistles to the Thessalonians New International Commentary on the New Testament.* Grand Rapids: Eerdmans, 1991.

I. Howard Marshall, *1 and 2 Thessalonians.* Regent College Publishing, 2002.

Tom N. T. Wright, *Paul for Everyone: Galatians and Thessalonians Westminster John Knox Press,* 2004.

G. K. Beale, *1-2 Thessalonians* IVP New Testament Commentary Series IVP,2003.

F. F. Bruce, David A. Hubbard, Glenn W. Barker, and Ralph P. Martin, *1&2 Thessalonians Word Biblical Commentary 45.* Thomas Nelson, 1982.

Ernest Best, *First and Second Epistles to the Thessalonians* Hendrickson, 1993.

20
디모데전후서

1. 저자와 배경

근대 비평적 학자들은 목회 서신이 그 문체, 어휘, 교회질서에 대한 관심, 정통적 가르침과 이단적 가르침에 대한 태도 등의 측면에서 바울의 스타일이 아니라고 말합니다. 이들은 디모데전후서나 디도서 같은 목회 서신들이 바울의 저작이 아니라고 주장해 왔습니다. 하지만 그들의 주장은 신빙성이 없습니다. 월터 엘웰 교수가 지적하듯이 초대교회는 가명으로 써진 가경을 정경으로 받아들인 경우가 전혀 없습니다. 디모데전후서는 사도 바울이 쓴 서신들이 분명합니다. 바울은 3차 전도여행을 통해 로마에 이송되었고 그곳에서 2년간 구금 상태에 있다가 풀려났을 것으로 볼 수 있습니다. 그 후 바울은 스페인[롬15:24,28], 그레데[딛1:5], 마케도니아[딤전1:3], 고린도[딤후4:20], 드로아[딤후4:13], 니고볼리[딛3:12] 등지를 방문했을 것입니다. 바울은 이 기간에 디모데전서를 썼을 가능성이 있습니다. 그리고 다시 체포되어 옥중에서 디모데후서를 기록했고,[딤후1:8; 2:9] 그 후 바울은 68년경에 독재자 네로 황제에 의해 참수형을 당했습니다.[34)]

디모데전후서의 주된 내용은 사도 바울이 디모데 목사가 창궐하는 이단들을 맞서서 싸우는 방법으로써 필요한 것들을 가르치는 것입니다. 바울이 아시아와 유럽의 여러 도시에 교회들을 개척하고 시간이 흐르자 교회 내에는 거짓된 가르침들이 창궐하기 시작했습니다. 바울은 이에 맞서서 디모데에게 권면합니다. 영적 지도자의 책임은 하나님의 양들을 이단들의 거짓된 가르침으로부터 지키는 것입니다.

2. 거짓 가르침들과 거짓 교사들

⑴ 어떤 신도들은 근거 없는 신화들과 족보 이야기들에 빠져 있었습니다.딤전1:4 "이런 것은 믿음 안에 있는 하나님의 경륜을 이룸보다 도리어 변론을" 내는 것들이었습니다.

⑵ 어떤 사람들은 믿음과 착한 양심을 버리고 파선한 사람들이 있었습니다. 곧 후메내오와 알렉산더가 그들이었습니다. 바울은 이들을 사탄에게 내어 주었습니다. 이는 저희가 징계를 받아 더는 훼방하지 못하도록 하기 위함이었습니다.딤후1:20 여기서 사탄에게 내어 준다는 말씀은 그들을 교회에서 제명한 것을 말합니다. 즉 그들을 예수님과 그의 교회와 아무 상관없는 불신자로 여기는 것을 말합니다. 이는 교회 내 성도들의 양심과 믿음을 보호하기 위해서 취해진 조치입니다.

⑶ 어떤 사람들은 믿음에서 떠나 미혹하게 하는 영과 귀신의 가르침을 좇는데 이들은 자기 양심이 화인 맞아서 외식함으로 거짓말을 합니다. 이들은 거짓된 가르침을 가르치는데, 혼인을 금하며 음식을 먹지 말라고 합니다.딤전4:1~3 이는 골로새서에서 바울이 묘사하는 이단들의 가르침과 유사합니다. 그들은 붙잡지도 말고 맛보지도 말고 만지지도 말라고 가르쳤습니다.골2:21 이 금욕주의는 영지주의의 한 분파로써 주후 2세기경에는 그 세력을 더 크게 얻게 됩니다.

⑷ 반역하는 자들: 말세에 사람들은 자기를 사랑하고 돈을 사랑하고 자긍하고 교만하고 훼방하며 부모를 거역하며 감사하지 아니하고 거룩하지 아니하며 무정하며 원통함을 풀지 않고 참소하며 절제하지 못하며 사나우며 선한 것을 좋아하지 않고 배반하여 팔며 조급하며 자고하고 쾌락을 사랑하고 경건의 능력은 있지만, 그 능력은 부인합니다. 이들은 얀네와 얌브레가 모세를 대적한 것처럼 진리를 대적합니다. 이 사람들은 그 마음이 부패했고 믿음에는 버림받은 자들입니다.딤후3:1~8 성도는 이런 자들을 피해야 합니다.딤후3:5

3. 여자들의 교회 내 사역

⑴ 바울은 여자는 일절 순종함으로 배우라고 권면 합니다.딤전2:11 이하 바울은 여자의 가르치는 것과 남자를 주관하는 것을 허락지 아니했습니다. 여자는 종용remain quiet해야 한다고 말씀합니다. 그 이유는 창세기 3장 말씀에 기원합니다. 첫째, 아담이 하와 보다 먼저 지음을 받았기 때문입니다.딤전2:13 둘째, 아담이 꾀임을 보지 아니하고 여자가 꼬임에 빠져 죄에 빠졌기 때문입니다.딤전2:14

⑵ 여기서 바울이 가르치지 말라고 한 뜻이 무엇인가가 궁금합니다. 여자가 가르치지 말라고 한 것이 교회 내에서 성경공부 교사도 되지 말라는 뜻이었습니까? 선교사로 파견되지도 말라는 뜻입니까? 여자가 여자는 가르쳐도 되는데 남자들은 가르치지 말라고 하는 것입니까? 여자가 가르칠 수는 있는데 목사 안수는 받아서는 안 된다는 뜻입니까? 여자가 목사 안수는 받을 수 있는데 담임 목사는 하지 말아야 한다는 뜻입니까? (존 스토트). 어떤 신학교에서는 여자가 앞으로 목사가 될 신학생들을 가르쳐서는 안 된다는 해석을 한 교수들 때문에 한 유능한 여성 신학자의 교수 임용이 부결된 적이 있습니다. 전통적 장로교회에서는 여성도가 공예배 중에 공중기도를 하거나 선교보고 등 예배 순서에 참여하는 것을 금지하고 있습니다.

⑶ 디모데전서 2:12절 이하의 가르침은 고린도전서 14:34~36절의 가르침과 함께 해석돼야 합니다: "모든 성도가 교회에서 함과 같이 여자는 교회에서 잠잠하라 그들에게는 말하는 것을 허락함이 없나니 율법에 이른 것 같이 오직 복종할 것이요 만일 무엇을 배우려거든 집에서 자기 남편에게 물을지니 여자가 교회에서 말하는 것은 부끄러운 것이라" 어떤 사람들은 이 구절을 이렇게 해석합니다. 초대교회에서 예배 도중에 여자 선지자들이 마음대로 일어나 예언했는데 이로 말미암아 예배 질서가 깨지는 일이 많았기 때문에 바울은 이 점을 책망하며 가르치는 것이라는 것입니다. 그렇다면 이 해석자들은 왜 바울이 이 책망을 남성 선지자들에게는 적용하지 않고 있는지 설명할 수 있어야 합니다. 또 어떤 신학자들은 이

구절이 원래 바울의 가르침이 아니었는데 나중에 삽입되었다고 주장합니다. 하지만 고대 사본 중 이 구절이 없는 사본은 없습니다.

마태 헨리Matthew Henry 목사님은 바울은 이 구절에서 여자가 교회에서 예언이든 가르침이든 일체 하지 못하도록 금했다고 주석했습니다. 그것은 여자가 남자보다 더 권위를 행사해서는 안 되기 때문이라는 것입니다. 여자가 남편의 권위에 복종 되어야 하는 것은 에베소서 5:22절에 잘 말씀되어 있습니다. 남녀의 이 질서가 교회에서나 가정에서나 똑같이 유지되어야 한다는 데에 초점이 있습니다.

(4) 현대 세계에서 남성들은 부인에 대한 경제적 관계적 책임을 감당하지 않고 자유분방하고 무책임한 가정생활을 하는 경우가 많습니다. 여성들도 직장에 다니면서 가족을 부양하고 사회적으로는 남성과 똑같은 권리를 누리고 있습니다. 이러한 현대 세계에서 부인이 남편에게 무조건 복종하라고 하는 것은 설득력을 잃은 견해가 되었습니다. 교회 내에서도 여성안수를 인정하고 여성의 권리를 인정하는 교단들이 점점 늘어나고 있습니다. 교회나 가정이나 사회나 국가에서 여성의 권위는 향상되고 여성권리주의가 자리 잡아 가고 있는 상황에서 교회는 어떻게 대처해야 할지가 주경신학 뿐 아니라 실천신학의 해결 과제로 주어져 있습니다.

(5) 필자는 바울이 딤전 2:12절에서 여자가 교회 내에서 가르치는 일을 허락하지 않고 있다고 해석합니다. 이는 여자가 남자를 지배하는(아우센테오우) 것을 허락하지 않는다는 가르침과 같은 구절에 나옵니다. 남을 가르치는 행위는 그를 인도하고 지배하는 행위와 깊이 연결되어 있습니다. 하와가 아담을 인도해서 그 나무의 실과를 먹게 한 것이 이를 잘 나타내 주고 있습니다. 바울은 바로 이 점에 근거해서 여자가 남자를 가르치고 인도하는 일을 금하고 있습니다. 혹자는 이 가르침은 1세기 문화적 환경에 맞는 가르침이었지 현대 상황에는 맞지 않는 가르침이라고 주장합니다. 또 혹자는 여기서 여자는 아내를 말하는 것이지 일반적 여자를 말하는 것이 아니므로 이 가르침은 가정에 국한해서 적용해야 한다고 말합니다. 하지만 이 해석들은 역사적 문법적으로 다 틀린 해석들입니다. 만

일 이 가르침을 1세기 문화적 환경에만 해당하는 것으로 본다면 성경의 진리는 시간과 장소에 제한된 진리이며 그 절대적 진리성이 부정되게 됩니다. 그러면 성경 말씀의 권위 자체에 의문이 생기고 성경 말씀은 우리의 신앙과 실천을 위한 객관적 권위임이 부정되게 됩니다. 바로 이것이 사탄의 전략으로써, 사탄은 우리가 성경 말씀 전체의 권위를 신뢰하지 못하게 만드는 것입니다.

하지만 딤전 2:12절의 구절은 여자의 가르치는 행위의 객체를 남자로 국한해서 여자의 가르치는 행위를 금하고 있다는 점에 주의해야 합니다. 다시 말해 여자는 여자를 혹은 어린아이들을 가르칠 수 있다고 해석할 수 있습니다. 필자의 아내는 교회에서 영아 유아 유치부를 가르치는 전도사로서 섬기고 있습니다. 필자는 아내가 신실하게 설교를 준비하고 사랑하는 마음으로 아이들을 섬기는 모습을 늘 옆에서 보면서 하나님의 귀히 쓰시는 여종임을 감사하고 있습니다. 하지만, 만일 아내가 목사 안수를 받고 남자들에게 설교하겠다고 했을 때 저는 분명히 이는 성경 말씀의 가르침에 어긋난다고 생각할 것입니다. 어떤 이는 "데보라도 여선지자가 아니었습니까?"라고 말할 것입니다. 데보라는 사사 시대에 귀히 쓰임 받던 여성 지도자였습니다. 하지만 이 한 가지 예를 들어 일반적 진리를 도출할 수는 없습니다. 아브라함이 사라의 말을 듣고 하갈에게 들어가 이스마엘을 낳았다고 해서 일부다처제를 정당화할 수 없는 것과 같은 이치입니다. 그리고 또 선지자의 직분과 교회의 목사의 직분은 본질적으로 그 성격이 다릅니다. 어떤 특정한 상황에서 여자가 남자를 인도할 수도 있을 것입니다. 하지만 이는 성경이 가르치는 일반적 진리가 아님을 필자는 분명히 믿고 있습니다.

주석적인 측면뿐 아니라 다른 측면에서도 여성이 교회 내에서 가르치는 장로(목사)로서 역할을 하는 데에는 문제점들이 있습니다. 첫째로, 여자가 남자와는 생물학적으로 다르다는 것입니다. 어떤 기관에서 대학 캠퍼스마다 방문해서 조사했습니다. 남녀 학생들에게 각각 이성의 질문자가 다가가 질문을 했습니다. 당신은 매우 아름답습니다. 혹은 당신은 매우 잘 생겼습니다. 오늘 밤 저와 동침하시겠습니까? 이 질문에 모든 여성 응답자들은 아니오라고 대답했지만, 남성 응답자들의 85%가량이 예라고 대답했다고 합니다. 이 결과는 다음의 관찰과 상통합니다. 즉 여성 설교자가 강단에서 설교할 때 남성 신도들은 설교의 내용이 아닌 그 여성 자신에게 몰두하는 반면 남성 설교자가 강단에서 설교할 때 여성 신도들은 그 남자보다는 설교 내용에 집중한다는 사실입니다. 둘째, 대화의 측면에서 여성은 말하기를 좋아하는 특성이 있습니다. 에덴동산에서 이브는 뱀이 말을 걸어왔을 때 무시하고 그 장소를 떠났어야 합니다. 하지만 그 금지된 열매에 대해 뱀이 말을 시작했을 때 이브는 뱀과 대화에 빠져들었습니다. 이와 반면에 남성은 일반적으로 대화에서 더 절제된 성향을 보입니다. 이와 같이 남성의 과묵한 성향은 목회에 있어서 남성이 여성보다 하나님의 뜻대로 목회를 하기에 더 적합하다고 말할 수 있습니다. 왜냐하면 목회자가 교회내에서 가장 조심해야 할 부분이 "말"tongue이기 때문입니다. 셋째, 감성적 측면에서 여성은 감정이 풍부하고 모든 상황에 대처할 때 이지적인 태도보다는 감정적인 성향에 지배될 가능성이 더 많습니다. 넷째, 인식적인 측면에서, 여성은 나무를 관찰하는 반면 남성은 숲을 보는 성향이 있습니다. 이러한 성에 따른 성질의 차이가 하나님의 계시를 읽고 해석하는 데 큰 차이를 가져온다고 할 수 없습니다. 하지만 남성과 여성의 기능과 역할을 위해서 하나님께서 정하신 활동 영역에 구별이 있다는 사실도 무시되어서는 안 됩니다. 모든 법에 예외는 있을 수 있습니다. 하지만 예외가 법이 되어서는 안 됩니다. 현대 상황의 필요에 의해서 여성의 가르치는 일을 일시적으로 혹은 조건적으로 허용할 수 있을 것입니다. 그러나 성경이 여성의 가르치는 직분이나 여성의 안수나 여성의 목사로서의 사역을 허용한다고 하는 해석은 그 주경적 근거가 희박합니다. 세상의 페미니즘의 조류가 교회에 물밀듯이 밀려들고 있습니다. 이러한 때 복음의 진리를 사수하는 것은 올바른 교회론으로 하나님께서 정하신 규범을 바로 해석하고 실천하는 것과 뗄 수 없습니다.

4. 장로와 집사의 자격

⑴ 감독은 책망할 것이 없으며, 한 아내의 남편이어야 하며, 성질이 온순해야 하고, 분별력이 있고, 존경할 만해야 하고, 대접하기를 좋아하고, 가르칠 수 있어야 합니다. 감독은 포도주에 인 박이지 않아야 하고, 구타하지 않아야 하고 점잖아야 합니다. 감독은 다투지 않아야 하고 돈에 대한 탐심이 없어야 합니다. 장로는 자기 집을 잘 경영하는 자여야 하고 자녀로 하여금 존귀함으로써 복종하게 할 수 있어야 합니다. 감독은 믿은 지 얼마 되지 않은 자가 아니어야 하고 믿지 않는 자들에게도 칭찬을 듣는 자여야 합니다. 딤전3:2~7

⑵ 집사들도 존귀함이 있으며, 일구이언하지 않고 포도주에 인 박이지 않고 정당하지 않은 이득 취하는 것을 좋아하지 않고 깨끗한 양심으로 믿음을 가진 자라야 하고 책망할 것이 없어야 하고 한 아내의 남편으로서 자녀와 자기 집을 잘 다스리는 자여야 합니다.

5. 성도에 대한 권면

⑴ 영적 지도자는 세상의 미신을 버리고 경건의 훈련을 힘써야 합니다. 딤전4:7 또 말씀을 읽는 것과 권하는 것과 가르치는 것에 열중해야 합니다. 영적 지도자는 아무에게나 경솔히 안수하지 말아야 하고 다른 사람의 죄에 간섭하지 말아야 하며 자신을 지켜 정결하게 해야 합니다. 딤전5:22

⑵ 과부의 자격: 나이 육십 세 이상인 자로서 한 남편의 아내였었고 선한 행실의 증거가 있어야 하는데 즉 자녀를 양육하고 나그네를 대접하고 성도들의 발을 씻겨 주고 환난 당한 자들을 구제하고 또 선한 일을 좇은 자라야 합니다. 딤전5:9~10

⑶ 질서: 종들은 상전에게 복종해야 합니다. 이제 예수 안에서 형제가 되었다고 해서 상전을 형제라고 부르고 가벼이 여기며 섬기는 일을 등한히 해서는 안 됩니다. 딤전6:1~2

⑷ 하나님의 사람은 돈을 사랑해서는 안 됩니다. 딤전6:6~10 오직 의와 경건과 믿음과 사랑과 인내와 온유를 좇으며 믿음의 선한 싸움을 싸워야 합

니다.딤전6:11~12

(5) 부자들은 마음을 높이지 않고 재물에 소망을 두지 않아야 하고 마음을 하나님께 두고 선한 일을 행하고 선한 사업을 하기 좋아하고 나눠주기를 좋아하고 동정하는 자가 되어야 합니다.딤전6:17~19

6. 목사에 대한 권면

(1) 목사는 오직 하나님의 능력을 좇아 복음과 함께 고난도 받아야 합니다.딤후1:8 그리고 진리의 말씀을 옳게 분변하며 부끄러울 것이 없는 일군으로 인정된 자로 자신을 하나님께 드리기를 힘써야 합니다.딤후2:15 망령되고 헛된 말을 하지 않아야 합니다.딤후2:16 청년의 정욕을 피하고 주를 깨끗한 마음으로 부르는 자들과 함께 의와 믿음과 사랑과 화평을 좇아야 합니다.딤후2:22 주의 종은 "마땅히 다투지 아니하고 모든 사람에 대하여 온유하며 가르치기를 잘하며 참으며 거역하는 자를 온유함으로 훈계"해야 합니다.딤후2:25

(2) 목사는 때를 얻든지 못 얻든지 말씀을 전파해야 합니다.딤후4:2 범사에 오래 참음과 가르침으로 경책하며 경계하며 권해야 합니다. 비록 사람들은 진리에 귀 기울이기를 싫어하고 허탄한 이야기를 듣기를 좋아하겠지만, 목사는 깨어 있어야 하고 고난을 받으며 전도인의 일을 하면서 그 직무를 다 해야 합니다.딤후4:5

문제

1. 디모데전후서 기록의 역사적 배경에 대해서 말씀해 보세요.
2. 바울이 지적하는 거짓 교사들의 잘못된 가르침들을 살펴보고 말해 보세요.
3. 딤전 2:11이하에서 바울은 여자가 남자를 가르치거나 지배해서는 안 된다고 말씀합니다. 이 가르침의 올바른 해석을 제시해 보세요. 그리고 현대 교회에 어떻게 적용해야 할지 토론해 보세요.

4. 성도를 향한 바울의 권면을 풀어서 말해 보세요.

5. 목사에 대한 바울의 권면을 풀어서 설명해 보세요.

참고도서

도널드 거스리, 디모데전후서 디도서 - 틴델 신약주석 시리즈 14. 양용의역. 기독교문서선교회, 1992.

어빙 젠센, 디모데전후서 디도서 어빙젠센의 성경연구 - 젠센 40시리즈. 정민영역. 아가페출판사, 1991.

목회와 신학 편집부, 디모데전후서 · 디도서 어떻게 설교할 것인가 - 두란노 HOW 주석 시리즈 46. 도서출판 두란노, 2008.

토마스 C. 오덴, 디모데전후서,디도서 - 현대성서주석 / 목회자와 설교자를 위한 주석. 김도일역. 한국장로교출판사, 2002.

John R. W. Stott, *The Message of 1 Timothy & Titus The Bible Speaks Today.* IVP, 2001.

Philip H. Towner, *The Letters to Timothy And Titus New International Commentary on the New Testament.* Grand Rapids: Eerdmans, 2006.

Gordon D. Fee and W. Ward Gasque, *1 and 2 Timothy, Titus New International Biblical Commentary 13.* Hendrickson, 1995.

Philip Graham Ryken, *1 Timothy Reformed Expository Commentary.* P&R Publishing, 2007.

Philip H. Towner, Grant R. Osborne, D. Stuart Briscoe, and Haddon Robinson, *1-2 Timothy & Titus IVP New Testament Commentary Series.* IVP, 1994.

George W. Knight, I. Howard Marshall, and W. Ward Gasque, *The Pastoral Epistles A Commentary on the Greek Text New International Greek Testament Commentary* Grand Rapids: Eerdmans, 1999.

Andreas J. Köstenberger and Thomas R. Schreiner, *Women in the Church: An Analysis and Application of 1 Timothy 2:9-15.* Baker Academic, 2005.

William Barclay, *The Letters to Timothy, Titus, and Philemon The New Daily Study Bible.* Westminster John Knox Press, 2003.

L. T. Johnson, *The First and Second Letters to Timothy.* New York: Doubleday, 2001.

21
디도서

1. 저자

앞 장에서 밝혔듯이 목회 서신의 하나인 디도서의 저자도 바울이라는 전통적 견해를 부정할 이유는 희박합니다. 어떤 비평가들은 논쟁의 여지 없이 바울의 저작임을 증명할 수 있는 19개 정도의 접속사, 조사, 부사가 디도서에 전혀 사용되고 있지 않음을 언급하며 디도서의 바울 저작설을 부정합니다.[35] 하지만 앞에서도 언급한 대로 글의 장르에 따라서 동일 저자의 문체나 사용하는 어휘가 달라질 수 있음을 고려할 때 바울 스타일의 어휘가 디도서에서 많이 나오지 않는다는 점이 이 서신의 바울 저작설을 뒤집을 만한 증거는 되지 못합니다. 신학적 측면에서도 디도서가 정제된 교리를 포함하고 있기 때문에 1세기에 쓰인 서신이 아니라 2세기에 쓰인 서신이라고 주장하는 사람들이 있습니다. 하지만 이미 로마서에서 바울은 기독교의 중심 교리를 확실히 정립해 놓고 있기 때문에 기독교의 정제된 교리가 정립되기까지 백 년 이상의 시간이 흘러야 한다고 생각하는 것은 근거 없는 논리입니다. 테니가 말하듯이 디도서에 나타난 기독론, 구원론, 성령론, 교회론 등 모든 교리는 이미 복음서와 바울 서신에 분명히 드러난 가르침임을 볼 때 디도서에 나타난 정제된 교리가 디도서를 2세기 서신으로 밀어내지는 못합니다.

내용상으로 보면 이 서신의 저자는 할례당의 횡포를 언급하고 있는데 이는 다른 바울 서신에도 언급되고 있는 내용이고, 또 종들로 자기 상전들에게 범사에 순종하도록 가르치는 말씀딛2:9; 엡6:5~9, 정사와 권세 잡은 자들에게 복종하라는 가르침과딛3:1; 롬13:1 이하, 성령을 예수님으로 말미암아 부어 주셨다는 가르침딛3:6; 롬5:5; 8:9 등 디도서의 주요 가르침은 바울의 가르침과 같습니다. 이러한 점들을 고려할 때 우리는 디도서가 바울 저작임을 부정할 아무 이유를 찾지 못합니다.

2. 장로의 자격

장로는 책망할 것이 없고 한 아내의 남편이며 방탕하다 하는 비방이나 불순종하는 일이 없는 믿는 자녀를 둔 자라야 합니다.딛1:6 또 감독은 하나님의 청지기로서 책망할 것이 없고 제 고집대로 하지 아니하고 급히 분내지 아니하며 술을 즐기지 않고 구타하지 않고 더러운 이를 탐하지 않고 나그네를 대접하며 선을 좋아하며 근신하며 의로우며 거룩하며 절제하며 미쁜 말씀의 가르침을 그대로 지키는 사람이어야 합니다. 이는 능히 바른 교훈으로 권면하고 거스려 말하는 자들을 책망하게 하려 함입니다.딛1:7~9

여기서 장로는 헬라어로 프레스부테로스이고 감독은 에피스코포스입니다. 프레스부테로스는 복음서에서 유대사회의 장로를 가리키는 단어로 사용되고 있고 사도행전에서는 유대사회의 장로나 교회의 장로를 가리킬 때 사용된 단어였습니다. 장로들은 늙고 신앙이 원숙한 사람들로서 교회의 치리를 담당하던 지도자들이었습니다. 사도행전 20:17절에서 바울은 에베소교회의 장로들에게 마지막 권면의 말씀을 남기고 예루살렘으로 향하고 있습니다. 요한2서 1:1절이나 요한3서 1:1절은 장로 요한이 이 편지들의 발송자임을 나타냅니다. 베드로전서 5:1절은 장로들에게 권면하는 베드로가 자신도 장로의 한 사람이라고 소개하고 있습니다. 빌레몬서 1:9절에서 바울은 자신이 프레스부테이스(늙은 사람)라고 말하고 있습니다. 디모데전서 5:17절에서 장로는 교회를 다스리거나 말씀과 가르침을 전담했다는 것을 알 수 있습니다.

감독이라고 번역된 에피스코포스는 복음서에는 사용되지 않은 명사인데, 사도행전 20:28절에서 에베소 장로들을 지칭하는 데 사용되고 있습니다. 디모데전서 3:1절은 감독의 자격을 설명하고 있는데 디도서 1:7절 이하와 중복됩니다. 여기서 프레스부테로스와 에피스코포스의 관계에서 우리는 이 두 단어가 의미상 겹치는 것으로 볼 수 있습니다. 프레스부테로스는 개 교회의 장로이고 에피스코포스는 한 지역교회 전체를 담당하는 장로라는 구분은 분명하지 않습니다. 그리고 장로 중에는 치리 장로와 가르치는 장로가 있는데 초대교회에서 이 두 기능의 구분도 분명하지 않았다는 것을 알 수 있습니다. 디도서가 가르치는 장로에 대한 책무를 보면 장로의 주된 임무는 교회를 이단들의 속임수로부터 보호하는 것입니다. 이는 바른 교리를 성도들에게 가르침으로써 가능합니다. 이를 볼 때 교회 장로의 첫 번째 관심은 성도들을 바른 교리로 가르쳐서 이단에 휩쓸리지 않게 하는 것입니다. 교회의 질적 성장보다 양적 팽창에 치우쳐 있는 현대교회가 이단들의 공격에 취약한 것은 바울의 초대교회의 장로에 대한 권면을 망각하고 장로들이 이를 실천하지 않기 때문이라고 해도 지나친 말은 아닐 것입니다.

3. 할례당에 대한 경고

복종치 아니하고 헛된 말을 하며 속이는 자가 많은 중 특별히 할례당 가운데 심했습니다.[딛1:10] 할례당은 우리가 예수님을 믿는 믿음만으로는 부족하고 할례를 받아야 구원받는다고 가르친 사람들입니다. 갈라디아서 6:12절에서 바울은 "무릇 육체의 모양을 내려 하는 자들이 억지로 너희에게 할례를 받게 함은 그들이 그리스도의 십자가로 말미암아 박해를 면하려 함뿐"이라고 말씀합니다. 그레데에 준동한 할례당은 이뿐 아니라 더러운 이를 취하려고 마땅치 아니한 것을 가르쳐 집들을 온통 엎드러지게 했습니다.[딛1:11] 바울은 이들의 입을 막으라고 권면 합니다. 이는 장로들이 이들을 권징함으로써 가능한 일이었습니다. 바울은 이단에 속한 사람을 한두 번 훈계하고 멀리하라고 구체적으로 제시하고 있습니다.[딛3:10]

그레데인들 중에 유대인들의 허탄한 이야기를 좇으며 진리를 배반하는 사람들이 있었습니다.[딛1:14] 저희의 양심과 마음은 깨끗하지 못했습니다. 저희는 하나님을 시인하지만, 그 행위로는 부인하는 자들이었습니다.[딛1:16] 그들은 가증했고 복종하지 않았으며 모든 선한 일을 버리는 자들이었습니다. 그레데인들의 이러한 윤리적 문제는 유대인들의 허탄한 이야기를 좇은 결과였는데 이 유대인들과 할례당과의 관계는 정확히 알 수 없습니다. 할례당의 잘못된 가르침으로 가정들이 혼란에 빠지게 된 것과 유대인들의 허탄한 이야기 때문에 그레데인들이 모든 선한 일을 버리게 된 것이 상관관계가 있다면 우리는 그레데인들의 윤리적 문제의 배경에 할례당의 역할이 있었다고 가정할 수도 있습니다.

4. 성도의 바른 생활

"늙은 남자로는 절제하며 경건하며 신중하며 믿음과 사랑과 인내함에 온전하게 하고 늙은 여자로는 이와 같이 행실이 거룩하며 모함하지 말며 술의 종이 되지 아니하며 선한 것을 가르치는 자"들이 되어야 합니다.딛2:2~3

"젊은 여자들을 교훈하되 그 남편과 자녀를 사랑하며 신중하며 순전하며 집안일을 하며 선하며 자기 남편에게 복종하게" 해야 합니다.딛2:4~5

젊은 남자들은 근신하며 경건하며 책망할 것이 없는 바른말을 해야 합니다.딛2:6~8

"종들은 자기 상전들에게 범사에 순종하여 기쁘게 하고 거슬러 말하지 말며 훔치지 말고 오히려 모든 참된 신실성을 나타내게" 해야 합니다.딛2:9~11

바울의 이 가르침을 보면 바른말을 하고 거스르는 말을 하지 말아야 한다는 점이 두드러집니다. 혀는 우리 몸에서 가장 다스리기 어려운 부분인데 이는 그레데인들의 문제만은 아닐 것입니다. 야고보도 말을 함부로 하지 않고 혀를 다스릴 것에 대해서 강조하고 있는데 우리가 말에 실수가 없는 자면 온전한 사람이 된 것이라고 가르치고 있습니다.약3:2

5. 이신칭의

바울은 할례당의 잘못된 가르침에 대해서 분명히 가르칩니다. 즉 우리의 구원은 의로운 행위로 말미암지 않고 오직 예수님의 긍휼을 좇아 중생의 씻음과 성령의 새롭게 하심으로 되었다고 말씀합니다.딛3:5 이 구절에서 중생의 씻음과 성령의 새롭게 하심은 서로 같은 의미입니다. 중생의 씻음과 성령의 새롭게 하심을 다른 것으로 보면 중생의 씻음은 회심과 칭의를, 성령의 씻음은 성화를 의미한다고 주장할 수 있지만, 이는 바른 해석이 아닙니다. 바울은 이 구절에서 수사학의 중언법hendiadys을 사용하고 있습니다. 즉 중생의 씻음은 곧 성령의 새롭게 하심을 말씀하는 것입니다. 이 해석은 3:6~7절의 말씀이 확증해 줍니다. 바울은 "우리 구주 예수 그리스도로 말미암아 우리에게 그 성령을 풍성히 부어 주사 우리로 그의 은혜를 힘입어 의롭다 하심을 얻어 영생의 소망을 따라 상속자가 되게 하려 하심이라"고 말씀합니다. 여기서 바울은 성령의 역할은 우리로 하여금 의롭다 하심을 얻게 하는 것이라고 말씀합니다. 성령의 부어지심이 없이는 우리에게 의롭다 하심이 일어나지 않습니다. 다시 말해 성령은 우리에게 오셔서 우리로 하여금 씻음 받게 하시고 우리로 하여금 예수님을 믿게 하셔서 우리를 의롭게 하신다는 말씀입니다. 즉 칭의는 행위에 근거하지 않고 하나님의 은혜를 바탕으로 이루어짐을 알 수 있고 바울의 로마서 1:17, 엡 2:8, 빌 3:9절의 말씀과 일치합니다.

존 머레이 교수는 성령의 씻음의 역할을 결정적 성화definitive sanctification라는 개념으로 설명합니다. 즉, 성령이 오시면 그 사람은 하나님 앞에 거룩한 자로 여김을 받게 되었다는 것입니다. 바로 이 사실은 바울이 왜 많은 죄의 문제 가운데 있던 고린도 교회 교인들을 성도saints라고 부르는지 알 수 있게 합니다. 우리는 이미 거룩해졌습니다. 그러므로 우리는 거룩한 삶을 살 수 있게 된 것이고 거룩한 삶을 살아야 합니다.골3:10 바울은 이 사실을 그레데 교인들에게 일깨워 주면서 그들이 조심하여 선한 일을 힘써야 하며 어리석은 변론과 족보 이야기와 분쟁과 율법에 대한 다툼을 피할 것을 권면하고 있습니다.딛3:9

문제

1. 성경에서 프레스부테로스와 에피스코포스라는 명사가 사용된 구절들을 살펴보고 이 두 단어가 오늘의 장로라는 직분에 대해 밝혀주는 바를 토론해 보세요.
2. 바울은 성도들이 바르게 생활할 것을 권면하고 있습니다. 늙은 남자, 젊은 남자 등 구분해서 이들의 바른 생활에 대한 바울의 가르침을 설명해 보세요.
3. 바울이 할례당에 대해 경고하는 내용을 서술해 보세요.
4. 디도서 3:5의 중생의 씻음과 성령의 새롭게 하심이란 표현에 대해서 설명해 보세요.

참고도서

그랜트 오스본, 적용을 도와주는 디모데전후서, 디도서 - LAB 주석 시리즈. 김진선역. 성서유니온선교회, 2008.

목회와 신학편집부, 디모데전후서 · 디도서 어떻게 설교할 것인가 - 두란노 HOW 주석 시리즈 46. 도서출판 두란노, 2008.

존 스토트, 디모데전서 디도서 강해: 진리를 굳게 지키라 - BST 시리즈. 김현회역. IVP, 1998.

윌리엄 바클레이, 디모데/디도서/빌레몬서 바클레이신약주석 시리즈 12. 기독교문사, 1996.

도날드 거스리, 디모데전후서 디도서 - 틴델 신약주석 시리즈 14. 양용의역. 기독교문서선교회, 1992.

John MacArthur, *Titus Macarthur New Testament Commentary Series.* Moody Publishers, 1996.

Philip H. Towner, *The Letters to Timothy And Titus NICNT.* Grand Rapids: Eerdmans, 2006.

Gordon D. Fee and W. Ward Gasque, *1 and 2 Timothy,* Titus NIBC 13. Hendrickson, 1995.

John R. W. Stott, *The Message of 1 Timothy & Titus The Bible Speaks Today.* IVP, 2001.

Jerome D. Quinn, *The Letter to Titus The Anchor Yale Bible Commentaries.* Yale University Press, 2005.

Walter L. Liefeld, *1 & 2 Timothy, Titus NIV Application Commentary.* Grand Rapids: Zondervan, 1999.

22
빌레몬서

1. 저자

빌레몬서 1:1절에서 바울은 자신이 이 서신의 필자임을 밝혔습니다. 이 개인 서간은 바울과 빌레몬의 개인적인 내용을 담고 있고 그 역사적 정황이 특별한 상황이기 때문에 바울이 아닌 다른 사람이 이 편지를 쓰고 바울의 저작인 것처럼 했을 가능성은 전혀 없습니다. 실제로 이 짧은 서신의 바울 저작설이 부정된 적은 없습니다.[36)]

2. 내용

오네시모는 빌레몬의 종이었습니다. 그는 빌레몬의 재물을 훔쳐서 달아났습니다. 그리고 다른 도시로 가서 숨어 버렸습니다. 이는 헬라 세계에서는 사형에 해당하는 행동이었습니다. 오네시모는 오며 가며 한 사람을 만났는데 그 사람이 바로 사도 바울이었습니다. 바울은 그를 회심시켰고 자기와 함께 동역하기를 원했습니다. 이때 바울은 자신의 제자 빌레몬에게 자신이 오네시모를 알게 되었고 그가 이제 그리스도인이 되었으므로 자신에게 맡겨달라고 그냥 부탁할 수도 있었습니다. 만일 바울이 그렇게 부탁했더라도 빌레몬은 아마 흔쾌히 바울의 뜻을 따랐을 것입니다.

하지만 바울은 오네시모에게 빌레몬에게 돌아가 용서를 빌고 관계를 먼저 회복한 다음 자기에게 돌아오라고 말했습니다. 바울이 이렇게 권면했을 때 이제 그리스도인이 된 오네시모의 자세도 변했습니다. 그는 바울의 뜻을 따라 빌레몬에게 돌아가 용서를 빌었습니다. 그리고 빌레몬은 그를 용서해 주고 그가 바울과 동역하도록 허락했습니다.

여기서 우리는 오네시모의 모습을 통해서 우리 자신의 모습을 보게 됩니다. 우리는 하나님과 원수 되었던 종들입니다. 그러다 예수님을 믿고 예수님의 중보를 통해서 아버지 하나님과 화해하게 되었습니다. 이 화해는 예수님께서 십자가 상에서 우리 죄를 다 갚아 주셨기 때문에 가능했습니다. 이제 우리는 예수님과 동역할 수 있게 되었습니다. 예수님과 동역하는 축복은 하나님과 화해를 한 사람들만이 누릴 수 있는 축복입니다. 이 모든 축복은 오직 예수님의 은혜와 사랑 때문에 가능해졌습니다.

빌레몬서가 불러일으킨 논쟁은 과연 바울이 노예제도의 존속을 인정했는가 하는 것입니다. 빌레몬서에서 바울은 노예제도가 공평한가 아닌가의 문제를 다루지 않고 있습니다. 바울은 오네시모를 빌레몬에게 보내어 용서를 구하게 했는데 이것이 그가 노예제도를 정당화한 것이라고 보기 어렵습니다. 이와 함께 에베소서나 골로새서에서는 종이 상전에게 복종하라고 가르친 부분에서 바울은 노예제도를 어느 정도 묵인했다고 볼 수 있습니다. 하지만, 현대의 인신매매나, 미국의 남북전쟁 시 노예제도와 같은 제도를 바울이 인정했을 것이라고 보는 것도 성경적 근거를 찾아볼 수 없습니다. 1세기에 많은 로마의 평민들이 군대에 가서 장기 의무복무를 했고 오랜 전쟁으로 경작지가 황무화되었기 때문에 자유민으로 사는 것이 노예로서 사는 것보다 경제적으로 훨씬 어려웠습니다. 오히려 주인을 잘 만난 종들은 경제적 안정을 누림과 동시에 자유민보다 더 나은 삶을 살고 있었습니다. 그들 중에는 의사와 철학가 등 전문인들이 많이 있었습니다. 철학자 에픽테투스도 종의 신분이었습니다. 이러한 문맥에서 볼 때 바울 시대의 노예제도는 근대의 노예제도와는 많은 차이점이 있습니다.

바울은 그리스도인인 빌레몬이 주인으로서 오네시모를 모질게 다루지 않을 것이라고 확신했습니다. 빌레몬은 오네시모를 용서했을 뿐 아니라 자유인으로 놓아 주었고 바울을 섬기게 했습니다. 오네시모는 그리스도를 위해 매인 자가 된 것입니다. 그는 사회제도에 의해서 종으로 살던 사람이지만, 예수님을 믿고 구원을 받고 스스로 복음의 종이 된 사람이었습니다. 오네시모처럼 예수님의 십자가의 피로 씻겨 구원을 받은 우리도 스스로 복음에 빚진 종이 된 사람들입니다.

문제

1. 바울과 오네시모와 빌레몬의 관계는 예수님과 우리와 하나님의 관계와 비유될 수 있습니다. 이 두 그룹의 관계를 죄의 용서라는 관점에서 비교해 보세요.
2. 바울은 빌레몬서에서 노예제도에 대해서 어떠한 관점을 제시하고 있습니까?

참고도서

허버트 카아슨, 골로새서 빌레몬서 - 틴델 신약주석 시리즈 12. 양용의역. 기독교문서선교회, 2008.

딕 루카스, 골로새서 빌레몬서 강해: 자유와 충만 - BST 시리즈. 정옥배역. IVP, 2008.

피터 T. 오브라이언, 골로새서, 빌레몬서 - WBC 성경주석 44. 정일오역. 도서출판 솔로몬, 2008.

그랜트 오스본, 적용을 도와주는 빌립보서, 골로새서, 빌레몬서 - LAB 주석 시리즈. 전광규역. 성서유니온선교회, 2007.

랄프 P. 마틴, 에베소서 · 골로새서 · 빌레몬서 - 현대성서주석 : 목회자와 설교자를 위한 주석. 김춘기역. 한국장로교출판사, 2002.

마르타 리승, 골로새서 빌레몬서 - IVP 말씀과삶 성경공부시리즈. 서재석역. IVP, 1998.

임세일, 세상에서 가장 아름다운 용서: 한 노예의 인생 역전 이야기 - 빌레몬서 강해. 양무리서원, 2003.

윌리엄 바클레이, 디모데/디도서/빌레몬서 바클레이신약주석 시리즈 12. 기독교문사, 1996.

Douglas J. Moo, *The Letters to the Colossians and to Philemon Pillar New Testament Commentary*. Grand Rapids: Eerdmans, 2008.

N. T. Wright, *The Epistles of Paul to the Colossians and Philemon Tyndale New Testament Commentaries*. IVP, 2007.

David E. Garland, *Colossians, Philemon NIV Application Commentary*. Grand Rapids: Zondervan, 1998.

Peter T. O' Brien, *Colossians-Philemon WBC 44*. Thomas Nelson,1982.

James D. G. Dunn, *The Epistles to the Colossians and to Philemon: A Commentary on the Greek Text*. NIGTC. Grand Rapids: Eerdmans, 1996.

F. F. Bruce, *The Epistles to the Colossians, to Philemon, and to the Ephesians NICNT*. Grand Rapids: Eerdmans, 1984.

R. C. Lucas, *The Message of Colossians and Philemon: Fullness and Freedom Bible Speaks Today*. IVP, 1980.

R. Kent Hughes, *Colossians and Philemon: The Supremacy of Christ Preaching the Word*. Crossway

Books, 1989.
Murray J. Harris, *Exegetical Guide to the Greek New Testament: Colossians and Philemon,* Grand Rapids: Eerdmans, 1991.
J. B. Lightfoot, *Colossians and Philemon Crossway Classic Commentaries.* Crossway Books, 1997.
Thomas C. Oden, *Colossians, 1-2 Thessalonians, 1-2 Timothy, Titus, Philemon Ancient Christian Commentary on Scripture: New Testament 9.* Routledge, 2000.
Joseph A. Fitzmyer, *The Letter to Philemon: A New Translation with Introduction and Commentary* Anchor Bible. 2000.
Robert W. Wall and Grant R. Osborne, *Colossians & Philemon IVP New Testament Commentary Series.* IVP, 1993.
William W. Klein, Todd Still, Robert L. Thomas, and Andreas J. Kostenberger, *Ephesians - Philemon Expositor' s Bible Commentary.* Grand Rapids: Zondervan, 2006.

23
히브리서

1. 저자

유세비우스의 기록을 통해 전해내려 온 바로는 알렉산드리아의 클레멘트와 오리겐은 히브리서가 바울이 쓴 것이라고 믿었습니다. 이와 반면에 이레네우스나 로마의 히폴리터스는 히브리서의 바울 저작설을 받아들이지 않았습니다. 터털리안은 바나바가 이 책의 저자라고 믿었습니다.[37] 서쪽의 교회Western Church에서 히브리서의 저자에 대한 이와 같은 다양한 입장이 정리되어 이 책의 저자가 바울이라고 받아들여지게 된 것은 어거스틴과 제롬의 일치된 견해 때문이었습니다. 이들은 알렉산드리아 교부들의 의견을 신뢰하고 히브리서의 바울 저작을 정설로 받아들였는데 이에 힘입어 이후 서쪽의 교회에서도 이 입장이 정설로 굳어졌습니다. 하지만 중세에 아퀴나스는 이 책의 저자가 누구든지 누가가 그것을 헬라어로 번역했을 것으로 생각했고, 종교 개혁기 캘빈도 로마의 클레멘트 혹은 누가가 이 책의 저자일 것으로 생각했습니다.

이같이 히브리서의 바울 저작설이 부정되는 이유는 서신의 도입부에 전형적인 바울 스타일의 인사말이 없다는 것입니다. 그리고 이 서신에서 사용된 문체나 어휘가 바울 서신에서 사용된 스타일보다 헬라 원어민의 스타일을 띠고 있다는 것입니다. 그 내용에서도 히브리서는 예수님의 대제사장적 사역을 세심히 가르치고 있는데 이는 전형적인 바울적 내용이 아니라는 것입니다. 그리고 히 2:3절에 저자는 복음을 주께 들은 것이 아니라 그것을 들은 사람들에게서 들었다고 말하는데, 갈라디아서 1:11~12절의 내용에 비추어 보면 바울이 이렇게 말했을 리는 없다는 것입니다.

따라서 사람들은 다양한 사람들을 히브리서의 저자로 제시한 바 있습니다. 즉 누가, 로마의 클레멘트, 바나바입니다. 루터는 알렉산드리아 출신인 아볼로를 저자로 제시했습니다. 이는 히브리서 내용 중 신플라톤주의적 이원론의 흔적 때문에 아주 훌륭한 추측으로 보이지만, 사실 히브리서의 내용과 알렉산드리아의 신플라톤주의적 사상과는 큰 차이가 있습니다. 역사가 하넥은 브리스길라를 이 서신의 저자로 생각했습니다. 이 밖에 제시된 저자로는 실라, 디모데, 에바브라, 빌립집사, 예수님의 어머니 마리아 등입니다.

칼슨은 히브리서 저자가 누구였는지 우리가 확실히 알 길이 없다고 말합니다. 단지 이 저자의 특징은 헬라파 유대인이었을 것이며, 초대교회의 제2 세대 지도자 그룹에 속한 사람이었으며히2:3, 그는 구약성경을 70인역LXX을 사용해 자유로이 인용할 수 있는 박식한 사람이었고, 그 사용한 헬라 어휘와 문체를 볼 때 잘 교육을 받은 사람이었을 것이라는 것을 우리가 추측할 수 있다는 것입니다.

하지만 이 모든 추측 속에서도 우리는 히브리서의 내용 속에 바울의 가르침이 확실히 내포되어 있다는 것을 알 수 있습니다. 즉 이신칭의의 가르침히10:38; 롬1:17, 아브라함의 믿음에 대한 상세한 소개히6:13 이하; 롬4, 의의 수확히12:11; 고후9:10, 예수님의 고난받으심히12:2~3; 빌2:6~11, 두려움과 떨림이라는 표현히12:28; 빌2:12, 사랑의 나눔히13:2; 빌4:10 이하; 고후8~9, 결혼에 대한 가르침히13:4; 엡5:23 이하, 돈을 사랑하는 것에 대한 경고히13:5; 딤전6:3 이하, 이단에 대한 경계히13:9; 목회 서신가 그렇습니다. 이 밖에도 확실한 기독론, 신자가 가져야 할 확신히4:16, 6:9, 19; 10:19, 22, 35, 13:6, 신앙고백의 중요성히3:1, 4:14, 10:23, 13:15,16등의 가르침도 바울적 가르침의 범주에 속한다고 볼 수 있습니다.

이와 같은 사실을 종합해, 우리는 히브리서의 내용이 바울의 가르침과 유사하고 그 저자가 바울과 가까웠던 사람이었다고 볼 때, 오리겐의 증언은 매우 신뢰할 만한 것으로 보입니다. 즉 바울의 제자 중 한 사람이 그의 가르침을 적어놓았다가 그를 위해 히브리서로 정리했다는 것입니다. 오리겐 자신도 누가의 저작설을 알고 있었지만, 그는 이렇게 기록하고 있습니다: "누가 이 서신을 썼는지는 사실 하나님만 아십니다"H. E. 6.25.14

2. 예수님은 누구 신가?

(1) 예수님은 만유의 상속자이십니다.히1:2 하나님께서는 예수님으로 말미암아 모든 세계를 지으셨습니다. 이 말씀은 예수님께서 우주의 모든 것들의 소유자이시라는 것입니다. 예수님께서는 우주의 모든 것을 말씀으로 지으셨습니다. 따라서 영지주의자들처럼 하나님과 물질을 동일시하는 것은 잘못된 것입니다. 하나님은 영이시고 무에서 유를 만드신 분이십니다.

(2) 예수님은 하나님 영광의 광채십니다. 그리고 그 본체의 형상이십니다.히1:3 이 말씀은 예수님이 하나님의 본체시라는 것입니다. 따라서 예수님을 하나님보다 못한 분으로 생각하는 것은 잘못된 생각입니다. 예수님은 하나님과 하나이십니다. 아버지 품에 계신 독생하신 하나님의 아들이십니다. 하지만 아버지 하나님 자신이 아들 하나님이 되신 것은 아닙니다. 아버지 하나님은 아들 하나님과는 다릅니다. 하지만 두 분은 한 하나님이십니다. 이 절에서 "영광의 광채"라는 말씀은 예수님께서 햇살처럼 빛의 본체인 해로부터 발산되는 빛과 같은 분이라는 말씀이 아니고 빛 그 자체시라는 말씀입니다. 해는 하나님을 가리키고 햇살은 예수님이시라고 해석하는 것은 잘못입니다. 예수님께서 하나님 영광의 광채시란 말씀은 하나님의 영광이 예수님을 통해서 나타나셨다는 말씀과 같습니다. 요한은 이렇게 증거합니다: "본래 하나님을 본 사람이 없으되 아버지 품 속에 있는 독생하신 하나님이 나타내셨느니라"요1:18

이 말씀은 요한복음 1:1절의 말씀을 통해서 해석할 수 있습니다: "태초에 말씀이 계시니라 이 말씀이 하나님과 함께 계셨으니 이 말씀은 곧 하나님이시니라"

이 말씀에서 태초에 하나님과 함께 계셨던 말씀은 곧 하나님이셨습니다. 마찬가지로 예수님께서 하나님 영광의 광채시라는 말씀은 예수님께서 하나님의 영광을 가지신 분, 곧 하나님 자신이시라는 것을 말씀합니다. 요한복음 17:24절 말씀은 하나님께서 그 영광을 아들 예수에게 주셨다고 증거합니다: "아버지여 내게 주신 자도 나 있는 곳에 나와 함께 있어 아버지께서 창세 전부터 나를 사랑하시므로 내게 주신 나의 영광을 그들로 보게 하시기를 원하옵나이다"

따라서, 예수님을 본 자는 아버지의 영광을 본 것입니다. 반대로 예수님을 부인하는 자는 아버지 하나님을 부인하는 것입니다.요일 2:23

(3) 예수님은 그 능력의 말씀으로 만물을 붙드시며 죄를 정결케 하는 일을 하시고 높은 곳에 계신 위엄의 우편에 앉으셨습니다.히1:3 이 말씀은 예수님께서 우주의 질서와 존재를 그 말씀으로 유지되게 하신다는 것입니다. 지금 이 순간에도 지구가 자전한다든지, 또 중력의 법칙이 작용하고 있다든지 하는 이 모든 것은 예수님께서 창조질서를 유지하고 계시기 때문입니다. 이 같이 창조질서에 관한 일을 하실 뿐 아니라 구속의 일에 관하여도 예수님께서는 인간으로 오셔서 십자가에서 구속사역을 이루셨습니다. 그리고 승천하시어 하나님 보좌 우편에 지금 이 시간도 앉아 계십니다.

이 구절에서 능력의 말씀으로 만물을 붙들고 계신다는 말씀은 예수께서 이 세상을 창조하시고 이 세상을 자연의 법칙에 맡겨서 돌아가게 하신 것이 아니라 예수님께서는 그 주권적 권능으로 세상의 모든 돌아가는 일을 다 지배하고 계신다는 것을 말씀합니다. 따라서 우리에게 벌어지는 아무리 조그마한 일이라도 다 예수님의 지배 아래 있습니다. 모든 일 뒤에는 다 예수님의 뜻이 있고 이유가 있습니다. 우리는 순간마다 발걸음마다 예수님의 인도하심을 받으며 살아나가야 하겠습니다.

예수님께서 높은 곳에 계신 위엄의 우편에 앉으셨다는 말씀은 예수님께서 이미 원수들을 그 발아래 두시고 정복하셨다는 것을 말씀합니다. 바울은 고린도전서 15:24~26절에서 이렇게 말씀합니다: "그 후에는 마지막이니 그가 모든 통치와 모든 권세와 능력을 멸하시고 나라를 아버지 하나님께 바칠 때라 그가 모든 원수를 그 발 아래에 둘 때까지 반드시 왕 노릇 하시리니 맨 나중에 멸망 받을 원수는 사망이니라"

이 구절에서 예수께서 모든 원수를 그 발아래 둘 때는 십자가의 죽음에서 부활하신 때인데 바울 자신도 이를 확인하면서 에베소서 1:20~22절에서 이렇게 말씀합니다: "그의 능력이 그리스도 안에서 역사하사 죽은 자들 가운데서 다시 살리시고 하늘에서 자기의 오른편에 앉히사 모든 통치와 권세와 능력과 주권과 이 세상뿐 아니라 오는 세상에 일컫는 모든 이름 위에 뛰어나게 하시고 또 만물을 그의 발 아래에 복종하게 하시고 그를 만물 위에 교회의 머리로 삼으셨느니라"

따라서 우리는 만왕이 되시고 만물을 그 능력과 권세로 지배하시는 예수님의 권능을 성령을 통해서 힘입어 담대히 복음을 땅끝까지 전할 수 있습니다. 히브리서 기자는 그러므로 예수님에 대한 믿음을 떠나고 배교하는 것은 용서될 수 없는 죄임을 분명히 말씀하고 있습니다.[히6:4~6]

(4) 구약시대에는 선지자를 통해 말씀하신 하나님께서 이 종말의 때에 그 아들 예수를 통해 우리에게 말씀하셨습니다.[히1:1] 모든 선지자의 예언이 예수님에 관한 것이었습니다. 이제 종말에 예수님께서 인간의 모습으로 오시어 그 모든 예언을 이루셨습니다. 그리고 자신을 친히 하나님의 아들로 증거하셨습니다. 누구든지 저를 하나님의 아들로 믿으면 죽지 않고 영원히 산다는 약속의 말씀입니다. 이 구절에서 구약시대 선지자들의 예언의 초점은 예수 그리스도에 관한 것이었다는 것을 알 수 있습니다. 히브리서 기자는 1장 5절부터 구약의 예언들 즉 사무엘하 7:14, 시편 45:7, 이사야 61:3 등의 구절을 인용하면서 이 구절들이 예수님에 관해 미리 말씀한 예언임을 밝혀주고 있습니다. 누가복음 24:44절에서 예수께서는 이를 확인하시어 이렇게 말씀하셨습니다: "또 이르시되 내가 너희와 함께 있을 때에 너희에게 말한 바 곧 모세의 율법과 선지자의 글과 시편에 나를 가리켜 기록된 모든 것이 이루어져야 하리라 한 말이 이것이라 하시고"

따라서 구약의 말씀은 이스라엘 역사로써 우리 그리스도인들과 상관없는 말씀이 아닙니다. 1세기의 이단 마시온은 구약을 이스라엘과만 상관있는 책으로써 신자들이 읽을 필요가 없는 책이라고 가르쳤습니다. 하지만 이는 잘못된 가르침입니다. 예수님께서 구약의 예언을 모두 성취하셨기 때문에 신약과 구약은 유기적 일체성을 가진 책입니다. 신약이 없는 구약은 성취가 없는 미완성의 계시요 구약이 없는 신약은 하나님의 구원 계획이 없는 근거 없는 선전이 되고 맙니다. 신구약의 계시는 하나의 통일된 계시이며 성취된 완전한 계시입니다.

이 구절에서 히브리서 기자는 예수님께서 구속을 이루신 때를 종말의 때라고 묘사하고 있습니다. 종말은 이미 이 땅에 침투해 들어왔습니다. 마태복음 12:28에 예수님께서는 하나님의 나라가 이미 우리에게 임했다고 선언하셨습니다: "그러나 내가 하나님의 성령을 힘입어 귀신을 쫓아내는 것이면 하나님의 나라가 이미 너희에게 임하였느니라" 따라서 우리 그리스도인들은 이 땅에서 생활하지만, 천국 시민권을 가진 자들입니다. 그러므로 우리는 이 땅의 것에 얽매어 살 것이 아니라 위의 것을 바라보며 살아야 합니다.골3:1~3

3. 뛰어나신 예수님

히브리서는 견고한 믿음을 강조하는 서신입니다. 그것은 예수 그리스도께서 하나님의 아들이시고 대제사장이시고 천사나 모세보다 큰 분이시기 때문에 그분을 부인하고서는 천국에 들어갈 수 없다는 것입니다. (1) 첫째로, 예수님은 천사보다 크신 분이십니다. 전통적으로 이스라엘 사람들은 천사의 존재를 믿고 숭배했습니다. 출애굽기 3장 14절의 이야기에서 모세에게 계시를 준 분도 천사라는 믿음을 가지고 있었습니다. 그만큼 천사는 이스라엘 사람들이 경외하는 존재였습니다. 그런데 히브리서 저자는 천사는 예수님보다 못한 존재임을 강조함으로써 예수님을 통해 가르쳐진 말씀을 견고히 지키지 않고서는 구원받을 수 없음을 강조하고 있습니다. 히브리서 저자는 예수님께서 천사보다 크신 분이신 증거를 다음과 같이 제시합니다: (가) 하나님께서는 예수님을 "나의 아들"이라고 부르시지만, 천사를 나의 아들이라고 부른 적은 없습니다.히1:4~5 (나) 예수님의 존귀함은 천사보다도 큽니다. 즉 모든 천사는 예수님을 경배하기 때문입니다.히1:6 (다) 또 예수님의 지위는 천사보다 큽니다. 즉 예수님은 영원히 변치 않으시기 때문입니다: "또 천사들에 관하여는 그는 그의 천사들을 바람으로, 그의 사역자들을 불꽃으로 삼으시느니라"히1:7 하지만 아들에 관하여는 "하나님이여 주의 보좌는 영영하며 주의 나라의 홀은 공평한 홀이니이다 주께서 의를 사랑하시고 불법을 미워하셨으니 그러므로 하나님 곧 주의 하나님이 즐거움의 기름을 주께 부어 주를 동류들보다 뛰어나게 하셨도다"라고 말씀합니다.히1:8~9 (라) 마지막으로, 예수님의 일은 천사들의 일보다 더 큽니다: "어느 때에 천사 중 누구에게 내가 네 원수로 네 발등상이 되게 하기까지 너는 내 우편에 앉아 있으라 하셨느냐 모든 천사들은 섬기는 영으로서 구원 받을 상속자들을 위하여 섬기라고 보내심이 아니냐"히1:13~14

⑵ 둘째로, 예수님은 모세보다 큰 자이십니다. 예수님은 하나님께서 보내신 분으로서 우리의 대제사장이십니다.히3:1 예수님께서는 하나님의 집에서 충성하셨습니다. 모세도 하나님의 집에서 충성했습니다. 하지만 예수님께서는 모세보다도 더 영광을 받으실 분이신데 그 이유는 예수님께서는 집을 지으신 자시고 모세는 그 집의 일부이기 때문에 그렇습니다. 모세는 장래의 말할 것을 증거하기 위해 하나님의 온 집에서 사환으로 충성했지만, 예수님께서는 그 집의 맡은 아들로 충성했습니다. 그래서 우리가 예수님을 끝까지 믿고 나가는 한 우리는 하나님의 집으로 인정되게 됩니다.히3:6

⑶ 셋째로, 예수님께서는 대제사장으로서 아론 계열의 대제사장들보다 더 크신 분이십니다. 그 이유는, (가) 예수님께서는 하나님의 맹세로 대제사장이 되셨습니다. (나) 예수님께서는 멜기세덱의 반차를 좇아 대제사장이 되셨습니다. 히브리서 저자는 창세기 14장에 나오는 이야기를 통해서 예수님의 제사장의 직분이 아론의 제사장 직분보다 더 크다는 것을 증명하고 있습니다. 즉 아브라함이 가나안 여섯 왕을 무찌르고 전리품을 가지고 돌아왔을 때 멜기세덱이 저를 맞으러 나왔습니다. 이때 아브라함은 전

리품의 십일조를 멜기세덱에게 바쳤습니다. 그리고 멜기세덱은 아브라함에게 복을 빌어주었습니다. 이때 아브라함의 자손인 레위도 아브라함과 함께 멜기세덱에게 십일조를 바쳤다고 여길 수 있습니다. 따라서 멜기세덱은 레위의 반차보다 크다고 할 수 있으며 멜기세덱의 반차로 좇아 대제사장이 되신 예수님은 레위의 반차를 좇아 제사장이 된 사람들보다 크다고 할 수 있는 것입니다.히7장 (다) 아론 계열의 대제사장들은 일시적으로 제사장을 했지만, 예수님은 영원한 대제사장이십니다. (라) 그들은 일 년에 한 번 지성소에 들어가 죄를 사하는 제사를 드렸지만, 예수님께서는 단번에 하늘의 지성소에 들어가셨습니다. (마) 그들은 지성소에 들어가기 전에 자신과 백성과 지성소를 깨끗하게 하는 제사를 먼저 드려야 했지만, 예수님은 죄가 없으시므로 그렇게 미리 속죄할 필요가 없으셨습니다. (바) 그들은 매번 속죄제를 반복적으로 드려야 했지만, 예수님은 친히 제물이 되심으로써 단번에 십자가에서 속죄를 이루셨습니다.

이처럼 히브리서 저자가 예수님의 뛰어나심과 그 높으신 지위를 강조하는 이유는 예수님에 관한 증거 곧 히브리서 1:1~3절의 신앙고백을 저버리면 곧 배교의 죄를 짓는 것이고 이 죄는 사함 받지 못할 중죄가 된다는 것을 말씀하려고 한 것입니다. 천사를 통해 말씀 된 것을 어겨도 엄히 벌을 받았는데 하물며 예수님의 말씀을 거역하고 구원받을 자는 없다는 것입니다: "천사들을 통하여 하신 말씀이 견고하게 되어 모든 범죄함과 순종하지 아니함이 공정한 보응을 받았거든 우리가 이같이 큰 구원을 등한히 여기면 어찌 그 보응을 피하리요 이 구원은 처음에 주로 말씀하신 바요 들은 자들이 우리에게 확증한 바니"히2:2~3

마찬가지로, 모세의 법을 어긴 자들도 엄히 징벌을 받았는데 하물며 예수님의 말씀을 어긴 자들의 받을 형벌은 얼마나 크겠느냐는 것입니다: "너희는 삼가 말씀하신 이를 거역하지 말라 땅에서 경고하신 이를 거역한 그들이 피하지 못하였거든 하물며 하늘로부터 경고하신 이를 배반하는 우리일까보냐 그 때에는 그 소리가 땅을 진동하였거니와 이제는 약속하여 이르시되 내가 또 한 번 땅만 아니라 하늘도 진동하리라 하셨느니라"히

12:25 그러므로 신자가 예수님과의 언약 안에 거하는 것이 구원의 절대적 필수조건입니다. 우리는 하나님의 집인데, 이것은 우리가 견인하면서 끝까지 믿음을 지키는 한 그렇습니다. 우리가 믿음에 거하지 못하고 배교한다면 우리는 하나님의 거하시는 전이 될 수 없습니다: "그리스도는 하나님의 집을 맡은 아들로서 그와 같이 하셨으니 우리가 소망의 확신과 자랑을 끝까지 굳게 잡고 있으면 우리는 그의 집이라" 히3:6

4. 흔들리지 않는 견고한 믿음

(1) 이스라엘의 배교: 구약시대에 모세가 백성을 이끌고 광야를 통과할 때 그들은 하나님을 시험해서 가나안 땅에 들어가기를 거부하다가 하나님의 진노를 받아 다 광야에서 죽었습니다. 히브리서 저자는 이 사실을 상기시키면서 그리스도인들도 하나님 언약의 약속을 어기고 믿음을 저버리고 배교함으로써 하나님의 심판을 받게 되는 일이 없어야 한다는 점을 반복해서 가르치고 있습니다.

여기서 저자는 그 독자들이 모세 시대의 이스라엘 백성의 신앙 체험을 잘 알고 있을 것이라는 것을 전제하고 있습니다. 이스라엘 백성은 하나님을 체험한 자들이었습니다. 그들은 애굽에 임한 열 재앙으로부터 보호되었습니다. 그리고 그들은 모세가 지팡이로 가른 홍해바다를 건너서 애굽 병사의 칼을 피해 살아나왔었습니다. 그들은 불기둥과 구름 기둥으로 나타나신 하나님과 함께 광야를 통과했습니다. 그리고 그들은 하늘로부터 내려온 신령한 음식, 만나를 매일 먹었습니다. 때때로, 하나님께서 보내주신 메추라기를 먹음으로써 고기 맛도 보았습니다. 또한, 바위에서 솟아나는 물을 마심으로써 생수를 체험했습니다. 이 모든 기적을 체험하고서도 그들은 하나님을 믿지 못했습니다. 하나님께서는 가나안 땅을 젖과 꿀이 흐르는 땅으로써 그들에게 주셨지만, 그들은 그곳 사람들이 거인이었기 때문에 자기들은 그들에게 메뚜기와 같이 보잘것없는 존재로서 그들을 정복하는 것은 불가능하다고 주장하며 하나님의 약속을 믿지 않았습니다. 그들은 여호수아와 갈렙의 믿음 있는 증거에 귀를 기울이지 않고 믿음 없는 회의론자들인 다른 10명의 정탐꾼의 말을 더 신뢰하고 흥분했습니다. 그리고 모세를 돌을 들어 치려 했습니다. 그러자 하나님께서는 그들에게 나타나시어 그들의 믿음 없음을 꾸짖으시고 그들을 징벌하셨습니다. 그들 중의 20세 이상의 성인들은 여호수아와 갈렙을 제외하고는 한 사람도 가나안땅에 들어가지 못하고 다 광야에서 죽게 되었습니다. 여기서 우리는 배교의 죄는 사함 받지 못하는 죄라는 것을 알 수 있습니다. 그들 중, 20세 이하의 2세들만 가나안에 들어가게 되었는데 그것은 그들이 그들의 부모보다 더 의로워서가 아니었고 하나님의 은혜 때문이었습니다.

민수기 14장 39절 이하에 보면 이 배교자들은 크게 슬퍼하면서 자신들이 죄를 지었다고 고백했습니다. 하지만 그들은 하나님께서 아말렉에게 공격해 올라가지 말라고 명하셨지만 이를 어기고 아말렉을 치러 올라갔습니다. 물론 모세도 그들과 함께 올라가지 않았고 하나님의 언약궤도 그들과 함께 하지 않았습니다. 결국, 하나님의 말씀을 또 어기고 아말렉을 치러 올라간 그들은 아말렉인들에게 몰살당하고 맙니다. 여기서 우리는 배교자들이 슬퍼하는 것은 진정한 회개의 표시가 아니라는 것을 알 수 있습니다. 그것은 감상적 반응에 불과했습니다. 그들은 이전에도 하나님을 신뢰하지 않더니 이번에도 하나님의 명을 어기고 아말렉인들을 치러 올라갔던 것입니다. 여기서 우리는 배교자들의 완고한 마음을 알 수 있습니다. 그들은 진정한 회개를 하지 않았습니다. 진정한 회개는 감정의 반응이 있고, 죄를 지었음을 자백하고, 의지로써 돌이키는 것입니다. 진정한 회개는 지 정 의 삼 요소로 되어 있습니다. 그러나 이 배교자들은 감정의 인지가 따랐고 지적으로 자신들이 죄를 지었음을 인정했지만, 의지적 결단으로 돌아서지는 않았습니다. 이는 가룟 유다가 예수님을 넘겨준 후 보인 반응이나 사울이 하나님을 거역하고 보인 반응과 똑같습니다. 이들은 감정적인 반응을 보입니다. 그리고 자기들이 죄를 지었음을 인식도 했습니다. 하지만 그 죄로부터 결단적인 돌아섬이 없었던 것입니다. 사울은 자신의 잘못을 인정하면서도 계속 다윗을 죽이려고 쫓아다녔습니다. 그

리고 유다는 자살함으로써 저 갈 길을 갔던 것입니다.행1:25

이 민수기의 배교의 이야기는 시편 95편에 주석이 되어 있습니다. 그리고 이 시편의 말씀을 히브리서 기자는 또 인용하면서 가르침을 더 확실히 하는 것입니다. 시편 기자는 이 민수기의 이야기에 나오는 배교자들이 하나님의 안식에 들어가지 못했다고 기록하고 있습니다. 이 안식은 가나안에 들어가지 못했다는 것을 의미할 뿐 아니라 천국에 들어가지 못했다는 것을 의미합니다. 따라서 히브리서 기자는 신자들이 그리스도를 부인하고서 배교하면 이 이스라엘의 배교자들처럼 천국에 들어갈 수 없다고 히브리서 4장에 엄중히 경고하는 것입니다.

민수기 14장에서 이스라엘 배교자들의 특징은:

(가) 그들이 하나님의 백성들이었다는 점.

(나) 에굽으로부터 불러내져서 출애굽 했다는 점.

(다) 홍해를 가로질러 건너서 모세의 세례를 받았다는 점.고전 10장

(라) 모세가 시내 산에서 받은 율법을 바탕으로 이룩한 언약의 공동체의 일원이었다는 점.

(마) 그들은 하나님의 약속을 신뢰하지 않고 믿지 않았다는 점.

(바) 그들은 하나님을 배교하고 회개하지 않았다는 점.

(사) 그들은 하나님의 안식에 들어가지 못하고 멸망했다는 점입니다.

(2) 사함 받지 못하는 죄: 히브리서 저자는 이스라엘 백성이 하나님을 대적한 것은 사함 받지 못하는 죄를 지은 것이라고 가르칩니다. 히브리서 저자는 그리스도인들이 이 죄를 짓지 않도록 경고하고 있습니다.

히브리서 6:4~6: "한 번 빛을 받고 하늘의 은사를 맛보고 성령에 참여한 바 되고 하나님의 선한 말씀과 내세의 능력을 맛보고도 타락한 자들은 다시 새롭게 하여 회개하게 할 수 없나니 이는 그들이 하나님의 아들을 다시 십자가에 못 박아 드러내 놓고 욕되게 함이라"

이 구절의 가르침의 요지는 아래와 같습니다.

첫째, 저자가 이 죄를 짓지 않도록 경고하는 대상은 신자들입니다. 불신자들은 믿지 않기 때문에 저버릴 믿음도 아직 없습니다. 배교는 신자들

이 범하게 되는 죄입니다. 그러면 이 신자들은 어떤 사람들입니까? 이들의 특징은 무엇일까요?

(가) 한 번 비췸을 얻었다는 것입니다. 이들에게 진리의 비췸이 있었다는 것입니다enlightening. 히브리서 3장은 이 말씀의 주석을 위한 예화에 해당합니다. 즉 광야에서 모세를 대적하던 이스라엘 백성에게는 진리의 비췸이 있었습니다. 그들은 모세의 설교를 들었고 모세의 인도함을 받던 자들입니다. 히브리서의 회중들도 마찬가지로 하나님의 말씀을 듣는 축복을 누리던 자들이었습니다. 하나님의 말씀은 진리의 빛입니다.벧후1:19

(나) 그들은 하늘의 은사를 맛본 자들입니다. 이스라엘 백성은 하늘로부터 온 선물의 맛을 보았습니다. 즉 그들은 매일 하늘에서 떨어진 만나를 광주리에 담아 그날그날 일용할 양식으로 먹었습니다. 히브리서의 회중들은 하늘에서 떨어진 만나보다 더 신령한 주님의 피와 몸을 먹는 성만찬에 정기적으로 참여해서 하늘의 선물을 맛보았던 자들입니다.

(다) 그들은 성령에 참예한 바 되었던 자들입니다. 이스라엘 백성은 성령의 음성을 들었던 자들입니다.히3:15 즉 모세가 하나님의 말씀을 대언할 때 그 말씀은 성령께서 주신 말씀이었습니다. 히브리서 저자는 모세나 다윗이나 예레미야를 통해 하신 말씀을 성령께서 친히 하신 말씀이라고 증거하고 있습니다.히3:7; 9:8; 10:15 마찬가지로 히브리서 회중들도 성령께서 나눠주신 표적들과 기사들과 여러 가지 능력을 맛본 자들이었습니다.히2:4

(라) 그들은 선한 하나님의 말씀과 오는 세상의 능력을 맛보았던 자들입니다. 이스라엘 백성은 모세를 통해서 주어진 십계명과 다른 율법들을 통해서 하나님의 말씀을 들었고 오는 세상의 능력을 맛보았습니다. 여기서 오는 세상은 그리스도와 함께 온 종말의 능력인데 그것은 모세를 통해서 나타난 기적들과 말씀의 선포였습니다. 즉 구리 뱀을 쳐다볼 때 그들 중 죽어가는 자들이 살아났는데 이는 예수그리스도의 십자가를 상징하는 것이었습니다. 그리고 바위에서 터져 나온 물을 마셨을 때 그들은 예수님의 생수를 체험했습니다. 히브리서 회중들도 성령을 통해서 표적과 기사와 이적을 맛본 자들이었고 하나님의 말씀을 사도들을 통해서 받은 자들이

었습니다. 그들은 모세 시대의 이스라엘 회중이 바라보았던 그 종말의 능력을 실제로 체험했던 자들이었습니다.

우리는 이렇게 이 죄를 짓는 자들의 특징이 무엇인가 살펴보았습니다. 이제 우리는 그 죄의 특징과 그 죄의 결과와 의미에 대해서 살펴보아야 합니다. 히브리서 저자는 곧이어 오는 세상의 능력에 참예한 바 된 자들이 "타락"했다고 말씀합니다.히6:6 이는 예수 그리스도를 배반하고 그를 부인하는 배교의 죄를 가리킵니다. 이들은 예수님을 부인함으로써 그를 십자가에 다시 못 박는 죄를 짓고 있는데 이는 자신들에게 해를 가하는 것입니다.히6:6 이들은 십자가를 경멸의 대상으로 만드는 것과 같은 일을 하고 있었던 것입니다.

그러면 이들은 이 죄를 회개할 수 있을까요? 이 배교의 죄를 지은 자들은 회개하게 할 수 없습니다. 이 죄는 예수님을 믿던 자들이 예수님의 십자가를 경멸하는 죄이기 때문에 이 죄는 고의적인 죄이고 그래서 그들은 이 죄를 회개하지 않게 됩니다. 이는 구약에 고의로 하나님께 죄를 범한 자들이 그 죄를 회개하지도 않고 사함 받지도 못한 것과 같습니다. 하나님께 고범죄를 지으면 심판을 받았습니다. 그것은 하나님의 말씀과 그 은혜에 참예한 바 된 자들이 죄를 짓는 것이므로 그들의 마음이 완악해졌기 때문에 그 강퍅한 마음을 녹일 수는 없습니다. 히브리서 저자는 이스라엘 백성이 광야에서 하나님을 대적하고 모세를 죽이려 했을 때 회개하지 않고 다 광야에서 멸절한 것을 상기시키면서 그리스도를 믿는 자들이 그리스도를 부인하는 것은 이와 같은 멸망을 가져오게 된다고 엄히 경고하고 있습니다.

히브리서 10:26절 이하에 보면 세 가지 요소가 더 분명히 반복되어 설명되어 있습니다. 첫째는 고의성이고, 둘째는 언약에 참예한 자들이 짓는 죄이고, 셋째는 하나님 자신을 대적하는 것입니다.

"우리가 진리를 아는 지식을 받은 후 짐짓 죄를 범한즉 다시 속죄하는 제사가 없고 오직 무서운 마음으로 심판을 기다리는 것과 대적하는 자를 태울 맹렬한 불만 있으리라 모세의 법을 폐한 자도 두세 증인으로 말미암아 불쌍히 여김을 받지 못하고 죽었거든 하물며 하나님의 아들을 짓밟고 자기를 거룩하게 한 언약의 피를 부정한 것으로 여기고 은혜의 성령을 욕되게 하는 자가 당연히 받을 형벌은 얼마나 더 무겁겠느냐 너희는 생각하라" 히10:26~29

이 죄의 핵심적 내용은 그리스도를 고의로 부인하는 것입니다. 이 죄를 짓게 되면 우리의 중보자 예수님을 부정하는 것이므로 하나님 앞에서 그 사람의 죄를 대신 할 중보자가 남아 있지 않게 됩니다. 그러므로 그 사람의 원죄는 그대로 있게 되고 그 사람은 최후의 심판을 통해 영벌을 받게 된다는 것입니다. 그래서 이 죄는 사함 받지 못하는 죄라는 것입니다. 이 죄는 마태복음 12:31절의 성령훼방 죄와 같습니다. 그리고 요한일서 5:16절의 죽음에 이르는 죄와 같은 죄입니다. 이 구절들이 의미하는 죄는 다 배교를 의미하고 있습니다. 그리고 여기서 중요한 것은 삼위일체의 신론이 이 구절들의 배경이 되고 있다는 것입니다. 즉 구약시대에서 하나님께 대한 고범죄가 중벌을 수반했듯이 신약시대에는 예수님께 대한 고범죄가 그와 같은 중벌을 수반한다는 것입니다. 이는 예수님께서 이 땅에 인간으로 오신 하나님이시기 때문에 그렇습니다. 여기서 예수님의 인성과 신성이 이 가르침의 바탕이라는 것을 우리는 확인하게 됩니다.

그러면 택자도 이 죄를 지을 수 있을까요? 켈빈주의에 의하면 택자는 이 죄를 지을 수 없습니다. 왜냐하면, 하나님께서 저들을 지켜주시기 때문입니다. 요한복음 17:12절 말씀에 보면 하나님께서 예수께 주신 양 중 멸망의 자식 말고는 하나도 잃지 않았다고 말씀합니다. 누가복음 22:31절 이하에 보면 예수께서는 베드로가 예수를 부인하기 전에 미리 이를 아시고 그가 믿음을 저버리지 않도록 그를 위해 중보기도 하셨습니다. 하나님께서는 택한 자들이 배교하지 않도록 성령을 통해서 힘을 주시고 지켜 주십니다. 이들은 내적 부르심을 받은 자들입니다. 마태복음 22:14절에 보면 청함을 받은 자는 많되 택함을 받은 자는 적다고 기록되어 있습니다. 바울은 로마서 8:29~30절에서 택함을 받은 자는 하나님께서 부르시고 부르신 그들을 의롭다 하시고 의롭다 하신 그들을 또한 영화롭게 하셨다고 말씀합니다. 여기서 택함을 받은 자들은 반드시 영화에 이르게 된다는 말씀입니다.

하지만 외적 부르심을 받은 신자는 이 죄를 지을 수 있습니다. 이들은 청함을 받았을 뿐, 택함 받지는 못한 자들입니다. 이스라엘 백성이 애굽에서 부르심을 받았지만, 가나안 땅에 들어가지 못한 것처럼 이러한 신자들은 입술로만 예수를 고백하지 마음으로는 믿지 않기 때문에 어려움을 당하면 배교하고 믿음이 파선하게 된다는 것입니다. 가룟 유다가 대표적인 배교자입니다. 그리고 구약에서는 발람선지자, 사울 왕 등이 대표적인 예입니다.

알미니안주의에 따르면 택자도 이 죄를 짓고 믿음이 파선할 수 있다고 가르칩니다. 그래서 항상 깨어서 근신하며 믿음을 잃어버리지 않도록 노력해야 한다는 것이지요. 하지만, 이 입장은 배교자들이 회개할 수 있다고 보는 데 문제가 있습니다. 히브리서 6:4~6절에 보면 이들은 회개하게 할 수 없다고 분명히 말씀 돼 있습니다. 그리고 만일 배교가 회개할 수 있는 죄라면 히브리서 저자는 이 죄를 짓지 말라고 엄히 경고하면서 또 지었으면 회개를 해야 한다고 재차 삼차 경고해야 하는데 회개에 대한 독려는 찾아볼 수 없습니다. 그리고 요한도 요한일서 5:16절에서 이 죄를 지은 사람을 위해서 중보기도 하라고 격려하지 않았습니다. 그것은 이들의 행로가 이미 멸망의 낭떠러지로 치달아 있기 때문에 아무도 그들을 건져줄 사람이 없기 때문입니다. 그들은 하나님을 대적했기 때문에 그들의 멸망은 돌이킬 수 없습니다. 그들은 자신들을 구원해 주실 예수님을 고의적으로 부인했기 때문에 그들을 건져줄 분은 더 이상 아무도 없게 된 것입니다.

알미니안주의의 주장처럼 우리가 믿으면 구원받았다가 배교하면 구원을 잃어버린다면 구원의 향방을 결정할 궁극적인 주체는 우리 자신이라는 말씀이 됩니다. 그렇다면 우리의 구원을 지켜주시기 위해서 하나님께서 아무 힘을 쓰지 못하신다는 것인데 이는 전지전능하신 하나님의 속성상 이해할 수 없는 부분입니다. 또 구원의 최종 확인은 죽는 순간에만 할 수 있다는 말씀인데 그전까지 신자는 수없이 구원을 받았다가 잃어버리는 과정을 반복하면서 살 것이고 구원의 확신이라는 것은 불가능해집니다. 이는 우리의 구원을 시작하신 하나님께서 그것을 완성하실 것이라는 바울의 가르침과 모순됩니다. 빌1:5~6

다만, 현재 우리가 누가 택자인지 궁극적으로 알 수 없다는 점을 생각할 때, 알미니안주의는 우리가 깨어 경성 하도록 하는데 도움을 주는 가르침인 것 같습니다. 그러나 이는 자신의 힘으로 배교하지 않도록 노력해야 한다는 가르침이기 때문에 우리를 구원의 불확실성 가운데 팽개쳐버릴 수 있습니다. 반면에, 캘빈의 예정론의 관점에서 보면 우리 구원의 확실성이 하나님의 택함에 있기 때문에 우리로 하여금 하나님 구속의 은혜에 더욱 의지하는 겸손한 자세를 가지게 합니다. 성도의 견인까지도 하나님의 주권적인 보호하심에 근거하는 것입니다. 핍박과 유혹은 택함 받은 성도까지도 배교하게 만드는 함정이기 때문에 주님의 긍휼하심이 없이는 믿음을 지키고 천국의 면류관을 받게 될 자가 없다고 봐야 할 것 같습니다. 누구든지 천국에 가는 자들은 구원이 그 시작부터 끝까지 자신의 구원을 완성해 주신 하나님의 작품이라고 해야 할 것입니다.

여기서 용어의 구분을 하고 갈 필요가 있습니다. 배교와 타락의 차이가 무엇일까요? 배교apostasy는 예수님을 고의로 부인하는 것이고 타락back-sliding은 부지중에 믿음에서 잠시 떨어져 나가는 것을 말합니다. 배교의 경우는 회개하게 할 수 없고 타락은 돌아온 탕자처럼 회개하고 돌아올 수 있습니다. 그러면 우리 주위에 타락한 사람과 배교한 사람을 구분할 수 있을까요? 구분할 수 없습니다. 예수님을 잘 믿던 어떤 성도가 암에 걸려 병원침상에 누워 있을 때 심방 온 목사님을 저주하고 하나님을 저주하면서 죽어간다면 그는 구원받지 못한 배교자일 것입니다. 하지만 우리가 누구를 판단할 수 있는 능력을 하나님께서는 주시지 않았습니다. 예수님께서는 가룟 유다가 배교자라는 것을 처음부터 알고 계셨지만, 그를 내쫓지 않으시고 다른 제자들과 함께 똑같이 사랑하시며 데리고 다니셨고 그에게 돈주머니까지 맡기셨습니다. 우리도 형제를 판단하지 말며 끝까지 사랑하는 것이 주님께서 우리에게 원하시는 것입니다.

5. 새 언약의 뛰어남

구 언약과 새 언약은 현격한 차이점이 있습니다. 예수 그리스도께서 이루신 새 언약은 다음과 같은 점에서 구 언약보다 우월합니다.

(1) 모세의 법은 아무것도 완전하게 할 수 없었지만, 새 언약은 우리가 하나님께 가까이 갈 수 있게 하는데 더 큰 희망을 가져다 주었습니다.[히7:19] 예를 들어 모세의 법을 따라 드리는 제사는 죄인의 양심을 깨끗하게 하지는 못했습니다. 하지만 예수그리스도의 영을 받은 자들의 양심은 깨끗해졌습니다. 그래서 바울은 성도의 생명이 예수 안에서 하나님께 숨기어 있다고 말씀하고 있습니다. 우리는 이미 하늘 보좌에 앉히어져 있습니다.[엡2:6]

(2) 이 언약은 죄 씻음의 근거를 소나 양의 피에 두지 않고 예수님의 피에 두기 때문에 더 뛰어납니다.[히10:4] 예수님의 피는 죄 없으신 분의 피로써 유월절 양의 피를 능가합니다. 우리는 성만찬을 통해 이 피를 마심으로써 생명을 얻습니다.[요6:53 이하]

(3) 새 언약으로써 예수님께서는 더 나은 제사로 하늘로 올라가시어 우리를 위해 단번에 하나님의 보좌 앞에 나가셨습니다. 구약의 제사장들은 하나님의 지성소에 1년에 1번 밖에 들어갈 수 없었습니다. 하지만 예수님께서는 하나님의 보좌 우편에 앉아계십니다.[히1:3; 8:1; 10:12; 12:2] 예수님께서는 그 원수들을 발등 상 되게 하시기까지 보좌에서 다스리실 것입니다. 그리고 성도들의 구원의 완성을 위해 기도하고 계십니다. 베드로를 위해 기도하시고 그가 배교하지 않도록 하셨듯이 우리를 위해서도 믿음이 식지 않도록 기도하시고 계시는 것입니다.

(4) 새 언약의 바탕은 예수 그리스도께서 맹세와 함께 대제사장이 되신 것입니다.[7:21] 그리스도는 그 마음을 변치 않으실 것이기 때문에 우리는 이 언약에 의지할 수 있습니다. 하지만, 구약시대의 대제사장들은 하나님의 맹세 없이 대제사장으로 임명되었습니다. 하나님께서는 맹세할 필요

가 없는 분이십니다. 하나님께서 자신에게 맹세하셨다는 말씀은 예수님의 대제사장의 직분의 영원성과 확실성을 말합니다. 즉 이는 예수님의 대제사장적 사역, 곧 우리 죄를 사하신 것의 확실성을 가리킵니다.

⑸ 새 언약은 더 나은 언약인데 이는 하나님께서 그 법을 우리 마음에 새겨 놓으셨기 때문입니다. 이제 우리는 이 법을 떠나지 않게 되었습니다. 구약시대에 법은 돌 판에 새겨져 있었습니다. 이 돌판은 언약궤에 넣어져 있었고 언약궤는 하나님의 지성소에 놓여 있었습니다. 하지만 신약시대에는 이제 이 법을 주신 성령께서 성도의 심령 속에 직접 와 계십니다. 이는 우리가 받은 마음의 할례를 말합니다. 이는 성령이 신자 안에 내주하심을 말합니다. 그래서 성령께서는 우리 마음에 말할 수 없는 탄식으로 우리의 성화와 구원의 완성을 위해서 기도하고 계십니다.[롬8:26~27] 이제 하나님께서는 우리 마음에 하나님의 법을 새겨 두시고 우리에게 한 가지를 약속하셨습니다. 그것은 우리의 죄와 불법을 다시는 기억하지 않겠다고 하신 것입니다.[히8:12; 10:17] 이는 아담의 원죄를 가진 우리를 사해 주시고 우리를 의롭다고 여기신다는 것입니다. 이는 하나님께서 우리에게 값없이 주신 선물입니다. 이제 우리는 다시 죄를 위해 제사드릴 것이 없는 자들이 되었습니다.[히10:18] 이는 예수님께서 대제사장으로써 십자가에서 제사를 단번에 드리셨기 때문입니다.

⑹ 그리고 새 언약에 따라 하나님께서는 우리를 위해 영원한 상속을 마련해 놓고 계시는데 그것은 동록이나 도적이 해하지 못합니다.[히9:15] 우리의 상속은 하늘에서 하나님의 자녀로 사는 것입니다. 우주의 창조자요, 왕 되신 예수님의 나라에서 그 아들 딸로서 영원히 다스리면서 살게 되는 이것보다 더 큰 유산이나 상속은 없을 것입니다. 이 상속은 도적이 훔쳐갈 수도 없고 동록이 해하지도 못합니다.

6. 믿음의 조상들

⑴ 믿음은 바라는 것들의 실상이요 보지 못하는 것들의 증거입니다.[히11:1] 히브리서 저자는 믿음의 조상 리스트를 보여 주고 있습니다. 이 리스

트에는 여러 사람이 포함되어 있습니다. 아벨, 에녹, 노아, 아브라함, 사라, 이삭, 야곱, 요셉, 모세, 라합, 기드온, 삼손, 바락, 입다, 다윗, 사무엘, 이외에도 많은 선지자가 있습니다. 여기서 우리가 주의해야 할 점은 이 구약의 조상의 믿음이 예수님을 믿는 우리의 믿음과 '한 믿음'이냐는 것입니다. 대답은 '예'입니다. 아브라함도 하나님을 믿는 조상으로서 예수님을 믿은 것인데 바울은 로마서에서 이렇게 말씀합니다: "의로 여기심을 받을 우리도 위함이니 곧 예수 우리 주를 죽은 자 가운데서 살리신 이를 믿는 자니라" 롬4:24 아브라함은 예수님을 부활하게 하실 하나님을 믿은 것입니다. 따라서 아브라함은 내용이 없는 신을 막연히 믿은 것이 아니라 예수님을 이 땅에 보내시고 죽음에서 부활시키실 약속의 하나님을 믿은 것입니다. 즉 아브라함은 우리와 같은 한 믿음을 가진 조상이었습니다. 믿음은 하나입니다: "몸이 하나요 성령도 한 분이시니 이와 같이 너희가 부르심의 한 소망 안에서 부르심을 받았느니라 주도 한 분이시요 믿음도 하나요 세례도 하나요 하나님도 한 분이시니 곧 만유의 아버지시라 만유 위에 계시고 만유를 통일하시고 만유 가운데 계시도다 우리 각 사람에게 그리스도의 선물의 분량대로 은혜를 주셨나니"엡4:4~6 따라서 구약의 믿음이 따로요 신약의 믿음이 따로가 아닙니다. 이스라엘이나 이방인 모두 한 믿음, 즉 예수그리스도를 믿는 믿음으로 구원을 받는 것입니다.

⑵ 여기서 히브리서 저자는 이들이 믿음으로 이겨낸 환란을 말씀하면서 이들도 우리가 없으면 온전함을 이루지 못한다고 말씀합니다. 이는 우리도 저들처럼 믿음을 가지고 환란을 이겨내야 한다는 것을 가르치고 있습니다.히11:40 또 우리도 환란을 이겨냄으로써 위대한 믿음의 선진들의 대열에 합류하기에 부족함이 없다는 말씀을 하는 것입니다.

⑶ 이들 믿음의 특징은 약속을 굳게 잡고 살면서 환란이나 시험이 와도 이 약속을 의심하지 않고 하나님을 신뢰하면서 인내했다는 사실입니다. 이들은 하늘에 마련된 본향을 바라보고 나아갔는데 하나님께서는 이들의 하나님이라 일컬음을 부끄러워하지 않으시고 하늘에 성을 예비하셨습니다.히11:16

(4) 여기서 히브리서 저자는 믿음을 지키고 나가면서 때로는 피를 흘리기까지 믿음을 지켜야 한다고 말씀합니다: "너희가 죄와 싸우되 아직 피 흘리기까지는 대항하지 아니하고"히12:4 이렇게 극도의 핍박을 통과할 때 성도들은 이를 하나님께서 내리시는 징계로 여겨야 한다는 것입니다. 이는 그 사랑하시는 자녀에게 주시는 징계요 채찍이라는 것입니다.히12:5~6 이러한 징계가 없다면 그는 참 아들이 아니요 사생아입니다. 이러한 징계를 주시는 이유는 우리의 유익을 위한 것인데 이는 그의 거룩함에 참예하게 하시기 위해서입니다.히12:10

(5) 나아가 히브리서 저자는 성도들에게 순교까지 할 각오로 믿음을 지켜야 한다고 권면 합니다:

"그러므로 예수도 자기 피로써 백성을 거룩하게 하려고 성문 밖에서 고난을 받으셨느니라 그런즉 우리도 그의 치욕을 짊어지고 영문 밖으로 그에게 나아가자 우리가 여기에는 영구한 도성이 없으므로 장차 올 것을 찾나니 그러므로 우리는 예수로 말미암아 항상 찬송의 제사를 하나님께 드리자 이는 그 이름을 증언하는 입술의 열매니라"히13:12~14

이러한 순교의 가르침은 본문 13장에 갑자기 제시된 것이 아닙니다. 이미 히 2:15절에서 죽음에 대한 두려움을 순교의 최대의 방해물로 제시합니다: "또 죽기를 무서워하므로 한평생 매여 종 노릇 하는 모든 자들을 놓아 주려 하심이니" 성도가 죽음의 두려움을 극복하고 순교할 수 있는 것은 예수님의 도우심이 있기 때문입니다. 이미 예수님께서 죽음의 두려움의 시험을 이기셨기 때문에 똑같은 시험을 당하는 성도들을 능히 도우실 수 있는 것입니다: "그가 시험을 받아 고난을 당하셨은즉 시험 받는 자들을 능히 도우실 수 있느니라"히2:18

문제

1. 히브리서 1:1~3은 예수님에 대해서 잘 요약해서 설명합니다. 이를 풀어서 설명해 보세요.

2. 예수님은 천사보다도 뛰어난 분이십니다. 그 이유를 말씀해 보세요.
3. 예수님은 모세보다 뛰어난 분이십니다. 그 이유를 말씀해 보세요.
4. 예수님은 구약의 대제사장들보다 뛰어난 대제사장이십니다. 그 이유를 말씀해 보세요.
5. 히브리서 3장은 시편 95편의 말씀을 통해서 민수기 14장에 기록된 구약의 이스라엘 백성의 배교를 언급하고 있습니다. 이들의 배교의 특징을 설명해 보세요.
6. 히브리서 6:4~6은 히브리서의 청중들에게 배교하지 말 것을 경고하고 있습니다. 히브리서 청중들의 신앙체험 특징을 설명해 보세요.
7. 히브리서 10:26~29를 참고해서 배교의 구성요소들을 설명해 보세요.
8. 배교에 대한 가르침에서 캘빈주의와 알미니안주의가 다릅니다. 이들의 차이점을 설명해 보고 이에 대해 토론해 보세요.
9. 히브리서 저자는 새 언약이 구언약보다 뛰어나다는 것을 잘 설명하고 있습니다. 이를 설명해 보세요.
10. 히브리서 11장은 믿음에 관한 장입니다. 구약의 믿음의 조상들을 열거해 보고 이들의 믿음에서 발견되는 특징들을 말해 보세요.

참고도서

도널드 헤그너, 히브리서의 신학적 강해. 이창국역. 크리스챤출판사, 2008.
목회와 신학 편집부, 히브리서 어떻게 설교할 것인가 - 두란노 How 주석시리즈 47. 도서출판 두란노, 2007.
윌리암 레인, 히브리서(상)(하) - WBC 성경주석 47. 채천석역. 도서출판 솔로몬, 2007.
앤드류 머레이, 지성소: 히브리서 강해. 정현대역. 벧엘서원, 2004.
이필찬, 히브리서 - 이필찬 교수의 주해와 설교 시리즈 01. 도서출판 이레서원, 2004.
박형용, 히브리서 - 한국성경주석총서(양장). 도서출판 햇불, 2003.
그랜트 오스본 편, 적용을 도와주는 히브리서 - LAB 주석 시리즈. 김진선역. 성서유니온선교회, 2002.
레이몬드 브라운, 히브리서 강해: 만유의 그리스도 - BST시리즈. 김현회역. IVP, 2000.
윌리엄 바클레이, 히브리서 - 바클레이신약주석 시리즈 13. 기독교문사, 1996.
F. F. 브루스, 히브리서 - 뉴인터내셔널 주석 17. 이장림역, 생명의 말씀사, 1991.
게할더스 보스, 히브리서의 교훈. 엠마오, 1984.
R. Kent Hughes, *Hebrews: An Anchor for the Soul. 2 vols.* Wheaton, Ill.: Crossway, 1993.
F. F. Bruce, *The Epistle to the Hebrews NICNT.* Grand Rapids: Eerdmans, 1990.

George H. Guthrie, *Hebrews NIV Application Commentary*. Grand Rapids: Zondervan, 1998.

Tom Wright, *Hebrews for Everyone Westminter John Knox Press,* 2004.

William L. Lane, *Hebrews 1-8 WBC 47a*. Thomas Nelson, 1991.

______________. *Hebrews 9-13 WBC 47b*. Thomas Nelson, 1991.

Paul Ellingworth, *The Epistle to the Hebrews: A Commentary on the Greek Text NIGTC*. Grand Rapids: Eerdmans, 1993.

Donald Guthrie, *The Epistle to the Hebrews Tyndale New Testament Commentaries*. Grand Rapids: Eerdmans, 2007.

Richard D. Phillips, *Hebrews Reformed Expository Commentary*. P&R Publishing, 2006.

Philip E. Hughes, *A Commentary on the Epistle to the Hebrews* Grand Rapids: Eerdmans, 1987.

Craig Koester, *Hebrews: A New Translation With Introduction and Commentary* Anchor, 2001.

Arthur W. Pink, *Exposition of Hebrews,* Grand Rapids: Baker Books, 2003.

John Owen, *Hebrews Crossway Classic Commentaries*. Crossway Books, 1998.

24
야고보서

1. 저자

야고보서 1:1절은 야고보가 이 서신의 저자임을 밝히고 있는데, 예수님의 동생 야고보가 야고보서의 저자라고 말한 첫 교부는 알렉산드리아교회의 오리겐이었습니다. 초대교회에 야고보라는 이름을 가진 사람이 네 사람이 있는데, 세베대의 아들 야고보는 주후 44년에 순교했기 때문에 이 서신의 저자로 보기는 어렵고, 알패오의 아들 야고보도 그 지명도에서 이 서신의 저자로 보기 어렵습니다. 유다의 아버지 야고보눅6:16; 행1:13도 저자로 보기 어려워서 남는 한 사람은 예수님의 동생 야고보입니다. 요한복음 7:3~5절의 구절을 보면 예수님의 동생들도 처음에는 예수님을 믿지 않았습니다. 하지만 사도행전 15:13~21절은 예루살렘공회 중 야고보가 한 발언을 보고합니다. 그의 발언은 교회가 할례 법을 이방인 신자들에게 강요하지 않아야 한다고 사도들이 결의하는데 결정적 역할을 합니다. 이처럼 야고보는 예루살렘교회에서 유력한 지도자였고 나중에 순교까지 한 신실한 주님의 종으로써 야고보서의 저자로서 우리가 받아들이기에 아무 문제가 없습니다.

야고보서는 야고보가 흩어져 사는 유대인들을 위해서 예루살렘에서 쓴 서신으로 보입니다. 그만큼 이 서신에서 바울의 이신칭의 가르침과 같은 가르침은 뚜렷하지 않고 잠언서와 같은 윤리적 가르침이 뚜렷합니다. 행위의 중요성을 강조하는 점에서 마태복음 7:24절 이하의 가르침과 산상수훈의 가르침을 연상하게 합니다: 시험 중에 즐거워하라는 말씀마5:10~12; 분을 내지 말라마5:22; 화평케 하는 자는 복이 있다마5:9 등.

하지만 예수님의 동생 야고보가 이 서신을 썼다는 것을 부정하는 사람들은 다음과 같은 이유를 제시합니다. 즉, 이 서신에서 야고보가 예수님을 자신의 형으로 분명히 언급하고 있지 않다는 점, 야고보서의 헬라어 문체나 어휘가 팔레스타인 유대인의 문체나 어휘로 보기에는 수준이 높은 스타일이라는 점, 야고보서가 엄격히 유대인의 율법을 지켜야 한다는 내용을 결여한 점, 야고보서에 이신칭의 가르침이 나타나 있지 않다는 점 등입니다. 하지만 이 지면에서 다 다룰 수 없지만, 우리가 이러한 측면들을 조목조목 반박하는 것은 어려운 일이 아닙니다.[38] 야고보서 2:14~26절은 행위구원을 설교하는 것처럼 보입니다. 만일 야고보가 55/56년경에 열린 예루살렘 공회에서 바울과 이신칭의 교리에 대해서 함께 이야기했다면 야고보는 구원의 조건으로 행위를 강조하지 않았을 것으로 볼 수도 있습니다. 따라서 야고보서를 가경이라고 생각하는 사람들은 야고보서의 저자가 바울의 이신칭의 교리를 잘못 이해했거나 이신칭의 교리를 전혀 접해 보지 않았을 것이라는 점을 이유로 제시합니다. 하지만 야고보가 야고보서를 예루살렘공회 훨씬 이전에 썼을 가능성도 있습니다. 아니면 교회 내의 무법주의자antinomians들을 염두에 두고 야고보서를 기록했을 수도 있습니다.

그리고 야고보서 2:14~26절을 잘 주석해 보면 야고보의 구원론이 바울의 구원론과 모순되지 않음을 발견할 수 있습니다. 즉 이 서신에서 야고보가 말하는 행위는 순종의 개념에 가깝습니다. 야고보가 아브라함이 믿음으로만 아니고 행위로 구원받았다고 말할 때 아브라함의 행위는 순종입니다. 즉 야고보는 순종으로 표현되는 진실한 믿음을 가질 것을 가르치고 있습니다. 바울의 가르침도 이에 일치합니다. 바울이 공격하는 행위는 율법주의를 말하는 것입니다. 또한, 바울은 구원론에서 믿음을 강조하지만, 순종도 중시합니다. 즉 로마서 1:5절에서는 믿음과 순종을 동전의 앞뒷면에 해당하는 개념으로 가르칩니다. 그리고 갈라디아서 5:22절에서는 신자의 믿음이 성령의 열매로 나타나야 한다고 가르치고 있고 로마서 6장에서는 우리가 칭의를 받은 성도로써 성령 안에서 거룩한 삶을 살아야 한다고 말하며 순종을 강조하고 있습니다. 따라서 우리는 야고보의 구원론과 바울의 구원론이 모순되지 않음을 알 수 있습니다.

우리가 이와 같은 사실을 종합해 볼 때 예수님의 동생 야고보가 야고보서의 저자였다는 것을 받아들이는데 아무 문제가 없습니다.

2. 야고보

야고보서의 저자 야고보는 세베대의 아들 중 하나인 야고보가 아닙니다. 사도 요한의 형제, 세베데의 아들 야고보는 초대교회 초기에 이미 순교했습니다. 야고보서의 저자 야고보는 예수님의 친동생 야고보였습니다. 요한복음 7장에 보면 예수님의 동생들조차도 예수님을 믿지 못했습니다. 선지자가 그 고향 땅에서 선지자로 받아들여지는 일이 힘든 것처럼, 사실 예수님의 동생들도 예수께서 메시아라고 하는 사실을 믿기 쉽지 않았을 것입니다. 그런데 이보다 더 놀라운 것은 예수님의 동생 야고보가 나중에 회개하고 예수님을 그리스도로 믿고 예루살렘 교회의 대표적 지도자가 되었다는 사실입니다.행15장 이는 예수님께서 참 하나님 그리고 참 메시아가 아니면 불가능했을 일임을 알 수 있습니다. 야고보는 유대의 관습을 철저히 지켰던 경건한 자로서 유대인들 앞에 기독교의 정통성을 행위로 보여 주었던 지도자였습니다. 하지만 야고보도 나중에 핍박을 받고 순교했습니다.

가톨릭교회에서는 마리아가 예수님을 낳고 더는 아이를 낳지 않았다고 가르칩니다. 그래서 야고보 등 예수님의 동생들을 예수님의 이복형제들이라고 가르칩니다. 이는 마리아의 완전성immaculateness의 교리를 뒷받침하기 위해 발전시킨 이론입니다. 하지만 우리는 마리아를 신성시해야 할 아무 이유를 찾지 못합니다. 우리의 죄 씻음은 예수님의 십자가의 피로써 얻어진 것이지 마리아의 신성함 때문에 얻어진 선물이 아닙니다. 그리고 어떤 신학자의 말대로 예수님의 죄 없으심은 마리아의 순전함에 기초하고 있다기보다 예수님께서 동정녀 마리아로부터 탄생하셔서 아담의 원죄의 영향을 받지 않았기 때문이라고 보는 것이 더 타당합니다.

3. 행함이 있는 믿음

야고보서는 행위를 강조하는 가르침으로 잘 알려졌습니다. 그래서 오직 믿음으로만 구원을 받는다는 이신칭의를 가르친 바울의 가르침과 일치하지 않는다는 비평이 있었습니다. 종교개혁자 마틴 루터는 야고보서가 행위구원을 가르친다고 해석하면서 야고보서를 신약성경에서 제외해야 한다고 생각했습니다. 야고보는 행위를 강조하고 있습니다. 그런데 이 행위가 무엇을 의미하는가를 잘 연구해야 우리는 올바른 해석을 할 수 있습니다. 야고보서는 구약의 잠언서와 비슷한 윤리적 가르침을 많이 담고 있습니다. 그것은 신자들이 무법주의적antinomian 삶을 살아서는 안 된다는 것을 말씀하고 있기 때문입니다. 이러한 점에서 행위를 강조하는 마태복음과도 짝을 이루는 책입니다. 마태도 행함이 없는 믿음을 죽은 믿음으로 가르칩니다.마7:24 이하 따라서 야고보의 가르침은 행함을 강조하는 유대주의의 전통에 서 있다고 볼 수 있습니다.

하지만 결론적으로 말씀드려서 야고보의 가르침도 이신칭의의 구원론에 바탕을 두고 있습니다. 야고보는 우리가 믿음으로 구원받는다는 것을 모두가 다 아는 사실로써 전제하고서, 신자들에게 참 믿음을 가질 것을 강조하기 위해서 순종을 강조하는 것입니다. 야고보가 사용하는 행위의 개념은 바울이 사용하는 순종의 개념과 일치합니다. 사도행전 15장에 보면 예루살렘공회에 대한 기술이 있는데, 여기서 야고보가 일어나서 토론의 내용을 정리하는 것을 볼 수 있습니다. 야고보는 이방인들이 하나님의 은혜로 구원함을 받는다는 점에 이의를 달지 않았습니다. 하지만 그들이 간음이나 살인이나 우상숭배를 하지 못하게 해야 한다는 부칙을 달았습니다. 이 관점에서 보면 야고보는 이신칭의를 믿었으며 신자들은 행위로 구원받는 것이 아니라 행위로써 그 믿음을 증거한다는 가르침을 가르치는 것입니다.

(1) 야고보는 행함이 없는 믿음을 질책하고 있습니다: "내 형제들아 만일 사람이 믿음이 있노라 하고 행함이 없으면 무슨 유익이 있으리요 그 믿음이 능히 자기를 구원하겠느냐 만일 형제나 자매가 헐벗고 일용할 양

식이 없는데 너희 중에 누구든지 그에게 이르되 평안히 가라, 덥게 하라, 배부르게 하라 하며 그 몸에 쓸 것을 주지 아니하면 무슨 유익이 있으리요 이와 같이 행함이 없는 믿음은 그 자체가 죽은 것이라 어떤 사람은 말하기를 너는 믿음이 있고 나는 행함이 있으니 행함이 없는 네 믿음을 내게 보이라 나는 행함으로 내 믿음을 네게 보이리라 하리라 네가 하나님은 한 분이신 줄을 믿느냐 잘하는도다 귀신들도 믿고 떠느니라 아아 허탄한 사람아 행함이 없는 믿음이 헛것인 줄을 알고자 하느냐" 약2:14~20

⑵ 행함으로 믿음이 온전해지는 것을 말씀하면서 야고보는 "사람이 행함으로 의롭다 하심을 받고 믿음으로만은 아니"라고 말씀하는데 이는 마치 행위로 구원받는다는 가르침을 주는 듯이 보입니다.약2:24 이 점에서 야고보는 이신칭의가 아니라 행위구원의 교리를 가르치는 듯이 보입니다. 과연 야고보가 바울의 이신칭의 교리를 부인하는 것일까요? 그렇지 않습니다. 야고보도 예수님을 믿는 믿음을 선한 행위의 근거로 가르칩니다. "내 형제들아 영광의 주 곧 우리 주 예수 그리스도에 대한 믿음을 너희가 가졌으니 사람을 차별하여 대하지 말라"약2:1 따라서 야고보는 이신칭의를 부정하는 것이 아니라 이신칭의로 인한 잘못된 무법주의적 태도를 경고하는 것입니다.

⑶ 믿음으로 의롭다 함을 입는다는 가르침 때문에 실제로 무법한 삶을 사는 그리스도인들도 있습니다. 믿음으로 구원을 받았기 때문에 어떤 죄를 지어도 사함 받을 것이라는 헛된 확신을 하고 아무 가책도 없이 부도덕한 삶을 사는 신자들이 있습니다. 그 일례로 1세기의 초대 교회에서는 예수님을 믿는다고 하면서 사치한 사람들이 있었습니다. 이들은 회당에 들어올 때 금가락지를 끼고 들어 왔다고 합니다. 이들은 회당에 가난한 사람이 들어올 때 문가에 앉으라고 하며 이들을 부자와 차별했다고 합니다.약2:3 야고보는 이들이 가난한 자를 괄시했다고 책망합니다.약2:6 또 교회 안에는 혀를 제어하지 못하고 말의 실수로써 교회에 덕을 끼치지 못하는 사람들도 있었습니다.약3:1~12 또 시기와 다툼으로 화평을 깨는 자들도 있었습니다.약3:13~18 야고보는 시기와 다툼은 정욕으로 좇아 나는 것이기

때문에 주 안에서 겸손히 자기를 낮추어야 한다고 가르칩니다.약4:10

(4) 이 점을 통해 볼 때 야고보는 행위구원을 가르치는 것이 아니라, 믿는다고 하면서 그 믿음대로 살지 못하는 자들에게 그 믿음의 행위를 보이라고 권면하고 있는 것입니다. 이를 말하면서 야고보는 아브라함의 믿음을 예로 들고 있습니다. 즉 아브라함은 하나님의 약속을 믿었을 뿐 아니라 하나님께서 이삭을 바치라고 명령하셨을 때 그 약속을 믿었기 때문에 그 하나밖에 없는 자식 이삭을 하나님께 제물로 바치기까지 하나님의 말씀을 순종했다는 것입니다:

"우리 조상 아브라함이 그 아들 이삭을 제단에 바칠 때에 행함으로 의롭다 하심을 받은 것이 아니냐 네가 보거니와 믿음이 그의 행함과 함께 일하고 행함으로 믿음이 온전하게 되었느니라 이에 성경에 이른 바 아브라함이 하나님을 믿으니 이것을 의로 여기셨다는 말씀이 이루어졌고 그는 하나님의 벗이라 칭함을 받았나니"약2:21~22

(5) 그러면 이신칭의 교리를 가르친 바울은 전혀 행위를 강조하지 않았나요? 그렇지 않습니다. 바울도 믿음으로 구원받는다는 가르침을 주면서 행위를 아울러 가르쳤습니다: "그런즉 우리가 무슨 말을 하리요 은혜를 더하게 하려고 죄에 거하겠느냐 그럴 수 없느니라 죄에 대하여 죽은 우리가 어찌 그 가운데 더 살리요"롬6:1~2 바울은 여러 곳에서 성령의 열매를 맺어야 한다고 가르치면서 다음과 같이 말씀합니다:

"육체의 일은 분명하니 곧 음행과 더러운 것과 호색과 우상 숭배와 주술과 원수 맺는 것과 분쟁과 시기와 분냄과 당 짓는 것과 분열함과 이단과 투기와 술 취함과 방탕함과 또 그와 같은 것들이라 전에 너희에게 경계한 것 같이 경계하노니 이런 일을 하는 자들은 하나님의 나라를 유업으로 받지 못할 것이요"갈5:19~21

이 말씀은 우리가 행위로 구원받는다는 말씀이 아니라 이런 죄악된 일을 하는 자들은 믿음이 없이 육체의 소욕대로 사는 자들이기 때문에 하나님의 심판을 받게 된다는 말씀입니다. 모든 믿음 있는 행위는 사랑으로 대표됩니다. 그래서 바울은 사랑으로 나타나는 믿음에 구원이 있다고 말씀합니다.갈5:6 즉 사랑으로 나타나지 않는 믿음은 참 믿음이 아니라는 말씀입니다.

4. 신약의 잠언

야고보서를 읽고 있으면 잠언서를 읽는 것 같은 착각이 들게 합니다. 그만큼 야고보는 신자들의 온전한 행위를 강조합니다.

⑴ 그중에서도 두드러지는 점은 물질적으로 부유한 성도의 바른 자세입니다: "부한 자는 자기의 낮아짐을 자랑할지니 이는 그가 풀의 꽃과 같이 지나감이라"약1:10 그리고 야고보는 가난한 자들을 격려합니다: "내 사랑하는 형제들아 들을지어다 하나님이 세상에서 가난한 자를 택하사 믿음에 부요하게 하시고 또 자기를 사랑하는 자들에게 약속하신 나라를 상속으로 받게 하지 아니하셨느냐"약2:5 1세기에 예루살렘 교회의 성도들은 매우 가난했던 것 같습니다. 그래서 바울은 교회를 이방 땅에 개척할 때마다 그들의 연보를 모았다가 예루살렘 교회를 도왔습니다. 이는 이방인교회와 유대인교회가 그리스도의 한 지체임을 실질적으로 보여주기 위해서 그렇게 한 면이 있지만 가난한 자들을 돕는 것은 신자들의 사랑의 실천을 위한 기본적인 윤리였기 때문에 그랬습니다. 이는 현대교회에 주는 교훈이 많습니다. 잘 사는 지역에 있는 어떤 교회들은 예산을 교회 내에서 무분별하게 써 없애는 풍조가 있습니다. 모든 교회가 그리스도의 한몸이라는 점에서 교회들끼리 서로 물질적으로 돕는 일을 회복하는 것은 교회연합운동보다도 더 중요한 일이고 시급한 일일 것입니다.

⑵ 야고보는 온전한 혀의 중요성을 반복해서 말씀하고 있습니다: "내 사랑하는 형제들아 너희가 알지니 사람마다 듣기는 속히 하고 말하기는 더디 하며 성내기도 더디 하라"약1:19 우리는 말의 실수가 없도록 해야 합니다: "우리가 다 실수가 많으니 만일 말에 실수가 없는 자라면 곧 온전한 사람이라 능히 온 몸도 굴레 씌우리라"약3:2 입에 자갈을 씌우는 일은 성도의 윤리에서 기초적인 요소입니다. 이는 나를 죽이지 않으면 성취될 수 없습니다. 예수 밖에서의 모든 말이 기본적으로 정보교환, 자기자랑, 남

의 비하라는 세 가지로 분류될 수 있습니다. 여기서 가장 아름다운 언어는 하나님을 찬양하고 이웃을 사랑하는 것입니다. 그래서 그리스도인들이 예배를 통해서 찬송을 통해서 시와 찬미로 화답하고 늘 감사하고 기도하는 생활을 할 때 우리의 언어는 자연히 영적으로 순화될 수 있습니다. 성령의 능력 밖에서의 언어의 순화는 불가능합니다. 왜냐하면, 자기 자신이 그 언어의 주인이 되어 있고 자기 자신의 존재를 극대화하려는 언어성향을 탈피할 수 없기 때문입니다. 이와는 달리 그리스도인들은 혀까지도 주님의 주권적인 통제에 맡긴 사람들입니다. 그래서 성도들은 파멸의 언어가 아니라 생명을 주는 언어를 말하는 대사로서 보냄을 받은 자들입니다.

5. 성경의 통일성

우리는 여기서 성경의 통일성을 발견할 수 있습니다. 혹자는 성경 말씀 간에 모순이 존재한다고 주장합니다. 즉 한 곳의 가르침이 다른 곳의 가르침과 정반대된다는 주장입니다. 바로 야고보의 행위에 대한 강조와 바울의 믿음에 대한 강조도 그 한 예라는 것입니다. 하지만 우리는 우리가 성경 말씀을 바로 해석할 때 성경 말씀 간에 모순이 아니라 통일성이 있다는 것을 발견할 수 있습니다. 이는 성경의 근본적 저자가 하나님 자신이시기 때문에 그렇습니다. 하나님께서는 서로 다른 인간 저자들을 사용하셔서 진리의 전체 중 다른 측면을 강조하도록 하신 것입니다. 따라서 야고보의 가르침과 바울의 가르침이 모순돼 보이는 것은 그 강조점이 달랐기 때문이지 그 가르침의 본질이 다르기 때문이 아닙니다.

문제

1. 신약성경 전체를 통해서 야고보서의 저자 야고보에 대해서 기록된 부분을 찾아보고 그의 생애를 설명해 보세요.
2. 혹자는 야고보는 행위구원을 가르치고 있고 바울은 이신칭의를 가르

치고 있기 때문에 이 두 가르침 간에 모순이 존재한다고 주장합니다. 이에 대해 반박해 보세요.

3. 야고보서는 신약의 잠언이라는 별명이 있습니다. 야고보서의 잠언적 가르침을 살펴보고 설명해 보세요.
4. 성경 말씀 간에는 모순이 존재하지 않고 통일성이 존재합니다. 이에 대해 토론해 보세요.

참고도서

알렉 모티어, 야고보서 강해: 믿음의 시험 - BST 시리즈. 정옥배역. IVP,2008.

그랜트 오스본 편, 적용을 도와주는 야고보서 - LAB 주석 시리즈. 박대영역. 성서유니온선교회, 2008.

김장근, 야고보서, 말씀과 성령, 2006.

페임 퍼킨스, 베드로전후서 야고보서 유다서 - 현대성서주석 / 목회자와 설교자를 위한 주석. 박종기역. 한국장로교출판사, 2004.

랄프 P. 마틴, 야고보서 - WBC 성경주석 48. 홍찬혁역. 도서출판 솔로몬, 2001.

R. V. G. 타스커, 야고보서 - 틴델 신약주석 시리즈 16. 김윤동역. 기독교문서선교회, 1999.

Douglas J. Moo, *James Tyndale New Testament Commentaries.* IVP, 2009.

J. A. Motyer, *The Message of James: The Tests of Faith Bible Speaks Today.* InterVarsity Press, 1985.

Luke Timothy Johnson, *The Letter of James.* New York: Doubleday, 1995.

George Stulac, James. Downers Grove/Leicester: InterVarsity, 1993.

John Phillips, *Exploring the Epistle of James John Phillips Commentary Series.* Kregel Academic, 2003.

James B. Adamson, *The Epistle of James NICNT.* Grand Rapids: Eerdmans, 1995.

Peter Davids, *The Epistle of James: A Commentary on the Greek Text NIGTC.* Grand Rapids: Eerdmans, 1982.

James D. G. Dunn, *The Epistles to the Colossians and to Philemon: A Commentary on the Greek Text NIGTC.* Grand Rapids: Eerdmans, 1996.

Homer A Kent, *Faith That Works: Studies and the Epistle of James Revised.* BMH Books, 2005.

James Montgomery Boice, *The Epistles of John: An Expositional Commentary* Baker Books, 2004.

Todd C. Penner, *The Epistle & James & Eschatology: Re-Reading an Ancient Christian Letter JSNT Supplement 121.* Sheffield University Press, 1996.

25
베드로전후서

1. 저자

베드로전서와 베드로후서의 저자 문제는 분리해서 다루어 왔습니다. 먼저 베드로전서는 1:1절이 "예수 그리스도의 사도 베드로"가 이 서신을 쓰고 있다는 것을 밝히듯이 베드로의 저작임을 분명히 알 수 있습니다. 하지만 비평적 학자들은 몇 가지 이유를 들며 이 서신의 베드로 저작설을 부인합니다. 첫째, 베드로전서의 수려한 헬라어 문체는 갈릴리 어부의 작품일 수 없다는 것입니다. 하지만 칼슨도 말하듯이 사도행전 4:13절에서 베드로와 요한이 학식이 없는 사람이라고 언급된 것은 베드로와 요한이 정식 랍비 교육을 받지 못한 것을 말하는 것이지 그들이 일자무식의 사람들이었다는 것을 의미하는 것은 아닙니다.[39] 둘째, 사람들은 베드로전서가 바울 신학에 대한 의존성을 뚜렷이 보여주고 있다고 말합니다. 하지만 이것이 베드로전서의 베드로 저작설을 부정하지는 않습니다. 베드로는 사도행전 10장에서 이미 이방인들도 믿음으로 구원받는다는 것을 처음으로 체험했고 이를 예루살렘공회에서 공식적으로 선언했습니다. 따라서 어떤 면에서는 바울의 이신칭의 신학의 기초를 제공해 준 사람은 베드로였다고 말할 수 있습니다.

셋째, 베드로전서에 예수님의 생애와 가르침에 대한 언급이 미미하다는 것입니다. 하지만 베드로가 마가복음의 내용의 골격을 제공한 사람이었고 또 다른 복음서들이 이미 존재하는 마당에, 베드로가 복음서의 내용을 이 서신에서 구구절절이 반복해서 기록할 필요는 없었을 것입니다. 넷째, 베드로전서 내의 핍박의 구절들1:6; 3:13~17; 4:12~19; 5:9은 도미치안 황제

때의 사건이라고 볼 수 있는데 그렇다면 이 서신은 베드로 사후의 것이라고 볼 수 있다는 것입니다. 하지만 이 핍박의 구절들이 베드로 당시의 네로황제 때의 핍박일 가능성이 있고 일반적으로 정도의 차이는 있지만, 초대교회는 항상 핍박의 위협 아래 놓여 있었음을 고려할 때 베드로가 배교에 대한 경고를 반복하는 것은 지극히 베드로적인 가르침으로 보입니다. 저자는 분명히 벧전1:1절에서 저자 자신이 베드로임을 밝혔고, 이는 이 서신에 나타난 베드로적인 언어의 스타일이 뒷받침하고 있습니다.

베드로후서 1:1절은 "예수 그리스도의 종이며 사도인 시몬 베드로"가 이 서신의 저자임을 밝혔습니다. 보통 시몬이란 이름은 초대 기독교 문헌에 베드로를 지칭하는 이름으로 사용된 적이 없습니다.[행15:14 예외] 이 점은 이 구절에서 베드로 자신이 자신을 가리켜 시몬 베드로라고 불렀음을 말해 줍니다. 또 이 서신의 내용 중에 베드로 필적의 흔적이 많이 있습니다: 예수님께서 자신에게 임박한 죽음을 알리셨고[1:14]; 저자 자신이 변화산상에서 예수님의 영광을 보고 하늘로부터 있은 음성을 들었고[1:16~18]; 자신이 쓴 이전의 서신을 언급하고 있고[3:1]; 바울을 우리의 친애하는 형제 바울이라고 부르고 있습니다.[3:15]

교회사적으로도 베드로 외에 다른 사람이 이 서신의 저자로 제시된 적은 없습니다. 하지만 큼멜이나 보캠등은 이 서신의 베드로 저작설을 부인하고 가경설을 주장합니다. 그 이유는 첫째, 베드로후서가 유다서의 구절들과 같은 구절들을 포함하고 있다는 점입니다. 즉, 유다서의 25절 중 19절의 내용이 베드로후서에 포함되어 있습니다. 이 점은 이 두 서신 간의 문학적 상관성을 나타내 줍니다. 하지만 것드리가 자세히 밝혔듯이 이 두 서신의 문학적 상관성 때문에 베드로후서가 유다서를 참고했다는 가설과 베드로후서의 가경설이 입증될 수 있는 것은 아닙니다.[40)] 둘째, 베드로후서는 베드로전서와 문학적 스타일과 어휘에서 차이점을 보이고 있다는 것입니다. 하지만 베드로전서가 실라에 의해서 대필되었고 베드로후서가 다른 사서에 의해서 대필되었을 때 이러한 차이는 쉽게 이해될 수 있습니다.

셋째, 벧후 3:15~16은 바울서신을 성경 말씀으로 인정하고 있는데 베드로 생전에 바울서신이 정경으로 확립되었을 가능성은 없다는 것입니다. 하지만 바울 자신이 자신의 서신이 영감된 하나님의 말씀임을 인식하고 있었습니다. 고전7:40; 14:37. 비교, 고전2:16; 7:17; 14:37~38; 살후3:14 그리고 저자가 바울의 말씀이 이해하기 어려워서 함부로 곡해해서는 안 된다고 경고하는 것은 베드로 외에 다른 사람이 이 서신을 쓰면서 말할 수 있는 성질의 말씀이 아닙니다. 넷째, 벧후 3:2, 4절의 구절은 사도 후 시대의 것으로 보인다는 것입니다. 하지만 이 구절에서 "거룩한 선지자"는 사도 시대의 선지자가 아니라 구약의 선지자를 언급하는 것이고 "조상"이란 명사는 구약의 족장을 의미하는 것을 볼 때 이 구절들이 사도 후 시기를 나타낸다고 볼 수 없습니다.

또 베드로의 가르침이 나중 시대의 전통에 속한 것이라고 주장하는 사람이 있는데 이는 주관적 해석의 성질이 강합니다. 또 초대교회 때, 베드로복음, 베드로행전 같은 가경이 많이 있었기 때문에 베드로후서도 가경일 가능성이 있다는 것인데, 베드로후서의 내용이 신약의 정통적 내용을 그대로 가지고 있고 가경적 내용과는 크게 다르므로 베드로 외에 다른 사람이 이 서신을 써서 자신의 철학을 퍼트리려고 한 증거는 보이지 않습니다.

현대 보수주의 신학자들은 이 서신의 베드로 저작설을 믿고 있습니다. 그리고 지금까지 베드로 저작설을 뒤집을 만한 결정적인 증거가 없는 이상, 우리는 전통적인 견해 즉 베드로후서의 베드로 저작설을 그대로 정설로 받아들일 수 있습니다.

2. 믿음에 따른 시련

⑴ 베드로는 믿는 자들에게 따라오는 시련을 알고 이들을 격려합니다: "너희 믿음의 확실함은 불로 연단하여도 없어질 금보다 더 귀하여 예수 그리스도께서 나타나실 때에 칭찬과 영광과 존귀를 얻게 할 것이니라"벧전1:7 이는 예수께서 고난을 받으시고 부활과 함께 영광에 이르셨기 때문입

니다.벧전1:11 "이를 위하여 너희가 부르심을 받았으니 그리스도도 너희를 위하여 고난을 받으사 너희에게 본을 끼쳐 그 자취를 따라오게 하려 하셨느니라"벧전2:21 성도는 죄를 지음으로 매를 맞고 고난을 당하는 자들이 아니라 선을 행하다가 고난을 받기 때문에 하나님께서 기뻐하십니다.벧전2:20; 3:17 의를 위해 고난을 받으면 복이 있는 자입니다.벧전3:14 그래서 의를 위해서 고난을 당하는 자들의 태도는 기뻐하는 것입니다:

"사랑하는 자들아 너희를 연단하려고 오는 불 시험을 이상한 일 당하는 것 같이 이상히 여기지 말고 오히려 너희가 그리스도의 고난에 참여하는 것으로 즐거워하라 이는 그의 영광을 나타내실 때에 너희로 즐거워하고 기뻐하게 하려 함이라 너희가 그리스도의 이름으로 치욕을 당하면 복 있는 자로다 영광의 영 곧 하나님의 영이 너희 위에 계심이라"벧전4:12~14

⑵ 초대교회 성도들은 핍박 속에서 고난을 당했습니다. 그래서 신약의 저자들은 성도들이 고난에 대한 바른 태도를 보이고 믿음을 지켜야 한다는 것을 강조하고 있습니다. 고난에 대해서 바울은 이렇게 말합니다. "그리스도를 위하여 너희에게 은혜를 주신 것은 다만 그를 믿을 뿐 아니라 또한 그를 위하여 고난도 받게 하려 하심이라"빌1:29 이 구절에서 성도가 예수님을 믿는 것 때문에 받는 고난은 선택사항이 아니라 필연임을 알 수 있습니다. 히브리서 12:4절 이하에서 저자는 성도는 고난을 받음으로써 하나님의 참 아들임이 증거된다고 말씀합니다: "주께서 그 사랑하시는 자를 징계하시고 그가 받아들이시는 아들마다 채찍질하심이라"히12:6 이 모든 가르침은 예수님께서 마태복음 5장의 팔복 강화에서 말씀하신 가르침에 바탕을 두고 있다고 할 수 있습니다: "의를 위하여 박해를 받은 자는 복이 있나니 천국이 그들의 것임이라 나로 말미암아 너희를 욕하고 박해하고 거짓으로 너희를 거슬러 모든 악한 말을 할 때에는 너희에게 복이 있나니 기뻐하고 즐거워하라 하늘에서 너희의 상이 큼이라 너희 전에 있던 선지자들도 이같이 박해하였느니라"마5:10~12

3. 그리스도의 고난과 부활과 영광

베드로는 벧전 3:19~22절에서 예수께서 옥에 있는 영들에게 전파하셨다고 말씀합니다. 이 구절의 해석은 주의를 요합니다.

"그가 또한 영으로 가서 옥에 있는 영들에게 선포하시니라 그들은 전에 노아의 날 방주를 준비할 동안 하나님이 오래 참고 기다리실 때에 복종하지 아니하던 자들이라 방주에서 물로 말미암아 구원을 얻은 자가 몇 명뿐이니 겨우 여덟 명이라 물은 예수 그리스도께서 부활하심으로 말미암아 이제 너희를 구원하는 표니 곧 세례라 이는 육체의 더러운 것을 제하여 버림이 아니요 하나님을 향한 선한 양심의 간구니라 그는 하늘에 오르사 하나님 우편에 계시니 천사들과 권세들과 능력들이 그에게 복종하느니라"

이 구절을 바탕으로 어떤 사람들은 예수께서 장사 되고 무덤에 계실 때 지옥의 영들에게 복음을 전하셨다고 믿습니다. 영어 사도행전에도 "예수께서 지옥에 내려가셨고"He descended into hell라는 구절이 있습니다. 그렇다면 이것이 바른 가르침일까요? 그렇지 않습니다.

⑴ 첫째로, 본문의 문맥을 보면 예수님께서 어디에 가셨다고 표현하고 있는데 그 가신 때는 장사 된 지 사흘 동안이 아니라 부활 후 임을 알 수 있습니다. 즉 벧전 3:19절의 시작하는 문장에서 "호우"라는 관계대명사는 그 이전 문장을 수식하고 있는데 그 이전 문장은 예수님의 돌아가심과 부활을 묘사하고 있습니다. 즉 벧전 3:18절은 "육체로는 죽임을 당하시고 영으로는 살리심을 받으셨으니"라고 말씀하고 있는데 이는 예수님의 돌아가심과 부활하심을 가리킵니다. 이 관점에서 벧전 3:19가 묘사하는 예수님의 "가심"은 부활 전이 아니라, 부활 후 어디에 가셨다는 것을 말씀하고 있다는 것을 알 수 있습니다.

그렇다면 예수님께서 어디에 가셨을까요? 이 단서는 22절에 있습니다: "그는 하늘에 오르사 하나님 우편에 계시니 천사들과 권세들과 능력들이 그에게 복종하느니라"벧전3:22 여기서 하늘에 오르셨다는 동사는 과거시제 동사로써 19절의 그가 영들에게 가셔서의 동사의 시제와 일치합니다. 다시 말해 19절의 "가셨다는" 동사와 22절의 "가셨다는" 동사는 병렬관계에 있음을 알 수 있습니다. 그리고 19절의 "영들"과 22절의 "천사들과 권세들과 능력들"이 병렬관계에 있다는 것을 알 수 있습니다. 이 병렬법은 중요한 점을 밝혀 주는데 곧 예수님께서 부활 후 가신 곳은 이 악령들이 갇혀 있는 풀라케이(감옥)였다는 것입니다. 이는 지옥이 아니라 이 악령들을 가두어 둔 감옥입니다. 이 감옥은 영적인 장소로써 지구 속에 있는 곳이 아니고 예수님께서 하나님 보좌에 올라가시면서 도중에 들릴 수 있는 어떤 영적인 감옥을 말합니다. "천사들과 권세들과 능력들"은 악령을 말하는 숙어인데 이들은 노아 시대의 악령들이었습니다.엡1:21; 6:12 이들은 노아 시대 사람들을 타락하게 하고 하나님의 심판을 초래했는데, 하나님께서 이들을 용서하지 않으시고 어두운 구덩이에 던져 심판 때까지 두셨습니다: "하나님이 범죄한 천사들을 용서하지 아니하시고 지옥에 던져 어두운 구덩이에 두어 심판 때까지 지키게 하셨으며 옛 세상을 용서하지 아니하시고 오직 의를 전파하는 노아와 그 일곱 식구를 보존하시고 경건하지 아니한 자들의 세상에 홍수를 내리셨으며"벧후2:4~5 이 구절에서 노아 시대의 악령은 죄를 범한 천사들을 가리키는 것이라는 것을 알 수 있습니다.

⑵ 그러면 예수님께서 왜 이들이 있는 감옥에 들리셨을까요? 그것은 예수님께서 부활 승리하셨음을 그들에게 선언하시고 그들을 자신의 권세에 무릎 꿇게 하시기 위해서였습니다. 22절에서 이 영들이 예수께 순복한다고 하는 표현은 예수께서 감옥에 들리신 목적을 말해 줍니다. 따라서 19절 본문에서 예수님께서 옥에 있는 영들에게 전파하셨다는 헬라 원어 번역문은 "예수님께서 갇혀 있는 영들에게 선포하셨다"라고 번역해야 맞는 번역입니다. '케이루소우' 라는 동사는 '전파한다' 혹은 '선포한다' 의 두 뜻이 있는 동사입니다. 본문에서는 선포한다는 번역이 맞습니다. 그리고 갇혀 있는 영들은 죽은 사람들의 영이 아니라 악령으로 해석해야 옳습니다. 왜냐하면, 헬라어 성경에서 죽은 사람들의 영을 영들(뉴마신)이라고 표현한 곳은 없습니다. 영이란 단어의 복수형 뉴마신은 악영을 가리키

는 단어입니다.막1:27; 눅4:36; 딤4:1 히브리서 12:23절은 천국에 있는 구원받은 사람들을 "의인의 영들"이라고 표현하고 있습니다. 이 구절에서 영들(뉴마신)은 형용사 디카이오운(의로운)의 수식을 받고 있습니다. 이렇게 본다면 예수님께서 무덤에 계신 사흘 동안 지옥에 가셔서 예수님을 믿지 않고 죽은 사람들의 영들에게 복음을 전하셨다는 것은 문법적으로 맞지 않는 해석임을 알 수 있습니다. 예수님께서는 악령들에게 선포하신 것입니다.

⑶ 그렇다면 예수님께서 이들에게 무엇을 선포하셨을까요? 그 내용은 3:18절에 나와 있습니다: "그리스도께서도 단번에 죄를 위하여 죽으사 의인으로서 불의한 자를 대신하셨으니 이는 우리를 하나님 앞으로 인도하려 하심이라 육체로는 죽임을 당하시고 영으로는 살리심을 받으셨으니" 이 구절에서 예수님께서는 갇혀 있는 영들에게 가셔서 자신의 부활과 승리를 선포하셨습니다. 그리고 그 악령들에게 자신의 권세에 순복하기를 명하셨을 것입니다.

⑷ 예수님께서 지옥에 내려가서 복음을 전하셨다는 해석에 동의할 수 없는 문법적인 이유 이외에 또 하나의 이유는 신학적인 이유입니다. 예수님께서 만일 노아 시대에 죽은 자들에게 내려가셔서 복음을 전하셨다면 왜 아브라함의 시대에 죽은 자들이나 다른 시대에 죽은 자들에게는 복음을 전하시지 않으셨는가가 모호합니다. 그리고 만일 죽은 자에게 복음이 전해질 수 있다면 이 땅에서 복음을 믿지 않다가 죽은 자들도 지옥에서 복음을 들을 기회가 있다는 의미를 함축하는데 그렇다면 산 자들에게 복음을 전하려고 노력하지 않아도 된다는 결론이 나옵니다. 이는 예수님께서 말씀하신 복음 전파의 대강령과 모순되게 됩니다.

어떤 사람들은 예수님께서 지옥에 가신 것은 우리를 대신해서 가신 것이기 때문에 죄로부터의 구속을 위해 필연적인 사건이라고 주장합니다. 하지만 이는 죄로부터의 구속이 예수님의 피 흘리심에 있지 예수님의 지옥방문에 있는 것이 아니라는 사실을 간과하고 있습니다. 구약에 피 없이는 죄 사함이 없다고 예언되어 있지만, 메시아의 지옥방문 필연성을 예언한 구절은 한 군데도 없습니다.

(5) 예수님께서 장사 되고 지옥에 내려가시지 않았다는 것의 또 다른 이유는 예수님께서 돌아가시고 바로 천국에 가셨다는 증거가 성경에 나타난다는 점입니다. 십자가에 달리셔서 예수님께서는 한 편 강도에게 말씀하시기를 네가 오늘 나와 함께 낙원에 있으리라고 말씀하셨습니다. 여기서 낙원은 천국입니다. 혹자는 여기서 낙원이 연옥이라고 주장하는데 파라데이소스라는 명사는 천국을 의미하고 있지 연옥을 의미하지 않습니다. 그리고 더더욱 지옥을 의미하지는 않습니다. 따라서 예수님께서 돌아가시고 바로 천국에 가셨다가 사흘 만에 다시 부활하셨다고 보는 것이 맞는 해석입니다.

(6) 미국 펜실베이니아주 랭커스터에 있는 밀레니엄 극장Sight and Sound에서 상연되는 연극 중 한 장면은 예수님께서 십자가에서 돌아가시고 지옥에 내려가셔서 악마들로부터 열쇠를 빼앗는 장면을 보여줍니다. 하지만 우리가 지금까지 한 해석을 통해 볼 때 이는 성경적으로 맞지 않는 연출입니다. 이 극장의 관객들은 이 장면을 보고 박수를 치며 환호합니다. 하지만 예수님께서 마귀에게 잃어버렸던 열쇠는 애초에 존재하지 않았습니다. 마귀는 예수님께서 인간으로 오실 때까지 몇 천 년 동안 그 열쇠를 가지고 있을 정도로 권능이 있는 존재가 아닙니다. 우리는 우리를 하나님과 원수 되게 했던 것은 원죄였지 마귀의 능력이 아니었음을 알아야 합니다. 예수님께서는 십자가에서 단번에 구속을 이루심으로서 우리를 사망의 권세와 죄의 권세에서 해방해 주셨습니다. 이제 마귀가 믿는 자를 죄 있다고 송사할 근거가 없어지게 된 것입니다. 할렐루야! 이제 우리는 주님께 모든 존귀와 영광을 돌리며 영원히 예수님을 찬양하게 됩니다.

4. 성경 말씀은 영감된 하나님의 말씀

(1) 벧후 1:20~21절에 성경 말씀이 영감된 하나님의 말씀이라는 점에 대해서 베드로는 이렇게 말씀하고 있습니다: "먼저 알 것은 성경의 모든 예언은 사사로이 풀 것이 아니니 예언은 언제든지 사람의 뜻으로 낸 것이

아니요 오직 성령의 감동하심을 받은 사람들이 하나님께 받아 말한 것임이라" 예언은 성령의 감동을 받은 사람들이 하나님께 받아 말씀한 것입니다. 따라서 성경 기록에서 선지자의 고유한 성품이나 관점이 무시되지 않았다는 것을 알 수 있습니다. 하지만 이와 동시에 선지자는 완전히 하나님의 감동에 정복된 채 성령의 영감에 이끌려서 그 말씀을 기록했습니다. 마치 물 위에 떠 있는 배가 바람에 출렁이는 파도 때문에 움직이게 되듯이 성령의 감동을 받은 선지자도 이처럼 자기의 뜻대로 못하고 성령의 뜻에 움직여서 말씀을 기록했다는 의미입니다. 이를 축자 영감plenary verbal inspiration이라고 부릅니다. 이 축자 영감은 기계적 영감론과는 다릅니다. 기계적 영감론은 하나님께서 선지자를 로봇처럼 사용해서 성경을 대필하게 하셨다는 이론입니다. 이는 선지자의 자발적 역할을 무시한 이론입니다. 성경의 기록은 백 퍼센트 하나님의 작품이요 백 퍼센트 사람의 작품입니다. 이 양자 간의 관계는 우리에게 신비로 남아있습니다.

이 축자영감설이 함축하는 의미는 중요합니다. 어떤 사람은 구약의 선지자들이 그 예언에서 메시아를 예언할 때 그들이 하는 예언의 내용을 알지 못했다고 주장합니다. 그 내용은 구속사의 전진에 따라 점진적으로 밝혀졌다는 것입니다. 이 내용은 처음에는 그럴듯하게 보이는 가르침입니다. 하지만 좀 더 성경을 깊이 연구해 보면 그렇지 않다는 것을 곧 알 수 있습니다. 축자영감설에 의하면 성경의 저자는 기계처럼 혹은 타자기처럼 하나님의 손으로써 사용된 것이 아니라, 저자들의 역사적 상황, 신학적 관심 등까지도 하나님께서 사용하셨다는 것을 말합니다. 따라서 다윗이 시편을 쓰면서 메시아에 대해 예언할 때, 다윗은 자신이 사울에게 무고히 쫓기면서 자신의 핍박 받는 존재적 상황에서 기록함으로써 메시아의 고난을 예언했습니다. 이는 시편 22편에 잘 나와 있는데 예수님께서는 시편 22편 1 절의 "내 하나님이여 내 하나님이여 어찌 나를 버리셨나이까"의 구절을 십자가 상에서 인용하셨습니다. 다윗은 또 시편 16편에 메시아의 부활을 예언하고 있는데 이는 주님의 몸이 무덤에 썩어져 버려져 있지 않을 것이라고 하는 부활신앙에 근거한 예언이었습니다. 그래서 베드로는 사도행전 2:30~31절에 증거해서 말하기를 다윗이 이 예언의 말씀을 할 때 그는 이 예언이 메시아의 부활을 의미하는 것을 미리 알고 예언했다고 했습니다.

베드로는 베드로전서 1:10~11절에서 이에 대해 다시 강조합니다: "이 구원에 대하여는 너희에게 임할 은혜를 예언하던 선지자들이 연구하고 부지런히 살펴서 자기 속에 계신 그리스도의 영이 그 받으실 고난과 후에 받으실 영광을 미리 증언하여 누구를 또는 어떠한 때를 지시하시는지 상고하니라"

이 구절에서 보듯이 선지자들은 그리스도의 고난, 부활, 영광에 대해 알고 있었습니다. 단지 그들이 몰랐던 것은 때입니다. 어느 때에 메시아가 올지 그것만 모르고 있었습니다. 우리 주님 자신도 자신의 재림 때를 모른다고 했습니다. 그것은 오직 하나님 아버지께서 마지막 날에 나타내실 것입니다.

사실상 선지자들은 우리가 생각하는 것보다 많은 계시를 알고 있었을 것입니다. 사도 바울도 삼층천의 낙원에 갔다 왔다고 말합니다.

"무익하나마 내가 부득불 자랑하노니 주의 환상과 계시를 말하리라 내가 그리스도 안에 있는 한 사람을 아노니 그는 십사 년 전에 셋째 하늘에 이끌려 간 자라(그가 몸 안에 있었는지 몸 밖에 있었는지 나는 모르거니와 하나님은 아시느니라) 내가 이런 사람을 아노니(그가 몸 안에 있었는지 몸 밖에 있었는지 나는 모르거니와 하나님은 아시느니라) 그가 낙원으로 이끌려 가서 말로 표현할 수 없는 말을 들었으니 사람이 가히 이르지 못할 말이로다" 고후12:1~4

바울은 삼층천에 가서 말로 다 할 수 없는 경험을 했지만, 그것에 대해서는 성경에서 함구하고 있습니다. 그것은 우리가 우리의 구원을 위해서 몰라도 될 일이기 때문입니다. 구약의 선지자들도 환상을 통해서 말로 형언할 수 없는 계시를 받은 자들일 것입니다. 하지만 그들은 그것에 대해서 함구했을 것입니다. 그것은 우리가 그것들에 대해 아는 것이 우리의 구원을 위해서 불필요한 것들이기 때문에 그랬을 것입니다.

우리의 이 관점은 성경이 완전히 하나님의 말씀이고 완전히 인간 저자의 작품이라는 축자영감설을 잘 설명해 줍니다. 만일 말씀에서 하나님께서 의도하신 의미와 인간 저자가 의도한 의미가 다르다면 우리는 본문 해석에서 이중적 해석에 의존해야 하고 이는 주관적 해석으로 흐르게 합니다. 또 본문의 의미가 한 가지가 아니라 많은 의미가 있는 것으로 여기면 우리는 누구도 하나님의 분명한 뜻을 발견했다고 말할 수 없게 됩니다. 이는 포스트모더니즘의 의미의 상대론과 크게 다를 바가 없는 견해입니다.

하나님께서는 선지자들을 통해서 본문에서 말씀하셨을 때 하나의 의미만 의도하신 것입니다. 만일 많은 의미가 다른 시대에 다른 사람들에게 계시가 된다면 하나님의 교회의 회중들은 혼돈에 빠져 버렸을 것입니다. 만일 말씀된 언어가 많은 의미를 동시에 함축한다면 우리는 어느 순간 누구와도 원활한 의사소통은 불가능합니다. 의미가 독자의 주관에 따라서 유추될 수 있다면 우리는 의사소통 불가능지대에서 살면서 의미를 더듬는 언어적 장님들이 되고 맙니다. 그렇다면 하나님께서 제시한 예수님을 통한 구속의 방법도 불확실한 신비로 전락하고 우리는 성령을 통한 예수님과의 연합이나 하나님과의 사랑의 교통에 대해서도 회의에 빠질 수밖에 없습니다. 이것은 불신의 지대에 우리를 빠트리는 것이며 신자나 불신자나 그 영적 불가지 상태 혹은 인식의 불확실 상태에 빠트리고 있다고 밖에 볼 수 없으며 이는 성경의 가르침과는 너무나 동떨어진 개념입니다.

(2) 벧후 3:15~16에서 베드로는 바울서신이 영감된 하나님의 말씀임을 인식하고 있습니다.

"또 우리 주의 오래 참으심이 구원이 될 줄로 여기라 우리가 사랑하는 형제 바울도 그 받은 지혜대로 너희에게 이같이 썼고 또 그 모든 편지에도 이런 일에 관하여 말하였으되 그 중에 알기 어려운 것이 더러 있으니 무식한 자들과 굳세지 못한 자들이 다른 성경과 같이 그것도 억지로 풀다가 스스로 멸망에 이르느니라"

이 말씀은 바울서신이 그 쓰인 직후부터 영감으로 된 하나님의 말씀으로 받아들여졌다는 것을 뒷받침하는 구절입니다.

사실 오늘날 많은 사람이 바울이 가르친 말씀을 잘못 해석하고 오해해서 사람들을 혼돈에 빠트리고 있습니다. 그들은 성경을 전체적으로 성경 신학적인 관점에서 해석하지 않고 특정 구절을 아전인수식으로 해석합니다. 이는 자신들이 가진 신학을 그 구절을 통해서 증명하려고 하거나 혹은 꿰맞추기 식의 성경 해석을 하면서 성경 내의 자신의 구절과 맞지 않는 구절들은 배제해 버립니다. 이들은 때로는 성경의 다른 번역본들을 가지고 자기의 견해에 맞는 번역만 따옴으로써 자기 자신만의 주관적인 성경 버젼을 구축하는 오류를 범하고 있습니다. 그 결과에 대해서는 관용할 수 없습니다. 그것은 그들이 멸망을 부추기는 일들을 하고 있기 때문입니다.

5. 거짓 선지자들에게 임할 심판

베드로는 그 당시 일어난 거짓 선지자들에 관해 이렇게 말씀합니다.

"그러나 백성 가운데 또한 거짓 선지자들이 일어났었나니 이와 같이 너희 중에도 거짓 선생들이 있으리라 그들은 멸망하게 할 이단을 가만히 끌어들여 자기들을 사신 주를 부인하고 임박한 멸망을 스스로 취하는 자들이라" 벧후2:1

이 거짓 선지자들은 본래 잡혀 죽으려고 난 이성 없는 짐승과 같아서 그 알지 못한 것을 훼방하고 그 멸망 가운데서 멸망을 하며 불의의 값으로 불의를 당하며 낮에 연락을 기쁘게 여기는 자들입니다.벧후2:12~13 이들은 음심이 가득한 눈을 가지고 죄를 범하기를 쉬지 않으며 굳세지 못한 영혼들을 유혹하며 탐욕에 연단된 마음을 가진 자들로서 곧 저주의 자식들이라고 베드로는 말씀합니다.벧후2:14 이들은 예수를 믿었던 자들인데 믿음을 버리고 불의한 삶으로 되돌아갔던 자들이었습니다. 베드로는 이들의 상태를 비유적으로 설명하고 있습니다.

"만일 그들이 우리 주 되신 구주 예수 그리스도를 앎으로 세상의 더러움을 피한 후에 다시 그 중에 얽매이고 지면 그 나중 형편이 처음보다 더

심하리니 의의 도를 안 후에 받은 거룩한 명령을 저버리는 것보다 알지 못하는 것이 도리어 그들에게 나으니라 참된 속담에 이르기를 개가 그 토하였던 것에 돌아가고 돼지가 씻었다가 더러운 구덩이에 도로 누웠다 하는 말이 그들에게 응하였도다" 벧후2:20~22

이들이 지은 죄는 곧 배교입니다. 이는 한 번 지으면 사함 받지 못하는 성령훼방 죄를 말하는 것입니다. 베드로의 이 직선적인 언어는 요즘과 같은 후기 근대사회적 관점에서 보면 관용이 없는 말같이 보입니다. 하지만 바로 이점은 이단이 창궐하는 오늘의 교회의 실상을 거울같이 보여 줍니다. 사람들은 사랑을 외치며 진리를 타협하는 것을 마다하지 않습니다. 이들은 신사인 척하지만, 진리를 질식시키는 거짓 스승입니다. 오늘에도 베드로와 같은 진리의 종이 필요한 때입니다. 거짓된 친절함보다도 진리를 외침으로 사람들이 회개하게 하고 구원 얻게 하는 진정한 친절함을 보이는 진정한 주님의 종들 말입니다.

문제

1. 베드로전후서의 저자에 관한 열띤 논쟁이 있습니다. 이 문제를 논해 보세요.
2. 베드로는 믿음에 시련이 따른다고 가르칩니다. 시련은 선택사항입니까? 아니면 신자에게 있게 되는 필연입니까?
3. 사람들은 예수님께서 장사 한 지 3일 동안 지옥에 내려가셔서 복음을 전했다고 말하기도 합니다. 이 교리가 잘못된 이유를 벧전 3:19~22의 구절을 바탕으로 설명해 보세요.
4. 성경 말씀은 영감 된 하나님의 말씀입니다. 베드로후서 2:20~21과 3:15~16의 구절을 바탕으로 이를 설명해 보세요.
5. 베드로는 거짓선지자들의 정체를 적나라한 언어를 사용해서 고발하고 있습니다. 오늘 영적 지도자들도 이러한 태도로써 거짓 선생들을 경계해야 할 것입니다. 이 점에 대해서 토론해 보세요.

참고도서

어빙 L. 젠센, 베드로전후서: 어빙젠센의 성경연구 - 젠센 40시리즈. 문영탁역. 아가페출판사, 1991.

마이클 벤트리, 베드로전후서 - 웰린강해신서. 이중수역. 목회자료사, 1991.

라저 레이머 외 3인, 베드로전후서 요한일이삼서 유다서 - BKC강해주석시리즈 29. 양용의역. 도서출판 두란노, 1994.

그랜트 오스본 편, 적용을 도와주는 베드로전후서, 유다서 - LAB 주석 시리즈. 류호영역. 성서유니온선교회, 2008.

Edmund P. Clowney, *The Message of 1 Peter.* Downers Grove: InterVarsity, 1988.

Peter H. Davids, *The First Epistle of Peter NICNT.* Grand Rapids: Eerdmans, 1990.

John Phillips, *Exploring the Epistles of Peter John Phillips Commentary Series.* Kregel Academic, 2005.

Wayne Grudem, *The First Epistle Of Peter: An Introduction and Commentary Tyndale New Testament Commentaries.* Grand Rapids: Eerdmans, 1988.

Michael Green, *The Second Epistle of Peter and the Epistle of Jude: An Introduction and Commentary Tyndale New Testament Commentaries.* Send the Light, 1987.

J. N. D. Kelly, *The Epistles of Peter and of Jude* Hendrickson, 1993.

Richard C. Lenski, *Interpretation of the I & II Epistles of Peter the Three Epistles of John and the Epistle of Jude* Fortress, 2008.

26
요한 서신

1. 저자

모든 초대교회 교부들은 요한일서가 세배대의 아들 요한의 저작임을 증거했습니다. 요한이서와 삼서는 약간의 논쟁을 불러일으켰으나 이 서신들이 사도 요한이 아닌 다른 누구의 저작으로 알려진 적은 없었습니다.

요한일서는 요한복음의 내용과 그 사용된 언어와 헬라어 스타일에서 매우 똑같습니다: 빛과 어둠, 생명과 죽음, 진리와 거짓, 사랑과 미움 등. 그러나 비평학자들은 몇 가지 이유를 들어 요한일서의 사도 요한 저작설을 도전합니다. 첫째, 요한복음과 요한 서신에 나타난 가르침의 차이점입니다. 즉 요한복음에서는 말씀이 인격체인 반면 요한 서신에서는 생명의 말씀이 인격체이며, 요한복음에서는 성령님이 보혜사인 반면 요한일서에서는 예수님께서 보혜사이시고, 요한복음에서 예수님의 돌아가심은 들림과 영화의 길이었지만, 요한일서에서는 신인화해를 가져오는 수단이며, 요한복음에서의 종말론은 성취된 종말론이지만 요한 서신에서의 종말론은 미래의 종말론이라는 것입니다. 하지만 복음주의 학자들이 이러한 주장을 조목조목 반박하는 데는 어려움이 없습니다.[41] 요한 서신에서 생명의 말씀이 인격체로 쓰였다는 것은 말씀 자체의 인격성을 유지하는 뜻으로 볼 수 있으며, 요한 서신이 예수님을 보혜사로 제시하는 것은 요한복음이 말씀하는 또 다른 보혜사라는 표현을 이해하게 하므로 요한복음과 요한 서신이 한 저자의 작품이라는 것을 나타내는 것이며, 요한 서신이 예수님의 돌아가심을 신인화해로 제시하는 것은 예수님의 돌아가심의 결과이지 예수님의 돌아가심이 영화의 길이라는 것을 부정하는 것은 아닙니다. 그리고 요한 서신이 미래의 종말론을 그리고 요한복음이 성취된 종말론을 가르친다는 것은 요한복음도 미래 종말론을 함께 가르치고 있다는 것으로 쉽게 반박할 수 있습니다.

브룩은 요한복음에 사용된 단어들이 요한일서에는 사용되지 않는 단어들이 있고 반대로 요한 서신에 나오는 단어 중 요한복음에는 사용되지 않는 단어들이 있다고 주장합니다. 하지만 이 주장은 바울서신들에서 사용된 단어들이 그 역사적 신학적 문맥에 따라서 특징적으로 사용되고 있다는 것을 관찰할 때 요한복음과 서신에서도 그 역사적 정황과 저작 목적 등이 특정 단어들을 요한복음과 서신에서 독립적으로 사용하게 했을 것으로 생각할 수 있습니다.

요한이서와 삼서에 사용된 단어들도 요한일서에 공통으로 나타나는 점들은 이 세 서신이 저자를 공유했다는 점을 나타내 줍니다. 요한이서와 삼서에서 저자가 자신을 "장로"라고 부른 이유는 자신이 교회의 나이 많은 지도자임을 나타내는 것으로 벧전 5:1절에서 베드로가 자신을 장로라고 부르는 것과 같은 맥락에서 이해될 수 있습니다.

주후 1세기 후반에 사도 요한은 에베소교회의 목사님으로 섬기고 있었습니다. 그런데 교회 내에 이단들이 출현했습니다. 그들은 결국 교회를 분열시켰고, 나가서 교회 내에 남아있는 신자들에게 이단교리를 퍼트리고 있었습니다. 사도 요한은 교회 안의 양들이 미혹되지 않게 하려고 이 서신을 썼습니다.

2. 적그리스도의 출현

요한일서 2:18절에 보시면 요한은 다음과 같이 말씀합니다: "아이들아 지금은 마지막 때라 적그리스도가 오리라는 말을 너희가 들은 것과 같이 지금도 많은 적그리스도가 일어났으니 그러므로 우리가 마지막 때인 줄 아노라" 요한은 이 적그리스도가 많이 나타났고 또 현재가 종말의 때라고 경고하고 있습니다. 이들의 특징을 살펴보면,

(1) 그들은 요한이 섬기던 교회에 출석하던 자들이었습니다. 하지만 그

들은 그 교회를 떠났습니다. 이에 대해 요한은 이렇게 말씀합니다: "그들이 우리에게서 나갔으나 우리에게 속하지 아니하였나니 만일 우리에게 속하였더라면 우리와 함께 거하였으려니와 그들이 나간 것은 다 우리에게 속하지 아니함을 나타내려 함이니라" 요일2:19 그들은 요한의 교회에 출석했지만, 영적으로 그 교회에 속한 자들이 아니었습니다. 그리고 때가 되자 그 교회를 떠났습니다.

(2) 그 이유는 그들의 기독론이 달랐기 때문이었습니다. 그들은 예수께서 그리스도이심을 부인하는 자들이었습니다. 요일2:22 그들은 아들을 부인함으로써 아버지가 그들에게 없다는 것을 나타냈습니다. 요일 4:1절에 보시면 그들은 거짓선지자들이었습니다. 이들은 예수 그리스도께서 육체로 오신 것을 부인했습니다. 이에 대해 요한은 이렇게 말씀합니다: "예수를 시인하지 아니하는 영마다 하나님께 속한 것이 아니니 이것이 곧 적그리스도의 영이니라 오리라 한 말을 너희가 들었거니와 지금 벌써 세상에 있느니라" 요일4:3

(3) 여기서 요한은 진리의 영과 미혹의 영을 구별하는 방법을 알려주고 있습니다: "우리는 하나님께 속하였으니 하나님을 아는 자는 우리의 말을 듣고 하나님께 속하지 아니한 자는 우리의 말을 듣지 아니하나니 진리의 영과 미혹의 영을 이로써 아느니라" 곧 미혹의 영을 받은 자들은 예수께서 인간의 몸을 입으시고 하늘에서 내려오신 하나님의 아들이심을 믿지 않습니다. 이 관점을 가지고 우리는 영들을 시험해 보아야 합니다. 요일4:6

(4) 이 적그리스도들은 예수님을 부인할 뿐만 아니라 자신들의 이단교리를 널리 퍼트리고 있었습니다. 그래서 요한은 그들의 거짓교리에 미혹되지 말 것을 부탁하면서 한 가지 중요한 점을 성도들에게 상기시키고 있습니다: "너희는 주께 받은 바 기름 부음이 너희 안에 거하나니 아무도 너희를 가르칠 필요가 없고 오직 그의 기름 부음이 모든 것을 너희에게 가르치며 또 참되고 거짓이 없으니 너희를 가르치신 그대로 주 안에 거하라" 요일2:27 여기서 기름 부음이란 성도들과 함께 계시는 성령님을 의미합니다. 성령님은 예수 그리스도에 대해서 친히 증거를 해주시기 때문에 우

리는 이에 대해 누구의 증거가 필요 없습니다. 따라서 거짓 선지자들의 거짓말을 믿지 않습니다.

(5) 이 당시에 세린두스Cerinthus라는 이단이 있었습니다. 이 자는 예수님은 사람이었는데 세례요한으로부터 세례를 받을 때 그 위에 그리스도가 임했다고 가르쳤습니다. 그리고 예수께서 십자가에서 돌아가실 때 그리스도는 그에게서 떠나 하늘로 올라갔다는 것입니다. 따라서 예수님은 사람이었지 하나님의 아들이 아니었다고 주장했습니다. 이 이단이 에베소의 한 공중목욕탕에 목욕하러 탕에 들어왔는데 마침 탕 안에서 목욕하던 사도 요한이 그를 보고 급히 탕에서 뛰어나갔다고 합니다. 그것은 하나님께서 그에게 곧 불벼락을 내리실 것이라고 두려워했기 때문이었습니다. 요한의 교회에서 출몰한 이단들은 아마도 이 세린두스의 이단교리에 영향을 받고 그리스도를 부인했을 가능성이 있습니다. 이들은 이때 로마제국이 신자들에게 가하는 핍박이 거세지자 이를 피하고자 그리스도를 공공연히 부인하면서 요한의 교회를 떠났던 것 같습니다.

(6) 이들은 요한의 교회를 떠나자 그 교회에 남아 있는 자들을 로마정부에 밀고했습니다. 그리고 그들로 핍박을 받게 했던 것입니다. 이에 대해서 요한은 그들이 마귀의 일을 행하는 자들이라고 정죄합니다.요일3:8 그들은 가인 같은 자들이어서 형제를 사랑하지 않고 죽는데 내어주는 자들이었습니다. 그래서 요한은 이렇게 말합니다:

"가인 같이 하지 말라 그는 악한 자에게 속하여 그 아우를 죽였으니 어떤 이유로 죽였느냐 자기의 행위는 악하고 그의 아우의 행위는 의로움이라 그 형제를 미워하는 자마다 살인하는 자니 살인하는 자마다 영생이 그 속에 거하지 아니하는 것을 너희가 아는 바라" 요일3:12,15

이들은 이 세상 재물을 가지고 그 형제의 궁핍함을 보고도 도와주지 않았습니다.요일3:17

(7) 이뿐 아니라, 이들은 자신들이 죄 없다고 허풍을 떨고 있었습니다.요일1:8 그러면서 형제를 미워하고 이로 말미암아 어둠에 거하고 있었습니다.요일2:11

⑻ 이들의 죄는 불법을 하는 죄였는데 이의 핵심은 예수그리스도께서 하나님의 아들이심을 믿지 않는 것이요, 형제를 미워하는 것이었습니다. 이 죄에 대해 요한은 이렇게 말씀합니다: “누구든지 형제가 사망에 이르지 아니하는 죄 범하는 것을 보거든 구하라 그리하면 사망에 이르지 아니하는 범죄자들을 위하여 그에게 생명을 주시리라 사망에 이르는 죄가 있으니 이에 관하여 나는 구하라 하지 않노라” 요일5:16 즉, 이들은 사망에 이르는 죄를 짓고 있었습니다. 모든 죄가 다 사망에 이르는 죄는 아닙니다. 요한은 우리가 만일 죄 없다고 하면 하나님을 거짓말하는 자로 만드는 것이라고 했습니다. 요일1:10 이러므로 우리가 죄를 하나님께 고백하면 하나님께서는 우리 죄를 깨끗하게 씻어 주실 것입니다. 요일1:9 하지만 이 사망에 이르는 죄를 지으면 그를 위해 아무도 중보해 줄 자가 없어서 그 사람은 사망에 이르는 것입니다. 여기서 사망은 영적 사망으로써 지옥으로 떨어지는 것을 말씀합니다. 이 사망에 이르는 죄는 바로 적그리스도들이 지었던 죄입니다. 이는 예수님을 믿는다고 하는 자들이 예수님을 고의적으로 부인하고 예수님을 따르는 형제들을 핍박받는 데 넘겨주는 일을 하는 것입니다. 이를 간단히 ‘배교’ 의 죄라고 부를 수 있습니다.

이 사망에 이르는 죄는 사함 받지 못하는 죄입니다. 어떤 사람은 이 죄를 간음이나 살인 등의 죄, 곧 십계명을 어기는 것이라고 봅니다. 하지만 이는 맞지 않는 해석입니다. 만일 살인죄나 간음죄가 사함 받지 못하는 죄라면 현대의 많은 간음죄를 짓는 사람들은 다 지옥에 가는 자들이고 그들에게는 복음을 전할 필요도 없다고 생각해야 할 것입니다. 하지만 예수님께서는 세리와 창기를 만나 주셨음을 우리는 기억합니다. 다윗도 살인자였지만, 지옥에 갔다고 볼 수는 없습니다. 따라서 사망에 이르는 죄는 살인죄나 간음죄 등을 의미하지 않는 것을 알 수 있습니다. 혹 다른 사람은 사망에 이르는 죄를 불신앙의 죄라고 주장합니다. 이 해석도 받아들이기 어려운 해석입니다. 만일 불신앙이 사함 받지 못하는 죄라면 지금 예수를 믿지 않는 모든 사람은 이 사함 받지 못하는 죄를 짓는 것이라고 볼 수 있습니다. 그리고 그들에게 복음을 전하는 일은 아무 소용이 없는 수

고가 될 것입니다. 그러나 이는 옳은 해석이 아님이 자명합니다. 이 점에서, 우리는 요한이 말씀하는 사망에 이르는 죄, 그 죄를 지은 자들을 위해서 중보기도 하도록 격려하지 않는 죄는, 곧 배교이며, 마태복음 12:31절이 말씀하는 사함 받지 못하는 죄라는 것을 더 분명히 확신하게 됩니다.

배교는 요한의 교회를 떠났던 자들이 지은 죄입니다. 그들은 고의적으로 계속하여 예수를 부인하고 교회를 핍박하는데 가담한 자들이었습니다. 즉 이들은 가룟 유다가 지은 죄를 지었던 자들입니다. 마태는 이 죄를 성령훼방 죄라고 설명합니다. 그리고 히브리서 저자는 이 죄를 10장 26절 이하에서 잘 설명해 놓고 있습니다. 이 구절들은 모두 배교를 설명하는 구절들입니다. 히브리서 10:26~29절에 다음과 같이 말씀합니다:

"우리가 진리를 아는 지식을 받은 후 짐짓 죄를 범한즉 다시 속죄하는 제사가 없고 오직 무서운 마음으로 심판을 기다리는 것과 대적하는 자를 태울 맹렬한 불만 있으리라 모세의 법을 폐한 자도 두세 증인으로 말미암아 불쌍히 여김을 받지 못하고 죽었거든 하물며 하나님의 아들을 짓밟고 자기를 거룩하게 한 언약의 피를 부정한 것으로 여기고 은혜의 성령을 욕되게 하는 자가 당연히 받을 형벌은 얼마나 더 무겁겠느냐 너희는 생각하라"

요한은 이 배교의 죄를 짓는 자들을 위해서 중보기도 하라고 하지 않았습니다. 왜냐하면, 이들은 사함 받지 못하는 죄를 짓고 있기 때문이었습니다.

3. 중보기도를 권하지 않음

우리는 성도들이 병 낫기를 위해서 또 다른 목적을 위해서 기도해야 한다고 믿습니다. 하지만, 요한은 요일 5:16절 이하에서 그 반대로 말씀합니다: "사망에 이르는 죄가 있으니 이에 관하여 나는 구하라 하지 않노라" 이는 사망에 이르는 죄를 지은 이들을 위해서 중보기도 하지 말라는 명령이 아닙니다. 하지만, 이들을 위해서 기도하라고 권면 하지 않겠다는 것입니다. 이 말씀은 이들을 포기하고 하나님의 은혜의 대상으로 더는 여기지 않아도 괜찮다는 말씀입니다. 이 요한 사도의 말씀은 비기독교적인 말씀으로 들릴 수 있습니다. 하지만 우리는 이 전례를 예레미야나 구약의 다른 선지서에서 발견합니다. 예레미야는 유다의 멸망을 예언한 눈물의 선지자였습니다. 그들이 이방 신을 섬기고 하나님을 욕되게 한 악은 그칠 줄 모르고 하늘을 찌를 듯했습니다. 하나님께서는 그들을 참으시고 그들이 회개하기를 기다렸지만 그들의 악은 더 심해졌습니다. 그래서 하나님은 그들을 벌하기로 확정하셨습니다. 이 하나님의 계획은 이미 정해졌기 때문에 선지자가 유다를 위해서 기도해도 소용없는 일이었습니다. 그래서 하나님께서는 예레미야에게 유다를 위해서 중보기도 하지 말라고 명하십니다.

"유다야 네 신들이 네 성읍의 수와 같도다 너희가 예루살렘 거리의 수대로 그 수치스러운 물건의 제단 곧 바알에게 분향하는 제단을 쌓았도다 그러므로 너는 이 백성을 위하여 기도하지 말라 그들을 위하여 부르짖거나 구하지 말라 그들이 그 고난으로 말미암아 내게 부르짖을 때에 내가 그들에게서 듣지 아니하리라"렘11:13~14

하나님의 확정된 심판은 그 누구의 중보기도로도 되돌릴 수 없는 것이 되었습니다. 그래서 하나님께서 예레미야에게 계속 반복해서 확인시키십니다. "여호와께서 그들을 받지 아니하고 이제 그들의 죄를 기억하시고 그 죄를 벌하시리라 하시고 여호와께서 또 내게 이르시되 너는 이 백성을 위하여 복을 구하지 말라"렘14:10~11 이 심판의 확정은 이미 이사야에게 계시된 적이 있습니다. 하나님께서 이사야를 통해 유다에게 이렇게 말씀하셨습니다. "너희가 손을 펼 때에 내가 내 눈을 너희에게서 가리고 너희가 많이 기도할지라도 내가 듣지 아니하리니 이는 너희의 손에 피가 가득함이라"사1:15

하나님께서 이사야를 통해서 유다의 죄를 책망하셨지만, 이들은 회개하지 않았습니다. 그리고 그들의 악은 극에 달했고 예레미야는 유다에게 하나님의 심판이 확정되었음을 선언하게 되었습니다.

여기서 우리가 알 수 있는 것은 하나님께서는 만홀히 여김 받는 하나님이 아니시라는 것입니다. 우리가 죄를 지을 때 참아주시고 회개하기를 기다리시지만, 우리가 완악해져서 회개하지 않을 때 하나님께서는 우리를 심판하시게 된다는 것입니다. 은혜의 가르침이 널리 퍼져 있고 하나님의 심판을 가르치지 않는 우리 시대의 영적 지도자들은 사도 요한의 경고 말씀을 되새겨 보아야 할 필요가 있습니다.

4. 사랑해야 합니다

요한은 우리가 하나님을 사랑하고 형제를 사랑해야 한다고 가르칩니다. 하나님께 대한 수직적 사랑은 형제에 대한 수평적 사랑과 유기적으로 연결되어 있습니다. 그래서 하나님을 사랑한다고 하면서 보이는 형제를 사랑하지 않는 것은 거짓말하는 것입니다.요일4:20 요한은 형제를 사랑하는 자들은 빛 가운데 있다고 말씀합니다.요일2:10 그리고 형제를 사랑하는 자들은 사망에서 생명으로 옮겨졌습니다.요일3:14 그러므로 사랑하지 않는 자들은 아직도 사망 가운데 있는 자들입니다.요일3:14 그러면 우리가 어떻게 형제를 사랑할 수 있을까요? 요한은 그것은 우리가 형제를 위해 목숨을 버리는 것이라고 말씀합니다.요일3:16 나아가 우리가 형제의 궁핍함을 보고 그 사람을 물질적으로 돕는 것이라고 말씀합니다.요일3:17 말로만 하는 사랑은 위선입니다. 그러기 때문에 행동과 진실로써 사랑해야 합니다. 요일3:18

요한은 우리가 서로 사랑할 수 있는 것은 우리가 하나님께로부터 났고 하나님을 알기 때문이라고 말씀합니다. 왜냐하면, 사랑은 하나님께로부터 왔기 때문입니다. 원래 우리가 하나님을 사랑한 것이 아닙니다. 하나님께서 우리를 먼저 사랑하셨는데 이는 그 독생자 예수를 우리에게 화목제물로 주신 것입니다.요일4:10 하나님의 사랑은 우리에게 부어져서 우리로 하여금 그 자녀가 되게 하셨습니다.요일3:10 따라서 우리의 사랑은 하나님의 사랑에 바탕을 두고 있습니다. 하나님께서 먼저 우리를 사랑하셨기 때문에 우리도 형제를 사랑할 수 있게 되었고 우리가 형제를 사랑해야만 하게 된 것입니다.요일4:11 우리가 서로 사랑하면 하나님께서 우리 속에 사시

고 하나님의 사랑이 우리 안에 온전히 이루어지게 됩니다.요일4:12

우리는 하나님께서 우리를 사랑하신 것을 알고 또 그 사랑에 의지해서 살고 있습니다.요일4:16 사랑은 하나님과 우리의 연합의 매개입니다. 사랑하는 자는 하나님 안에 거하고 하나님께서는 그에게 거하십니다.요일4:16 이를 통해 사랑은 우리 안에 온전히 이루어지는데 사랑은 우리가 심판 때에 확신하게 합니다.요일4:17 왜냐하면, 사랑 안에는 두려움이 없고 온전한 사랑은 두려움을 몰아냅니다.요일4:18 두려움은 형벌이 있기 때문인데 두려워하는 자는 사랑 안에서 온전해지지 못한 자입니다.

사랑하지 않는 자들은 하나님을 알지 못합니다. 왜냐하면, 하나님은 사랑이기 때문입니다.요일4:8 이 세상을 사랑하는 자들은 하나님의 사랑이 그들 속에 거하지 않습니다.요일2:15 이들은 가인과 같은 자들입니다. 가인이 그 형제 아벨을 죽인 것은 그의 행위가 악하고 그 형제의 행위는 의로웠기 때문입니다.요일3:12 이 세상이 우리를 미워하는 것은 당연한데 우리는 이에 대해 놀랄 필요가 없습니다.요일3:13

그러면 우리가 하나님의 자녀를 사랑하는 것을 무엇으로 알 수 있습니까? 그것은 우리가 하나님을 사랑하고 그의 계명을 지킴으로써 알 수 있습니다. 이 계명은 곧 예수님께서 하나님의 아들이심을 믿는 것입니다. 이 믿음으로써 우리는 세상을 이겼고 우리는 영생을 가지게 됩니다. 왜냐하면, 생명은 그 아들 안에 있기 때문입니다.요일5:11 누구든지 예수님이 그 속에 계신 자는 생명을 가진 자입니다. 그리고 우리가 무엇이든지 하나님께 구하는 바를 하나님께서 응답해 주십니다.요일5:15

우리는 우리가 하나님의 자녀임을 알고 있습니다. 그리고 마귀는 우리를 해하지 못합니다.요일5:18 그래서 우리는 진리이신 예수님 안에 거하며 그분을 끝까지 믿어야 합니다. 우리는 모든 우상으로부터 떠나야 합니다.

문제

1. 사도 요한은 적그리스도가 출현했음을 알리고 있습니다. 요한이 목회하던 교회에서 이들이 어떤 자들이었으며 무엇을 했는지 요한 일서는 잘 나타내 주고 있습니다. 이들의 특징을 설명해 보세요.
2. 사도 요한은 성도들이 죽음에 이르는 죄를 지은 자들을 위해서 중보기도 할 것을 권하지 않고 있습니다. 왜일까요. 토론해 보세요.
3. 요한 일서는 사랑에 관한 서신이라고 할 수 있습니다. 성도들이 사랑해야 하는 근거는 무엇입니까?
4. 우리가 하나님을 사랑하는 것은 무엇입니까. 설명해 보세요.

참고서적

김수홍, 공동서신 주해(야고보서, 베드로 전 · 후서, 요한 1.2.3서, 유다서) - 신약성경 주해. UCN, 2006.

데이비드 잭맨, 요한서신 강해: 하나님의 사랑안에 거하는 삶 - BST시리즈. 김일우역. IVP, 2003.

Ruth B. Edwards, 요한서신 - 신약성경 가이드 19. 김병국역. 도서출판 이레서원, 2000.

론 블랜클리, 요한서신 - IVP 말씀과 삶 성경공부시리즈. 홍병룡역. IVP, 1999.

랄프 G. 턴블, 신약강해설교 전집 5: 베드로전후서 야고보서 요한서신 유다서 요한계시록. 원광연역. 크리스챤다이제스트사, 1999.

어빙 젠센, 요한서신 유다서: 어빙젠센의 성경연구 - 젠센 40 시리즈. 김은미역. 아가페 출판사, 1988.

제임스 보이스, 요한서신 강해설교. 심이석역. 크리스챤다이제스트사, 1987.

존 스토트, 요한서신서 - 틴델신약주석시리즈 19. 기독교문서선교회, 1983.

F. F Bruce, *The Gospel and epistles of John* Grand Rapids: Eerdmans, 1994.

Saint Augustine and Boniface Ramsey, *Homilies on the First Epistle of John Works of Saint Augustine A Translation for the 21st Century*. New City Press, 2008.

Raymond E. Brown, *The Epistles of John The Anchor Yale Bible Commentaries*. Yale University Press, 1995.

I. Howard Marshall, *Epistles of John NICNT*. Grand Rapids: Eerdmans, 1994.

John MacArthur, *1-3 John: New Testament Commentary Macarthur New Testament Commentary Series*. Moody Publishers, 2007.

John Murray, *The Epistle to the Romans: The English Text with Introduction, Exposition and Notes New Testament Commentary*. Grand Rapids: Eerdmans, 1997.

John R. W. Stott, *The Letters of John: An Introduction and Commentary Tyndale New Testament Commentaries*. Send the Light, 1988.

Judith Lieu and John Riches, *The Second and Third Epistles of John: History and Background Studies of the New Testament and Its World Series*. T & T Clark Publishers, 1999.

James Montgomery, *The Epistles of John, Expositional Commentary*. Grand Rapids: Baker Books,

2006.
F. F. Bruce, *The Epistles of John: Introduction, Exposition, and Notes* Grand Rapids: Eerdmans, 1979.
Judith M. Lieu, *I, II, & III John: A Commentary New Testament Library.* Westminster John Knox Press, 2008.
E. Earle Ellis, William Barclay, and F. F. Bruce, *The World of St. John: St. John's Gospel and the Epistles.* Bible Guides 14. Lutterworth Press/Abingdon Press, 1965.
Robert W. Yarbrough, *1, 2, and 3 John.* Baker Exegetical Commentary on the New Testament. Grand Rapids: Baker, 2008.
B. F. Westcott, *Epistles of St. John: The Greek Text.* Kessinger Publishing, 2003.

27
유다서

1. 저자

저자는 자신을 예수님의 종이며 야고보의 형제인 유다라고 소개하고 있습니다.유1:1 초대교회의 야고보가 세배대의 아들 요한의 형제 야고보가 아니라면, 이 야고보는 예루살렘교회의 수장 예수님의 동생 야고보일 가능성밖에 없습니다. 그리고 초대교회에 예수님의 12제자 중 한 명도 유다였고 바사바라고 하는 유다행15:22도 있었지만, 야고보의 형제 유다는 예수님의 동생 유다 말고는 없습니다. 따라서 우리는 저자가 자신을 소개한 대로 이 서신이 예수님의 동생 유다가 쓴 서신이라고 믿습니다. 그는 초대교회에 창궐한 이단과 함께 이들의 가르침을 쫓으며 배교하는 신자들에 대해서 엄한 경고를 하고 있는데 이는 요한 서신들의 주제와 같습니다.

2. 정경의 문제

⑴ 유다는 예수님의 형제 중 하나였습니다. 유다서는 베드로후서와 비슷한 내용과 구절들을 가지는 짧은 편지입니다. 1:9~10절은 베드로후서 2:11~12절과 비슷합니다:

"천사장 미가엘이 모세의 시체에 관하여 마귀와 다투어 변론할 때에 감히 비방하는 판결을 내리지 못하고 다만 말하되 주께서 너를 꾸짖으시기를 원하노라 하였거늘 이 사람들은 무엇이든지 그 알지 못하는 것을 비방하는도다 또 그들은 이성 없는 짐승 같이 본능으로 아는 그것으로 멸망하느니라"유1:9~10

유다서 1:18절은 베드로후서 3:3절과 일치합니다.

"그들이 너희에게 말하기를 마지막 때에 자기의 경건하지 않은 정욕대로 행하며 조롱하는 자들이 있으리라 하였나니" 유1:18

"먼저 이것을 알지니 말세에 조롱하는 자들이 와서 자기의 정욕을 따라 행하며 조롱하여" 벧후3:3

여기서 어떤 학자는 베드로후서가 유다서의 저자 유다의 손에 들어와서 유다가 그것을 직접 인용하고 있다고 추측합니다. 아니면 베드로와 유다의 직접 접촉을 통해, 유다가 베드로의 가르침을 유다서에 포함했는지도 모릅니다. 이에 대해 우리는 분명한 이유를 알 수는 없습니다. 다만, 한 가지 분명한 것은 베드로후서나 유다서 모두 배교에 대해 엄히 경고를 하고 있다는 것입니다. 그리고 이러한 배교자들은 이미 1세기에 출현했었고, 말세/종말은 이미 일세기부터 시작되었다는 것을 알 수 있습니다.

⑵ 유다서 1:14절은 외경의 제2 에녹서의 구절과 일치합니다: "아담의 칠대 손 에녹이 이 사람들에 대하여도 예언하여 이르되 보라 주께서 그 수만의 거룩한 자와 함께 임하셨나니" 유1:14 여기서 우리는 영감된 성경 말씀이 외경의 구절을 사용할 수 있는가 하는 정경적 의문을 가지게 됩니다. 사실 에녹에 관한 이 증거는 제이 에녹서에서 유다가 직접 인용했다기보다는 이스라엘 사람들에게 구전적으로 내려오던 그 내용을 유다가 사용했을 것으로 보는 것이 더 좋을 것 같습니다. 이는 영감된 사실이고 이 사실이 영감된 성경책에 포함된 것은 우리의 영적 지식을 위해서도 도움이 될 것이 확실하기 때문입니다. 에녹의 예언은 메시아의 재림에 대한 증거이고 사실 이 메시아에 대한 예언은 창세기 3:15절이나 9:27절에 이미 나와 있기 때문에 에녹이 메시아의 재림을 예언했다고 해서 놀랄 일이 아닙니다. 에녹은 선지자였고 그의 믿음은 히브리서 11:5~6절에서도 언급되어 있습니다.

3. 배교의 주제

⑴ 거짓선지자들: 유다는, 첫째로, 이 사람들을 가만히 들어 온 자들이

라고 말합니다. 요즘 많은 이단이 교회에 잠입할 때 은밀히 교회에 침투하는 것과 같습니다. 그들은 예수 그리스도의 주되심을 부인하는 자들이었습니다. 요한은 예수 그리스도가 하나님의 보내신 아들임을 부인하는 자마다 적그리스도라고 경고하고 있습니다. 만일 이들이 요한이 경계하는 적그리스도들이었다면 이들은 초기 영지주의적 철학을 따르던 교회 내 거짓선지자들이었을 가능성이 있습니다. 둘째, 이들은 "자기 몸만 기르는 목자"라고 묘사되어 있습니다.유1:12 이 악한 목자들은 에스겔서 34:1~31절에 묘사된 거짓 목자들과 같습니다. 이들은 양들을 잘 치지 않고 자신들의 이익만 위하는 지도자들인데 요한복음 10장에서 예수님께서는 이들을 강도요 절도라고 정죄하셨습니다.

셋째, 이 사람들은 꿈꾸는 사람들이라고 묘사되어 있습니다.유1:8 이는 바울이 골로새서에서 정죄하는 거짓선생들과 같습니다. 이들은 환상을 근거로 가르치고 얄팍한 속임수적 철학을 주입하는 자들입니다.골2:8,18 예레미야를 통해서 하나님께서는 이스라엘의 거짓 선지자들을 책망하시며 말씀하셨습니다: "여호와께서 내게 이르시되 선지자들이 내 이름으로 거짓 예언을 하도다 나는 그들을 보내지 아니하였고 그들에게 명령하거나 이르지 아니하였거늘 그들이 거짓 계시와 점술과 헛된 것과 자기 마음의 거짓으로 너희에게 예언하는도다"렘14:14 넷째, 이들은 거짓 예언을 가르칠 때 더러운 이를 위해서 합니다. 이들은 삯을 위해 어그러진 길로 간 발람과 같은 자들입니다.유1:11 발람은 하나님의 백성을 축복하지는 못할망정 발락에게 매수되어 그들을 저주했습니다. 돈을 사랑하는 것은 일만 악의 뿌리입니다. 바울은 돈을 사랑하는 자들이 미혹을 받아 믿음에서 떠나 많은 근심으로써 자기를 찔렀다고 지적합니다.딤전6:10 우리는 먹을 것과 입을 것이 있으면 넉넉한 줄 알아야 합니다.딤전6:8 하지만 데마는 세상을 좇아 바울을 떠났고 가룟 유다도 은전 30전에 예수님을 팔아넘겼습니다. 예수님은 우리가 하나님과 재물을 겸하여 섬길 수 없다고 경고하십니다. 마6:24

다섯째, 이 거짓 목자들은 경건하지 않고 하나님의 은혜를 도리어 색욕

거리로 바꾼 자들입니다.유1:4 유다는 이들의 성적 범죄를 소돔과 고모라의 성적 타락에 비유하고 있습니다: "소돔과 고모라와 그 이웃 도시들도 그들과 같은 행동으로 음란하며 다른 육체를 따라 가다가 영원한 불의 형벌을 받음으로 거울이 되었느니라"유1:7 여기서 이들의 성범죄가 동성연애를 포함하는지는 확실하지 않지만, 유다는 1:4절에서 불경건(아세베이스)이란 단어를 쓰고 있는데 바울은 로마서 1:18절에서 이 단어를 쓰면서 1:24~28절에서 동성연애자들의 범죄를 지적합니다. 그렇다면 유다가 이 단어를 쓸 때에도 동성연애의 범죄를 포함했을 것으로 보는 것이 문맥에 맞습니다. 로마시대에 라틴인과 헬라인들의 주연은 폭식과 술 취함과 성적유희를 동반했습니다. 이 거짓 목자들은 주님의 사랑의 성만찬을 주연과 향연과 성적유희의 시간으로 즐겼던 것 같습니다.유1:12 [42] 이는 이성 없는 짐승들이 그렇듯이 창피한 줄도 모르고 그 육체를 더럽히며 권위를 업신여기며 하나님의 영광을 훼방했습니다.유1:8,13 이들은 자신들의 가르침과 행위를 복잡한 철학적 우주적 사색으로 정당화했습니다. 그들은 자신들의 무법주의적 행위를 하나님의 은혜의 교리를 빙자해 정당화하려 했습니다. 이는 고린도 교회 내의 무법주의자들이 "모든 것이 가하다"고 가르치며 음란을 정당화한 것과 일치합니다.고전6:12

여섯째, 이들은 천사들의 권위와 위엄을 비방했습니다.유1:8 이는 이들이 장차 주님께서 재림하실 때 함께 나타날 천사들이 알곡과 가라지를 나누는 권세를 가진 것에 대한 비방이라고 볼 수 있습니다. 이는 예수님께서 그 천사들의 수종과 함께 수행하실 최후 심판에 대한 부정과 비방이라고 볼 수 있습니다.[43] 이는 자신들의 무법주의적 행위가 앞으로 임하게 될 하나님의 심판을 피하게 될 것이라는 허세를 나타내고 있습니다.

일곱째, 이들은 원망하는 자며 불만을 토하는 자며 그 정욕대로 행하는 자들입니다. 그리고 그 입으로 자랑하는 말을 내며 더러운 이득을 위해 아첨하는 자들입니다.유1:16 이 구절에서 원망하는 자(공구스테이스)라는 명사는 두런두런 불평하는 자라는 뜻으로 그 동사는 "원망하다"(공구조우)입니다. 이 동사는 민수기 14:2, 27, 29, 36; 16:7~9, 11절에 사용되었습니다. 이스라엘 백성은 하나님께서 예비하신 가나안 땅에 들어가기를 반대하고 그 믿음 없는 열 정탐꾼의 보고를 듣고, 즉 가나안 땅에 사는 네피림(거인)들은 우리가 이길 수 없으니 애굽으로 돌아가자고 말하는 보고를 듣고, 찬성하여 모세를 대항하고 하나님께 불만을 토해내었습니다. 바로 이 원망은 배교의 주제를 나타내는 동사입니다. 주님께서 인자가 하늘에서 내려온 산 떡이니 이 떡을 먹어야 영생을 얻는다고 가르치셨을 때 유대인들은 두런두런 불평했습니다(공구조우). 심지어 그 제자들도 예수님의 말씀을 받아들이지 않고 예수님을 떠나 다시는 그와 함께 다니지 않았습니다.[요6:66] 이 배교의 관점에서 볼 때 유다가 이들을 원망하는 자라고 묘사한 것은 이들이 배교자들이라는 점을 확인해 줍니다.

여덟째, 이들은 당을 짓는 자며 육에 속한 자며 성령은 없는 자들입니다.[유1:19] 이들은 성령의 일시적 맛을 보고 환상도 보고 철학적 지식도 가진 지도자들이었습니다. 하지만 성령은 그들에게 내주하시지 않았습니다. 성령의 내주는 우리가 하나님의 자녀가 되게 합니다.[롬8:9] 그리고 고난에 참예하는 힘을 주시고 하나님의 영광에 이르게 합니다.[롬8:16~17] 이들에게는 성령의 내주 하심이 없었기 때문에 이들은 자신들의 육적인 정욕대로 행했고 배교자의 받을 불의 심판을 받게 됩니다.

⑵ 거짓 목자들의 최후: 이들의 최후는 어떻게 될까요? 유다는 분명히 가르칩니다. 이들의 최후는 자기 처소를 떠난 천사들이 심판의 날까지 흑암에 영원히 결박된 것처럼 될 것이라는 것입니다.[유1:6] 또 소돔과 고모라와 그 이웃 도시들도 저희와 같은 모양으로 간음하며 다른 색을 따라가다가 영원한 불의 형벌을 받았듯이 이들에게 영원한 불의 심판이 임할 것이라는 것입니다.[유1:7] 가인은 그 지은 죄로 영원히 광야를 방랑하는 자가 되었습니다.[창4:12] 그리고 요한일서에 그는 배교자의 한 예로 제시되었습니다.[요일3:12] 발람도 미디언인들에게 매수되어 이스라엘 백성을 유혹해서 성적타락과 우상숭배에 빠지게 한 뒤 하나님의 심판을 받았습니다.[민31:8] 모세와 아론을 대적하고 반란을 꾀한 고라와 그 추종자들도 땅이 입을 벌려 삼켰습니다. 그들은 산 채로 음부에 내려간 것입니다.[민16:33] 이 말씀들과

예를 볼 때 유다는 이 거짓 목자들의 최후는 간명히 하나님의 불의 심판이라고 말씀하고 있습니다.

이들은 그 양심이 화인 맞은 자들처럼 강퍅해 있기 때문에 회개할 가능성이 없습니다. 바울은 로마서 1:24, 26, 28절에서 하나님께서 이 동성애자들을 그들의 부끄러운 행위에 내던져 놓으셨다(파라디오우미)고 말씀함으로써 이들이 그 죄악 가운데에 있는 상태 자체가 하나님의 심판을 나타낸다고 가르칩니다. 이 사실은 위에 제시된 모든 예에서 한 사람도 회개와 회복에 이르지 못했다는 점을 분명히 확인해 줍니다. 그리고 유다는 이 사실을 하나님의 예정이라는 틀 속에서 설명합니다. 즉 "그들은 옛적부터 이 판결을 받기로 미리 기록된 자"라는 것입니다.유1:4

⑶ 참 신자들의 태도: 유다는 이러한 엄한 경고와 함께 이를 바탕으로 신자들이 거짓 목자들이 창궐하는 이 종말의 때에 어떤 자세를 가지고 살아야 할 것인지 분명히 가르치고 있습니다. 첫째, 믿는 자들은 지극히 거룩한 믿음 위에 자기를 건축해야 합니다.유1:20 믿음과 거룩한 삶은 떼어낼 수 없는 관계에 있습니다. 우리는 믿음으로 의롭게 되었기 때문에 그 믿음이 거룩한 삶으로 나타날 수 있어야 합니다. 거룩한 삶이 구원의 조건은 아닙니다. 하지만 거룩한 삶은 믿음의 필연적 결과로써 나타납니다. 바로 이점을 바울은 로마서 6:22절에서 이렇게 말씀합니다: "그러나 이제는 너희가 죄로부터 해방되고 하나님께 종이 되어 거룩함에 이르는 열매를 맺었으니 그 마지막은 영생이라"

둘째, 신자들은 성령 안에서 기도해야 합니다.유1:20 이는 우리가 하나님의 뜻대로 하는 기도를 말합니다. 우리는 탄식하며 우리 몸의 구속의 때를 기다리며 하나님께 기도를 올립니다. 성령께서도 말할 수 없는 탄식으로 우리를 위해 하나님의 뜻대로 기도하십니다.롬8:26~27 그 기도의 내용은 우리가 믿음을 지키고 배교하지 않고 하나님의 영광의 교제에 참여하도록 하는 것입니다. 유다는 1:21절에서 바로 이 점을 말씀하고 있습니다.

셋째, 하나님의 사랑 안에서 자기를 지키며 영생에 이르도록 주 예수 그리스도의 긍휼을 기다려야 합니다.유1:21 이 구절에서 하나님의 사랑의 집결체는 우리에게 그리스도를 통해 주신 구원입니다. 이 구원을 우리는 두려움과 떨림으로 이뤄야 합니다.빌2:11~12 이는 신자들의 견인을 말씀하는 것입니다. 우리는 이 거짓 목자들처럼 불경건한 삶을 살지 말아야 합니다. 무법주의적 삶, 하나님의 율법을 대적하는 삶을 살지 말아야 합니다. 이러한 경건한 삶은 우리가 영생을 얻을 때까지 계속되어야 합니다. 그렇지 않다면 그 맛을 잃고 밖에 버려져 사람들의 발에 밟히는 소금처럼 우리도 버려질 수 있습니다.

(4) 믿는 자들은 자신들의 믿음을 잘 지킬 뿐 아니라 거짓 목자의 영향 아래 있는 사람을 긍휼히 여기며 그들을 불에서 끌어내어 구원해야 합니다.유1:23 오직 그 능력은 하나님께서만 가지고 계시지만, 우리는 그들을 위해서 기도해야 합니다. 그리고 그들에게 바른 가르침을 제시하고 거짓 목자들의 잘못됨과 그 속임수를 밝히 볼 수 있게 해야 합니다.

하지만 우리는 거짓 목자들 자신들을 긍휼한 마음으로 대할 필요는 없습니다. 그들에게 필요한 것은 질책입니다. 그 예는 사도행전 8:18~23절에 기술된 베드로의 접근에 잘 제시되어 있습니다: "시몬이 사도들의 안수로 성령 받는 것을 보고 돈을 드려 이르되 이 권능을 내게도 주어 누구든지 내가 안수하는 사람은 성령을 받게 하여 주소서 하니 베드로가 이르되 네가 하나님의 선물을 돈 주고 살 줄로 생각하였으니 네 은과 네가 함께 망할지어다 하나님 앞에서 네 마음이 바르지 못하니 이 도에는 네가 관계도 없고 분깃 될 것도 없느니라 그러므로 너의 이 악함을 회개하고 주께 기도하라 혹 마음에 품은 것을 사하여 주시리라 내가 보니 너는 악독이 가득하며 불의에 매인 바 되었도다" 바울도 이러한 거짓 선지자들에게 단호한 질책을 가했습니다.행13:4~12 요한은 이러한 배교자들을 위해서 기도하라고 권면하지 않았습니다.요일5:16 이렇게 단호하게 이들을 대해야 하는 것은 교회 내의 양들을 지키기 위함이며, 또한 거짓 선지자들도 이러한 책망을 들은 후 혹시 뉘우치고 회개할까 함이기 때문입니다.

문제

1. 유다는 거짓 선지자들에 대해 경계하고 있습니다. 이들의 특징을 살펴보고 오늘에도 이러한 거짓 선지자들이 있는지 예를 들어 보세요.
2. 신구약의 가르침에서 배교자들은 회개를 통해서 회복된 적이 있습니까? 유다서가 배교자들로 제시하는 발람이나 가인이나 고라는 회복되지 못하고 모두 심판을 받았습니다. 그 가장 큰 이유를 말해 보세요.
3. 현재 배교하고 있다고 보이는 사람들을 우리가 알고 있을 수 있습니다. 우리가 가져야 할 성경적 태도는 무엇입니까?
4. 유다서는 베드로후서의 구절들을 포함하고 있습니다. 유다서는 또 제이 에녹서에 나오는 구절과 같은 구절들을 그 내용에 포함하고 있습니다. 여기서 유다서가 외경의 구절을 사용하고 있다는 견해를 성경의 영감성이라는 관점에서 비판해 보세요.
5. 성도들은 종말에 살고 있습니다. 종말의 때는 이단과 거짓 선지자들이 거짓된 가르침으로 택자까지 넘어지도록 미혹하는 때입니다. 이 때 성도들의 신앙의 자세는 어떠해야 하나요. 서술해 보세요.

참고도서

딕 루카스, 크리스토퍼 그린, 베드로후서 · 유다서 강해: 재림의 약속 - BST시리즈. 정옥배역. IVP, 2008.

그랜트 오스본 편, 적용을 도와주는 베드로전, 후서, 유다서 - LAB 주석 시리즈. 류호영역. 성서유니온선교회, 2008.

프리셉트 성경연구원, 디도 · 빌레몬 · 유다서 구역 및 대학, 청년부 G.B.S.용 교재 - 프리셉트 G.B.S. 시리즈. 도서출판 프리셉트, 2007.

김수홍, 공동서신 주해(야고보서, 베드로 전 · 후서, 요한 1.2.3서, 유다서) - 신약성경 주해. UCN, 2006.

랄프 G. 턴블, 신약강해설교 전집 5: 베드로전후서 야고보서 요한서신 유다서 요한계시록. 원광연역. 크리스챤다이제스트사, 1999.

윌리엄 바클레이, 바클레이신약주석 시리즈 15 - 요한 1,2,3/유다서. 기독교문사, 1996.

캐롤린 나이스트롬, 베드로전후 유다서 - IVP 말씀과삶 성경공부시리즈. 이미향역. IVP, 1996.

마이클 그린, 베드로후서 유다서 - 틴델 신약주석 시리즈 18. 권성수역. 기독교문서선교회, 1992.

어빙 L. 젠센, 요한서신 유다서: 어빙젠센의 성경연구 - 젠센 40 시리즈. 김은미역. 아가페출판사, 1988.
J. N. D. Kelly, *The Epistles of Peter and of Jude* Hendrickson, 1993.
Michael Green, *The Second Epistle of Peter and the Epistle of Jude: An Introduction and Commentary Tyndale New Testament Commentaries.* Send the Light, 1987.
Richard C. Lenski, *Interpretation of the I & II Epistles of Peter the Three Epistles of John and the Epistle of Jude* Fortress, 2008.

28
요한계시록

1. 저자

요한계시록의 저자는 자신을 요한이라고 소개합니다.계1:1,4,9; 22:8 요한계시록 1:9절에서 저자는 "나 요한은 너희 형제요 예수의 환난과 나라와 참음에 동참하는 자라 하나님의 말씀과 예수를 증언하였음으로 말미암아 밧모라 하는 섬에 있었더니"라고 자신이 밧모섬에 유배되어 있다는 것을 말하고 있습니다. 우리는 저스틴, 이레네우스, 터털리안 등의 초대교회 교부들의 증거를 따라서 이 요한을 사도 요한이라고 볼 수 있습니다. 하지만 초대교회의 디오니시우스는 자신이 요한계시록의 내용을 분석한 결과를 바탕으로 사도 요한의 저작설을 반박했습니다. 그는 요한계시록의 저자가 자신을 "예수님의 사랑하던 제자"라고 소개하지 않고 있고, 자신을 사도라고 명확히 밝히지도 않으며, 요한계시록의 문학구조가 요한복음이나 요한 서신의 문학구조와는 다르며, 요한계시록의 헬라어 스타일이 요한복음의 헬라의 스타일과 다르므로 요한계시록은 사도 요한과 동명의 요한이라는 이름을 가진 자가 썼을 것으로 추측했습니다. 하지만 저자가 자신을 예수님과 밀접한 관계를 누렸던 사도 요한이라고 분명히 밝히지 않은 것은 이 책의 수신자들이 이를 당연히 알고 있었기 때문에 굳이 이 사실을 반복해서 말할 필요가 없었기 때문일 것입니다.[44)]

요한계시록의 문학구조가 요한복음이나 요한서신의 문학구조와 다른 것은 요한계시록의 문학 장르는 계시문학에 속하고 요한복음은 복음서에 속하며 요한서신은 서신서이기 때문입니다. 글의 내용의 장르가 다르면 그 내용의 형식도 달라지는 것은 흔히 있는 일입니다. 세 번째로, 요한계시록과 요한복음의 헬라어 스타일이 다른 것은 객관적 사실입니다. 요한계시록에서 저자는 헬라어 문법을 위반하는 표현을 많이 하고 있습니다. 그 좋은 예는 계1:4절에서 전치사의 격에 관사의 격을 일치시키지 않은 것입니다. 찰스Charles는 이것은 저자가 히브리어적 사고를 하면서 헬라어로 글을 쓸 때 이러한 탈문법적 표현을 했을 것으로 주장합니다. 반면에 요한복음에서의 헬라어 문장은 그 안에 셈족적 사고가 배어 있지만, 표현이 단순하고 문법적으로 정확합니다. 학자들은 이 두 책의 헬라어 스타일이 다른 것을 설명하려고 시도했습니다. 호트Hort나 웨스트콧Westcott은 요한계시록은 주후 60년 후반에 그리고 요한복음은 주후 90년대에 써졌기 때문에 헬라어 문법스타일의 차이가 발생했을 것이라고 주장했습니다. 하지만 찰스도 지적하듯이 탈문법적 표현은 저자가 헬라어를 잘 몰랐기 때문이 아니라 신비한 묵시의 내용을 전달하기 위해서 저자가 의도적으로 채택한 표현일 가능성이 많습니다.

요한계시록의 사도요한 저작설을 부정하는 사람들은 두 책 간의 신학적 차이도 지적합니다. 즉 요한계시록은 전투적인 그리스도를, 요한복음은 희생하고 사랑하는 그리스도를 묘사하고 있고, 요한계시록은 미래의 종말론을 요한복음은 성취된 종말론을 제시하고 있고, 요한계시록은 성령을 일곱 교회에 보내진 일곱 영계5:6으로 요한복음은 신자들에게 보내진 보혜사, 진리의 영으로 소개하고 있다는 것입니다. 하지만 이러한 신학적 차이는 좀 더 심층 분석을 통해서 소멸합니다. 즉 요한복음에도 논박하시며 심판하시는 예수님의 모습을 볼 수 있고, 미래의 종말론에 대한 가르침이 내포되어 있습니다. 그리고 요한계시록에 묘사된 하나님의 일곱 영은 일곱이란 수를 상징으로 해석하면 하나님께서 교회에 보내신 성령으로 해석할 수 있으며 요한복음의 보혜사 성령님과 차이를 느끼게 하지 않습니다.

이러한 관찰을 바탕으로 우리는 초대교회에 요한이라고 알려진 지도자가 요한계시록을 썼다고 하는 결론에 이르게 되는데, 칼슨이 지적하듯이 그가 만일 사도 요한이 아니었다면 어떻게 요한복음과 스타일이 뚜렷이 구별되는 책을 써서 교회가 이 책의 권위를 받아들일 것을 기대했겠는가 하는 것입니다.

2. 서론

⑴ 부활하신 예수님의 계시에 따라 사도 요한이 주후 1세기 후반기에 쓴 요한계시록은 아시아 일곱 교회에 보낸 편지입니다. 이 교회들은 에베소 교회, 서머나 교회, 버가모 교회, 두아디라 교회, 사데 교회, 빌라델비아 교회, 라오디게아 교회입니다. 일곱 교회 중, 서머나 교회와 빌라델피아 교회는 예수님의 책망을 받지 않은 교회입니다. 따라서 지상교회는 이들 교회처럼 인내의 말씀을 지켜서 생명의 면류관을 뺏기지 않도록 해야 합니다. 이는 중요한 사실을 말해 줍니다. 즉 요한계시록의 내용은 모든 신자에게 주신 하나님의 계시의 말씀이라는 것입니다. 이는 요한계시록의 내용이 신학자들이나 전문 성경연구가에 의해서만 해석될 수 있는 책이 아니라 그 계시를 읽는 누구나 그 내용을 쉽게 이해하고 가르침을 얻을 수 있는 책이라는 것입니다.

하지만, 역사적으로 요한계시록만큼 다양한 해석을 가져온 책도 없습니다. 요한계시록을 잘못 해석해서 나온 이단들도 많이 있습니다. 그것은 요한계시록에 사용된 많은 이미지와 상징적 언어들을 문자적으로 볼 것이냐 상징적으로 영적으로 해석할 것이냐에 따라 말미암은 이유도 있습니다. 그리고 요한계시록을 연대기적으로 기록된 것으로 봐야 하는지 아니면 주제별로 기록된 계시로 볼 것인지도 해석에서 큰 차이를 가져옵니다.

⑵ 어떤 사람들은 요한계시록은 앞으로 될 일에 대한 계시의 내용을 담고 있기 때문에 현시대의 신자들에게는 관계가 없다고 가르칩니다. 하지만 이는 잘못된 해석입니다. 요한계시록은 1세기 교회의 신도들에게 주어진 하나님의 계시이지만 아시아의 일곱 교회는 모든 교회를 대표하는 교회들로서 현시대의 모든 신자에게 같게 주어진 하나님의 계시의 말씀입니다. 요한계시록 1:3절은 이렇게 말씀합니다: "이 예언의 말씀을 읽는 자

와 듣는 자들과 그 가운데 기록한 것을 지키는 자들이 복이 있나니 때가 가까움이라"

여기서 예수님 재림의 때는 가깝다고 말씀하고 있습니다. 그리고 이 말씀은 먼 미래에 될 일을 기록하는 것이 아니라 현재 성도들이 읽고 지켜야 할 말씀을 담고 있다는 것입니다. 따라서 요한계시록은 사복음서와 같이 성도들이 항상 가까이하면서 읽고 묵상하고 지켜야 할 명령들을 담은 계시의 책입니다.

3. 대표적 주제들

(1) 성도의 견인

예수님께서는 신자들이 핍박을 이겨야 한다고 격려하십니다: 귀 있는 자는 성령이 교회들에게 하시는 말씀을 들을지어다 이기는 그에게는 내가 하나님의 낙원에 있는 생명나무의 과실을 주어 먹게 하리라계2:7; 귀 있는 자는 성령이 교회들에게 하시는 말씀을 들을지어다 이기는 자는 둘째 사망의 해를 받지 아니하리라계2:11; 귀 있는 자는 성령이 교회들에게 하시는 말씀을 들을지어다 이기는 그에게는 내가 감추었던 만나를 주고 또 흰 돌을 줄 터인데 그 돌 위에 새 이름을 기록한 것이 있나니 받는 자 밖에는 그 이름을 알 사람이 없느니라계2:17; 이기는 자와 끝까지 내 일을 지키는 그에게 만국을 다스리는 권세를 주리니 그가 철장을 가지고 저희를 다스려 질그릇 깨뜨리는 것과 같이 하리라 나도 내 아버지께 받은 것이 그러하니라 내가 또 그에게 새벽 별을 주리라계2:26~28; 이기는 자는 이와 같이 흰 옷을 입을 것이요 내가 그 이름을 생명책에서 반드시 흐리지 아니하고 그 이름을 내 아버지 앞과 그 천사들 앞에서 시인하리라계3:5; 이기는 자는 내 하나님 성전에 기둥이 되게 하리니 그가 결코 다시 나가지 아니하리라 내가 하나님의 이름과 하나님의 성 곧 하늘에서 내 하나님께로부터 내려오는 새 예루살렘의 이름과 나의 새 이름을 그이 위에 기록하리라계3:12; 이기는 그에게는 내가 내 보좌에 함께 앉게 하여주기를 내가 이기고 아버지 보좌에 함께 앉은 것과 같이 하리라계3:21.

이 구절들에서 "이긴다"는 헬라어 동사 "니카오"는 "극복한다, 우세하다"는 의미가 있습니다. 그러면 우리가 무엇을 이겨야 한다는 것일까요? 예, 그것은 시험을 이긴다는 의미입니다. 여기서 시험은 물질이나 건강과 같은 시험보다도 더 강한 의미의 시험을 말합니다. 즉 예수 그리스도를 부인하도록 유혹하는 환난이나 핍박을 의미합니다. 환난이나 핍박을 받을지라도 우리는 예수님을 부인하지 않고 끝까지 믿음을 지켜야 합니다. 이렇게 환난을 극복하고 믿음을 끝까지 지키는 자들에게는 많은 상급이 약속되어 있습니다. 즉 생명나무의 과실, 생명의 면류관, 만나와 새 이름을 새긴 흰 돌, 만국을 다스리는 권세, 흰 옷과 생명책에 이름이 녹명됨, 하나님의 성전의 기둥이 됨, 예수님의 보좌에 함께 앉음 등이 약속되어 있습니다.

그런데 이 상급들은 구원을 의미하는 비유적 언어들입니다. 즉 우리가 구원을 얻고 천국에 들어가면 우리는 자동으로 이 약속된 상급을 받고 누리게 됩니다. 이 점에서 결국은 환난을 극복하고 믿음을 지키는 것은 이차적 상급이 그 목적이 아니라 구원이 그 목적이라는 것을 알 수 있습니다. 구원은 우리가 마음으로 믿고 입으로 시인해서 얻게 된다고 로마서 10:9~10절에 기록된 것처럼 우리는 예수님을 죽기까지 시인함으로써 약속된 구원을 획득할 수 있습니다. 이는 믿음 이외에 어떤 행위를 추가로 요구하시는 것이 아님을 알 수 있습니다. 예수님을 믿는 그것이 곧 순종이요 요구된 행위입니다.

따라서 우리가 이겨야 한다고 하는 예수님의 명령을 잘못 이해하면 우리가 이기는 것은 생명의 면류관 등 부차적인 상급을 위한 것이고 만일 우리가 질지라도 천국에 가는 데는 지장이 없다고 가르칠 수 있는데 이는 잘못된 가르침입니다. 지는 것은 환난 때에 예수님을 부인하는 것을 말하는데 예수님을 부인하고 천국에 들어갈 자는 없기 때문입니다. 바울은 로마서 10장에 우리가 마음으로 믿고 입으로 시인함으로 구원을 받는다고 분명히 말씀하고 있고 예수님께서도 마태복음 10:32~33절에서 누구든지 사람 앞에서 예수님을 시인해야 예수님도 하나님 앞에서 저를 시인하시겠다고 하셨습니다. 따라서 이기는 것은 구원함을 받는데 필수적인 요소입니다. 이는 핍박 때에 사람 앞에서 예수님을 시인하는 것입니다. 바로 이는 시험을 당할지라도 믿음을 저버리지 않고 인내한 욥이나 풀무 불의 위협에 처해서도 하나님을 부인하지 않고 믿음을 지킨 사드락, 메삭, 아벳느고와 같이 이기는 자가 되는 것을 말합니다.

(2) 보좌에 앉으신 하나님과 어린양 예수

요한계시록 4~5장에 나오는 하나님의 보좌 앞의 광경은 모든 데오파니Theophany: 신의 현현 중의 대표적인 데오파니라고 할 수 있습니다. 하나님의 보좌 앞에는 네 생물이 있는데 그 생물은 지품천사들입니다. 그리고 그 주위에는 24장로가 있고 그 주위에는 천군 천사들이 있고 그 주위에는 성도들이 서 있습니다. 이렇게 하나님의 전은 하나님을 섬기고 경배하는 생물Living creatures들로 둘러싸여 있습니다. 에스겔 1장에도 데오파니가 자세히 묘사되어 있습니다. 에스겔에서는 각각의 지품천사들이 네 생물의 얼굴(사자, 황소, 사람, 독수리)을 가지고 있는데 반해 요한계시록 4장에서는 각 생물이 각각 한 생물의 얼굴만 가지고 있습니다. 이 네 지품천사는 성가대원이라고 할 수 있습니다. 그들이 하는 일은 쉬지 않고 하나님께 찬양과 영광을 돌리는 일입니다.

그런데 에스겔 1장의 데오파니는 크리스토파니Christophany, 예수님의 현현에 가깝다는 것입니다: "내가 보니 그 허리 위의 모양은 단 쇠 같아서 그 속과 주위가 불 같고 내가 보니 그 허리 아래의 모양도 불 같아서 사방으로 광채가 나며 그 사방 광채의 모양은 비 오는 날 구름에 있는 무지개 같으니 이는 여호와의 영광의 형상의 모양이라 내가 보고 엎드려 말씀하시는 이의 음성을 들으니라"겔1:27~28

이 예수님의 모습은 요한계시록 1:12~16절의 예수님의 모습을 생각나게 합니다: "몸을 돌이켜 나에게 말한 음성을 알아 보려고 돌이킬 때에 일곱 금 촛대를 보았는데 촛대 사이에 인자 같은 이가 발에 끌리는 옷을 입고 가슴에 금띠를 띠고 그의 머리와 털의 희기가 흰 양털 같고 눈 같으며 그의 눈은 불꽃 같고 그의 발은 풀무불에 단련한 빛난 주석 같고 그의 음성은 많은 물 소리와 같으며 그의 오른손에 일곱 별이 있고 그의 입에서 좌우에 날선 검이 나오고 그 얼굴은 해가 힘있게 비치는 것 같더라"

이 점에서 우리가 알 수 있는 것은 요한계시록에서는 요한이 에스겔 1장에 나오는 데오파니의 한 측면 곧 크리스토파니를 요한계시록 1:12~16절에서 묘사하고 있고 요한계시록 4장에서는 하나님 아버지의 데오파니에 더 초점을 둔 것이 아닌가 해석해 볼 수도 있습니다. 하지만 요한계시록 5장에서는 죽임을 당하시고 부활하신 어린양 예수님의 하나님 보좌에의 등극을 묘사하고 있기 때문에 크리스토파니와 데오파니가 함께 섞이는 형상이 되고 있고 이는 삼위일체의 하나님의 가시적 현시적 형상으로써 환상을 기록하는 요한이나 이를 읽는 우리에게 하나의 신비로 비치는 형상이며 우리가 이를 완전히 이해하기는 어려울 것 같습니다.

요한계시록 5장에서 특기할 사항은 죽임을 당한 어린양이 하나님의 보좌에 등극하셨다는 것입니다. 그리고 하나님께 돌려진 모든 영광이 이 어린양 예수에게도 돌려졌다는 사실입니다. 이는 예수님께서도 세세토록 찬양을 받으실 하나님이시라는 사실을 알 수 있습니다. 예수님께서는 인간으로 오셨기 때문에 최후의 심판주가 되시는데 이는 예수께서 봉인한 인을 떼실 권세를 가지시고 그 인을 떼셨다는 것을 통해 알 수 있습니다. 말세 하나님의 심판은 이미 시작되었습니다. 그리고 그 최후의 단계인 백보좌 심판은 머지않아 도래할 것입니다. 그리고 하나님의 최후심판은 곧 예수그리스도께서 재판장으로써 집행하시게 될 것입니다.

(3) 마귀의 도전

요한계시록 12장에 보면 용 곧 마귀라고도 하는 옛 뱀이 하늘에서 떨어졌다는 말씀이 있습니다. 이 용은 천사장 미카엘과 싸워서 졌습니다. 그가 그를 쫓는 사자들과 함께 하늘에서 내어 쫓겨서 이 땅에 내려왔는데 여기서 그가 하는 일은 교회를 핍박하는 일입니다. 교회는 마귀에게 한 때와 두 때와 반 때 즉 3년 반 동안 핍박을 받게 되는데 이는 어떤 특정 기간이 아니라 전 교회시대를 가리키는 상징이라고 봐야 할 것 같습니다. 왜냐하면, 요한계시록에 나오는 모든 수 즉 일곱 교회, 일곱 별, 일곱 재앙, 이십사 장로, 이십사 대문, 네 생물, 세상의 네 구석, 십사만 사천 성도, 짐승의 표 666, 42달, 1,260일 등은 문자적인 의미가 있다기보다는 상징적인 의미가 있다고 보는 해석이 더 성경적입니다.

마귀는 그 졸개들을 거느리고 있는데 곧 바다에서 나온 짐승과 땅에서 나온 짐승, 거짓선지자들과 음녀들입니다. 여기서 우리는 선과 악의 대립 구조를 발견합니다. 즉 사탄은 자기를 하나님으로 가장하고 있으나 성도들은 저를 경배하지 않습니다. 바다에서 나온 짐승은 예수 그리스도 같은 형상을 하고 행동합니다. 요한계시록 13:1~10절에서 보면 바다에서 나온 짐승은 면류관을 썼고, 경배를 받고, 또 상처를 입었다가 나음을 입었고, 권세를 가졌고, 인을 가졌고, 또 싸우는 전사의 모습을 하고 있습니다. 하지만 그는 참 그리스도가 아닙니다. 또, 땅에서 나온 짐승은 거짓 선지자들과 함께 성령님의 사역에 해당하는 일을 마귀를 위해 하고 있습니다. 마지막으로 바빌론과 음녀는 교회와 대조되는 역을 맡고 있습니다. 이렇게 사탄의 왕국은 하나님의 왕국과 대치되어 있으면서 성도들을 핍박하고 공격하고 있는데 요한계시록은 이 영적인 세계의 영적 대립을 심층적으로 조명해 놓고 있습니다.

우리는 이 마귀의 권세에 눌릴 필요가 없는데 그것은 마귀는 이미 심하게 그 권세가 꺾여 있고 이제 그 최후 심판 날만 기다리고 있다는 것입니다. 마귀는 이를 알고 이제 아마겟돈 전쟁을 예비하고 있는데 이는 삼차 대전이라기보다는 영적 전쟁입니다. 성도들이 이 핍박의 기간을 인내하고 극복한다면 어린양의 혼인 잔치에 흠 없이 참여하게 될 것입니다. 그리고 마귀는 그 졸개들과 함께 유황불이 타는 지옥 속으로 떨어지게 될 것입니다.

4. 하나님의 심판

(1) 요한은 하나님의 종말적 심판을 세 가지의 상징적 표현으로 묘사합니다. 인재앙, 나팔재앙, 대접재앙이 그것인데 이의 해석에는 연대기적 해석이나 상징적 해석이 있습니다. 죠지 래드는 연대기적 해석을 취하는

데 이는 일곱째 인이 일곱 가지 나팔재앙을 그 안에 담고 있어서 그 일곱째 인이 떼어질 때 일곱 가지의 나팔재앙이 전개되기 시작한다고 생각하기 때문입니다. 이 해석은 해석상의 문제가 많습니다. 우리가 이 해석에 반대하는 이유는 여섯째 인과 일곱째 나팔과 일곱째 대접재앙이 모두 최후심판을 가리키고 있다는 사실입니다.

여섯째인:

"내가 보니 여섯째 인을 떼실 때에 큰 지진이 나며 해가 검은 털로 짠 상복 같이 검어지고 달은 온통 피 같이 되며 하늘의 별들이 무화과나무가 대풍에 흔들려 설익은 열매가 떨어지는 것 같이 땅에 떨어지며 하늘은 두루마리가 말리는 것 같이 떠나가고 각 산과 섬이 제 자리에서 옮겨지매 땅의 임금들과 왕족들과 장군들과 부자들과 강한 자들과 모든 종과 자유인이 굴과 산들의 바위 틈에 숨어 산들과 바위에게 말하되 우리 위에 떨어져 보좌에 앉으신 이의 얼굴에서와 그 어린 양의 진노에서 우리를 가리라 그들의 진노의 큰 날이 이르렀으니 누가 능히 서리요 하더라" 계6:12~17

일곱째 나팔:

"일곱째 천사가 나팔을 불매 하늘에 큰 음성들이 나서 이르되 세상 나라가 우리 주와 그의 그리스도의 나라가 되어 그가 세세토록 왕 노릇 하시리로다 하니 하나님 앞에서 자기 보좌에 앉아 있던 이십사 장로가 엎드려 얼굴을 땅에 대고 하나님께 경배하여 이르되 감사하옵나니 옛적에도 계셨고 지금도 계신 주 하나님 곧 전능하신 이여 친히 큰 권능을 잡으시고 왕 노릇 하시도다 이방들이 분노하매 주의 진노가 내려 죽은 자를 심판하시며 종 선지자들과 성도들과 또 작은 자든지 큰 자든지 주의 이름을 경외하는 자들에게 상 주시며 또 땅을 망하게 하는 자들을 멸망시키실 때로소이다 하더라 이에 하늘에 있는 하나님의 성전이 열리니 성전 안에 하나님의 언약궤가 보이며 또 번개와 음성들과 우레와 지진과 큰 우박이 있더라" 계11:15~19

일곱째 대접:

"일곱째 천사가 그 대접을 공중에 쏟으매 큰 음성이 성전에서 보좌로부터 나서 이르되 되었다 하시니 번개와 음성들과 뇌성이 있고 또 큰 지진이 있어 얼마나 큰지 사람이 땅에 있어 온 이래로 이같이 큰 지진이 없었더라 큰 성이 세 갈래로 갈라지고 만국의 성들도 무너지니 큰 성 바벨론이 하나님 앞에 기억하신 바 되어 그의 맹렬한 진노의 포도주 잔을 받으매 각 섬도 없어지고 산악도 간 데 없더라 또 무게가 한 달란트나 되는 큰 우박이 하늘로부터 사람들에게 내리매 사람들이 그 우박의 재앙 때문에 하나님을 비방하니 그 재앙이 심히 큼이러라" 계6:17~21

이 세 재앙은 모두 하나님의 최후 심판을 나타내고 있습니다. 여섯째 인은 "진노의 큰 날"이라고 그 날을 표현하고 있습니다. 일곱째 나팔도 "땅을 망하게 하는 자들을 멸망시킬 때"를 말씀하고 있습니다. 그리고 일곱째 대접도 "진노의 포도주 잔"을 말씀하면서 하나님의 최후 심판을 가리키고 있습니다. 하나님의 최후심판이 일회적 사건임을 볼 때 우리는 여섯째인, 일곱째 나팔, 일곱째 대접, 이 세 상징적 표현은 모두 최후 심판에 대한 묘사라는 것을 알 수 있고, 인재앙계6:1~17, 나팔 재앙계8:7~11:12, 대접재앙계16:2~21은 각각 같은 사건들을 다른 측면에서 조명하는 예언들임을 알 수 있습니다. 이는 유대 문학 기법에서 같은 사건을 반복적으로 다른 관점에서 기술하는 반복법이라는 것을 알 수 있습니다. 참고로 여기서 우리는 유대 문학에서 발견되는 반복법이 창세기에서도 사용되고 있는 것을 관찰할 수 있습니다. 창세기 1장에 기록된 사람의 창조는 창세기 2장에 다시 반복되고 있습니다. 어떤 사람들은 창세기 1장에서 창조된 사람들은 아담과 이브가 아니었는데 나중에 가인이 아벨을 죽이고 쫓겨나서 어떤 여인을 만나 결혼하게 되는데 바로 이 여인은 창세기 1장에서 창조된 사람의 딸일 것으로 추측합니다. 하지만 이는 잘못된 해석입니다. 하나님께서는 모세를 통해서 창세기 1장에서 거시적 관점에서 사람의 창조를 기술하게 하시고 창세기 2장에서는 미시적 관점에서 같은 사건을 보다 세부적으로 기술하게 하셨습니다. 같은 관점에서 보면 요한계시록의 인 재앙, 대접 재앙, 나팔 재앙도 같은 사건을 거시적 관점에서 미시적 관점으로 확대하면서 조명해 주고 있다는 것을 알 수 있습니다.

죠지 래드의 연대기적 해석의 또 다른 문제점은 일곱인 재앙과 일곱 대접 재앙의 언어에서 발견되는 병렬구조입니다. 즉 첫째 나팔은 땅 삼분의 일과 수목과 풀 삼분의 일을 멸합니다.계8:7 둘째 나팔은 바다 생물 삼분의 일의 파멸을 불러옵니다. 셋째 나팔은 강물과 우물물 삼분의 일이 파멸되는 것을 예고합니다. 이는 모두 자연의 훼손과 관계가 있고 그로 말미암은 사람들의 패망과 관계됩니다. 이는 세 번째 인재앙과 네 번째 인재앙에서 예언된 흉년과 사망에 대한 예고와 일치합니다. 또 넷째 나팔은 해와 달과 별들 삼분의 일이 어두워지는 것을 말씀하고 있는데 이는 다섯 번째 인이 말씀하는 순교자들의 죽음과 연결됩니다. 다섯 번째 나팔재앙은 메뚜기재앙을 말씀하는데 이는 자연을 해하지는 않고 이마에 하나님의 인 맞지 않은 자들만 괴롭게 하는 재앙으로써 감람유와 포도주를 해하지 않고 사람들을 괴롭게 하는 셋째 인의 재앙과 연결됩니다.

여기서 우리가 알 수 있는 것은 인 재앙으로 심판을 받지 않은 사람들이 나팔 재앙 때 심판을 받게 되는 것이 아니라 인 재앙이 나타내는 심판을 나팔재앙의 상징적인 언어가 다시 한 번 반복적으로 다른 각도에서 보여주고 있다는 것을 알 수 있습니다. 인 재앙과 나팔재앙의 비교 관점에서 알 수 있는 것은 인 재앙과 나팔재앙이 환난과 고난을 말씀하고 있다는 것입니다. 각 재앙의 처음 네 가지 재앙들, 즉 첫째 인부터 넷째 인재앙과 첫째 나팔부터 넷째 나팔재앙까지는 전쟁과 기근과 환란의 다른 측면들을 서로 다른 각도에서 조명하고 있습니다. 여기서 전쟁이나 자연의 훼손이나 기근과 같은 재앙은 믿지 않는 자들에게만 임하는 것을 볼 수 있습니다. 믿는 자들은 하나님의 심판으로 말미암은 재앙으로 해를 당하지는 않지만, 이들은 믿지 않는 자들이 가하는 핍박 때문에 죽게 됩니다. 하나님의 심판은 오직 믿지 않는 자들을 겨냥한 것입니다. 여섯째 인재앙과 일곱째 나팔재앙은 바로 믿지 않는 자들에 의해서 죽임을 당한 믿는 자들을 신원하기 위한 재앙인데 그것은 곧 세상의 종말이요 주님의 재림이요 이와 함께 일어날 주님의 백보좌 심판입니다.

(2) 이 재앙들은 바로 우리가 사는 오늘날 볼 수 있습니다. 자연에 대한

재앙의 예로, 오늘날 오염된 식수문제는 심각합니다. 그래서 식료품점에서 사는 물Spring Water 값이 청량음료수soda 값보다 비싼 것을 봅니다. 황허강 양쯔강 허드슨강 미시시피 강 등 세계적인 강들이 이미 산업 폐기물 방출로 심각하게 오염되어 있습니다. 한국의 주요 항구도시 연안 바다를 위성으로 찍은 사진은 이 연안 바다색이 검게 변해 있음을 보여줍니다. 이는 폐기된 음식물을 마구 바다에 방출한 결과 그렇게 되었다고 합니다. 따라서 이 바다에서 잡힌 물고기를 먹는 사람들은 그 물고기 몸 안에 있는 독을 그대로 섭취하는 것입니다. 이뿐입니까? 땅에서 난 식품들은 얼마나 공해로 오염되어 있는지 모릅니다. 그래서 사람들은 무공해 식품을 사서 먹지만 그것도 한계가 있습니다. 돼지독감, 조류인플루엔자, 광우병, 물고기들의 오염, 식물의 오염 등 사실상 현대인들은 음식물을 통해 독을 복용하는 것 같은 식생활을 하고 있습니다. 의학 발달로 인간의 평균수명이 연장되고 질병에 의한 사망률이 떨어지는 것이 사실인지 모르지만, 에이즈, 암, 불치병 등으로 죽어가는 사람의 수는 점점 늘어만 가고 있습니다.

불신자들이 이렇게 자연환경의 오염으로 죽어가는 동시에(물론 신자들도 이 재앙들로 인해 죽을 수 있지만), 믿는 자들은 불신자들의 핍박 가운데 죽어가고 있습니다. 북한의 지하교회 신자들이 핍박받는 것은 좋은 예입니다. 인도네시아와 같은 회교권 나라들에서 또, 불교권 나라들에서 기독교는 계속 핍박을 받고 있고 성도들은 순교 당하고 있습니다. 이러한 상황에서 남은 재앙은 오직 최후심판입니다. 이 심판으로 불신자들은 심판을 받게 되고 순교자들의 피는 신원 받게 될 것입니다.

(3) 일곱 대접 재앙들은 새로운 재앙들을 설명하는 것이 아니라 앞에서 말씀한 인 재앙과 나팔 재앙의 내용을 좀 더 구체적으로 조명하고 있습니다. 즉 자연의 재앙과 전쟁과 기근이 어떻게 사람들에게 해를 가하는가를 이전 언어들보다 좀 더 구체적으로 묘사해 주고 있습니다. 요한계시록 16:12절의 여섯째 대접 재앙이 가리키는 아마겟돈 전쟁은 성도들에 대한 핍박을 나타냅니다. 요한계시록 16:15절은 다음과 같이 경고합니다: "보

라 내가 도적같이 오리니 누구든지 깨어 자기 옷을 지켜 벌거벗고 다니지 아니하며 자기의 부끄러움을 보이지 아니하는 자가 복이 있도다" 만일 아마겟돈 전쟁이 세계대전을 의미하고 있다면 이 구절의 말씀은 문맥에 맞지 않는 엉뚱한 경고가 되고 맙니다. 자기 옷을 지켜 벌거벗고 다니지 않으며 자기의 부끄러움을 보이지 말라는 말씀은 세계대전 때에 그렇게 하지 말라는 말씀이 아니고 핍박 때에 예수님을 배반하지 않고 자기의 부끄러움을 보이지 않아야 한다는 말씀입니다. 이렇게 볼 때 일곱째 대접 재앙은 성도들의 피를 신원하기 위해 일어나는 하나님의 최후심판을 예고하는 것입니다.

여기서 우리가 알 수 있는 것은 아마겟돈 전쟁이란 언어가 가지는 상징적인 의미입니다. 아마겟돈이란 고유명사는 바빌론이나 유브라데의 언어와 함께 어떤 특정지역을 가리키는 말이 아닙니다. 이 명사는 므깃도라는 지역과 관계가 있다고 볼 수 있는데 이 지역은 예루살렘 북쪽으로 약 이틀을 걸어가면 만날 수 있는 지역으로써 아마겟돈은 므깃도에 있는 산을 가리킵니다. 하지만 므깃도에 산은 존재하지 않습니다. 므깃도는 거룩한 도시를 의미하며 그것은 예루살렘이나 그 근교를 지칭하는 것 같습니다. 따라서 아마겟돈은 어떤 특정한 지역을 가리키는 것이 아니라 세계 전체에 퍼져 있는 핍박의 장소를 나타낸다고 보는 위튼 대학의 비얼 교수의 해석을 경청할 필요가 있습니다.[45] 사사기 5:19; 열왕기하 23:29, 역대하 35:20~22절에서 므깃도는 사악한 외국군대가 이스라엘인들을 공격한 장소였습니다. 요한은 이 구약의 언어를 상징적으로 사용해서 종말 때에 세상 나라들이 그리스도인들을 핍박하게 될 것을 예언하는 것입니다.

요한계시록 20:8절의 곡과 마곡의 전쟁은 16:14~16절에서 말씀하는 아마겟돈 전쟁과 똑같은 전쟁을 말씀하는 것입니다. 곡과 마곡은 에스겔 38~39절의 곡과 마곡의 전쟁과 연결됩니다. 곡과 마곡은 에스겔 당시 바빌론을 나타내는 상징 언어로써 요한의 시대에는 로마를 가리키고 우리가 사는 이 시대에는 세상 나라들을 가리키는 언어입니다. 이 언어는 다 이 세상 국가 지도자들이 믿는 신자들을 핍박하는 영적 핍박을 가리키는 것입니다. 이 핍박은 예수님의 재림으로 막을 내리게 될 것입니다.

5. 요한계시록의 다섯 가지 해석 방법

(1) **과거주의**Preterist**학파**: Preterist라는 단어는 라틴어 preterite라는 과거를 뜻하는 명사에서 나온 말로, 이 학파는 요한계시록의 예언이 초대교회 시대에 다 성취되었다고 믿습니다. 따라서 바다에서 나온 짐승은 로마 제국이고 적그리스도는 로마 황제라고 해석합니다. 이 해석은 일리는 있지만, 과격하게 흐르면 그리스도의 재림까지 부정하는 과격한 이론으로 흐릅니다. 실제로 그리스도의 재림이 초대교회 시대에 성취되었다고 주장하는 사람들이 있는데 이는 그리스도의 육신적 재림의 예언을 부정하는 이단 교리입니다.

이 이론은 종말이 이미 초대교회 때부터 시작했다고 보는 점에서 이루어진 종말론과 짝이 맞는 이론입니다. 사실, 예수님께서도 내가 성령의 권능으로 귀신을 쫓아내는 것이면 너희에게 이미 하나님의 나라가 임했다고 가르치셨습니다. 이러한 관점에서 본다면 종말은 이미 예수님의 시대부터 시작되었다고 볼 수 있습니다. 바울도 예수님께서 이미 하늘 보좌에 앉으셨고 그 원수들을 이미 복종시키셨다고 말씀합니다.엡1:20 이하 그리고 전쟁과 기근, 적그리스도의 출현 등 모든 예언이 이미 1세기에 성취되고 있었습니다. 요한은 적그리스도의 출현을 현재형 동사를 사용해서 말씀하고 있습니다.요일2:18 이런 관점에서 볼 때 주후 70년에 로마 군인들이 예루살렘을 함락시키고 도시를 잿더미로 만들었을 때 예수님께서 말씀하신 감람산 비유마24장의 예언은 성취된 것으로 볼 수도 있습니다. 하지만 예수님의 재림은 아직 미래의 사건입니다. 마태복음 24:29~31절은 요한계시록 20:11~15절의 구절과 짝이 되는 구절로써 예수님의 재림과 최후 심판의 주제를 다루고 있습니다.

(2) **교회사**Church History**학파**: 교회 역사학파는 요한계시록의 예언이 교회시대에 걸쳐 성취됐고 앞으로도 성취될 것이라고 믿습니다. 이들은 역사상의 모든 사건이 요한계시록의 예언에 따라 일어나고 있다고 믿습니

다. 그러므로 십자군전쟁, 중세 대역병, 양차 세계대전 등 모든 사건을 요한계시록의 구절들과 일대일로 연결합니다. 즉 적그리스도는 중세 가톨릭교회의 교황이고 메뚜기 재앙은 모슬림들의 유럽 침략이라는 것입니다. 이러한 견해는 예언을 암호문처럼 인식하고 요한계시록의 각각의 구절을 미래를 예측하는 퍼즐게임의 코드로 여기는 것인데 이는 잘못된 예언 해석입니다. 2001년에 빈 라덴의 테러분자들에 의해서 뉴욕의 세계무역센터가 무너진 것도 요한계시록의 예언에 나와 있다고 주장하는 사람들이 있는데 이는 예언을 잘못 해석하는 한 좋은 예입니다.

교회사학파 이론은 요한계시록의 앞부분의 장은 초대교회의 사건들과 관계되고 중간 부분의 장들은 중세시대의 사건들과 관계되고 뒷부분의 장들은 앞으로 될 사건들과 관계있다고 봅니다. 이는 우리가 앞에서 본대로 요한계시록 6장의 인재앙 중 여섯 번째 재앙이 최후 심판을 묘사하고 있다는 것을 설명하지 못합니다. 그리고 일곱째 나팔재앙과 일곱째 대접재앙이 나타내는 역사적 사건을 찾기가 불가능합니다. 하지만 교회 역사학파의 시각을 완전히 잘못된 것으로 여기며 폐기할 수는 없습니다. 왜냐하면, 이 시각은 그 반대의 극단주의적 해석, 즉 이상주의 학파의 관점에 균형을 잡아 주기 때문입니다.

(3) **이상주의**Idealist School**학파**: 이상주의적 해석에 의하면 요한계시록의 구절들은 역사적 사건들과 직접적 관계가 없다고 믿습니다. 이 학파는 세계 역사를 우주적인 차원의 선과 악의 대립의 역사로 보고 요한계시록은 단지 이를 상징적 언어를 사용해 그림처럼 묘사해 놓고 있다는 것입니다. 따라서 이 해석은 바다에서 나오는 짐승은 사탄의 역할을 상징하는 것으로 보며 단 하나의 인물을 가리키는 것이 아니라 사탄이 교회를 핍박하는 곳 어디서나 있을 수 있는 것으로 해석합니다. 이는 요한계시록의 각 구절이 때로는 역사적 사건을 가리키기도 하고 예언적 의미가 있을 수 있다는 측면을 약화하는 해석입니다. 예를 들어, 요한계시록 12:7절에서 천사장 미가엘이 사탄과 싸우는 모습이 그려져 있는데 이는 분명한 역사적 사실을 가리키고 있습니다. 이것을 상징적 사건으로써 반복되는 사건으로

보는 해석은 어폐가 있습니다.

하지만 이상주의적 학파의 관점은 매우 유용한 면이 있습니다. 이 해석은 요한 계시록의 상징적인 언어의 해석에 좋은 관점을 제공합니다. 즉 인 재앙, 나팔재앙, 대접 재앙에 반복해서 예언된 기근과 지진, 그리고 성도들이 당하는 핍박을 역사의 어떤 특정한 사건에 국한하지 않고 종말에 이르기까지 반복적으로 되풀이되면서 점점 이 재앙들이 심화하여 가는 모습을 볼 수 있게 해 주는 것입니다.

(4) **미래주의Futurist학파**: 미래주의자들은 요한계시록의 예언들이 앞으로 종말의 바로 직전에 모두 성취될 것이라고 믿습니다. 따라서 인재앙, 나팔재앙, 대접재앙들은 현재의 사건들과는 관계가 없다고 가르칩니다. 따라서 바다에서 나오는 짐승은 미래에 나타날 적그리스도를 가리키고 있다고 해석합니다. 미래학파 중에 세대주의적 미래학파가 있습니다. 세대주의자들은 요한계시록 4:1절 이하에 기록된 예언은 지금까지 역사에서 성취되지 않았고 앞으로 미래에 성취될 것이라고 말합니다. 이는 예언의 반복적 성취를 무시하는 해석입니다. 요한계시록 12장에 기록되어 있듯이 용이 미가엘에 의해서 패해 하늘에서 떨어지고 교회를 핍박하게 된 것은 예수님의 초림 때 이미 일어난 사건입니다. 그러나 세대주의자들은 요한계시록 12장의 사건을 앞으로 일어나게 될 사건으로 주장하는 것입니다.

미래학파는 요한계시록 총 22장 중 어떤 장부터 미래의 사건과 관계되는지에 대해 서로 의견이 다릅니다. 4장부터라고 주장하는 사람이 있는가 하면 6장부터라고 말하는 사람도 있습니다. 하지만 인재앙, 나팔재앙, 대접재앙 중 이미 성취되고 있는 예언들이 있는데 미래주의학파의 해석은 이 점을 간과하고 있습니다. 하지만 미래주의 학파의 장점은 예수님의 재림에 대한 소망을 크게 해 준다는 점입니다. 요한 계시록의 중심적인 예언이 그리스도의 재림과 최후 심판이라고 볼 때 우리는 이 사건들이 앞으로 실현되기를 소망하며 살고 있습니다. 예수님의 재림과 함께 있게 될 악의 심판과 영광의 시대의 도래에 대한 우리의 염원을 더 절실하게 반영하는 이론이 미래주의 학파입니다.

(5) **반복주의**Recapitulationist**학파**: 반복주의학파는 요한계시록의 예언들이 초대교회 시대에 성취되었지만, 교회 시대 전체에 걸쳐 성취됐으며 앞으로 주님 재림 직전에도 다시 성취될 것이라고 믿습니다. 이들은 예언의 반복적 점진적 성취를 믿습니다. 따라서 적그리스도의 출현은 초대교회 시대에는 로마황제였고 중세시대에는 교황이었고 주님 재림 직전에는 또 어떤 한 사람이 될 것이라고 가르칩니다.

이 학파는 위의 네 학파 해석의 장점을 접목한 해석을 하고 있습니다. 천년설의 관점에서 보면 이 반복주의학파는 무천년설을 수용하기에 좋은 관점을 제시하고 있습니다. 이 설은 필라델피아의 웨스트민스터신학교의 포이스리스Vern S. Poythress교수에 의해 주장되고 있습니다.

6. 천년왕국설

(1) **역사적 전천년설**Historical Premillennialism: 이 설에 의하면 이 땅에 환난이 있고 예수께서 재림하시게 되는데 이때 예수 안에서 죽은 자들이 부활하고 하늘로 승천하게 되며 예수께서 이 땅에 내려오시어 천년왕국이 이루어진다는 것입니다. 그리고 천 년 동안 사탄은 묶여 있게 되고 천 년이 끝날 때 사탄이 놓여나 곡과 마곡의 전쟁이 있게 되고 이후 믿지 않고 죽은 자들이 부활해서 백보좌 심판에 들어간다는 것입니다.

이 설을 따르는 사람들은 다니엘 9장의 70이레를 문자적으로 해석하고 고린도전서 15:22~25절의 구절을 문자적으로 해석합니다. 그리고 교회 시대를 하나의 갭gap의 시대로 봅니다. 이 해석은 예수께서 초림하셨을 때 이미 하나님의 왕국이 실현되었다고 선포하신 점을 약화합니다. 그리고 바울이 우리가 이미 예수님과 함께 부활해 하늘로 들리었으며 하늘에 앉힌 바 되었다고 가르치는 구절들을 약화해서 해석합니다.엡2:5~6 이 이론은 예수님과 함께 왕 노릇 하는 것을 문자적 천년왕국에 국한함으로써 현재 죄를 이기고 교회를 섬김으로써 주님과 함께 다스리는 신자들의 천국 시민으로서의 오늘날의 능력 있는 영적인 삶을 종말론적 관점에서 잘 설명하지 못합니다.

그리고 역사적 전천년설의 가장 큰 약점은 이 설이 요한계시록의 각 장을 연대기적으로 해석한다는 것입니다. 하지만 요한계시록의 각 장을 연대기적으로 해석하는 것은 인재앙, 나팔재앙, 대접재앙을 연대기적으로 해석하는 것인데 위에서 우리가 본 바대로, 이는 타당한 접근법이 아닙니다. 포이스리스 교수에 의하면 요한계시록 20:11~15절에서 예언된 백보좌 심판은 예수님의 재림과 함께 도래하게 되는데 이렇게 되면 20:3절의 천년왕국과 20:8절의 곡과 마곡의 전쟁, 20:10절의 사탄의 심판 등의 사건들이 예수님의 재림 이전의 사건들로 해석될 수 있고 전천년설의 연대기적 접근법과 모순되게 된다는 것입니다.

(2) **세대주의적 전천년설**Dispensational Premillennialism: 이 설에 의하면 예수님의 공중 재림과 함께 교회는 하늘로 휴거 되고 이 땅에서는 7년 대환난이 있게 되며 이때 두 감람나무가 복음을 증거하다가 죽게 되고 부활한다는 것입니다. 환란이 끝날 때 아마겟돈 전쟁이 있게 되고 예수님은 이 땅에 내려오셔서 천년왕국을 시작한다는 것입니다. 사탄이 이때 묶이게 되고 천년왕국 동안 예루살렘 성전에서 제사가 다시 부활하고 이스라엘은 이때 예수님과 함께 왕 노릇한다는 것입니다. 그리고 천 년이 끝날 때 사탄은 잠시 놓여남을 받고 왕들을 모아 전쟁을 일으키게 되는데 이들은 예수님에 의해서 패하게 되고 이때 불신자들이 무덤에서 부활하게 되고 이들은 하나님의 심판을 받게 된다는 것입니다.

이 설은 최근에 "뒤에 남겨진 자들"Left Behind이라는 영화에서 잘 묘사되고 있습니다. 이 해석은 구약의 예언을 완전히 문자적으로 해석합니다. 그래서 종말에 교회와 이스라엘의 갈 길을 분리해서 해석합니다. 이 해석이 이상한 것은 천지의 주재이신 예수님께서 이스라엘 땅에 왕으로 오시어 이방인들은 이스라엘보다 열등한 국가들로 남아 있는 세계 정치 구조 속에서 천 년 동안 왕 노릇하신다는 개념입니다. 이때 이방인들은 예수님을 믿게 되더라도 그 당시의 엘리트 국가인 이스라엘 시민이 되지는 못합니다. 이는 공평하신 하나님의 속성을 전혀 고려하지 않고 이스라엘 중심적으로 종말을 이해한 편협한 이론입니다. 모든 택자가 구원받기 원하시는 예수님께서 이 땅에 내려와 이 세상 세계 정치 구도 속에서 대통령이 되셔서 천 년 동안 왕 노릇하셔야 할 이유가 도무지 없습니다.

그리고 교회가 휴거됨과 함께 성령님도 하늘로 함께 거두어 가신다고 믿는데 이는 잘못된 해석입니다. 첫째로 성령님은 하나의 "힘"power 혹은 force이 아닙니다. 성령님은 삼위일체의 하나님으로서 무소 부재하신 분입니다. 그래서 성령님은 하나님께서 이 땅에서 거두어 가실 수 있는 그런 분이 아닙니다. 둘째, 우리는 성령님의 역사로 예수님을 믿고 회개하게 됩니다.고전12:3 그런데 성령님이 이 땅에 계시지 않는다면 유대인들은 어떻게 예수님을 믿을 수 있는 능력을 가지게 될까요? 그것은 불가능한 일입니다. 어떤 세대주의자는 이에 대답해서 말하기를 예수님께서 직접 호별 방문으로 복음을 전하실 것이라고 합니다. 하지만 그것은 교회시대를 통해 성령의 역사로 세상 사람들에게 복음을 전하시다가 성령이 보내심을 받지 않은 오순절 이전의 시대로 역사를 회귀시키는 것과 마찬가지입니다. 그러나 예수님께서는 이미 돌아가셨다가 부활하셨고 승천하셔서 성령을 제자들에게 부어 주셨습니다. 하나님께서 구속의 역사를 초림이전시대로 돌려놓으셔야 할 이유가 없습니다. 그리고 이 해석에서 가장 받아들이기 어려운 것은 구원의 두 길을 제시하고 있다는 것입니다. 하나는 유대인을 위한 구약의 언약이요 다른 길은 이방인을 위한 복음이라는 것인데 이는 성경 신학적으로 증명될 수 없는 해석입니다.

한국교회에 복음을 전한 초기 선교사들은 대부분 세대주의적 전천년주의자들이었습니다. 그래서 한국교회는 세대주의적 종말론을 수용해 온 것이 작금의 현실입니다. 이 입장의 문제점은 한국교회가 현재의 이스라엘을 보는 관점이 정치적으로 너무 친이스라엘적이라는 것입니다. 이는 미국 교회의 세대주의적 목사들 때문에 미국의 중동 정책이 친이스라엘적으로 굳어진 것에 비교될 수 있습니다. 이와 함께 잊히는 것은 팔레스타인에 많은 기독교인이 이스라엘의 무차별 공격으로 죽어가고 있다는 것과 세계 교회가 아랍권에 복음의 빚을 지고 있다는 것입니다. 예수님은 친이스라엘도 친아랍도 아닙니다. 예수님은 잃어버린 양을 찾고 계십니다. 한국, 미국, 영국 등지의 복음주의 교회들이 바른 성경적 종말관을 정립하는 것이 절실한 때입니다.

(3) **후천년설**Postmillennialism: 후천년설은 천년왕국 후에 예수님께서 재림하신다는 것입니다. 즉, 앞으로 복음이 땅끝까지 전파되어 이 세상은 점점 이상적인 살기 좋은 곳으로 변화되게 될 것이고 언제가 될지는 모르지만 언젠가는 천년왕국이 이 땅에 도래하고 그 끝에 주님께서 재림하실 것이라는 것입니다. 어떤 후천년주의자들은 천년왕국은 상징적인 기간으로써 천년왕국은 이미 시작되었다고 주장합니다. 이 설은 19세기에 유행하던 설인데 사회보장체제의 발달과 건강보험혜택의 확대 등이 점진적으로 진행되던 19세기 유럽적 상황에서 이 설의 영향력이 컸습니다. 프랑스 혁명 이후 정체체제는 점점 민주화되어 갔고 경제적으로 부의 분배가 공정해져 갔습니다. 그래서 신학자들은 복음 전파와 함께 세상은 점점 천국과 같이 이상적인 세계로 변화되어 그 끝에 예수님께서 재림하실 것이라고 믿었습니다. 하지만 양차 세계대전을 통해서 이 설이 가진 모순점이 드러나게 되었고 오늘의 사회보장체제나 건강보험체제가 더 향상되지 못하는 상황에서 이 설의 입지는 더 좁아지고 있습니다.

이 설은 기독교가 공격적으로 복음을 전하고 이 세상을 적극적으로 변화시켜야 한다는 입장과 맥을 같이하고 있습니다. 기독교가 복음을 전하면서 사회에 적극적으로 참여하고 사회의 모순을 개혁해서 이 땅을 완전히 변화시킬 때 예수님께서 재림하실 것으로 생각합니다. 하지만 지난 이천 년 역사를 돌아볼 때 이 세상은 군주제가 없어지고 민주주의가 도래했을 때 인류는 더 양식 있고 덕이 있는 문화인으로 변화된 듯했으나 사실상 범죄는 끊어지지 않았고 사람들은 더 악해지고 있는 것이 현실입니다. 늘어나는 낙태, 동성애, 생명경시 풍조, 가진 자들의 탐심과 독점 등 사회는 점점 더 구조적으로 치밀하게 가진 자들의 세상이 되어가고 있습니다. 물질주의 만연으로 인간성은 더 상실되어 가는 사회에서 사는 이 현실 속에서 인류의 미래는 그리 희망적이지 못한 것 같습니다. 이 같은 비관적인 관점은 환경오염, 지구온난화, 식수의 부족, 전염병의 증가, 끊임없는 전쟁 등이 더 부채질하고 있습니다. 이는 앞으로 이러한 문제의 해결을 위해서 자신을 해결사로 내세우며 나타날 적그리스도의 출현을 쉽게 해 주는 환경이라고 볼 수 있습니다. 따라서 이는 낙관적인 미래를 예견하는 후천년설과 모순되는 현상입니다.

(4) **무천년설**Amillennialism: 무천년설에 의하면 천 년의 기간은 문자적 기간이 아니라 상징적인 기간이라는 것입니다. 무천년설은 천 년 왕국이 존재하지 않는다는 것이 아니라 천 년 왕국은 곧 지금 현재 이루어져 있다는 것입니다. 이 기간 끝에 예수님께서 재림하시고 백보좌 심판이 이루어진다는 것입니다. 이 설에 의하면 예수님께서 갑자기 도적같이 재림하시게 되는 그때는 아무도 모른다는 것입니다. 그리고 재림 때 죽은 자의 부활과 휴거 그리고 최후 심판 등 이 모든 사건이 다 함께 성취되게 되고 영원한 하늘나라의 세계가 곧바로 시작된다는 것입니다. 이 설은 마귀가 지금 이 시대에 묶여 있다고 믿습니다. 그리고 천 년의 끝 부분에 마귀는 잠깐 놓임을 받아 주님의 교회를 심하게 핍박하게 될 것이라는 것입니다.

이 해석은 이미 이루어진 종말을 이해하기에 좋은 관점을 제공합니다. 신자는 기도를 통해 언제나 하나님의 보좌 앞으로 나갈 수 있습니다. 그리고 예수님과 함께 마귀를 물리치며 영적으로 왕 노릇하고 있습니다. 하지만 이 해석은 미래적 예언의 성취를 약화시킵니다. 언제 어느 순간이든 예수님께서 재림하실 수 있다고 믿기 때문에 미래에 전개될 예언의 성취에 관심이 그만큼 적습니다. 그리고 현실을 보는 눈이 낙관적이질 못합니다. 기독교는 사회에 적극적으로 참여하기보다 사회를 타락한 세속으로 보고 교회는 세속과는 분리해서 존재하는 영적 하나님의 왕국으로써 예수님과 소극적 차원에서 왕 노릇하고 있다고 보는 것입니다. 이 땅은 본향이 아니고 나그네 길을 사는 이방 땅으로써 신자는 항상 하늘의 본향을 그리며 순례자로서 이 땅의 삶을 살고 있다고 생각합니다. 그렇다고 해서 이 땅의 삶에 충실하지 못한 것은 아닙니다. 하지만 이 땅에서의 삶은 천국에서의 삶을 준비하는 연습장과 같은 삶입니다.

무천년설의 쟁점 중의 하나는 지금 현재 교회시대가 천년왕국 시대로써, 사탄이 묶여 있는 시기가 바로 이 교회시대라고 믿는 것입니다. 전천년주의자들은 이를 비판하면서 사탄이 묶여 있다면 왜 지금 이 세상에 그토록 악이 관영한가라고 묻습니다. 무천년설주의자들은 대답하기를 사탄이 묶여 있지 않다면 지난 이 천 년 동안 복음이 어떻게 전 세계에 전파될 수 있었겠는가 하고 반문합니다. 여기서 우리는 이 논쟁의 핵심은 묶인다(헬라어로 데오우)라는 동사를 어떻게 해석해야 하는가입니다. 마태복음 12:29절에서 예수님께서 "사람이 먼저 강한 자를 결박하지 않고서야 어떻게 그 강한 자의 집에 들어가 그 세간을 강탈하겠느냐 결박한 후에야 그 집을 강탈하리라"고 말씀하셨습니다. 여기서 결박한다는 단어가 바로 데오우의 번역인데, 이 구절에 의하면 우리는 예수님께서 사탄을 묶으셨기 때문에 귀신들을 내쫓고 계신다는 것을 알 수 있습니다.

하지만 우리가 또 생각할 수 있는 것은 예수님의 초림 때 사탄이 묶인 것과 사탄이 미카엘에 의해서 하늘에서 떨어져 이 땅에 내려온 것과 맥을 같이하고 있다는 것입니다. 용은 땅으로 내어 쫓겨서 교회를 핍박하게 되었습니다.계12:13 그렇다면 요한계시록 20:3절에서 용이 무저갱에 천 년 동안 던져졌다는 구절은 무엇을 의미하는가 물을 때, 이는 예수님의 재림 때 될 일로 해석될 수도 있습니다. 이는 전천년설에 힘을 실어 주는 해석이 됩니다.

무천년설은 어거스틴에 의해 믿어졌고 중세 교회에 받아들여졌습니다. 그러다가 19세기에 들어와 전천년설이 퍼지게 되면서 주춤하게 되었고 오늘 무천년설을 따르는 교회는 소수입니다. 미국에서 이 무천년설을 받아들인 대표적 신학교는 구 프린스턴 신학교와 웨스트민스터 신학교입니다.

⑸ 위의 네 가지 천년왕국설은 모두 타당한 점과 모순점들을 내포하고 있습니다. 하지만, 세대주의적 전천년설과 후천년설은 역사적 전천년설과 무천년설보다 많은 주석적 과제를 안고 있다고 할 수 있습니다. 천년설에 관계된 주석적 질문은 대체로 구약의 이스라엘에 대한 예언을 신약

시대적 관점에서 어떻게 해석해야 되는가 하는 질문과 연결되어 있습니다. 전천년설은 구약의 예언을 문자적으로 해석하고 있고 무천년설과 후천년설은 구약의 예언을 영적으로 해석하는 경향이 있습니다. 대체로 우리는 역사적 전천년설과 무천년설이 다른 설보다는 좀 더 신약의 저자들의 종말론을 반영한 해석이라고 볼 수 있습니다. 앞서 본대로, 해석을 결정하는 핵심적인 신학적 질문은 구약의 이사야, 에스겔, 스가랴 등이 예언한 이스라엘의 종말적 역할입니다. 또, 신약에서는 마귀가 현재 묶여 있느냐 아니면 풀려 있느냐의 질문도 천년설의 이론을 결정하는 중요한 해석의 문제입니다. 그리고 요한계시록 19~22장을 연대기적으로 해석할 것인가 아니면 상징적으로 해석할 것인가 하는 것도 종말론의 이론을 결정짓는 요소입니다.

우리는 위의 이론들 중 어느 한 가지를 신봉할 것이 아니라 한 가지 분명한 종말관을 가지고 사는 것이 중요합니다. 즉 현재 우리는 종말에 살고 있다는 것입니다. 사도 요한은 이미 1세기의 교회 상황 속에서 이렇게 말씀합니다: "아이들아 지금은 마지막 때라 적그리스도가 오리라는 말을 너희가 들은 것과 같이 지금도 많은 적그리스도가 일어났으니 그러므로 우리가 마지막 때인 줄 아노라"요일2:18 이 말씀은 종말은 예수님 초림 때에 시작되었다는 것입니다. 따라서 천 년이 문자적이든지 상징적이든지 앞으로 예수님께서 오실 때 우리는 모두 휴거해서 공중에 올려 가게 될 것입니다. 그때 백보좌 심판이 즉시 일어날지 안 일어날지 상관없이 신자들은 하나님의 심판을 면하게 될 것입니다. 따라서 우리가 기다릴 것은 예수님의 재림입니다. 예수님의 재림 시간은 아무도 아는 자가 없습니다. 예수님 재림의 시점을 종말의 이론들이 제시하는 시간표에 짜 맞추려고 하는 것은 무익한 노력입니다. 따라서 우리가 할 일은 깨어서 근신하는 것입니다. 종말에 대해 예언하면서 바울은 데살로니가 교회 성도들에게 이렇게 권면합니다:

"그러므로 우리는 다른 이들과 같이 자지 말고 오직 깨어 정신을 차릴지라 자는 자들은 밤에 자고 취하는 자들은 밤에 취하되 우리는 낮에 속하였으니 정신을 차리고 믿음과 사랑의 호심경을 붙이고 구원의 소망의 투구를 쓰자 하나님이 우리를 세우심은 노하심에 이르게 하심이 아니요 오직 우리 주 예수 그리스도로 말미암아 구원을 받게 하심이라 예수께서 우리를 위하여 죽으사 우리로 하여금 깨어 있든지 자든지 자기와 함께 살게 하려 하셨느니라 그러므로 피차 권면하고 서로 덕을 세우기를 너희가 하는 것 같이 하라"살전5:6~11

문제

1. 아시아의 일곱 교회의 이름을 말씀해 보고 주님께서 각 교회에 하신 말씀을 설명해 보세요.
2. 예수님께서 각 교회의 성도들을 이기라고 명령하신 말씀의 의미를 설명해 보세요.
3. 예수님께서 각 교회의 이기는 성도들에게 약속하신 상급들을 열거해 보고 이들이 의미하는 것을 설명해 보세요.
4. 요한계시록 4장의 데오파니와 에스겔 1장의 데오파니를 비교해 보고 그 특징을 말해 보세요.
5. 마귀는 자신의 나라를 하나님의 나라와 병렬시키며 사람들을 미혹하고 있습니다. 이 두 나라의 대조적 병렬의 특징을 말해 보세요.
6. 인재앙 나팔재앙 대접재앙에 나타난 하나님의 심판을 설명해 보세요.
7. 인재앙 나팔재앙 대접재앙의 세 재앙의 관계가 문학적인지 연대기적인지 생각해 보고 토론하세요.
8. 요한계시록의 해석에서 Preterist학파를 설명해 보세요.
9. 요한계시록의 해석에서 교회역사학파를 설명해 보세요.
10. 요한계시록의 해석에서 이상주의학파를 설명해 보세요.
11. 요한계시록의 해석에서 미래주의학파를 설명해 보세요.
12. 요한계시록의 해석에서 반복주의학파를 설명해 보세요.
13. 천년설에 있어서 역사적 전천년설을 설명해 보세요.

14. 천년설에 있어서 세대주의적 전천년설을 설명해 보세요.
15. 천년설에 있어서 후천년설을 설명해 보세요.
16. 천년설에 있어서 무천년설을 설명해 보세요.
17. 올바른 종말론은 현재의 성도의 윤리적 삶에 올바른 관점을 제시합니다. 성도님의 바른 종말론적 시각을 위해서 바울은 데살로니가전서 5:6이하에서 어떻게 말씀합니까. 서술해 보세요.

참고도서

김추성, 요한계시록 4~5장 연구: 구약과 묵시 문학에 비추어 - 백석신학연구소 박사학위논문시리즈 2. 예영커뮤니케이션, 2008.

그랜트 오스본 편, 적용을 도와주는 요한계시록 - LAB 주석 시리즈. 전광규역. 성서유니온선교회, 2008.

마이클 윌코크, 요한계시록 강해: 새 하늘과 새 땅을 보니 - BST 시리즈. 정옥배역. IVP, 2008.

목회와 신학 편집부, 요한계시록 어떻게 설교할 것인가 - 두란노 HOW 주석 시리즈 50. 도서출판 두란노, 2008.

Bruce M. Metzger, Breaking the Code: Understanding the Book of Revelation Abingdon Press, 2006.

Richard Bauckham, *The Theology of the Book of Revelation New Testament Theology.* Cambridge University press, 1993.

Robert H. Mounce, *The Book of Revelation NICNT.* Grand Rapids: Eerdmans, 1997.

Steve Gregg, *Revelation: Four Views: A Parallel Commentary* Thomas Nelson, 1997.

Stephen C. Doyle, Apocalypse: A Catholic Perspective on the Book of Revelation Saint Anthony Messenger Press, 2005.

G. K. Beale, *The Book of Revelation: A Commentary on the Greek Text NIGTC* Grand Rapids: Eerdmans, 1998.

Craig R. Koester, *Revelation and the End of All Things* Grand Rapids: Eerdmans, 2001.

Mark Wilson, *Charts on the Book of Revelation: Literary, Historical, and Theological Perspectives Kregel Charts of the Bible and Theology.* Kregel Academic, 2007.

Leon Morris, *The Book of Revelation: An Introduction and Commentary Tyndale New Testament Commentaries.* Grand Rapids: Eerdmans, 2007.

Vern S. Poythress, *The Returning King: A Guide to the Book of Revelation* P & R Publishing, 2000.

Grant R. Osborne, *Revelation Baker Exegetical Commentary on the New Testament.* Baker, 2002.

Michaels J. Ramsey, *Interpreting the Book of Revelation Guides to New Testament Exegesis.* Baker Academic, 1992.

후주

1) Merrill C. Tenney, *New Testament Survey,* revised(Grand Rapids: Eerdmans, 1997) 142.
2) D.A. Carson, Douglas J. Moo, and Leon Morris, *An Introduction to the New Testament*(Grand Rapids: Zondervan, 1992) 70.
3) C. F. D. Moule, *"St. Matthew' s Gospel: Some Neglected Features,"* SE 2(1964): 90-99.
4) 여기서 우리는 행위(works)가 야고보에서는 믿음에 바탕을 둔 순종을 의미하며 바울이 말하는 율법의 행위(works of law)가 아님을 상기해야 합니다. 야고보가 말씀하는 행위는 바울이 로마서 1:5절에서 말씀하는 순종이란 개념과 같은 개념을 가진 단어입니다. 따라서 오직 믿음으로 구원받는다는 구원의 길을 야고보가 부인한다고 보기 어렵습니다. 마태도 마태복음 7:24절 이하에서 믿음에 바탕을 둔 순종을 강조하는 것이지 자신의 의를 이루기 위한 율법에 바탕을 둔 행위를 강조하는 것이 아닙니다.
5) 여기서 해석자라는 말은 헬라어 헤르메이뉴테이스의 번역인데 이는 베드로가 아람어로 한 설교를 헬라어로 번역해서 전달하는 역할을 했다는 뜻으로 보입니다. 즉 오늘날 통역자와 같은 뜻입니다. 이에 대한 주장은 다음의 논문을 참고하세요. H. E. W. Turner, *"The Tradition of Mark' s Dependence upon Peter,"* ExpTim 71(1959-60): 260-63.
6) Frank Thielman, *Theology of the New Testament*(Grand Rapids: Zondervan, 2005) 63.
7) Ibid.
8) D. Guthrie, *New Testament Introduction.* 4th edition(Grand Rapids: IVP, 1990) 63-65.
9) G. H. Twelftree, *"Demon, Devil, Satan,"* in Dictionary of Jesus and the Gospels. eds. Joel B. Green, Scot McNight, I Howard Marshall(Grand Rapids: IVP, 1992) 170.
10) K. Berding & Matt Williams, *What the New Testament Authors Really Cared About: A Survey of Their Writings*(Grand Rapids: Kregel, 2008) 50.
11) Thielman, 138ff.
12) Thielman, 141.
13) G. M. Burge, *John The NIV Application Commentary*(Grand Rapids: Zondervan, 2000).
14) Dongsu Kim, *An Exegesis of Apostasy Embedded in John' s Narratives of Peter and Judas Against the Synoptic Parallels.* Studies in the Bible and Early Christianity(Lewiston, NY: Edwin Mellen Press, 2004).
15) Josephus, Antiquities XVIII.iii.3.
16) M. C. Tenney, *New Testament Survey,* revised(Grand Rapids: Eerdmans, 1997) 204.
17) Monism은 아버지와 아들과 성령이 한 person으로서 때로는 아버지로 때로는 아들로 때로는 성령으로 나타난다는 것입니다. 이는 이단적 개념으로써 아버지와 아들과 성령이 한 substance이고 세 person이라는 전통적 삼위일체 개념과는 다른 개념입니다.
18) G. E. Ladd, *A Theology of the New Testament.* Reprint(Grand Rapids: Eerdmans, 1989) 57-69.
19) Carson, et al., *An Introduction to the New Testament,* 188.
20) Werner Georg Kummel, *Introduction to the New Testament.* trans. Howard Clark Kee, 17th

edition(Nashville: Abingdon, 1992), 184.

21) C. Peter Wagner, *Discover Your Spiritual Gifts*(Regal Books, 2005).

22) K. Berding, *What are Spiritual Gifts?*: Rethinking Conventional View(Kregel Publications, 2006).

23) R. Bultmann, *The Second Letter to the Corinthians*(ET Minneapolis: Augsburg, 1985) 180.

24) 이 편지는 유감의 편지 혹은 슬픔의 편지(Sorrowful Letter)라고 부릅니다. 이 편지는 분실되어 신약성경에는 포함되지 않았습니다. 고후 2:4절은 이 편지를 언급하고 있습니다: "내가 마음에 큰 눌림과 걱정이 있어 많은 눈물로 너희에게 썼노니 이는 너희로 근심하게 하려 한 것이 아니요 오직 내가 너희를 향하여 넘치는 사랑이 있음을 너희로 알게 하려 함이라"

25) 바울이 고린도 교회 성도를 위해 총 몇 편의 편지를 썼는지 우리는 알지 못합니다. 그러나 바울이 최소한 4번의 편지를 쓴 것을 우리는 알 수 있습니다. 첫 번째 편지는 분실된 편지(Lost Letter)인데 고전 5:9절에서 이를 언급하고 있습니다: "내가 너희에게 쓴 편지에 음행하는 자들을 사귀지 말라 하였거니와" 이후 바울은 고린도전서를 썼고 앞서 말한 슬픔의 편지는 세 번째 편지입니다. 그리고 마지막 편지는 고린도후서입니다.

26) 그러나 수정주의자들은 갈 2:1절에 "다시"라는 부사는 바울이 예루살렘에 두 번째로 방문한 방문을 가리킨다고 주장합니다. 그 이유는 갈 2:10절은 바울이 가난한 자들을 위해 계속 구제하라고 언급하고 있는데 이는 행 11:30절의 바울의 예루살렘의 가난한 성도들의 구제 방문과 일치하는 구절이라는 것입니다. 그리고 갈 2:1~10절의 내용은 바울이 사적으로 예루살렘 교회 사도들을 만나는 것을 서술하는 듯하며 행 15장의 예루살렘 공회 때 바울의 예루살렘 방문은 공적인 방문이었으므로 갈라디아서 2장은 사도행전 11장과 일치한다는 것입니다. 이 바울 사역의 연대기적 이해에 대한 수정주의적 역사 구성은 갈라디아서가 예루살렘 공회가 열리기 전에 써진 것으로 가정합니다. 이 가정을 따르면 베드로가 안디옥에서 이방인 성도들과 함께 식사를 하다가 어떤 야고보에게서 온 사람이 오자 식탁에서 일어난 것은 유대인 신자들이 이방인 신자들과 식사를 함께하는 문제에 대한 규범이 예루살렘 총회에서 아직 다뤄지지 않아서 그럴 수밖에 없었다고 보는 것입니다.

27) Guthrie, *New Testament Introduction*, 496-528.

28) R. P. Martin, *Carmen Christ,* SNTSMS 4(Cambridge: Cambridge University Press, 1967) 46.

29) Carson, et. al., *An Introduction to the New Testament*, 318.

30) Carson, et. al., *An Introduction to the New Testament,* 331-334.

31) 하팍스는 하팍스레고메나를 의미하며 이는 성경에 단 한 차례만 사용된 단어를 지칭합니다.

32) Guthrie, *New Testament Introduction*, 589.

33) Carson, et. al., *An Introduction to the New Testament*, 345.

34) Walter A. Elwell, *Encountering the New Testament: A Historical and Theological Survey Encountering Biblical Studies*(Grand Rapids: Baker, 2005), 334-335.

35) Paul J. Achtemeier, Joel B. Green, and Marianne Meye Thompson, *Introducing the New Testament: Its Literature and Theology*(Grand Rapids: Eerdmans, 2001) 461.

36) Guthrie, *New Testament Introduction*, 664.

37) Carson, et. al., *An Introduction to the New Testament*, 394-397.

38) Carson, et. al., *An Introduction to the New Testament*, 411-413.

39) Carson, et. al., *An Introduction to the New Testament*, 421-423.

40) Guthrie, *New Testament Introduction,* 925.

41) Carson, et. al., *An Introduction to the New Testament,* 446-450.

42) Thielman, *Theology of the New Testament,* 514.

43) Ibid., 515.

44) Carson, et. al., *An Introduction to the New Testament,* 468-473.

45) G. K. Beale, *The Book of Revelation: A Commentary on the Greek Text NIGTC*(Grand Rapids: Eerdmans, 1998).